CHINA MARITIME LAW CASES

最高人民法院民四庭
大连海事大学法学院
大连海事大学海法研究院

组织编写

中国海事案例裁判要旨通纂
海上保险卷

司玉琢 王彦君 关正义 主编
张虎 执行主编

③

北京大学出版社
PEKING UNIVERSITY PRESS

编纂人员简介

主　编

司玉琢　大连海事大学原校长、教授、博士生导师,国际海事委员会(CMI)提名委员会委员,中国海事仲裁委员会、中国海商法协会顾问,交通运输部法律专家咨询委员会成员,中国香港城市大学、日本青山学院大学客座教授,北京大学海商法研究中心顾问,武汉大学、吉林大学、对外经济贸易大学等高校兼职教授。长期从事海商法教学和科研工作,《中华人民共和国海商法》主要起草人之一,《中国海商法研究》主编。

王彦君　1982年获北京大学法学院法学学士,2001年获美国天普大学法学硕士。先后在加拿大多伦多大学、英国伦敦大学进修国际商法,在最高人民法院从事涉外商事及海事海商审判工作多年,最高人民法院民四庭原副庭长(正厅级)、一级高级法官。中国海商法协会副主席、中国海事仲裁委员会副主任、国家法官学院兼职教授、北京大学海商法研究中心研究员。组织了海事诉讼特别程序法以及海上保险合同、无正本提单放货、船舶碰撞、海事赔偿责任限制、油污民事赔偿责任、货运代理、船舶扣押与拍卖等司法解释的起草工作。此外,还作为中方专家组成员,参加了1974年《海上旅客及其行李运输雅典公约》《国际燃油污染损害民事责任公约》等国际条约草案的谈判工作。

关正义　1982年毕业于吉林大学法律系,1998年和2005年分别获得大连海事大学法学硕士和博士学位。原任辽宁省高级人民法院审判员(正厅级),大连海事法院常务副院长;现任大连海事大学特聘教授、博士生导师,中国海事仲裁委员会仲裁员,辽宁省海商法研究会常务副会长。曾获首届全国审判业务专家和首届辽宁省中青年法律专家称号。著有《民法视野中的海商法制度》《扣押船舶法律制度研究》,编著《英汉海事词典》《海事诉讼文书样本与范例》等作品。发表《海事法与海商法的联系与区别——兼论海商法学的建立与发展》《论海事强制令的独立属性与功能》《对港口货物保管合同中的物权转移与代替交付的认识》《建立我国民事诉讼禁令制度的思考》等数十篇学术论文。

执行主编

侯 伟 海事卷执行主编。1977年生,湖北安陆人,法学博士,武汉海事法院环境资源审判庭负责人。1998年大学毕业后进入武汉海事法院工作,先后从事书记员、审判员工作,历任立案监督庭负责人、南京法庭副庭长、宜昌法庭副庭长,审理了多起重大疑难海事海商案件。在国内外发表多篇学术论文,在法国出版专著一部,主持或参加中国法学会、中国海商法协会多个重大课题,担任法国SCAPEL海商法、运输法杂志编委会成员,多次参加国际学术会议并作大会发言。

李晓枫 船舶船员卷执行主编。1982年生,山东烟台人,法学博士,中国外运长航集团法律顾问。2000年至2007年于大连海事大学攻读海商法,2007年硕士毕业考入宁波海事法院,先后分配至舟山庭、海商庭从事审判工作,主审数百起海事、海商纠纷。2011年年底担任中国租船有限公司法律与风险控制部法律顾问,2013年5月调入中国外运长航集团法律部。在职期间攻读大连海事大学国际法学博士,取得博士学位。在《法学杂志》《法律适用》《国际经济法学刊》《中国海商法研究》等CSSCI刊物、核心期刊上发表多篇学术论文。

张 虎 海上保险卷执行主编。1984年生,华东政法大学国际法学院讲师、博士后,大连海事大学法学博士,日照仲裁委员会仲裁员。曾任日照钢铁控股集团有限公司涉外法务经理、五矿营口中板有限责任公司法律事务部部长。主持部级项目4项,在 *Marine Pollution Bulletin*、《中国社会科学报》《政治与法律》《法学杂志》等核心刊物发表文章20余篇。

陈敬根 海上货物运输卷执行主编。1973年生,法学博士,上海大学法学院副教授、副编审,上海大学ADR与仲裁研究院副秘书长,《产权法治研究》编辑部主任;上海研究院副研究员;中国行为法学会粤港澳台联络处副秘书长,中国国际经济贸易法学研究会理事,中国法学会法学期刊研究会理事,上海法学会自贸区法治研究会理事、航空法研究会理事。主持国家社科基金项目1项、省部级项目7项。发表学术论文26篇。

张 波 综合卷执行主编。甘肃政法学院法学学士、中国政法大学法学硕士、香港城市大学法律硕士,青岛海事法院石岛法庭副庭长。审理海事海商案件逾千件;多次获得嘉奖、荣立个人二三等功,被评为山东省法院先进个人、山东省直机关优秀党员;撰写的裁判文书、调研报告获山东省法院一等奖,相关案例入选最高人民法院"一带一路"典型案例;撰写的论文获中国审判理论研究会海事海商专业委员会2016年年会一等奖;在《涉外商事海事审判指导》《山东审判》《海大法律评论》等发表多篇文章;曾在美国哥伦比亚大学学习并访问多国法院与国际组织。

编　委（以姓氏笔画为序）
付本超　山东省高级人民法院民四庭副庭长
邬先江　宁波海事法院副院长
许绍田　天津海事法院副院长
许俊强　厦门海事法院宁德法庭庭长
孙　光　大连海事法院海商庭庭长
李守芹　青岛海事法院副院长
初北平　大连海事大学法学院院长
荚振坤　上海海事法院副院长
钟　莉　武汉海事法院副院长
侯树杰　大连海事法院副院长
黄伟青　广州海事法院副院长
常中彦　辽宁省高级人民法院民事审判第三庭庭长
简万成　海口海事法院副院长

凡 例

一、分卷情况

《中国海事案例裁判要旨通纂》根据学科体系共分为五卷:海事卷、船舶船员卷、海上保险卷、海上货物运输卷和综合卷。

二、本书结构

1. 章节设置:本书以学科体系为依据,对各卷法律实务问题进行章节划分。
2. 案例结构:本书收录的案例一般由"裁判要旨""基本案情""法院查明事实""法院裁判"等部分构成。

三、本书案例来源

最高人民法院、各地海事法院及上诉审高级人民法院裁判文书。

四、案例选择

由于案例裁判时所依据的法律时有修改,本书尽可能选取在图书出版之前的新法背景下仍然具有指导价值的案例。但是,为保持裁判原貌,案例裁判所依据的法律仍保持与裁判当时一致。

五、裁判要旨编号

收入本书的裁判要旨以学科体系为依据进行编排,以便读者查找。示范如下:

编号	编号含义
No. HS-1.1-1	海事卷,第1.1项标题下,第一个裁判要旨。
No. CB-1.1-1	船舶船员卷,第1.1项标题下,第一个裁判要旨。
No. HX-1.1-1	海上保险卷,第1.1项标题下,第一个裁判要旨。
No. HY-1.1.1-1	海上货物运输卷,第1.1.1项标题下,第一个裁判要旨。
No. ZH-1.1.1-1	综合卷,第1.1.1项标题下,第一个裁判要旨。

六、案例索引

为方便读者查询案例,本书设置了案例索引。

七、主题词索引

为方便读者按主题查询、阅读,本书设置了主题词索引。

总目录

序言　贺　荣 …………………………………… 1
要目 ……………………………………………… 3
CONTENTS ……………………………………… 5
详目 ……………………………………………… 7

1. 海上保险法的基本原则 ………………………… 001
2. 海上保险合同的成立、解除和转让 …………… 064
3. 被保险人义务 …………………………………… 094
4. 保险人的义务 …………………………………… 131
5. 保险标的的损失和委付 ………………………… 165
6. 保险赔偿 ………………………………………… 194
7. 保险纠纷的时效与举证责任 …………………… 294
8. 其他 ……………………………………………… 330

案例索引 …………………………………………… 367
主题词索引 ………………………………………… 371
后记 ………………………………………………… 375

序言

贺荣（最高人民法院副院长）

为了适应海上运输和对外贸易事业发展的需要，1984年11月14日第六届全国人大代表大会常务委员会第八次会议通过了《关于在沿海港口城市设立海事法院的决定》，设立了大连、天津、青岛、上海、武汉、广州六家海事法院。之后，最高人民法院根据工作需要，先后于海口、厦门、宁波、北海增设四家海事法院。为了方便当事人诉讼，各海事法院根据自身情况，先后设立了包括三沙法庭在内的39个派出法庭，辐射范围涵盖北起黑龙江南至南海诸岛由我国管辖的全部港口、水域和岛礁。截至2014年年底，全国10家海事法院共受理各类海事案件247 761件，审结执结237 857件，结案标的额人民币1 460多亿元；其中审结执结涉外、涉港澳台海事案件66 564件，涉及70多个国家和地区。目前我国已经成为世界上设立海事审判机构最多、受理海事案件数量最多的国家。

经过30多年海事司法实践，我国已经积累了较为丰富的海事司法经验，这是我国建设国际海事司法中心，保障国家海洋强国战略实施的基础。为贯彻党的十八大三中全会精神，进一步深化司法公开，最高人民法院全面推进审判流程公开、裁判文书公开、执行信息公开，以增进公众对司法的了解、信赖和监督。在大数据时代背景下，如何将浩如烟海的裁判文书进行收集、分类、整理以及提炼，以方便公众查询，成为今后改进和完善司法公开制度的重要课题。北京大学出版社组织编撰的这套《中国海事案例裁判要旨通纂》，对598个具有典型意义的海事案件进行分类整理，并归纳裁判要旨，这对于总结我国海事司法实践经验，推动海商法理论与实务研究具有积极意义。搜集整理30多年的海事案例工程浩大，编者遇到了很多困难，案例的完整性有待进一步提高。编者采用案例非常注重典型意义，但有些案件的裁判观点随着理论与实践的发展，目前已经有所改变；有些观点还存在分歧。法律是稳定的，但不是一成不变。对于法律观点的争论永远存在，要辩证地看待这个问题。广大读者正是通过对这些案例的慎思明辨，才能全面地了解我国海事审判理论与实践的发展历程。

案例的编撰是一个长期系统的过程，但我们已经迈出了艰难的一步，并取得了阶段性成果。在此，我谨对《中国海事案例裁判要旨通纂》的面世表示祝贺，也希望这一工作持之以恒，形成精品，成为我国海事司法实践和海事法律理论研究的重要参考资料。

2016年10月16日

要　目

1. 海上保险法的基本原则 …………………………………… 001
　1.1 保险利益原则 …………………………………………… 001
　1.2 近因原则 ………………………………………………… 046
　1.3 最大诚信原则 …………………………………………… 055

2. 海上保险合同的成立、解除和转让 ……………………… 064
　2.1 合同成立 ………………………………………………… 064
　2.2 合同转让 ………………………………………………… 081
　2.3 合同解除 ………………………………………………… 090

3. 被保险人义务 ……………………………………………… 094
　3.1 告知义务 ………………………………………………… 094
　3.2 保证义务 ………………………………………………… 123
　3.3 提供材料的义务 ………………………………………… 125
　3.4 出险后义务 ……………………………………………… 128

4. 保险人的义务 ……………………………………………… 131
　4.1 合同条款解释义务 ……………………………………… 131
　4.2 及时赔付义务 …………………………………………… 157

5. 保险标的的损失和委付 …………………………………… 165
　5.1 保险标的的损失 ………………………………………… 165
　5.2 委付 ……………………………………………………… 188

6. 保险赔偿 · · · · · · 194

6.1 代位求偿权 · · · · · · 194
6.2 保险责任的期间 · · · · · · 224
6.3 保险责任的范围 · · · · · · 240

7. 保险纠纷的时效与举证责任 · · · · · · 294

7.1 时效 · · · · · · 294
7.2 举证责任分配 · · · · · · 318

8. 其他 · · · · · · 330

8.1 预约保险 · · · · · · 330
8.2 重复保险 · · · · · · 340
8.3 在建船舶保险 · · · · · · 345
8.4 第三人直接请求权 · · · · · · 351
8.5 共同保险 · · · · · · 356
8.6 续保 · · · · · · 362

案例索引 · · · · · · 367

主题词索引 · · · · · · 371

后记 · · · · · · 375

CONTENTS

1. BASIC PRINCIPLES OF MARINE INSURANCE LAW ········· 001

    1.1 Principle of Insurable Interest ········· 001
    1.2 Principle of Cause Proxima ········· 046
    1.3 Principle of Utmost Good Faith ········· 055

2. EXECUTION, TRANSFER AND TERMINATION OF MARINE INSURANCE CONTRACT ········· 064

    2.1 Excution of Contract ········· 064
    2.2 Transfer of Contract ········· 081
    2.3 Termination of Contract ········· 090

3. OBLIGATIONS OF THE INSURED ········· 094

    3.1 Obligation of Disclosure ········· 094
    3.2 Obligation of Warranty ········· 123
    3.3 Obligation of Providing Materials ········· 125
    3.4 Obligations After Occurrence of Insurance Accident ········· 128

4. OBLIGATIONS OF THE INSURER ········· 131

    4.1 Obligation of Explaining Terms of Contract ········· 131
    4.2 Obligation of Paying Insurance Indemnity Timely ········· 157

5. LOSS AND ABANDON OF THE SUBJECT MATTER OF INSURANCE ········· 165

    5.1 Loss of the Subject Matter of Insurance ········· 165
    5.2 Abandonment ········· 188

6. INSURANCE INDEMNITY ········· 194

    6.1 Right of Subrogation ········· 194
    6.2 Period of Insurance Liability ········· 224
    6.3 Scope of Insurance Liability ········· 240

7. LIMITATION OF ACTION AND BURDEN OF PROOF CONCERNING DISPUTES OVER MARINE INSURANCE ······ 294

   7.1 Limitation of Action ······ 294
   7.2 Allocation of Burden of Proof ······ 318

8. OTHERS ······ 330

   8.1 Open Policy ······ 330
   8.2 Double Insurance ······ 340
   8.3 Insurance for Vessels Under Construction ······ 345
   8.4 Direct Claim of Third Party Against Insurer ······ 351
   8.5 Co-insurance ······ 356
   8.6 Renewal of Insurance ······ 362

TABLE OF CASES ······ 367
INDEX ······ 371
AFTERWORD ······ 375

详 目

1. 海上保险法的基本原则 ·· 001

1.1 保险利益原则 ·· 001

1 原告黄春发有限公司与被告中国太平洋保险公司广州分公司海上运输货物保险合同纠纷案【广州海事法院(2000)广海法重字第1号】 ················· 001

> **No. HX-1.1-1** 保险人承保一切险,应对承保货物失踪是否属于外来原因所致,是否属于一切险的责任范围承担举证责任,其出具的保险单没有列明外来原因的范围,也没有提供充分有效的证据证明货物失踪不属于外来原因所致,法院认定货物失踪是外来原因所致,属于一切险的责任范围。 ·········· 001

> **No. HX-1.1-2** 根据保险利益原则,被保险人在投保时或发生保险事故时,对保险标的应当具有保险利益。故买方的进口代理人在投保时或发生事故时,对保险标的不具有保险利益。 ·· 001

2 原告烟台市威盛国际船舶管理有限公司与被告中国大地财产保险股份有限公司威海中心支公司船舶保险合同纠纷案【青岛海事法院(2009)青海法海商初字第353号】 ··· 012

> **No. HX-1.1-3** 船舶经营管理人,以自己的名义与保险人签订《远洋船舶保险单》,既是投保人也是被保险人,在船舶事故发生时,对保险标的具有保险利益。 ··· 012

> **No. HX-1.1-4** 保险人没有按照保险合同的约定及时履行保险人的义务,并拒绝支付保险赔偿金,导致船舶不能及时维修、长期处于停运状态,依照《中华人民共和国保险法》第23条的规定,保险人应赔偿被保险人的船期损失。 ·············· 012

3 原告东方建筑材料公司与被告中国人民保险公司宜昌市伍家区支公司、中国人民保险公司宜昌分公司海上货物运输保险合同纠纷案【武汉海事法院(2001)武海法商字第8号】 ··· 020

> **No. HX-1.1-5** 货运代理人对代理托运的货物不具备法定的可保利益,但是可以根据托运人的委托,以自己的名义购买保险,此时,货运代理人的购买保险行为实质上是代理托运人所为的投保行为。由于托运人具有法律上的可保利益,因而,保险人不得以不具备保险利益为由拒绝赔偿。 ················ 020

4 原告荆门新立医用纺织品有限公司与被告中国平安财产保险股份有限公司湖北分公司海上货物运输保险合同纠纷案【武汉海事法院(2011)武海法商字第867号】…… 023

> **No. HX-1.1-6** 根据贸易条款,在货物风险已转移至买方,且货物运输的正本提单亦在货物运输途中流转至买方,买方最终凭正本提单在卸货港提取了货物,此时,卖方对涉案保险货物不具有保险利益。 023

5 上诉人上海金荣翔企业发展有限公司与被上诉人中国太平洋财产保险股份有限公司上海分公司海上保险合同纠纷案【上海市高级人民法院(2012)沪高民四(海)终字第73号】…… 025

> **No. HX-1.1-7** 提单已经转让给收货人,且收货人已经提货的,根据《中华人民共和国保险法》第49条的规定,保险标的转让的,保险标的的受让人承继被保险人的权利和义务,托运人或被保险人不再具有保险利益。 025

6 上诉人福建省南安市南泰船业有限公司与被上诉人太平保险有限公司泉州中心支公司海上保险合同纠纷案【福建省高级人民法院(2010)闽民终字第13号】…… 029

> **No. HX-1.1-8** 虽然投保人向保险人投保水路货物运输承运责任险并约定其为被保险人,但其既不是船舶的所有权人,也不是经营人的,对保险标的没有保险利益,无权向保险人主张保险赔偿。 029

7 上诉人泉州鸿圣轻工有限公司与被上诉人天安保险股份有限公司浙江省分公司海上运输货物保险合同纠纷案【福建省高级人民法院(2010)闽民终字第553号】…… 031

> **No. HX-1.1-9** 虽然报关单载明的交易方式为FOB,但在运输环节与保险均由卖方自行安排并支付费用,这实际上已对贸易方式作出了重大变更,货交收货人之前的一切风险仍归属于卖方,故保险人关于货物越过船舷风险即转移的主张,法院不予支持,卖方具有保险利益。 031

> **No. HX-1.1-10** 货损因承运人的非法行为所致,并因此导致货物不能在预定抵达目的地的日期起6个月以内交讫,托运人对此也并无过错或存在任何故意或过失的,案涉货物损失应认定属于一切险责任范围的保险事故。 031

8 原告赵典藏、金志贝、陈德喜、吴昌南与被告中国人民财产保险股份有限公司温州市分公司船舶保险合同保险赔款纠纷案【宁波海事法院(2006)甬海法温商初字第39号】…… 039

No. HX-1.1-11 在船舶所有人和船舶经营人分离的情况下,以船舶作为保险标的(而非船舶经营人的经营收益)的保险利益,应当认定为由船舶所有人享有。 039

No. HX-1.1-12 保险单记载船舶经营人(实为被挂靠人)作为被保险人,但保险为沿海内河船舶一切险,因此应视船舶经营人系代理船舶所有人签订保险合同。 039

1.2 近因原则 046

⑨ 原告华泰财产保险股份有限公司浙江省分公司与被告中远集装箱运输有限公司海上货物运输合同纠纷案【上海海事法院(2011)沪海法商初字第627号】 046

No. HX-1.2-1 保险事故应与保险责任存在因果关系,保险事故虽然发生在保险责任期间,作为第三人的承运人有证据证明涉案货损系因托运人过错所致,即涉案事故原因属于承运人法定免责事由,故承运人不应承担损害赔偿责任,保险人取得代位求偿权后,也无权请求其赔偿。 046

⑩ 原告福建省某轮船公司与被告某财产保险股份有限公司广东分公司海上保险合同纠纷案【宁波海事法院(2011)甬海法商初字第294号】 052

No. HX-1.2-2 被保险人既应证明有承保风险的具体事实发生,还应证明该事实与承保风险间存在近因关系。因各种原因导致的海难事故,被保险人应举证证明保险事故的直接原因系保险风险所致,否则无权获得保险赔偿。 052

1.3 最大诚信原则 055

⑪ 上诉人中国太平洋保险公司杭州分公司与被上诉人应芝龙船舶保险纠纷案【浙江省高级人民法院(2001)浙经二终字第105号】 055

No. HX-1.3-1 被保险人对船舶在开航时已处于不适航状态事实上知情,事后以不知道船舶不适航为由要求不能免除保险人的赔偿责任,不符合保险合同的最大诚信原则。 055

No. HX-1.3-2 属于法定保险责任的免责事项,即使认定保险人未履行除外条款告知义务,保险人也可以依法免责。 055

⑫ 上诉人大众保险股份有限公司宁波分公司与被上诉人浙江润欣港航工程有限公司船舶保险合同纠纷案【浙江省高级人民法院(2009)浙海终字第96号】 058

No. HX-1.3-3 保险人在接到出险通知后未组织实地勘验,亦未提出相应的维修建议或要求,在拒赔告知书中也未提及擅自修理是否影响理赔,不但怠于行使其权利,亦违背了保险人的最大诚信原则。被保险人为减少损失而及时对船舶进行修理,在修理前未及时通知保险人,不影响其保险索赔。 058

2. 海上保险合同的成立、解除和转让 …………………………………… 064

2.1 合同成立 …………………………………………………………… 064

1 原告伍玉荣与被告中国人民保险公司台山市支公司船舶保险合同纠纷案【广州海事法院(2000)广海法事字第 59 号】………………………… 064

> **No. HX-2.1-1** 船舶共有人之一向保险人投保,并交纳了保费,保险单中载明的被保险人是仅为该投保人个人而非全部共有人,也未反映出其是代理全部共有人身份的保险合同,仅在该投保人个人与保险公司之间有效,其他共有人并不是该保险合同所保障的被保险人,其他共有人以个人名义索赔,不享有该保险合同项下的保险赔偿金请求权。 064

2 原告汽船相互保险协会(百慕大)有限公司与被告蓝贝壳航运有限公司船舶保赔保险合同保险费纠纷案【武汉海事法院(2001)武海法宁商字第 132 号】…… 068

> **No. HX-2.1-2** 根据英国的海上保险的司法实践,承保条已被认可为海上保险单,保险人一旦签署保险经纪人准备的承保条,该保险合同便视为成立。 068

3 上诉人杭州翔盛进出口有限公司、杭州翔盛纺织有限公司与被上诉人太平保险有限公司浙江分公司海运货物保险合同纠纷案【浙江省高级人民法院(2009)浙海终字第 80 号】………………………………………………… 072

> **No. HX-2.1-3** 被保险人就涉案货物向保险公司投保时货物已装船,保险人在货物装船数日后签发保单依然有效。保险人收到投保人的要约时,应当对将要承保的标的物的品质等相关状况进行审查核实以决定承保与否。如果保险人对保险标的未经审核即承保或应当知道保险标的物已经出险而仍然予以承保,则保险人应当承担由此产生的法律责任,即视为保险人已经放弃对签发保险单时标的物品质的异议权。 072

2.2 合同转让 …………………………………………………………… 081

4 原告某保险公司深圳分公司与被告某综合航运公司、深圳市某实业公司、东莞市某实业公司海上货物运输合同纠纷案【广州海事法院(2009)广海法初字第 455 号】………………………………………………………………… 081

> **No. HX-2.2-1** 海上货物运输保险合同可以由被保险人背书或者以其他方式转让,合同的权利义务随之转移。 081

> **No. HX-2.2-2** 境外形成的检验报告作为外文书证未附中文译本和证明事实,亦未经公证、认证,法院不予作为证据采纳。 081

5 原告中国平安财产保险股份有限公司北京分公司与被告智利航运国际有限公司海上货物运输合同纠纷案【上海海事法院（2009）沪海法商初字第948号】…… 087

> **No. HX-2.2-3** 保险人已经提供从收货人处取得的经过托运人空白背书的指示提单，且报关单中载明实际收货人系涉案货物的收货人，故收货人通过空白背书转让的方式取得了涉案提单，为提单的合法持有人。此时，保险人根据收货人指示进行赔付后，即可取得代位请求赔偿权，保险合同的相关权利、义务随提单转让给收货人。 087

2.3 合同解除 …… 090

6 原告中国大地财产保险股份有限公司舟山中心支公司诉被告乐清市运鸿海运有限公司、虞元飞船舶保险合同保费返还纠纷案【宁波海事法院（2009）甬海法温商初字第26号】…… 090

> **No. HX-2.3-1** 因保险公司工作人员的失误导致的多退保险费，应由船舶登记所有人按所有权份额承担不当得利的退款责任。如共同所有权人死亡，保险公司未追加其继承人作为共同被告，视为保险公司放弃对该部分份额的权利。 090

> **No. HX-2.3-2** 保险公司因自身疏忽导致不当得利发生，且在保险费多退事实发生后，未在第一时间及时行使救济权利，因此导致的利息损失应由其自行承担。 090

3. 被保险人义务 …… 094

3.1 告知义务 …… 094

1 原告中谷集团浙江粮油有限公司与被告中国人民保险公司广州市珠江支公司保险合同纠纷案【广州海事法院（2003）广海法初字第92号】…… 094

> **No. HX-3.1-1** 保险合同中的投保人应客观、真实、全面地向保险人介绍保险标的的情况，没有履行这个义务时，保险人有权解除合同，对合同解除前的保险事故不承担责任。 094

2 原告中国人民财产保险股份有限公司深圳市分公司与被告深圳金秀国际仓运有限公司海上货物运输合同货损纠纷案【广州海事法院（2003）广海法初字第296号】…… 099

> **No. HX-3.1-2** 托运人有义务将危险品的正式名称和性质以及应当采取的危害措施书面通知承运人。由于托运人的保险代位请求赔偿权人未能证明托运人曾向承运人说明货物的特性及装载的要求，承运人对涉案货物按普通货物装载而引发的货损并无过错，保险代位请求赔偿权人要求承运人赔偿因其过错造成的货物损失，无法律依据，不予支持。 099

3 上诉人西谷商事株式会社与被上诉人中国人民保险公司青岛市分公司海上货物运输保险合同纠纷案【山东省高级人民法院（2002）鲁民四终字第45号】························· 103

> **No. HX-3.1-3** 货物装在甲板上并用拖轮拖带运输这种方式有自己特殊的风险，能够影响保险人据以确定保险费率或是否同意承保的判断，构成《中华人民共和国海商法》第222条规定的"重要情况"。投保人投保时未将货物装载于驳船甲板上由拖轮拖带运输这一"重要情况"告知保险人，视为被保险人未尽如实告知义务，这一"重要情况"导致保险事故后，保险人可免予赔偿。 ························· 103

4 原告上海汉虹精密机械有限公司与被告太阳联合保险有限公司海上保险合同纠纷案【上海海事法院（2010）沪海法商初字第714号】 ························· 108

> **No. HX-3.1-4** 被保险人因过失未履行如实告知义务的，保险人对保险合同解除前发生的与未告知情况没有因果关系的保险事故造成的损失，应当负赔偿责任，保险合同的解除不影响保险人承担该部分的保险责任。 ························· 108

> **No. HX-3.1-5** 被保险人在诉讼时效内，既没有向负有责任的第三人索赔，也没有向法院提起诉讼，导致保险人在理赔后无法在诉讼时效期限内起诉第三人，保险人可以相应扣减或免除保险赔偿。 ························· 108

5 上诉人怡信有限公司与被上诉人中国平安财产保险股份有限公司北京分公司、中国平安财产保险股份有限公司船舶保险合同纠纷案【天津市高级人民法院（2008）津高民四终字第58号】 ························· 113

> **No. HX-3.1-6** 废钢船虽然在起拖前由专业验船师进行了检验并出具了适航证书，但船舶缺陷通过通常合理的检验即可发现时，并非潜在缺陷。潜在缺陷是指由谨慎的检验人以通常、合理的方法不能发现的瑕疵。被保险人并未在订立合同前将船舶缺陷的重要情况告知保险人，未尽到如实告知义务，保险人不应当承担保险赔偿责任。 ························· 113

6 原告嘉兴某化工进出口有限公司与被告某责任保险股份有限公司嘉兴中心支公司海上保险合同纠纷案【宁波海事法院（2012）甬海法商初字第274号】 ························· 121

> **No. HX-3.1-7** 投保单记载的装载工具有两条船舶，视为被保险人在投保时已经向保险人告知了转运的事实。保险人无权以转运未向其通知为由拒绝赔偿。 ························· 121

> **No. HX-3.1-8** 在被保险人已委托检验机构、完成初步证明的情况下，保险人未提供充分证据证明检验公司内容为虚假、伪造或其相关记载完全无据，法院对检验机构的结果应予认定。 ························· 121

3.2 保证义务 ……………………………………………………………… 123

7 原告邬苏国与被告中国太平洋保险公司舟山市分公司船舶保险合同纠纷案
【宁波海事法院(2000)甬海商初字第114号】………………………… 123

> **No. HX-3.2-1** 保险合同约定,船舶驶出载明的航区造成的损失、费用和责任,保险公司不承担责任。由于船舶违反了保险合同约定的航区保证义务,保险公司有权拒赔。 …… 123

3.3 提供材料的义务 ………………………………………………… 125

8 上诉人中国太平洋财产保险股份有限公司舟山中心支公司与被上诉人庄和昌船舶保险合同纠纷案【浙江省高级人民法院(2009)浙海终字第4号】…… 125

> **No. HX-3.3-1** 行使先履行抗辩权的前提需存在对等给付,即双方当事人存在相当的主给付义务。被保险人根据约定,应当向保险人提交相关材料,但是此类材料并非与保险事故有关的主要材料,该义务与保险人支付赔款的义务不相当。因此,保险人行使先履行抗辩权缺乏相应的条件,无法得到支持。 …… 125

3.4 出险后义务 ……………………………………………………… 128

9 原告海源润铝材玻璃有限公司与被告中国平安财产保险股份有限公司秦皇岛中心支公司水路货物运输保险合同赔偿纠纷案【上海海事法院(2005)沪海法商初字第37号】 ……………………………………………………… 128

> **No. HX-3.4-1** 一旦保险事故发生,被保险人应当立即通知保险人,并采取必要的合理措施,防止或者减少损失。被保险人收到保险人发出的有关采取防止或者减少损失合理措施的特别通知的,应当按照保险人通知的要求处理。对于被保险人违反前款规定所造成的扩大损失,保险人不负赔偿责任。 …… 128

4. 保险人的义务 ……………………………………………………… 131

4.1 合同条款解释义务 ……………………………………………… 131

1 原告广东富虹油品有限公司与被告中国平安财产保险股份有限公司深圳分公司海上货物运输保险合同纠纷案【广州海事法院(2005)广海法初字第211号】 ………………………………………………………………… 131

> **No. HX-4.1-1** 保险人收到被保险人的赔偿请求后,应当及时作出核定,与被保险人协商赔偿,履行赔偿义务;保险人未及时履行赔偿义务的,除支付保险赔偿金外,还应当赔偿被保险人因此受到的损失。 …… 131

> **No. HX-4.1-2** 保险人没有举证证明其在投保人接受保险单以前已向投保人明确说明了保险除外责任条款,应认定保险人在订立保险合同时没有向投保人说明除外责任条款,保险单规定的除外责任条款不产生效力,保险人无权依据保险单中的除外责任条款拒赔。 …… 131

2 再审申请人海南丰海粮油工业有限公司与原审上诉人中国人民财产保险股份有限公司海南省分公司海运货物保险合同纠纷案【最高人民法院(2003)民四提字第5号】 140

> **No. HX-4.1-3** 在海上运输货物保险合同中,中国人民保险公司《海洋运输货物保险条款》规定的一切险,除包括平安险和水渍险的各项责任外,还包括被保险货物在运输途中由于外来原因所致的全部或部分损失。在不存在被保险人故意或者过失的情况下,除非被保险货物的损失属于保险合同规定的保险人的除外责任,保险人应当承担运输途中外来原因所致的一切损失。 140

3 上诉人浙江奥圣船务工程有限公司与上诉人中国人寿财产保险股份有限公司浙江省分公司等海上保险合同纠纷案【天津市高级人民法院(2010)津高民四终字第137号】 145

> **No. HX-4.1-4** 中国人民银行《沿海内河船舶保险条款解释》对搁浅的概念进行的限定,属于中国人民银行的行业内部规定,并不属于保险合同约定的范围,如保险公司未将该相关内容告知被保险人,该解释对被保险人不发生法律效力。 145

> **No. HX-4.1-5** 保险公司的分支机构,虽依法可以独立参加诉讼并独立对外承担责任,但并不影响被保险人向其上级总公司提出赔偿的权利,法院可以判决保险公司的分支机构和其上级总公司共同承担赔偿责任。 145

4 原告湖北华闽海运有限公司与被告阳光财产保险股份有限公司泉州中心支公司海上保险合同纠纷案【厦门海事法院(2012)厦海法商初字第147号】 ... 154

> **No. HX-4.1-6** 保险条款约定的如依法能从第三者或其他保险获得赔偿时,本保险仅对不足额部分予以赔偿之条款,属于减轻保险人责任的条款,在保险人未尽到说明义务的情况下,属于无效条款。 154

> **No. HX-4.1-7** "除外责任"上以粗体印刷方式显示,且保险人也对免除责任条款的内容向被投保人作了明确说明,除外责任条款有效。在除外责任条款有效的条件下,保险人欲免责还需要证明保险事故系免责事由所致。 154

4.2 及时赔付义务 157

5 上诉人海南昌信船务有限公司与中国太平洋保险公司海南分公司船舶保险合同纠纷案【海南省高级人民法院(1999)琼经终字第87号】 157

> **No. HX-4.2-1** 发生保险事故造成损失后,保险人应当及时向被保险人支付保险赔偿。保险人拒绝赔偿,属于违约行为,依法应承担向被保险人支付保险金和赔偿因迟延支付保险金造成被保险人损失的法律责任。 157

6 原告江苏省航运公司张家港公司与被告华泰财产保险股份有限公司南京分公司、第三人南京兴安航运有限公司船舶保险合同纠纷案【武汉海事法院(2001)武海法通商字第65号】 ………… 162

> **No. HX-4.2-2** 在不足额保险中,为减少损失而产生的打捞费等施救费用,保险公司应当按保险金额与保险价值的比例赔付。 162

5. 保险标的的损失和委付 ………… 165

5.1 保险标的的损失 ………… 165

1 原告重庆市长江三峡旅游船有限公司与被告中国人民财产保险股份有限公司重庆市分公司船舶保险合同纠纷案【武汉海事法院(2006)武海法商字第159号】 ………… 165

> **No. HX-5.1-1** 在财产保险合同中,保险价值应该与保险标的的实际价值相当。定值保险高于船舶在事故发生之时的实际价值,法院认定违反补偿原则,高出部分不应获得赔偿。 165

> **No. HX-5.1-2** 船舶发生实际全损,被保险人要求保险人委付时,保险人有权拒绝接受被保险人的委付。 165

2 原告中国太平洋财产保险股份有限公司深圳分公司、中化国际石油公司与被告莫林大财产有限公司海上货物运输合同货差纠纷案【广州海事法院(2005)广海法初字第417号】 ………… 173

> **No. HX-5.1-3** 主张油类货物短少数量应扣除0.5%的自然损耗和计量误差,无法律依据。 173

3 原告中国平安财产保险股份有限公司青岛分公司与被告朗帆(香港)有限公司海上、通海水域货物运输合同纠纷案【上海海事法院(2009)沪海法商初字第710号】 ………… 176

> **No. HX-5.1-4** 在运输合同项下,应以货物实际价值计算货损金额,参照国际惯例,大宗散货在运输交接过程中的合理计量允差可确定为0.5%。 176

4 原告中国人民财产保险股份有限公司石家庄市分公司与被告中海发展股份有限公司海上货物运输合同货损代位求偿纠纷案【天津海事法院(2005)津海法商初字第197号】 ………… 179

No. HX-5.1-5 中国《出入境检验检疫指南》中有关检验检疫局计量的说明，只是说明计量器的误差，该项计量器的误差仅是检验检疫局计量时自己掌握的合理计算方法，与货物短重没有关联性。运输过程之中不是必然出现0.5%的允许误差，也没有证据表明油类运输0.5%的允许误差属于国际惯例。承运人应按提单表面记载的货物数量交付货物，而不是依据船上的空距报告记载的货物数量交付货物。 179

⑤ 原告中国人民财产保险股份有限公司北京市直属支公司与被告铜河海运有限公司、寰宇船务企业有限公司海上货物运输合同代位求偿纠纷案【宁波海事法院(2003)甬海商初字第353号】 182

No. HX-5.1-6 承运人必须按提单记载的原油数量交付收货人。即使提单中有关货物状况的资料是由托运人提供的，承运人知道或有合理根据怀疑其接收或装船的货物状况与提单记载不符或无法核对时，也应该在提单上作出批注。即使承运人有装货港的空距报告证明实际接收的货物或装船的货物与提单记载不符(但数量证书、发票与提单记载数量相符)，提单数量也应成为承运人交货义务的证据。 182

No. HX-5.1-7 0.5%范围之内的油类运输损耗系国际海上油运业惯例，法院予以认可。 182

5.2 委付 188

⑥ 原告莫斯科考兰特有限公司与被告中国平安保险股份有限公司绍兴支公司、中国平安保险股份有限公司海上货物保险合同纠纷案【宁波海事法院(1999)甬海商初字第209号】 188

No. HX-5.2-1 被保险人要求保险人按照全部损失赔偿的，应当向保险人委付保险标的，但却未经委付而直接销毁全部货物，该行为有过错，应对此负部分法律责任。 188

No. HX-5.2-2 保险单抬头和印鉴均为平安总公司，但保险单上保险人的地址和电话为平安绍兴公司的营业场所。法院认定保险合同系平安绍兴公司与被保险人签订。 188

6. 保险赔偿 194

6.1 代位求偿权 194

① 原告中国人民财产保险股份有限公司某公司与被告某市某第三水运公司、杨某某水路货物运输合同纠纷案【广州海事法院(2010)广海法初字第403号】 194

> **No. HX-6.1-1**　依据《中华人民共和国保险法》第60条之规定,受理保险人行使代位请求赔偿权利纠纷案件的法院,应当仅就造成保险事故的第三人与被保险人之间的法律关系进行审理,当事人关于保险合同是否成立等有关保险合同法律关系的抗辩,不在审理范围之内。　194

> **No. HX-6.1-2**　保险公司主张利息损失的,应从实际赔付之日起计算,而非从其打印赔款收据之日起算。　194

② 原告中国人民财产保险股份有限公司宁波市分公司与被告深圳市华展国际物流有限公司、马士基(中国)航运有限公司、A. P. 穆勒-马士基有限公司海上货物运输合同货损纠纷案【广州海事法院(2006)广海法初字第159号】…… 198

> **No. HX-6.1-3**　保险代位求偿权是一种法定的权利,在保险人对被保险人实际赔付后即取得代位求偿权,该权利的取得并不以保险人取得权益转让书为必要条件。保险人向被保险人作出了保险赔付,持有涉案正本提单和保险单,依法取得了代位求偿权,有权提起诉讼,行使收货人的权利,要求承运人承担民事责任。　198

③ 原告中国平安财产保险股份有限公司江门中心支公司与被告中海集装箱运输深圳有限公司江门分公司、中海集装箱运输深圳有限公司、五洲航运有限公司海上货物运输合同货损赔偿纠纷案【广州海事法院(2006)广海法初字第84号】………………………………………………………………………… 203

> **No. HX-6.1-4**　抢劫并不同于海盗行为,不属于《中华人民共和国海商法》第51条规定的免责情形。　203

④ 原告中国人民财产保险股份有限公司海南省分公司与被告湛江市沧海船务有限公司、广州市港信航务实业有限公司船舶碰撞损害赔偿纠纷案【广州海事法院(2003)广海法终字第84号】………………………………… 206

> **No. HX-6.1-5**　保险人支付的保险赔偿小于货物损失的,保险人依法只能在其保险赔偿范围内行使代位求偿权。　206

⑤ 原告中国人民财产保险股份有限公司上海市分公司与被告天津中远国际货运有限公司、中远集装箱运输有限公司海上货物运输合同纠纷案【天津海事法院(2004)津海法商初字第722号】…………………………… 210

> **No. HX-6.1-6**　保险单和提单虽经背书,但均为空白背书,保险人持有正本保险单和全套正本提单,应认定其具有合法的代位求偿权。　210

> **No. HX-6.1-7**　承运人的签单代理人与保险人及被保险人之间没有海上货物运输合同关系,不应承担货损责任。　210

⑥ 上诉人江苏省宝江运贸有限公司与被上诉人中国人民财产保险股份有限公司唐山市分公司沿海货物运输合同纠纷案【天津市高级人民法院(2010)津高民四终字第35号】……………………………………………… 213

> **No. HX-6.1-8** 判断保险人是否取得代位求偿权,主要应审查其是否向被保险人支付了赔款。保险代位求偿权诉讼案件,对于保险合同关系是否成立等问题,不属于案件的审理范围。 213

⑦ 上诉人中国人民财产保险股份有限公司东莞市分公司与被上诉人王振旭海上保险合同代位求偿权纠纷案【福建省高级人民法院(2011)闽民终字第467号】……………………………………………… 218

> **No. HX-6.1-9** 受理保险人行使代位请求赔偿权利纠纷案件的,人民法院应当仅就造成保险事故的第三人与被保险人之间的法律关系进行审理,第三人抗辩保险人理赔程序不正当的,并不对第三人责任承担产生任何影响。 218

6.2 保险责任的期间 …………………………………………… 224

⑧ 原告广东恒兴集团有限公司与被告华泰财产保险股份有限公司广东省分公司海上货物运输保险合同纠纷案【广州海事法院(2007)广海法初字第426号】……………………………………………… 224

> **No. HX-6.2-1** 保险条款中"仓至仓"责任自被保险货物运离保险单所载明的起运地仓库,或储存处所开始运输时生效,包括正常运输过程中的海上、陆上、内河和驳船运输在内,直至该项货物到达保险单所载明目的地收货人的最后仓库,或储存处所或被保险人用作分配、分派或非正常运输的其他储存处所为止。 224

> **No. HX-6.2-2** 在"仓至仓"运输的保险纠纷中,若无证据证明被保险人知道有转船运输的事实,转船运输并不影响保险合同的有效性;海上货物运输法律关系与海上货物运输保险法律关系是两个不同的法律关系,不能以承运人应否承担责任来决定保险人责任的归属与否。 224

⑨ 原告尤迪特包装私人有限公司、原告上海耀科印刷机械有限公司与被告大众保险股份有限公司海上保险合同纠纷案【上海海事法院(2011)沪海法商初字第101号】……………………………………………… 230

> **No. HX-6.2-3** 保险单背面条款责任起讫约定的"仓至仓"责任,保险责任的终止是在被保险货物到达保险单所载明目的地收货人的最后仓库或储存处所或被保险人用作分配、分派或非正常运输的其他储存处所为止。如未抵达上述仓库或储存处所,则以被保险货物在最后卸货港全部卸离海轮后满60天为止。如在上述60天内被保险货物需转运到非保险单所载明的目的地时,保险期间则以该项货物开始转运时终止。 230

⑩ 原告厦门鹭永信实业有限公司与被告中国人民保险公司厦门市分公司海上货物运输保险合同纠纷案【厦门海事法院(2004)厦海法商初字第219号】 …… 233

> **No. HX-6.2-4** 货物保险"仓至仓"条款约定,自被保险货物运离保险单所载明的起运地仓库或储存处所开始运输时生效,直至该项货物到达保险单所载明目的地的最后仓库或储存处所或被保险人用作分配、分派或非正常运输的其他储存处所为止。因此,被保险人在拖车公司停车场开柜,停车场应视为分配、分派货物的场所,保单的责任期间到拖车公司的停车场止。被保险人不能证明在保险责任期间发生了保险事故,对其要求保险人支付保险赔款的主张不予支持。 233

⑪ 原告宁波钢铁有限公司与被告中国平安财产保险股份有限公司宁波分公司、中国平安财产保险股份有限公司水运货物运输保险合同纠纷案【宁波海事法院(2008)甬海法商初字第12号】 …… 236

> **No. HX-6.2-5** 码头卸船险,承担的责任是货物在装卸过程中意外事故造成的直接损失,责任起自货物卸离海轮时,至装上运输车辆时终止。"卸离海轮"如无特别约定,按照对保险人不利的解释,自货物被吊离舱底开始计算保险期间。 236

> **No. HX-6.2-6** 被保险人有权选择依据保险合同向保险人索赔,也有权选择依据其他法律关系向责任方索赔。保险合同作出"被保险人必须先向事故责任方索赔,然后才能向保险人索赔"的限制性约定的,该约定无效。 236

6.3 保险责任的范围 …… 240

⑫ 华安财产保险股份有限公司与兄弟海运有限公司海上货物运输合同纠纷案【广州海事法院(1999)广海法深字第98号】 …… 240

> **No. HX-6.3-1** 依据买卖合同双方达成的货损货差赔偿协议,并不能证明货物短少发生在保险责任期间,法院不能以此作为定案的依据。 240

> **No. HX-6.3-2** 理货公司与进出口商品检验局对同一事项的检验结果有差异时,除有充分证据证明进出口商品检验局的结果有瑕疵,否则法院会以进出口商品检验局的结果为准。 240

⑬ 原告广东温氏食品集团有限公司与被告中国人民财产保险股份有限公司广州市分公司海上货物运输保险合同纠纷案【广州海事法院(2005)广海法初字第103号】 …… 245

> **No. HX-6.3-3** 保险合同对保险金额及赔偿或者给付期限有约定的,保险人应当依照保险合同的约定,履行赔偿或者给付保险金义务。保险人未及时履行前款规定义务的,除支付保险金外,应当赔偿被保险人因此受到的损失。 245

> **No. HX-6.3-4** 被保险人为防止或者减少根据合同可以得到赔偿的损失而支出的必要的合理费用,为确定保险事故的性质、程度而支出的检验、估价的合理费用,以及为执行保险人的特别通知而支出的费用,应当由保险人在保险标的损失赔偿之外另行支付。······245

14 上诉人中国平安财产保险股份有限公司烟台中心支公司与被上诉人烟台大海国际船舶管理有限公司船舶保险合同纠纷案【山东省高级人民法院(2007)鲁民四终字第123号】··················250

> **No. HX-6.3-5** 事故发生在保险责任期间,因船员疏忽行为造成的船舶损失事故,属于保险人船舶保险条款(1986年1月1日施行)一切险条款中船长、船员的疏忽行为所造成的船舶部分损失,为承保范围,保险人应当承担保险赔偿责任。 250

15 上诉人中国人民保险公司青岛市分公司与被上诉人巴拿马浮山航运有限公司船舶保险合同纠纷案【山东省高级人民法院(2001)鲁经终字第314号】··· 256

> **No. HX-6.3-6** 被保险人所属船舶在国外被当地法院扣留后,被保险人及时通知了保险人,并要求保险人为其提供担保,但保险人以间接碰撞不在保险责任范围为由拒绝提供担保。在达成和解协议前征求过保险人的意见,但保险人置之不理。被保险人这一行为的目的是为了减少自己的损失,应当说也是为了维护保险人的利益而实施的行为。保险人不积极作为,并不影响被保险人向其主张权利,保险人应该赔偿被保险人因间接碰撞所支付给对方船东的赔偿。 256

> **No. HX-6.3-7** 保险合同适用的船舶保险条款中约定保险人的责任包括法律费用。被保险人在国外法院因船舶间接碰撞纠纷参加诉讼,为了诉讼所支付的律师费应认定是法律费用,保险人应予赔偿。但被保险人支付的咨询费用不是必要的法律费用,不应由保险人负担。 256

16 上诉人巴拿马永跃船务发展有限公司与被保险人中国人民财产保险股份有限公司青岛市分公司船舶保险合同保险赔偿金纠纷案【山东省高级人民法院(2007)鲁民四终字第65号】··················263

> **No. HX-6.3-8** 即使船东公司的股东之一同意或知道赔付,也无法得出船东公司同意或知道赔付的结论。被保险人曾委托其管理公司向保险人索赔,管理公司放弃被保险人的部分利益需经被保险人的授权。保险人没有证据证明被保险人委托管理公司代为确认保险赔付事宜或达成通融赔付的协议,管理公司对赔付的同意和确认不能约束船东。 263

17 原告诚创科技(苏州)有限公司与被告中国太平洋财产保险股份有限公司苏州分公司海上保险合同纠纷案【上海海事法院(2010)沪海法商初字第724号】··················272

> **No. HX-6.3-9** 保险单载明,保险人承保的险别为平安险和陆运险。由于货物受潮而导致湿损,并不属于平安险和陆运险的保险责任范围,因此保险人不应承担责任。 272

18 原告上海申福化工有限公司与被告中国人民财产保险股份有限公司上海市分公司海上保险合同纠纷案【上海海事法院(2010)沪海法商初字第914号】…… 275

> **No. HX-6.3-10** 律师费、货物的进口关税和进口增值税,不属于保险事故导致的损失,亦不属于《中华人民共和国海商法》规定的为防止或者减少可以得到赔偿的损失而支出的必要的合理费用,故该部分损失不属于保险赔偿的范围。 275

19 上诉人中国平安财产保险股份有限公司天津市南开支公司与被上诉人九三集团天津大豆科技有限公司海上保险合同纠纷案【天津市高级人民法院(2010)津高民四终字第32号】…………………………………………… 279

> **No. HX-6.3-11** 大豆运输短重索赔,保险人欲以水分含量的减少属于货物的自然属性进行抗辩,就应该承担相应的举证责任,否则应承担举证不能的后果。 279

20 原告福州明发船务有限公司与被告中国人民财产保险股份有限公司武汉市硚口支公司等海上保险合同纠纷案【厦门海事法院(2009)厦海法商初字第488号】………………………………………………………………… 281

> **No. HX-6.3-12** 公估费、船检费属于确定保险事故程度而支出的估价费用,属于必要的合理费用,原告可以请求保险人承担。 281

> **No. HX-6.3-13** 保险合同由保险公司分支机构与原告签订,且该分支机构具有独立承担民事责任的经济能力,该分支机构的上级保险公司无须承担连带责任。 281

21 原告广西明发海运有限公司与被告中国人民财产保险股份有限公司重庆市渝中支公司海上保险合同纠纷案【厦门海事法院(2009)厦海法商初字第528号】………………………………………………………………… 287

> **No. HX-6.3-14** 船舶机器本身发生的故障所引起的其他损失或损坏,根据沿海船舶一切险中除外责任的约定,保险人不承担赔偿责任。 287

22 原告台州市神通海运公司与被告中国大地财产保险股份有限公司台州中心支公司船舶保险合同纠纷案【宁波海事法院(2008)甬海法台商初字第5号】…………………………………………………………………… 289

> **No. HX-6.3-15** 被保险人与第三人签订的赔偿协议书中约定了逾期付款违约金,该约定不约束保险人。保险人即使未能及时理赔,也不承担该逾期违约金。 …… 289
>
> **No. HX-6.3-16** 保险人未能及时理赔,应当按照同期银行贷款利率计算逾期赔付的责任。 …… 289

23 原告包朝波、贺满青与被告中华联合财产保险股份有限公司舟山中心支公司海上保险合同纠纷案【宁波海事法院(2012)甬海法舟商初字第104号】…… 292

> **No. HX-6.3-17** 突发脑出血死亡不属于意外伤害险的承保范围,其他类似保险合同均作如此释义,故该解释不属于免责条款范畴。而且意外伤害险的字面含义既然不包括自身疾病,故无须保险人对该除外责任作特别解释。 …… 292

7. 保险纠纷的时效与举证责任 …… 294

7.1 时效 …… 294

1 原告赵典藏、金志贝、陈德喜、吴昌南与被告中国人民财产保险股份有限公司温州市分公司船舶保险合同保险赔款纠纷案【宁波海事法院(2006)甬海法温商初字第39号】…… 294

> **No. HX-7.1-1** 在船舶所有人和船舶经营人分离的情况下,以船舶作为保险标的(而非船舶经营人的经营收益)的保险利益,应当认定为由船舶所有人所享有。 …… 294
>
> **No. HX-7.1-2** 被保险人故意不如实告知以及未告知或者错误告知对保险事故的发生有影响的举证责任,由保险人承担。 …… 294
>
> **No. HX-7.1-3** 海上保险合同的时效中断,适用《中华人民共和国海商法》的规定,不能仅因被保险人提出主张而中断时效。 …… 294

2 原告深圳市光达航运有限公司与被告中国人民保险公司深圳市分公司保险合同纠纷案【广州海事法院(2000)广海法深字第7号】…… 301

> **No. HX-7.1-4** 海上保险合同纠纷,被保险人向保险人要求保险赔偿的请求权的时效期间为2年,自保险事故发生之日起计算。 …… 301
>
> **No. HX-7.1-5** 诉讼时效是法定的,当事人无权协商变更,船东责任险条款中对被保险人的索赔时效的规定无效。 …… 301

3 上诉人上海安顺航运有限公司与被上诉人中国太平洋财产保险股份有限公司云南分公司海上货物运输合同纠纷案【上海市高级人民法院(2013)沪高民四(海)终字第23号】…… 305

> **No. HX-7.1-6** 保险人行使代位权之诉与受益人对第三人所提起的索赔之诉系同一事实、同一法律关系、同一诉讼标的额的诉讼,当任一诉讼已进入审理程序时,法院均不可能因同一事实以同样的案由再次立案,该事由也可成为诉讼时效中断的事由。 305

④ 上诉人百事昌化学公司与被上诉人中国人民财产保险股份有限公司北京市分公司海上保险合同纠纷案【天津市高级人民法院(2005)津高民四终字第160号】 312

> **No. HX-7.1-7** 《中华人民共和国海商法》第267条规定的"时效因请求人提起诉讼、提交仲裁或者被请求人同意履行义务而中断",而"被请求人同意履行义务"应理解为请求人与被请求人协商赔偿事宜,并就具体赔偿数额达成协议。保险人同意赔付合理费用、同意对受损货物进行索赔工作、在有条件限制的情况下同意支付法律费用等意思表示,均不构成诉讼时效中断的事由。 312

7.2 举证责任分配 318

⑤ 原告海南省海口永昌兴船务有限公司与被告中国人民保险公司湖北省分公司船舶保险合同保险赔偿纠纷案【武汉海事法院(2001)武海法商字第23号】 318

> **No. HX-7.2-1** 虽有船舶保险合同关系,且船舶发生海损事故亦发生在保险责任期间,但被保险人不能举证证明船舶发生事故的原因属于船舶保险责任范围,故不能主张保险赔偿。 318

> **No. HX-7.2-2** 对于海损事故原因是否系不适航所致的问题,应根据谁主张谁举证的原则,认定主张不适航的货方承担举证不能的不利后果。 318

⑥ 原告苏黎世产物保险股份有限公司与被告华泓国际运输股份有限公司、万海航运新加坡私人有限公司海上货物运输合同纠纷案【上海海事法院(2010)沪海法商初字第56号】 320

> **No. HX-7.2-3** 原被告双方对货损原因作出了不同的结论,由于两份检验报告均为原、被告单方检验,证明力均存在一定瑕疵,因此,根据举证责任的分配规则,由负有举证责任的一方承担举证不能的不利后果。 320

⑦ 上诉人 QAIS TRADING 与被上诉人中银保险有限公司浙江分公司海运货物保险合同纠纷案【浙江省高级人民法院(2010)浙海终字第44号】 324

> **No. HX-7.2-4** 保险事故发生后,投保人、被保险人或者受益人应当向保险人提供其所能提供的与确认保险事故的性质、原因、损失程度等有关的证明和资料。受益人、被保险人应有初步举证的义务。从举证的能力考量,受益人系收货人,能够在第一时间知晓货物的状况以及获得相关单据,其举证能力强于保险人,故"保险标的丢失是否发生在责任期间"的举证责任,由受益人承担。 324

8. 其他 ······ 330

8.1 预约保险 ······ 330

1 原告深圳市金活医药有限公司与被告华泰财产保险股份有限公司深圳分公司水运货物保险合同纠纷案【广州海事法院（2006）广海法初字第227号】······ 330

> **No. HX-8.1-1** 被保险人分别签发的保险单证的内容与预约保险单证内容不一致，以分别签发的保险单证为准。 330

2 上诉人中国太平洋财产保险股份有限公司嵊泗支公司与被上诉人浙江省舟山天力化纤有限公司水运货物保险合同纠纷案【浙江省高级人民法院（2009）浙海终字第12号】······ 334

> **No. HX-8.1-2** 预约保险单约定被保险人负有出运货物前的通知义务，由于该条款系保险人免责条款，而保险人未尽说明义务，该约定不发生效力。 334

> **No. HX-8.1-3** 保险人认为被保险人未及时向第三人索赔，导致诉讼时效届满，有权扣减保险赔偿金。法院认为，该行为不影响保险人先承担保险责任，再向第三人追偿，故驳回保险人的该主张。 334

8.2 重复保险 ······ 340

3 原告中国太平洋财产保险股份有限公司苏州分公司与被告上海海联运输有限公司、被告上海权亚船务有限公司通海水域货物运输合同纠纷案【上海海事法院（2011）沪海法商初字第1187号】······ 340

> **No. HX-8.2-1** 是否构成重复保险，应以投保人及保险利益是否同一为标准。两份保险合同之间，投保人既非同一，保险利益亦不相同，并不构成重复保险。 340

8.3 在建船舶保险 ······ 345

4 原告中海工业（江苏）有限公司与被告中国太平洋财产保险股份有限公司扬州中心支公司、被告中国太平洋财产保险股份有限公司海上保险合同纠纷案【上海海事法院（2011）沪海法商初字第1308号】······ 345

> **No. HX-8.3-1** 在建船舶未进行正式登记，也未取得主管部门颁发的正式证书，虽然其在试航阶段也具备了一定的水上航行能力，但仍处于对船体的测试检验阶段，最终能否通过测试进而取得正式的船舶资格并不确定，因而在建船舶不构成《中华人民共和国海商法》意义上的船舶，船舶定作人也就不能成为《中华人民共和国海商法》第十一章所规定的船舶所有人或船舶经营人。在承担责任时，船舶定作人无权享有海事赔偿责任限制。 345

8.4 第三人直接请求权 ·· 351

5 上诉人江生与被上诉人中国人民财产保险股份有限公司福州市台江支公司海上保险合同纠纷案【福建省高级人民法院(2011)闽民终字第719号】······ 351

> **No. HX-8.4-1** 责任保险的被保险人给第三人造成损害,被保险人对第三人应负的赔偿责任确定的,根据被保险人的请求,保险人应当直接向该第三人赔偿保险金。被保险人怠于请求的,第三人有权就其应获赔偿部分直接向保险人请求保险赔偿金。第三人据此直接向责任保险的保险人请求,属于适格原告。 351

8.5 共同保险 ·· 356

6 上诉人中华联合财产保险股份有限公司上海分公司与被上诉人中国太平洋财产保险股份有限公司上海分公司海上货物运输保险共保纠纷案【浙江省高级人民法院(2008)浙民三终字第187号】 ······································· 356

> **No. HX-8.5-1** 对于共保的概念,我国法律并无明文规定,但是中国保险监督管理委员会《关于大型商业保险和统括保单业务有关问题的通知》可作参考。 356

> **No. HX-8.5-2** 关于共保协议的内容,法无明文规定。法院根据双方的约定,判令在主承保人向被保险人支付全部保险赔偿之后,次承保人应当按照协议约定承担相应的保险赔偿金、共保理赔费用及相应的利息。 356

8.6 续保 ·· 362

7 原告支华祥与被告中华联合财产保险公司舟山中心支公司船舶保险合同纠纷案【宁波海事法院(2005)甬海法商初字第639号】 ······················ 362

> **No. HX-8.6-1** 被保险人提出续保要求并交付保险费,保险人同意续保并接受了保险费,但是保单载明的保险期间起始日期与原保单的保险期间截止日期相比有数日间隔,在此期间发生保险事故,法院认定仍由保险人承担责任。 362

> **No. HX-8.6-2** 保单载明的免赔额为20%,而预先制定保险条款载明保险人对碰撞责任赔偿3/4。法院认为特别约定之效力优先于预先制定的格式保险条款的效力,故免赔比例仅为20%。 362

案例索引 ··· 367

主题词索引 ·· 371

后记 ··· 375

1. 海上保险法的基本原则

1.1 保险利益原则

1 原告黄春发有限公司与被告中国太平洋保险公司广州分公司海上运输货物保险合同纠纷案

案例来源:广州海事法院(2000)广海法重字第1号

主题词:一切险 实际全损 保险利益 货物失踪

> **裁判要旨**
>
> **No. HX-1.1-1** 保险人承保一切险,应对承保货物失踪是否属于外来原因所致,是否属于一切险的责任范围承担举证责任,其出具的保险单没有列明外来原因的范围,也没有提供充分有效的证据证明货物失踪不属于外来原因所致,法院认定货物失踪是外来原因所致,属于一切险的责任范围。
>
> **No. HX-1.1-2** 根据保险利益原则,被保险人在投保时或发生保险事故时,对保险标的应当具有保险利益。故买方的进口代理人在投保时或发生事故时,对保险标的不具有保险利益。

一、基本案情

原告:黄春发有限公司

被告:中国太平洋保险公司广州分公司

原告黄春发有限公司诉称:1994年8月25日,广西化工进出口梧州公司(以下简称广西化工公司)作为被保险人就型号为INT. RSS 3和INT. RSS 5的天然橡胶共1 500吨向被告投保海运货物一切险,并交纳了保险费。被告向被保险人签发了编号为20015605和20015606的保险单,保险金额共2 061 950美元。原告是上述货物的发货人,并将上述货物交由宋卡东海船务有限公司(以下简称宋卡公司)承运。1994年8月25日,上述货物在泰国宋卡港装上了"ELEONORA NO. 8"轮,宋卡公司于同日签发了SKBH-1号、SKBH-2号、SKBH-3号和SKBH-4号已装船提单。9月初,该轮离开宋卡港驶往中国北海。但该轮并没有按预定的计划到达目的港,半个月之后,船公司与该轮失去联系。该轮没有到达目的港,提单持有人提货不着,遭受巨大损失。

被保险人广西化工公司根据中国人民保险公司于1981年1月1日颁布的《海洋运输货物保险条款》(包括仓至仓条款)就上述货物投保了一切险,承保航程自泰国宋卡港至中国北海港。上述货物在运输途中出险失踪,遇意外事故引起全损,属于一切险的责任范围,被告应当按照保险金额予以赔偿。货物出险后,广西化工公司分别于1995年5月3日、5月16日和6月27日3次书面向被告提出索赔,但被告于1995年6月28日传真回复后,再无明确答复。尔后,广西化工公司将两份保险单背书转让给原告。作为提单持有人和保险受益人的原告曾委托两代理人于1996年7月2日又向被告索赔,但被告至今未依照法律和保险单的约定履行赔付义务,给原告造成了巨大的经济损失。请求法院判令被告向原告支付赔款2 061 950美元及其利息(自1995年5月3日起至实际支付之日止,按月利率0.8%计算)。

被告中国太平洋保险公司广州分公司辩称:保险单的被保险人是广西化工公司,原告通过被保险人背书转让而获取该保险单。被告赔付的前提:(1)被保险人具有保险利益;(2)被保险人转让保险单的行为合法有效。广西化工公司在本案中的法律地位是买卖合同买方的信用证开证人、代理人。在代理合同中,广西化工公司履行代理义务后收取3%的代理费用。至于买卖合同的买卖双方是否履行了买卖合同、货物是否支付了款项、是否承担风险,都与广西化工公司无关。具有保险利益的条件是被保险人享有物权,被保险人占有和实际控制货物,被保险人就本案承担风险。原告和被保险人广西化工公司都不享有物权,没有实际控制货物,不承担海上货物运输的任何风险,因此,广西化工公司不具有保险利益。根据《中华人民共和国保险法》第11条的规定,本案保险合同无效,被保险人不能获得保险赔款。广西化工公司不具有保险利益,其将保险单转让给原告是无效的。从经济利益和所有权的标准来看,原告都不具有保险利益,本案原告的主体资格不适格。

原告至今不能证明其索赔的货物已经装上保险单指定的船舶,据此,被保险人索赔的期间还没有开始。本案货物投保的是一切险,没有投保交货不到的附加险,所以不属于原告索赔的范围。被保险人没有依照保险单的约定及时交纳保费,所以丧失了索赔的权利。被保险人丧失了对责任方追偿的权利,没有及时采取措施向承运人索赔,根据《中华人民共和国保险法》的规定,保险人可以拒付或不承担保险责任。

综上,保险人不应该履行赔付义务,原告的请求没有事实和法律依据。

二、法院查明的事实

广州海事法院认定了以下事实:

1994年6月15日,广西化工公司与深圳桂兴贸易发展公司(以下简称深圳桂兴公司)签订《代理进口协议》,约定:深圳桂兴公司委托广西化工公司于1994年七八月份进口泰国烟胶1 000至2 000吨,到货地点为广西口岸;广西化工公司负责办理上述货物的进口手续、开立信用证、办理货物的报关、报验、审单付汇等工作,所发生的一切费用由深圳桂兴公司负担;深圳桂兴公司负责从泰国组织橡胶货源,并负责销售,所发生的费用由深圳桂兴公司负担;深圳桂兴公司以进口总额3%向广西化工公司支付代理费。

1994年7月31日,深圳桂兴公司作为买方与原告签订编号为94GSR0243和

一切险・实际全损・保险利益・货物失踪

94GSR0236 的两份买卖合同。第一份合同约定:深圳桂兴公司向原告购买橡胶 500 吨;价格条件为 CFR 中国北海每吨 1 350 美元,总价款为 675 000 美元;于 1994 年 8 月底前装船,自泰国港口运往中国北海港;付款方式为不可撤销即期信用证;单证要求为卖方商业发票一式三份、全套清洁已装船海运提单、制造商出具的质量和数量/重量证明书一式三份、装箱单一式两份。第二份合同约定:深圳桂兴公司向原告购买 RSS 3 橡胶 700 吨,价格条件为 CFR 中国北海每吨 1 100 美元;RSS 5 橡胶 300 吨,价格条件为 CFR 中国北海每吨 1 135 美元;1 000 吨橡胶的总价款为 1 159 000 美元;于 1994 年 7 月底前装船;付款方式为不可撤销即期信用证;单证要求与第一份合同一致。

广西化工公司于 1994 年 7 月 12 日和 8 月 9 日分别向中国建设银行广西分行申请开立了两份不可撤销即期信用证,信用证金额分别为 675 000 美元和 1 149 000 美元,第一份信用证到期日为 1994 年 8 月 31 日,第二份信用证到期日为 1994 年 9 月 10 日,两份信用证的到期地点均为泰国,受益人均为原告。

1994 年 8 月 25 日,宋卡公司作为承运人 GRAN MARNA SHIPPING CO. S, DE. R. L. 的代理人向原告签发了编号分别为 SKBH-1、SKBH-2、SKBH-3、SKBH-4 的 4 份指示提单,该 4 份提单均记载:装货港为泰国宋卡港,卸货港为中国北海港,承运船为"ELEONORA"轮,装船日期为 1994 年 8 月 25 日。其中,SKBH-1 号提单项下的橡胶 500 吨,SKBH-2 号提单项下的橡胶 500 吨,SKBH-3 号提单项下的橡胶 350 吨,SKBH-4 号提单项下的橡胶 150 吨。原告取得上述 4 份提单后,将单证交银行议付,但银行以单证不符为由予以拒付并退回全套单证。两份信用证相继到期失效,买方深圳桂兴公司没有支付货款。

1994 年 8 月 25 日,被告作为保险人向被保险人广西化工公司签发了两份保险单。其中一份保险单约定:橡胶 1 000 吨,保险金额 1 319 450 美元;装载运输工具"ELEONO-RA NO. 8",开航日期为 1994 年 8 月 25 日;自泰国宋卡港至中国北海港;赔款偿付地点为广州;投保险别为海洋运输货物一切险。另一份保险单约定:橡胶 500 吨,保险金额 724 500 美元,其余约定与前一份保险单相同。该两份保险单均加盖了被告的签字章和中国太平洋保险公司广州分公司中港保险代办站的章。

1994 年 8 月 25 日,原告函告广西化工公司称:"ELEONORA"轮于 1994 年 8 月 25 日承运 500 吨橡胶,预计 8 月 30 日离港,9 月 15 日抵达卸货港。27 日,原告又函告中国人民建设银行广西分行称:"ELEONORA"轮于 1994 年 8 月 25 日承运 1 000 吨橡胶,预计 8 月 30 日离港,9 月 15 日抵达卸货港。1994 年 10 月,宋卡公司通知原告载货船舶失踪。1994 年 12 月 17 日,原告以宋卡公司诈骗本案提单项下货物为由向泰国警方报案,并要求警方对宋卡公司董事长采取法律行动。

就 94GSR0243 和 94GSR0236 货物买卖合同,原告与深圳桂兴公司在银行付款问题上发生争议。原告在中国国际经济贸易仲裁委员会上海分会(以下简称上海仲裁分会)提起仲裁,请求:(1) 深圳桂兴公司立即支付 94GSR0243 和 94GSR0236 两份合同项下货款 1 874 500 美元;(2) 深圳桂兴公司赔偿经济损失;(3) 深圳桂兴公司承担因仲裁所需的一切费用。

深圳桂兴公司除拒绝原告的请求外,还就其遭受的经济损失提出反诉请求:(1)原告赔偿信用证开证银行利息人民币 748 279.20 元、开证费人民币 76 781.03 元、保险费人民币 61 848.18 元、进口代理手续费人民币 487 711.64 元、律师费人民币 20 万元,共计人民币 1 574 620.05 元;(2)原告承担全部仲裁费用。

1996 年 3 月 25 日,原告与深圳桂兴公司达成《和解协议》:(1)双方同意,原告将 45 万元人民币付至深圳桂兴公司指定的银行账户(开户行:建行南宁高新支行星湖分理处,户名:广西北斗律师事务所,账号:26102355)之日起 15 日内,深圳桂兴公司负责将涉及本案的海上货物运输保险单正本背书转让给原告。同时将保险公司的收费凭证复印件(加盖交费人公章并确认与原件相符)交给原告。另外,深圳桂兴公司尽可能把被保险人原来向保险公司提供的索赔文件交给原告。原告应向深圳桂兴公司出具收到上述文件的确认书。(2)双方承认对方在仲裁时提出的损失,该损失由原告全权向保险公司索赔,深圳桂兴公司给予协助。有关费用全部由原告负责。索赔所得实际金额扣除第一项 45 万元以及原告为向保险公司索赔而支付的诉讼费用、律师费、差旅费等一切费用后,原告与深圳桂兴公司按 10∶1 比例分配。(3)原告将第一项所列款项付至广西北斗律师事务所账户后,若深圳桂兴公司不能依约将第一项有关单证交给原告,本协议无效,深圳桂兴公司需退回原告所付的费用。(4)原告收妥第一项所列单证后,本协议生效,除本协议第二项外,双方互不追究对方的任何责任。(5)本协议一式 7 份,由双方授权代表签字后各执一份,另 5 份连同原告收妥第一项所列单证的确认书一起寄送上海仲裁分会,由该会根据本协议作出裁决。

4 月 20 日,原告与深圳桂兴公司订立了"确认书"确认:(1)原告已按照协议书第一条履行义务,并收妥深圳桂兴公司交给的已背书的保险单正本等第一条所列的全部文件。(2)原告、深圳桂兴公司双方就仲裁费的分担问题达成一致,原告预交的仲裁费由原告负担,深圳桂兴公司预交的反诉费由深圳桂兴公司自行负担。5 月 15 日,上海仲裁分会作出如下裁决:原告和深圳桂兴公司互相承认对方在仲裁时提出的损失,原告应向保险公司申请索赔,深圳桂兴公司应给予协助。有关费用应由原告承担,索赔所得金额扣除人民币 45 万元以及原告为向保险公司索赔而支付的诉讼费用、律师费、差旅费等一切费用后,余额应由原告和深圳桂兴公司按 10∶1 的比例分配。

原告与深圳桂兴公司签订《和解协议》后,广西化工公司将两份保险单背书转让给了原告。

原告向本院提供了中国北海外轮代理公司和广西北海港务管理局于 1996 年 10 月 17 日出具的证明,该证明称:"ELEONORA"轮自 1994 年到 1996 年 10 月 17 日未到过北海港。

原告于 1996 年 10 月 9 日向本院提供了提单、宋卡府总商会出具的原产地证、原告于 1994 年 8 月 19 日制作的装箱单、发票和重量质量证书等原始单证,上述原始单证中所记载的运输船均为"ELEONORA"轮。

一切险·实际全损·保险利益·货物失踪

原告于 1996 年 12 月 12 日向本院补充提供了关于装货船船名的证明。其中一份艾合国际装卸有限公司（宋卡办事处）出具的证明记载：本案提单项下货物已装上"ELEONORA NO. 8"轮，该轮于 1994 年 9 月 7 日离港，出证日期为 1994 年 9 月 29 日。

1998 年 5 月 20 日，本院向原告董事长黄春发调查时，黄春发对原告制作的装箱单、发票记载的承运船名"ELEONORA"轮解释称："拿提单时没有发现少了一个 8，拿了一两天后才发现，然后，船代理补了一个手续。我只有拿到提单才能作单证，装箱单和发票的船名跟提单的船名一致是为了保持单证的一致。"当本院再次向黄春发提出"装箱单是装货前还是装货后制作的？"问题时，黄春发很肯定地回答："拿到提单以后才作的。"

三、重审时认定的事实

（一）广西化工公司的代理权限是否包括代深圳桂兴公司办理本案所涉货物的保险

据原告补充提供的深圳桂兴公司于 2000 年 3 月出具的事实证明函（证据 13）记载："1994 年 6 月 15 日，深圳桂兴公司与广西化工公司签订《代理进口协议》，约定深圳桂兴公司委托广西化工公司于 1994 年七、八月份进口泰国烟胶 1 000 至 2 000 吨，到货地点为广西口岸；广西化工公司负责办理上述货物的进口手续、开立信用证、办理货物的报关、报验、审单付汇等工作，所发生的一切费用由深圳桂兴公司负担。根据上述代理协议，广西化工公司于 1994 年 8 月 25 日向被告投保了海洋运输货物一切险，随后代深圳桂兴公司交纳了保险费，并将全套保险单正本原件交给深圳桂兴公司。深圳桂兴公司特此确认广西化工公司向被告投保的行为属于深圳桂兴公司委托进口代理业务的范围之内。其代理符合我国外贸代理制度的有关规定和贸易习惯。"

庭审时，原告认为，深圳桂兴公司与广西化工公司签订的《代理进口协议》中没有提及广西化工公司的代理权限是否包括代办保险，但是广西化工公司的代理权限有一个等字，结合上述事实证明函，应认定广西化工公司的代理权限包括代办保险。被告提出异议，认为，上述事实证明函是在《代理进口协议》签订之后于诉讼中出具的，并且是深圳桂兴公司在上海仲裁分会与原告达成《调解协议》后，为配合原告进行索赔而出具的，所以被告对上述事实证明函的真实性和合法性表示质疑，应以《代理进口协议》约定的内容为准。合议庭认为，根据深圳桂兴公司与原告在上海仲裁分会达成的《调解协议》，深圳桂兴公司应协助原告向保险公司索赔，索赔所得金额扣除有关费用后，余额由原告和深圳桂兴公司按 10∶1 的比例分配，这表明，深圳桂兴公司与本案有利害关系。上述事实证明函是深圳桂兴公司在《调解协议》达成之后出具的，并非原始证据。因此，上述事实证明函的证明力明显较低，不能直接作为认定事实的依据，应结合本案其他证据综合认定。根据双方确认的事实，广西化工公司就本案所涉货物向被告投保时是以自己的名义进行的，并没有以深圳桂兴公司的名义投保。而本案所涉货物买卖合同是深圳桂兴公司作为买方直接对外与原告签订的，并不是广西化工公司签订的,这表明广西化工公司与深圳桂兴公司并没有按照我国外贸代理制度的有关规定及贸易习惯从事本案货物进口代理活动。综上,上述事实证明函不是原始证据,原告没有提供其他有效证据予以印证,对上述事实证明函不予采信。

(二)本案所涉货物是否已经装上了保险单约定的"ELEONORA NO. 8"轮

据原告补充提供的原告律师致宋卡海关函(证据1)记载:原告委托代理人钟诚于1998年11月20日致函宋卡海关,就本案货物是否装上"ELEONORA NO. 8"轮进行调查。据原告补充提供的宋卡海关致原告律师函(证据2)记载:(1)"ELEONORA NO. 8"轮确实于1994年8至9月间抵达宋卡港;(2)"ELEONORA NO. 8"轮于1994年9月8日装载了包括原告在内的3家公司所有的3 500吨RSS 3和RSS 5橡胶烟片;(3)根据提单的记载,货物的情况为:原告4份提单(SKBH-1、SKBH-2、SKBH-3、SKBH-4)项下的货物重量共1 500吨;(4)据宋卡海关所知,原告在前述期间内没有从该海关出口其他货物;(5)根据宋卡海关的记录,未曾有过名为"ELEONORA"的船舶抵达宋卡港。

庭审时,原告称:证据1、2从海关的角度证明本案货物与其他货物已经在装货港装上了"ELEONORA NO.8"轮,而不是不存在的"ELEONORA"轮。被告提出异议,认为:证据1、2是事后出具的,被告对其证明力表示怀疑。

据原告补充提供的原告律师致宋卡港口当局函(证据3)记载:原告委托代理人钟诚于1998年11月20日致函宋卡港务局,对"ELEONORA NO. 8"轮抵达装货港的情况进行调查。据原告补充提供的宋卡港口当局致原告律师函(证据4)记载:(1)"ELEONORA NO. 8"轮确实于1994年8至9月间抵达宋卡港;(2)"ELEONORA NO. 8"轮的船舶概况;(3)根据宋卡港务局的记录,1994年8至9月期间,未曾有过名为"ELEONORA"的船舶抵达宋卡港。

庭审时,原告称:证据3、4是相关联的,证据4从港口当局的角度证明"ELEONORA NO. 8"轮在本案货物装船期间停泊在宋卡港,而不存在本案货物装上"ELEONORA"轮的可能性。被告提出异议,认为:证据3、4只能证明1994年8至9月期间,"ELEONORA NO. 8"轮在宋卡港,并不能证明在此期间本案货物装上了"ELEONORA NO. 8"轮,并且证据3、4是事后补充的,因此,其不具有证明力。

据原告补充提供的租船备忘录(证据5)记载:1994年8月10日,宋卡公司作为出租人与承租人原告签订租船备忘录,约定由原告租用洪都拉斯籍"ELEONORA NO. 8"轮装运橡胶制品1 500吨,从泰国南部宋卡港运往中国北海港,受载期为1994年8月15日至25日,运费按班轮条件为每吨32美元。

庭审时,原告称:证据5证明原告为承运本案货物所租用的船舶是"ELEONORA NO. 8"轮。被告对证据5本身没有异议,但认为证据5不能证明原告将保险单的货物装上了保险单约定的运输工具。

原告补充提供的装港港口当局出具的证明(证据6)记载:SKBH-1、SKBH-2、SKBH-3、SKBH-4提单项下的货物已被装载于"ELEONORA NO. 8"轮并驶离宋卡港,上述货物已于 1994 年 8 月 18 至 23 日运至宋卡港并装载于上述船舶。

庭审时,原告称:证据 6 证明原告的货物已在宋卡港装上"ELEONORA NO. 8"轮。被告提出异议,认为证据 6 中的装货时间和提单时间是矛盾的,当时货物没有到达港口,不能证明货物装船的时间。

据原告补充提供的载于"ELEONORA NO.8"轮上货物所有提单(证据 7)记载:本案所涉 4 份提单(SKBH-1、SKBH-2、SKBH-3、SKBH-4)项下的货物装载于"ELEONORA"轮,另外两份提单(SKST-1、SKST-2)项下的货物装载于"ELEONORA NO. 8"轮。据原告补充提供的承运人致原告函件(证据 8)记载:宋卡公司于 1994 年 8 月 30 日致函原告称:SKBH-1、SKBH-2、SKBH-3、SKBH-4 提单项下的橡胶货物由"ELEONORA NO. 8"轮承运,请将上述情况及时通知有关收货人。

庭审时,原告称:证据 7、8 证明提单签发人签署提单时,船名描述方面有失误,应以证据 8 记载的船名"ELEONORA NO.8"轮为准。被告提出异议,认为证据 7 只能说明与本案无关的另外 2 份提单项下的货物装在"ELEONORA NO. 8"轮,而本案所涉 4 份提单项下的货物没有装上保险单约定的船舶,提单是倒签的,所以本案货物没有装上"ELEONORA NO. 8"轮,不存在更名和误写的可能。证据 8 是没有效力的,签发提单存在虚假,对于后来的更正,被告不予认可。

据原告补充提供的载货舱单(证据 9)记载:SKBH-1、SKBH-2、SKBH-3、SKBH-4 提单项下的货物装载于"ELEONORA NO. 8"轮。据原告补充提供的货物积载图的复印件(证据 10)记载:船名为"ELEONORA"轮,SKBH-1、SKBH-2、SKBH-3、SKBH-4 提单项下的货物装在船舶的具体舱位,该货物积载图上大副签字章记载的船舶名称为"ELEONORA NO……""NO"后的字迹不清楚。

庭审时,原告称:证据 9、10 是船舶装货的记录,证明本案所涉货物装上了"ELEONORA NO. 8"轮的具体舱位。被告提出异议,认为证据 10 并没有反映货物装在"ELEONORA NO.8"轮,证据 9 与原告以前提供的证据相互矛盾。

据原告补充提供的平安保险公司保险单(证据 11)记载:中国平安保险公司承保了"ELEONORA NO. 8"轮承运的、自泰国宋卡港至中国汕头港的橡胶 1 000 吨,保险金额 1 606 000 美元,开航日期为 1994 年 9 月 4 日,投保险别为一切险。据原告补充提供的保险赔款收据(证据 12)记载:中国(深圳)物资工贸集团有限公司收到了中国平安保险公司就上述保险单(证据 11)项下货物的保险赔款 1 606 000 美元。

庭审时,原告称:证据 11 结合证据 7,从另外一个角度间接证明确实是"ELEONORA NO. 8"轮承运了包括本案货物在内的几票货物,说明本案提单所写船名"ELEONORA"轮是笔误。证据 12 说明,提单(证据 7)反映的情况属实,补充证明证据 11。被告提出异议,认为证据 11、12 只是间接证据,结合其他证据也不能直接证明本案货物装上"ELEONORA NO.8"轮。

合议庭多数法官认为:原告补充提供的 12 份证据中最关键的是证据 8。证据 8 是宋卡公司在提单签发数日后出具的,本案中没有证据证明宋卡公司在出具证据 8 时仍然是提单记载的承运人的代理人,也没有证据证明该承运人认可本案货物实际装在"ELEONORA NO. 8"轮上,且证据8没有经过公证认证,被告对该证据提出了异议。因此,对证据8不予采信。原始证据的证明力应大于非原始证据的证明力,原告在原审期间提供的提单、宋卡府总商会出具的原产地证、装箱单、发票和重量质量证书都是原始证据,而原告补充提供的证据2、4、6不是原始证据,是事后的证明。因此,原告补充提供的证据2、4、6不足以推翻提单等原始单证的记载。提单是认定承运货物船舶名称最直接的证据,也是保险人按照保险合同赔付后向承运人追偿的依据,本案提单载明的承运船舶名称为"ELEONORA"轮,原告补充提供的12份证据,不足以证明提单等单证的记载是笔误。原告补充提供的证据5,仅仅证明租船合同当事人对承运船舶应为"ELEONORA NO. 8"轮的约定,不能证明本案货物已经实际装上"ELEONORA NO. 8"轮。因此,证据5不能推翻提单等单证的记载。此外,鉴于原告在收到提单后没有对提单记载的承运船名表示异议,而是持提单、发票、装箱单等议付单证去银行议付,而上述议付单证所记载的承运船名均为"ELEONORA"轮,因此,对原告关于本案货物实际已经装载在"ELEONORA NO. 8"轮上的陈述不予采信。综上所述,原告补充提供的证据1-12不能证明提单项下的货物装载在"ELEONORA NO. 8"轮上,对原告补充提供的证据1-12不予采信。

合议庭少数法官认为,证据1、2证明本案货物及其他货物在宋卡港装上了"ELEONORA NO. 8"轮,而不是"ELEONORA"轮。证据3、4证明本案货物在宋卡港装船期间,"ELEONORA NO. 8"轮停泊在宋卡港,而未曾有过名为"ELEONORA"的船舶抵达宋卡港。因此,本案货物不可能装上"ELEONORA"轮。证据5证明原告为承运本案货物所租用的是"ELEONORA NO. 8"轮。证据6证明本案货物在宋卡港装上了"ELEONORA NO. 8"轮。证据8证明宋卡公司在签发提单时,将承运本案货物的船舶名称误写为"ELEONORA"轮,实际承运本案货物的应该是"ELEONORA NO. 8"轮。证据9、10证明本案货物装载在"ELEONORA NO. 8"轮上的具体舱位。证据7结合证据11、12,证明"ELEONORA NO. 8"轮装载了与本案无关的另外两票货物。综上所述,证据1-12从宋卡港海关、宋卡港港口当局、承运人及提单签发人、"ELEONORA NO. 8"轮装载的其他货物情况等不同角度证明:作为保险标的的本案货物实际上装载在保险单所记载的船舶"ELEONORA NO. 8"轮上,而本案提单记载的承运船舶名称"ELEONORA"轮属于笔误。证据1-12内容真实、来源及形式合法,且能够相互印证,应予以采信。被告对证据1-12提出异议的主要依据是:原告于原审期间提供的提单、宋卡府总商会出具的原产地证、装箱单、发票和重量质量证书等证据记载的承运船名为"ELEONORA"轮。本案事实表明,上述证据中最主要的直接证据是提单,由于提单将承运船名记载为"ELEONORA"轮,导致上述证据将承运船名均记载为"ELEONORA"轮。而原告补充提供的证据8证明:宋卡公司在签发提单时,将承运船名"ELEONORA NO. 8"轮误写为"ELEONORA"轮,原告补充提供的其他证据也能够印证这一事实。因此,原告补充提供的证据1-12能够推翻其原审期间提供的提单、宋卡府总商会出具的原产地证、装箱单、发票和重量质量证书等证据关于承运船名为"ELEONORA"轮的记载。被告对原告补充提供的证据1-12所提出的异议,缺乏充分有效的证据支持,不予采信。

（三）关于保险费的交纳问题

原告提供的中国人民银行广州市分行关于对市太保天河支公司、市人保东山支公司违规接受保险业务的通报证明:被告设立中国太平洋保险公司中港保险代办站,并接受广州市海珠区中港保险咨询顾问公司介绍的业务。原告提供的原告在原审期间委托的代理人广西北斗律师事务所刘桂宽、林仁聪于1996年12月11日向中国人民银行广州市分行非银行金融机构管理处进行调查的询问笔录证明:被告委托广州市海珠区中港保险咨询顾问公司代办保险业务。原告提供的代理保险业务委托书证明:广州市海珠区中港保险咨询顾问公司于1994年8月1日委托梧州口岸经济贸易发展总公司代理承保保险业务。对上述证据及事实,被告没有异议,合议庭予以确认。

据原告提供的中国人民建设银行进账单记载:广西化工公司于1995年1月4日向梧州口岸经济贸易发展总公司支付保险费61 848.18元。据原告提供的中国银行电汇凭证记载:梧州口岸经济贸易发展总公司于1995年1月13日将保险费61 848.18元汇给广州市海珠区中港保险咨询顾问公司。庭审时,原告称:上述证据证明广西化工公司通过梧州口岸经济贸易发展总公司向广州市海珠区中港保险咨询顾问公司支付保险费61 848.18元。被告提出异议,认为:上述证据只能证明保险费是广州市海珠区中港保险咨询顾问公司收取的,而且保险费是保险事故发生之后交纳的,被告至今没有收到保险费。合议庭认为:上述事实及证据证明:广西化工公司通过梧州口岸经济贸易发展总公司向被告的代理人广州市海珠区中港保险咨询顾问公司支付了保险费。至于被告是否收到该笔保险费,属于被告与广州市海珠区中港保险咨询顾问公司之间的保险代理法律关系的调整范围。

另查明:本案两份保险单均记载:承保人根据被保险人的要求,在被保险人向承保人缴付约定的保险费后,按照本保险单承保险别和背面所载条款与下列特款承保下述货物运输保险,特立本保险单。两份保险单背面的《海洋运输货物保险条款》第1条"责任范围"均规定:"本保险分为平安险、水渍险及一切险3种。被保险货物遭受损失时,本保险按照保险单上订明承保险别的条款规定,负赔偿责任。""一切险,除包括上列平安险、水渍险和各项责任外,本保险还负责被保险货物在运输途中由于外来原因所致的全部或部分损失。"

四、法院裁判

广州海事法院认为本案属于海上运输货物保险合同纠纷。保险标的是从泰国宋卡港经海上运往中国北海港的货物,原告是泰国法人,本案具有涉外因素。保险合同的保险人是被告,被保险人是广西化工公司,合同双方没有选择合同适用的法律。原告持有经广西化工公司背书转让的保险单,原、被告也没有选择处理合同争议所适用的法律。根据《中华人民共和国海商法》第 269 条的规定,合同当事人可以选择合同适用的法律,法律另有规定的除外。合同当事人没有选择的,适用与合同有最密切联系的国家的法律。本案应依最密切联系原则确定处理合同争议所适用的法律。因本案纠纷是广西化工公司与被告签订的保险合同引起的,保险合同的双方当事人均为中国法人,保险单的签发地和保险单约定的赔款偿付地均在中国,故中国是与本案保险合同有最密切联系的国家,本案保险合同纠纷应适用中华人民共和国法律处理。

广州海事法院认为,原告没有提供充分证据证明作为保险标的的货物已经装上保险单约定的装载运输工具"ELEONORA NO. 8"轮,从而不能证明保险事故的发生,原告的诉讼请求证据不足,应予以驳回。

本案事实表明,作为保险标的的货物是否已经装上保险单约定的装载运输工具"ELEONORA NO. 8"轮,原告的诉讼请求能否得到支持,应从其他方面的证据综合认定。

本案事实表明,承运提单项下货物的船舶预计于 1994 年 9 月 15 日抵达卸货港广西北海港,但该轮并未到达广西北海港。宋卡公司于 1994 年 10 月通知原告该轮失踪。《中华人民共和国海商法》第 248 条规定,船舶在合理时间内未从被获知最后消息的地点抵达目的地,除合同另有约定外,满两个月后仍没有获知其消息的,为船舶失踪。船舶失踪视为实际全损。参照上述的法律规定,应推定承运提单项下货物的船舶自 1994 年 11 月 16 日起失踪。据此,应推定装载于该轮的货物已经于 1994 年 11 月 16 日失踪。被告签发的两份保险单表明本案保险合同于 1994 年 8 月 25 日订立。本案事故和保险合同的签订均在《中华人民共和国保险法》于 1995 年 10 月 1 日施行之前发生,根据法律不溯及既往的原则,本案不适用《中华人民共和国保险法》,而应适用本案事故发生时生效的《中华人民共和国财产保险合同条例》和其他相关法律。

《中华人民共和国财产保险合同条例》第 3 条规定:"财产保险的投保方(在保险单或保险凭证中称被保险人),应当是被保险财产的所有人或者经营管理人或者是对保险标的有保险利益的人。投保方向保险方申请订立保险合同,负有交纳保险费的义务。"本案中,作为保险财产的货物卖方是原告,买方是深圳桂兴公司,根据合同的相对性原则,该批货物所有权只在原告和深圳桂兴公司之间进行转移。广西化工公司仅仅是深圳桂兴公司的货物进口代理人,其对该批货物没有且不可能享有所有权。原告没有提供证据证明广西化工公司是该批货物的经营管理人。因此,作为投保方和被保险人的广西化工公司不是该批货物的所有人或经营管理人。

保险利益是海上保险中最为重要的原则之一。保险利益是投保人对保险标的具有的法律上承认的利益。根据保险利益原则,被保险人在投保时或发生保险事故时,对保险标的应当具有保险利益。作为保险标的的货物在海上运输途中的风险由谁承担,应根据买卖合同双方的约定和调整买卖合同关系的法律确定。本案中,保险标的在海上运输途中的风险只能由买方或卖方承担,亦即广西化工公司无须承担该风险。广西化工公司代开了该批货物买卖合同项下的两份信用证,其对此可能承担的仅仅是

一切险·实际全损·保险利益·货物失踪

垫付信用证项下货款的风险,该批货物在海上运输途中的风险与广西化工公司无关。因此,广西化工公司在投保或发生事故时,对保险标的不具有保险利益。

以上所述表明,广西化工公司不是该批货物的所有人或经营管理人,而且对保险标的不具有保险利益,其就该批货物向被告投保,违反了《中华人民共和国财产保险合同条例》第 3 条的规定。根据《中华人民共和国经济合同法》第 7 条第 1 款第(1)项的规定,应确认双方签订的保险合同无效。

保险合同的转让应以保险合同有效为前提条件。由于本案保险合同无效,故作为被保险人的广西化工公司将保险单背书转让给原告的行为无效,原告受让的保险单对作为保险人的被告不具有约束力。

被保险人广西化工公司就该批货物投保的是一切险。如前所述,应推定装载该批货物的船舶在海上运输途中失踪。该批货物所发生的上述事故是否属于一切险的责任范围,是本案双方当事人争议的焦点之一。由于被告作为保险人,对该批货物承保的是一切险,故被告应对上述争议负举证责任,证明上述事故属于一切险的责任范围。解决上述争议,必须根据保险单条款的约定。根据保险单背面条款第 1 条的规定,一切险的责任范围为:除包括平安险、水渍险和各项责任外,本保险还负责被保险货物在运输途中由于外来原因所致的全部或部分损失。本案所涉货物失踪是否属于"外来原因所致",应由被告举证证明。被告出具的保险单没有列明"外来原因"的范围,也没有提供充分有效的证据证明该批货物失踪不属于"外来原因所致"。因此,应认定上述事故是"外来原因所致",上述事故属于一切险的责任范围。被告认为"本案货物投保的是一切险,没有投保交货不到的附加险,所以不属于原告索赔的范围",缺乏依据。

《中华人民共和国海商法》第 234 条规定:"除合同另有约定外,被保险人应当在合同订立后立即支付保险费;被保险人支付保险费前,保险人可以拒绝签发保险单证。"本案中的保险单的约定,被告在广西化工公司支付保险费之后签发保险单,亦即保险费应在保险单签发之前支付,但事实上,被告在广西化工公司没有支付保险费的情况下签发了保险单,这表明双方合意变更了保险单的约定。其后双方没有重新约定保险费的支付时间。根据《中华人民共和国海商法》第 234 条的规定,广西化工公司应当在被告签发保险单后立即支付保险费。但广西化工公司事实上在被告签发保险单后没有立即支付保险费,而是在保险事故发生后才缴付保险费,违反了上述法律规定。《中华人民共和国海商法》第 221 条规定:"被保险人提出保险要求,经保险人同意承保,并就海上保险合同的条款达成协议后,合同成立。"第 227 条第 1 款规定:"除合同另有约定外,保险责任开始后,被保险人和保险人均不得解除合同。"据此,在保险合同成立且保险责任开始后,被保险人和保险人均不得解除合同。被告以"被保险人没有依照保险单的约定及时交纳保费,所以丧失了索赔的权利"为由,拒绝赔付,缺乏法律依据。

被告关于"被保险人丧失了对责任方追偿的权利,没有及时采取措施向承运人索赔,根据《中华人民共和国保险法》的规定,保险人可以拒付或不承担保险责任"的主张,缺乏充分有效的证据和法律依据。

综上,依照《中华人民共和国海商法》第 269 条、《中华人民共和国财产保险合同条例》第 3 条和《中华人民共和国经济合同法》第 7 条第 1 款第(1)项的规定,判决如下:

驳回原告黄春发有限公司的诉讼请求。

本案受理费 26 790 美元、其他诉讼费 20 000 元人民币,均由原告黄春发有限公司负担。

2 原告烟台市威盛国际船舶管理有限公司与被告中国大地财产保险股份有限公司威海中心支公司船舶保险合同纠纷案

案例来源:青岛海事法院(2009)青海法海商初字第 353 号
主题词:保险利益　共同海损　船期损失

裁判要旨

No. HX-1.1-3 船舶经营管理人,以自己的名义与保险人签订《远洋船舶保险单》,既是投保人也是被保险人,在船舶事故发生时,对保险标的具有保险利益。

No. HX-1.1-4 保险人没有按照保险合同的约定及时履行保险人的义务,并拒绝支付保险赔偿金,导致船舶不能及时维修、长期处于停运状态,依照《中华人民共和国保险法》第 23 条的规定,保险人应赔偿被保险人的船期损失。

一、基本案情

原告:烟台市威盛国际船舶管理有限公司(以下简称原告)

被告:中国大地财产保险股份有限公司威海中心支公司(以下简称被告)

原告烟台市威盛国际船舶管理有限公司诉称:经原告向被告投保,2009 年 8 月 24 日被告向原告签发编号为 PCAA2009370201030000003 的《远洋船舶保险单》。该保险单载明:被保险人为原告;船舶名称"润祥";保险期限自 2009 年 8 月 26 日 0 时起至 2010 年 8 月 25 日 24 时止;保险条件:本保险单承保远洋船舶一切险。2009 年 8 月 25 日,原告向被告交纳上述保险单项下保险费人民币 162 000.00 元。2009 年 9 月 11 日,"润祥"轮从日本衣浦港驶往韩国浦项港。2009 年 9 月 13 日 03:15 时,该轮在日本内海航行时发生保险事故:值班人员发现主机冒烟,遂降速航行至安全地点抛锚,经全面检查主机,发现第六缸曲柄销轴承以及曲柄销轴损坏。原告认为,该事故属于被告签发的《远洋船舶保险单》的"远洋船舶一切险"的承保范围。但原告提出理赔要求后,被告无故拒绝赔偿。原告起诉请求被告赔偿其经济损失人民币 200 万元并承担本案诉讼费用。诉讼中原告申请对事故原因和损失进行鉴定,2010 年 5 月 10 日,原告依据鉴定报告申请变更诉讼请求,请求判令被告支付保险赔款 5 716 063.81 元及利息,并承担诉讼费用。

被告中国大地财产保险股份有限公司威海中心支公司未提交书面答辩意见,当庭口头答辩称:(1) 原告在投保时未尽告知义务,原告告知被告该轮系日本制造,但据国际海事组织发布的取消"润祥"轮 IMO 号的函件中,"润祥"轮建造年份及建造地不详,而且我们发现在鉴定报告所附的船舶证书中显示,船舶建造地是福建。因此,被告已经通知原告解除合同,对于合同解除前发生的保险事故无须承担责任;(2) 本次事故完全是船舶不适航,原告管理混乱,船舶保养不周所致,不应由被告承担责任;(3) 原告所主张的损失依据的鉴定报告,鉴定方法不全面,依据不充分,且存在大量的矛盾和错误,应予重新鉴定;(4) 原告主张的损失数额存在大量没有依据的虚报和不属于保险责任内的损失,也未扣除免赔额。

二、法院查明的事实

青岛海事法院认定以下事实:

2008 年原告与"润祥"轮船舶所有人鸿祥船务有限公司(HONG XIANG SHIPPING LIMITED)签订《代管协议书》和《经营管理协议书》。两份协议约定了双方的权利义务。原告具有对"润祥"轮的经营管理权,包括配备合格船员、保证船舶适航、船舶保险和发生保险事故后作为受益人办理保险理赔。两份协议于 2008 年 5 月生效。

"润祥"轮(RUN XIANG),钢质,远洋散货船,船旗国为柬埔寨,船舶所有人为鸿祥船务有限公司,原告为该轮的船舶经营管理人。该轮长 79.07m,宽 12.80m,型深 6.50m,总吨位 1 882t,净吨 1 272t,载重吨 2 853.40t。该轮《船舶国籍证书》载明为 1990 年中国福建闽东申银船舶工程有限公司建造。

2008 年 8 月 25 日,原告就该轮向被告投保,在向被告递交《船舶保险投保单》的同时,提供了"润祥"轮的《船舶国籍证书》。被告接受申请后于当日签发 PCAA200837020103000005 号《远洋船舶保险单》(简称 2008 年《保险单》),该《保险单》载明:保险人为被告,被保险人为原告,被保险船舶"润祥"轮,1990 年日本建造,航行范围东南亚,保险价值人民币 900 万元,保险金额人民币 900 万元,保险期限为 2008 年 8 月 26 日 0 时至 2009 年 8 月 25 日 24 时,承保远洋船舶一切险。特别约定为每次事故的免赔额人民币 5 万元或损失金额 10%,两者以高者为准。《保险单》的背面附有《中国大地财产保险股份有限公司船舶保险条款》。保险单的主要内容同原告填写的《船舶保险投保单》。被告当时对"润祥"轮《船舶国籍证书》与《船舶保险投保单》记载的建造地点的不一致未提出异议。2009 年 4 月 19 日,"润祥"轮发生保险事故,青岛海洋源保险公估有限公司接受委托登船检查并作出损失核定报告,后经原告与被告协商,被告赔付原告人民币 7 万元。

2009 年 8 月 25 日,上述保险合同到期,双方决定续保,续保时被告未要求原告填写投保单和提供相关证明材料。2009 年 8 月 24 日,被告向原告签发编号为 PCAA200937020103000003 的《远洋船舶保险单》。保险期限自 2009 年 8 月 26 日 0 时起至 2010 年 8 月 25 日 24 时止。保险单的其他内容同 2008 年《保险单》。该《保单》上记载的船舶建造地点仍为日本,2009 年 8 月 25 日,原告向被告交纳保险费人民币

162 000 元。

2009 年 9 月 11 日 1600 时，"润祥"轮第 0912 航次自日本衣浦港装废钢 2313 吨开航，目的港韩国浦项。9 月 13 日凌晨，该轮航行于日本内海安共滩附近的航路上，03：15 时，船位 34°03′.3N、132°49′.9E。机舱当班人员通知驾驶台，发现齿轮箱后方冒烟，需减速航行以方便检查。当班二副即通知船长，船长到驾驶台后，已减速至微速航行，待了解事情的经过后，03：40 时左右，机舱通知驾驶台需要停车抛锚以详细检查。因该轮所处位置不适宜抛锚，遂慢车穿越航路，于 04：09 时抛锚，船位 34°01′.9N、132°48′.8E，04：13 时完车完舵。抛锚后，机舱人员在轮机长的带领下，检查机器故障情况，首先检查齿轮箱未发现异常现象，清洗齿轮箱滤网也无异常，然后清洗主机滑油粗细滤网，发现滤网上有不少铅合金碎屑，打开主机各缸导门检查，发现第六缸连杆瓦边有铅合金粉末，盘车发现其连杆瓦有随轴转动现象，随即拆开其连杆下瓦，瓦片烧坏，并且轴颈有多处裂纹，然后电话报告原告机务部门。原告随即向被告报案，9 月 17 日 10：25 时，被告委托的检验师登船检验，13：05 时离船。据航海日记记载，9 月 28 日，备件及专用工具运送到船，在主机第六缸曲柄销断裂的情况下，加工了曲柄销加固装置并封缸减速运行，29 日 10：30 时主机修理妥当，12：40 时试车舵，检查测试导航设备、通讯设施，状态正常，起锚前往韩国浦项港。10 月 1 日 12：55 时到达浦项锚地抛锚待港。10 月 10 日 12：00 时靠泊浦项港，18：15 时开始卸货，12 日 00：25 时卸货完毕，计划于 07：00 时离港，05：35 时主机起动，怠速运转一段时间后转为驾控，通知驾驶台可以试车。驾驶台进行了正倒车试验，在第二次倒车试验时，发现主机弹性连接断裂，主机不能正常运转。由于码头泊位紧张，大约 07：10 时引水员上船，召集两条拖轮拖带该轮离港至锚地抛锚。15 日 02：30 时，原告安排的"盛祥"轮到达锚地准备拖带该轮回国。03：30 时"盛祥"轮拖带"润祥"轮驶往石岛，16 日因大风两轮在珍岛避风，20 日 11：50 时风小后重新拖航。2009 年 10 月 22 日 07：50 时船舶到达石岛荣喜船厂锚地。10 月 24 日，在引水和两条拖轮的协助下，于 12：00 时靠妥荣喜船厂码头。

本案在审理过程中，原告于 2009 年 11 月 16 日向青岛海事法院提交鉴定申请书，申请青岛海事法院委托鉴定机构对本案船舶事故原因和损失金额进行司法鉴定。青岛海事法院司法鉴定中心征求原告和被告同意后，于 2009 年 11 月 24 日依法委托青岛大华保险公估有限公司进行鉴定。2009 年 11 月 26 日，大华公司指派具有保险公估资格的王哲迥、王东亮和孙殿鹏作为本次事故的鉴定人，并聘请大连海事大学轮机工程教授吴恒、关德林，轮机工程高级工程师、高级轮机长张朝芳 3 位专家教授亲自参与停泊在荣成荣喜水产集团公司船厂码头的"润祥"轮的现场调查和检验，对事故的原因进行现场查勘和分析。原告和被告派代表见证了鉴定人和专家现场勘查鉴定的检查检验过程。2010 年 5 月 3 日，大华公司出具了《"润祥"轮主机发生事故原因及损失金额鉴定报告》。该报告的主要内容包括船舶资料、事故发生经过、现场查勘检验情况、事故原因鉴定、损失金额核定、鉴定结论。

鉴定报告鉴定的事故原因及结论。

"润祥"轮2009年3月至8月的"船舶月度维修保养卡"记录证明,船方对主机及其主要设备按月进行过维修保养;2009年7月6日东方石油公司对主机滑油(SULMAR 40)的化验报告称:指标在正常范围,可以继续使用。

"润祥"轮轮机日志证明,本航次(0912航次)起航前于2009年9月10日在衣浦清洗过主机滑油滤器;9月11日备车时给主机补加过滑油150L;9月11日1630时换重油后至9月12日2400时连续航行30多小时,主机转速、排烟温度、滑油压力和温度等工况参数基本稳定,未见异常。

主机滑油循环油柜沉积的污物在风浪中扰动漂浮,滑油更加脏污;污物在第六缸曲轴油孔交叉处聚结(或早已有一定程度的堵塞),导致连杆轴承滑油不足而发热烧瓦,使曲轴箱冒烟;熔化的白合金部分流入曲柄销油孔中(因油孔内已发生堵塞),逐渐积累成圆柱体,完全将一侧油孔堵死;白合金烧熔后,瓦壳随轴转动,在气缸压力的共同作用下,上瓦壳被挤压两侧翻形变形;自9月13日03:15时发现冒烟降速至04:13时完车,运行了58分钟,在此期间,曲柄销失油发热,在气缸压力和瓦壳撞击下,从圆角处发生疲劳裂纹,逐渐扩延,由于曲轴材料温度升高,材料的疲劳极限降低和变形抗力下降,容易产生疲劳裂纹并加速扩展。

曲轴裂纹损坏导致轴线失中;此外临时夹固装置和减缸运行,使曲轴平衡性能恶化,振动加剧;卸货后船体变形引起轴线中心线的变化等因素,造成联轴节负荷增大。联轴节是轴系中许用应力最小的部件,造成了联轴节的断裂。

事故结论:(1)该次事故发生前,主机运行正常,无明显征兆,曲轴损坏属突发性机损事故,是难以预见的,曲轴是在周期性交变应力下运转,其损坏多呈疲劳损坏特征,但其诱因是繁多的,导致第六缸曲轴曲柄销疲劳裂纹机损事故的直接诱因,是该连杆轴承的润滑油路被堵。联轴节的断裂是该主机事故的后果延续,应为本次事故损失的一部分。(2)船员疏忽,对事故判断失误,未能及时采取正确措施降低损坏程度。(3)本次事故的损失金额共计人民币5 716 303.81元。包括共同海损费用208 334.37元、施救费用450 024.74元、修理费用2 490 637.64元、其他费用318 258.06元、船期损失费用2 249 094.00元。

鉴定报告及附件经原告和被告庭审质证、认证证明,鉴定报告第六项"损失金额核定"中,认定的部分损失在鉴定报告附件中没有证明,鉴定人于青岛海事法院第二次庭审后作出了《"润祥"轮主机事故鉴定报告(补充附件)》(简称补充附件),补充的内容包括:(1)租船确认书;(2)提单;(3)"盛祥"轮船舶信息;(4)"润祥"轮主机故障在日本菊间港产生的代理费、检验费等;(5)荣成海成国际船务代理有限公司出具的"润祥"轮港口使费报价。原告对补充附件无异议。被告对补充附件中原告出示的原件提出质疑,认为原告出示的原件不是原件,是复印件加盖了原告公司的公章,但被告没有证据否定补充附件证据证明事实的真实性,青岛海事法院对鉴定报告补充附件证据的证明内容予以确认。

上述各项损失的具体列项、数额和理由详见鉴定报告六"损失金额核定",认定损失的证据见鉴定报告附件和补充附件。

原告出示了大华公司出具的收款收据,证明原告为本次事故的鉴定向大华公司支付司法鉴定费人民币 14 万元。

经查,大华公司的企业法人营业执照的经营范围包括:保险标的承保前的检验、估价及风险评估;对保险标的出险后的查勘、检验、估损及理算;经中国保监会批准的其他业务。经营保险评估业务许可证有效期至 2012 年 5 月 29 日。

2010 年 5 月 18 日,青岛海事法院应被告申请作出了(2009)青海法海商初字第 353-1 号证据保全民事裁定书,裁定原告向青岛海事法院提供下列证据:(1)"润祥"轮航海日志两本(自 2009 年 7 月 12 日至 2009 年 10 月 24 日);(2)轮机日志两本(自 2009 年 7 月 13 日至 2009 年 10 月 25 日);(3)主机说明书 1 本;(4)分油机说明书 1 本;(5)船舶年度保养计划(5 页);(6)船舶月度维修保养卡(6 页);(7)"润祥"轮测量记录(9 页);(8)主机修理完工项目单(4 页);(9)船舶保安内部审核计划(9 页);(10)内审通知书(6 页);(11)船检检验报告(两页);(12)船舶相关证书 1 本。

上述保全证据中的 12 份证据全部是原件,部分证据是鉴定报告附件所采用证据的原件。

二、法院裁判

青岛海事法院认为,本案争议的焦点为:(1)原告是否具有保险利益;(2)保险合同的效力及保险合同是否已解除;(3)本次事故是否属于保险责任范围;(4)损失的认定及被告应承担的赔偿数额。

(一)原告是否具有保险利益

根据原告与"润祥"轮船舶所有人签订的船舶代管协议和经营管理协议,原告是该轮的船舶经营管理人。原告以自己的名义与被告签订了《远洋船舶保险单》,原告是投保人也是被保险人。依据《中华人民共和国保险法》第 12 条的规定,财产保险的被保险人在保险事故发生时,对保险标的应当具有保险利益。被保险人是指其财产受保险合同保障,享有保险金请求权的人。保险利益是指投保人或者被保险人对保险标的具有的法律上承认的利益。原告是"润祥"轮《代管协议书》和《经营管理协议书》项下的船舶经营管理人,是《远洋船舶保险单》的被保险人,依法对保险标的具有法律上承认的利益。因此,原告依法享有保险利益。

(二)保险合同的效力及保险合同是否已解除

《中华人民共和国海商法》第 222 条规定:"合同订立前,被保险人应当将其知道的或者在通常业务中应当知道的有关影响保险人据以确定保险费率或者确定是否同意承保的重要情况,如实告知保险人。保险人知道或者在通常业务中应当知道的情况,保险人没有询问的,被保险人无需告知。"被告以原告提供的投保单上载明,"润祥"轮建造地点为"日本",而《船舶国籍证书》上载明建造地点为"中国福建",违反了告知义务为由，拒绝承担赔偿责任。青岛海事法院认为，2008 年 8 月 25 日，原告第一次向被告投保时，原告毫无隐瞒地向被告提供了《船舶保险投保单》和《船舶国籍证书》，将被告提出的质疑点如实明确地书面展示给被告，原告没有隐瞒的故意。被告没有对建造地点提出任何异议，在第一个保险年度内，2009 年 4 月 19 日"润祥"轮发生保险事故，被告顺利给予赔付。2009 年 8 月 25 日原告第二个保险年度续保时，被告未要求原告填写投保单和提供相应的附件，并再次承保。如被告认为该事项属于足以影响其确定保险费率或者决定是否同意承保的重要情况，被告应向原告提出询问或提出质疑，要求原告给予解释，但被告并未提出，而是顺利承保。上述情况足以说明，被告对"润祥"轮的情况是清楚的，对投保单和国籍证书上关于船舶建造地点的填写差异并无异议或认为不属于重要情况，应认定原告与被告签订的《远洋船舶保险单》合法有效。书面告知也是一种告知形式，对两者的差异被告没有提出异议，就证明被告没有异议，被告认为原告未履行告知义务的主张不成立，青岛海事法院不予支持。

最高人民法院《关于审理海上保险纠纷案件若干问题的规定》第 4 条规定：保险人知道被保险人未如实告知海商法第二百二十二条第 1 款规定的重要情况，仍收取保险费或者支付保险赔偿，保险人又以被保险人未如实告知重要情况为由请求解除合同的，人民法院不予支持。被告 2008 年 8 月 25 日承保"润祥"轮并在出险后支付了保险赔款，2009 年 8 月 25 日续保，本案事故发生在第二个保险年度内。因此，被告以原告未如实告知为由请求解除合同的理由不成立，青岛海事法院不予支持。

(三) 本次事故是否属于保险责任范围

"润祥"轮主机事故是专业技术性较强的船舶工程保险事故。正因为如此，青岛海事法院应原告的申请并征得被告同意，委托大华公司对"润祥"轮事故的原因及损失进行司法鉴定，大华公司聘请了在轮机工程领域具有权威性的专家教授参与鉴定。鉴定结论中(1)、(2) 认定的事故原因证明，本次事故发生前主机运转是正常的，曲轴损坏属于突发性机损事故，是难以预见的，不属于自然磨损或锈蚀造成的事故。经查看"润祥"轮的船舶法定检验证书，所有证书合格有效，证明船舶是适航的。鉴定结论证明本次事故属于船长、船员的疏忽行为，依据原告和被告签订的远洋船舶保险合同约定，船员有意损害或疏忽行为造成被保险船舶损害的，保险人应当承担赔偿责任。青岛海事法院认为，鉴定报告对事故的原因分析和事故的鉴定结论是科学、客观、合理的，应当作为本案事故原因和损失认定的依据。本次事故属于被告的承保范围。

依据《中华人民共和国海商法》第 242、244 条的规定，保险人对被保险人故意造成的损失、船舶开航时不适航和船舶自然磨损或锈蚀造成的损失不负赔偿责任，本案被告不能证明被保险人和船舶存在上述问题，因此，被告不具有免除责任的法定事由，应当对原告的损失承担赔偿责任。

(四) 损失的认定及被告应承担的赔偿数额

1. 被告对鉴定报告中共同海损理算提出质疑，认为鉴定人不具有共同海损理算资格。青岛大华保险公估有限公司的经营范围和鉴定人的职业范围证明，鉴定单位和鉴定人具有对保险标的出险后的查勘、检验、估损及理算的职能。因此大华公司和鉴定人具有对本次保险事故进行鉴定的资质和资格,也具有对本次事故损失进行检验、估损和理算的资格。

鉴定报告所列共同海损费用,主要是船舶遇险后发生的代理费、检验费和临时维修、维持等费用,该部分费用虽然在鉴定报告中列为共同海损,但从费用内容看,是原告在事故发生地为防止或减少损失,对"润祥"轮发生事故后进行临时检验、维修和防止、减少损失而付出的合理费用。鉴定人按照共同海损理算规则计算方法对上述列项费用进行计算,本质上是对保险事故损失数额的核算,认定的损失项目和数额明确,事实、理由讲述清楚,核算准确,证据充分,应予认定。原告与被告签订的《远洋船舶保险单》约定发生共同海损应当按照《中国国际贸易促进委员会共同海损理算暂行规则》或其他类似规则规定办理,并没有规定要有专门的理算机构理算,根据《中国国际贸易促进委员会共同海损理算暂行规则》第8条的规定,为了减轻各方负担,提高工作效率,共同海损理算应尽量简化,避免繁琐的手续和计算,理算书应简明扼要,便于执行。对于案情简单的案件,可以作简易理算。本案鉴定人按照上述规定作出的理算合法合理。被告的主张不成立。

2. 被告对施救费用提出质疑,认为原告单方决定将"润祥"轮拖带回中国,扩大了损失数额,且拖带费用过高。青岛海事法院认为,"润祥"轮在韩国发生事故后,失去自航能力,如果在韩国维修,维护费用和维修成本要高于在国内维修发生的费用。如聘请专业拖带公司进行拖带,烟台打捞局报价费用为人民币120万元,韩国拖船拖带费用更高,原告选择自有的"盛祥"轮将"润祥"轮拖带回国维修的决定,符合当时的实际情况,也符合降低损失的基本原则。鉴定报告参考专业拖带公司的报价,考虑到非专业船舶拖带的风险,在正常消耗和收益之外再给船东在救助拖带期间增加净收益5倍的额外补偿人民币283 175.7元是客观合理的。被告的质疑不成立。

3. 被告对维修费用提出质疑,认为鉴定人对曲轴等设备的价格核定应参考多家公司和二手市场的报价。青岛海事法院认为,曲轴型号因船而异,新货需要预定加工,市场上很难找到同型号配套的二手货。更换的设备是特定厂家生产的,曲轴、主轴承和连杆是一整套设备,出现损坏需要整套更换,报价、购买和供货需整套提供。因此,鉴定人采用向该设备的生产厂家询价的方式确定设备价格是正确的。

4. 被告认为维修费用不属于保险赔偿范围,维持期间11个月明显过长。青岛海事法院认为,根据《中华人民共和国保险法》第23条第2款的规定,保险人未及时履行支付保险金义务的,除支付保险金以外,还应当赔偿被保险人或受益人因此受到的损失。本案被告没有按照保险合同的约定及时履行保险人的义务,并拒绝支付保险赔偿金,从而引起本案的诉讼、鉴定,导致船舶不能及时维修、长期处于停运状态,造成原告船期损失,根据法律规定,被告应当对此项损失给予赔偿。关于11个月的船期损失,鉴定报告已释明的很清楚,本案的鉴定时间5个月;曲轴、主轴、连杆等备件没有现成配件,只能进行订货重新加工。根据鉴定人咨询日本大发的报价,加工供货周期约需4

个月;主机的曲轴更换需要上坞,对轻油舱壁开孔,机身和曲轴出舱、回舱,上坞等需要两个月左右。船舶投入营运前需修理厂家试车、试航,初步试航正常后,还要邀请船舶检验的主管部门试航检验,试航合格后,主管部门换发船舶检验证书后才能重新投入生产经营。因此青岛海事法院认为鉴定报告鉴定的船期损失11个月是实事求是的,也是严谨、慎重和合理的。

青岛海事法院认为,大华公司作出的鉴定报告,经青岛海事法院司法鉴定中心组织的对鉴定报告草稿的书面质证和经青岛海事法院庭审时当事人对鉴定报告及附件和补充附件的质证、认证证明,大华公司是评估保险事故损失的专业机构,鉴定人根据本案的事实、证据和自己的经验,对事故的鉴定项目、产生过程、事故性质、损失由来、计算过程、认定的依据和理由,实事求是地作出了科学、详细、全面、客观、公正的论证、认定和说明。大华公司出具的鉴定报告应当作为认定本次事故的重要依据。被告虽然对鉴定报告提出了诸多质疑,但没有举证支持自己的主张和质疑,被告对鉴定报告的质疑,青岛海事法院不予采纳。

本案在审理过程中,被告向青岛海事法院提出重新鉴定申请,要求对"润祥"轮机损事故重新鉴定。青岛海事法院认为,依据最高人民法院《关于民事诉讼证据的若干规定》第27条的规定,青岛海事法院委托大华公司作出的鉴定报告,不存在重新鉴定的条件,被告也没有举证证明鉴定报告存在第27条的情形,被告提出重新鉴定的理由不成立,驳回被告重新鉴定的申请。

本案在审理过程中,被告向青岛海事法院提出对《船舶月度维修保养卡》保养人的签字、对《轮机日志》值班人的签字进行笔迹鉴定,青岛海事法院认为:鉴定报告鉴定"润祥"轮在本次事故前主机运行一切正常,曲轴损坏属于突发机损事件,说明该轮在本次事故前的船舶和维修保养等一切工作是正常的。另外,依据原告和被告签订的船舶保险合同的约定,船员有意或疏忽行为造成船舶损害的,保险人应当承担赔偿责任,如果船舶维修保养和轮机值班人员签字出现错误,也属于船员的有意或疏忽行为造成,也应当由保险人负责赔偿,被告提出笔迹鉴定的理由不成立,驳回被告笔迹鉴定的申请。

综合上述分析,青岛海事法院认为,原告与被告之间的保险合同合法有效,原告具有保险利益,涉案船舶事故属于保险合同约定的保险责任范围,被告对原告的损失应予以赔偿,原告的损失总额为人民币5 716 303.81元,按照保险条款的约定,扣除10%的免赔额,被告应向原告支付保险赔偿金人民币5 144 673.00元。依照《中华人民共和国海商法》第237条、《中华人民共和国保险法》第23条之规定,判决如下:

一、被告中国大地财产保险股份有限公司威海中心支公司向原告烟台市威盛国际船舶管理有限公司支付保险赔偿金人民币5 144 673元。

二、驳回原告烟台市威盛国际船舶管理有限公司的其他诉讼请求。

案件受理费51 813元、司法鉴定费140 000元,由原告烟台市威盛国际船舶管理有限公司负担19 181元,被告中国大地财产保险股份有限公司威海中心支公司负担

172 632 元。因原告已预付,被告负担部分与上述案款同时直接支付给原告。证据保全费 5 000 元由被告承担。

3 原告东方建筑材料公司与被告中国人民保险公司宜昌市伍家区支公司、中国人民保险公司宜昌分公司海上货物运输保险合同纠纷案

案例来源:武汉海事法院(2001)武海法商字第 8 号
主题词:"仓至仓"保险期　保险利益　船舶代理

> **裁判要旨**
>
> **No. HX-1.1-5**　货运代理人对代理托运的货物不具备法定的可保利益,但是可以根据托运人的委托,以自己的名义购买保险,此时,货运代理人的购买保险行为实质上是代理托运人所为的投保行为。由于托运人具有法律上的可保利益,因而,保险人不得以不具备保险利益为由拒绝赔偿。

一、基本案情

原告:东方建筑材料公司
被告:中国人民保险公司宜昌市伍家区支公司(以下简称第一被告)
被告:中国人民保险公司宜昌分公司(以下简称第二被告)

原告东方建筑材料公司诉称:1999 年 6 月 26 日,原告一批价值 37 400 美元的建筑材料,由中国湖北省宜昌美西实业有限公司(以下简称宜昌美西公司)工厂发往美国。该批货物由承运人宜昌外运公司向被告中国人民保险公司宜昌市伍家区支公司营业代表朱疆江小姐购买货物运输保险。承保险别为一切险,保险期是"仓至仓"。同年 8 月 4 日,该货物集装箱运抵美国,原告接收集装箱时发现货物全部损坏,并立即通知中国人民保险公司在美国的保险代理人麦罗伦仕突尼斯北美洲有限公司(Mclarens Toplis, North American, Inc.)进行查勘。9 月 24 日,美方保险代理人高级海事调查员将货损勘察报告出具给原告。11 月 17 日,美方保险代理人高级调查员根据现场勘察报告,确认货物实际损失共计 36 660.80 美元,并将调解赔偿协议书寄往被告伍家区保险支公司,要求签署后作出赔偿。被告伍家区保险支公司接到美方保险代理人的文件和赔偿调解书后不作任何处理和答复。至 1999 年 12 月 18 日,中国宜昌分公司才来信告知货损属于保险除外责任,拒绝赔偿。原告认为二被告拒赔行为是违约行为,诉请判令二被告赔偿原告货损 36 660.80 美元,支付原告为该案发生的差旅费 22 000 美元,承担案件诉讼费用。

第二被告辩称:本案货物的保险属于第一被告承揽的业务,第二被告签发保单。该批货物属托运人自理装箱,货损是由于烧焊连接集装箱的钢铁条支撑架歪扭,集装箱内的货物严重位移造成,依《保险合同》第 2 条的规定,二被告对属于发货人责任所引起的损失不负赔偿责任。原告据以向二被告提起诉讼的保险合同,因被保险人宜昌

外运公司为该批货物运输代理人,对货物的损失与否没有直接的利害关系,缺乏法定的可保利益,而使该保险合同无效,二被告依法对原告不承担任何赔偿责任。

二、法院查明的事实

武汉海事法院认定如下案件事实:

1999年4月15日,原告向宜昌美西公司购买价值34 000美元人造云石产品,其中墙板253件、肥皂盒61个、装饰线条142件、洗手盆16个。同年6月22日,宜昌美西公司委托宜昌外运公司为该批货物代办运输,约定由宜昌外运公司负责货物的拖箱、装箱、报关和查验工作,双方签订了《出口货物运输代理协议书》。之后,宜昌外运公司应宜昌美西公司的要求,向第一被告营业代表朱疆江购买了该批货物的运输保险。6月26日,第二被告签发了《海洋货物运输保险单》,保单载明:被保险人为宜昌外运公司;保险金额为37 400美元;保险种类为一切险,自中国宜昌至美国奥克兰。保单同时注明,保险货物如发生损失或损害,应立即通知其在美国的保险代理人麦罗仕突尼斯北美洲有限公司(以下简称美国保险代理人)进行勘测。其后,宜昌外运公司将该保单背书转让给原告。7月1日,武汉长江国际货物运输公司代理环绳货物有限公司(TRANSLINK SHIPPING. INES)对该批货物签发了清洁提单,注明托运人为宜昌美西公司,收货人为东方建材公司,货物由"发货人装、点和封"。

8月4日下午,集装箱货物运抵原告停车场。发现货损后,8月5日,原告通知了在美国的保险代理人。8月6日、10日,美国保险代理人派调查员勘察损坏的货物,于9月24日出具了货物现场查勘调查报告书。报告书记载:拖车严重倾斜,集装箱右角由木架和其他堆叠物件支撑着;烧焊连接集装箱的钢铁条支撑架歪扭,集装箱内物品严重位移。11月17日,美国保险代理人将调查报告书、保单正本和索赔文件副本寄给伍家区保险支公司,并附上初步调解书副本。根据调查报告,美国保险代理人确认初步调解货损为36 660.80美元。12月15日,原告查询保险赔偿情况,第二被告回函要求其提供美国奥克兰铁路货运记录等有关资料,并告知索赔金额属于湖北保险分公司核赔权限,须按理赔程序逐级上报审批。12月24日,湖北保险分公司国际保险部传真告知原告法定代表人李健民,该批货物为易损件,属于发货人自理装箱,且集装箱外部无碰撞痕迹,认为货损不属于保险赔偿范围。2000年2月20日,原告起诉被告伍家区保险支公司、湖北保险分公司至宜昌市伍家区人民法院。

武汉海事法院根据太平货物运输有限公司(Pacific Commodities Transportation,Inc)与东方建材公司在1999年8月4日的货物交接单,认定货物集装箱交接时,封志完好,外部良好。

武汉海事法院同时核实了宜昌外运公司业务员万涛对货物在宜昌美西公司装箱积载操作的陈述。

三、法院裁判

武汉海事法院认为,本案争议的焦点为原告东方建材公司是否合法取得对保单项下货物损失的索赔权利,该批货损是否属保险赔偿责任范围?

根据《中华人民共和国保险法》的有关规定,投保人对保险标的应当具有保险利益。本票货物的被保险人宜昌外运公司为托运人宜昌美西公司的货运代理人,不具备法定的可保利益。但宜昌外运公司属于接受宜昌美西公司的委托购买该批货物保险,保险公司并未拒绝其以自己的名义投保,且不能证明宜昌外运公司违反告知义务或该合同只约束自己和宜昌外运公司。根据《中华人民共和国合同法》第402条的规定,该合同应直接约束宜昌美西公司和保险公司,为有效合同。宜昌美西公司是原告东方建材公司的贸易供货方,为配合单证贸易,受托人宜昌外运公司将货物保单背书转让给东方建材公司,符合《中华人民共和国海商法》第229条的规定。因此,该海上货物运输保险合同的被保险人的权利、义务在宜昌外运公司对保单背书后,依法应转让给东方建材公司。东方建材公司享有对该保单项下货物损失的索赔权,第二被告宜昌保险分公司反驳原告主张的理由不成立。

依据保单的约定,第二被告承保该批货物的险别为一切险,即平安险、水渍险和被保险货物在运输途中由于外来原因所致的全部或部分损失。这种外来原因引起的损失,虽无须被保险人证明属于某项列明的责任造成,但必须是意外性质,它包括碰损破碎险、包装破裂险等11种普通附加险所引起的损失。

该批货物为集装箱方式运输,无依据证明运输途中船舶或集装箱发生了碰撞事故,集装箱内货物也未受到其他货物挤压,且货物为具有质地坚硬物理特性的人造云石,在装箱良好的情况下,集装箱的正常搬移和运输不会因震动造成货物本身的破裂。因此该批货物不存在由于震动、碰撞、受压造成碰损、破碎的情形。

集装箱货物损坏后,原告会同美国保险代理人麦罗伦仕突尼斯北美洲有限公司进行了现场查勘,确定了集装箱内货损状况为"烧焊连接集装箱的钢铁条支撑架歪扭,集装箱内的货物严重位移,货物被切削、毁损和折断",即属集装箱内货物支撑架损坏产生的货物损害,而非包装损坏引起。本票货物由发货人自理装箱,交付给原告时集装箱外表状况良好,封志完好,在不能证明货物损坏为集装箱搬移或装卸不慎造成货物包装破裂引起的情况下,货物的装箱是否符合国际集装箱运输的管理规定,也是查明货损原因的关键。发货人宜昌美西公司的装箱代理人宜昌外运公司证实,其对重达12.5吨的墙板只进行了四层墙板的堆层焊接和墙板与两侧箱体的衬垫支撑,对墙板的上层空间、墙板与箱门之间未加器材衬垫,装饰线插放在箱体与墙板两边空隙间,洗手盆反扣在墙板上,纸箱包装的肥皂盒也未加固定地堆放在箱口。这种装箱方法不符合《中华人民共和国海上国际集装箱运输管理规定实施细则》第40条第(3)项的规定,即"货物装载应严密整齐,货物与箱体之间如有空隙,应加适当的衬垫器材,防止货物移动"。同时原告提供的货物受损状况照片显示,在没有其他外力直接作用于墙板的条件下,烧焊连接的四层墙板,上两层货架完好,下两层货架特别是底层货架的钢铁条严重扭曲。这种装箱堆码方式也不符合上述《实施细则》第40条第(2)项关于"货物在箱内的重量分布应均衡并根据货物包装强度决定堆码层数"的规定。据此可以认定,发货人装箱时未谨慎地根据货架的强度确定堆码层数。

因此,底层货架钢铁条的强度不能承受四层墙板和洗手盆堆码重量而扭曲,货物重心偏移,同时货物与箱体之间空隙未完全衬垫固定,导致货物发生移动而不能承受在装卸和运送过程中的正常风险,引起损失。这种货物损失属于发货人装箱不慎的过错造成,不具有意外性质,依据保单,武汉海事法院认定货损为保单背页条款第2条第2项约定的除外责任。被告反驳原告主张的理由成立,货物的损失不属于保险赔偿责任范围。

另一被告属于第二被告的下设单位,该批货物的保险业务由公司的业务员承接,而由收取保费、签发保单。因此,货物运输保险合同的保险人应为第二被告,原告东方建材公司起诉伍家区保险支公司显属不当。

依照《中华人民共和国保险法》第11条第1款、《中华人民共和国合同法》第402条、《中华人民共和国海商法》第222条、第229条、《中华人民共和国民事诉讼法》第64条、第128条的规定,判决如下:

一、原告东方建材公司要求被告伍家区保险支公司赔偿货物损失的诉讼请求,武汉海事法院不予支持。

二、驳回原告东方建材公司对被告宜昌保险分公司的诉讼请求。

4 原告荆门新立医用纺织品有限公司与被告中国平安财产保险股份有限公司湖北分公司海上货物运输保险合同纠纷案

案例来源:武汉海事法院(2011)武海法商字第867号
主题词:CIF的风险转移 保险利益 一切险 保险责任的起止

> **裁判要旨**
>
> **No. HX-1.1-6** 根据贸易条款,在货物风险已转移至买方,且货物运输的正本提单亦在货物运输途中流转至买方,买方最终凭正本提单在卸货港提取了货物,此时,卖方对涉案保险货物不具有保险利益。

一、基本案情

原告:荆门新立医用纺织品有限公司(以下简称荆门新立公司)

被告:中国平安财产保险股份有限公司湖北分公司(以下简称平安保险公司)

原告荆门新立医用纺织品有限公司诉称,2010年7月6日,原告荆门新立公司向被告中国平安财产保险股份有限公司湖北分公司投保了海洋货物运输保险。同年7月7日,被告平安保险公司就原告荆门新立公司自湖北荆州港发运至日本大阪的价值2 475.30美元的188箱医用纱布签发了货物运输保险单。保险单载明:运输方式为海运集装箱整箱;险别为一切险;保险期为仓至仓。涉案货物于7月7日在荆门市深圳大道装货,7月8日在荆州港装船,自上海港转船后于7月19日到达目的港日本大阪。7月23日,使用者在仓库卸货时发现其中52箱水湿。被告平安保险公司接到报案后,委派代理公司进行了现场查勘,确定货物水湿系淡水水湿,可能发生在装箱时或之前。被告平安保险公司据此认为,保险责任尚未开始,于2011年4月1日书面拒赔。原告荆门新立公司认为,查勘报告的结论不具有确定性和排他性,只是推测而不能确认水湿是装箱前或装箱时所致,也不能排除货物从荆门至上海转海运前,内河运输出现保险事故的可能性,被告平安保险公司拒赔理由不充分。原告荆门新立公司诉请法院判令被告平安保险公司支付保险赔偿金8 462.16美元(折合人民币57 204.20元);承担本案诉讼费用。

被告平安保险公司辩称:原告荆门新立公司对涉案货物投保货物运输保险属实,由于收货人已向原告荆门新立公司支付了货款,取得了涉案货物的提单和保险单,保险合同利益随货物所有权转移而转让,因此,原告荆门新立公司不具备诉讼主体资格,无权向被告平安保险公司提出索赔。即便原告荆门新立公司具备诉讼主体资格,因涉案货损不属于保险责任期间,亦无权主张,且索赔的货损金额缺乏事实依据和法律依据。

二、法院查明的事实

武汉海事法院查明如下案件事实:

2010年7月5日,原告荆门新立公司与日本长谷川公司签订了医药纱布《购销合同》,约定由荆门新立公司向日本长谷川公司提供11种型号医药纱布共188箱,价值29 523美元;贸易方式为CIF日本大阪港;付款方式为装船之日前10日内电汇;荆门新立公司按CIF价格的110%投保货物运输一切险。

同年7月6日,原告荆门新立公司就涉案货物向被告平安保险公司投保了海洋货物运输保险,平安保险公司签发了货物运输保险单。保单载明:被保险人为荆门新立公司;保险货物为188箱医用纱布;保险金额2 475.30美元;起运港湖北荆州港;目的港日本大阪;运输方式为海运集装箱整箱;险别为一切险;保险期为仓至仓。保单还载明了货损赔偿地点和查勘代理人。

涉案货物于7月7日在荆门市深圳大道装箱,7月8日在荆州港装载于"赣南昌货1019"号船,泛亚公司为涉案货物签发了正本提单3份。提单载明:托运人为荆门新立公司;收货人和通知方为日本长谷川公司;起运港湖北荆州港;目的港日本大阪。其后,原告荆门新立公司收取了贸易货款,并将货物提单传真给收货人日本长谷川公司。

7月17日,涉案货物自上海港转船至日本。7月19日,载货船舶到达目的港日本大阪,卸载后,货物存放堆场。7月22日,涉案货物被陆运至收货人在奈良的最终用户NARA IRYHINN INDUSTRIES。7月23日,拆箱时发现部分货物水湿后,货物被运回收货人在名古屋的仓库保存。原告荆门新立公司接到收货人通知后,向被告平安保险公司报案。7月27日,被告平安保险公司委派天祥检验公司进行现场查勘检验。9月30

日,天祥检验公司出具检验报告,确定货物水湿系淡水水湿,可能发生在装箱时或之前,并确定损失数量为52箱,损失金额为8 094美元。

2011年4月1日,被告平安保险公司以货损的发生在装箱时或之前,保险责任尚未开始为由,向原告荆门新立公司发出书面拒赔通知书。

三、法院裁判

武汉海事法院认为,本案系海上货物运输保险合同纠纷。由于涉案货物运输卸货港为日本大阪,收货人提货开箱时发现货损,相关法律事实发生在国外。因此,本案具有涉外因素,属于涉外民事纠纷。由于双方当事人对解决本案纠纷适用的准据法未作出明确约定,应适用最密切联系地原则确定准据法。本案双方当事人均为中国法人,保险合同依据中国法律在中国境内订立,涉案保险货物亦在中国荆州港装船出运,因此,依据最密切联系地原则,中国法律应为解决本案纠纷的准据法。

原、被告之间签订的海上货物运输保险合同系双方当事人真实意思表示,内容合法,为有效合同。

本案保险货物为国际贸易货物,原告荆门新立公司作为货物卖方依据其与收货人日本长谷川公司约定的贸易结算方式,已取得相应货款,在货物装运出港前对货物具有保险利益,在货物装船后,货物风险在越过船舷后已转移给了买方日本长谷川公司,且货物运输的正本提单,亦在货物运输途中流转至买方日本长谷川公司,该公司最终凭正本提单在卸货港提取了货物并将货物发给其客户使用。因此,涉案货物已经完成了交付,货物的风险、所有权均已转移至日本长谷川公司,涉案保险货物的保险利益随之转移,原告荆门新立公司对涉案保单下的货物已不具有权利,与货损亦没有直接利害关系,已丧失了对被告平安保险公司的索赔权。被告平安保险公司的反驳主张,武汉海事法院予以支持。

依照《中华人民共和国保险法》第48条、《中华人民共和国民事诉讼法》第128条的规定,判决如下:

驳回原告荆门新立医用纺织品有限公司的诉讼请求。

5 上诉人上海金荣翔企业发展有限公司与被上诉人中国太平洋财产保险股份有限公司上海分公司海上保险合同纠纷案

案例来源:上海市高级人民法院(2012)沪高民四(海)终字第73号
主题词:保险利益　诉讼时效　风险转移

> **裁判要旨**
>
> **No. HX-1.1-7** 提单已经转让给收货人,且收货人已经提货的,根据《中华人民共和国保险法》第49条的规定,保险标的转让的,保险标的的受让人承继被保险人的权利和义务,托运人或被保险人不再具有保险利益。

一、基本案情

上诉人(原审原告):上海金荣翔企业发展有限公司(以下简称金荣翔公司)

被上诉人(原审被告):中国太平洋财产保险股份有限公司上海分公司(以下简称太保上海分公司)

一审法院审理查明①:2009年5月27日,上海山一包装有限公司有一批货物要出运,根据装箱单记载,货物为586箱纸箱,编号为SY-BE-09-032。6月3日,承运人签发了编号为ZSDP200210的提单承运该批货物。根据提单记载,货物共计586箱,装载于"CMA CGM ANDROMEDA"轮第FL544WANL/FL544W航次,托运人为上海山一包装有限公司,收货人为BELCOMAR NV,装货港上海,卸货港泽布勒赫,最终交货地安特卫普,集装箱编号ECNU2159241,责任期间为集装箱堆场至集装箱堆场。

2009年6月17日,太保上海分公司签发了编号为ASHH42124209Q000556U的货物运输保险单。该保险单记载的被保险人为上海山一包装有限公司;保险货物为纸箱,数量为586箱,标记为SY-BE-09-032;保险金额为37432.82美元;开航日期根据提单;装载运输工具为"CMA CGM ANDROMEDA"轮第FL544W航次;运输路线自上海至安特卫普;承保险别为一切险和战争险。

2011年4月25日,上海山一包装有限公司变更企业名称为上海金荣翔企业发展有限公司,即本案金荣翔公司。

庭审中,金荣翔公司、太保上海分公司双方共同确认以下事实:涉案货损发生于2009年7月4日货物运抵目的港之前的承运人运输期间内;2009年7月9日,太保上海分公司接到上海山一包装有限公司的报案,后双方一直在协商理赔事宜,太保上海分公司至今未同意赔付;在本案诉讼之前,金荣翔公司或者上海山一包装有限公司未以提起诉讼或者提交仲裁的方式要求太保上海分公司赔付。

另据金荣翔公司在庭审中确认,提单已经转让给收货人,收货人已经提货;保险单并未转让;金荣翔公司曾向承运人发函索赔,但承运人不同意赔偿,金荣翔公司也未以提起诉讼或者提交仲裁的方式要求承运人赔偿;金荣翔公司在本案诉讼中只代表自己,不代表收货人。

二、一审裁判

一审法院认为,根据已查明的事实,金荣翔公司系上海山一包装有限公司更名而来,两者为同一主体。本案审理的争议焦点是:(1)金荣翔公司是否具有保险利益;(2)金荣翔公司起诉是否超过诉讼时效;(3)太保上海分公司是否应向金荣翔公司支付保险赔偿。

关于争议焦点一,该院认为,太保上海分公司作为保险人,签发了以上海山一包装

---

① (2012)沪海法商初字第166号。

有限公司为被保险人的货物运输保险单,金荣翔公司、太保上海分公司双方之间成立海上货物运输保险合同关系。虽然金荣翔公司是涉案提单上记载的托运人,但提单已经转让给收货人,收货人也已经提货,金荣翔公司已不具有提单项下权利,且收货人出具的授权委托书也明确"上海山一包装有限公司在任何特定的时间均不是任何和解的受益人",故金荣翔公司对涉案货物已不具有保险利益。

关于争议焦点二,该院认为,本案系海上货物运输保险合同纠纷,有关时效问题应优先适用《中华人民共和国海商法》。根据《中华人民共和国海商法》的规定,海上保险合同纠纷的诉讼时效为2年,自保险事故发生之日起计算;时效因请求人提起诉讼、提交仲裁或者被请求人同意履行义务而中断。本案中,金荣翔公司、太保上海分公司一致确认涉案货损发生于2009年7月4日之前,而金荣翔公司于2012年2月2日提起本案诉讼,距离保险事故发生之日已经超过两年,在此期间,金荣翔公司既未向太保上海分公司提起诉讼也未将纠纷提交仲裁,太保上海分公司也从未同意支付保险赔偿,即本案不存在时效中断事由。因此,金荣翔公司起诉已经超过两年的诉讼时效。

关于争议焦点三,该院认为,鉴于金荣翔公司不具有保险利益,且金荣翔公司起诉已经超过诉讼时效,已丧失胜诉权,即使金荣翔公司仍具有保险利益,太保上海分公司亦无须予以保险赔付,故太保上海分公司提出的不需向金荣翔公司赔付保险金的抗辩主张,该院予以支持。

综上,依照《中华人民共和国海商法》第264条、第267条第1款,《中华人民共和国保险法》第12条第2款,《中华人民共和国民事诉讼法》第64条第1款之规定,判决如下:

对金荣翔公司的诉讼请求不予支持。

三、上诉与答辩

金荣翔公司不服一审判决,向上海市高级人民法院提起上诉。金荣翔公司上诉认为:(1)原审法院事实认定错误。原审法院认定,金荣翔的保险利益已经转给收货人,但是,根据太保上海分公司签发的保单可见,金荣翔公司是被保险人,被保险货物出现海上货损后,作为被保险人的金荣翔公司仍然具有该保单的保险利益,因此金荣翔公司有权就该保单项下的货物损失要求太保上海分公司进行理赔。收货人出具的授权委托书不能否认金荣翔公司的保险利益,因此金荣翔公司仍然是该保单的保险受益人,完全有权向太保上海分公司要求理赔。(2)原审法院适用法律错误。原审法院认定,本案应当适用《中华人民共和国海商法》关于诉讼时效的规定,因此认定金荣翔公司在原审起诉时已经超过两年的诉讼时效,但是根据上海市高级人民法院出具的关于诉讼时效的规定可见,金荣翔公司在起诉前多次向太保上海分公司发函,要求其进行理赔已经导致了本案诉讼时效的中断,因此,原审法院称金荣翔公司原审起诉时间已经超过诉讼时效是不合理的。故请求撤销原判,依法改判或发回重审;本案一、二审诉讼费由太保上海分公司承担。

太保上海分公司答辩称:(1)金荣翔公司不是涉案货物的收货人,也不是保险单的持有人,金荣翔公司对涉案货物没有索赔权。(2)金荣翔公司提起本案诉讼时已经超过两年的诉讼时效,依法没有胜诉权。(3)金荣翔公司已经收取了涉案货物的全部款项,没有经济损失,其诉请的理由不成立。请求二审法院依法驳回金荣翔公司的上诉请求。

二审中,金荣翔公司、太保上海分公司未提供新的证据。

四、二审裁判

经审理查明:一审法院认定事实属实,二审法院予以确认。

二审法院认为,根据当事人争议的焦点,本案主要争议包括金荣翔公司是否有权向太保上海分公司要求理赔;金荣翔公司的起诉是否超过诉讼时效。

1. 关于金荣翔公司是否有权向太保上海分公司要求理赔问题

二审法院认为,太保上海分公司与金荣翔公司海上货物运输保险合同关系成立。根据涉案提单上的记载,金荣翔公司是托运人,但嗣后提单已经转让给收货人 BELCOMAR NV,且收货人 BELCOMAR NV 也已提货。根据《中华人民共和国保险法》第49条的规定,保险标的转让的,保险标的的受让人承继被保险人的权利和义务。因此金荣翔公司已不具有提单项下权利。此外,在一审中金荣翔公司向法院提供了收货人 BELCOMAR NV 出具的授权委托书,收货人 BELCOMAR NV 在该委托书上也明确表示"上海山一包装有限公司(金荣翔公司的前身)在任何特定的时间均不是任何和解的受益人"。故金荣翔公司认为自己仍然是该保单的保险受益人,完全有权向太保上海分公司要求理赔的上诉理由,二审法院不予支持。

2. 金荣翔公司的起诉是否超过诉讼时效

根据《中华人民共和国保险法》第184条的规定,海上保险适用《中华人民共和国海商法》的有关规定;《中华人民共和国海商法》未规定的,适用本法的有关规定。二审法院认为,本案系海上货物运输保险合同纠纷,有关时效问题应优先适用《中华人民共和国海商法》。根据《中华人民共和国海商法》第264条的规定,海上保险合同纠纷的诉讼时效为两年,自保险事故发生之日起计算。另根据《中华人民共和国海商法》第267条的规定,时效因请求人提起诉讼、提交仲裁或者被请求人同意履行义务而中断。但自2009年7月4日涉案货损发生之日,至金荣翔公司于2012年2月2日向一审法院提起本案诉讼,距离保险事故发生之日已经超过两年,在此期间金荣翔公司未向太保上海分公司提起诉讼、提交仲裁,太保上海分公司也未同意支付保险赔偿,因此本案不存在时效中断事由。金荣翔公司认为其在起诉前多次向太保上海分公司发函,要求该公司进行理赔,已经导致了本案诉讼时效的中断的理由,显然于法无据,二审法院同样不予支持。

综上所述,一审法院认定事实清楚,适用法律准确,审判程序合法,依法应予维持。依照《中华人民共和国民事诉讼法》第153第1款第(1)项、第158条之规定,判决如下:

驳回上诉,维持原判。

保险利益·诉讼时效·风险转移

6 上诉人福建省南安市南泰船业有限公司与被上诉人太平保险有限公司泉州中心支公司海上保险合同纠纷案

案例来源:福建省高级人民法院(2010)闽民终字第 13 号

主题词:水路货物运输险　投保人的确定　保险利益

> **裁判要旨**
>
> **No. HX-1.1-8**　虽然投保人向保险人投保水路货物运输承运责任险并约定其为被保险人,但其既不是船舶的所有权人,也不是经营人的,对保险标的没有保险利益,无权向保险人主张保险赔偿。

一、基本案情

上诉人(原审原告):福建省南安市南泰船业有限公司(以下简称南安南泰)

被上诉人(原审被告):太平保险有限公司泉州中心支公司(以下简称太平保险)

厦门海事法院原审查明:"新南泰88"轮所有人为厦门南泰船业有限公司(以下简称厦门南泰)。2006 年 10 月 7 日,原告就"新南泰88"轮向被告投保,被告向原告福建省南安市南泰船业有限公司签发编号为6653031022006000026 的《沿海、内河船舶定期险保险单》。保险单载明:投保人及被保险人均为原告;船舶名称"新南泰88"轮;保险险别为沿海、内河船舶定期一切险,保险价值 4 900 万元,基本保费 174 700 元;保险期限自 2006 年 11 月 1 日至 2007 年 10 月 31 日止;原告附加投保水路货物运输承运人责任险,保险金额 700 万元,保费 105 000 元。另外,原告还投保了船东对船员责任险、第三者人身伤害责任险、四分之一碰撞、触碰附加险等附加险。

2007 年 7 月 9 日,"新南泰88"轮在运输途中因货舱进水,导致舱内集装箱受到海水浸泡,箱内货物受损。货主李国全就上述货损于 2007 年 12 月 27 日向武汉海事法院提起诉讼,要求厦门南泰及海口南青集装箱班轮公司连带赔偿其货损 549 743.90 元及利息。武汉海事法院于 2008 年 9 月 4 日作出(2008)武海法商字第 35 号民事判决,判令厦门南泰作为实际承运人与承运人海口南青集装箱班轮公司,连带赔偿李国全的货物损失 549 743.90 元及利息。厦门南泰不服该判决,向湖北省高级人民法院提出上诉,湖北省高级人民法院于 2009 年 5 月 4 日作出判决,驳回上诉,维持原判。

原告称其为"新南泰88"轮的船舶经营人,并提供了厦门南泰在《共同说明》中的陈述作为认定原告为实际经营人的证据。并就此对"新南泰88"轮发生的保险事故向保险人提出索赔,要求保险人承担保险责任。

二、一审裁判

厦门海事法院认为,本案为海上保险合同纠纷。本案争议的焦点为:(1)原告对案涉事故引起的损害赔偿责任是否有保险利益;(2)案涉事故是否属于水路货物运输承运人责任险保险责任范围内的保险事故。

针对第一个焦点,原告提供一份由原告和厦门南泰出具的《共同说明》,以此说明其为"新南泰88"轮的经营管理人,因而具有保险利益。厦门海事法院认为,首先,"新南泰88"轮所有人为厦门南泰,原告虽称其为船舶经营人,但在船舶证书上并无相应的登记,原告仅以厦门南泰在《共同说明》中的陈述作为认定原告为实际经营人的证明缺乏依据。其次,原、被告双方争议的货物运输承运人责任险的保险标的为承运人对第三者依法应负的损害赔偿责任。根据(2009)鄂民四终字第13号民事判决书,原告并非案涉货物运输的承运人或实际承运人,不承担承运人责任。该生效判决认定厦门南泰应当承担赔偿责任,原告不是生效判决确定的损失赔偿责任主体,无需承担赔偿责任,也无实际损失。因此,原告对保险标的没有保险利益,无权向被告主张保险赔偿。鉴于原告对保险标的没有保险利益,无权向被告主张保险赔偿,对第二个焦点问题不予审议。根据《中华人民共和国民事诉讼法》第64条第1款、最高人民法院《关于民事诉讼证据的若干规定》第2条第2款的规定,原审判决:驳回原告福建省南安市南泰船业有限公司的诉讼请求。案件受理费9 297元,由原告负担。

三、上诉与答辩

一审判决后,南安南泰不服,上诉称:运输工具投保主体并不局限于投保人,更是针对投保的运送工具,只要是"新南泰88"轮发生肇事,不管以谁的名义投保,保险人都不能摆脱承运人责任险,更何况厦门南泰和南安南泰已签署了共同说明,阐明承运人责任利益的归属,原审判决不仅违背保险法精神,也不符合最高人民法院有关的司法解释和实践,请求二审法院依法改判。

被上诉人太平保险答辩称:首先,"新南泰88"船舶证书上并未对上诉人系该轮经营人进行任何登记,也没有其他任何证据可以证明上诉人系该轮实际经营人。虽然上诉人就"新南泰88"轮向被上诉人投保水路货物运输承运责任险并约定为被保险人,但上诉人对于保险标的没有保险利益。同时,上诉人作为被保险人也未向第三者作任何赔偿,所以,被上诉人亦不得向上诉人支付任何保险金,避免未负赔偿义务的上诉人从中获利。其次,本案所涉货损事故不属于保险合同约定的事故,故承运人的赔偿责任不属于保险责任范围,答辩人无须承担保险赔偿责任。

四、二审裁判

本案二审审理过程中,上诉人提交了厦门南泰为"新南泰88"船舶交纳的部分保险款的单据,以此证明被保险人名称上有出入保险人是知道的。被上诉人质证认为,该单据与本案没有关联性,不能证明厦门南泰是该保险合同的当事人。福建省高级人民法院认为,上诉人南安南泰既不是"新南泰88"船舶的所有权人,也不是经营人。虽然上诉人就"新南泰88"轮向被上诉人投保水路货物运输承运责任险并约定为被保险人,但上诉人对于保险标的没有保险利益。根据(2009)鄂民四终字第13号民事判决书,上诉人并非案涉货物运输的承运人或实际承运人,不承担承运人责任。该生效判决认定厦门南泰应当承担赔偿责任。上诉人未负任何赔偿义务或支付任何赔款,不得向保险人请求赔偿保险金。上诉人二审中提交的厦门南泰为"新南泰88"船舶交纳的部分保险款的单据,尚不足以证明厦门南泰是案涉保险合同的被保险人。假使能够证明厦门南泰是案涉保险合同的被保险人,上诉人也无权要求保险人支付保险赔偿款。综上,原审认定事实清楚,适用法律正确。上诉人上诉理由不能成立,其上诉请求不予支持。依照《中华人民共和国民事诉讼法》第153条第1款第1项之规定,判决如下:

驳回上诉,维持原判。

7 上诉人泉州鸿圣轻工有限公司与被上诉人天安保险股份有限公司浙江省分公司海上运输货物保险合同纠纷案

案例来源:福建省高级人民法院(2010)闽民终字第553号
主题词:FOB的保险利益　一切险　外来风险　保险事故的确定

裁判要旨

No. HX-1.1-9　虽然报关单载明的交易方式为FOB,但在运输环节与保险均由卖方自行安排并支付费用,这实际上已对贸易方式作出了重大变更,货交收货人之前的一切风险仍归属于卖方,故保险人关于货物越过船舷风险即转移的主张,法院不予支持,卖方具有保险利益。

No. HX-1.1-10　货损因承运人的非法行为所致,并因此导致货物不能在预定抵达目的地的日期起6个月以内交讫,托运人对此也并无过错或存在任何故意或过失的,案涉货物损失应认定属于一切险责任范围的保险事故。

一、基本案情

上诉人(一审被告):天安保险股份有限公司浙江省分公司(以下简称天安保险)

被上诉人(一审原告):泉州鸿圣轻工有限公司(以下简称鸿圣公司)

2008年1月24日,泉州鸿圣轻工有限公司与锦绣国际货运代理有限公司(以下简称锦绣国际公司)签订《运输及送货服务合同》(集装箱号:TGHU7194501),锦绣国际公司接收鸿圣公司货物并负责用40尺高集装箱(40'HQ)从中国厦门以海运及其他方式承运至俄罗斯莫斯科,并将货物送至鸿圣公司指定的莫斯科仓库(普希金市)。双方代表陈勇红、沈益洲签字并加盖单位印章。

2007年11月至2008年1月29日,天安保险股份有限公司浙江省分公司原滨东路营销服务部副经理谢瑜在接到锦绣国际公司沈益洲的电话后,便找到鸿圣公司法定代表人孙少华商谈有关运往俄罗斯产品的保险业务,并于2008年1月24日(即鸿圣公司与锦绣国际公司签约的当日)使用私刻的"天安保险股份有限公司浙江省分公司业务专用章"与鸿圣公司签订了集装箱号为 TGHU7194501 的《进出口货运险保险协议》。保险单记载,承保险别为一切险并附加交货不到险,适用 1981 年 1 月 1 日中国人民保险公司修订的《海洋运输货物保险条款》(简称 CIC 一切险)(仓至仓条款包含在内),从厦门至莫斯科,其他有关集装箱号、封扣号、数量、保险货物项目、保险金额等条款内容均与案涉《运输及送货服务合同》《进出口货运险保险协议》一致。

2008 年 1 月 25 日,案涉集装箱向厦门海关申报出口,371220080128825192 号海关出口货物报关单载明发货单位、经营单位为鸿圣公司,成交方式 FOB,品名为涤纶制包,运输工具名称为 MAERSK SEVILLE/0802,2008 年 2 月 22 日海关验讫。2008 年 1 月 27 日,货物在厦门实际装船,目的港汉堡,承运人 A. P. Moller-Maersk A/S 于 2008 年 2 月 14 日签发了 524875326 号提单。该提单记载的集装箱号和封扣号与案涉《运输及送货服务合同》、保险单的记载相同,并载明了货物由托运人自行装箱、计量等,而托运人却为 WENLING INTERNATIONAL IMP&EXP CO., LTD.,货物品名为 LINEAR POLY-THENE,PLASTICIZER FOR PLASTIC。鸿圣公司否认收到该提单,并表示对货物品名的更改不知情。

2008 年 3 月 29 日,鸿圣公司收到俄罗斯客人关于未到货通知的传真,遂于 2008 年 4 月 22 日通过 EMS 向天安保险寄送了报案《函件》,取得 EU752876171CN《国内特快专递邮件详情单》和 00160800《福建省邮政特快邮件专用发票》。惠安县公证处经鸿圣公司申请对此寄送行为进行公证,并于同月 25 日出具了(2008)惠证民字第 211 号《公证书》。同月 29 日,俄罗斯客人又向鸿圣公司发来了关于终止合同的传真。在收到俄罗斯客人的上述两次传真之后,鸿圣公司分别于 2008 年 3 月 31 日、4 月 30 日向承运人传真了相应的《索赔函》。

另外,1981 年 1 月 1 日中国人民保险公司修订的《海洋运输货物保险条款》第 1 条责任范围(三)一切险规定:"除包括上列平安险和水渍险的各项责任外,本保险还负责被保险货物在运输途中由于外来原因所致的全部或部分损失。"第 2 条除外责任规定:"本保险对下列损失不负赔偿责任:(一)被保险人的故意行为或过失所造成的损失;(二)属于发货人责任所引起的损失;(三)在保险责任开始前,被保险货物已存在的品质不良或数量短差所造成的损失;(四)被保险货物的自然损耗、本质缺陷、特性以及市价跌落、运输迟延所引起的损失或费用;(五)本公司海洋运输货物战争险条款和货物运输罢工险条款规定的责任范围和除外责任。"第 3 条责任起讫规定:"(一)本保险负'仓至仓'责任,自被保险货物运离保险单所载明的起运地仓库或储存处所开始运输时生效,包括正常运输过程中的海上、陆上、内河和驳船运输在内,直至该项货物到达保险单所载明目的地收货人的最后仓库或储存处所或被保险人用做分配、分派或非正常运输的其他储存处所为止……"第 4 条被保险人的义务规定:"被保险人应按照以下规定办理有关事项,如因未履行规定的义务而影响保险人利益时,保险人对有关损失有权拒绝赔偿。(一)……如果货损货差是由于承运人、受托人或其他有关方面的责任所造成,应以书面方式向他们提出索赔,必要时还需取得延长时效的认证……

(四)在向保险人索赔时,必须提供下列单证:保险单正本、提单、发票、装箱单、磅码单、货损货差证明、检验报告及索赔清单。如涉及第三者责任,还须提供向责任方追偿的有关函电及其他必要单证或文件。"《海洋运输货物保险条款》附加险中交货不到条款规定,本保险自货物装上船舶开始,不论由于任何原因,如货物不能在预定抵达目的地的日期起6个月以内交讫,本公司同意按全损予以赔付,但该货物之全部权益应转移给本公司……

二、一审裁判

一审法院认为,本案为事实涉外案件①,立案案由为海上保险合同纠纷,但根据案情应细化为国际海上运输货物保险合同纠纷。本案保险人、被保险人均在中华人民共和国境内,且双方在诉讼过程中一致选择适用中国法律,根据最高人民法院《关于审理涉外民事或商事合同纠纷案件法律适用若干问题的规定》第4条第1款的规定,原审决定适用中国法律界定争议双方的权利义务。本案的争议焦点有三个:(1)案涉《进出口货运险保险协议》对天安保险是否有效?(2)鸿圣公司对保险标的是否具有保险利益?(3)案涉货物是否发生了保险事故?对此,一审法院逐一分析认定如下:

(一)关于案涉《进出口货运险保险协议》对天安保险是否有效的问题

天安保险辩称,其从未与鸿圣公司签订保险协议,事后承保案涉货物也不构成对上述保险协议效力的追认。一审法院认为,根据天安保险原滨东路营销服务部副经理谢瑜的供述,案涉《进出口货运险保险协议》系其接到锦绣国际公司沈益洲提供的保险业务信息后与鸿圣公司于2008年1月24日签订的,并加盖了私刻的天安保险业务专用章。显然,行为人谢瑜在签约当时既代表天安保险,又与锦绣国际公司关系密切。虽然保险协议上的天安保险业务专用章系伪造,但谢瑜特殊的副经理身份使得鸿圣公司有足够的理由相信其签约行为系代表天安保险的职务行为。根据《中华人民共和国民法通则》第43条的规定,谢瑜的行为所产生的法律后果应由天安保险承担。而事实上,天安保险在同一天即对鸿圣公司的案涉货物出具了相应的保险单,并收取了足额的保险费。保险单除了"货物代理人为锦绣国际运输有限公司"的记载,与保险协议"甲方(鸿圣公司)与承运人(温州市锦绣货运代理有限公司)签订的运输合同作为本保险协议的附本"的记载存在一定差别以外,其他不论是险别、保险金额、免赔率还是集装箱号、封扦号等主要内容均为一致。以上事实表明,天安保险对案涉货物的运输安排是熟知的,只是在制作相关文件过程中在承运人名称的记载上出现一些混乱。从谢瑜的供词看,其对温州市锦绣国际货运代理有限公司与锦绣国际公司的关系是清楚的,并明确其与前者没有发生过保险业务。因此,有关承运人记载的不一致并不影响本案双方之间有关案涉货物保险合同的约定。鉴于《进出口货运险保险协议》与保险单内容一致,且属双方的真实意思表示,故原审认定双方当事人所建立的国际海上运

---

① 一般是指,在民事关系的主体、客体和权利义务据以发生的法律事实诸因素中至少有一个外国因素的民事关系。

输货物保险合同法律关系依法成立有效,该保险协议与保险单对天安保险均具有约束力。天安保险关于其事后承保案涉货物属于新的保险关系的抗辩,因与事实不符,一审法院不予采纳。

(二)关于鸿圣公司对保险标的是否具有保险利益的问题

天安保险认为,鸿圣公司没有提单正本证明其对保险标的享有权利,且根据 FOB 贸易方式,保险利益在货物越过装运港船舷时转移到买方,故鸿圣公司对保险标的也不具有保险利益,无权向天安保险索赔。一审法院认为,鸿圣公司对本案保险标的具有保险利益,理由有二:

1. 案涉货物并未交付收货人,鸿圣公司仍为保险标的的所有权人

案涉《运输及送货服务合同》及货物承运单表明,鸿圣公司作为托运人已将货物交付承运人锦绣国际公司安排运输。海关验讫的出口货物报关单及实际承运人的提单进一步说明,案涉货物已在起运港查验离港并将在德国汉堡转运。由于锦绣国际公司向鸿圣公司承诺代办所有运输和海关手续(俗称"包清关运输"),并在货物到达指定的莫斯科仓库后才收取全程运输服务费,故在实际操作中,鸿圣公司仅与锦绣国际公司办理了交货手续,手中也仅持有运输合同和货物承运单,并未取得提单等其他运输单证,对事后锦绣国际公司如何进一步安排海上运输也不十分清楚。对于此种特殊的货物运输方式,承接案涉保险业务的天安保险原职员谢瑜是知情的,并在《进出口货运险保险协议》中明确将鸿圣公司与承运人的运输合同作为保险协议的附本。尽管锦绣国际公司在运输操作中导致实际承运人提单托运人的记载与鸿圣公司不同(但报关单记载的提单号、集装箱号均与提单一致),但无证据证明鸿圣公司自愿放弃货物所有权。在货物尚未交付收货人的情况下,鸿圣公司仍然拥有货物所有权。

2. 尽管鸿圣公司与收货人(买方)使用了 FOB 价格术语,但该术语的原有内容在实际操作中已发生重大变化(已近乎 CIF)

案涉货物不论是运输还是保险实际均由鸿圣公司自行负责缔约和付费,也就是说,案涉货物运抵目的地的风险事实上是由鸿圣公司自行承担的。因此,天安保险提出的所谓保险利益在货物越过装运港船舷时已转移到买方的抗辩缺乏事实依据,一审法院不予采纳。以上分析表明,鸿圣公司不仅是货物的所有权人,还是货物的投保人和被保险人,理应对本案保险标的具有法律上承认的利益即保险利益。

(三)关于案涉货物是否发生了保险事故的问题

此问题涉及几个层次:

1. 案涉货物是否已装船运输?

天安保险认为,一切险"仓至仓"条款规定保险责任自被保险货物运离保险单所载明的起运地仓库或储存处所开始运输时生效,交货不到险条款规定,本保险自货物装上船舶时开始,但现有证据不能证明货物已经在厦门装船运输,即不能证明天安保险的保险责任已经开始生效。一审法院认为,如前所述,案涉货物已经由鸿圣公司交付承运人锦绣国际公司,并经海关验讫出口,于 2008 年 1 月 27 日装船出运。尽管承运人在单证操作中导致实际承运人的提单记载与实际情况不完全相符,但提单号、集装箱号、封扦号始终是一致的。在托运人对集装箱封扦未动的情况下,海运单证制作的不

一致,并不足以说明集装箱内的货物确已发生变更。因此,在天安保险未能举出充分反证的情况下,应认定集装箱内的货物仍为承运人现场监装的背包、旅行袋、学生包,而且货物已在厦门实际装船出运,即天安保险的保险责任已经开始。

2. 有关案涉货物的现状如何?

天安保险认为,鸿圣公司不能证明案涉货物发生了保险事故。一审法院认为,事实表明,案涉货物于2008年1月27日出运,鸿圣公司在同年3月29日就收到了收货人的未到货通知,且经收货人证实货物至今未予交付。有关货物的下落,天安保险原职员谢瑜、承运人锦绣国际公司法定代表人汪剑均证实,货物已实际到达俄罗斯,但因向鸿圣公司索要额外费用未果,承运人已将货物自行卖掉。也就是说,案涉货物已无法再归鸿圣公司所有或向收货人进行交付。根据《中华人民共和国海商法》第245条的规定,本案保险标的已发生实际全损。

3. 案涉货物的全损及交货不到是否属于保险责任范围即保险事故?

一审法院认为,根据双方约定适用的1981年1月1日中国人民保险公司修订的《海洋运输货物保险条款》(仓至仓条款包含在内)和《海洋运输货物保险条款》附加险中,一切险包括被保险货物在运输途中由于外来原因所致的全部或部分损失,而交货不到条款则规定,自货物装上船舶开始,不论由于任何原因,如货物不能在预定抵达目的地的日期起6个月以内交讫,按全损予以赔付。就本案而言,货物之所以发生实际全损,完全系因鸿圣公司无法控制的外来原因即承运人的非法行为所致,并因此导致货物不能在预定抵达目的地的日期起6个月以内交讫,鸿圣公司对此也并无过错或存在任何故意或过失。对照保险条款的规定,案涉货物损失的发生显然不属于除外责任的情形,应认定属于一切险责任范围的保险事故。因货物的实际全损导致货物事实上的交货不到,也显然属于交货不到险责任范围的保险事故。因此,本案货损实际上是一起受到一切险和交货不到险双重覆盖的保险事故。

综上所述,双方当事人之间订立的国际海运货物保险合同合法有效,双方的权利义务应受《进出口货运险保险协议》、保险单及所附保险条款的约束。案涉货物因承运人非法出售而发生实际全损并交货不到的保险事故,在天安保险未能举证证明其属于除外责任的情况下,应认定该保险事故属于双方约定的一切险和交货不到险的责任范围。保险事故发生后,鸿圣公司在向承运人锦绣国际公司两次传真《索赔函》未果后,遂向惠安县公安局报案,该局于2008年8月7日决定对锦绣国际公司合同诈骗案予以立案侦查。根据最高人民法院《关于在审理经济纠纷案件中涉及经济犯罪嫌疑若干问题的规定》第9条、最高人民法院《关于审理民事案件适用诉讼时效制度若干问题的规定》第15条第1款的规定,鸿圣公司对承运人请求保护权利的诉讼时效应从其报案之日起中断。天安保险试图以鸿圣公司没有及时行使索赔权使其丧失了向第三方追偿的权利为由拒赔本案保险事故,显然其抗辩缺乏事实和法律依据,原审不予采纳。天安保险作为保险人,理应按照保险合同约定向鸿圣公司承担赔偿责任。天安保险就保险单确定的保险金额533 130元按保险费率2%收取了保险费10 662.6元,可见本案货物保险为足额保险。根据双方约定的每次事故实行货物损失金额90%的绝对赔偿,故应认定天安保险依约应承担支付的保险赔偿金为533 130元×90% = 479 817元。对于该笔保险赔偿金的利息,鸿圣公司认为应自2008年4月22日(鸿圣公司通过EMS向天安保险寄送报案《函件》之日)起至判决确定支付之日止,按中国人民银行公布的同期贷款利率计算。一审法院认为,天安保险在鸿圣公司报案之后至今未予依约理赔,其行为已构成违约。根据《中华人民共和国保险法》第23条第2款的规定,鸿圣公司提出的天安保险须支付因逾期赔付保险赔偿金而产生的相应利息的主张应予支持。但根据该条第1款的规定,天安保险在收到鸿圣公司报案后对保险赔偿金的核定期限最长可达30日,因本案案情较为复杂,故应允许天安保险有一定时间核定理赔事宜。也就是说,鸿圣公司请求的保险赔偿金利息宜从报案之日30天后即2008年5月22日起算。有关利息的计算标准,鸿圣公司本可根据最高人民法院《关于逾期付款违约金应当按照何种标准计算问题的批复》的规定,参照中国人民银行规定的金融机构计收逾期贷款利息的标准计算。鸿圣公司主张按中国人民银行公布的同期贷款利率计算,此举应视为鸿圣公司自愿以低于法律规定的幅度主张权利,依据自愿处分原则,一审法院予以支持。至于天安保险有关鸿圣公司未提交相应索赔材料的抗辩,因其对鸿圣公司的书面报案甚至上门索赔均不予理睬,故天安保险的说辞显属其消极理赔的借口,对此等不诚信行为一审法院不予支持。依照《中华人民共和国海商法》第237条、《中华人民共和国保险法》第23条、《中华人民共和国民事诉讼法》第64条第1款的规定,一审法院判决:

一、天安保险股份有限公司浙江省分公司应于判决生效之日起10日内向泉州鸿圣轻工有限公司支付保险赔偿金479 817元,及其自2008年5月22日起至判决确定支付之日止按中国人民银行公布的同期同类贷款利率计算的利息。

二、驳回泉州鸿圣轻工有限公司的其他诉讼请求。

三、上诉与答辩

一审宣判后,天安保险不服,向福建省高级人民法院提起上诉称:

1. 原判认定事实错误

(1)原判认定本案货物于2008年1月27日在厦门装船海运有误,现有证据不能证明案涉货物于上述日期在厦门装船出运,也不能证明本案保险责任已经开始。鸿圣公司所举的提单档案完全与货物情况不符,因此与本案不具有关联性,不能采纳为本案证据。(2)原判以传来证据认定案涉货物发生保险事故有误。传真上的签字人与收货人的姓名不一致,且被上诉人未出示货物买卖合同,不能说明发传真的就是案涉货物的买方。谢瑜、汪剑的询问笔录表明,二人是间接从他人处得知货物的运输情况,这不足以证明货物已到俄罗斯并被承运人卖掉。被上诉人至今未能出示关于货损的检验报告,也未提供其他有资质的商检机构出具的货损证明文件,无法证明货物已发生全损。

2. 原判对本案定性错误

（1）原判认定被上诉人对本案保险标的具有保险利益有误。根据货物报关单显示，贸易成交方式为FOB，因此货物毁损灭失的风险自越过船舷时转移给买方，保险利益亦如此。况且，被上诉人至今未提供作为物权凭证的提单原件，而提单复印件上的托运人与收货人也与本案无关，因此被上诉人还不能证明其对案涉货物享有合法的权利。（2）原判认定本案属于保险责任范围有误。

现有证据不能证明货物已经在厦门装船运输，也无法证明货物在运输途中发生全损或部分损失，因此本案情形不符合"一切险"及"交货不到险"的责任范围。即便货物已经运到俄罗斯，也是被上诉人因自身原因未支付上涨部分的清关费用导致货物被出售，其主观上的过失符合《保险条款》的"除外责任"，保险人也不负赔偿责任。根据《中华人民共和国保险法》以及《保险条款》，被上诉人负有提供单证的义务，否则应承担举证不能的后果。

3. 原判适用法律错误

被上诉人至今未能提供相关单证或派员到上诉人处协商理赔事宜，上诉人也未收到过索赔函件，无法核损，因此本案不适用《中华人民共和国保险法》第23条关于损失赔偿的规定。

4. 原判程序有误

公安机关对锦绣国际公司以合同诈骗予以立案侦查，刑事案件的结果与本案有利害关系，原审法院应依法中止审理。综上，上诉人请求依法撤销原判，发回重审或改判驳回被上诉人原审的诉讼请求。

被上诉人鸿圣公司答辩称：（1）本案现有证据足以证明案涉货物在厦门装船起运，并且已经发生保险事故。仅凭提单记载的两条信息与保单等文件不符，并不足以否定货物起运、保险责任开始的事实，而上诉人质疑保险事故是否发生的理由，同样不能成立。（2）被上诉人对保险标的具有保险利益是不争的事实。风险负担与保险利益不同，当风险与所有权移转不同步时，所有权人对货物还是享有保险利益的。提单只有在海上货运合同项下才是物权凭证，但在国际贸易合同关系下，提单与所有权并不能混同。（3）承运人侵占货物属于"一切险"及"交货不到险"保险责任双重覆盖的范围，并且被上诉人已经满足向保险人理赔的手续。（4）上诉人作为保险人，不履行及时给付保险金的义务，应赔偿被上诉人相应的利息损失。（5）公安机关对锦绣国际公司立案侦查，不影响保险合同争议解决程序，本案不存在法定的诉讼中止情形。综上，鸿圣公司请求依法驳回上诉，维持原判。

四、二审裁判

二审期间，双方当事人均无新证据提交。经审查，一审法院查明的事实基本属实，可予确认。福建省高级人民法院认为，本案为国际海上运输货物保险合同纠纷，双方当事人二审的争议焦点为：（1）案涉货物是否已经装船起运；（2）案涉货物是否发生了保险事故；（3）被上诉人对保险标的是否具有保险利益。

关于案涉货物是否已经装船起运的问题，涉及保险责任期间的起算。经审查，《运输及送货服务合同》约定，集装箱号为 TGHU7194501 的案涉货物应由锦绣国际公司接收并负责承运，运输全过程自被上诉人工厂到被上诉人莫斯科指定的仓库；在中国境内装箱必须由锦绣国际公司人员到场监装，同时还应向被上诉人出具收货条。2008 年 1 月 24 日的货物承运单载明，装箱地址为"惠安城南中心工业区"（被上诉人住所地），且锦绣国际公司沈益洲在"监装人签字（盖章）"一栏签字，可证明案涉货物已交由锦绣国际公司接收并自泉州起运。此后形成的海关出口货物报关单体现的经营单位与发货单位均为被上诉人，且包括件（包）数、集装箱号、商品名称等内容与货物承运单逐一对应，可证实案涉货物已向海关申报并获放行。至此，被上诉人已完成了对案涉货物运离起运地的举证责任，并初步证明了案涉货物在厦门装船起运。上诉人虽主张提单档案部分内容与实际不符，但该提单编号、集装箱号、封扣号及时间、地点等内容与货物承运单上的记载均一致，在上诉人对此未能举出反证且不排除承运人存在更改提单信息的可能的情况下，尚不能由此直接推断并得出货物未起运的结论。况且，公安机关向涉案人员汪剑、谢瑜所作的询问笔录中均表明，货物确已出运，这也从侧面印证了案涉货物装船起运的事实。根据《进出口货运险保险协议》及《海洋运输货物保险条款》的记载，本案投保的一切险"仓至仓"责任期间，自货物运离起运地仓库或储存处所开始运输时开始，交货不到险责任期间自货物装船时即开始，综合以上判断，保险人对承保货物上述两个险种的责任期间均已开始起算。

关于案涉货物是否发生了保险事故的问题，包括货物全损事实的认定与保险责任范围的认定。福建省高级人民法院认为，货损的事实有收货人的未到货通知、被上诉人向锦绣国际公司发出的索赔函、锦绣国际公司法定代表人汪剑出具的证明以及公安机关立案决定书等内容佐证，以上证明材料在内容上能相互衔接、符合逻辑，应视为被上诉人的举证已具备"高度盖然性"。因此，关于案涉货物运抵俄罗斯且未能交付给收货人的事实可予确认。如收货人确有收到案涉货物，上诉人本应负有相应的举证义务，但其仅主张收货人真实身份存疑并认为传来证据不得采信，而未能提供任何证据予以反驳，故该项上诉理由不能成立。一切险的保险责任范围是货物在运输途中因外来原因所致的损失，上诉人在货损事实存在的情况下如主张免责，本应负有对一切险除外责任的举证义务，但其仅主张被上诉人对货损存在过失，即未支付上涨部分的清关费用导致货物被出售，该主张明显于法于理不合，不能采纳。交货不到险的保险责任范围是只要货物不能在预定抵达目的地的日期起 6 个月内交讫，即按全损赔付，案涉货物已被他人变卖处理，即理论上已经不存在交付的可能，事实上收货人截至本案诉讼时也未能正常提货，因此一审法院关于本案货损系受到一切险与交货不到险双重覆盖的保险事故的认定无误，应予确认。

关于被上诉人对保险标的是否具有保险利益的问题。福建省高级人民法院认为，保险利益系投保人对保险标的具有的法律上承认的利益，只要保险标的在保险事故发生时受损，导致投保人或被保险人的经济利益随之受损，即表明其具有保险利益。上诉人作为保险人主张被上诉人不具有保险利益，即并非案涉货物的合法所有权人，其主要理由系被上诉人未持有正本提单及贸易方式为 FOB。但是，(1)《运输及送货服务合同》中业已明确，被上诉人作为案涉货物的所有权人与托运人，将货物交由锦绣国际公司承运及代办清关手续。除运输合同及货物承运单外，被上诉人无须持有其他任何单证，只要收货人在目的地顺利提货后再支付全程运费即可。而上诉人的原职员谢瑜亦是在对此完全知情的情况下与上诉人签订《进出口货运险保险协议》，并将前述运输合同作为保险协议的附本，上诉人为此也开具了保单并收取了相应的保费。由此可见，这种运输方式下，被上诉人无须关心是否持有正本提单，这并不影响其对货物享有的所有权。(2) 货物风险与所有权的转移并不完全同步，因此货物风险的负担与保险利益也并非完全一致。况且本案中虽然报关单载明的交易方式为 FOB，但在运输环节与保险均由卖方自行安排并支付费用，这实际上已对贸易方式作出了重大变更，货交收货人之前的一切风险仍归属于被上诉人，故上诉人关于货物越过船舷风险即转移的主张与本案事实不符，不能成立。

此外，被上诉人于 2008 年 4 月 22 日在公证员的陪同下向上诉人寄送了报案函件，此后还曾派员赴上诉人理赔管理总部商洽索赔事宜，故上诉人关于被上诉人从未向其索赔的主张明显与事实不符，福建省高级人民法院不予采纳；公安机关对锦绣国际公司运输合同诈骗一案立案侦查，并不影响本案中被上诉人依据保险合同主张权利，二者分属于不同的法律关系，因此上诉人关于"先刑后民"的主张同样不能成立。综上，一审法院认定事实清楚，适用法律正确，依法应予维持。依照《中华人民共和国民事诉讼法》第 153 第 1 款第(1)项之规定，判决如下：驳回上诉，维持原判。

8 原告赵典藏、金志贝、陈德喜、吴昌南与被告中国人民财产保险股份有限公司温州市分公司船舶保险合同保险赔款纠纷案

案例来源：宁波海事法院(2006)甬海法温商初字第 39 号
主题词：船舶挂靠　保险利益　时效中断　被保险人告知义务

裁判要旨

No. HX-1.1-11　在船舶所有人和船舶经营人分离的情况下，以船舶作为保险标的(而非船舶经营人的经营收益)的保险利益，应当认定为由船舶所有人享有。

No. HX-1.1-12　保险单记载船舶经营人(实为被挂靠人)作为被保险人，但保险为沿海内河船舶一切险，因此应视船舶经营人系代理船舶所有人签订保险合同。

一、基本案情

原告:赵典藏、金志贝、陈德喜、吴昌南(以下简称四原告)

被告:中国人民财产保险股份有限公司温州市分公司(以下简称被告)

四原告诉称:四原告系"浙乐油18"轮船舶所有人。2003年5月9日,船舶经营人乐清市东方海运有限公司(以下简称东方公司)就该轮向被告投保沿海内河船舶一切险,保险期限至次年5月9日止,保险金额和保险价值同为人民币100万元。2003年11月6日,"浙乐油18"轮在东营北港池受大风及潮位影响,于当晚21时搁浅在离主航道约160米的沙质浅滩上。次日,四原告向被告报告船舶遇险情况。被告要求尽一切努力采取脱浅补救措施,费用由被告负担。2003年11月中旬,四原告委托拖轮进行拖离;2004年3月,以高压水枪冲船底沙滩拖船;同年10月21日,大潮之际在船底装气囊充气上浮船舶拖离,均未成功。为此,四原告共支付船舶施救费用18.8万元,被告已予确认。此外,船舶搁浅期间,原告为避免损失进一步扩大,支付船舶保管人员工资11.9万元。2005年6月19日在船舶无法脱浅情况下,四原告书面要求被告理赔,被告同意赔偿,并于2005年6月27日在理赔报告书上签署"情况属实"的意见。此后,双方一直就理赔事宜进行沟通协商。2006年5月20日,被告派人前往山东,与烟台救捞局取得联系,经该局下属单位威海海华船务有限公司实地勘查,并编制《浙乐油18油轮清淤出浅方案及费用》,提出具体施救方案,预算费用为86万元。但至今双方仍未能就赔偿金额协商一致。由此,请求判令被告赔偿:(1)船舶损失100万元;(2)船舶施救费用18.8万元;(3)船舶保管费用11.9万元;(4)上述款项自2005年6月27日起的利息(按日万分之二点一利率计算,暂计至2006年10月27日为133 666元)。

被告辩称:(1)四原告诉称不实。涉案事故因风流作用座浅,而非搁浅;事故发生后,被告未以任何方式确认过有关费用,更不清楚相关费用是否合理、是否已支付,也从未以任何形式同意保险赔偿。(2)四原告非本案适格诉讼主体。涉案保险单明确记载被保险人为东方公司,而非本案四原告;四原告非保险合同当事人,无权向被告提起诉讼,应驳回起诉。(3)船舶座浅不属于保险责任范围。涉案事故发生后,四原告从未办理过海事签证,海事主管部门自然也未对事故进行任何勘验调查;经东营海事处盖章的材料是四原告为获取保险赔款而通过非正常途径取得的;四原告未举证事故属于涉案《沿海内河船舶保险条款》(以下简称《保险条款》)"保险责任"中列明风险,也未根据《保险条款》第18条的规定,在48小时内向港航监督部门报告,根据《保险条款》第20条的规定,保险人有权拒赔。(4)被保险人在投保时未尽如实告知义务。被保险人明知保险船舶"浙乐油18"轮在投保时已经光船租给山东胜坨集团公司(以下简称胜坨集团),但在投保时未按《中华人民共和国海商法》第222条规定如实告知保险人,根据该法第223条,保险人有权解除合同并不承担任何赔偿责任。(5)四原告在涉案事故中未遭受损失。宁波海事法院(2004)甬海法商初字第257号一审判决书和浙江省高级人民法院(2005)浙民三终字第54号二审判决书,均判决胜坨集团交还四原告"浙乐油18"轮,且已申请强制执行。四原告诉称的损失均属光租合同项下的商业风险,与涉案事故无因果关系。即使本案四原告系被保险人,其保险利益也仅限于船舶出租收益及船舶财产所有权,均已经判决并执行,四原告不存在任何实质性损害。(6)本案已过两年法定诉讼时效。四原告期间仅提出赔偿要求,被告未同意,不构成时效中断,无论根据《中华人民共和国海商法》第264条、第267条,还是根据《保险条款》第15条的规定,其起诉均已超过法定诉讼时效,应驳回其诉讼请求。(7)四原告诉请损失金额缺乏事实与法律依据。船舶至今仍由四原告控制并座浅在港池内,未构成全损;"船舶施救费用、船舶保管费用"既缺乏合理性,也未实际支付,且已经包括在光船承租人应赔偿四原告的未交还船舶损失范围内;"利息"损失于法无据。

二、法院查明的事实

结合被告援引的以本案四原告为被上诉人的浙江省高级人民法院(2005)浙民三终字第54号终审判决以及当事人庭审陈述,宁波海事法院确认如下事实:

"浙乐油18"轮登记为四原告共有。2002年7月29日,该轮光船租给胜坨集团,租期为2002年8月1日至2003年8月1日。2003年5月9日,该轮向被告投保,被告签发沿海内河船舶保险单。保险单记载被保险人为"浙乐油18"轮经营人东方公司;保险险别为沿海内河船舶一切险;保险价值和保险金额均为100万元,承保比例100%,免赔额为1万元。

2003年11月6日,"浙乐油18"轮锚泊于东营港北港池,因受大风(风力9至10级,阵风11级)及高潮位影响,并受港内操作水域限制,于当晚21时左右搁浅在离主航道160米处的沙质浅滩上。次日,四原告通知被告船舶搁浅出险。被告受理后,嘱船方待机自行脱浅,但未派人前往调查勘验。因东营北港池潮位落差小,无合适高潮位及风力风向,该轮一直无法自行脱浅。2003年11月10日,原告赵典藏作为"浙乐油18"轮一方的代表与第七公司签订协议书,约定由第七公司保管船舶并拟订方案实施脱浅。此后,四原告曾尝试以拖轮拖离、高压水枪强冲船底沙土以及在船底装气囊充气上浮等脱浅办法,但均无果。四原告已支付第七公司救助费用共10.5万元。

2004年7月19日,东方公司及本案四原告向宁波海事法院起诉,要求胜坨集团返还"浙乐油18"轮、支付租金52万元、赔偿损失60.5万元及其利息。一审判决后,胜坨集团提起上诉。浙江省高级人民法院于2005年5月23日作出(2005)浙民三终字第54号终审判决:认定胜坨集团在光租期限届满后未完全履行还船义务,判决胜坨集团于30日内交还东方公司及本案四原告"浙乐油18"轮、支付尚欠租金35.5万元、赔偿未依约还船租金损失50万元。

2005年6月27日,东方公司向被告提出书面报告称:"浙乐油18"轮已根据被告的要求尝试脱浅,但几经努力均未成功,被保险人已将有关情况告知被告,被告既未派人到出事地点勘查,也未对被保险人的索赔请求予以答复;现要求被告在该年份大潮来临时派技术人员至山东开展拖救工作,如无法拖出船舶,则要求按保险合同约定予以理赔。被告第五营业部收到报告后,即签署如下意见:"该保户出险时已向我司报案,因多种原因出险船舶施救未果。情况属实。"并将该理赔案移交理赔中心。理赔中心遂要求船方联系一家海事救助单位,提出具体可行性施救方案、编制预算,由保险人再作下一步决定。此后,虽经船方多方努力,但一直未联系到施救单位。2006年3月29日,东营海事处向四原告出具"浙乐油18"轮于2003年11月6日晚9时因大风搁浅的证明,并就船舶搁浅原因、施救过程和搁浅位置出具"发生事故的详细经过"说明。2006年5月20日,被告经办人前往山东与烟台救捞局取得联系,经实地勘查,烟台救捞局下属单位威海海华船务有限公司于当月31日编制了《浙乐油18油轮清淤出浅方案及费用》报告,提出施救方案,预算清淤脱浅费用为86万元。考虑到对该施救方案合理性、后续修复费用以及船体结构损害的审核涉及专业知识,被告于2006年6月20日决定上报其上级单位中国人民财产保险股份有限公司浙江省分公司,要求代为委托保险公估机构进行处理。

另查明:浙江省高级人民法院(2005)浙民三终字第54号民事判决生效后,东方公司及本案四原告已向宁波海事法院申请强制执行,但至今未能执行,"浙乐油18"轮仍搁浅在原位置。

三、法院裁判

宁波海事法院认为:本案双方当事人主要争议在于:(1)四原告是否具有向被告请求保险赔款的诉讼主体资格?(2)涉案事故是否构成保险事故?(3)被保险人是否未履行如实告知义务?(4)四原告对事故损失有无请求权、损失如何确定?(5)本案有无超过法定诉讼时效?

(一)四原告诉讼主体资格

"浙乐油18"轮由本案四原告共有,挂靠在东方公司经营。从当事人庭审陈述可知,船舶投保时已提供船舶所有权登记证书,被告对船舶所有权人和经营人的情况理当清楚。《中华人民共和国保险法》第12条规定,"投保人对保险标的应当具有保险利益";"保险利益是指投保人对保险标的具有的法律上承认的利益"。四原告作为船舶所有人,对"浙乐油18"轮具有保险利益。庭审中,四原告称,保险费由其支付;而被告表示不清楚,且认为即使如此,也系代东方公司支付。尽管四原告未对此举证,但在船舶所有人和船舶经营人分离的情况下,以船舶作为保险标的(而非船舶经营人的经营收益)的保险利益应当认定为由船舶所有人所享有,被告签发保险单将船舶经营人东方公司作为被保险人记载,应视为东方公司是以船舶经营人的身份代理船舶所有人即本案四原告与被告签订船舶保险合同,四原告为合同一方当事人。何况被告自己在"船舶险重大损案上报表"中也将被保险人填写为"乐清市东方海运有限公司浙乐油18"。"浙乐油18"系船,如无特指,应理解为船舶所有人无疑。综此,四原告对"浙乐油18"轮具有保险利益,有权提起诉讼,请求船保险赔款。被告以保险单记载被保险人系东方公司为由,抗辩四原告非本案适格主体,理由不成立,不予采纳。

（二）涉案事故性质

根据中国人民银行《沿海内河船舶保险条款解释》，船舶在航行或锚泊中遭受意外造成船舶底部与海底、河床或浅滩紧密接触，使之无法航行，处于静止或者摇摆状态，并造成船舶损坏或停航12小时以上即构成搁浅，但船舶为了避免碰撞或者由于其他原因，有意将船舶抢滩座浅受损不属于搁浅责任范围。"座浅"，通常是指船舶在有潮汐的港口停泊时，低潮接触海底，而高潮又浮起，事先可预料，不属于意外事故。根据东营海事处出具的证明材料，"浙乐油18"轮发生事故前空载在东营北港池抛单锚锚泊，因大风船位移动，船员采取抛双锚、启动主机顶风等措施，而均未见效，显属因走锚漂移而搁浅，并不存在人为故意的抢滩行为。事故发生之日，值农历十月十三，并非当年乃至当月最高潮位，"浙乐油18"轮此后采多种措施均未能脱浅，也与"座浅"的客观现象不符，不可能事先预料。综此，涉案事故应认定为"搁浅"，而非"座浅"，系《保险条款》一切险中的列明风险，属于船舶保险责任范围。被告所谓"浙乐油18"轮因潮位和装载影响而座浅的抗辩，与查明的事实不符，不足采信。

四原告虽无证据佐证其在事故发生后已书面向东营海事处报告，但从当事人庭审陈述以及四原告所提供的相关证据材料（证据10和11）至少可以反映，事故发生次日，四原告即通知被告，被告予以受理，东营海事处此后也出具书面材料，证明或者说明事故原因、经过以及所采取的施救措施，可初步认定被保险人已履行《保险条款》第18条"向港航监督部门、保险人报告"的义务。何况根据《沿海内河船舶保险条款解释》，船舶发生海损事故，船东未在到达第一港（或就近港）后的48小时内向当地港航监督部门和保险人报告的，其后果是保险人不予受理。被告作为船舶保险人接船舶出险报告后，既已受理，且指示被保险人自行施救，而直到事故发生逾2年半时间以后才派人前往事故现场，于被保险人起诉保险赔款时再以被保险人未履行向海事行政机关报告义务为由，援引保险单格式条款拒赔，加重了被保险人索赔的举证责任，抗辩理由不成立，不予采纳。

（三）被保险人如实告知义务的履行及其后果

船舶光租将导致船舶经营状况的变化，如船舶管理、航行区域、船员配备等，确实属于"有关影响保险人据以确定保险费率或者确定是否同意承保的重要情况"，被保险人在投保时应当如实告知。就举证责任分配而言，已经履行如实告知义务的举证责任由被保险人承担；而被保险人故意不如实告知以及未告知或者错误告知对保险事故的发生有影响的重要情况的举证责任，则由保险人承担。庭审中，四原告称投保时已将船舶光租情况告诉过被告，且在被告第五营业部当场将保险单传真给光租承租人，被告经办人及第五营业部经理均知道船舶光租情况；被告则称投保人未告知，也未提供光租合同，如果有则应在保险单上进行批注（但未说明应在何处批注）。事隔3年多，投保人在投保时如何告知、告知了哪些情况，已不得而知。被保险人在2005年6月27日给被告的要求理赔的报告中提出，"签订保险合同当时，保险船舶已光船租赁给山东胜坨集团公司，且报告人已将此情况告知贵公司保单经办人员……"被告第五营业部在收到该报告后签署"……情况属实"的意见,构成订立保险合同时投保人已告知船舶光租的初步证据。被告未举证被保险人故意不履行如实告知义务,也未举证或者合理说明涉案事故与被保险人未履行告知义务之间存有因果关系,自不能作被保险人存有故意不如实告知的认定,也得不出因未告知而对保险事故发生产生影响的结论。被告以被保险人未履行如实告知义务为由拒绝保险赔偿的抗辩,不符合《中华人民共和国海商法》第 222 条和第 223 条的规定,不予采纳。

(四) 四原告对保险事故损失的请求权和损失的确定

1. 关于四原告对保险事故损失的请求权

"浙乐油 18"轮搁浅后,被保险人立即通知保险人,按保险人指示进行施救,并在船舶难以成功脱浅、保险人不及时理赔的情况下,对胜坨集团提起诉讼,尽到了法律规定或者合同约定的被保险人的义务。尽管在四原告与胜坨集团光船租赁合同纠纷一案中,法院判决胜坨集团返还船舶,并向四原告支付尚欠的租金、赔偿未依约及时还船造成的租金损失,但前者至今未能执行,后者既未执行也与本案分属不同的诉讼请求。在浙江省高级人民法院(2005)浙民三终字第 54 号民事判决未获执行的情况下,四原告作为被保险人,仍有权依船舶保险合同关系向被告主张保险事故损失赔偿。被告关于四原告损失已经判决执行的抗辩,与宁波海事法院查明的事实不符,不予采信。

2. 关于船舶损失

《中华人民共和国海商法》第 246 条第 1 款规定,"船舶发生保险事故后,认为实际全损已经不可避免,或者为避免发生实际全损所需支付的费用超过保险价值的,为推定全损。""浙乐油 18"轮船舶保险价值 100 万元,预算脱浅费用 86 万元,尚存差额。四原告主张构成推定全损而未对此举证,也未根据《中华人民共和国海商法》第 249 条的规定对保险标的进行委付,应认定构成部分损失。船舶部分损失金额即预算的脱浅费用,由被告依法根据保险单约定,扣除免赔额 1 万元后,予以赔付 85 万元。被告关于船舶尚有残值不构成推定全损的抗辩有理,予以采纳。

3. 关于此前的施救费用

《中华人民共和国海商法》第 240 条规定:"被保险人为防止或者减少根据合同可以得到赔偿的损失而支出的必要的合理费用……以及为执行保险人的特别通知而支出的费用,应当由保险人在保险标的的损失赔偿之外另行支付。""浙乐油 18"轮搁浅后,四原告按被告指示进行施救,所产生合理费用属于《保险条款》第 2 条保险责任范围,虽无效果,保险人仍当根据最高人民法院《关于审理海上保险纠纷案件若干问题的规定》第 12 条,予以支付。四原告要求被告在保险标的之外另行支付施救费用的主张有理,但金额应以前述审查确定的 10.5 万元为限,其余施救和保管费用,证据不足。

4. 关于保险赔款利息

《中华人民共和国海商法》第 237 条规定,"发生保险事故造成损失后,保险人应当及时向被保险人支付保险赔款。"《保险法》第 26 条也规定:"保险人自收到赔偿或者给付保险金的请求和有关证明、资料之日起六十日内,对其赔偿或者给付保险金的数额不能确定的,应当根据已有证明和资料可以确定的最低数额先予支付;保险人最终确定赔偿或者给付保险金的数额后,应当支付相应的差额。"根据《中华人民共和国海商法》第251条以及《保险条款》第6条和第14条规定,被保险人向保险人索赔时应当提供各种必要的单证,其中包括海事报告。本案被保险人尽管于事故发生次日即通知保险人,并于2005年6月27日再次向保险人提出书面索赔报告,但其2006年3月29日才从东营海事处取得有关船舶搁浅事故的证明材料,清淤出浅方案及费用预算的报告至2006年5月31日才作出。没有证据表明被告已根据《中华人民共和国保险法》第23条第2款的规定,再行要求被保险人补充提供有关保险索赔的证明和资料,根据该法第26条的规定,被告应在此后60日内支付保险赔款,否则承担支付保险赔款利息的违约责任。四原告诉请按日万分之二点一利率计算保险赔款利息,尚为合理,但利息应自2006年7月31日起算。

(五)诉讼时效

《中华人民共和国海商法》第264条规定,海上保险赔偿请求权诉讼时效为2年,自保险事故发生之日起算;第267条第1款规定:"时效因请求人提起诉讼、提交仲裁或者被请求人同意履行义务而中断。"比较《中华人民共和国民法通则》第140条可知,海上保险赔偿请求权不因被保险人向保险人提出索赔要求而致诉讼时效中断。"浙乐油18"轮于2003年11月6日搁浅,四原告于2006年11月21日向宁波海事法院提起诉讼,已逾2年。被保险人于2005年6月27日向被告提出书面索赔,但仅有此类索赔要求尚不足以产生诉讼时效中断的法律效果。《中华人民共和国海商法》第267条第1款所指的"被请求人同意履行义务",属于意思表示,不限于书面,还包括口头或者行为方式,也非要求明确赔偿金额和赔偿期限不可。从来源于被告的"船舶险重大损案上报表"可知,事故发生后,被保险人即通知被告,并按被告指示采取了一系列施救措施,还于2005年6月书面要求理赔;被告接理赔报告后,要求被保险人联系施救单位,并随后由其自行联系施救单位编制施救方案和预算报告;报告作出后,再请示其上级单位委托保险公估。被告上述一系列行为,说明其在请示上级单位之前,从未向被保险人作出过拒赔的意思表示,恰恰相反,被告自始至终在向被保险人传达同意支付保险赔款的信息。被保险人向保险人提出索赔,保险人的意思表示不外乎同意赔偿或者拒赔,被告至今不向四原告或者东方公司发出书面拒赔通知,而仅要求被保险人实施自行脱浅、施救、确定损失等,应当认定被告此前一直存在同意赔付的口头和行为方式意思表示。法律规定诉讼时效的目的,是为了促使权利人及时行使权利,避免当事人之间法律关系长久处于不稳定的状态。如果许可保险人一方面以诸如资料未齐、损失未确定、内部审核、向第三人起诉等为由拖延赔付,另一方面又不作拒赔表示,待2年届至,得能再以诉讼时效作抗辩,既非立法之本意,也与诚实信用原则不符。综此,至被告2006年6月20日向其上级单位请示之前,其指示被保险人对搁浅船舶进行施救,包括2005年6月份要求联系救助单位、提出施救方案和编制预算在内的一系列行为,均具"同意履行义务"的意思表示效力,构成诉讼时效中断。被告关于本案诉讼时效的抗辩无理,予以采纳。

综上,原、被告双方之间的船舶保险合同合法有效,"浙乐油18"轮在保险期限内发生保险事故,被告应根据保险单和《保险条款》的约定,依法向四原告支付保险赔款,并承担利息损失。四原告诉讼请求有理部分,予以支持;超过部分,证据不足,予以驳回。依照《中华人民共和国海商法》第237条、第240条第1款、第247条、第264条、第267条第1款、《中华人民共和国合同法》第107条和《中华人民共和国民事诉讼法》第64条第1款之规定,判决如下:

一、被告中国人民财产保险股份有限公司温州市分公司应赔付原告赵典藏、金志贝、陈德喜、吴昌南船舶保险赔款85万元和施救费用10.5万元及上述款项自2006年7月31日起至实际付清之日止的利息(按每日万分之二点一利率计算)。

上述应付款项应于本判决生效之日起10日内偿付,逾期依照《中华人民共和国民事诉讼法》第232条之规定,加倍支付迟延履行期间的债务利息。

二、驳回原告赵典藏、金志贝、陈德喜、吴昌南的其他诉讼请求。

1.2 近因原则

⑨ 原告华泰财产保险股份有限公司浙江省分公司与被告中远集装箱运输有限公司海上货物运输合同纠纷案

案例来源:上海海事法院(2011)沪海法商初字第627号
主题词:近因原则　法定免责事由　保险责任的确定　承运人的举证责任

> **裁判要旨**
>
> **No. HX-1.2-1**　保险事故应与保险责任存在因果关系,保险事故虽然发生在保险责任期间,作为第三人的承运人有证据证明涉案货损系因托运人过错所致,即涉案事故原因属于承运人法定免责事由,故承运人不应承担损害赔偿责任,保险人取得代位求偿权后,也无权请求其赔偿。

一、基本案情

原告:华泰财产保险有限公司浙江省分公司(原华泰财产保险股份有限公司浙江省分公司,以下简称原告)

被告:中远集装箱运输有限公司(以下简称被告)

原告诉称:2010年5月,原告承保的4个集装箱纤维纱由被告自中国上海运往德国布拉姆舍。5月3日,被告代理人签发了编号为COSU6027230080的清洁提单。因上述货物中的1个集装箱货物在交付前受损,原告根据保险合同赔偿被保险人损失人民币373 080.83元,扣除货物残值后损失人民币167 046.15元,还支付了检验费人民币

30 348.45 元,原告已依法取得代位求偿权。原告认为,货物在被告承运期间受损,被告依法应承担赔偿责任。为此,原告请求判令被告赔偿货损人民币 167 046.15 元、检验费人民币 30 348.45 元及利息(按中国人民银行同期活期存款利率计息,自 2010 年 7 月 8 日起算至生效判决书判定应当支付之日止)。

被告辩称,原告将保险赔款支付给了托运人并取得权益转让书,而托运人已收到全部货款,对涉案货损并无损失,故原告无权向被告索赔;涉案事故发生系托运人装箱时对货物绑扎积载不当造成,被告作为承运人依法可予以免责;原告索赔金额构成不合理,未扣除保险赔款 10% 加成,对残值处理未提供相应文件证明,检验费亦无付款凭证。为此,被告请求驳回原告诉请。

二、法院查明的事实

上海海事法院经审理查明并确认如下法律事实:2010 年 5 月,被告接受相关方的委托出运包括涉案货物在内的一批货物。5 月 3 日,上海中远集装箱船务代理有限公司代理被告签发了编号为 COSU6027230080 的正本多式联运提单,载明托运人为浙江尤夫高新纤维股份有限公司(以下简称尤夫公司),收货人凭指示,通知方为 HEYTEX BRAMSCHE GMBH (以下简称 HEYTEX 公司),船名/航次为 HENRY HUDSON BRODGE/010W,装货港上海,卸货港汉堡,目的地布拉姆舍,货物为 148 托盘高纤维工业纱(由托运人装箱、计数并铅封),毛重 94 800 公斤,分别装载于 4 个 40 英尺的集装箱内,涉案编号为 TCKU9856344 的集装箱为其中之一,承运人责任期间为堆场到门,交付条款为 DDP 布拉姆舍,运费预付。尤夫公司对涉案提单进行了空白背书。

涉案事故发生后,HEYTEX 公司于 2010 年 6 月 14 日向保险单载明的查勘代理人 BT 公司申请检验。同日,BT 公司派员对货物损坏情况进行了检验。BT 公司于 8 月 2 日出具检验报告称,该批货物于 6 月 8 日运抵汉堡后,经陆路转运,于 6 月 11 日运至布拉姆舍交予收货人。6 月 10 日 22:20 时,装载涉案编号为 TCKU9856344 的 40 英尺集装箱的卡车,在自汉堡至不来梅向南 94.76 公里的 A1 高速公路上发生交通事故,造成整车向左侧翻倒。因发生事故,涉案货物迟至 6 月 14 日才交付收货人,但遭到拒收。检验人员发现,集装箱左侧有明显的损坏变形,箱壁凹凸不平且有裂口。仍装于箱内的 44 个托盘的货物分 2 层 11 排摆放,箱内尚存空间/缝隙,货物没有足够的保护,货物中没有力锁合,即当时的货物摆放状态是:托盘已经压扁/变形并已移动/滑动到边上。当场打开 3 个托盘后,显示大部分纤维纱卷轴因集装箱翻倒而缠绕得不再整齐紧密,处于变形或损坏状态。检验人员检视了生产流程,发现织布机对纤维纱卷轴自动退卷速度极快(低速退卷在技术上很难实现)。如果卷轴缠绕得不再整齐紧密,在退卷过程中就可能发生一整层线圈脱落的情况。这极有可能导致纤维纱打结、破损并进而使织布机停止工作。检验人员认为受损货物可出售以获取一定残值,并决定将货物公开拍卖。涉案货物原单价为 2.08 美元/公斤,净重 23 881.40 公斤,价值为 49 673.31 美元。上述受损货物出售单价为 0.99 欧元/公斤,扣除 3% 的销售手续费,残值为 22 933.31

欧元。关于货物包装,检验报告称,每个卷轴均用薄膜包裹,在每箱中排成4层,用预先挖空的泡沫塑料做隔层,每箱装在1个托盘中。每个包装单位用两根塑料绳捆扎。检验报告认为此包装是适合于直接运输(门到门)的。最后,检验报告认为,货损原因是由于货物在路上发生交通事故而受到剧烈撞击造成的。

另查明,根据被告网站所载集装箱流转信息及涉案提单显示,涉案编号为TCKU9856344的40英尺集装箱与其他3个集装箱共同装船出运。根据出运前装箱情况照片显示,上述4个集装箱内货物积载方式大致相同。但其他3个集装箱在运输过程中并未发生事故。

又查明,2010年6月11日,负责汉堡至布拉姆舍陆路运输的承运人的保险人委托德国汉莎同盟城市运输保险人协会海损理算事务所对涉案事故进行检验。6月14日,检验人员前往HEYTEX公司处进行了检验。7月16日,该事务所出具专家鉴定报告称,涉案编号为TCKU9856344的集装箱左侧向外鼓胀得很厉害并有撕裂。箱内装载方式为两个装载单位(托盘)并排,以2层叠压方式放置。右边存在30厘米的自由空间,左边的自由空间约5厘米。针对侧面自由空间不存在安全防护措施。后面则用两根塑料带交叉绷紧以防止货物与集装箱门发生碰撞。专家鉴定报告认为该安全防护措施应视为有缺陷。最后,专家鉴定报告确认涉案货物价值为49 673.31美元,残值为22 933.31欧元(原告主张上述货物残值按照美元与欧元汇率1∶0.76及美元与人民币汇率1∶6.8279计,折合人民币206 034.68元)。被告对上述汇率标准无异议。

法院还查明,2010年6月11日,德国官方分析报告在参考德国汉莎同盟城市运输保险人协会海损理算事务所出具的专家鉴定报告结论后认为,事故原因系车辆变道时,集装箱内装载的货物移动,并对集装箱产生了推力。该推力与因变道产生的惯性最终导致了只有1个插销固定的集装箱掉落。

2010年4月30日,为履行贸易合同约定,就编号为FB10EXP037合同项下的货物,尤夫公司向HEYTEX公司开具编号为FB2010166的商业发票,载明包括涉案货物在内的货物共148托盘,分装4个40英尺集装箱,交付条款为DDP布拉姆舍,总价194 271.16美元;投保险别为一切险,投保金额为213 698.28美元;船名/航次为HENRY HUDSON BRODGE/010W,运输途径自上海经汉堡至布拉姆舍。涉案编号为TCKU9856344的集装箱装箱单载明,该箱共装载货物44托盘,总重25 724.40公斤,净重23 881.40公斤。出口货物报关单载明,包括涉案货物在内的4个集装箱内装有两种纤维纱,单价分别为2.08美元/公斤及2.38美元/公斤,总价分别为148 981.66美元及45 289.50美元,成交方式为CIF。

2010年5月2日,湖州支公司代理原告向尤夫公司签发了编号为11683350120100000168的货物运输保险单,对包括涉案货物在内的4个集装箱货物予以承保,险种为一切险,保险单载明的查勘代理人为BT公司。涉案事故发生后,原告于同年7月向尤夫公司支付了保险赔偿款人民币373 080.83元,随后尤夫公司出具了赔款收据和权益转让书,确认收到保险赔款54 640.64美元(按照美元与人民币汇率

1∶6.8279 计,折合人民币 373 080.83 元)。

另查明,中国人民银行授权中国外汇交易中心发布的 2010 年 6 月 11 日至 16 日美元与人民币汇率中间价为 1∶6.8279。

三、法院裁判

上海海事法院认为,因涉案海上货物运输卸货港在德国汉堡,且货损亦发生在汉堡至布拉姆舍间的陆路运输期间,故涉案纠纷具有涉外因素。根据法律规定,当事人可以协议选择合同适用的法律。诉讼中,原、被告均选择适用中国法律。对此,上海海事法院予以充分尊重,并确定以中国法律作为调整涉案合同纠纷的实体准据法。

因涉案货物运输包括海上货物运输及陆路货物运输,且被告签发了多式联运提单并负责货物的全程运输,故涉案基础法律关系应为多式联运合同关系。作为托运人的尤夫公司与作为多式联运经营人的被告间,建立起了为涉案提单所证明的多式联运合同关系。双方均应按约行使权利并履行义务。因原告认为其已取得代位求偿权,并代位尤夫公司向被告主张权利,则原、被告间权利义务认定亦应置于多式联运合同的基础法律关系中加以考量。根据诉讼中原、被告双方诉辩主张,涉案纠纷主要围绕原告是否依法取得代位求偿权以及导致涉案事故发生的原因及责任归属问题展开。

关于原告是否依法取得代位求偿权问题:

首先,涉案提单系空白指示提单,需凭托运人尤夫公司背书转让。涉案提单背书为空白背书,未指明受背书人。但存在空白背书的事实并不必然证明涉案提单已经转让。在被告未提供相反证据的情况下,亦无法认定托运人尤夫公司持有该提单存在权利瑕疵。故上海海事法院对被告关于托运人并非提单合法持有人的抗辩意见不予采信。

其次,就涉案货物买卖所适用的贸易术语,提单及商业发票上均载明为"DDP 布拉姆舍",而出口货物报关单则载明为"CIF"。对此,原告认为出口报关单上的记载与事实不符。被告亦未对原告主张"贸易术语为 DDP"提出异议。上海海事法院认为,出口报关单作为海关依职权制作的公文书证,其证明力一般大于其他书证。然而,在本案中,其他证据中显示的贸易术语为"DDP 布拉姆舍"可互相印证;且考虑到涉案多式联运经营人负责上海至汉堡的海上运输及汉堡至布拉姆舍的陆路运输,责任期间为堆场到门,亦与"DDP 布拉姆舍"的贸易术语相符合。综合在案证据,应认定涉案货物买卖所适用的贸易术语为"DDP 布拉姆舍"具有高度盖然性。根据《2000 年国际贸易术语解释通则》的规定,"DDP(……指定目的地)"指完税后交货,即卖方在指定的目的地,办理完进口清关手续,将在交货运输工具上尚未卸下的货物交与买方,完成交货。卖方必须承担将货物运至指定的目的地的一切风险和费用。因此,在涉案货物尚未抵达指定目的地布拉姆舍前所发生的风险,均由卖方即托运人尤夫公司承担。被告虽辩称托运人已收到全部货款,但未提供相应证据加以证明。故上海海事法院对其抗辩不予采信。由此,涉案事故发生时,尤夫公司对涉案货物具有保险利益。原告依据保险合同向尤夫公司进行赔付符合法律规定。

最后,根据法律规定,原告自向尤夫公司赔偿保险金之日起,在赔偿金额范围内代位行使尤夫公司对第三者请求赔偿的权利。原告向尤夫公司赔偿人民币 373 080.83 元,扣除货物残值人民币 206 034.68 元后,实际赔偿额为人民币 167 046.15 元。但因涉案货物价值仅为 49 673.31 美元,折合人民币 339 164.39 元,扣除货物残值后,实际货损为人民币 133 129.71 元,故就货损本身而言,原告代位尤夫公司求偿数额应以此为限。原告虽主张其还支付了检验费人民币 30 348.45 元,但并未提供证据加以证明,对此上海海事法院无法支持。

关于导致涉案事故发生的原因及责任归属问题:

首先,根据法律规定,在多式联运中,货物灭失或者损坏发生于某一运输区段的,多式联运经营人的赔偿责任和责任限额,适用调整该区段运输方式的有关法律规定。因涉案事故发生在汉堡至布拉姆舍间的陆路运输期间,故应适用调整陆路运输的有关法律规定认定作为多式联运经营人的被告的赔偿责任。且因原、被告双方均选择适用中国法律来解决涉案纠纷,故应适用《中华人民共和国合同法》的相关规定。根据《中华人民共和国合同法》第 311 条规定,承运人对运输过程中货物的毁损、灭失承担损害赔偿责任,但承运人证明货物的毁损、灭失是因不可抗力、货物本身的自然性质或者合理损耗以及托运人、收货人的过错造成的,不承担损害赔偿责任。由此,本案中,判断作为多式联运经营人的被告的责任归属,前提即必须分析事故原因是否属于其法定免责事由。

其次,关于事故原因,原、被告双方各自提交的相应检验报告中均有述及。原告提供的检验报告认为,涉案货物包装适合于直接运输,而货损原因是由于货物在路上发生交通事故而受到剧烈撞击造成的。原告还以同批次出运的相同积载方式的货物未发生事故,来辅证其积载不存在问题。被告提供的专家鉴定报告则认为,货物侧面与集装箱壁间的安全防护措施具有缺陷;分析报告亦在排除了牵引车及半拖车本身存在技术故障的可能性后,在参考专家鉴定报告的基础上,认定货损原因为:由于车辆变道使箱内装载货物移动,并对集装箱产生了推力,该推力与因变道产生的惯性最终导致了只有 1 个插销固定的集装箱掉落。对此,上海海事法院认为:

1. 原告检验报告中虽认定货物包装适合于涉案运输,但该处所指的"包装",仅应作狭义的理解,即并不等同于货物"积载"也适合于涉案运输。

2. 原告检验报告中提及的事故原因,只是陈述了事实情况,即货物因交通事故受撞击而致损,但对发生交通事故的原因却未作认定。

3. 原告虽已举证证明与涉案货物包装、积载方式基本相同的其他货物未发生事故,但即使仅从逻辑层面考虑,亦尚不足以证明类似的货物积载方式是妥当、无瑕疵的。

4. 关于原告提出的车辆超载的主张,被告分析报告中并未提及该事实的存在;退而言之,原告亦未提供证据证明车辆超载与事故发生间的因果关系,应承担举证不能的不利法律后果。故上海海事法院对其主张不予采信。

5. 综合分析被告的专家鉴定报告及分析报告,其认定的事故原因可分解为以下几个方面:① 货物侧面与集装箱壁间的安全防护措施具有缺陷;② 地面不平导致车辆及车载货物摇晃;③ 因车辆变道产生的惯性作用于货物,使得货物发生侧向移动,并对集装箱壁产生推力。上述因素共同作用,导致车辆侧翻事故。众所周知,地面不平与车辆惯性问题系陆路运输中常见的客观事实。而由托运人负责的货物积载,应能够抵御通常情况下道路不平整及车辆行驶中正常惯性作用所导致的颠簸。在一般路况与惯性条件下,如货物积载适当,仅会发生一定程度的颠簸,即货物重心不会发生不可逆的偏移;但如货物积载具有缺陷,如遇路况与惯性条件变化,就可能发生货物重心偏移且无法恢复的情形。从在案报告及照片分析,涉案货物包装中的各个纤维纱卷轴仅用预先挖空的泡沫塑料做隔层,即包装本身结构(外包装纸箱及泡沫塑料隔层)无法提供足够的侧向支撑强度;另其单个托盘上的纤维纱卷轴分 4 层叠放,各层之间亦可能产生滑动,即相比托盘上放置单件货物的情形更容易产生重心移动;在上述包装情况下,托运人应该对货物侧向采取适当的安全防护措施,以避免发生货物重心不可逆的偏移。分析涉案事故原因的各方面因素与货损结果间因果关系的紧密程度可知,托运人对货物积载不当,显然是涉案事故发生的关键所在。除非原告举证证明涉案事故中存在特殊的路况与惯性条件,且远超出了"一般"状况,即使积载适当亦不能避免事故的发生;否则,应认定货物积载不当系涉案事故发生的主要原因,并应归责于具有过错的托运人。

6. 涉案集装箱只有 1 个插销固定在半拖车上,明显属于承运人的过错,但根据分析报告所述,"如果其他插销也正常固定在半拖车上,则均应断裂损坏;或半拖车不会与集装箱分离,而是一起翻倒",显示无论固定几个插销,涉案事故中集装箱均会产生翻倒的结果,即涉案货损结果与承运人关于插销固定集装箱的过错间并无法律上的因果关系。由此,作为多式联运经营人的被告不应对该项承运人过错承担货损赔偿责任。

根据上述分析,上海海事法院认为,作为多式联运经营人的被告,已举证证明涉案货损系因托运人过错所致,即涉案事故原因属于法定免责事由,故其不应承担损害赔偿责任。

综上,依照《中华人民共和国合同法》第 311 条、《中华人民共和国保险法》第 60 条第 1 款、《中华人民共和国海商法》第 102 条第 1 款、第 105 条、第 252 条第 1 款、《中华人民共和国民事诉讼法》第 64 条第 1 款、《中华人民共和国涉外民事关系法律适用法》第 41 条之规定,判决如下:

对原告华泰财产保险股份有限公司浙江省分公司的诉讼请求不予支持。

⑩ 原告福建省某轮船公司与被告某财产保险股份有限公司广东分公司海上保险合同纠纷案

案例来源:宁波海事法院(2011)甬海法商初字第294号

主题词:船舶沉没　保险利益　近因原则　除外责任

> **裁判要旨**
>
> **No. HX-1.2-2**　被保险人既应证明有承保风险的具体事实发生,还应证明该事实与承保风险间存在近因关系。因各种原因导致的海难事故,被保险人应举证证明保险事故的直接原因系保险风险所致,否则无权获得保险赔偿。

一、基本案情

原告:福建省某轮船公司(以下简称原告)

被告:某财产保险股份有限公司广东分公司(以下简称被告)

原告福建省某轮船公司起诉称:2009年9月29日,原告所属的"东海818"轮装载880吨小麦,自江苏泰州靖江新港驶往广东揭阳,当船舶航行至温岭石塘水域时遭遇8级东北风,抵达洞头虎头屿西北水域时,海上风浪继续增大,船舶摇摆剧烈,造成倾覆沉没。"东海818"轮在被告处投保了沿海船舶一切险,保险金额为160万元,保险期限自2009年3月24日零时至2010年3月23日24时止,发生全损或推定全损时绝对免赔率为实际损失金额的15%。事故发生后,原告及时向被告报案,并于2009年10月26日向被告寄送委付通知书,被告于2009年11月10日回复不接受委付。根据保险协议,船舶遭受8级大风造成倾覆,属于保险责任,但被告至今未予赔付。原告为维护自己的合法权益,特诉至法院,要求判令被告立即向原告支付保险赔款136万元,及自2009年9月30日起至判决应付之日止按中国人民银行同期贷款利率计算的利息。

被告某财产保险股份有限公司广东分公司对原告主张的原、被告之间系海上保险合同关系无异议,但答辩称:(1)原告没有提供有效证据证明其具有保险利益;(2)涉案事故不属于船舶一切险列明的风险所致;(3)涉案事故属于保险除外责任所造成;(4)原告没有提交有效证据证明损失的合理性。

二、法院查明的事实

宁波海事法院认定如下事实:

2009年9月27日20时左右,"东海818"轮装载880吨小麦,自江苏泰州靖江新港驶往广东汕头,其中,前舱为散装小麦;后舱装载情况为舱内装载散装小麦,散装小麦上加装袋装小麦,装载高度高出舱口。前舱在关舱后又在舱盖板上加盖了两层防水帆布,后舱直接在货物上盖了两层防水帆布。船舶出长江口后依次经东海大桥、宁波大猫山、象山石浦南下。9月29日上午,当船舶航行至温岭石塘水域时遭遇8级东北风,当时船舶航线距岸约 1 海里。船舶继续以 7 节左右的航速,航向 210°朝南航行。9 月 29 日中午,船舶抵达洞头虎头屿西北水域时,海上风浪继续增大,局部有阵雨,雨量较大,船舶左右摇摆接近 20°。同日 13 时许,船舶左舷大量上浪,前后两货舱同时进水,随后机舱也开始进水,船体开始向左倾斜。当班驾驶员许起大通知所有船员上驾驶台,同时通过 VHF 呼救,大副高建立打电话给亲属告知遇险。此后,船舶生活区进水,船体继续向左倾斜。约 13∶20 时许,船体左倾接近 60°,船长下令弃船。船长许起大等 4 人乘救生阀逃生,其余 3 人落水并向西南方向暨洞头岛游去。船舶于 13∶30 时许翻沉。温州海事局认为事故原因如下：

1. "东海 818"轮舱口周围的遮挡风雨严密性不能保证,同时后舱舱盖板未关闭,在甲板上浪后海水大量进入货舱是导致事故发生的直接原因。

2. "东海 818"轮船长对恶劣气象和海况未能作出正确判断,未能及时采取安全措施避免船舶面临危险,导致船舶遭受恶劣气象和海况,是事故发生的间接原因。

3. 事故发生当时恶劣的风力和海浪情况,是事故的客观原因。

宁波海事法院另认定,2009 年 3 月,原告向被告投保了沿海船舶一切险,被保险人为原告,承保船舶为"东海 818"轮,保险金额为 160 万元,双方约定绝对免赔率为 30 000 元或实际损失金额的 10%,两者以高者为准;发生全损或推定全损绝对免赔率为实际损失金额的 15%。保险人同意按《沿海内河船舶保险条款》的约定承担保险责任。事发后,原告向被告发出委付通知书,2009 年 11 月 10 日,被告向原告发出不接受委付通知书。

宁波海事法院还认定,"东海 818"轮船舶所有人为高建立,船舶经营人为原告福建省某轮船公司。原告与 2009 年 11 月 11 日与福建正力海洋工程有限公司签订了沉船打捞合同,但该合同未实际履行。"东海 818"轮最低安全配员要求为 11 人(包括 1 名专职 GMDSS 通用操作员),连续航行超过 24 小时,最低配员增加二副 1 人和二管轮 1 人。本航次配备 7 名船员,分别为船长许起大(仅持有大副证书)、大副高建立、三副高建武、轮机长陈欲平、大管轮陈茂勇、三管轮方玉华、水手陈茂盛。

三、法院裁判

宁波海事法院认为,原、被告间系海上保险合同纠纷,对原、被告间的争议焦点,分析如下：

(一) 原告是否具有保险利益

原告认为,其作为船舶经营人,船舶是其实现经营目的、获得预期利润的物质基础,其因船舶的毁损灭失而相应受损或因船舶的完整存在而相应受益,故其对船舶具有法律上的利害关系,即原告对涉案船舶具有保险利益。被告认为,原告作为船舶经营人,既没有因涉案事故对外支付赔偿款,也未因涉案事故遭受任何损失,原告对涉案船舶不具有保险利益。宁波海事法院认为,保险利益是指投保人或者被保险人对保险标的具有的法律上承认的利益。被保险人对保险标的具有保险利益,并不要求被保险人对保险标的具有绝对的所有权或财产权,而仅需存在法律上的利害关系。因此,被保险人仅需对保险标的享有合同权利或者因保险标的存在而受益,因保险标的的灭失、毁损而受损。原告作为船舶经营人,基于合同关系对船舶享有占有、使用、收益的权利,其因本次沉船事故必然遭受相应损失,且被告作为保险人,在投保时理应对原告为船舶经营人是否享有保险利益作出谨慎判断,其在保险事故发生后认为原告无保险利益,有违诚实信用原则。综上,宁波海事法院认定原告对涉案船舶具有保险利益。

（二）8 级风是否构成本案的保险责任

原告认为,事发时事故海域存在 8 级以上大风,根据《沿海内河船舶保险条款》,8 级以上大风导致的船舶倾覆、沉没,由保险人承担保险责任。被告认为,根据温州海事局的调查报告,8 级大风并非船舶倾覆的直接、主要原因,导致事故发生的直接原因是"东海 818"轮的舱口周围遮挡风雨严密性不能保证,同时,后舱的舱盖板未关闭,在甲板上浪后海水大量进入货舱,间接原因是船长操作不当。宁波海事法院认为,原告作为被保险人,既应证明有列明风险的具体事实发生,还应证明该事实与船舶灭失间存在近因关系。根据温州海事局的调查报告,涉案事故存在 3 项事实对船舶沉没发生作用:(1)"东海 818"轮的舱口周围遮挡风雨严密性不能保证及后舱的舱盖板未关闭;(2)船长操作不当;(3)事故当时恶劣的风力和海浪情况。其中(1)是事故发生的直接原因,(2)是事故发生的间接原因,而恶劣天气仅为事故发生的客观原因。在(3)中,8 级风仅为客观原因,对事故发生直接产生结果、起支配作用的事实,即涉案事故发生的近因为舱口周围遮挡风雨严密性不能保证及后舱的舱盖板未关闭,故原告主张 8 级风与事故发生存在直接的因果关系,故 8 级风构成保险责任,事实和理由不足,宁波海事法院不予支持。

（三）被告主张的除外责任能否成立

原告认为,涉案船舶并未超载,水上交通事故调查报告中对船舶舱口周围及舱盖板的认定缺乏依据,船舶配员未导致船舶不适航,也未因此直接造成沉船事故的发生。被告认为,"东海 818"轮的舱口周围的遮挡风雨严密性不能保证,后舱的舱盖板未关闭,构成船舶不适航,是导致涉案事故发生的直接原因;原告主张的"东海 818"轮船长林德华根本不在船上,而在船的船长许起大仅持有大副证书,船舶配员也未达到最低配员要求,构成船舶配员不适航,也是造成事故发生的原因;船东高建立在船上担任大副,明知上述不适航的情况而放任这种结果的发生,同样构成除外责任。宁波海事法院认为,船舶本身适航是船舶适航的应有之义,这就要求船舶的船体、船机在设计、结构、性能和状态等方面,能够抵御合同约定的航次中通常出现或者能合理预见的风险。而"东海 818"轮的风雨密性不能保证,后舱的舱盖板未关闭,使船舶难以抵御海上风险,已构成船舶不适航。此外,"东海 818"轮本航次配员 7 人,未达到最低安全配员要求,船长许起大仅持有大副证书,无法胜任船长的工作,导致其面临恶劣海况时,未能作出正确判断并及早采取安全措施,亦构成船舶不适航。温州海事局有关上述两项不适航分别构成事故的直接原因和间接原因的结论,系其依据行政职权进行调查后得出的结论,原告无相应证据予以反驳,宁波海事法院予以确认。故,涉案船舶不适航是导致事故发生的近因。

综上,8 级风并非涉案事故的近因,"东海 818"轮船舶本身不适航、船员不适职是事故的近因,本案不属于保险责任事故,原告主张的船舶损失,宁波海事法院不予支持。依照《中华人民共和国民事诉讼法》第 64 条第 1 款的规定,判决如下:

驳回原告福建省某轮船公司的诉讼请求。

1.3 最大诚信原则

[11] 上诉人中国太平洋保险公司杭州分公司与被上诉人应芝龙船舶保险纠纷案
案例来源:浙江省高级人民法院(2001)浙经二终字第 105 号
主题词:甲板货　免责范围　船舶不适航　最大诚信原则

裁判要旨

No. HX-1.3-1　被保险人对船舶在开航时已处于不适航状态事实上知情,事后以不知道船舶不适航为由要求不能免除保险人的赔偿责任,不符合保险合同的最大诚信原则。

No. HX-1.3-2　属于法定保险责任的免责事项,即使认定保险人未履行除外条款告知义务,保险人也可以依法免责。

一、基本案情

上诉人(原审被告):中国太平洋保险公司杭州分公司
被上诉人(原审原告):应芝龙

一审认定:"浙绍海 3"号轮系应芝龙所有,载货量为 575 吨,适航证书有效期为 2000 年 11 月 8 日至 2001 年 11 月 2 日。2000 年 11 月 15 日,应芝龙将该轮向中国太平洋保险公司杭州分公司(以下简称太保杭州分公司)投保一切险,保险价值、保险金额均为 90 万元,保险费 9000 元,保险期间自 2000 年 11 月 16 日至 2001 年 11 月 15 日止。1996 年 11 月 1 日《沿海、内河船舶保险条款》第 1 条规定:因搁浅引起的船舶倾覆、沉没,本保险负责赔偿;第 3 条规定:保险船舶由于不适航所造成的损失、责任及费用,本保险不负责赔偿。2001 年 3 月 6 日,"浙绍海 3"号轮承运萧山市华兴建材有限公司托运的 139 件玻璃(货物运输合同载明重量 560 吨,运单注明重量为 575 吨,实际重量为 557.3 吨),自萧山石门港运至福州港。3 月 8 日,因出港水位不够,航行至钱塘江口二工段对开江面锚泊,准备于 3 月 10 日潮水过后出港。3 月 10 日 02:00 时,该轮起锚后,受水流影响,船首向右偏转致船舶搁浅后受水流冲击快速翻沉。港监出具的事故责任认定书表明:航道条件较差,流速较快及措施不力是造成事故发生的主要原因。

事故发生后,应芝龙要求太保杭州分公司支付保险赔款。太保杭州分公司根据光宇集团营销管理公司浙玻销售部提供的海运玻璃清单及包装架重量、尺寸,测算出"浙绍海3"号轮承运的玻璃实际重量为578.1吨。而后,太保杭州分公司根据"浙绍海3"号轮稳性计算书、货物积载情况,委托浙江省船检局分析该轮适航性及倾覆原因。4月9日,该局出具的分析报告表明:该船由于甲板上装载货物,使重心提高,稳性不满足法规要求,处于不适航状态,搁浅后,在横向水流作用下,该船的复原力矩已不足以抵抗水流倾覆力矩,致使该船向顺流方向倾覆。4月10日,太保杭州分公司根据保险条款规定,以属于除外责任为由,向应芝龙发出拒赔通知。6月4日,太保杭州分公司以玻璃实际重量为557.3吨,再次委托浙江省船检局验船师对"浙绍海3"号轮稳性进行计算,认为"浙绍海3"号轮完整稳性仍不满足《船舶与海上设施法定检验规则》对沿海航区货船的要求。

二、一审裁判

宁波海事法院认为,双方当事人之间保险关系合法有效。本案事实清楚,"浙绍海3"号轮事故航次虽然货物实际载重量为557.3吨,少于额定重量575吨,但由于积载不当,甲板上装载货物,使重心提高,稳性不满足法规要求,处于不适航状态。当搁浅后在横向水流作用下,该船的复原力矩已不足以抵抗水流倾覆力矩,致使该船向顺流方向倾覆,确系属于保单背面条款约定的免责事项之一,在正常情况下,太保杭州分公司可以此为据不负赔偿责任。但我国《保险法》第17条规定:"保险合同中规定有关于保险人责任免除条款的,保险人在订立保险合同时应当向投保人明确说明,未明确说明的,该条款不产生效力。"尤其是太保杭州分公司使用的保单,并没有区分船舶定期保险与航次保险,而该保单背面约定的免责条款,又严于我国《海商法》第244条第1款第(1)项的规定:"航舶开航时不适航,但是在船舶定期保险中被保险人不知道的除外",在应芝龙投保时,太保杭州分公司有必要向应芝龙说明。而太保杭州分公司没有证据证明已向应芝龙履行了说明义务,亦没有证据证明该事故航次船舶不适航应芝龙是知道的,故保单背面约定的免责条款不产生效力,太保杭州分公司拒赔理由不足,应芝龙诉请有理,应予支持。依据《中华人民共和国保险法》第17条、《中华人民共和国海商法》第244条第1款第(2)项、第237条、第238条、《中华人民共和国民事诉讼法》第64条第1款的规定,宁波海事法院于2001年7月24日判决如下:

太保杭州分公司于判决生效之日10日内赔偿应芝龙船舶损失费90万元及同期银行存款利息(自2001年4月10日至判决之日)。本案案件受理费14 010元,由太保杭州分公司负担。

三、上诉与答辩

宣判后,太保杭州分公司不服,向浙江省高级人民法院提起上诉,称:"浙绍海3"号轮在开航前处于不适航,并因此导致该轮倾覆沉没,这是不争的事实;作为船舶所有人同时又担任该轮大副、二副的被保险人应该知道该轮在开航前处于不适航状态;上诉人已按照保险条款的约定,详细地向被保险人介绍保险条款尤其是除外责任条款,已履行《中华人民共和国保险法》第17条规定的说明义务。请求二审法院依法改判,驳回应芝龙的诉讼请求。

被上诉人应芝龙在书面答辩及庭审中辩称:上诉人对保险合同中保险人免责的条款未履行说明义务;本案保险合同属于船舶定期保险,被保险人虽是"浙绍海3"号轮驾驶员,但其职务是二副,并不负责货物配载,即使负责配载的大副也不可能像专业验船师一样进行稳性计算,因此都不可能知道该轮因甲板上装载货物致稳性不符合规定标准而使船舶处于不适航状态,保险人仍应负赔偿责任。

四、二审裁判

浙江省高级人民法院认定"浙绍海3"号轮系应芝龙、詹迪生共有,詹迪生任该轮大副,应芝龙任二副;本案其他事实与原审认定一致。

浙江省高级人民法院认为,上诉人于2000年11月15日向被上诉人签发的保险单虽未标明该船舶保险系定期保险还是航次保险,但保险单约定的1年保险期限,远逾我国沿海、内河船舶单航次所需的合理时间,故应认定为定期保险。被上诉人与上诉人自愿建立的船舶保险合同法律关系合法有效。"浙绍海3"号轮开航时,因甲板上装载货物重心提高,稳性不满足规定要求,致该船在搁浅后,其复原力矩不足以抵抗横向水流的倾覆力矩而倾覆,应属保单背面条款约定的保险人免责事由之一,即船舶不适航的情形。根据《中华人民共和国保险法》第17条"保险合同中规定有关于保险人责任免除条款的,保险人在订立保险合同时应当向投保人明确说明,未明确说明的,该条款不产生效力"的规定,由于上诉人不能举证证明已向被上诉人就免责条款作出明确说明,故保单背面条款中的除外责任条款不生效,对双方不具约束力。上诉人提出的已履行该项说明义务的上诉理由不能成立,浙江省高级人民法院不予支持。根据我国《海商法》第244条的规定,在船舶定期保险合同中,除合同另有约定和被保险人不知道不适航的外,因船舶不适航引起的船舶灭失或损坏,保险人不负赔偿责任。因此在本案中,因保险船舶不适航而发生的保险事故,保险人虽不能依据保险合同的除外责任条款要求免责,但仍有权要求依照《中华人民共和国海商法》规定的免责事项免除赔偿责任。根据保单背面条款第19条的约定,作为船东之一的被保险人和对保险船舶具有保险利益并担任大副的另一船东詹迪生及该轮的船长,均有义务恪尽职责保证船舶的适航性。"浙绍海3"号轮在开航时装有23件甲板货,作为该轮二副且就在船上的被保险人应当是明知的。而装载甲板货会影响船舶的稳性进而可能导致船舶不适航是一个普通常识。在本案中,没有证据表明作为船东之一的大副已履行了计算船舶动态稳性的职责,没有证据表明被保险人已指示船长和大副要计算船舶的稳性,没有证据表明被保险人为保证船舶适航性已尽到了职责。事发后船员对装载甲板货数量所作的虚假陈述,也证明了船长船员对装载甲板货足以影响船舶稳性是明知的。因此,浙江省高级人民法院认为,被保险人对"浙绍海3"号轮在开航时已处于不适航状态事实上知情。被保险人不履行合同义务,导致了本可避免的保险事故的发生,事后以不知道船舶不适航为由要求不能免除保险人的赔偿责任,不符合保险合同的最大诚信原则,浙江省高级人民法院难以支持。

综上,上诉人关于"浙绍海3"号轮在开航前处于不适航,且被保险人应该知道,上诉人依法不负赔偿责任的上诉理由成立。原判认定被上诉人不知道船舶不适航的事实错误,实体处理不当,应予纠正。依据《中华人民共和国民事诉讼法》第153条第1款第(三)项之规定,《中华人民共和国保险法》第17条,《中华人民共和国海商法》第244条第1款第(1)项之规定,判决如下:

一、撤销宁波海事法院(2001)甬海商初字第164号民事判决;
二、驳回被上诉人应芝龙的诉讼请求。

12 上诉人大众保险股份有限公司宁波分公司与被上诉人浙江润欣港航工程有限公司船舶保险合同纠纷案

案例来源:浙江省高级人民法院(2009)浙海终字第96号
主题词:8级大风　最大诚信原则　被保险人减损义务

裁判要旨

No. HX-1.3-3　保险人在接到出险通知后未组织实地勘验,亦未提出相应的维修建议或要求,在拒赔告知书中也未提及擅自修理是否影响理赔,不但怠于行使其权利,亦违背了保险人的最大诚信原则。被保险人为减少损失而及时对船舶进行修理,在修理前未及时通知保险人,不影响其保险索赔。

一、基本案情

上诉人(原审被告):大众保险股份有限公司宁波分公司(以下简称大众保险)
被上诉人(原审原告):浙江润欣港航工程有限公司(以下简称润欣公司)

宁波海事法院审理查明:润欣公司系"润欣1号"船舶所有权人,该船于2007年7月9日经宁波海事局核准更名为"润欣6号"。2007年7月,润欣公司就该船向大众保险投保,大众保险于同月11日签发编号为TH03NO.0007526的沿海、内河船舶保险单,并就船名进行了批改。保险单及附件记载保险险别为沿海、内河船舶一切险,保险金额9 500万元,航行范围调遣近海,作业沿海,保险期限自2007年7月11日00:00时起至2008年7月10日24:00时止,保险费人民币53.2万元,免赔率10%。投保后,润欣公司依约交纳了保险费。"润欣6号"船于同年8月23日从台州始发经天津于11月5日被拖带抵大连,开始在大连长兴岛航道一期进行疏浚工程。同年12月29日5时左右,"润欣6号"锚泊于大连长兴岛临港工业区公共港区,因附近海面风力加大到7—8

级并形成涌浪高达数米,船锚走位船体上下颠簸,船尾副桩折断,约两小时后,船体左起锚杆最上一级亦折断。润欣公司于2008年1月9日向大众保险书面报告了出险经过、断桩详细位置并着手组织打捞与修复工作,因此产生打捞费25万元、吊装费98 000元、修理费10万元、码头费59 412元及拖航费57万元合计人民币1 077 412元的损失。接到报案后,大众保险于2008年1月20日左右派员赴大连调查,于同年3—4月期间收到润欣公司相关费用发票,于9月1日登船检验,后于11月26日以事故当日实测极大风速未达到8级为由向润欣公司发出拒赔告知书。润欣公司认为,涉案事故属于一切险的承保范围,大众保险理应赔付,遂于2008年12月30日诉至宁波海事法院,请求判令大众保险赔付保险金1 229 221.8元及该款自2008年1月9日起按中国人民银行同期贷款利率计算至实际支付日止的利息。

二、一审裁判

宁波海事法院审理查明:

(一)关于润欣公司是否擅自变更作业地点与航行区域

"润欣6号"虽于2007年7月10日向大众保险出具说明称将在广东湛江施工,但双方并未将此记载在2007年7月11日的保险单中,相反,保险单对于航行范围的约定是"调遣近海,作业沿海"。根据该约定,双方对于具体的近海、沿海地点并未明确约定为广东,故船舶只要在该范围内调遣与作业,应当视为符合约定航行范围;同时,大众保险未能举证说明"润欣6号"在广东沿海与大连沿海作业,在危险程度上有所增加,以致需要增加保费或解除合同;而双方在投保单附件中关于"若需拖航,要求在拖航前两日内告知具体日期并经保险人同意,同时拖航公司需具备拖带类似船舶的资质并具有适拖条件"的约定,应当视为对于船舶拖航过程中的风险的特别约定。本案船舶保险事故并未发生在拖航期间,与拖航公司的资质亦无因果关系,以上约定不能适用。

(二)关于严重超时报案

从润欣公司的书面报案时间看,距保险事故发生确实较长。但从大众保险拒赔的理由看,其依据主要源于保险条款第18条与第20条。第18条约定:发生保险事故时,被保险人应及时采取合理的施救保护措施,并须在到达第一港后48小时内向港航监督部门、保险人报告,并对保险事故有举证的义务及对举证的真实性负责。第20条约定:被保险人不履行第16至第19条规定的义务,保险人有权终止合同或拒绝赔偿。从该两条约定看,保险人有权终止合同或拒赔的,一般不应拘泥于是否在48小时内报案,而更应着重考量是否及时采取合理施救保护措施,或者超过48小时报案对于采取合理施救措施或决定是否理赔有实质性的因果关系上的影响。本案中,大众保险并未抗辩润欣公司存在施救措施不合理的情形,亦未举证说明48小时后报案对于是否理赔所产生的影响,故大众保险自接到报案后直至庭审阶段才以此为由提出拒赔,并不合乎当时约定的本意。

（三）关于事故发生后润欣公司有否就修理问题与保险人进行协商

事故发生后，大众保险曾于 2008 年 1 月 20 日左右派员赴大连调查勘验，虽因风浪原因未实际登船，但在大连也对事故进行了一定程度的了解。同时，双方一致确认润欣公司于同年 3—4 月间将相应费用的发票交付大众保险，直至庭审期间，大众保险并未向润欣公司提及润欣公司擅自修理的问题，即便是在拒赔告知书中，亦未提及擅自修理等足以影响是否进行理赔的重要情形。结合以上情况分析，大众保险主张润欣公司擅自修理缺乏依据，其抗辩不能成立。

综上，润欣公司和大众保险之间的船舶保险合同合法有效，"润欣 6 号"船在保险期间内发生了保险事故，大众保险应根据保单和保险条款的约定，依法向润欣公司支付保险赔款并承担相应的利息损失。润欣公司诉请赔付有理，应予支持，但润欣公司可以得到赔付的损失应为 1 077 412 元的 90% 即 969 670 元，利息应从润欣公司最后一次提供理赔资料之日（2008 年 10 月 10 日）起 60 日后开始计算。据此，宁波海事法院依据《中华人民共和国民事诉讼法》第 64 条第 1 款、《中华人民共和国海商法》第 216 条、第 237 条、《中华人民共和国保险法》第 25 条、《中华人民共和国合同法》第 107 条之规定，于 2009 年 6 月 18 日判决：

一、大众保险于判决生效后十日内支付润欣公司船舶保险赔款 969 670 元及上述款项自 2008 年 12 月 10 日起至判决确定的履行日止按中国人民银行同期贷款利率计算的利息；

二、驳回润欣公司的其余诉讼请求。

如果未按判决指定的期间履行给付金钱义务，应当依照《中华人民共和国民事诉讼法》第 229 条之规定，加倍支付迟延履行期间的债务利息。案件受理费 15 860 元，由润欣公司负担 3 350 元，由大众保险负担 12 510 元。

三、上诉与答辩

大众保险不服一审判决，向浙江高级人民法院提起上诉称：(1) 船舶副桩和锚杆并非本案保险合同项下的标的物。(2) 根据润欣公司提供的证据，不能认定保险事故已经发生或者发生在其主张的时间。即使副桩折断的时间和地点如润欣公司所主张，因当时当地的风力未达到 8 级，涉案事故不属于保险事故。(3) 事故发生后，润欣公司没有及时报案，且现有证据表明，"润欣 6 号"船发生定位副桩折断的原因是浪损、座浅或其他作业原因，与风力无关。(4) 原判认定润欣公司就修理费用等已与大众保险协商并取得其同意不当。(5) 润欣公司主张的拖航费不合理，本案船舶没有必要拖航至大连维修，润欣公司提供虚假修理合同，夸大了损失程度。综上，请求撤销原判，改判驳回润欣公司全部诉讼请求或者发回重审。

针对大众保险的上诉请求，润欣公司答辩称：(1) 本案所涉保险事故已实际发生，事故发生时间亦确定无疑。(2) 事故当时风力达到 8 级有客观依据。(3) 事故发生原因并非"浪损、座浅"等除外责任。(4) 大众保险对相关修理事宜属知情，原判决认定修理费用合理。综上,请求驳回上诉,维持原判。

四、二审裁判

根据双方的上诉和答辩意见,本案二审审理的焦点是:(1)涉案事故有无发生、发生的时间和原因,以及是否属于保险责任范围;(2)润欣公司在修理船舶前有无通知大众保险,大众保险是否有权拒赔;(3)润欣公司主张的损失金额是否合理。

针对上述争议焦点,浙江高级人民法院评析如下:

(一)涉案事故有无发生、发生的时间和原因,以及是否属于保险责任范围

润欣公司原审中提供了施工报告和长江南京航道工程局大连长兴岛工程项目经理部的证明、情况说明等证据用以证明涉案事故发生的事实及时间,又于2008年1月9日向大众保险发送书面事故报告,嗣后其还与船舶修理、打捞、拖航公司发生了相关业务,形成了较为充分的证据链条,足以证实本案保险事故已实际发生及出险的时间。大众保险据以提出质疑的2007年12月28日19时至7时的交接班记录中亦记载发生副桩折断事故,其自行委托的大连衡信哲保险公估有限公司所出具的涉案船舶公估报告亦证实,船舶副桩和抛锚拔杆位置有修复焊接痕迹,对事故发生并未提出异议,故大众保险二审中对事故有无发生以及发生时间所提出的异议并无相应证据支持,浙江高级人民法院不予采信。

本案船舶投保的系一切险,根据保险单附属的保险条款的相关规定,润欣公司认为本案事故原因属第1条第1款"八级以上(含八级)大风、洪水、地震、海啸、雷击、崖崩、滑坡、泥石流、冰凌"造成的全损或部分损失;而大众保险认为事发当时风力未达8级,且应适用第3条除外责任第2款"船舶正常的维修、油漆,船体自然磨损、锈蚀、腐烂及机器本身发生的故障和舵、螺旋桨、桅、锚、锚链、橹及子船的单独损失"的免赔事项或者第3款"浪损、座浅"的免赔事项。浙江高级人民法院认为,国家气象中心专业气象台出具的报告已证实事故发生时渤海(包括长兴岛外海)出现6—7级大风,瞬时风力可达8—9级,长兴岛外海出现2米的浪高;大连市气象局档案馆出具的两份气象证明亦证实,事发当日陆地阵风达7级,沿海或海面比陆地偏大1级左右,阵风达8级,故本案事故发生当时当地的风力达8级足以认定,大众保险申请浙江高级人民法院继续向大连市气象局调取证据并无必要,不予准许。至于本案损失是否属于保险条款约定的除外责任,根据定位副桩对斗轮式挖泥船的作用以及船舶总布置图的记载,定位副桩与左起锚杆属于船舶设备,故本案损失属于船舶的部分损失而不适用"锚、锚链"单独损失免赔的条款;对于事故发生是否属本身故障或"浪损、座浅"等原因,应由保险人承担相应的举证责任,本案中大众保险并没有提供证据支持其主张,应当承担举证不能的不利后果。综上,本案事故属于保险事故,保险人应当对此承担赔偿责任。

(二)润欣公司在修理船舶前有无通知大众保险,大众保险是否有权拒赔

本案保险事故于2007年12月29日发生,大众保险于2008年1月9日接到书面通知后,于同月20日左右派员赴大连调查勘验,但因风浪原因未实际登船。在润欣公司

于同年 3—4 月间将相应费用发票交付大众保险后,其于同年 11 月 26 日才以事故当时实测风力未达到 8 级而不属于保险责任为由,向润欣公司发出拒赔告知书。浙江高级人民法院认为,大众保险在接到出险通知后未至实地勘验,亦未提出相应的维修建议或要求,在拒赔告知书中也未提及擅自修理是否影响理赔,其直至一审过程中才以此为由拒绝赔付损失,不但怠于行使其权利,亦违背了保险人的最大诚信原则。润欣公司为减少损失而及时对船舶进行修理,符合《中华人民共和国保险法》和《中华人民共和国海商法》中关于被保险人应当"采取必要的合理措施,防止或者减少损失"的义务,并无不当。而且,在本案保险事故已被确认的前提下,修理前是否通知保险人,对保险人有实质影响的无非是修理的费用是否合理,而原判在实际损失金额认定时,已依据其自行委托的保险公估进行了调整,故大众保险的该项上诉理由不能成立,浙江高级人民法院不予采纳。

(三) 润欣公司主张的损失金额是否合理

对于润欣公司一审主张的因涉案保险事故遭受的拖航费、吊装费、打捞费、修理费、靠泊费用等损失,大众保险在一审中认为,润欣公司的各项损失应当依据其所提供的《"润欣 6"轮损坏保险鉴定公估报告》核定,原判在认定损失时,除拖航费外实际上均采信了公估报告所认定的数额,润欣公司对此亦未提出上诉,故对拖航费之外的其他损失,浙江高级人民法院均予以认定。虽然大众保险二审中对此不予认可,但其并无相应的证据支持,且有违民事诉讼"禁反言"的基本原则,故对其上诉主张不予支持。

对于拖航费,原判系依据润欣公司提供的其与拖航人万向公司之间的运输合同予以认定,而大众保险二审中提供了润欣公司与万向公司实际履行的拖航合同,该合同约定拖航费为人民币 57 万元(第一次为 17 万元,余下两次为 40 万元),航次为大连长兴岛→大连黑嘴子海大码头、大连黑嘴子海大码头→曹妃甸以及拖带 400 米管线从大连黑嘴子海大码头→曹妃甸。因该合同约定的支付方式、金额、起拖日期、目的地等与润欣公司的付款凭证、船舶进出港签证等均可印证,拖航人万向公司亦证实上述合同才是实际履行的合同,润欣公司在庭后给浙江高级人民法院的说明中亦承认其修复后直接从大连转场至曹妃甸,故浙江高级人民法院认定大众保险提供的拖航合同是润欣公司与万向公司实际履行的合同,对于本案拖航费用按照该合同约定的长兴岛至大连拖航费用的 2 倍计算酌情认定为 34 万。

综上,浙江高级人民法院对原判认定的事实除损失金额的认定改为:"吊装费 9.8 万元,打捞费 25 万元,修理费 10 万元,靠泊费用 59 412 元,拖航费 34 万,合计 847 412 元,扣除 10% 免赔额后损失为 762 670.8 元"外,其余事实均予确认。

浙江高级人民法院认为,润欣公司和大众保险之间的船舶保险合同合法有效,应予确认。"润欣 6 号"在保险期间内发生保险事故,大众保险应当依据保险合同的约定在合理期间内支付保险赔款并承担相应的利息损失。大众保险关于本案事故并未实际发生且不属于保险事故,其不应承担保险责任的上诉理由不能成立,不予支持;其关于本案拖航费过高的上诉理由,因其二审中提供了新的证据,该上诉理由予以支持。

8 级大风 · 最大诚信原则 · 被保险人减损义务

原审判决应予变更。依照《中华人民共和国民事诉讼法》第153条第1款第(3)项之规定,判决如下:

一、变更宁波海事法院(2008)甬海法商初字第391号民事判决第一项为:大众保险股份有限公司宁波分公司于本判决送达之日起10日内支付浙江润欣港航工程有限公司船舶保险赔款计人民币762 670.8元,以及上述款项自2008年12月10日起至本判决确定的履行之日止按中国人民银行同期贷款利率计算的利息。

二、维持宁波海事法院(2008)甬海法商初字第391号民事判决第二项。

如果未按本判决指定的期间履行给付金钱义务,应当依照《中华人民共和国民事诉讼法》第229条之规定,加倍支付迟延履行期间的债务利息。

2. 海上保险合同的成立、解除和转让

2.1 合同成立

1 原告伍玉荣与被告中国人民保险公司台山市支公司船舶保险合同纠纷案

案例来源:广州海事法院(2000)广海法事字第 59 号
主题词:船舶共有　保险代理　被保险人的确定

> **裁判要旨**
>
> **No. HX-2.1-1**　船舶共有人之一向保险人投保,并交纳了保费,保险单中载明的被保险人是仅为该投保人个人而非全部共有人,也未反映出其是代理全部共有人身份的保险合同,仅在该投保人个人与保险公司之间有效,其他共有人并不是该保险合同所保障的被保险人,其他共有人以个人名义索赔,不享有该保险合同项下的保险赔偿金请求权。

一、基本案情

原告:伍玉荣

被告:中国人民保险公司台山市支公司(以下简称被告)

原告伍玉荣诉称:"粤台山 23103"号渔船系原告与伍佛送、伍建志、伍玉国共同投资购买。1998 年 3 月 17 日推选伍建志负责向被告投保。被告出具了号码为台山 98-12 的《中国人民保险公司渔船保险单》,约定总保险金额为人民币 64 万元,保险期限为 12 个月,自 1998 年 3 月 26 日至 1999 年 3 月 25 日,航行范围为沿海。1999 年 2 月 25 日 00:30 时,原告渔船从三洲港开航,计划前往东沙生产,04:30 时航至 21°36′N、113°12′E 时,由于海面雾大能见度低,与一艘货船发生严重碰撞,以致沉没,幸无人员伤亡。此次事故造成直接经济损失 80 万元。事故发生后,广州海事法院审理了伍建志与被告船舶保险合同纠纷一案,判决认定被告为保险事故,向伍建志等 4 所有人支付保险赔偿金 460 800 元。由于原告当时未向法院主张权利,故未获赔偿。原告认为:(1) 以一个合伙人的名义办理保险、索赔,在原、被告所在地区是惯例;(2) 办理保险时,被告应当告知办理保险的有关事项,应该询问有关财产的情况,不能不依据如实告知原则就随便办理保险,原告认为,被告应当知道"粤台山 23103"号船是 4 人共有;(3) 被告知道该船属 4 人共有,在与伍建志办理保险手续时,按照整船价值收取保险费,合理解释是被告承认该船 4 个共有人与被告存在保险合同关系;(4) 被告办理保险时,按一艘船收取保险费用,按照公平原则应该对整条船负责;(5) 双方发生争议时,按照《中华

人民共和国保险法》的规定,应当对保险人作不利解释。据此,原告认为,原、被告之间的保险合同关系成立。综上,原告请求法院判令被告向原告支付保险赔款 115 200 元及其利息。

被告中国人民保险公司台山市支公司辩称:(1)"粤台山 23103"号渔船系伍建志向被告投保,保险单中载明的被保险人是伍建志。当时伍建志仅以其自己名义投保,并未提及该船为 4 人共有和推选伍建志负责投保之事。原告并没有履行其如实告知义务。原告所称被告知道该船属于 4 人共有,没有事实依据。1998 年 3 月 13 日伍佛送等 4 人出具的《委托书》是事后所补,投保时,伍建志并没有向被告出示该文件,该《委托书》不能作为本案事实的证明。本案原告仅是船舶共有人,与合伙人不是一个概念。原告对不利原则理解有误,应当是指对保险条款理解有争议时,作出对保险人不利的解释。据此,被告认为被告与原告之间不存在保险合同关系,原告不是本案适格的原告,不具备起诉条件。(2)根据伍建志的陈述,伍建志是船长,但却没有适任证书,在雾航时伍建志本人在睡觉,既未派人瞭望,又未开动雷达和鸣放雾笛;另大副明知有大雾,却没有通知船长伍建志到驾驶台指挥船舶。可见,事故发生前和当时该船不适航。根据《保险合同》第 9 条的规定,该起事故不属于保险责任范围,被告不应负保险赔偿责任。(3)中华人民共和国江门渔港监督处(以下简称江门渔监处)出具的证明不应该作为认定事实的证据。江门渔监处认为,伍佛送没有交回旧的船舶所有权证书,所以没有发新的船舶所有权证书,以及该船没有办理过户手续的说法没有法律依据。本案事实表明伍佛送已经办理船舶登记手续,江门渔监处业已核准登记,该船的所有权已经发生转移。按照《中华人民共和国海商法》的规定,由于保险合同在所有权发生转移时并没有得到保险人同意,因此,保险合同在该船所有权转移时已经解除。综上所述,被告请求法院驳回原告的诉讼请求。

二、法院查明的事实

广州海事法院认定以下事实:

"粤台山 23103"号渔船(原名台山 23103),木质捕捞船,1983 年在香港船厂建成,总长 23.25 米,宽 6.50 米,深 3.15 米,89.0 总吨,主机功率 239.0 千瓦。该渔船属伍建志、伍佛送、伍玉荣和伍玉国 4 人按份共有,各占该船 25% 的股份。

1998 年 3 月 17 日,伍建志向被告投保渔船保险,并按约定交纳了 14 080 元保险费。保险费收据载明的交款人是伍建志。被告为此出具编号为台山 98-12 的《中国人民保险公司渔船保险单》,该《保险单》载明:被保险人为伍建志,船名及编号为"台山 23103",总吨位 89 吨,保险价值为 80 万元,渔船总保险金额为 64 万元,保险费为 14 080 元,保险期限为 12 个月,自 1998 年 3 月 26 日起至 1999 年 3 月 25 日止。

原告提供的 1998 年 3 月 13 日伍建志、伍佛送、伍玉荣和伍玉国 4 人共同出具的《委托书》,内容为:"台山 23103 船是由伍建志、伍佛送、伍玉荣和伍玉国 4 人合股投资购买,用于保障渔业生产,该船投保是由合股 4 人按比例凑款在台山财产保险公司投保,由4人推选伍建志负责办理保险。"

伍建志回答被告的询问时说过其是船主、是船长。但是,根据被告在(2000)广海法事字第029号案中提交的1999年3月8日广东省渔船渔港监督管理总队台山大队出具的《证明》记载:"粤台山23103"号渔船船长为伍佛送,其1993年考取船长职务,证书编号是C09-60 241476,1998年7月8日在"粤台山23103"号渔船任船长,大副是颜景辉,轮机长是黄成志,大管轮是伍玉国,该4名船员的档案是在江门渔监处查到。可见,主管机关认证的该渔船船长是伍佛送,不是伍建志。被告在(2000)广海法事字第029号案中提交的1999年4月5日广东省渔船渔港监督管理总队台山大队出具的《海事证明》记载:"粤台山23103"号渔船的渔业船舶检验证书,编号是Y09008349.98,证书有效期至1999年6月19日止;船上任职船员有:船长、大副、轮机长、大管轮4名职务船员。

在审理(2000)广海法事字第029号案期间,根据伍建志向法庭出示的其持有的1998年8月22日江门渔监处所发"粤台山23103"号渔船《渔业船舶所有权证书》记载:该证书的持证人为伍建志,所占股份是25%,其他所有人为伍佛送、伍玉荣和伍玉国,各占该船25%的股份。被告对此提出异议,认为该渔船所有权已转移给伍佛送。为查明事实,合议庭应被告申请向该证书的发证机关江门渔监处作了调查。2000年4月5日该处出具《关于粤台山23103船登记情况说明》,指出:"船舶所有权登记代表为伍建志,所有人为伍建志、伍佛送、伍玉荣和伍玉国四人,均占股份。该船于1993年4月8日经台山渔港监督初次登记发证,1998年8月22日经江门渔监处重新登记,核发《渔业船舶所有权证书》《渔业船舶登记证书》和《渔业船舶航行签证簿》。另外,所有人之一伍佛送于1998年9月19日重新申请'粤台山23103'号渔船以一人所有进行登记。因伍佛送只能交回我处1998年8月22日签发的《渔业船舶登记证书》和《渔业船舶航行签证簿》,而未能交回《渔业船舶所有权证书》。考虑到渔民渔业生产实际,而且伍佛送是该船所有人之一,我处于1998年9月22日签发了以伍佛送为船舶登记代表人的《渔业船舶登记证书》和《渔业船舶航行签证簿》,待其交回我处1998年8月22日核发的该船《渔业船舶所有权证书》及补齐有关手续后方能重新核发《渔业船舶所有权证书》。但伍佛送直至该船于1999年2月25日被大货轮碰撞沉没,均未到我处办理有关手续。"江门渔监处档案中确存有该处1998年9月22日签发的以伍佛送为船舶所有人的"粤台山23103"号渔船《渔业船舶所有权证书》正本原件。该处对此的解释是:申请时为了方便,先作了,但要正式办理《渔业船舶所有权证书》,交给持证人时,要严格按照《中华人民共和国渔业船舶登记办法》办理,核定手续齐全后才发放给申请人,并要收回旧的所有权证书。直到出事,伍佛送都没有交回旧的所有权证书,所以该处一直都没有将新证发给伍佛送。所以,出事后,"粤台山23103"号渔船并没有办理正式过户手续,所有人还是1998年8月22日签发的证书载明的4个人。合议庭认为,被告所称1998年9月22日签发的《渔业船舶所有权证书》虽已制作完成,但并未核发给申请人伍佛送。伍佛送申请以其为所有权人的《渔业船舶所有权证书》,涉及船舶所有权的转移,根据《中华人民共和国渔业船舶登记办法》第 13 条、第 31 条和第 32 条的规定,船舶所有权转移的,船舶所有人应当向船籍港登记机关申请所有权注销登记。船舶所有人申请渔业船舶所有权登记时,除新建船舶以外,应交验原船籍港登记机关出具的船舶所有权注销登记证明。申请所有权注销登记,应填写渔业船舶注销登记申请表,并向登记机关交回渔业船舶所有权登记证书、渔业船舶航行签证簿、渔业船舶国际证书或渔业船舶登记证书,捕捞渔船还应交回捕捞许可证。而"粤台山 23103"号渔船所有人伍建志、伍佛送、伍玉荣和伍玉国 4 人并没有申请所有权注销登记,亦没有交回渔业船舶所有权登记证书。因此,1998 年 8 月 22 日"粤台山 23103"号渔船《渔业船舶所有权证书》所记明的所有权并没有办理注销登记,伍佛送申请以其个人为所有人的《渔业船舶所有权证书》,缺乏法定前提条件,故其船舶所有权登记依法没有成立。伍建志持有的 1998 年 8 月 22 日江门渔监处所发《渔业船舶所有权证书》依然是有效的船舶所有权登记证据。

三、法院裁判

广州海事法院认为,本案是一宗船舶保险合同纠纷。根据原告据以提起诉讼的台山 98-12《中国人民保险公司渔船保险单》的记载,"粤台山 23103"号渔船系伍建志向被告投保,保险单中载明的被保险人是伍建志。交保险费也只是伍建志一人,并没有反映出伍建志是代理身份。因此,《委托书》不能证明本案原告伍玉荣是上述保险单项下的被保险人。原告主张以一个合伙人名义办理保险、索赔,在原、被告所在地区是惯例,被告在伍建志投保时明确知道该船属于 4 人共有。被告对此不予认可,原告亦没有提供相应证据予以证明,故对原告的该项主张,不予支持。

根据查明的事实,"粤台山 23103"号渔船船长是伍佛送,并不是伍建志。被告提出伍建志是船长,但却没有适任证书,雾航时伍建志在睡觉,事故发生前和当时该船不适航的主张没有事实基础,不能成立。

被告没有提供充分证据推翻渔业船舶登记主管机关江门渔监处对其主管事项所出具的证明,该证明具有证据效力。鉴于 1998 年 8 月 22 日江门渔监处所发的《渔业船舶所有权证书》现由伍建志持有,没有交回发证机关,1998 年 9 月 22 日江门渔监处制作的以伍佛送为船舶所有人的"粤台山 23103"号渔船《渔业船舶所有权证书》正本原件目前依然存于该处档案中,并没有发给伍佛送。因此,"粤台山 23103"号渔船所有权并没依法转移。据此,被告提出该证明不应作为认定事实的证据,该渔船所有权已经发生转移的主张,缺乏依据,不予支持。

综上,原告伍玉荣并不是该保险合同所保障的被保险人,不享有该保险合同项下的保险赔偿金请求权。原告没有举证证明原、被告之间存在保险合同关系,应承担举证不能的法律后果。因此,被告辩称原告与被告没有签订保险合同,双方之间没有发生保险合同法律关系的主张成立,应予支持。依照《中华人民共和国民事诉讼法》第 64 条第 1 款和《中华人民共和国保险法》第 21 条第 2 款的规定,判决如下:

驳回原告伍玉荣的诉讼请求。

本案受理费3 814元由原告伍玉荣负担。

2 原告汽船相互保险协会(百慕大)有限公司与被告蓝贝壳航运有限公司船舶保赔保险合同保险费纠纷案

案例来源:武汉海事法院(2001)武海法宁商字第132号

主题词:保险合同的成立　保险条　保险"管理条款"

裁判要旨

No. HX-2.1-2　根据英国的海上保险的司法实践,承保条已被认可为海上保险单,保险人一旦签署保险经纪人准备的承保条,该保险合同便视为成立。

一、基本案情

原告:汽船相互保险协会(百慕大)有限公司〔STEAMSHIP MUTUAL UNDERWRITING ASSOCIATION(BERMUDA)LIMITED 以下简称原告〕

被告:蓝贝壳航运有限公司(BLUESHELL SHIPPING LIMITED 以下简称被告)

原告诉称,被告蓝贝壳航运有限公司所有的"菲洛克提提斯"轮和被告的管理人希文卓海上企业公司(SEAVENTURE MARINE ENTERPRISES CORP.,以下简称希文卓公司)所经营的数艘船舶(包括"菲洛克提提斯"轮)由原告承保相互责任保险,被告及其管理人拖欠原告保险费累计754 809.11美元。根据原告与被告之间保赔保险合同中的"共同会员条款"(JOINT MEMBER CLAUSE)和"管理条款"(MANAGEMENT CLAUSE),被告作为入会船东(被保险人)之一,应对其作为共同会员(共同被保险人)的管理人所经营的所有船舶拖欠原告的保险费承担连带赔偿责任。原告在起诉时请求被告赔偿原告拖欠的保险费754 809.11美元及其利息并承担全部法律费用和扣船、拍卖船舶及执行费用。在诉讼中原告将其诉讼请求变更为被告赔偿原告会费及其他应付款项共计291 088.10美元及利息、原告为此次诉讼而产生的法律费用56 468.97美元。

被告在答辩期间内未提交书面答辩。

二、法院查明的事实

武汉海事法院经审理查明:

1991年原告通过保险经纪人波林海事和能源有限公司(BOWRING MARINE & ENERGY LTD.)向希文卓公司签发了FILOKTITIS轮和EVRIMETON轮的承保条。该承保条约定:希文卓公司作为被保险人,将其管理的船舶FILOKTITIS轮(23 230 GRT)和EVRIMEDON(23 264 GRT)轮向原告投保P&I险和F,D&D险,FILOKTITIS轮保险期间自1991年8月19日至1992年2月20日,EVRIMEDON轮保险期间自1991年9月26日至1992年2月20日。承保条件分别为原告的协会规则第一类和第二类。保险费率约定:P&I险的预付会费(ADVANCE CALL)为每登记总吨每年3.6美元,估计追加会费(ESTIMATED SUPPLEMENTARY CALL)为20%;F,D&D险的预付会费为每年每船4 000美元,估计追加会费为30%。之后,该两条船续保两年。1994年2月27日,希文卓公司将其管理的FILOKTITIS轮、EVRIMEDON轮、DIOMIDES轮(19 166 GRT)、PTOLEMEOS轮(19 166 GRT)、ANTIGONOS轮(19 166 GRT)、TILEMAHOS轮(19 166 GRT)、PROTAGORAS轮(19 166 GRT)、FEDRA轮(21 732 GRT)加入原告的保赔保险,一直续保到1999年2月20日。其中FILOKTITIS轮和EVRIMEDON轮P&I险的预付会费为每登记总吨每年4.11美元;DIOMIDES轮、PTOLEMEOS轮、ANTIGONOS轮、TILEMAHOS轮和PROTAGORAS轮P&I险的预付会费为每登记总吨每年4.34美元;FEDRA轮为4.20美元;上述船舶P&I险的估计追加会费为40%;F,D&D险的预付会费为每船每年13 800美元,估计追加会费为30%。1995年2月20日至1997年2月20日,FILOKTITIS轮和EVRIMEDON轮的预付会费调整为每登记总吨每年3.38美元;DIOMIDES轮、PTOLEMEOS轮、ANTIGONOS轮、TILEMAHOS轮和PROTAGORAS轮为3.77美元;FEDRA轮为3.72美元;追加会费不变。上列船舶在1995年2月20日至1996年2月20日的F,D&D险预付会费为每船每年15 870美元,追加会费不变。1996年2月20日至2000年2月20日上列续保船舶的F,D&D险预付会费为每船每年18 250美元,追加会费不变。1996年2月22日,FIVI轮加入原告的保赔协会,保险期限自1996年2月20日起1年,之后在1997年2月20日续保1年。其P&I预付会费费率为3.77美元,追加会费为40%;F,D&D险的预付会费为每年18 250美元,追加会费为30%。1997年2月20日至1998年2月20日,FILOKTITIS轮和EVRIMEDON轮的P&I险的预付会费调整为每登记总吨每年3.04美元,追加会费不变;DIOMIDES轮、PTOLEMEOS轮、ANTIGONOS轮、TILEMAHOS轮、PROTAGORAS轮、FIVI轮P&I险的预付会费调整为每登记总吨每年3.40美元,追加会费不变;FEDRA轮的P&I险的预付会费调整为每登记总吨每年3.35美元,追加会费不变。1998年2月20日至1999年2月20日,FILOKTITIS轮和EVRIMEDON轮P&I险的预付会费调整为每登记总吨每年2.73美元,追加会费不变;FEDRA轮P&I险的预付会费调整为每登记总吨每年3.02美元,追加会费不变;DIOMIDES轮、PTOLEMEOS轮、ANTIGONOS轮、TILEMAHOS轮、PROTAGORAS轮和FIVI轮P&I险的预付会费调整为每登记总吨每年3.06美元,追加会费不变。1999年2月20日,FILOKTITIS轮、EVRIMEDON轮、DIOMIDES轮、PTOLEMEOS轮、ANTIGONOS轮、TILEMAHOS轮、PROTAGORAS轮、FIVI轮续保1年。其中DIOMIDES轮P&I险的预付会费调整为每登记总吨每年3.17美元,追加会费不变;其他船舶的P&I险的预付会费和追加会费均不变。2000年2月20日,FILOKTITIS轮、EVRIMEDON轮、DIOMIDES轮、ANTIGONOS轮、TILEMAHOS轮续保1年。其中FILOKTITIS轮P&I险的预付会费为每年15 000美元,追加会费取消;EVRIMEDON轮

P&I 险的预付会费为每登记总吨每年 4.01 美元,追加会费取消;DIOMIDES 轮 P&I 险的预付会费调整为每登记总吨每年 4.66 美元,追加会费取消;ANTIGONOS 轮和 TILEMAHOS 轮 P&I 险的预付会费调整为每登记总吨每年 4.50 美元,追加会费取消;上列船舶的 F,D&D 险的预付会费调整为每年 23 725 美元,追加会费取消。

上述船舶在入会后,自 1995 年起,开始出现不同程度的拖欠会费(P&I FEE)、抗辩费免赔额(DEFENCE FEE DEDUCTIBLE)、退会费(P&I RELEASE CALL)、抗辩退会费(DEFENCE RELEASE CALL)的情况。其中 FILOKTITIS 轮拖欠 178 163.36 美元、EVRIMEDON 轮拖欠 161 129.5 美元、FEDRA 轮拖欠 61 485.98 美元、DIOMIDES 轮拖欠 209 335.57 美元、PTOLEMEOS 轮拖欠 22 958.13 美元、ANTIGONOS 轮拖欠 188 423 美元、TILEMAHOS 轮拖欠 84 134.21 美元、PROTAGORAS 轮拖欠 9 927.43 美元、FIVI 轮拖欠 30 416.93 美元。上述费用总计 945 974.1 美元。在保险期间内,原告应支付上述船舶部分保险金和其他费用总计 654 886 美元。

原告的入会和承保证书(CERTIFICATE OF ENTRY AND ACCEPTANCE)的共同会员条款规定:希文卓公司作为管理人是本保单的共同会员,其受保范围仅限于由船舶所有人承担风险的根据习惯进行的经营活动所产生的在规则和本入会证书的条款、条件和除外责任中规定的承保范围之内的风险、责任、费用和支出。任何一个共同会员根据规则和本入会证书的条款、条件和除外责任而丧失获得赔偿的行为,将使全部会员丧失赔偿。全部共同会员对因入会而欠付给协会的任何保费承担连带责任;任何共同会员收到的协会支付的任何款项将解除协会支付同一款项的责任。

原告的入会和承保证书的管理条款规定:本船是希文卓公司的一部分。本船作为其船队的一员,其所有人作为被保险人与作为被保险人的船队的其他船东,对船队中船舶欠付给协会的会费、分摊和其他任何款项承担连带责任。因此,船队中任何一条船舶未支付应由其支付的会费、分摊和其他任何款项,将被视为本船船东未支付的会费、分摊和其他款项。

原告的《协会规则》第 36 Ⅰ d 条规定:本规则和协会与会员之间的保险合同受英国法律调整,并根据英国法律解释。英国 1980 年《时效法》(LIMITATION ACT 1980)第 5 条规定:因合同而引起的诉讼时效期间为 6 年,自诉因产生之日起算(AN ACTION FOUNDED ON SIMPLE CONTRACT SHALL NOT BE BROUGHT AFTER THE EXPIRATION OF SIX YEARS FROM THE DATE ON WHICH THE CAUSE OF ACTION ACCRUED)。

原告为采取诉前海事请求保全措施和提起本案诉讼,共产生了如下费用:

1. 华泰保险经济有限公司的服务费及中国再保险公司提供担保所收取的佣金 8 813 美元。

2. 伦敦齐伯礼国际律师事务所(RICHARDS BUTLER INTERNATIONAL LAW FIRM)提供法律服务的费用 6 395.12 美元。

3. 伦敦摩尔·费舍尔·布朗律师事务所(MORE FISHER BROWN)提供法律服务

的费用 1 007.75 美元。

4. 接受武汉海事法院委托代为向被告送达的费用 1 348.07 美元。

5. 因在中国诉讼而产生向中国律师支付的费用 22 360 美元。

三、法院裁判

武汉海事法院认为,本案系船舶保赔保险合同纠纷案件。本案的双方当事人均系外国人,属于涉外民事纠纷。《中华人民共和国海商法》第十四章"涉外关系的法律适用"第 269 条规定:"合同当事人可以选择合同适用的法律,法律另有规定的除外。合同当事人没有选择的,适用与合同有最密切联系的国家的法律。"根据本条规定,确定涉外民事关系的准据法时应首先适用当事人选择的合同适用的法律。本案原告的协会规则中明确约定了"本规则和协会与会员之间的保险合同受英国法律调整,并根据英国法律解释",本案所涉合同系协会与会员之间的保险合同,被告未举证证明其对该约定提出过异议或该约定违反法律,视为其对该约定的认可,因此,本案应适用英国法律。英国 1906 年《海上保险法》(1906 MARINE INSURANCE ACT)第 1 条规定:"海上保险合同,是一种保险人按照约定的方式和范围,对与海上冒险有关的海上灭失,向被保险人承担赔偿责任的合同(A CONTRACT OF MARINE INSURANCE IS A CONTRACT WHEREBY THE INSURER UNDERTAKES TO INDEMNIFY THE ASSURED, IN MANNER AND TO THE EXTENT THEREBY AGREED, AGAINST MARINE LOSSES, THAT IS TO SAY, THE LOSSES INCIDENT TO MARINE ADVENTURE)。"本案所涉合同符合该法对海上保险合同的界定,故英国 1906 年《海上保险法》应作为本案的准据法。该法第 21 条规定:"保险人接受被保险人的投保单后,无论当时是否已签发保险单,海上保险合同应视为已经成立;为表明该投保单何时被接受,可以参考承保条或暂保单或其他合同习惯的备忘录(A CONTRACT OF MARINE INSURANCE IS DEEMED TO BE CONCLUDED WHEN THE PROPOSAL OF THE ASSURED IS ACCEPTED BY THE INSURER, WHETHER THE POLICY BE THEN ISSUED OR NOT AND, FOR THE PURPOSE OF SHOWING WHEN THE PROPOSAL WAS ACCEPTED, REFERENCE MAY BE MADE TO THE SLIP OR COVERING NOTE OR OTHER CUSTOMARY MEMORANDUM OF THE CONTRACT)。"该条是对海上保险合同成立的规定。本案中原被告双方并未签订正式的船舶保险合同,但根据英国的实践,承保条已被认可为海上保险单,保险人一旦签署保险经纪人准备的承保条,该保险合同便视为成立。本案中原告签发的 10 份承保条可以证明原被告之间的保险合同法律关系的成立,被告未能证明该合同关系无效的情形,故本案的船舶保赔保险合同为有效合同,双方应依约履行合同的义务。英国 1906 年《海上保险法》第 85 条规定:(1) 两人或两人以上彼此同意互相承保保险,称为相互保险。(2) 本法有关保险费的各项规定,不适用于相互保险,但各方达成的担保或其他类似安排可以替代保险费。(3) 本法的各项规定,在可由各方协议的范围内修改,在适用于相互保险时,可由保赔协会签发的保险单的条件或协会的规则和章程加以修改。(4) 除本条所提及的除外,本法的各项规定适用于相互保险[(1) WHERE TWO OR

MORE PERSONS MUTUALLY AGREE TO INSURE EACH OTHER AGAINST MARINE LOSSES THERE IS SAID TO BE A MUTUAL INSURANCE. (2) THE PROVISIONS OF THIS ACT RELATING TO THE PREMIUM DO NOT APPLY TO MUTUAL INSURANCE, BUT A GUARANTEE, OR SUCH OTHER ARRANGEMENT AS MAY BE AGREED UPON, MAY BE SUBSTITUTED FOR THE PREMIUM. (3) THE PROVISIONS OF THIS ACT, IN SO FAR AS THEY MAY BE MODIFIED BY THE AGREEMENT OF THE PARTIES, MAY IN THE CASE OF MUTUAL INSURANCE BE MODIFIED BY THE TERMS OF THE POLICES ISSUED BY THE ASSOCIATION, OR BY THE RULES AND REGULATIONS OF THE ASSOCIATION. (4) SUBJECT TO THE EXCEPTIONS MENTIONED IN THIS SECTION, THE PROVISION OF THIS ACT APPLY TO A MUTUAL INSURANCE]。根据本条规定，原告保险单条件中的"共同会员条款"和"管理条款"为有效担保条款，可以替代保险费。被告不仅应对未能按时支付保险费承担违约责任，还应对其管理人希文卓公司所管理的其他船舶所拖欠的保险费承担连带责任。原告要求被告支付保险费利息的诉讼请求，因原告未提供其具体数额、计算方式和计算依据，武汉海事法院不予支持。依照英国1906年《海上保险法》第85条、《中华人民共和国民事诉讼法》第130条的规定，判决如下：

一、由被告蓝贝壳航运有限公司支付原告汽船相互保险协会（百慕大）有限公司船舶保险费291 088.10美元，于本判决生效之日起10日内一次性付清；

二、由被告蓝贝壳航运有限公司赔偿原告汽船相互保险协会（百慕大）有限公司因扣押"菲洛克提提斯"轮和提起本诉讼而产生的担保佣金、法律服务费用、中国律师费用共计38 575.87美元，于本判决生效之日起10日内一次性付清；

三、驳回原告汽船相互保险协会（百慕大）有限公司提出的要求被告蓝贝壳航运有限公司支付保险费利息的诉讼请求。

3 上诉人杭州翔盛进出口有限公司、杭州翔盛纺织有限公司与被上诉人太平保险有限公司浙江分公司海运货物保险合同纠纷案

案例来源：浙江省高级人民法院(2009)浙海终字第80号
主题词：保单签发迟延　保险合同的成立　保险责任范围

> **裁判要旨**
>
> **No. HX-2.1-3**　被保险人就涉案货物向保险公司投保时货物已装船，保险人在货物装船数日后签发保单依然有效。保险人收到投保人的要约时，应当对将要承保的标的物的品质等相关状况进行审查核实以决定承保与否。如果保险人对保险标的未经审核即承保或应当知道保险标的物已经出险而仍然予以承保，则保险人应当承担由此产生的法律责任，即视为保险人已经放弃对签发保险单时标的物品质的异议权。

一、基本案情

上诉人(原审原告):杭州翔盛进出口有限公司(以下简称翔盛进出口公司)

上诉人(原审原告):杭州翔盛纺织有限公司(以下简称翔盛纺织公司)

被上诉人(原审被告):太平保险有限公司浙江分公司(以下简称太平保险公司)

宁波海事法院审理查明:2008年6月,翔盛进出口公司从金润石油化工有限公司(以下简称金润公司)购入4批乙二醇,四批货物的具体贸易、运输和保险情况如下:

2008年6月27日,翔盛纺织公司作为买方与金润公司作为卖方签订编号为08SC-054-3的订购合同,翔盛纺织公司以1 080USD CFR宁波的价格购买1 000吨乙二醇,货物于6月21日已装船,SEA PARS SHIPPING SERVICES LTD.代表船长签发号码为BIK-695-4的清洁提单,载明:托运人伊朗石化贸易有限公司,通知方金润公司,船名航次为 M. T. MARITIME ROSEMARY, V008003VC, 装货港为伊朗 BANDAR IMAM KHOMEINI,卸货港中国宁波,货物为1 000吨乙二醇,分装于1S、9P、SLOP S三个船舱。此票货物由翔盛进出口公司作为被保险人于同年6月26日依照中国人民保险公司1981年1月1日的海上货运险条款向太平保险公司投保一切险,每次事故的免赔额为保险金额的0.4%,太平保险公司于同日签发了NO.6641134012008000106号保险单,承诺自保单上的投保日期(2008年6月26日)开始承担保险责任,之前发生的保险事故,太平保险公司不负责承担。

2008年6月27日,翔盛进出口公司作为买方与金润公司作为卖方签订编号为M9-JL的订购合同,翔盛进出口公司以1 080USD CFR宁波的价格购买2 000吨乙二醇,货物于6月21日已装船,SEA PARS SHIPPING SERVICES LTD.代表船长签发号码为BIK-695-3的清洁提单,载明:托运人伊朗石化贸易有限公司,通知方金润公司,船名航次为 M. T. MARITIME ROSEMARY, V008003VC, 装货港为伊朗 BANDAR IMAM KHOMEINI,卸货港中国宁波,货物为2 100吨乙二醇,分装于1S、9P、SLOP S 3个船舱。此票货物由翔盛进出口公司作为被保险人于同年7月1日依照中国人民保险公司1981年1月1日的海上货运险条款向太平保险公司投保一切险,每次事故的免赔额为保险金额的0.4%,太平保险公司于同日签发了6641134012008000110号保险单,承诺自保单上的投保日期(2008年7月1日)开始承担保险责任,之前发生的保险事故,太平保险公司不负责承担。

2008年6月27日,翔盛进出口公司作为买方与金润公司作为卖方签订编号为M9-JL的订购合同,翔盛纺织公司以1 080USD CFR宁波的价格购买1 000吨乙二醇,货物于6月21日已装船,SEA PARS SHIPPING SERVICES LTD.代表船长签发号码为BIK-695-5的清洁提单,载明:托运人伊朗石化贸易有限公司,通知方金润公司,船名航次为 M. T. MARITIME ROSEMARY,V008003VC,装货港为伊朗 BANDAR IMAM KHOMEINI,卸货港中国宁波,货物为1 000吨乙二醇,分装于1S、9P、SLOP S 3个船舱。此票货物由翔盛进出口公司作为被保险人于同年6月26日依照中国人民保险公司1981年1月1

日的海上货运险条款向太平保险公司投保一切险,每次事故的免赔额为保险金额的0.4%,太平保险公司于同日签发了6641134012008000104号保险单,承诺自保单上的投保日期(2008年6月26日)开始承担保险责任,之前发生的保险事故,太平保险公司不负责承担。

2008年6月27日,翔盛纺织公司作为买方与金润公司作为卖方签订编号为08SC-054-4的订购合同,翔盛纺织公司以1080USD CFR宁波的价格购买3 000吨乙二醇,货物于6月21日装船,SEA PARS SHIPPING SERVICES LTD.代表船长签发号码为BIK-695-2的清洁提单,载明:托运人伊朗石化贸易有限公司,通知方金润公司,船名航次为M. T. MARITIME ROSEMARY,V008003VC,装货港为伊朗BANDAR IMAM KHOMEINI,卸货港中国宁波,货物为3 150吨乙二醇,分装于1S、9P、SLOP S 3个船舱。此票货物由翔盛公司作为被保险人于同年6月26日依照中国人民保险公司1981年1月1日的海上货运险条款向太平保险公司投保一切险,每次事故的免赔额为保险金额的0.4%,太平保险公司于同日签发了6641134012008000105号保险单,承诺自保单上的投保日期(2008年6月26日)开始承担保险责任,之前发生的保险事故,太平保险公司不负责承担。

货物于2008年7月24日运抵目的港宁波后,太平保险公司于7月25日接到翔盛公司关于货物短少和受损的报案,即派检验师上船了解情况,得知SLOP S舱内的约45吨货物泄漏到9S舱,船长将SLOP S舱内的剩余货物转移到6S舱。货物于2008年8月5日开始卸入岸罐,次日卸完。另9S舱内的45.707吨货物卸入汽车罐中直接予以销售。中国检验认证集团宁波有限公司受翔盛公司的委托,对卸入岸罐内的BIK-695-4号、BIK-695-2号和BIK-695-3号、BIK-695-5号提单下的卸货数量进行了检测,分别为991.832吨、3 124.27吨、2 082.847吨和946.17吨,总计为7 145.119吨。后翔盛公司与太平保险公司协商保险理赔事宜,未达成一致意见。翔盛公司于2008年12月3日诉至宁波海事法院,请求判令太平保险公司支付保险赔偿金3 118 209.77美元,并赔偿仓储费、检测费、评估费、律师费等损失共计人民币70万元。

二、一审裁判

宁波海事法院认为:

(一)关于翔盛进出口公司、翔盛纺织公司的诉讼主体地位问题

根据原判查明的事实,翔盛纺织公司不是保险单上记载的被保险人,被保险人记载为翔盛进出口公司,太平保险公司以此为由辩称翔盛纺织公司无权提起本案诉讼。同时,太平保险公司又以4份订购合同中的两份买方为翔盛纺织公司,翔盛进出口公司与此两份合同下的货物没有保险利益为由,主张相对应的两保险单无效。但是,根据当事人双方提供的往来函件,货物运抵目的港后,一直是翔盛纺织公司、翔盛进出口公司共同与太平保险公司就保险理赔事宜进行协商,太平保险公司从未对此提出异议,并在其出具的相关函件中使用"被保险人杭州翔盛进出口有限公司/杭州翔盛纺织

有限公司"字样,这表明,虽然保险单记载的被保险人为翔盛进出口公司,但太平保险公司实际亦认可翔盛纺织公司对相关货物具有可保利益,或作为被保险人与太平保险公司协商理赔事宜。因此,太平保险公司的上述抗辩并不符合其在双方协商理赔过程中的真实意思表示,不予采信。

(二) 翔盛公司支付货款与否与向太平保险公司提出保险理赔之间是否存在关系?

太平保险公司称货物订购合同中所约定的付款条件为远期信用证付款,但翔盛公司未能提供有关的银行信用证付款证明,应视为其未付清款项,无权提出保险索赔。对此,宁波海事法院认为,翔盛公司持有正本提单,并已实际提取货物,此可证明其为货物的真实收货人,如果货物发生货损,其可以提起保险索赔。是否支付货款只是贸易合同下的问题,并不影响翔盛公司的收货人地位,太平保险公司无权以此为由主张翔盛公司无权索赔。

(三) 关于货物受污染及其保险赔偿责任的问题

翔盛公司主张 Slop S 舱的货物渗漏至 9S 舱,9S 舱的货物受到污染,9P 舱的货物则与毗邻装运其他化工品的舱位发生渗漏,受到更严重的污染。宁波海事法院认为,由于 Termhead Surveyors Co. Ltd. 委托出具的抽样报告和上海东方公估行出具的鉴定报告,均系单方委托,应视为翔盛公司并未提供充分的证据证明货物受污染的事实。即使货物受到污染,由于保险单记载太平保险公司从投保日(2008 年 6 月 26 日/2008 年 7 月 1 日)开始承担保险责任,但根据涉案提单记载,货物于 2008 年 6 月 21 日装船,从货物装船以及装船后至投保时,翔盛公司无证据表明可以排除货物在此期间受到污染,故应视为其未能证明货物受污染发生在保险责任期间内,其索赔主张仍不应得到支持。

(四) 关于短货数量及其保险赔偿责任问题

货物在装货港的数量应以提单记载为准,据此,4 票提单下的货物数量总计为 7 203.962 吨。根据双方均无异议的中国认证检验集团宁波有限公司出具的卸货港重量证书,卸入岸罐的货物数量为 7 145.119 吨,另有 45.707 吨货物卸入槽罐车中直接予以销售,因此,实卸货物数量为 7 190.826 吨,短卸 13.136 吨。因保险单约定太平保险公司从投保日(2008 年 6 月 26 日/2008 年 7 月 1 日)开始承担保险责任,但根据涉案提单记载货物于 2008 年 6 月 21 日装船,翔盛公司如果向太平保险公司索赔货物短少损失,应证明货物短少发生在保险责任期间内,但其未能对此举证。退而言之,即使货物短少发生在保险责任期间,因保险合同约定的免赔额为保险金额的 0.4%,上述短货数量也未能超过此数量,太平保险公司仍有权拒赔。

(五) 关于翔盛公司主张的仓储费、检测费、评估费、律师费等损失问题

保护上述损失以货物受损并应由太平保险公司赔偿为必要条件之一,翔盛公司未能举证证明货物受损且太平保险公司负有赔偿责任,故其此项主张缺乏事实依据,不

予支持。综上,翔盛公司的诉讼请求,证据与理由不足,不受法律保护。该院依照《中华人民共和国民事诉讼法》第64条第1款的规定,于2009年5月8日判决:驳回翔盛进出口公司、翔盛纺织公司的诉讼请求。案件受理费152 250元,由翔盛进出口公司、翔盛纺织公司负担。

三、上诉与答辩

翔盛进出口公司、翔盛纺织公司不服原审判决,向浙江省高级人民法院提出上诉称:(1)本案货物造成货损是客观事实。① 最高人民法院《关于民事诉讼证据的若干规定》并不排除一方当事人自行委托有关部门进行鉴定。本案中,太平保险公司就上海东方公估行出具的鉴定报告并没有提供足以反驳的证据,也没有提出重新鉴定的申请。因此,原判认定翔盛公司未提供充分证据证明货物受污染的事实,违背了法律的规定。② 现有证据足以证明翔盛公司委托上海东方公估行鉴定前,已经就鉴定的内容和目的对太平保险公司作了充分说明,并要求其三天内给予答复,此后,太平保险公司的回复中对此没有反对。因此,委托上海东方公估行进行鉴定并非翔盛公司单方委托,而是征得太平保险公司同意的。③ Termhead Surveyors Co. Ltd.委托出具的抽样报告是在三方(货主、船东和保险公司)的共同委托下办理的,该公司出具的抽检报告真实反映了货物的实际情况。④ Termhead Surveyors Co. Ltd.委托SGS于2008年8月5日所作的检验报告,同样认定存在质量低于国家标准,更低于船样标准的事实。(2)本案保险事故在保险公司的保险责任范围内。① 双方当事人均确认本案所涉的保单条款适用中国人民保险公司"一切险"条款,而该条款中明确保险人负"仓至仓"责任,因此从保险条款看,本案保险事故发生在保险责任期间内。② 本案SLOPS舱的泄漏是一个持续的过程,6S和9P舱的货物受到渗漏污染也是一个持续的过程,只有当货物到达目的港,且对货物进行直接观测并委托专业机构进行检测后,才会对货物品质是否发生变化有一个客观的判断。而保险责任的范围确定主要在于保险事故发生的时间,只有在货物到达目的港并经各方确认后,才能认定保险事故的发生。同样,货差的发生也需要经过这个过程。因此,原判认定货损货差的发生并非保险责任范围是错误的。(3)原判一方面认定短货数量并非在保险责任范围内,另一方面又强调了0.4%的免赔率,认定太平保险公司有权拒绝赔偿。事实上,本案翔盛公司诉请包括货损和货差两部分内容,如果原判认定货差是在保险责任范围内,而由于免赔率的约定太平保险公司有权拒绝的话,货损也在保险责任范围内,且其价款远远高于0.4%,太平保险公司无权拒绝赔偿。请求撤销原判,依法支持翔盛公司一审全部诉讼请求。

太平保险公司答辩称:(1)翔盛公司诉称的"货损"缺乏依据,太平保险公司依法不承担保险责任。① 根据国际贸易运输惯例,进口货物的目的港品质检验鉴定方法应遵循装货港的检验鉴定方法。宁波海事法院已经查明,无论是翔盛公司提供的装货港品质证书还是船方提供的随船样品检测结果,其抽样检测方式均是从整批货物中抽取样品进行混合样检测,并未实施分舱抽样检测,而翔盛公司向法庭提供的卸货港货物检测结果却是通过分舱取样后分别进行检测获得的,二者不具有可比性。上海东方公估行的鉴定报告正是建立在二种完全缺乏可比性的检测结果基础上再作主观推测得出的结论,无法予以采信。② 翔盛公司单方委托的上海东方公估行鉴定报告,属于其自行委托鉴定的证据材料,无论在委托鉴定程序、鉴定人资格、鉴定结论等方面均存在着重大错误和瑕疵。③ 翔盛公司提供的 Termhead Surveyors Co. Ltd. 委托出具的抽样报告仅是翔盛公司和船东进行的抽样,太平保险公司没有参与样品的抽样,因此对该抽样报告不予认可。为此,本案双方当事人及船东三方此后组织了联合抽样。④ 一审法院在庭审中,法庭多次要求翔盛公司提供有关装货港品质证书的检测方式以及买卖合同中明确约定的货物品质规格的附件,但其直至提起上诉均未提供上述证据材料。太平保险公司只能推定货物的装港品质也即起保前的品质至今不清。同时,为明辨事理,太平保险公司在原审庭审中提供的上海恒量保险公估有限公司杭州分公司出具的公估报告针对合同中可能约定的品质指标分别进行了论证分析。⑤ 翔盛公司在原审法庭询问中承认,1S 舱的货物与 6S、9P 舱的货物是混合放在 3 个岸罐中。既然翔盛公司认为 1S 舱货物没有损失,自然只能推定 6S、9P 舱的货物没有受损。(2) 翔盛公司未能证明"货损"发生在保险责任期间内。① 涉案 4 份货物运输保险单均特别约定:"保险公司根据客户投保单上的投保日期(2008 年 6 月 26 日,其中 1 份为 2008 年 7 月 1 日)开始承担保险责任,之前发生的保险事故,保险公司均不负责承担。"因此涉案货物的保险责任期间从 2008 年 6 月 28 日(或 2008 年 7 月 1 日)至上述货物卸入岸罐止,并非适用仓至仓条款。② 涉案提单明确记载,货物装船日期为 2008 年 6 月 21 日,即保险人是从涉案货物装船运输 5 天(或 9 天)后才开始承担保险责任,但翔盛公司不能证明其诉称的"货损"发生在上述约定的保险责任期间内。综上,翔盛公司无法证明是否发生货损及货损是否发生在保险责任期间内等关键事实,请求驳回上诉,维持原判。

四、二审裁判

各方当事人对原判认定的事实均不持异议,浙江省高级人民法院予以确认。另查明:涉案 4 份保单均列明保险范围为海洋运输 切险。翔盛公司一审诉请的保险赔偿金 3 118 209.77 美元包括:货差 63 550.44 美元、卸入槽罐车直接销售部分损失 39 490.85 美元、9P 舱货物贬损 164 339.17 美元、6S 舱货物贬损 27 594.41 美元、市场跌落损失 2 823 234.90 美元。

根据各方当事人的上诉和答辩,浙江省高级人民法院确定本案二审的争议焦点为:涉案货物是否遭受污染和发生短少损失,太平保险公司对货损是否负有赔偿责任以及翔盛公司主张的仓储费等其他损失能否支持。双方当事人对上述争议焦点均无异议,浙江省高级人民法院针对本案的争议焦点分析如下:

(一) 涉案货物是否遭受污染损失

涉案货物于 2008 年 7 月 24 日运抵目的港宁波港后,中国检验认证集团宁波有限公司(CCIC)受翔盛公司的委托,对涉案货物进行分舱取样,并按 ASTM E 2193-04B(即在不含氮气的状态下)进行检验,于同月 26 日出具品质证书。此外,INTERTEK 上海实验室受 Termhead Surveyors Co. Ltd. 委托,于 2008 年 7 月 25 日分舱取样进行检测,并出具检验报告;SGS 宁波实验室受船东及其保赔协会委托的检验人(ITS)、被保险人委托的检验人(宁波 CCIC)和保险人委托的检验人(浙江中衡商品检验有限公司)的委托,于 2008 年 8 月 5 日对分舱取样的样品进行检测,并出具品质证书。上述 3 份品质证书载明的相关数据如下表(以 220 nm 紫外光透光率为例):

(表一)

	CCIC	INTERTEK	SGS
检测时间	2008/7/26	2008/7/27	2008/8/5
1S	氮气注入	92.4	
无氮气注入	86.8	82.3	
6S	氮气注入	85.1	84.8
无氮气注入	75.5	71.3	72.8
9P	氮气注入	80.8	77.7
无氮气注入	69.0	65.3	65.1
9S	氮气注入		
无氮气注入	59.4		

另外,SGS 宁波实验室受三方检验人委托,对随船样品也进行了紫外光透光率检测,结果如下表(以 220 nm 紫外光透光率为例):

(表二)

检测方式	最初歧管样品	装载后	岸上线末端	主歧管(最初的)
氮气注入	85.4	92.2	91.4	90.3
无氮气注入	78	79.5	86.6	83.1

将表一中相关数据进行比对后发现,3 份检测报告显示的数据十分接近,可见 3 份检测报告均真实反映了检测当时货物的品质状况。由于 SGS 宁波实验室出具的各舱货物品质证书及随船样品的品质证书是本案双方当事人共同提交的,且无论翔盛公司提供的上海东方公估行出具的鉴定报告,还是太平保险公司提供的上海恒量保险公估有限公司杭州分公司出具的公估报告,均采用了 SGS 宁波实验室的检测数据,故浙江省高级人民法院对 SGS 宁波实验室出具的二组品质证书所载数据予以确认。由于翔盛公司对于 1S 舱货物在本案中未提出主张,而对于 9S 舱货物已受到污染各方并无异

议,故本案中仅需判断6S、9P舱货物的品质是否降低。按随船样品的4组数据(表二)中紫外光透光率最低的"最初歧管样品"为标准,6S舱货物的紫外光透光率(无氮气注入)下降了5.2%,9P舱货物则下降了12.9%。因此,可以认定涉案货物在运抵目的港时品质有下降。

由于双方当事人对承运涉案货物的MARITIME ROSEMARY轮抵达目的港后,发现SLOPS舱内货物有泄漏至9S舱现象,SLOPS舱内剩余货物经转移到6S舱后再卸入岸罐的事实,并无异议,虽然6S舱当时为空仓,但在本航次之前却装运过其他货物,因此6S舱货物品质降低的原因不能排除系受其他货物的残留物质污染而致。至于9P舱虽无泄漏等情况报告,该舱内货物品质下降却更甚于6S舱,也不能排除系在航行中受装载于相邻舱位的其他化工产品污染的可能。对于涉案货物受污染造成的损失数额,翔盛公司委托上海东方公估行作出鉴定,该鉴定报告分别以"国家标准""随船样检测结果"及"装船前检测结果"为标准,提出三个不同的估损结果,鉴于翔盛公司是在国内市场销售本案标的物乙二醇,且根据其与杭州凯利化纤有限公司等买家订立的产品购销合同,其实际上也是按国标进行销售,故浙江省高级人民法院对该鉴定报告中"相对于国家标准货物损失情况:舱位9P估损3%,舱位6S估损0%"予以认定。太平保险公司提交的上海恒量保险公估有限公司杭州分公司公估报告中,对9S舱货物"遭受严重污染,可明确存在货损情况",以及6S舱货物紫外透光率达标的结论存在一定合理性,也予采纳,而其推定9P舱货物品质下降系"因装载港发运货物自身品质不符"的结论,无相应证据佐证,不予采纳。因此,浙江省高级人民法院认定9P舱遭受污染的损失为:3 043.318×3%×1 080=98 603.50美元;6S舱无损失。另外,双方均认可泄漏至9S舱的45.707吨货物未卸入岸罐直接予以销售,翔盛公司对此提供了"采购合同"及增值税专用发票,证明销售所得为人民币53 300元,故该部分损失为:45.707×1 080美元-53 300元(按1美元:6.9元人民币计)=41 638.93美元。

(二)涉案货物是否发生短少损失

双方对涉案四票提单下的货物数量总计为7 203.962吨,卸入岸罐的数量总计为7 145.119吨,另有45.707吨货物卸入槽罐车中直接予以销售的事实均无异议,因此,涉案货物短少数量为:7 203.962-7 145.119-45.707=13.136吨。该部分损失为:13.136×1 080=14 186.88美元。

(三)太平保险公司对货损是否负有赔偿责任

虽然翔盛公司就涉案货物向太平保险公司投保时,货物已装船,太平保险公司系在本案货物装船数日后,才签发保单,但太平保险公司作为保险人收到投保人的要约时,应当对将要承保的标的物的品质等相关状况进行审查核实以决定承保与否。若保险人对保险标的未经审核即承保或应当知道保险标的物已经出险而仍然予以承保,则保险人应当承担由此产生的法律责任。就本案而言,太平保险公司未在保险合同中明确其保险责任开始时保险标的物乙二醇的品质状况,以减少其承保的风险范围(即使是在途货物,其也应要求投保人提供货物装船后的品质证书),应视作保险标的物品质完好,即太平保险公司已然放弃对签发保险单时标的物品质的异议权。因此,太平保险公司作为保险人不能在保险事故发生后,以承保前品质不清及不能确定保险标的是否在承保前已经发生品质下降为由拒绝赔偿。况且,在保险法律规范已经规定有严格的核保制度的情况下,对于保险人已经签发保单而已经建立的保险关系,除非保险人有相反证据,否则可以推定保险标的物在保单签发之前并未出险。宁波海事法院将标的物未在保单签发之前出险的举证责任分配给投保人一方不当。因此,原判以翔盛公司不能证明货损发生在 2008 年 6 月 26 日之后驳回翔盛公司的诉讼请求不当,应予纠正。现已查明,货物经航运抵达目的港后受污染品质下降,太平保险公司应对翔盛公司的货损承担保险赔偿责任。由于涉案货物运输保险单载明"每次事故的免赔额为保险金额的 0.4%",故本案中太平保险公司的免赔额为: 7 203.962 × 1 080 × 0.4% = 31 121.12 美元,因此太平保险公司应向翔盛公司支付的保险赔偿额为: 98 603.50 + 41 638.93 + 14 186.88-31 121.12 = 123 308.19 美元。至于翔盛公司诉请的市场跌落损失,因其未能证明该损失与本案保险事故之间的因果关系,浙江省高级人民法院不予支持。

(四)翔盛公司主张的仓储费、检测费、评估费、律师费等其他损失

翔盛公司仅提供其支付律师费用人民币 10 万元和鉴定费用人民币 2 万元的凭证,未能提供其支付仓储费、检测费的相关证据,故浙江省高级人民法院对仓储费、检测费的主张不予支持。至于律师费,双方并未约定律师代理费属于保险赔偿范围,浙江省高级人民法院也不予支持。但对于鉴定费损失,可依照诉讼费用负担原则,由双方按败诉比例承担,故太平保险公司应承担的鉴定费损失为: 123 308.19 ÷ 3 118 209.77 × 20 000 ≈ 790 元人民币。

综上,原判认定事实基本清楚,但对货损事实未予认定不当,实体处理欠妥。依照《中华人民共和国民事诉讼法》第 153 条第 1 款第(3)项之规定,判决如下:

一、撤销宁波海事法院(2008)甬海法商初字第 349 号民事判决;

二、太平保险公司于本判决送达之日起 10 日内支付翔盛进出口公司、翔盛纺织公司保险赔偿金 123 308.26 美元;

三、太平保险公司于本判决送达之日起 10 日内支付翔盛进出口公司、翔盛纺织公司鉴定费损失人民币 790 元;

四、驳回翔盛进出口公司、翔盛纺织公司其他诉讼请求。

2.2 合同转让

4 原告某保险公司深圳分公司与被告某综合航运公司、深圳市某实业公司、东莞市某实业公司海上货物运输合同纠纷案

案例来源:广州海事法院(2009)广海法初字第455号
主题词:保险合同的转让　境外形成的证据　权益转让书

> **裁判要旨**
>
> **No. HX-2.2-1**　海上货物运输保险合同可以由被保险人背书或者以其他方式转让,合同的权利义务随之转移。
>
> **No. HX-2.2-2**　境外形成的检验报告作为外文书证未附中文译本和证明事实,亦未经公证、认证,法院不予作为证据采纳。

一、基本案情

原告:某保险公司深圳分公司
被告:某综合航运公司、深圳市某实业公司、东莞市某实业公司

原告某保险公司深圳分公司诉称:台玻某玻璃有限公司(以下简称台玻公司)于2008年6月22日出口浮法玻璃(明板)一批,某综合航运公司为此签发了编号为ZIMUSKU8067618的清洁已装船提单。货物装在深圳市某实业公司和东莞市某实业公司提供的包装木箱后装入某综合航运公司提供的4个集装箱,由船舶从深圳蛇口运往法国勒阿弗尔。货到目的港后,发现货物全部水湿受损。某保险公司深圳分公司作为上述货物的保险人,依据保险合同赔偿被保险人损失24 077.94美元,取得代位求偿权。某综合航运公司作为合同承运人,应对货物在运输过程中的湿损承担赔偿责任。深圳市某实业公司和东莞市某实业公司提供的货物包装湿度过大而导致货损。请求法院判令3被告连带赔偿某保险公司深圳分公司货损赔款24 077.94美元以及该款自起诉之日起按中国人民银行同期贷款年利率计算至生效判决书确定的债务履行期满之日的利息,并连带承担本案诉讼费用。

被告某综合航运公司辩称:(1)某综合航运公司在履行本案海上货物运输合同过程中没有任何过错,不应承担赔偿责任;(2)某保险公司深圳分公司不具备代位求偿的权利,其没有提供支付保险理赔款项的证据,某综合航运公司对未经公证认证的权益转让书的真实性不予认可;(3)某保险公司深圳分公司提供的证据不足以证明货损发生的原因及货损发生于承运人责任期间,其检验报告形成于国外,没有经过公证认证程序,且检验在收货人仓库进行,当时货物与集装箱分离至少6天,另外该检验报告的结论是无法判定货损产生的确切原因;(4)某保险公司深圳分公司提供的证据,不

足以证明货损金额,保险人的责任期间是仓到仓,本案海上货物运输合同中承运人的责任期间是 CY 到 CY,保险人承担赔偿责任不等于承运人也应承担相同的赔偿责任,保险人支付的保险理赔款项并不等于货损金额和承运人应当赔偿的金额。请求法院驳回某保险公司深圳分公司的诉讼请求。

被告深圳市某实业公司和东莞市某实业公司共同辩称:(1)深圳市某实业公司和东莞市某实业公司仅仅与台玻公司发生买卖合同关系,台玻公司对已经交付的包装木材验收并实际使用,应视为已经符合双方之间的约定,某保险公司深圳分公司也没有证据证明深圳市某实业公司和东莞市某实业公司在向台玻公司交付包装材料时不符合约定。该包装木材质量是否符合出口标准或是否符合台玻公司与承运人之间的约定,是另外一个法律关系,与深圳市某实业公司和东莞市某实业公司无关。(2)台玻公司认为水浸是在运输途中因为遭受大暴雨发生,不是深圳市某实业公司和东莞市某实业公司提供的包装材料问题,某保险公司深圳分公司依此进行理赔说明其也认可台玻公司的发生水浸的申请索赔理由。(3)向台玻公司提供包装材料的供应商有 6 家,而不仅仅是深圳市某实业公司和东莞市某实业公司。请求法院驳回某保险公司深圳分公司对深圳市某实业公司和东莞市某实业公司的诉讼请求。

二、法院查明的事实

广州海事法院经审理查明并确认如下法律事实:

台玻公司于 2008 年 6 月份向威瑞奥瑞/圣哥本玻璃公司(VERRERIE AURYS/ST GOBAIN GLASS,下称威瑞公司)销售一批货物到法国。根据台玻公司出具的商业发票和装箱单记载,该货物为无色浮法玻璃,有 1 422 片,36 个木箱包装,净重 98 280 千克,装在 4 个 20 英尺开顶集装箱内,集装箱编号分别为 ZIMU4618444、ZIMU4627528、ZIMU4631298、ZIMU4629496,交货条件为 CIF 勒阿弗尔,总价格 37 417.15 美元,其中 18 个木箱包装的 3 毫米厚玻璃有 6 670.44 平方米,由两个集装箱装载,每平方米 2.13 美元,价格 14 208.04 美元;18 个木箱包装的 4 毫米厚玻璃有 5 039.82 平方米,由两个集装箱装载,每平方米 2.74 美元,价格 13 809.11 美元。该批货物的出口报关单所记载的件数、净重与总价等与上述商业发票和装箱单一致。

台玻公司向被告某综合航运公司托运上述货物。被告某综合航运公司没有签发正本提单,但就上述货物出具了编号为 ZIMUSKU8067618 的提单。该提单落款没有签章,其中记载了托运人台玻公司,收货人和通知方为威瑞公司,船名航次 ZIM YOKOHAMA 825/W,装货港中国蛇口,目的港勒阿弗尔,货物由托运人装载、积载和点数,由堆场至堆场(CY/CY),装船日期 2008 年 6 月 22 日。原告某保险公司深圳分公司向广州海事法院提交了以上提单打印件,该提单打印件有关货物木箱数量、毛重、集装箱号等记载与装箱单一致,某综合航运公司对上述提单打印件记载的内容没有异议。

原告某保险公司深圳分公司向作为被保险人的台玻公司签发了货物运输保险单,对上述货物承保了自中国蛇口运至勒阿弗尔的一切险,并约定如有索赔,应向某保险公司深圳分公司提交正本保险单及有关文件,赔款偿付地点为法国勒阿弗尔。

上述提单项下货物于2008年7月24日运抵目的港后,某综合航运公司根据托运人的指示将货物电放给威瑞公司。

某保险公司深圳分公司主张上述货物水湿受损,为证明货物的受损情况提交了编号为2008/20/3603的检验报告,报告上盖有斯塞姆巴黎海损代理公司印章并显示出具于巴黎。检验报告最后强调:在检验人员开会的当天,全部已装船货物尚未完全抵达勒阿弗尔或卡灵顿,因此预计可能会有更多数量的货物发生损失。对于以上检验报告,某综合航运公司、深圳市某实业公司和东莞市某实业公司均以该报告形成于法国,没有经过公证、认证为由,对真实性不予认可。合议庭认为,某保险公司深圳分公司提供了签有斯塞姆巴黎海损代理公司印章的检验报告,但该检验报告形成于我国境外,涉及斯塞姆巴黎海损代理公司资质及其签章、报告的真实性的审查,而某保险公司深圳分公司没有履行相应的公证、认证等证明手续,广州海事法院无法认定该检验报告的真实性,且本案所涉7618号提单项下的货物到达目的港的时间晚于上述货物的检验时间,该份检验报告不能证明本案货物的损失情况,因此,对该检验报告及原告主张的事实不予认可。

某保险公司深圳分公司于2011年4月22日通过邮寄方式向广州海事法院提交了编号为2008/20/3610的检验报告,该报告以外文书写,某保险公司深圳分公司未提供中文译本,未对该份报告办理公证、认证手续,亦未向广州海事法院说明该份报告要证明的事实。

某保险公司深圳分公司针对以上检验报告提及的6697号提单、7253号提单项下的货物受损,与本案纠纷一并提起诉讼,广州海事法院分别以(2009)广海法初字第395号、(2009)广海法初字第400号案件予以审理。某保险公司深圳分公司诉称6697号提单项下货物于2008年7月8日在目的地被提取,7253号提单项下货物于2008年7月18日在目的地被提取。某保险公司深圳分公司在(2009)广海法初字第395号案中请求法院判令某综合航运公司、深圳市某实业公司和东莞市某实业公司连带赔偿其货物损失47 888.08美元和检验费4 896.5美元及其利息,该货物损失为上述6697号提单项下的4毫米、6毫米和8毫米厚的3批受损玻璃价值。某保险公司深圳分公司在(2009)广海法初字第400号案中请求法院判令某综合航运公司、深圳市某实业公司和东莞市某实业公司连带赔偿其货物损失72 027.42美元及其利息,该货款损失为7253号提单项下的3毫米和4毫米的两批受损玻璃价值。

某保险公司深圳分公司提交了货物运输保险单、收据和权益转让书,以证明其已作出理赔及其有代位追偿的权利。货物运输保险单显示被保险人台玻公司对该保险单作了背书。收据和权益转让书显示,该转让书落款处印有威瑞公司的名称,盖有"Verrerie AURYS"的印章,落款还有手写签名,日期为2009年3月,转让书内容为威瑞公司已收到某保险公司深圳分公司支付的24 077.94美元保险赔偿金,作为本案36个木箱货物推定全损案件的全部和最终解决,并将保险标的下的所有权利和救济转让、转移给某保险公司深圳分公司,使某保险公司深圳分公司享有代位求偿权。对于货物运输保险单的真实性,某综合航运公司、深圳市某实业公司和东莞市某实业公司没有提出异议,广州海事法院予以确认。对于收据和权益转让书,3被告以该证据材料在国外形成而未办理公证、认证为由对真实性不予认可。庭审中,广州海事法院要求某保险公司深圳分公司提交银行账单或其他实际支付保险赔偿凭证。某保险公司深圳分公司于 2011 年 2 月 18 日补充提交了由中国银行签章确认转讫的境外汇款申请书,证明其已实际支付保险赔偿凭证。境外汇款申请书记载某保险公司深圳分公司于 2009 年 7 月 15 日向威瑞公司汇款 148 889.94 美元。对于某保险公司深圳分公司提交的上述境外汇款申请书,某综合航运公司以该证据在举证期限后提交、不属于新证据为由不同意质证,深圳市某实业公司和东莞市某实业公司也认为,某保险公司深圳分公司提供该证据已过举证期限,且不能显示为与案件相关的保险赔偿款,依法不能作为认定事实的依据。合议庭认为,虽然收据和权益转让书未办理公证、认证手续,境外汇款申请书不属于新的证据,但是境外汇款申请书是某保险公司深圳分公司通过银行向被保险人实际支付保险赔款的凭证,可影响裁判结果,应予以质证。本案保险赔偿金 24 077.94 美元和某保险公司深圳分公司分别在(2009)广海法初字第 395 号案中索赔保险赔款 47 888.08 美元、检验费 4 896.50 美元以及(2009)广海法初字第 400 号案中索赔保险赔款 72 027.42 美元的总额为 148 889.94 美元,境外汇款申请书的款项金额能与以上三案保险赔款和检验费的总额相吻合,且与收据和权益转让书可以互相印证,对境外汇款申请书、收据和权益转让书应予采纳。

某综合航运公司为证明其没有过失、不应承担赔偿责任,提交了经过公证、认证的编号为 5401 的查勘报告,查勘报告对开顶集装箱的最后结论是玻璃上发生了严重的湿损,潮湿是由装箱前与装箱期间存在的潮气引起的,损害不是由海运引起的。

就以上查勘报告,某保险公司深圳分公司对报告结论有异议,不予认可,深圳市某实业公司和东莞市某实业公司认为均与其没有关联。同时,对于查勘报告的真实性,某保险公司深圳分公司、深圳市某实业公司和东莞市某实业公司没有异议,广州海事法院予以确认。

深圳市某实业公司和东莞市某实业公司提供台玻公司出具的函件和木箱供应商资料明细表,其中木箱供应商资料明细表显示,台玻公司确认木箱供应商包括深圳市某实业公司、东莞市某实业公司等 6 家企业。对于以上证据材料,某保险公司深圳分公司和某综合航运公司就形式真实性没有异议,广州海事法院予以确认。

三、法院裁判

广州海事法院认为,本案是涉外海上货物运输合同货损纠纷。根据最高人民法院《关于海事法院受理案件范围的若干规定》第 11 条的规定,本案应由海事法院专门管辖。因运输始发地属广州海事法院辖区范围,依照《中华人民共和国民事诉讼法》第 28 条的规定,广州海事法院对本案具有管辖权。原、被告各方在庭审中均选择适用我国法律,根据《中华人民共和国海商法》第 269 条的规定,本案争议应适用中华人民共和国法律解决。

原告某保险公司深圳分公司主张本案货物水湿受损且某综合航运公司等被告对其负有货物损失赔偿责任,本案的审理涉及某保险公司深圳分公司是否具备代位求偿权、某综合航运公司等被告赔偿责任是否成立的问题。

关于代位求偿权问题。本案原告某保险公司深圳分公司向托运人台玻公司签发了货物运输保险单,以台玻公司作为被保险人承保了本案货物运输保险。根据《中华人民共和国海商法》第 229 条的规定,海上货物运输保险合同可以由被保险人背书或者以其他方式转让,合同的权利义务随之转移。台玻公司在本案货物运输保险单上进行背书,将其与某保险公司深圳分公司的海上货物运输保险合同项下的权利、义务转让给收货人威瑞公司符合法律规定,威瑞公司与某保险公司深圳分公司之间因此形成的海上货物运输保险合同合法有效。某保险公司深圳分公司作为保险人向威瑞公司支付了保险赔偿金 24 077.94 美元。根据《中华人民共和国海商法》第 252 条关于"保险标的发生保险责任范围内的损失是由第三人造成的,被保险人向第三人要求赔偿的权利,自保险人支付赔偿之日起,相应转移给保险人"的规定,某保险公司深圳分公司取得代位求偿权,有权代位行使被保险人对第三人请求赔偿的权利。

关于某综合航运公司赔偿责任问题。本案货物装于 4 个集装箱,由台玻公司出售给威瑞公司。台玻公司向某综合航运公司托运,某综合航运公司予以接受,台玻公司为托运人,某综合航运公司为承运人,台玻公司与某综合航运公司之间成立的海上货物运输合同合法有效,对双方均具有法律约束力。某综合航运公司将货物从深圳蛇口运往法国勒阿弗尔,并对本案货物出具了运输提单打印件,承、托运双方对提单打印件及其记载的内容没有异议。提单打印件记载本案货物由托运人装载、积载和点数,货物交接方式为堆场至堆场,即由起运地集装箱装卸区堆场至目的地集装箱装卸区堆场。根据《中华人民共和国海商法》第 46 条关于"承运人对集装箱装运的货物的责任期间,是指从装货港接收货物时起至卸货港交付货物时止,货物处于承运人掌管之下的全部期间……在承运人的责任期间货物发生灭失或者损坏,除本节另有规定外,承运人应当负赔偿责任"的规定,某综合航运公司作为承运人的责任期间是从起运地集装箱装卸区堆场接收货物时起至在目的地集装箱装卸区堆场交付货物时止。因此,除了具有法定免责事由外,某综合航运公司对于货物在其责任期间发生的损坏应负赔偿责任,对其责任期间以外的货损不承担赔偿责任。

本案证据显示货物运至卸货港后被发现水湿受损,某综合航运公司主张其在运输过程中没有过错、不负赔偿责任,为此提交了编号为 5401 的查勘报告作为抗辩证据。该份查勘报告记载所检验 7618 号提单项下的开顶集装箱拆箱前外形完好,没有穿孔,防水雨布没有漏洞,边框也没有穿孔,而拆箱后的箱内货物及包装木箱湿损严重,且另一干货集装箱装运的同类型货物也被检验出在集装箱完好无损、没有漏洞和穿孔的状况下箱内货物及木箱发生湿损现象,查勘报告认定潮湿是装箱之前与装箱期间存在的潮气引起的。

本案集装箱内货物由托运人装载、积载和点数，承运人接收货物时往往不清楚托运人封装于集装箱内的货物的状况。某综合航运公司作为承运人仅仅负责将货物从起运地集装箱装卸区堆场运至目的地集装箱装卸区堆场，而货物遭受湿损，可能发生在装箱完毕后的运输途中，也可能发生在货物装箱前或者装箱期间。某综合航运公司提交的查勘报告，先后对尚未拆箱的开顶集装箱装载的本案货物和另一干货集装箱装载的货物进行检验，这些被检验的货物均为某综合航运公司承运的同类型的木箱包装的货物，无论是密封的干货集装箱，还是在顶横梁下安置防水油布的开顶集装箱，均没有漏洞和穿孔，而所装载的同类型货物及其包装的木箱均严重潮湿。查勘报告认定隐伏水渗入并非集装箱的状况所致，并作出潮湿是装箱之前与装箱期间存在的潮气引起的结论。对于以上有关货物及其木箱在装箱时或装箱前潮湿的认定，某保险公司深圳分公司没有提出足以反驳的有效证据，也未提交充分证据证明某综合航运公司在起运地接收货物时货物状况良好，应对该认定予以支持。根据《中华人民共和国民事诉讼法》第64条第1款和最高人民法院《关于民事诉讼证据的若干规定》第2条的规定，当事人对自己提出的主张，包括对自己提出的诉讼请求所依据的事实有责任提供证据加以证明，没有证据或者证据不足以证明当事人的事实主张的，由负有举证责任的当事人承担不利后果。虽然某保险公司深圳分公司提出某综合航运公司对本案货物湿损承担赔偿责任的诉讼请求，但是由于货物在某综合航运公司于起运地接收前已处于潮湿状态，货物湿损并非发生在承运人责任期间；而且，某保险公司深圳分公司提供的两份检验报告中，前一份报告的检验时间早于本案货物到达目的港的时间，对其主张的本案货损不具有证明作用，后一份检验报告作为外文书证未附中文译本和证明事实，亦未经公证、认证，根据《中华人民共和国民事诉讼法》第68条关于提供外文书证必须附有中文译本的规定，对后一份检验报告不予采纳。某保险公司深圳分公司没有有效的证据证明本案货物的损害程度、受损数量、损失金额及货物残值。因此，某保险公司深圳分公司提出某综合航运公司赔偿其货损赔款、检验费及利息的诉讼请求，因其未充分履行举证责任，缺乏事实和法律依据，不予支持。

某保险公司深圳分公司还请求法院判令被告深圳市某实业公司、东莞市某实业公司对以上货物损失、检验费及利息承担赔偿责任。本案中，包括被告深圳市某实业公司、东莞市某实业公司在内的6家企业为托运人台玻公司供应包装货物的木箱，货物及其木箱在装入集装箱时或装入集装箱前已处于潮湿状态，但是某保险公司深圳分公司没有提供证据证明包装本案货物的木箱仅仅由深圳市某实业公司、东莞市某实业公司供应，而非其余4家木箱供应商提供，也无充分、有效的证据证明深圳市某实业公司、东莞市某实业公司提供的包装货物的木箱湿度过大直接导致本案货损，因此，某保险公司深圳分公司提出由深圳市某实业公司、东莞市某实业公司承担赔偿责任的诉讼请求，没有充分的理由和依据，应予驳回。

综上，依照《中华人民共和国民事诉讼法》第64条第1款、《中华人民共和国海商法》第46条第1款的规定，判决如下：

驳回原告某保险公司深圳分公司对被告某综合航运公司、深圳市某实业公司和东莞市某实业公司的诉讼请求。

本案受理费3 590元人民币,由原告某保险公司深圳分公司负担。

5 原告中国平安财产保险股份有限公司北京分公司与被告智利航运国际有限公司海上货物运输合同纠纷案

案例来源:上海海事法院(2009)沪海法商初字第948号

主题词:提单空白背书转让　保险合同的转让　除外责任

> **裁判要旨**
>
> **No. HX-2.2-3**　保险人已经提供从收货人处取得的经过托运人空白背书的指示提单,且报关单中载明实际收货人系涉案货物的收货人,故收货人通过空白背书转让的方式取得了涉案提单,为提单的合法持有人。此时,保险人根据收货人指示进行赔付后,即可取得代位请求赔偿权,保险合同的相关权利、义务随提单转让给收货人。

一、基本案情

原告:中国平安财产保险股份有限公司北京分公司(以下简称原告)

被告:智利航运国际有限公司(Compania Chilenade Navegacion Interoceanica S. A. 以下简称被告)

原告诉称,2008年8月,原告承保218捆电解铜从智利运往中国上海,收货人为浙江乐迪电子科技有限公司(以下简称乐迪公司),被告的代理签发了编号为BL-CLSAI-001605338-1和BL-CLSAI-001605309-1的两份清洁提单,提单显示托运货物分别为133捆和85捆。涉案货物于9月28日抵达中国上海,收货人发现有4个集装箱严重破损。经检验,发现尾号为5338-1的提单项下有3捆货物丢失,短少共计6.668公吨。原告作为涉案货物的保险人,为此向乐迪公司的代理人五矿有色金属股份有限公司(以下简称五矿公司)赔付人民币398 239.48元并依法取得代位求偿权。原告认为,被告作为承运人,应当对原告的损失承担赔偿责任,请求判令被告赔偿因货物短少造成的损失人民币398 239.48元及利息损失(按中国人民银行活期贷款利率自2008年12月19日起计算至判决书生效之日止),赔偿检验费人民币5 400元并承担本案诉讼费用。

被告辩称,涉案货物发生短少系不可抗力造成,承运人应当免责;对短少货物的价值有异议,且承运人应当享受海商法规定的责任限制;原告的主体资格不适格,原告未提供证据证明其已取得保险代位求偿权。

二、法院查明的事实

上海海事法院经审理查明并确认如下法律事实:

2008年8月25日,原告承保的一批电解铜在智利梅希约内斯港(MEJILLONE-

SCHILE)装载上"CAPVERDE"轮运往中国上海，AGENCIASUNIVERSALESS. A. 作为承运人的代理人签发了两份清洁提单，提单显示托运人为 CORPORACIONNACIONALDELCOBREDECHILE，收货人凭指示，通知方为五矿公司，起运港为智利梅希约内斯港，目的港为中国上海港。编号为 BL-CLSAI-001605338-1 的提单显示托运货物数量为133捆，每捆60件，共7980件，净重量为299 788千克，毛重量为300 054千克，分别装载在14个40英尺集装箱中；编号为 BL-CLSAI-001605309-1 的提单显示托运货物数量为85捆，每捆60件，共5100件，净重量为199 868千克，毛重量为200 038千克，分别装载在9个40英尺集装箱中。两份提单背面均盖有托运人的空白背书章。9月28日，"CAPVERDE"轮在目的港进行卸货，后被运至上海洋山港集装箱码头堆场。10月8日，涉案货物在中华人民共和国衢州海关申报进口，报关单显示经营单位和收货单位均为乐迪公司，报关单显示尾号为5338-1的提单项下货物单价为6.80美元/千克。10月10日，中国检验认证集团检验有限公司（以下简称检验公司）受原告委托对涉案货物进行检验。10月16日，上海海运理货有限公司出具集装箱货物溢短残损单，说明尾号为5338-1的提单项下货物短少3捆。11月24日，检验公司出具鉴定报告，载明发货人为 ALBUM TRADING COMPANY LIMITED（以下简称 ALBUM 公司），收货人为乐迪公司，尾号为5338-1的提单项下编号为 CRXU4369546、CNIU2170788、CRXU4222642、CRXU4382039 的4个集装箱存在不同程度的破损。其中编号为 CNIU2170788 的集装箱左右两侧都有破洞，该集装箱内短少3捆电解铜。鉴定报告称，该提单项下货物实际重量为293.120公吨，比提单列明的货物净重量短少了6.668公吨，上述短少系运输途中灭失所致。随后，原告向检验公司支付了检验费人民币5400元。

原告签发的保单显示，被保险人为 ALBUM 公司。2008年10月24日，浙江乐迪公司出具委托协议，授权五矿公司全权处理编号为 BL-CLSAI-001605338-1 的提单项下货物短少的索赔事宜。12月19日，原告向五矿公司支付了保险赔款人民币398 239.48元。五矿公司出具了赔款收据及权益转让书。

三、法院裁判

上海海事法院认为，本案系一起海上货物运输合同纠纷案件，因运输的起运港为智利梅希约内斯港，被告系在境外注册的公司，故本案具有涉外因素。根据法律规定，合同当事人经协商一致可以选择解决合同纠纷的准据法，原、被告在庭审中均表示适用中华人民共和国法律，因此上海海事法院确定以中华人民共和国法律作为审理合同纠纷的准据法。

本案主要争议焦点是：（1）原告是否已合法取得保险代位求偿的权利；（2）被告能否对涉案货物短少享受免责；（3）短少货物的价值及被告能否享受赔偿责任限额。

关于原告是否已合法取得保险代位求偿的权利。上海海事法院认为，我国法律规定，保险标的发生保险责任范围内的损失是由第三人造成的，被保险人向第三人要求赔偿的权利，自保险人支付赔偿之日起，相应转移给保险人。依照我国法律的规定，海上货物运输保险合同可以由被保险人背书或者以其他方式转让,合同的权利、义务随之转移。在本案中,原告已经提供了从乐迪公司处取得的经过托运人空白背书的涉案指示提单,且报关单中载明乐迪公司系涉案货物的收货人,故乐迪公司通过空白背书转让的方式取得了涉案提单,其为提单的合法持有人。同时,保险合同的相关权利、义务随提单转让给乐迪公司。原告已经提供证据证明其根据乐迪公司的指示,向其代理人五矿公司支付了保险赔款人民币 398 239.48 元,原告在实际赔付范围内依法取得保险代位求偿权。

关于被告能否对涉案货物短少享受免责。上海海事法院认为,被告提供的海事声明等证据仅能证明涉案货物在运输途中曾遭遇台风天气,但由于台风在现有的科技条件下并非不能预见的情况,被告认为台风系不可抗力之天灾的主张不成立,上海海事法院对被告提出的承运人享受免责的抗辩理由不予采纳。

关于短少货物的价值及被告能否享受赔偿责任限额:根据《中华人民共和国海商法》的规定,承运人对货物灭失的赔偿限额,按照货物件数或者其他货运单位数计算,每件或者每个其他单位为 666.67 计算单位,或者按照货物毛重,每公斤为 2 计算单位,以二者中赔偿限额较高的为准。原告认为,责任限额应当按照提单载明的货物总件数来计算。被告认为,按照货物件数计算赔偿限额,短少 3 捆货物,每捆 666.67 计算单位,货损为 2 000.01 单位;按照货物重量计算,短少货物的重量为 6.668 公吨,即 6 668 千克,每千克 2 个计算单位,货损为 13 336 计算单位。以二者中赔偿限额较高的为准,则被告应当享受的赔偿限额为 13 336 计算单位。按照 2008 年 9 月 1 计算单位折合美元 1.57062 的标准计算,赔偿限额为 20 945.79 美元。上海海事法院认为,提单已经载明的货运单位数系托运人向承运人披露的货物情况,在判定赔偿责任限额时,应当选择提单记载的最小货物单位数。本案中,根据涉案提单记载,货物数量为 133 捆,每捆 60 件,共 7 980 件。综上,赔偿责任限额应根据短少 3 捆货物,每捆 60 件,共 180 件为基础进行计算,每件 666.67 计算单位,货损为 120 000.60 计算单位,折合 188 475.34 美元。上述金额已经超过了原告的诉请,故本案无需适用承运人赔偿责任限额的规定。

上海海事法院认为,报关单显示的货物单价为 6.80 美元/千克,涉案货物短少 6.668 公吨,即 6 668 千克,实际货损价值为 45 342.40 美元。我国法律规定,承运人对集装箱装运的货物的责任期间,是指从装货港接收货物时起至卸货港交付货物时止,货物处于承运人掌管之下的全部期间。在承运人的责任期间,货物发生灭失或者损坏,除本节另有规定外,承运人应当负赔偿责任。在本案中,涉案提单的抬头人为被告,而庭审中被告亦确认其系涉案运输的承运人。涉案货物短少发生在货物运输期间,即承运人的责任期间,故被告应当向原告赔偿货物短少的损失 45 342.40 美元。鉴于原告系在中国注册的企业法人,其以人民币折算货物损失的请求合理,应予支持。根据原告起诉之日,即 2009 年 9 月 24 日中国人民银行公布的美元和人民币汇率中间价 1:6.8280 计算货款损失,折合人民币 309 597.91 元。

关于检验费用。原告已提供证据证明其为涉案货物的检验支付了人民币 5 400 元的费用,检验费用系原告为证明货物实际短少重量而支出的必要费用,应属原告损失范围,上海海事法院予以支持。

关于利息损失:原告请求从支付保险赔款之日即 2008 年 12 月 19 日起按照人民银行贷款利率计算。上海海事法院认为,因原告未能提供证据证明此前已向被告主张过货物短少赔偿,且未提供证据证明贷款的事实,故利息损失应自原告起诉之日,即 2009 年 9 月 24 日起至本判决生效之日止,按中国人民银行同期企业活期存款利率计算。

综上所述,依照《中华人民共和国海商法》第 46 条、第 55 条、第 229 条、第 252 条、第 269 条,《中华人民共和国民事诉讼法》第 56 条、第 64 条第 1 款的规定,判决如下:

(一)被告智利航运国际有限公司应在本判决生效之日起 10 日内向原告中国平安财产保险股份有限公司北京分公司赔偿货物短少损失人民币 309 597.91 元,及利息损失(按中国人民银行同期企业活期存款利率自 2009 年 9 月 24 日起计算至本判决生效之日止)。

(二)被告智利航运国际有限公司应在本判决生效之日起 10 日内向原告中国平安财产保险股份有限公司北京分公司赔偿检验费人民币 5 400 元。

(三)对原告中国平安财产保险股份有限公司北京分公司的其他诉讼请求不予支持。

被告智利航运国际有限公司如果未按本判决指定的期间履行给付金钱义务,应当依照《中华人民共和国民事诉讼法》第 229 条之规定,加倍支付迟延履行期间的债务利息。

2.3 合同解除

⑥ 原告中国大地财产保险股份有限公司舟山中心支公司诉被告乐清市运鸿海运有限公司、虞元飞船舶保险合同保费返还纠纷案
案例来源:宁波海事法院(2009)甬海法温商初字第 26 号
主题词:保险合同的解除 不当得利 保险合同期满后的保费退还

裁判要旨

No. HX-2.3-1 因保险公司工作人员的失误导致的多退保险费,应由船舶登记所有人按所有权份额承担不当得利的退款责任。如共同所有权人死亡,保险公司未追加其继承人作为共同被告,视为保险公司放弃对该部分份额的权利。

No. HX-2.3-2 保险公司因自身疏忽导致不当得利发生,且在保险费多退事实发生后,未在第一时间及时行使救济权利,因此导致的利息损失应由其自行承担。

一、基本案情

原告:中国大地财产保险股份有限公司舟山中心支公司(以下简称原告)

被告:乐清市运鸿海运有限公司(以下简称运鸿公司)

被告:虞元飞

原告起诉称:2007年1月,乐清市运鸿海运有限公司向原告投保了沿海、内河船舶保险,原告签发的保险单载明:保险标的为"运鸿"号油轮;保险金额为1000万元;保险费390474.80元,分3期缴清;保险期限自2007年1月29日至2008年1月28日止。双方订立合同后,运鸿公司分别于2007年1月29日、4月2日向大地保险支付了前二期保险费,第三期保险费因约定于2007年7月2日支付而未付清。2007年5月15日,因"运鸿"轮转让,运鸿公司申请退保,原告同意后,在办理退保事宜中,因电脑系统显示可退保险费276006.85元中未将第三期应缴保险费11万元予以扣减,导致多退还运鸿公司11万元保险费。原告发现失误后,多次要求运鸿公司返还多退的11万元均无果。原告认为,被告运鸿公司收取上述多退的11万元保险费已构成不当得利,理应归还。故起诉至法院,请求判令被告运鸿公司、虞元飞:(1)连带归还上述11万元和该款自2007年6月8日起至判决履行之日止按中国人民银行同期贷款利率计算的利息;(2)连带承担本案诉讼费。

被告运鸿公司、虞元飞对原告主张的保险合同订立及保险费多退还11万元的事实均无异议,但抗辩认为:本案保险费多退结果系原告自身工作失误造成,并非运鸿公司、虞元飞过错所致;运鸿公司系"运鸿"轮的挂靠经营单位,而非船舶实际所有权人。投保当时,原告明知此情况,从保险单记载的投保人为"运鸿公司(虞元飞)"可以证明;运鸿公司法定代表人在2004年已变更为陈正云,而非王高才,原告起诉时将王高才作为运鸿公司法定代表人,证明原告并没有向运鸿公司主张过保险费返还请求权。"运鸿"轮由股东实际经营,银行账户分别开设,预留印鉴也不同于运鸿公司自身账户的预留印鉴。原告是向"运鸿"轮银行账户归还保险费;"运鸿"轮股东57人,登记的股东情况以及登记的股东股份比例均与实际不符。综上,运鸿公司并非本案合格的被告主体,请求驳回原告对运鸿公司的诉讼请求。

被告虞元飞进一步抗辩认为,虞元飞获悉原告多退保险费后,已经明确告知对方船舶合伙体清算解散的客观事实,并提出愿意陪同原告方人员向各船舶股东追回相应的保险费份额,结果原告不了了之。现在股东王高才早已亡故,对其名下保险费返还份额,原告一直懈怠追回。运鸿公司及虞元飞对王高才名下的保险费返还份额,不应当承担连带责任。原告因自身原因导致保险费多退并造成利息损失,两被告不予承担。

二、法院查明的事实

宁波海事法院认为,原、被告对双方签订船舶保险合同和该保险合同终止后,原告多退还保险费 11 万元的事实,以及王高才于 2003 年 11 月 14 日死亡的事实,并没有争议,予以确认。

三、法院裁判

宁波海事法院认为,本案主要争议在于以下法律问题:(1) 多退保险费 11 万元的返还主体是谁?(2)"运鸿"轮所有权人之间对本案 11 万元多退保险费是否负有连带返还责任?

关于第一项争议,原告主张多退保险费 11 万元的返还主体为登记的船舶所有权人运鸿公司、虞元飞、王高才,由于股东王高才已亡故,其名下份额由两被告连带返还。两被告抗辩 11 万元返还主体应是全体 57 名股东,虞元飞名下投资 120 万元,船价 1 850 万元,占 6.49%,虞元飞即使承担保险费返还责任,也应是 7 139 元。

宁波海事法院认为,本案保险费返还义务主体应结合船舶保险合同关系分析,根据现有证据材料,不能得出"运鸿"轮船东投保当时,已经向原告说明船舶实际所有人情况。根据船舶保险一般惯例,投保人只需提交船舶相关的登记证书,由船舶保险人对船舶登记材料进行审查即可。本案中,不管"运鸿"轮登记当时出于何种需要,也不论该轮初始登记在何人名下,原告只需审查确定投保前的船舶登记所有权人是否与投保单记载一致,即尽到保险人的谨慎注意义务。根据宁波海事法院向海事部门调取的《船舶登记簿》记载内容,2003 年 1 月 8 日申请办理的船舶所有权证书上记载的船舶共有情况,是距离本案船舶保险最近的一次登记,而登记时申报的船舶所有权人为运鸿公司、虞元飞、王高才,各自的船舶股份分别为 28.75%、42.5%、28.75%。因退保,原告富余的保险费汇付账户的户名是运鸿公司,该账户又是由实际投保人虞元飞控制,因此,11 万元多退的返还主体应认定为上述三船舶股东。至于王高才在投保当时已经死亡,并不影响其船舶股东权。被告未证明投保当时已经告知原告王高才已经死亡的事实,因此,本案的船舶保险合同仍应成立。而船舶保险合同因投保的"运鸿"轮转让提前终止履行,原告向投保人指定账户汇付富余保险费后,涉案原、被告之间的船舶保险合同终止。原告之后因多退保险费,与原投保船舶权利人运鸿公司、虞元飞、王高才继承人产生不当得利法律关系。诉讼中,经宁波海事法院释明,原告仍未申请追加王高才继承人参加诉讼,应视为原告放弃对王高才股份比例对应的保险费返还请求权。

关于第二项争议,原告主张运鸿公司、虞元飞不仅应按股份比例承担返还义务,而且认为两被告相互之间以及对王高才股份对应的保险费分摊返还数额承担连带责任,其依据为我国《物权法》规定。两被告抗辩船舶合伙终止后,股东相互之间对多退还的保险费不承担连带责任,且应根据实际股份确定虞元飞返还保险费份额。

宁波海事法院认为,就船舶本身而言,它是一个不可分的合成物,在所有权关系中,更多地作为财产对待,投资人一旦共同出资购置了船舶,其资合关系则转化为对该船舶的共有关系。而从事船舶经营活动的股东,兼具事务合伙关系。原告因船舶保险合同关系所产生的权利、义务由债法调整,因此,原告主张按物权法保护其多退保险费的返还请求权,无法律依据。由于"运鸿"轮转让,"运鸿"轮股东所形成的船舶合伙经营关系应该终止。合伙期间账目结算完毕后,各船舶合伙人之间不再具有合伙法律关系下的权利义务关系。

原告在本案保险合同终止后,发生多退保险费给投保人的事实。原告以不当得利法律关系主张多退保险费的返还请求权,而不当得利所产生的债权债务关系,履行义务人应是不当得利人。根据本案中原告通过银行汇入保险费的账户情况,开户单位名称是运鸿公司,因此,该账户应认定为运鸿公司所有。根据该账户预留印鉴判断,虞元飞是该账户的财务直接主管领导,被告虞元飞对该账户有实际控制权。原告承保当时已知投保船舶系运鸿公司、虞元飞、王高才所有,原告基于该船舶登记公示情况,应当清楚退保之时的保险费支付对象为运鸿公司、虞元飞和王高才3位船东。因此,原告主张本案的不当得利返还方为运鸿公司、虞元飞、王高才,并无不妥。《中华人民共和国民法通则》第92条规定,没有合法根据,取得不当利益,造成他人损失的,应当将取得的不当利益返还受损失的人。被告虞元飞获悉原告多退保险费后,已向原告表示多退的保险费已经与其他合伙清算结算款一起分配给各个实际船舶合伙人。原告主张各个不当得利返还主体存在连带清偿关系,缺乏法律依据。因此,被告运鸿公司、虞元飞只需各自承担自己股份比例对应的返还金额,对王高才的返还份额不负有返还义务。

综上,宁波海事法院认为:两被告有关运鸿公司仅是船舶挂靠经营人的抗辩,缺乏事实和法律依据,不予采纳;两被告对本案保险费返还义务应由57位船舶实际股东承担的抗辩,因缺乏法律依据,不予采纳。两被告其他抗辩均合法有据,予以采信,但对船舶所有权人认定问题,在对外法律关系中,应以具有公示力的登记情况为准。原告因自身疏忽导致本案不当得利发生,且在保险费多退事实发生后,未在第一时间及时行使救济权利,因此产生的11万元利息损失,应由原告自行承担。原告部分诉讼请求合法有据,予以支持。依照《中华人民共和国民事诉讼法》第64条第1款、《中华人民共和国民法通则》第92条的规定,判决如下:

一、被告乐清市运鸿海运有限公司、虞元飞应于本判决生效后10日内各返还原告中国大地财产保险股份有限公司舟山中心支公司保险费31 625元、46 750元;

二、驳回原告中国大地财产保险股份有限公司舟山中心支公司其他诉讼请求。

3. 被保险人义务

3.1 告知义务

1 原告中谷集团浙江粮油有限公司与被告中国人民保险公司广州市珠江支公司保险合同纠纷案

案例来源:广州海事法院(2003)广海法初字第 92 号
主题词:鱼粉运输　投保人告知义务　自燃责任险　国际海运危险货物规则

> **裁判要旨**
>
> **No. HX-3.1-1**　保险合同中的投保人应客观、真实、全面地向保险人介绍保险标的的情况,没有履行这个义务时,保险人有权解除合同,对合同解除前的保险事故不承担责任。

一、基本案情

原告:中谷集团浙江粮油有限公司(以下简称原告)

被告:中国人民保险公司广州市珠江支公司(以下简称被告)

原告中谷集团浙江粮油有限公司诉称:2002 年 9 月 29 日,原告就存放在广州黄埔新港第七仓、第十仓的鱼粉向被告投保了财产保险综合险,被告向原告签发了保险单。该保险单载明的保险财产为存放在黄埔新港第七仓、第十仓的特危品鱼粉,保险金额为 4 150 万元,承保险别为综合险附加自燃责任险,赔偿以中国商品检验检疫等机构为依据,保险期间从 2002 年 9 月 28 日零时起至 12 月 27 日 24 时止,保险费为 66 000 元。原告已向被告支付了保险费。在保险期间的 10 月 14 日,原告发现部分货堆温度偏高并有自燃发热起烟现象。为减轻货损,防止自燃蔓延,原告会同广州港务局新港港务公司(以下简称新港港务公司)及时采取了散堆降温措施,转出发热起烟鱼粉共 1 200 包。原告于 10 月 15 日向被告报险,被告也派员勘查现场。11 月中旬,原告又在货物中发现变色、变味及结块情况,经港方再次翻堆分拣,挑出残损货物 4 196 袋,并向被告多次通报了货物受损及处理情况。经原告申请中国进出口商品检验广东公司连续两次进行公正检验,发现货物遭受自燃、炭化、严重结块,且存在不同程度的浓烈烟熏气味,损失净重分别为 45 450 千克和 122 240 千克,直接经济损失超过 120 万元。根据《中华人民共和国保险法》的规定和保险合同的约定,原告请求法院判令被告赔偿鱼粉自燃的保险赔款 120 万元,并承担本案诉讼费用。

被告中国人民保险公司广州市珠江支公司辩称:(1) 根据法院证据保全得到的新

港港务公司测温记录和翻堆记录记载,新港港务公司自2002年9月9日至10月20日期间共对原告的鱼粉进行了13次转堆,货物在投保前已发生自燃事故,且新港港务公司已于2002年9月9日和9月16日书面通知了原告。但原告在明知货物已发生自燃事故的情况下,却故意隐瞒事实,在与被告签订保险合同时附加投保自燃险。原告故意不履行告知义务,属恶意投保,根据《中华人民共和国保险法》第16条的规定,被告有权解除保险合同,且不退还保险费。(2)原告诉称:在2002年11月中旬又发现货物变色、变味及结块,而根据法院证据保全得到的证据,原告鱼粉在11月份没有发生自燃,也不可能发生自燃。因此,原告诉称的该货物变色、变味及结块,是原鱼粉品质的继续发展。(3)根据新港港务公司致原告的《关于再次催提"桐城"轮鱼粉的函》的记载,原告的鱼粉本身质量存在严重缺陷,在投保前就已出现了变质、霉烂、受潮、结块、自燃等自然损耗。原告并没有提供证据证明其索赔的166 690千克鱼粉全部发生自燃,原告诉状中所称"结成硬块严重"不是自燃造成的,而是鱼粉本身质量存在缺陷并长期存放于潮湿的码头仓库受潮所造成的,不属于保险责任的范围。依照保险条款的约定,被告对上述货物损失不应承担赔偿责任。(4)本案证据表明,新港港务公司一直催促原告将货物提离不适宜长期存放鱼粉的码头仓库,但原告却隐瞒上述情况,向被告投保,企图将已发生的风险恶意转移给被告,根据保险条款的约定,被告有权拒绝赔偿。(5)原告在明知货物有潜在缺陷和已发生了自燃的情况下,故意隐瞒真实情况进行投保,具有明显的欺诈性,违反了保险最基本的原则和特征。请求法院驳回原告对被告的诉讼请求。

二、法院查明的事实

2002年4月18日和23日,原告与中谷香港公司分别签订编号为CG17-2002、CG13A-2002、CG13B-2002的3份鱼粉买卖合同,共计向中谷香港公司购买秘鲁鱼粉9 500吨。其中编号为CG17-2002的买卖合同约定鱼粉重量为2 200吨,价格为CNF中国主要港口,每吨640美元。编号为CG13A-2002和CG13B-2002的买卖合同约定的鱼粉重量分别为5 000吨和2 300吨(允许10%的溢短),价格条款为CNF中国主要港口,每吨650美元。

原告上述9 500吨鱼粉由"桐城"轮于2002年7月2日运抵广州黄埔新港卸货,7月6日卸入新港港务公司第七仓、第十仓存放。据原告提供的黄埔出入境检验检疫局出具的《入境货物检验检疫情况通知单》记载,CG13A-2002号合同项下的4 800吨鱼粉经检验检疫,符合CG13A-2002号合同标准。

据新港港务公司的库场货物消防保管巡查记录记载,原告的部分鱼粉在存放期间发生高温、高热和自燃。其中9月2日,第十仓2号位部分鱼粉发生自燃。9月3日,第十仓5号位北部分鱼粉温度44℃,2号位南部分鱼粉温度85℃,发热转堆。9月5日,第十仓12号位部分鱼粉温度65—70℃,冒烟,进行转堆,5号位南部分鱼粉温度45—46℃,有异味,进行转堆,5号位北部分鱼粉温度38—41℃,有异味。9月6日,第十仓

14 号位部分鱼粉温度 48 ℃。9 月 7 日,第十仓 2 号位部分鱼粉温度 43.5 ℃,12 号位部分鱼粉温度 43 ℃。9 月 8 日,第十仓 12 号位部分鱼粉温度 44 ℃。9 月 9 日,第十仓 2 号位部分鱼粉温度 49.2 ℃。9 月 10 日,第七仓部分鱼粉温度 45 ℃。9 月 11 日,第七仓 1 号位部分鱼粉温度 41.7 ℃。9 月 16 日,第十仓 8 号位部分鱼粉温度 54.7 ℃,14 号位部分鱼粉温度 58.4 ℃。9 月 28 日日班时,第七仓部分鱼粉温度 56 ℃,中班时,部分鱼粉温度 61.5 ℃。9 月 29 日,第七仓部分鱼粉温度 45 ℃。另据新港港务公司的转栈单记载,9 月 9 日、10 日、11 日、28 日,新港港务公司分别以高温或发热为由,共计对 14 050 包原告鱼粉进行了转堆,其中 9 月 28 日转堆 5 200 包。

9 月 9 日,新港港务公司致函原告鱼粉的报关和提货代理人中宏公司,要求中宏公司尽快提取货物。9 月 16 日,新港港务公司向中宏公司发出《关于再次催提"桐城"轮鱼粉的函》称,"桐城"轮运载的鱼粉至今只提运了约 500 吨,尚余约 9 000 吨未提运。港口库场为货物周转性装卸的场所,不宜长期存放具有吸湿(潮)性、易腐变质或霉烂的货物。另该轮货物曾于 8 月下旬和 9 月上旬两次出现货堆中间发热冒烟现象,并可闻到臭焦味,新港港务公司对货物进行了翻堆转栈,对发热严重的 291 包货物采取拆开重灌的措施。经新港港务公司跟踪调查,该轮运载的鱼粉本身存在湿度较大的潜在缺陷,根据库场每日测温记录,发现该轮鱼粉相对仓内堆放的其他船所卸鱼粉温度一直偏高,可见该轮鱼粉潜伏引发自燃的隐患,请中宏公司及时组织疏运,尽快将货物提离港区。

至 9 月 28 日止,原告提走了部分鱼粉,原告称发热受损的货物已全部提离港口。新港港务公司于 2003 年 6 月 20 日出具证明称,"桐城"轮卸存于其仓库的原告的鱼粉,截至 2002 年 9 月 28 日,库存数量为 162 091 包,8 104.55 吨。

9 月 28 日,原告为其存放于新港港务公司第七仓、第十仓的鱼粉向被告投保财产保险综合险,并附加自燃责任险。被告要求原告填写的财产保险综合险投保单背面,有对本次保险货物风险情况的申报项目,包括建筑物状况、仓储物品、生产状况、以往损失情况(具体包括以前有无发生损失、暴雨或洪水灾害、火灾或爆炸事故等项)、防洪设施及措施、防盗状况、安全生产组织及管理等选项,原告只在仓储物品栏目选择了"可燃"的选项,而对以往损失情况等其他选项均打了叉号。9 月 29 日被告作为保险人向原告签发了编号为 PQCZ20024401H200000495 的财产保险综合险保险单。该保险单载明的投保人和被保险人为原告,被保险财产为存放于黄埔新港第七仓、第十仓的存货,性质为储存特危品,货物投保价值为估价,保险金额为 4 150 万元,保险费为 66 400 元,保险期间自 2002 年 9 月 28 日零时起至 12 月 27 日 24 时止,承保险别为财产保险综合险和附加自燃责任险,附加自燃责任险的赔偿以中国商品检验检疫等机构为依据。被告在该保险单上还作了"本公司在被保险人履行交付保险费义务后开始承担保险责任"的特别声明。该保险单背面附有中国人民保险公司财产保险综合险条款。9 月 30 日,原告向被告支付了本案货物保险费 66 400 元。

据新港港务公司的库场货物消防保管巡查记录记载,10 月 14 日,原告第七仓部分鱼粉温度分别达到104 ℃、72 ℃、70 ℃。10月15日日班时,第十仓部分鱼粉温度95.2 ℃,进行转堆,第七仓部分鱼粉温度55.4 ℃;中班时,第十仓部分鱼粉温度分别达到64.4 ℃、80.5 ℃,第七仓部分鱼粉温度分别达到65.3 ℃、57.5 ℃;夜班时,第十仓部分鱼粉温度88.6 ℃,第七仓部分鱼粉温度56.8 ℃。10月14日至20日期间,新港港务公司共计对原告12 351包发热鱼粉进行了转堆。

10月15日,原告向被告电话报险,被告也派员勘查了现场。10月18日,原告致函被告称:原告投保的鱼粉于10月14日发现自燃,已挑拣出受损鱼粉1 200包计60吨,请被告迅速提出处理意见,以减轻货物损失。10月25日,原告再次致函被告要求迅速提出处理该批自燃受损鱼粉的意见。被告复函要求原告提供本案鱼粉进口价值的资料、投保和出险当天的鱼粉仓储数量及货物商检报告和鱼粉近期的销售价格、数量等有关材料。

经原告申请,中国进出口商品检验广东公司于10月21日至22日对原告报验的1 200包计60吨鱼粉进行了检验,该司于11月13日出具的《验残证书》载明:经对上述货物进行检验,发现货物遭受自燃、炭化、结成硬块、有浓烈烟熏气味。其中630包计31.50吨货物遭受自燃、炭化、结成硬块、有浓烈烟熏气味,呈深褐色,贬值100%;360包计18吨货物遭受自燃,中等程度炭化,部分结成硬块,有烟熏气味,呈褐色,贬值60%;210包计10.50吨货物遭受自燃,轻度炭化,少部分结块,有烟熏气味,呈浅褐色,贬值30%;共计损失货物净重45.45吨。检验费1 000元。

11月14日至18日,经原告申请,中国进出口商品检验广东公司又对原告报验的另外4 196包计209.80吨鱼粉进行检验。中国进出口商品检验广东公司于12月6日再次出具《验残证书》载明:在该司于10月21日至22日对1 200包计60吨货物进行检验后,后来又在货物中发现变色、变味及结块情况,经港方再次翻堆、分拣,挑出残损货物4 196袋计209.80吨。经检验,其中1 836包计91.80吨货物遭受自燃、严重硬块、有烟熏气味,呈深褐色,贬值75%;1 699包计84.95吨货物遭受自燃,部分结成硬块,有烟熏气味,呈褐色,贬值50%;661包计33.05吨货物部分结块,有烟熏气味,呈浅褐色,贬值30%;共计损失货物净重121.24吨。翻堆、分拣人工费26 542元(由原告提供),检验费1 000元。

11月21日,被告向原告发出《通知书》称,根据被告向法院申请证据保全所取得的证据材料,根据《中华人民共和国保险法》第16条的规定,被告解除与原告订立的保险单项下附加自燃责任险的特别约定,对原告10月15日报损的鱼粉自燃所造成的损失,被告予以拒赔,对10月15日以后发生自燃造成的损失,被告均不予负责赔偿。

11月29日,原告委托律师致函被告,要求与被告协商解决本案保险赔偿纠纷。被告于12月18日复函原告称,被告已于11月25日向原告送达关于拒赔鱼粉自燃损失的通知,但原告仍继续向被告发出《关于销售残损鱼粉的报告(通知)》和《关于提请索赔的报告》,被告重申坚持拒绝赔偿鱼粉自燃损失。如原告认为本案鱼粉自燃属于保险责任和要处理5 396包计269.80吨所谓自燃鱼粉,必须通过法律途径解决,保留标的物及现场。

原告提供的载明由原告与中宏公司于12月11日签订的《销售合同》约定,原告将269.80吨自燃结块的秘鲁进口鱼粉以每吨1 000元的价格卖给中宏公司,总价款为269 800元。12月26日,中宏公司将269 800元支付给了原告。

据原告提供的进口关税专用缴款书记载,原告进口本案9 500吨鱼粉,共缴纳税款1 062 345.10元。另据原告提供的新港港务公司的费用结算单、港口业务专用发票记载,原告还向新港港务公司支付本案9 500吨鱼粉的卸货费589 000元,受损货物挑拣、转堆费17 856元。

根据被告申请,本院曾于2002年10月31日采取证据保全措施,向新港港务公司提取了第七仓、第十仓鱼粉的部分库场货物消防保管巡查记录和转栈单等证据。

以上证据和事实,原告和被告均无异议,法庭予以确认。

三、法院裁判

本案是一宗财产保险合同纠纷。原告和被告就本案鱼粉保险达成一致意见,被告向原告签发了保险单,双方即成立了财产保险合同。该保险合同没有违反我国现行法律、行政法规的强制性规定,合法有效。原告已向被告支付了保险费,被告应按照保险合同约定的时间开始承担保险责任。

本案的争议焦点是原告是否履行了对保险标的情况如实告知的义务。保险合同是射幸合同,保险标的危险的大小是保险人决定是否同意承保或确定保险费率的关键,而保险人对保险标的危险程度的了解,需要投保人的如实告知。《中华人民共和国保险法》第17条第1款规定:订立保险合同,保险人应当向投保人说明保险合同的条款内容,并可以就保险标的或者被保险人的有关情况提出询问,投保人应当如实告知。即投保人负有对保险人有关保险标的情况的询问作出客观、真实的说明或陈述的义务。本案原告在投保鱼粉的综合险和自燃责任险时,被告在投保单中书面对鱼粉的有关情况向原告提出了询问,原告亦在投保单中对被告的询问作出了书面答复,因此,认定原告是否履行了告知义务,在于原告在投保单中的书面答复是否客观、真实。

作为本案保险标的的鱼粉,属于《国际海运危险货物规则》中第4.2类易燃固体物质,本身即具有易自行发热、燃烧的特性。因此,该鱼粉投保前有无发生高温、高热、自燃和损失等情况,足以影响作为被保险人的被告对该批鱼粉危险的测定和估计,以及决定是否承保和对保险费率的选择。原告在投保单的书面答复中,对以往损失情况等作了否定回答,即原告表示其投保的鱼粉在投保前未发生任何损失情况。但本案证据表明,在投保前原告的部分鱼粉曾发生高温、高热和自燃,新港港务公司对部分高温、高热鱼粉进行了翻堆转栈。虽然原告提出其在投保前已将发生高温、高热和自燃的鱼粉全部提离了港口,不包括在保险货物中,但该高温、高热和自燃的鱼粉与原告投保的鱼粉属于同一批货物,同一批货物中的部分货物已发生高温、高热和自燃事故和损失,

鱼粉运输 · 投保人告知义务 · 自燃责任险 · 国际海运危险货物规则

对判断该整批货物发生高温、高热和自燃的危险程度有直接关系,对被告决定是否承保该批鱼粉和确定保险费率有足够的影响,故无论已发生高温、高热和自燃的鱼粉是否包括在原告投保的鱼粉中,原告均应将鱼粉曾发生高温、高热和自燃的情况如实告知被告。且就在原告向被告投保的2002年9月28日当天,原告也还有部分鱼粉温度达到56℃和61.5℃,共有5200包、计260吨鱼粉因发热转堆,原告没有举证证明其在投保时已将所有高温、高热和自燃的鱼粉全部提离了港口,不包括在投保的鱼粉中。因此,原告在投保单中对该批鱼粉以往损失情况的答复不够客观真实,其对本案鱼粉危险情况没有履行如实告知义务。

根据《中华人民共和国保险法》第17条第2款、第3款的规定,投保人故意隐瞒事实,不履行如实告知义务,足以影响保险人决定是否同意承保或者提高保险费率的,保险人有权解除保险合同,对保险合同解除前发生的保险事故不承担赔偿责任,并不退还保险费。原告在投保本案鱼粉的保险时,明知其投保的同批鱼粉中部分鱼粉曾发生高温、高热和自燃,对判断投保鱼粉的危险程度有足够的影响,且不能举证证明已发生高温、高热和自燃的鱼粉已全部提离港口,但其在书面回答被告的书面询问时,未将其知道的该足以影响被告决定是否同意承保或者提高保险费率的鱼粉以往损失情况客观、真实地告知被告,属于故意隐瞒事实,不履行如实告知义务。因此,被告决定解除与原告签订的保险合同,并对原告鱼粉在2002年10月14日及其以后发生的自燃损失不承担赔偿责任,符合《中华人民共和国保险法》第17条第2款、第3款的规定。原告请求被告赔偿上述鱼粉自燃造成的损失,缺乏法律依据,不予支持。

依照《中华人民共和国保险法》第17条第1款、第2款、第3款,《中华人民共和国民事诉讼法》第64条第1款的规定,判决如下:

驳回原告中谷集团浙江粮油有限公司对被告中国人民保险公司广州市珠江支公司的诉讼请求。

② 原告中国人民财产保险股份有限公司深圳市分公司与被告深圳金秀国际仓运有限公司海上货物运输合同货损纠纷案

案例来源:广州海事法院(2003)广海法初字第296号
主题词:投保人告知义务　电池运输　书面证言

> **裁判要旨**
>
> **No. HX-3.1-2** 托运人有义务将危险品的正式名称和性质以及应当采取的危害措施书面通知承运人。由于托运人的保险代位请求赔偿权人未能证明托运人曾向承运人说明货物的特性及装载的要求,承运人对涉案货物按普通货物装载而引发的货损并无过错,保险代位请求赔偿权人要求承运人赔偿因其过错造成的货物损失,无法律依据,不予支持。

一、基本案情

原告:中国人民财产保险股份有限公司深圳市分公司(以下简称原告)

被告:深圳金秀国际仓运有限公司(以下简称被告)

原告诉称:2002年5月3日,寰宇电源(香港)有限公司(以下简称寰宇公司)向被告托运200箱可充电电池,并在办理托运时口头向被告的经办人声明,该批货物系危险品,不得与有水的货物积载在一起。但该批货物最终还是与200箱VCD清洗液一起拼装在一只40英尺的集装箱内,并于5月13日在香港装上P&O NEDLLOYD ALGOA/02W轮运往BANDAR ABBAS(班达阿巴斯港)。5月28日,该集装箱在迪拜港卸下,在拆箱过程中发现箱内货物发热、起火,于是停止拆箱,申请检验。被告委托检验代理人前往查勘,该检验代理人出具的检验报告确定,货损原因系积载于电池之上的VCD清洗液渗漏到电池上面,使电池发生短路而引起电池发热、起火,200箱电池全损。

原告基于与寰宇公司签订的海上货物运输保险合同,按涉案货物的保险金额向寰宇公司赔付了73 920美元,并依法取得代位求偿权。涉案货物的货损系被告在拼装箱时积载不当所致,被告明知可充电电池不能与液体货物一起装载,仍将200箱VCD清洗液积载于电池之上。被告作为承运人有过错,理应作出足额赔偿,请求判令被告向原告赔付人民币612 058元(由73 920美元按2002年9月26日美元和人民币的汇率1∶8.28折算)及其利息(自2002年9月26日起至判决确定的支付之日止按中国人民银行同期贷款利率计算)。

被告辩称:(1)被告并非本案系争货物的承运人,本案的承运人应该是提单的签发人WSA LINES LTD。(2)对火灾引起的货损,承运人本人对此有过失才须承担责任,而且举证责任应该由原告承担。由于原告没有证据证明托运人曾向承运人或有关机关作出正式的货物危险品申报,也没有根据货物的危险品属性要求单独装柜,因此货损完全是由于托运人未就货物的危险性作出说明所造成的,承运人并无过失,无须承担责任。(3)本案货物的价值应按CIF价格计算。请求驳回原告的诉讼请求。

二、法院查明的事实

寰宇公司托运一批货物至BANDAR ABBAS,WSA LINES LTD于2002年5月13日签发了编号为WSZABB0205072的提单,并在提单上表明其是承运人NYK LINES的代理。提单记载:托运人寰宇公司;收货人MEHRAK SUN CO.,LTD(默罕拉克太阳有限公司);起运港香港;卸货港迪拜;交货地BANDAR ABBAS;船名P&O NEDLLOYD ALGOA/02W;货物是200箱可充电电池。该批电池与一批VCD/CD清洁剂拼装在一只箱号为NYKU6594634的集装箱内。上述集装箱于5月28日在迪拜的RASHID港卸下,在将货物从集装箱卸出的过程中,发现货物有受到火或者热的不同程度的损害。PASSI MARINE SURVEYORS & CONSULTANTS(PASSI海事检验及咨询公司)对受损货物进行了检验,结论是:"电池(国际海运危险货物规则8级)装载在集装箱的底层,上面装载 VCD/CD 清洁剂(国际海运危险货物规则 3.2 级)。货物的损坏是同集装箱内所装载的电池与 VCD 清洁剂所产生的热/火造成的。在运输过程中,电池和清洁剂的装载没有采取隔离措施,塑料瓶中的异丙醇液体可能泄漏到和溅到装载在底层的电池上导致干电池终端短路,可能引发火星或火,造成易燃货物清洁剂的瞬间火灾,然后火灾扩散到邻近的其他货物。"涉案货物已全损。涉案货物 CIF 价格为 67 200 美元。寰宇公司于 2002 年 5 月 13 日向原告按货物 CIF 价格的 110%,即 73 920 美元投保了货物运输险。被告于 9 月 26 日向寰宇公司作出了全额赔付,并取得了代位求偿权。

对双方有争议的事实和证据,经双方举证、质证,广州海事法院认定如下:

(一) 关于被告的法律地位

原告为证明 WSA LINES LTD 是被告的代理人,被告是涉案货物运输的承运人,提供了《出口托运单》以及被告致寰宇公司的函件。托运单记载:目的港为伊朗的班达阿巴斯;货物为可充电电池 200 箱;抬头为深圳金秀国际仓运有限公司指定代理 WSA Lines(伟成国际);下方盖有 WSA LINES LTD(As Agent)的章并有"张潮"的签名。被告以其名义发给寰宇公司的英文函件称:由于你公司未提供这个信息(指可充电电池属于 IMCO 规定的危险品),我们(WE)不知道货物的危险性,因此未能采取必要的防范措施。

原告认为,寰宇公司与 WSA LINES LTD 联系货运业务时,WSA LINES LTD 向其出具的托运单表明 WSA LINES LTD 是被告的代理人;被告向寰宇公司所发函件的内容表明,被告的身份是承运人。

被告对于托运单的真实性不予确认。对其向寰宇公司发出的信函予以确认,但认为其是代 WSA LINES LTD 发出的,信函中的"WE"指的是"我方",即其所代表的 WSA LINES LTD,因此涉案货物的承运人应是 WSA LINES LTD。

法庭认为:WSA LINES LTD 在托运单上盖的印章与被告所确认的提单上所盖的 WSA LINES LTD 的印章一致,结合 WSA LINES LTD 签发了涉案提单的事实,可确认托运单的真实性。托运单的抬头表明,WSA LINES LTD 在接受寰宇公司托运时,在托运单上表明其是被告的代理人。被告在事后向寰宇公司发出的信函中的语气表明,其为涉案货物的承运人,因此该信函应视为被告对 WSA LINES LTD 向寰宇公司表明 WSA LINES LTD 为被告代理人的承认。被告辩称,信函中的"WE"是指其所代理的 WSA LINES LTD,但整个信函中根本没有提及 WSA LINES LTD 或提及被告是作为代理人的身份向寰宇公司发出函件,被告的解释难以成立。结合上述两份证据,可以认定,被告为本案的承运人,其与寰宇公司之间成立海上货物运输合同关系。

(二) 关于寰宇公司在托运时是否说明了货物的特别装载要求

原告提供了 WSA LINES LTD 的职员郑青辉于 7 月 5 日作出的两份证明。一份证明记载:"兹有'寰宇电池'的运输部经理涂凯小姐在与我会谈时,曾要求在运输过程中,货柜不能破损进水并且在每次下订舱单时均再次强调了这个要求。"另一份证明记载:"兹证明'寰宇电池'的运输部经理涂凯小姐曾经口头上要求我在运输过程中不能与水放在一起。"两份证明上均有郑青辉的签名,并盖有 WSA LINES LTD 的印章。

被告对上述证明的真实性不予确认,并表示与被告无关。

法庭认为:郑青辉的"证明"属于证人证言。由于原告未说明也未提供证据证明郑青辉有正当理由无法出庭。根据最高人民法院《关于民事诉讼证据的若干规定》第 69 条第 5 款的规定,无正当理由未出庭作证的证人证言不能单独作为认定案件事实的依据。上述郑青辉的证言不予采纳。

另查:中国人民保险公司深圳市分公司于 2003 年 7 月 16 日变更为中国人民财产保险股份有限公司深圳市分公司。

三、法院裁判

本案是一宗涉外海上货物运输合同货损纠纷。因被告的住所地位于广东省内,依据《中华人民共和国民事诉讼法》第 28 条的规定:"因铁路、公路、水上、航空运输和联合运输合同纠纷提起的诉讼,由运输始发地、目的地或者被告住所地人民法院管辖。"以及《中华人民共和国海事诉讼特别程序法》第 4 条的规定:"海事法院受理当事人因海事侵权纠纷、海商合同纠纷以及法律规定的其他海事纠纷提起的诉讼。"本院依法对本案具有管辖权。

双方当事人在审理过程中均表示本案适用中华人民共和国法律。根据《中华人民共和国海商法》第 269 条的规定:"合同当事人可以选择合同适用的法律,法律另有规定的除外。合同当事人没有选择的,适用与合同有最密切联系的国家的法律。"本案适用中华人民共和国法律。

本案查明的事实表明:托运人寰宇公司与被告之间成立海上货物运输合同关系。原告作为保险人,向被保险人寰宇公司作出赔付后,有权行使代位求偿权,向被告主张运输合同项下的权利。

本案货损的原因是涉案货物和 VCD/CD 清洁剂拼装在一只集装箱内并且没有采取隔离措施引发起火所致。由于涉案货物属于危险品,根据《中华人民共和国海商法》第 68 条的规定,托运人有义务将危险品的正式名称和性质以及应当采取的危害措施书面通知承运人。由于原告未能证明托运人曾向承运人说明货物的特性及装载的要求,承运人对涉案货物按普通货物装载而引发的货损并无过错,原告要求被告赔偿因其过错造成的货物损失,无法律依据,应不予支持。

此外,原告虽按货物 CIF 价格的 110% 进行承保,同时向被保险人寰宇公司作了全额赔付,但根据《中华人民共和国海商法》第 55 条第 2 款的规定:"货物的实际价值,按照货物装船时的价值加保险费加运费计算。"寰宇公司作为托运人,只能按货物的 CIF 价格主张货物全损的损失。原告代位行使求偿权,其主张货损的价值不能超出寰宇公司的请求权范围,因此涉案货物价值应按货物的 CIF 价格计算,即 67 200 美元。

依照《中华人民共和国海商法》第 68 条第 1 款之规定,判决如下:

驳回原告中国人民财产保险股份有限公司深圳市分公司对被告深圳金秀国际仓

运有限公司的诉讼请求。

❸ 上诉人西谷商事株式会社与被上诉人中国人民保险公司青岛市分公司海上货物运输保险合同纠纷案

案例来源:山东省高级人民法院(2002)鲁民四终字第45号
主题词:《海商法》第222条"重要情况"的确定　甲板货　拖轮运输　被保险人如实告知义务

> **裁判要旨**
>
> **No. HX-3.1-3**　货物装在甲板上并用拖轮拖带运输这种方式有自己特殊的风险,能够影响保险人据以确定保险费率或是否同意承保的判断,构成《中华人民共和国海商法》第222条规定的"重要情况"。投保人投保时未将货物装载于驳船甲板上由拖轮拖带运输这一"重要情况"告知保险人,视为被保险人未尽如实告知义务,这一"重要情况"导致保险事故后,保险人可免予赔偿。

一、基本案情

上诉人(原审原告):(日本)西谷商事株式会社(以下简称西谷会社)
被上诉人(原审被告):中国人民保险公司青岛市分公司(以下简称青岛人保)
青岛海事法院查明:

1998年1月20日,西谷会社与北海船厂签订合同,约定由北海船厂为西谷会社制造一套土石装船输送设备。日本东京三菱银行向北海船厂开立了不可撤销信用证,上面载明:货物为一套土石装船输送设备。6月20日,该套设备被拆分成塔架、支架、伸缩架和转台四大部分,然后在驳船"HANG BO 5001"的甲板表面焊接楔入角铁,将上述部分固定在驳船甲板上由拖轮"HANG TUO 2001"拖带运输(中国船级社出具了检验报告和适拖证明,认为在不超过6级风的情况下,"HANG BO 5001"可由"HANG TUO 2001"拖带从中国青岛至日本玉野从事一个航次的运输)。

此前,北海船厂开具了商业发票,出具了装箱单。该发票载明:买方西谷会社,海运船舶"HANG TUO 2001",运输始发地青岛,目的地日本冈山县玉野,装船日期1998年6月20日,货物为一套土石装船输送设备,货物毛重524.805吨,净重524.805吨,CIF日本冈山县玉野,总价1 309 326.59美元。该装箱单载明:体积6 400立方米。北海船厂作为被保险人,并就上述土石装船输送设备海上运输,向青岛人保投保,根据北海船厂具体经办人胡德吉向法院提交的书面证言,其当时向青岛人保经办人员赵斌提供了信用证和发票(赵斌只要求其提供信用证和发票),未将上述运输情况(即将土石装船输送设备装载于驳船甲板上由拖轮拖带运输至日本这一情况)告知青岛人保。青岛人保签发了T005/986300074号正本海洋货物运输保险单一式二份,该保险单载明:保险货物项目、包装、数量为一套土石装船输送设备,保险金额为 1 440 337 美元,装载运输工具为"HANG TUO 2001",开航日期为 1998 年 6 月 20 日,自中国青岛至日本冈山县玉野,承保险别为根据中保财产保险有限公司 1981 年 1 月 1 日修订的海洋运输货物保险条款、海洋运输货物战争险条款和货物运输罢工险条款的一切险、战争险和罢工险。北海船厂向青岛人保支付了保险费人民币 34 172.84 元。上述保险单背面仅盖有北海船厂的印章,并已为西谷会社持有。

在海上运输过程中,货物的承运人上海东方疏浚工程公司发给胡德吉(其又转发给西谷会社)关于航程中情况的传真若干,其中有"偏东风 7 至 8 级,大至巨浪"的记载。1998 年 6 月 26 日,"HANG TUO 2001"船到达日本玉野港。该船船长出具了《土石装船输送设备运抵日本玉野港损坏报告》,该报告记载:6 月 26 日上午 10 时至下午 4 时进行了勘验,关于水平伸缩梁,输送带头部滚筒架断落,主架 H 型支柱变形,涂层脱落,其中一个回转托辊脱落;关于塔架,连接在甲板作为定位之角铁套支架焊接损坏,而因定位之角铁支架脱落引至塔架移位及在定位支架附近之涂层脱落;因塔架移位,导致定位木头倒下及破裂;部分加固钢索脱落;因定位加固钢索脱落,定位角铁套损坏,木头倒下而导致塔架与甲板碰撞,塔架保护钢环弯曲,涂层脱落;部分楼梯扶手断落弯曲及变形;焊接在甲板定位之钢架用作承托塔架头部之支柱弯曲及折断;关于回转台,共有 8 套螺丝脱落,内部结构不清楚。1998 年 7 月 14 日,日本海事检定协会检验了上述土石装船输送设备,后出具了检验报告,确认该设备产生了凹痕、弯曲和脱落等损坏,认为总计为 12 055 000 日元的维修成本和费用是合理的,符合日本目前的成本和费用标准,同时认为,货物的损害并非仅由单一原因造成,而是由以下列出的几个原因共同造成的:船长在遭遇声明中所述恶劣天气时未能作出合适的判断;在恶劣天气下,船长未能对船舶进行合适的操纵。

青岛海事法院还查明:

1998 年 6 月 17 日《青岛日报》第二版刊登了消息——《北船土石运送机起运日本》,北海船厂党委宣传部证明上述报道还曾在 1998 年 6 月 19 日的青岛电视台 19:45 时、青岛电视二台 22:25 时的新闻节目中播出。中国人民保险公司的《出口货物保险费率表》规定,一般货物(不指明货物)自中国出口至日本,承保海运一切险的费率为 0.25%,战争险并包括罢工险的费率为 0.03%。

二、一审裁判

青岛海事法院认为,本案系一起涉外海上保险合同纠纷案件,青岛海事法院作为被告住所地的海事(商)案件专门管辖法院,依法对本案有管辖权,又根据最密切联系原则,中华人民共和国作为被告住所地、海上保险合同签订地所在的国家,本案纠纷的解决应适用中华人民共和国的有关法律。本案中北海船厂与青岛人保之间的海上保险合同依法成立并有效,北海船厂在上述保险单上作"空白背书",现该保险单已由西谷会社持有并凭以向青岛人保索赔,北海船厂与青岛人保之间的海上保险合同已发生转让,西谷会社作为该保险合同受让人,已获得北海船厂在该海上保险合同中的全部权利和义务。

青岛人保的抗辩主张若成立,必须以如下两点为依据:(1) 被保险人未尽如实告知义务;(2) 未告知的重要情况对保险事故的发生有影响。

针对第一点,《中华人民共和国海商法》(以下简称《海商法》)规定的被保险人在海上保险中承担的是无限告知义务,如实告知义务是被保险人遵守最大诚信原则的主要方面。法院已查明的货物装载于驳船甲板上由拖轮拖带运输的情况,对于一个合理谨慎的保险人来说,在其考虑是否接受承保或确定保险费率的高低时,是绝对有影响的,所以可以认定该情况为《海商法》规定的"重要情况",由于北海船厂在国际贸易中负责货物运输事宜,所以其对该重要情况是实际知道的。从被保险人订立合同前仅向保险人提供的材料(信用证和商业发票)看,对于信用证和商业发票上的记载,即使再加上装箱单上的记载,都无法使保险人真正了解上述所说的"重要情况"。虽然从材料上的若干记载,比如"ONE SET OF SHIP-LOADER CONVEYOR"、海运船舶"HANG TUO 2001"、净重"524.805 吨"、体积"6 400 立方米"等,似乎可以看出一些与"重要情况"的联系,但很显然,这是人们在事后了解了全部情况之后才可能自然引起的某种"联想",而且,法律并没有要求海上保险人在订立合同时有对被保险人提供材料中的所谓蛛丝马迹进行询问的义务。本案货物海运日本的情况曾在当时当地的报纸、电视等媒体上报道过,但这并不能证明本案货物海运日本(包含上述重要情况)已成为公众关注的事件,所以也不能因此认为保险人应该知道该"重要情况"。因此,在保险人未真正了解某一"重要情况"之前,是不能认为保险人知道或者在通常业务中应当知道这一"重要情况"的。由于青岛人保主张北海船厂未在海上保险合同订立前将土石装船输送设备装载于驳船甲板上由拖轮拖带运输至日本这一情况如实告知,其主张的是一否定事实(消极事实),根据举证责任分配的一般原理,其对此不承担举证责任。西谷会社在北海船厂投保时是否将上述运输情况如实告知青岛人保方面没有完成其举证责任,其应该承担对其不利的后果,因此,北海船厂投保时未将上述情况如实告知青岛人保(青岛人保提交其计算本案海上保险费所依据的保险费率,也从一方面说明不知道上述情况,因而其按照一般货物的普通费率计收保险费),未尽如实告知义务;同时,因为没有证据表明北海船厂系故意未将重要情况如实告知保险人,所以可以认定北海船厂在未尽如实告知义务方面不存在故意。

对于青岛人保提出的未告知的重要情况对保险事故的发生有影响的主张,根据西谷会社提交的上述有关货物损坏的证据(上海东方疏浚工程公司发给胡德吉的传真、"HANG TUO 2001"船船长出具的《土石装船输送设备运抵日本玉野港损坏报告》、日本海事检定协会出具的检验报告)以及胡德吉的证言,上述重要情况确实与保险事故的发生有一定因果上的牵连,因此可以认为被保险人未告知的重要情况对保险事故的发生有影响。

本案中青岛人保主张合同无效,可以达到法律规定的其选择合同解除的后果。所以青岛人保拒绝承担保险赔偿责任的主张成立。由此亦不再确定本案保险标的具体损失数额;西谷会社在保险标的损失之外请求的所谓工期延误损失,不仅没有任何证据证明,也并不属于本案保险承保范围之内的损失,要求青岛人保承担其为这次事故及诉讼产生的一切费用(包括鉴定、差旅、律师及诉讼等费用)的请求,由于没有事实和法律依据,不予支持。依照《海商法》第 222 条、第 223 条第 2 款的规定,判决:

驳回(日本)西谷商事株式会社的诉讼请求。本案受理费人民币 20 025 元,由(日本)西谷商事株式会社负担。

三、上诉与答辩

上诉人西谷会社不服一审判决,上诉称:(1)根据本案事实,被保险人在订立合同前,已将其知道的有关重要情况如实告知保险人。保险人知道或者业务中通常知道的情况,保险人没有询问的,被保险人无需告知。原审判决认定被保险人未尽如实告知义务,与事实和法律不符。(2)根据法律规定,当事人对自己提出的诉讼请求所依据的事实有责任提供证据加以证明。既然被上诉人认为被保险人未尽如实告知义务,被上诉人应当对此承担举证责任,原审判决认为被上诉人对此不承担举证责任,与法律规定不符。(3)根据证据规则的有关规定,证人应当出庭作证,无正当理由不出庭作证的证人证言,不能单独作为认定案件事实的依据。本案的关键证据——实际进行投保业务的证人没有出庭作证,而法院却以该证人的证言作为认定被保险人是否已尽如实告知义务的重要甚至是唯一证据,这种证据的取得和认定方法与证据规则不符,不能作为认定案件事实的证据。请求撤销原审判决,并依法改判,判处被上诉人赔付货物损失及其他损失共计 226 100 美元及利息,并承担为此支付的鉴定、差旅、律师及诉讼费用。

被上诉人青岛人保答辩称:(1)本案事实是北海船厂在投保时,经办人胡德吉只提供了信用证和发票,未将本案所涉的货物装在驳船甲板上运输这个重要情况如实告知被上诉人,被保险人违反了《海商法》的诚信原则。(2)本案没有任何证据证明被上诉人已知或应知驳船的这一情况,根据"HANG TUO 2001"不能证明被上诉人已知或应知驳船运输这一情况。由于上诉人没有如实告知驳船的情况,从而严重影响保险人据以确定保险费率或是否同意承保的判断,所以保险合同应无效,保险人不负赔偿责任。

四、二审裁判

山东省高级人民法院审理期间,西谷会社提交了中国海商法协会《关于 T005/98630074 号保险单下货损事故的法律意见》,该法律意见认为:(1)"HANG TUO 2001"的记载表明,被保险人已将拖驳运输方式如实告知保险人;(2)鉴于保险人工作的专业性,本案甲板运输的情况属于无须告知的情况;(3)假设被保险人的未如实告知成立,从现有证据看,本案中采用的拖驳和甲板运输方式与货物的损害无因果关系,保险人应当承担全部的赔偿责任,如有进一步的证据表明甲板运输与货损有部分因果关系,该部分因果关系及其比例应当由保险人承担举证责任。

山东省高级人民法院查明的其他事实与青岛海事法院查明的情况相同。

山东省高级人民法院认为,本案的一方当事人为外国法人,因此,本案系涉外民事案件,根据最密切联系原则,中华人民共和国作为被告住所地、海上保险合同签订地所在的国家,本案纠纷的解决应适用中华人民共和国法律。

本案需要解决的问题为:(1)根据《海商法》第222条、第223条第2款的规定,青岛人保是否应承担赔偿责任,即:① 本案中货物装载于驳船甲板上由拖轮拖带运输的情况是否是"重要情况";② 被保险人是否将该"重要情况"如实告知青岛人保;③ 青岛人保是否知道或者通常业务中应当知道该"重要情况";④ 该"重要情况"对保险事故的发生有无影响。(2)本案中西谷会社的货物在保险责任期间是否遭受了损失。

关于青岛人保是否应承担赔偿责任,(1)本案中的土石装船输送设备在运输时是被拆分成四大部分,在驳船"HANG BO 5001"的甲板表面焊接楔入角铁,将上述部分固定在驳船甲板上由拖轮"HANG TUO 2001"拖带运输,这种运输方式对于远距离的海上运输来说,风险明显要高于舱内货。而且,中国船级社的适拖证明认为,在不超过6级风的情况下,可以以这种方式从事运输,而在超过6级风时,其风险就明显加大,因此,货物装在甲板上并用拖轮拖带运输这种方式有自己特殊的风险,能够影响保险人据以确定保险费率或是否同意承保的判断,构成《海商法》第222条规定的"重要情况"。(2)青岛北海船厂的胡德吉提交了书面证言,证明其在投保当时只向青岛人保经办人员赵斌提供了信用证和发票,未将货物装载于驳船甲板上由拖轮拖带运输这一"重要情况"告知青岛人保。胡德吉作为北海船厂投保的经办人员,是证明当时投保情况的直接证人,虽然没有出庭作证,但其提交书面证言经过了青岛海事法院的准许,不是无正当理由不出庭作证,山东省高级人民法院对其证言予以采信,西谷会社以证人没有出庭为由认为其证言不应采信的上诉理由不能成立。经查明北海船厂在投保时未将上述"重要情况"告知青岛人保,即被保险人未尽如实告知义务(没有证据表明其系故意未将"重要情况"如实告知保险人,可以认定北海船厂在未尽如实告知义务方面不存在故意),西谷会社关于被保险人已尽如实告知义务的上诉理由不能成立,本案中亦不需要确认关于被保险人是否已尽如实告知义务的举证责任分担问题。(3)北海船厂在投保时向青岛人保提供了信用证和商业发票,根据信用证和商业发票上的记载,可以看出"ONE SET OF SHIP-LOADER CONVEYOR"、海运船舶"HANG TUO 2001"、净重"524.805吨"的信息,但是,"HANG TUO 2001"不是"航拖2001",依一般人包括保险人的常识,要从以上零散的信息中得出货物装在驳船甲板上并用拖轮拖带运输的情况是比较困难的,而且,《海商法》第222条规定的如实告知义务,是用来约束被保险人的,被保险人有义务将所有"重要情况"如实告知保险人,如果是因为被保险人没有告知全部"重要情况",而要求保险人从被保险人告知的部分信息就推定其知道或者在通常业务中应当知道上述"重要情况",此种义务对于保险人——本案中的青岛人保来说,显然是不合理的。另外,在本案货物海运日本时,青岛当地的报纸、电视进行了报道,但这并不能推断出青岛人保以此知道或者应当知道上述"重要情况"。因此,山东省高级人民法院认定,该"重要情况"不属于青岛人保知道或者在通常业务中应当知道的情况,被保险人应该告知。(4)根据"HANG TUO 2001"船船长出具的《土石装船输送设备运抵日本玉野港损坏报告》和日本海事检定协会的检验报告,本案的保险标的在海上运输过程中产生了损害,如此,本案中的"重要情况"——货物装载于驳船甲板上由拖轮拖带运输对该保险事故的发生有无影响?首先,中国船级社的适拖证明说明了以本案中的运输方式进行运输的条件是不超过6级风,而本案货物的运输过程中,风力达到了7级以上,可以认定,在这种自然条件下,驳船由拖轮拖带运输是不适航的,这种拖带运输方式对保险事故的发生有影响。其次,本案货物是用角铁、捆绑钢索固定在驳船甲板上运输,根据"HANG TUO 2001"船船长《土石装船输送设备运抵日本玉野港损坏报告》中"固定位加固钢索脱落,定位角铁套损坏,木头倒下而导致塔架与甲板碰撞,塔架保护钢环弯曲,涂层脱落"等损坏情况的描述,将货物装在甲板上并需要用角铁、钢索加以固定的运输方式对本案保险事故的发生有影响。因此,山东省高级人民法院认定,上述"重要情况"对本案保险事故的发生有影响。根据《海商法》第223条第2款的规定,青岛人保不承担赔偿责任。

鉴于青岛人保不应当承担保险赔偿责任,山东省高级人民法院不再确定西谷会社在本案中的损失情况。

综上,西谷会社的上诉理由不能成立,山东省高级人民法院不予支持,青岛海事法院判决认定事实清楚,适用法律正确,依照《中华人民共和国民事诉讼法》第153条第1款第(1)项之规定,判决如下:

驳回上诉,维持原判。

二审案件受理费人民币20 025元,由上诉人西谷会社负担。

本判决为终审判决。

4 原告上海汉虹精密机械有限公司与被告太阳联合保险有限公司海上保险合同纠纷案

案例来源:上海海事法院(2010)沪海法商初字第714号
主题词:被保险人如实告知义务　保险追偿　保险合同的解除

> **裁判要旨**
>
> **No. HX-3.1-4**　被保险人因过失未履行如实告知义务的,保险人对保险合同解除前发生的与未告知情况没有因果关系的保险事故造成的损失,应当负赔偿责任,保险合同的解除不影响保险人承担该部分的保险责任。
>
> **No. HX-3.1-5**　被保险人在诉讼时效内,既没有向负有责任的第三人索赔,也没有向法院提起诉讼,导致保险人在理赔后无法在诉讼时效期限内起诉第三人,保险人可以相应扣减或免除保险赔偿。

一、基本案情

原告：上海汉虹精密机械有限公司(以下简称原告)

被告：太阳联合保险(中国)有限公司(以下简称被告)

原告上海汉虹精密机械有限公司诉称，原、被告于2008年10月14日签订货物运输保险报价单一份，约定保险期限自2008年10月16日至2009年10月15日止，被告承保原告的货物运输，运输货物包括单晶硅棒、单晶硅片、晶棒、全新的机器设备类、单晶炉、数控镂铣机、加工零部件。保险条款为协会货运险条款ICC(A)、协会运输货物战争险条款、协会运输货物罢工险条款等。2008年12月，被告出具货物运输险(开口保单)申报单承保涉案货物，列明投保货物为线切割机部件，数量为42箱，保险金额为66 451 497.20日元，货物从上海运往日本东京。货物运抵目的港后发现货损。该批货物的生产厂家确认货物因为运输过程中受到强烈冲击已不能使用，该批货物推定全损。原告多次要求被告进行保险理赔，被告最终以出险货物不符合保险单规定的承保货物范围为由，拒绝赔偿。原告认为，被告作为保险人，有义务按照保险合同赔偿原告因保险事故而遭受的损失，故请求判令被告支付原告保险赔偿金66 451 497.20日元及利息(按照中国人民银行人民币同期贷款利率5.31%自2009年3月21日起计算至判决生效之日止)，并承担本案诉讼费。

被告辩称，(1)原告对涉案货物不具有保险利益；(2)涉案货物并非全新的机器设备，不属于保险合同约定的保险范围；(3)涉案货物发生锈损和破损，不属于保险责任范围，因包装不当造成的货损，被告可以免责；(4)由于原告没有如实申报涉案货物为退运货物，被告已经通过退还保费的方式解除了涉案保险合同；(5)原告仅于2009年1月6日发函要求承运人赔偿，其后原告没有继续向承运人主张，至今原告向承运人要求赔偿的时效已经届满，原告放弃权利的行为导致被告理赔后亦无法向承运人追偿损失；综上，请求驳回原告的诉请。

二、法院查明的事实

上海海事法院经审理查明并确认如下法律事实：

2008年10月14日，原告与被告签订货物运输保险报价单，被保险人为原告，保险期限自2008年10月16日起至2009年10月15日止，保险报价单所涉航程包括中国境内的运输以及中国上海至韩国、日本、东南亚、美国、中国台湾或香港地区、欧洲的往返运输，运输货物包括单晶硅棒、单晶硅片、晶棒、全新的机器设备类、单晶炉、数控镂铣机、加工零部件，预计年投保金额为2 000万美元，进出口运输的责任限额为每个承载工具及地点80万美元，内陆运输的责任限额为人民币800万元，免赔额为200美元或损失金额的2%(以高者为准)，承保范围包括协会货运条款(A)、协会运输货物战争险条款、协会运输货物罢工险条款、协会船级条款等16项。保险报价单保证条款约定被保货物需经专业承运人进行运输，需经专业化包装等。保险报价单还载明被保货物的生锈、氧化、褪色损失属于保险人的除外责任。

其后,原告就涉案货物在内的一批货物进行了保险申报。被告签发了编号为CGOP20080244的货物运输(开口保单)申报单。申报单中列明了涉案42件线切割机部件,定价为60 410 452日元,保险金额为66 451 497.20日元。12月30日,原告向被告支付了保险费人民币4 764.13元,其中包括涉案货物的保险费人民币2 626.55元。12月14日,敬海运输公司签发了编号为JH0812SS0168的提单承运涉案货物,提单记载托运人为原告、收货人为GENIC公司、起运港为中国上海、卸货港为日本东京,涉案货物为线切割机部件,共42箱,分别装载在两个集装箱中。原告在庭审中确认,涉案货物仅系线切割机的部分部件,不足以组装成一台完整的机器且涉案货物的包装由其自行完成,集装箱的装箱由其委托他人完成。12月17日,涉案货物抵达目的港。2009年1月14日,收货人在收货时发现木箱破损。原告向被告通报涉案事故后,被告于1月19日委托Cornes公司对涉案货物进行检验。1月28日和5月14日,Cornes公司通过电子邮件向原告发送了两份初步检验报告,第一份检验报告称,涉案两个集装箱外观完好,共18个木箱存在损坏,其中编号为12-03、30-29、30-27和12-12的箱子损坏严重,货物中一台推进装置顶端油漆被蹭掉了一点以及一台液泵上的筛孔防护罩略微突出,其余14个箱子仅存在轻微损坏;第二份检验报告称,涉案货物的7家生产厂商中有6家表示由于可能存在的严重冲击,无法保证涉案货物的完好性,推定涉案货物全损。Cornes公司曾在给被告的电子邮件中称,涉案货物的积载适当。5月19日,被告委托德理诚公司对涉案货损进行检验。5月25日,德理诚公司派员前往原告公司处进行调查。德理诚公司于6月2日出具检验报告称,涉案货物在此次运输前已经发生锈蚀,系退运货物;涉案18个箱子存在不同程度的损坏,箱子的损坏主要是由于集装箱内装载不当引起。6月8日,Minton公司受被告委托对涉案货物进行检验。6月22日,Minton公司出具检验报告称,涉案货物存在一定程度的锈蚀,无法确定锈蚀是在哪个阶段发生的;对货物的外部检验并没有发现任何货物受到冲击损伤的迹象,除一台推进装置顶端油漆被蹭掉了一点以及一台液泵上的筛孔防护罩略微突出,其余货物是完好无损的,被保险人未能证明货物已经发生了任何实质性的损伤;涉案木箱的顶上堆放了更重的货物,而木箱不足以承受如此的重压,货箱的损伤可能是因挤压引起的;木箱在集装箱内用木材进行了加撑/加塞处理,以阻止木箱在集装箱内发生移动,但这种方式是无效的,也是不合常规的,木箱的损坏看来可能是由于装载不当而引起。涉案货物的6家生产商通过电子邮件发函告知原告,对于涉案货物的品质无法保证。其中,富士电机马达株式会社称,因无法分析货物的内部状态,不能保证货物的品质,虽然掉落的撞击对货物造成的损害情况不明,与购买新品相比,检修费用更高;THK株式会社称,从涉案货物的照片可以推定货物发生损坏,其无法保证产品的精度和品质;SUGIYASU株式会社称,根据照片可以推测涉案货物遭受相当大的撞击,不难推测部件已经受到严重影响,故产品已不能使用;青木株式会社称,货物遭受相当大的撞击,不难想象其内部部件等已受到严重影响,若不经过修理、更换,将无法使用;安川电机株式会社称,由于包装损伤严重,可以判断货物受到了严重撞击,无法对产品质量提供保证。另外,三菱电机株式会社称,此次因集装箱掉落导致货物遭受撞击,不属于其保修责任范围。原告曾多次通过电子邮件发函要求被告对涉案货损进行保险理赔,但被告皆以涉案货物系退运货物,不属于保险责任范围为由拒绝理赔。

另查明,涉案货物系原告自日本进口的3批货物中的一批,涉案货物在运抵上海港后被发现存在部分锈损,故原告与货物卖方GENIC公司联系后对涉案货物进行退运。原告已经向GENIC公司支付了涉案货物的货款。涉案货物进口报关单显示涉案货物贸易方式为进料加工,而出口报关单显示贸易方式是进料料件复出。2009年6月18日、7月10日,被告两次退还原告保险费人民币2 626.55元。7月21日,原告再次向被告支付了上述保险费。

三、法院裁判

上海海事法院认为,本案审理的争议焦点是:(1) 原告对涉案货物是否具有保险利益;(2) 涉案货损是否属于保险合同的责任范围;(3) 原告是否隐瞒足以影响保险人决定是否承保的重要事实导致涉案保险合同解除,被告是否因此无需承担保险赔偿责任;(4) 货损原因,即被告能否对包装不当引起的货损享受免责;(5) 原告的损失范围;(6) 原告是否存在过失致使被告不能行使追偿权利的行为,被告是否可以据此享受免责。

关于原告对涉案货物是否具有保险利益。上海海事法院认为,保险利益是指投保人或被保险人对保险标的具有法律上承认的利益。本案中,涉案货物的退运提单上载明,原告系托运人,亦为涉案保险合同的投保人和被保险人,原告已经提供证据证明其向涉案货物的日本卖家支付了货款,但由于货物存在锈蚀,故进行了货物的退运处理。上海海事法院认为,原告已经证明其支付货物对价,对涉案货物具有法律上承认的利益,原告有权就涉案货损向被告提出保险索赔。

关于涉案货损是否属于保险合同的责任范围。被告认为,保险报价单载明的承保货物中对机器设备类的要求是全新,而涉案货物系存在锈损的退运货物,不属于被告的保险责任范围。原告认为,涉案货物系加工零部件,保险报价单并未约定必须是全新的,故属于被告的保险责任范围。上海海事法院认为,原告在申报保险时,已经在开口保单中注明,涉案货物系线切割机部件。同时,涉案货物进口报关单显示涉案货物的贸易方式为进料加工,而出口报关单显示贸易方式是进料料件复出。原告称涉案货物仅系线切割机的部分部件,不足以组装成一台完整的机器,被告对此虽有异议,但未提供证据证明其抗辩,故上海海事法院确认涉案货物应当属于加工零部件,而非机器设备。由于保险合同仅对机器设备类货物约定为全新的,但对加工零部件并无此约定,故涉案货物属于保险合同的承保范围。上海海事法院对于被告主张的涉案货物属于机器设备类的抗辩不予采纳。

关于原告是否隐瞒足以影响保险人决定是否承保的重要事实导致涉案保险合同

解除,被告是否因此无需承担保险赔偿责任。上海海事法院认为,中国法律规定,保险合同订立前,被保险人应当将其知道的或者在通常业务中应当知道的有关影响保险人据以确定保险费率或者确定是否同意承保的重要情况如实告知保险人,否则保险人有权解除合同。本案中,涉案货物在出运前就已存在锈损,锈损对涉案货物的价值将产生影响,间接影响被告对于保险费率的确定,被告有权解除合同。2009 年 6 月 2 日,被告从德理诚公司的检验报告中获悉涉案货物在出运前就存在锈损,并于 6 月 18 日首次将涉案保险费退还原告,行使了合同解除权。但是,根据法律规定,被保险人因过失未履行如实告知义务的,保险人对于保险合同解除前发生的与未告知情况没有因果关系的保险事故造成的损失,应当负赔偿责任。本案中,原、被告已经在保险报价单中约定,货物的生锈不属于被告的保险责任范围,在被告未提供证据证明原告存在故意隐瞒的情形下,原告未告知被告涉案货物存在锈损情况应被认定为过失行为。原告主张涉案货物因遭受撞击导致货损,且该货损事故发生在被告行使合同解除权之前,原告并未对货物锈损提出保险理赔,因此锈损并非造成原告所称的保险事故的原因,原告未告知的货物锈损情况对保险事故的发生没有影响。综上,保险人有权解除合同,但合同解除并不影响保险人承担保险赔偿责任,故上海海事法院对被告主张的被保险人未将涉案货物存在锈损的情况如实告知保险人,保险合同应予以解除的抗辩予以采纳,但对被告主张其因合同解除而不承担保险赔偿责任的抗辩不予采纳。

关于货损原因。被告认为,根据德理诚公司和 Minton 公司的检验报告内容,涉案货物受损的原因系积载不当,被告作为保险人可以享受免责。原告认为,上述两份检验报告的结论缺乏客观性和科学性,不能据此认定存在积载不当的情况。上海海事法院认为,德理诚公司和 Minton 公司检验报告所附照片显示,装载涉案货物的木箱被叠放在集装箱内,木箱一侧靠在集装箱壁上,另一侧与集装箱壁存在很大空间,仅以单独一根木棍加以支撑。虽然 Cornes 公司曾在给被告的电子邮件中表示涉案货物积载合适,但 Cornes 公司并未出具正式的检验报告对该观点予以确认。德理诚公司和 Minton 公司的检验报告都指出涉案货损系由木箱在集装箱中的积载不当引起,两份检验报告可以相互印证,两份检验报告关于涉案货物积载不当的证明力高于 Cornes 公司在电子邮件中的相反表述,故上海海事法院对被告关于货损原因系包装不当的抗辩理由予以采纳。根据法律规定,除保险合同另有约定外,货物损失系由包装不当造成的,则保险人不负赔偿责任。本案中,原告在庭审中明确涉案货物的包装和集装箱装箱系由其自行完成,故装箱积载不当导致的损失系由于原告责任所致,不在被告的保险责任范围内,保险人不负赔偿责任。

关于原告货损的范围。原告认为,涉案货物的实际生产商表示无法保证货物的完好性,推定涉案货物全损。上海海事法院认为,货物生产商皆未对货物进行过检验,仅凭外包装破损的照片对货物情况进行了推断。同时,涉案 42 箱货物中有 18 箱存在破损,另有 24 箱货物表面状况良好。三家检验机构都仅对货物包装破损进行了检验,但未对涉案货物的情况进行检验评估。Cornes 公司出具的初步检验报告和 Minton 公司出具的检验报告都表示除一台推进装置顶端油漆被蹭掉了一点,以及一台液泵上的筛孔防护罩略微突出,其余货物是完好无损的,且 Minton 公司还在检验报告中确认涉案货物并不存在实质性损伤,原告提供的证据不足以证明涉案货物已经全损,也不足以证明涉案货物已经发生实质性损坏,上海海事法院对原告关于涉案货物推定全损的主张不予支持。

关于原告是否存在过失致使被告不能行使追偿权利的行为,被告是否可以据此享受免责。被告认为,由于原告在诉讼时效内既没有向负有责任的第三人索赔也没有向法院提起诉讼,导致被告作为保险人在理赔后无法在诉讼时效期限内起诉第三人,被告据此可以免责。上海海事法院认为,根据法律的规定,由于被保险人的过失致使保险人不能行使追偿权利的,保险人可以相应扣减保险赔偿。原告向第三方主张赔偿的时效期间应当从承运人交付或者应当交付货物之日起算。本案中,涉案货物于2008年12月17日抵达目的港,故诉讼时效至少应当从12月17日之后开始计算。原告于2009年12月11日向上海市浦东新区人民法院提起诉讼,被告在收到相关应诉材料时,仍在本案的诉讼时效内,被告可以在诉讼时效内向案外人主张赔偿。原告的行为并未导致被告无法在诉讼时效内起诉第三人,对被告的上述抗辩不予采纳。

综上,涉案货物由于在集装箱内积载不当,造成木箱破损。根据法律规定,由于包装不当造成的货物损失,保险人可以不负赔偿责任。同时,原告未提供证据证明涉案货物的损失程度,对原告的诉讼请求不予支持。综上所述,依照《中华人民共和国海商法》第216条、222条第1款、第223条第2款、第243条第1款第(3)项、第269条,《中华人民共和国民事诉讼法》第64条第1款的规定,判决如下:

对原告上海汉虹精密机械有限公司的诉讼请求不予支持。

5 上诉人怡信有限公司与被上诉人中国平安财产保险股份有限公司北京分公司、中国平安财产保险股份有限公司船舶保险合同纠纷案
案例来源:天津市高级人民法院(2008)津高民四终字第58号
主题词:船舶潜在缺陷 被保险人如实告知义务 废钢船 自然灾害

> **裁判要旨**
>
> **No. HX-3.1-6** 废钢船虽然在起拖前由专业验船师进行了检验并出具了适航证书,但船舶缺陷通过通常合理的检验即可发现时,并非潜在缺陷。潜在缺陷是指由谨慎的检验人以通常、合理的方法不能发现的瑕疵。被保险人并未在订立合同前将船舶缺陷的重要情况告知保险人,未尽到如实告知义务,保险人不应当承担保险赔偿责任。

一、基本案情

上诉人(原审原告):怡信有限公司(EASE FAITH LIMITED 以下简称怡信公司)

被上诉人(原审被告):中国平安财产保险股份有限公司北京分公司(以下简称平安北京公司)

被上诉人(原审被告):中国平安财产保险股份有限公司(以下简称平安公司)

天津海事法院一审查明:

2005年8月,怡信公司自美国陈氏公司购买无动力船舶"ROYAL ALEUTIAN"。为将该轮自美国阿拉斯加荷兰港拖航至中国张家港,同年9月10日,拖船"GRIF"接受检查,被认可能够胜任前述拖航任务。9月14日,怡信公司与拖船"GRIF"的租借人SPACE MARINERS INC.签订国际海洋拖运协议。9月15日,怡信公司取得"ROYAL ALEUTIAN"轻载船重量估计。9月23日,阿拉斯加海事调查公司出具MS0696号证书,验船师结论认为:基于所做的最终检查,包括拖船及被拖船只的安排和设备,"ROYAL ALEUTIAN"适于预定拖航,拖船"GRIF"适合按预定安排拖运"ROYAL ALEUTIAN"。在涉案船舶投保事宜的洽谈过程中,2005年9月1日,中国平安财产保险股份有限公司北京市西城支公司致函怡信公司,表明:同意在提供拖带合同及适航证明等相关资料后承保,保险费率为2‰。同年9月23日,平安北京公司签发1010100020405000001号船舶保险单,保险单记载:被保险人和船舶所有人为怡信公司,船名为"ROYAL ALEUTIAN",船舶类型FORMER NAVY LST,CONVERTED TO SHORE BASED FISH PROCESSOR,保险条件为船舶保险条款(1986)全损险,保险价值和保险金额均为45万美元,保险责任自2005年9月23日拖航开始时起,至2005年12月31日24:00时止,或被拖船舶进入目的港锚地抛锚为止,上述保险责任终止条件以先发生的条件为准。拖船名称:"GRIF"。备注一栏还以英文约定:"ROYAL ALEUTIAN"TO BE TOWED FROM DUTCH HARBOR, USA ON/ABT 23 SEP 2005 TO ZHANGJIAGANG, CHINA。2005年10月3日,被保险船舶在54°25.5′N/168°46.5′E沉没。(堪察加)彼得罗巴甫洛夫斯克港港口管理机构出具了《关于海损事故调查报告》(以下简称《调查报告》)。该报告中,救援小组成员认为:"船的甲板上有31-32处裂口,船舷有相当大的腐蚀,而且甲板上并未配备橡胶封垫,以至于在颠簸中海水进入船体。"报告认定:事故在天气恶劣的情况下发生,西南风20—22米/秒,风级7—8级,浪高5—5.5米;事故可能发生的原因在于已磨损——结构材料使用时间过长,材料受腐蚀,船体封闭性较差,导致大量水流进船体,造成损失;非机组成员过错。怡信公司向平安北京公司理赔未果,遂成讼。

二、一审裁判

天津海事法院认为,平安北京公司签发涉案船舶保险单,与怡信公司之间的船舶保险合同关系合法有效。该保险单为平安公司格式保险单,但并非由其签发,其与怡信公司之间不存在船舶保险合同关系。怡信公司已证明"ROYAL ALEUTIAN"轮由

RAS公司出售给美国陈氏公司,再由后者卖给怡信公司,平安北京公司提交的美国海岸警卫队的函中也确认RAS公司于1988年购买该船。因此,怡信公司是被保险船舶的合法买受人,支付了船款,并依据购船合同在接收船舶后承担风险,怡信公司对保险标的具有保险利益。平安北京公司及平安公司以未进行船舶所有人的变更登记为由主张怡信公司不是船舶所有人、不具有保险利益,不能成立。平安北京公司及平安公司主张怡信公司未提供必要的进口手续,保险标的违法,怡信公司投保时未尽如实告知义务,是作为一般船舶承保的。该院认为,国家对废钢船进口的限制并不影响怡信公司的保险利益和保险索赔的权利,并且怡信公司已经证明国内买方中国华星创业有限公司被允许从事废钢船进口业务。中国平安财产保险股份有限公司北京市西城支公司致怡信公司的函中有:"同意在提供拖带合同及适航证明等相关资料后承保",随后涉案保险单被签发。同时,保险单在船舶类型一栏明确记载"FORMER NAVY LST, CONVERTED TO SHORE BASED FISH PROCESSOR(前身为海军坦克登陆舰,后改装成岸上鱼类加工船)",备注一栏也有关于拖航的记载。所适用的船舶保险条款(1986)是格式条款,应当以保险单的记载为准。可见,平安北京公司知晓被保险船舶并非一般意义上的船舶。正如平安北京公司及平安公司提交的废钢船登记要求中提到的:"就船舶本身而言,两者(二手船与废钢船)之间没有严格的区别。""废钢船"并非有专门定义的称谓,怡信公司无须专门明示被保险船舶为"废钢船",保险单上的记载足以反映船舶状况。因此,对平安北京公司及平安公司的上述主张,原审法院不予支持。

怡信公司提交的《调查报告》显示被保险船舶沉没于54°25.5′N/168°46.5′E,位于保险合同承保的美国阿拉斯加荷兰港至中国张家港的航程范围内。平安北京公司及平安公司关于怡信公司未能证明被保险船舶已开始保险航程的主张,一审法院不予支持。怡信公司依据保险条款中的"其他自然灾害"和"船舶机件或船壳的潜在缺陷",主张被保险船舶发生了保险事故。一审法院认为,怡信公司提交的《调查报告》中有两处关于天气的记载:施救时,海上的风速为14米/秒、风力为5级;调查结论部分,西南风20—22米/秒,风级7—8级,浪高5—5.5米。录像资料反映的天气状况与《调查报告》基本相符。可见,发生事故当时的天气状况虽然恶劣,但并未达到自然灾害的程度。潜在缺陷应指具有熟练技术的人员以通常的注意以及周到的检查仍不能发现的瑕疵,而被保险船舶甲板的多处裂口、船舷严重锈蚀和缺少一定的密封措施,是显而易见的,是一个谨慎的检验人以通常、合理的方法即可检验发现的表面缺陷,并非船壳、船舶机件的潜在缺陷。怡信公司虽然提供了船舶适拖证书,但该适拖证书中并未提到上述缺陷,怡信公司也未能证明上述缺陷是经合理的检验无法发现的潜在缺陷。因此,怡信公司不能证明因投保的全损险中所列的原因造成被保险船舶全损,对其赔偿请求原审法院不予支持。此外,怡信公司与中国华星创业有限公司就涉案船舶签订了买卖合同,约定船只售后将被拆卸,交船地点为中国张家港。涉案保险航程实际是怡信公司履行该合同的交付、为拆船出售目的所做的航行,而怡信公司未能证明已依照保险条款"事先征得保险人的同意并接受修改后的承保条件和所需加付的保费",因此依据

《保险条款》第4条第(3)项,保险人对本案为拆船出售目的的航行造成的损失和责任不负赔偿责任。综上,原审判决:驳回怡信公司的诉讼请求,案件受理费35 960元人民币由怡信公司负担。

三、上诉与答辩

怡信公司不服一审判决,向天津市高级人民法院提起上诉,主要理由如下:

(一)原审法院为将本案海损事故排除在责任范围以外,作出了错误的认定

1. 关于自然灾害程度的认定

自然灾害所指的是由非人为的纯自然因素导致事故发生的事实,如地震、火山爆发、气候等。本案中,在事故发生前两日内,航程所处区域的天气一直恶劣。电邮显示,持续的风力在20—22米/秒、风力7—8级、浪高5.5米。根据国际风力等级划分标准《蒲福风力等级表》:风速在20.8—24.4米/秒的范围内已属于9级烈风,平均浪高5.5米属于8级大风;根据《中华人民共和国气象法》第41条第(4)项的规定:气象灾害,是指台风、暴雨(雪)、寒潮、大风(沙尘暴)、低温、高温、干旱、雷电、冰雹、霜冻和大雾等所造成的灾害。由此可见,事故发生时的气候状况至少是属于法定气象灾害的大风范畴,完全达到了自然灾害的标准。恶劣气候的自然灾害正是导致被拖船舶沉没的直接原因。

2. 原审法院对潜在缺陷的认定有误

(1)怡信公司在原审期间提交的《调查报告》翻译件中,救援小组认为"船的甲板上有31—32处裂口"存在严重的翻译错误。俄文的原意应为:"船的甲板上,在31—32船舷处有裂口。"由于翻译的错误造成了两种截然不同的意思,将甲板上实际只有一处裂口的事实曲解为有31—32处裂口之多,因而对事实的认定造成了严重失实的影响。

(2)被拖船舶是经过专业验船师的检验并出具适拖证书的。如原审法院所言,被拖船舶甲板处裂口、船舷腐蚀、缺少一定的密封的缺陷是显而易见的,但未被专业验船师在验船报告中表明,其原因只能在于:由于船舶已经有一定的年代,船身有一些瑕疵是很平常的事情。专业验船师认为上述瑕疵不足以导致被拖船舶的不适拖,一般情况下,上述瑕疵并不能算是缺陷。验船师在验船报告中已明确表明:"拖船船长及船员在涉及被拖船只事宜上,任何时候都须表现良好航海操作,并尽可能在航程中避免恶劣天气,令被拖船不会受损。"而本案的事故发生时,由于恶劣的气候使原本不是缺陷的瑕疵部分也成为缺陷,最终致使被拖船舶的沉没全损。

3. 原审法院对怡信公司第五组证据的性质认定有误

(1)本案中,被拖船舶的沉没并不是刹那间的事,而是由于气候等原因逐渐下沉,直至最终沉没的。而被原审法院认定为非直接证据的商业信函,是由拖轮船长向拖轮船东汇报当时的气候及被拖船舶情况,由拖轮船东转发给怡信公司,再由怡信公司向保险人汇报的,是事故发生前的气候状况及被拖船舶情况的真实描述,与事故的发生密切相关,恰好能证明被拖船舶受恶劣气候的影响,航行状况逐渐恶化,直至最后沉

没。直接证据指可以直接证明案件事实的证据,而该信函明显属于直接证据,原审法院将其认定为非直接证据而轻率地否决,会对案件事实的认定造成影响。(2)鉴于怡信公司为香港公司,根据怡信公司与保险人之前的合作方式及商业习惯,对于投保相关信息及沟通,一般均以信函、电子邮件等方式进行。这也符合一般的商业交往习惯。证据五中的信函、电子邮件,可以从侧面证明有沉船事故的发生,同时也证明了怡信公司一直在履行相关的告知义务。上述证据均已经过具有中国司法部授权的香港公证律师的公证,具有法律上的证明力,原审法院对此不予采信是错误的。

(二)原审法院对保险合同条款的适用认定有误

1. 船舶保险条款(1986)全损险第4条的免责条款不适用于本案

根据怡信公司与保险人之间签订的保险合同,保险条件为船舶保险条款(1986)全损险。《保险条款》第4条"海运"部分表明:"除非事先征得保险人的同意并接受修改后的承保条件和所需加付的保费,否则,本保险对下列情况所造成的损失和责任均不负责。……(三)被保险船舶作为拆船或拆船目的出售的意图航行。"原审法院引用上述条款,认为怡信公司"未能证明事先征得保险人同意并接受修改后的承保条件和所需加付的保费,根据该条款,保险人对此次事故的损失不负责"。怡信公司认为,该条款应适用于海运条件下,即海上货物运输,本案被保险船舶的航程是拖轮航行,不属于海上货物运输范畴,因此不适用该条款。

2. 平安北京公司没有依法履行对免责格式条款的明确说明义务,故该免责格式条款无效。《中华人民共和国保险法》第18条规定:"保险合同中规定有关于保险人责任免除条款的,保险人在订立保险合同时应当向投保人明确说明,未明确说明的,该条款不产生效力。"就本案而言,平安北京公司在接受怡信公司的投保时,未尽明确说明义务,主要表现在三个方面:(1)废钢船用于拆船出售目的的拖航,应如何投保;(2)怡信公司投保的标的废钢船是否属于船舶《保险条款》第2条第3款"除外责任"的范围;(3)船舶保险条款(1986)全损险第4条免责条款的具体指向,该条款是否适用于本案情况。

3. 保险人在明知投保船舶为废钢船的前提下开出的费率,不存在条款约定的加付保费问题。不论上述条款适用或有效与否,怡信公司在洽谈涉案船舶投保事宜的过程中,就已明确向保险人表明投保船舶为无动力废钢船。而保险人在得知投保标的为废钢船后,向怡信公司开出了2%的保险费率。因此,保险人明知投保标的为以拆卸为目的的废钢船,仍同意承保,说明本次保险已得到保险人的同意,而保险人对该废钢船直接开出2%的保险费率,完全不存在加付保费的问题。

平安北京公司、平安公司答辩请求驳回怡信公司的上诉请求,维持原审判决。主要理由:

(一)怡信公司并未完成证明发生了约定的保险事故的举证责任。《中华人民共和国海商法》第216条规定:"海上保险合同,是指保险人按照约定对被保险人遭受保险事故造成保险标的的损失和产生的责任负责赔偿,而由被保险人支付保险费的合同。"本案双方所签订的船舶保险合同属于列明风险的保险合同,怡信公司如欲就其所称的损失获得赔偿,必须首先就发生了合同约定的保险事故承担举证责任。

1. 怡信公司没有证据证明所发生的损失是双方合同约定的自然灾害所致

怡信公司除了提供电子邮件和信函外,并无任何证据证明发生了所谓的自然灾害。事实上,怡信公司对于能够直接证明发生自然灾害的证据是极其容易取得的,如拖轮航海日志、航行区域的气象记录等,但怡信公司未能提供上述证据,其仅凭着所谓的"电邮显示:持续的风力在20—22米/秒、风力7—8级、浪高5.5米",然后,再以电邮显示的风力风浪对照气象法的规定,显然是难以服人的。从怡信公司提交的照片和沉船录像所显示的情景来看,被保险船舶沉没时当地的风浪、海况及气象条件显然是风平浪静,远未达到自然灾害的程度。

2. 怡信公司不能证明所主张的损失是由于潜在缺陷所致

怡信公司提交的《调查报告》认定事故发生的原因系已磨损——结构材料使用时间过长、材料受腐蚀、船体封闭性较差,导致大量水流进船体,造成损失。这些情况不仅属于明显的缺陷,而且属于《中华人民共和国海商法》及保险合同规定不予赔偿的范围。本案中,怡信公司认可保险标的甲板出现裂口、船舷锈蚀、缺少一定密封的事实。但是,怡信公司将这种显而易见的缺陷说成是不能算作缺陷的瑕疵,认为由于恶劣的气候,使原本不是缺陷的瑕疵部分成为缺陷,最终致使被拖船的沉没全损,怡信公司最终还是归结到船舶的沉没是由于自然灾害的原因。而所谓潜在缺陷,是指经过谨慎处理仍然不能发现的缺陷,如果该瑕疵显而易见,即不能称为潜在缺陷。

(二) 双方从未就保险标的被用于拆解而航行事先达成任何合意

1. 平安北京公司直至本案一审庭审结束后,在怡信公司补充提交证据时,才从其新提交的证据中得知涉案船舶用于拆解,足以证明怡信公司事先未将该轮用于拆解的目的告知平安北京公司,也进一步证明双方未就该轮用于拆解目的航行事先达成任何合意。

2. 怡信公司在订立保险合同时未将该轮属于废钢船并用于拆解的事实告知平安北京公司,不但违反了保险条款的约定,而且违反法律规定

《中华人民共和国海商法》第223条第1款规定:"合同订立前,被保险人应当将其知道的或者在通常业务中应当知道的有关影响保险人据以确定保险费率或者确定是否同意承保的重要情况,如实告知保险人。"保险标的的风险大小,是影响保险人确定保险费率或者确定是否同意承保的重要因素。与一般船舶相比,用于拆解的船舶的海上风险明显增加。如果保险人知道这一情况,通常会提出增加保费在内的附加条件。因此,如果被保险人明知保险标的用于拆解或为拆解目的而航行,其必须先行履行告知义务,并与保险人就增加保费等达成合意。

四、二审裁判

天津市高级人民法院经审理查明,"ROYAL ALEUTIAN"轮拖航航程开始后,怡信

公司于 2005 年 9 月 28 日至 10 月 3 日通过函件将此期间的天气状况及被拖船舶的情况向平安北京公司进行了报告,函件中关于被拖船舶沉没事故及当时天气状况的描述与(堪察加)彼得罗巴甫洛夫斯克港港口管理机构出具的《调查报告》记载的内容基本一致。另,原审判决所查明的"该报告中,救援小组成员认为'船的甲板上有 31—32 处裂口'……"翻译有误,应为"船甲板在 31—32 肋骨区间上层有一条沿其整个宽度走向的裂缝……"原审判决查明的其他事实属实,天津市高级人民法院予以确认。天津市高级人民法院认为:本案为涉港船舶保险合同纠纷,双方当事人在诉讼中均援引中华人民共和国内地的法律作为索赔、抗辩的依据,应视为双方当事人合意选择适用中华人民共和国内地法律。因此,根据《中华人民共和国民法通则》第 145 条的规定,本案应当以中华人民共和国内地的法律作为准据法。

本案中平安北京公司接受怡信公司投保,签发船舶保险单后,双方成立保险合同关系,保险条件为船舶保险条款(1986)全损险。该保险条款约定平安北京公司承保的责任范围为列明式风险。因此,怡信公司要求平安北京公司承担保险责任时,除应证明涉案被保险船舶已经发生保险事故外,还应证明被保险船舶的全损是由于责任范围内的何种风险造成的。怡信公司主张因平安北京公司承保范围内的"其他自然灾害"和"船舶机件或船壳的潜在缺陷"原因造成被保险船舶的全损,平安北京公司则认为是由于非列明风险造成的船舶沉没,其不应承担保险责任。关于涉案船舶沉没是否属于"其他自然灾害"的原因造成的问题。怡信公司提供的《调查报告》记载,2005 年 9 月 29 日发现被拖船舶舱内出现积水情况,当时海上风速为 14 米/秒,风力 5 级,之后至 10 月 3 日天气逐渐变坏,至沉船事故发生时,风速达到 20—22 米/秒,风力 7—8 级,浪高 5—5.5 米。怡信公司致平安北京公司的函件中对这一期间天气情况的描述与《调查报告》相吻合。根据《蒲福风力等级表》,风速 20—22 米/秒,风力为 9 级,浪高 5—5.5 米,风力为 7 级,而《调查报告》所记载的风力为 7—8 级。鉴于怡信公司在本案审理期间始终未能提供气象部门发布的事故海域气象资料,因此天津市高级人民法院认定发生沉船事故时风力应不超过 8 级,而船舶最初进水时风力只有 5 级,结合事故现场照片、录像资料等证据所显示的天气状况,天津市高级人民法院认为,沉船事故发生时虽为恶劣天气,但此种天气状况不构成自然灾害,仍属于一般海上风险。因此,怡信公司提出的因自然灾害的原因造成船舶沉没,属于保险责任范围,平安北京公司应当赔偿的主张事实依据不足,不能得到支持。关于船舶沉没是否属于"船舶机件或船壳的潜在缺陷"的原因造成的问题:怡信公司认为被拖船舶起拖前由专业验船师对船舶进行了检验,并出具适航证书,结论是该轮适航于预定拖运航程,证明怡信公司在船舶开航前已恪尽职责地审查船舶是否适航。《调查报告》记载的锈蚀、缺少密封措施等属于瑕疵,在一般情况下不会造成后果,只是由于恶劣气候才使不是缺陷的瑕疵变为缺陷,并最终导致船舶沉没,属于潜在缺陷。平安公司认为《调查报告》中所记载的缺陷是显而易见的,不构成潜在缺陷。

天津市高级人民法院认为，被拖船舶虽为船龄很长的废钢船，但其也应具备抵御航程中一般海上风险的能力。而潜在缺陷是指由谨慎的检验人以通常、合理的方法不能发现的瑕疵。本案中，该轮虽然在起拖前由专业验船师进行了检验并出具了适航证书，但根据《调查报告》记载，该轮存在外部结构封闭状态及整体都不符合要求，船甲板31—32肋骨处有裂口，船舷有相当大的腐蚀，甲板上未配备橡胶封垫等缺陷，并认定此次事故发生可能的原因是由于"已磨损——结构材料使用时间过长，材料受腐蚀，船体封闭性较差，导致大量水流进船体，造成损失"。该报告所记载的船舶缺陷是通过通常合理的检验即可发现的表面缺陷，并非船体、船舶设备的潜在缺陷，且上述缺陷的存在使该轮不能承受拖航过程中遇到的一般海上风险而发生沉船事故。因此，该事故不属于"船舶机件或船壳的潜在缺陷"的原因造成的。另，根据涉案船舶《保险条款》第2条第(3)项的约定，"被保险人恪尽职责应予发现的正常磨损、锈蚀、腐烂或保养不周……"等原因造成的损失、责任或费用属于除外责任，保险人不负责赔偿。《中华人民共和国海商法》第244条亦规定除合同另有约定外，因船舶自然磨损或者锈蚀造成保险船舶损失的，保险人不负赔偿责任。因此，怡信公司的该项主张事实依据及法律依据均不充分，天津市高级人民法院不予支持。

对于怡信公司提出的投保时已告知该轮是废钢船，此前也多次以相同的方式向平安北京公司投保废钢船，平安北京公司知道被保险船舶的使用目的为被拆解，并开出2%的保险费率，不存在加付保费的问题，且平安北京公司没有依法履行免责格式条款的明确说明义务，故该免责格式条款无效的主张。天津市高级人民法院认为，保险人责任免除条款通常情况下是指保险合同标准格式中"除外责任"的规定。而本案中争议的条款是"海运"条款中"除非事先征得保险人的同意并接受修改后的承保条件和所需加付的保费，否则，本保险对下列情况所造成的损失和责任均不负责。……(三)被保险船舶为拆船或为拆船出售目的的航行"的约定。本案中，怡信公司并未在订立合同前将涉案船舶用于拆解这一重要情况告知平安北京公司，未尽到如实告知义务，违反了该条款的约定及《中华人民共和国海商法》第222条第(1)款的有关规定，平安保险公司不应当承担保险赔偿责任。怡信公司所称曾多次向平安北京公司投保废钢船，平安北京公司应当知道被保险船舶的使用目的的主张证据不足，不能成立。对于怡信公司提出的该保险条款应适用于海上货物运输条件下，本案被保险船舶的航程是拖轮航行，不适用该条款的主张。怡信公司未能提交相应的证据或法律依据证明该条款所称航行不包括被保险船舶被拖带航行的情形，因此该主张亦不能成立。综上，原审判决认定事实基本清楚，适用法律正确。依照《中华人民共和国民事诉讼法》第153条第1款第(1)项的规定，判决如下：驳回上诉、维持原判。

6 原告嘉兴某化工进出口有限公司与被告某责任保险股份有限公司嘉兴中心支公司海上保险合同纠纷案

案例来源：宁波海事法院(2012)甬海法商初字第274号
主题词：投保单　货物转运　被告如实告知义务

> **裁判要旨**
>
> **No. HX-3.1-7**　投保单记载的装载工具有两条船舶，视为被保险人在投保时已经向保险人告知了转运的事实。保险人无权以转运未向其通知为由拒绝赔偿。
>
> **No. HX-3.1-8**　在被保险人已委托检验机构、完成初步证明的情况下，保险人未提供充分证据证明检验公司内容为虚假、伪造或其相关记载完全无据，法院对检验机构的结果应予认定。

一、基本案情

原告：嘉兴某化工进出口有限公司(以下简称原告)

被告：某责任保险股份有限公司嘉兴中心支公司(以下简称保险公司)

原告嘉兴某化工进出口有限公司起诉称：2012年2月3日原告向被告保险公司投保，被告向原告出具货物运输保险单，载明承保货物为丙烯腈、数量1 009.744吨、保险金额1 857 928.96美元、承保险别为一切险、绝对免赔额为总货价的千分之三；同时约定发生货损应及时通知被告查勘等。保险合同签订后，原告依约支付了保险费。2012年2月21日，载有上述货物的船舶抵达连云港，卸货后经中国检验认证集团江苏有限公司(以下简称检验公司)检验，到货数量为1 004.116吨，货差达5.628吨。上述情况发生后，原告按约及时向被告提出理赔申请，被告却无理拒赔。原告认为被告拒赔构成违约，遂诉请法院判令被告赔偿其货物损失30 124.92元(已扣除绝对免赔额)。

被告保险公司书面辩称：涉案货物曾在韩国转船驳运，且系剧毒、易挥发的化学制剂，发生货差系其自身特性所致，原告未依法将该重要情况(转运)如实告知被告，故被告不负赔偿责任；货物装船时提单显示的货罐与连云港卸货时货罐号码不同，无法确定所卸货物即被告承保货物；原告提供的检验单显示，该批丙烯腈为原告及其他公司所有，故亦无法确认原告货物短少。被告据上请求驳回原告诉请。

二、法院查明的事实

宁波海事法院确认如下事实：

2012年2月3日，原告就其1 009.744吨丙烯腈(保险金额为1 857 928.96美元)向被告投保货物运输一切险，载明货物起运日期为2011年12月29日，自美国休斯敦(HOUSTON TX, USA)至中国连云港(Lianyungang China)，装载运输工具为"SC HongKong/Ninghua 420"(前后分行)等，并于同日向被告出具货运险业务倒签单保函，内称投保货物已于 2011 年 12 月 29 日起运,由于首次投保、船已起运,直到当日才向被告办理投保手续等。被告接受投保,于同日签发保险单,载明:保费"按约定"(AS ARRANGED)、起运日期"按提单记载"(AS PER B/L)、装载运输工具"SC HongKong",自美国休斯敦(HOUSTON TX,USA)至中国连云港(Lianyungang China),承保险别一切险,短量免赔为总货价的千分之三的绝对免赔额等。原告于 2012 年 2 月 5 日支付了保险费。涉案货物于 2011 年 12 月 29 日装船起运,提单(编号为 HOU/LIAN/02)显示,通知人为原告(JIAXING RUIPANG CHEMICAL IMPORT AND EXPORT CO.,LTD,该英文名称与重量证书记载一致),装货港为美国休斯敦(HOUSTON TX,USA),卸货港为中国连云港(Lianyungang China),承运船为"SC HongKong",货物为 ACRYLONITRILE(即丙烯腈),重量为 1 009.744 吨,装于船上 1P、1S、4P、4S、7P、7S 罐中,上述货罐中共载货 4 909.744 吨而未加区分等。原告称连云港不能停靠大船,故涉案货物在韩国过驳由"宁化 417"轮转运至连云港。2012 年 2 月 24 日 1420 时,检验公司对"宁化 417"轮船载货物进行检测,其空距报告(Ullage Report)载明:船舶为"宁化 417"轮,装货港为韩国釜山,卸货港为连云港,所检各货罐货物总重为 2 048.264 吨,备注指出,瑞方 1 004.116 吨、荣恒 1 044.148 吨。检验公司据空距报告于 2012 年 2 月 28 日出具重量证书,载明:收货人为原告,船舶为"SC HongKong",提单记载重量为 1 009.744,提单号为 HOU/LIAN/02,经检验货物重量为 1 004.116 吨。2012 年 2 月 25 日,原告出具出险通知书,向被告通知货差并要求派员检验。2012 年 3 月 16 日,原告向被告发出律师函,陈述索赔经过、要求及时理赔,并表示将通过法律途径解决纠纷。2012 年 3 月 30 日,被告书面拒赔,其理由为:(1)货物中途转运,但原告未明确告知被告货物是剧毒、易挥发性化学制剂,驳运中肯定会有短量发生。(2)休斯敦装船提单所示货罐号与连云港卸货时罐号不一致,无法确认所卸货物与装船货物为同一批次货物。(3)检验单显示,连云港所卸货物为原告及荣恒两家公司所有,无法确认短量为原告货物。原告因索赔未果,遂诉至法院。

三、法院裁判

宁波海事法院认为,原、被告间的海上货物保险合同合法有效,双方均应依法履行。本案当事人争议的核心问题有二:(1)原告是否应及时告知货物转运事实,不告知的法律后果;(2)连云港所卸货物与被告承保货物的一致性及是否短货。

对第一个问题,原告代理人虽承认未予直接告知,但据被告所提交的投保单显示,装载工具一栏为"SC HongKong/Ninghua 420",表明整个海运过程涉及两船,必然有转运发生。而"SC HongKong"轮正是休斯敦港装货船舶,连云港卸货船舶为"宁化 417"轮,故宁波海事法院认为原告已在投保时书面告知被告转运之事,并有理由相信被告就涉案货物转运一事已经知晓。被告辩称:因原告未告知中途转运而不负赔偿责任,无事实与法律依据,宁波海事法院不予采纳。

第二个问题涉及举证责任问题。检验公司作为法定的独立第三方检验机构,对

"宁化417"轮所载货物进行检验,备注载明原告货物数量,并出具了与休斯敦港装货提单相关联的重量证书,原告也提取了"宁化417"轮所载货物,故宁波海事法院认为原告已完成了货物统一性(连云港所卸货物即休斯敦港所装货物)及货差的初步证明,被告基于其利益应及时查勘、进一步深入调查以确定原告主张是否成立,而不能仅据检验公司的空距报告、重量证书简单反诘原告并以自己对两份文件的理解直接拒赔。在原告已完成初步证明的情况下,被告未提供充分证据证明检验公司的空距报告、重量证书为虚假、伪造或其相关记载完全无据,故被告辩称不能确定装、卸货物的一致性、不能确定原告货物短量,证据与理由均不充分,宁波海事法院不予采纳。被告辩称:货差系自身特性所致,亦未相应举证,宁波海事法院亦不予采纳。

综上,宁波海事法院认为,原告诉称被告承保货物发生短量的主张成立,其诉请被告承担保险赔偿责任,合法有理,宁波海事法院予以支持。被告应予赔偿的数额为 1 857 928.96 美元/1 009.744 吨 × (1 009.744 吨 − 1 004.116 吨 − 1 009.744 吨 × 0.003)。依照《中华人民共和国海商法》第 216 条、第 237 条,《中华人民共和国民事诉讼法》第 64 条第 1 款的规定,判决如下:

被告某某责任保险股份有限公司嘉兴中心支公司赔付原告嘉兴某化工进出口有限公司短货损失 4 782 美元(可按支付日中国人民银行公布的汇率折算成人民币支付)。

3.2 保证义务

7 原告邬苏国与被告中国太平洋保险公司舟山市分公司船舶保险合同纠纷案
案例来源:宁波海事法院(2000)甬海商初字第 114 号
主题词:保证义务　航区保证　渔船保险

> **裁判要旨**
>
> **No. HX-3.2-1**　保险合同约定,船舶驶出载明的航区造成的损失、费用和责任,保险公司不承担责任。由于船舶违反了保险合同约定的航区保证义务,保险公司有权拒赔。

一、基本案情

原告:邬苏国(以下简称原告)
被告:中国太平洋保险公司舟山市分公司(以下简称被告)
原告诉称:1998 年 6 月 29 日,原告与被告签订了一份船舶保险合同,约定由被告承保被告所属的"浙普渔 20078"轮,保险金额 28 万元,保险期限为 1998 年 6 月 29 日至 1999 年 6 月 29 日。1999 年 5 月 24 日下午 2:00 时许,"浙普渔 20078"轮在 204/8 海区作业,因遇大风,船体进水太多,经抢救无效,于 21:00 沉没。经被告确认,事故为保险责任事故,被告于1999年6月预付赔款10万元给原告,但余18万元至今未付,故原告诉至法院,请求判令支付原告保险金18万元。

被告未作书面答辩,但在庭审中称:事故发生时无大风,船舶进水后,原告未采取排水措施。船舶航区为三类航区,但却到二类航区作业,故船舶是不适航的,按合同约定,被告不承担赔偿责任,之所以支付10万元,是普陀渔监站提出原告经济很困难,能不能照顾一点,在这种情况下,经协商,原告支付了10万元,该保险赔偿案业已终结。

二、法院查明的事实

宁波海事法院认定,1998年6月29日,原、被告签订"国内渔船保险单",约定:由被告承保原告所属的"浙普渔20078"轮,该轮航行区域为三类,险别为全损及第三者碰撞险,船舶造价40万元,保险金额28万元,保险费7980元,保险期限为1998年6月29日至1999年6月28日。"保险单附件会员"须知第3条除外责任第5项约定,互保渔船驶出互保凭证所载的航区造成的损失、费用和责任,本会不予承担;第6条会员责任第4款约定,在互保期限内,互保渔船如果变更经营人或船租人、航区及其他互保凭证所载情况,应事先通知本会并办理批改手续。1999年5月24日,"浙普渔20078"轮在属二类航区的204/8海区作业,因船舶进水,于22:00左右沉没于同属二类航区的204/7海区。事故发生后,原、被告曾就事故是否属保险责任范围和赔偿金额等事宜进行过协商,被告于1999年7月2日支付了10万元,由原告村干部曹先忠领取后,通过有关途径转交给原告,但原、被告双方未对事故是否属于保险责任范围和赔偿金额等事宜达成任何书面协议。原告认为事故属保险责任范围,被告尚有18万元未予赔偿,故诉至宁波海事法院。

三、法院裁判

宁波海事法院认为,原、被之间的船舶保险合同关系合法有效,双方应依约定履行义务。(1)原告所属的"浙普渔20078"轮的航区为三类航区,原告将其开至二类航区作业,违反了"会员须知"中第3条除外责任第5项的约定。(2)"会员须知"中第6条会员责任第4款关于"在互保期限内,互保渔船如果变更经营人或船租人、航区及其他互保凭证所载情况,应事先通知本会并办理批改手续"的约定,与海上保险中被保险人的保证责任的内涵是一致的,因此,保险单及会员须知中的航区约定既属于除外责任,也属于保证条款,原告违反此约定,被告不应负保险合同下的赔偿责任。原告主张事故发生后,被告曾承认事故属于保险责任范围以及被告所支付的10万元是保险预付款,但未能对此主张充分举证。

综上,原告的诉讼请求于法无据,不受保护。依照《中华人民共和国海商法》第216条第1款、第217条第(6)项、第235条,《中华人民共和国民事诉讼法》第64条第1款的规定,判决如下:

驳回原告邬苏国要求被告中国太平洋保险公司舟山市分公司支付保险金18万元的诉讼请求。

3.3 提供材料的义务

8 上诉人中国太平洋财产保险股份有限公司舟山中心支公司与被上诉人庄和昌船舶保险合同纠纷案

案例来源:浙江省高级人民法院(2009)浙海终字第4号
主题词:被保险人提供保险标的材料的义务　先履行抗辩权　赔偿协议

> **裁判要旨**
>
> **No. HX-3.3-1**　行使先履行抗辩权的前提需存在对等给付,即双方当事人存在相当的主给付义务。被保险人根据约定,应当向保险人提交相关材料,但是此类材料并非与保险事故有关的主要材料,该义务与保险人支付赔款的义务不相当。因此,保险人行使先履行抗辩权缺乏相应的条件,无法得到支持。

一、基本案情

上诉人(原审被告):中国太平洋财产保险股份有限公司舟山中心支公司(以下简称太保舟山公司)

被上诉人(原审原告):庄和昌

宁波海事法院审理查明:2007年11月21日,庄和昌就其所有的"海江浚7"轮向太保舟山公司投保,太保舟山公司作为保险人向庄和昌签发了号码为AHA83023007B000123R的沿海、内河船舶保险单,保险金额为7 000万元,险别为一切险,保险期限自2007年11月21日至2008年11月20日,保险费分三期支付,庄和昌已经按照约定全部支付完毕。

2008年5月1日,"海江浚7"轮在河北曹妃甸海区进行吸泥吹填作业时发生海损事故而沉没。事故发生后,太保舟山公司、庄和昌经过协商,于2008年8月13日就该保险事故达成理赔协议,该协议约定:太保舟山公司对庄和昌投保的"海江浚7"轮海损事故所造成的损失采用协议赔偿方式,即太保舟山公司就本次事故赔付庄和昌4 000万元,在庄和昌提供保单项下保险赔款受益人出具的有效权益转移文件的前提下,太保舟山公司在该协议签订之日起10个工作日内将上述赔款支付给庄和昌,如果超过上述时间,庄和昌未提供有效权益转移文件,太保舟山公司就将上述赔款依法支付给保单中约定的受益人。该协议还约定,庄和昌依据双方确认的清单向太保舟山公司提供文件资料,除清单所列文件和资料,太保舟山公司不得要求庄和昌再提供其他文件资料,更不能以庄和昌未提供清单之外的文件资料作为拒绝付款的理由。双方确认的文件资料清单中第3项为"船舶检验证书、所有权证书、国籍证书及船员证书",第5项为"海事部门关于事故发生的证明文件"。双方于同日签订确认书一份,确认协议书中的付款期限自 2008 年 8 月 12 日起算。

2008 年 8 月 12 日,庄和昌向太保舟山公司提供了由保单项下受益人中国建设银行股份有限公司舟山城关支行所出具的有效权益转移文件,太保舟山公司于同日作出批单予以确认。庄和昌随后提交了双方约定的其他文件资料,其清单上注明:因"海江浚 7"号轮非自航船舶,该轮没有配员要求。太保舟山公司于 8 月 15 日在清单上签字接收。后因太保舟山公司未按协议约定的期限向庄和昌付款,庄和昌经多次催促无果后,于 2008 年 9 月 25 日诉至宁波海事法院,请求判令太保舟山公司立即支付保险赔偿金 4 000 万元及相应利息,并赔偿庄和昌为本案支付的代理费 120 万元。2008 年 11 月 4 日,庄和昌撤回了利息及代理费的诉请。

二、一审裁判

宁波海事法院审理认为:庄和昌系"海江浚 7"轮的所有人及被保险人,太保舟山公司系"海江浚 7"轮的保险人,双方于 2008 年 8 月 13 日就"海江浚 7"轮海损事故达成的赔偿协议系双方真实意思表示,合法有效,双方并无异议,故本案属于船舶保险合同项下的赔偿协议纠纷。由于双方协议中对庄和昌按约支付保费并无异议及庄和昌已于庭后撤回利息及律师代理费的诉请,故对此不再评析。根据双方当事人的诉辩意见,宁波海事法院认为本案的争议焦点为:庄和昌未向太保舟山公司提供船员证书和海事部门关于事故发生的证明文件,是否致使太保舟山公司无法判断该案是否属保险事故,以及太保舟山公司是否有权据此拒绝付款。

"海江浚 7"轮 2008 年 5 月 1 日沉没所涉事故属于保险事故,已在太保舟山公司与庄和昌达成的赔偿协议中得到确认,故太保舟山公司关于由于庄和昌未按约定提供清单上的全部文件,使其不能作出所涉事故是否属保险事故的抗辩,无事实与法律依据,不予采纳。双方签订的《协议书》第 4 项约定,庄和昌有向太保舟山公司提供文件资料的义务,但并未约定太保舟山公司可以凭此拒赔,而且庄和昌已经提供了其所能提供的全部文件资料,至于其未能提供的船员证书,系因"海江浚 7"轮非自航船舶,没有配员要求,这点庄和昌也已在清单上予以注明。对于清单中约定的"海事部门关于事故发生的证明文件"缺少明确定义,从字面上理解只是一份证明事故已经发生的海事部门的书面材料,并非就是太保舟山公司认为的海事部门出具的正式报告,且太保舟山公司提供的证据也证明其明知海事部门的海事报告至今还未完成,故船员证书及海事报告并非庄和昌故意不提供。现太保舟山公司以庄和昌无法提供的船员证书及海事部门尚未完成的海事调查报告为由,要求庄和昌先履行并拒绝支付协议中约定的赔款,理由不足,不予支持。双方的《协议书》第 3 项约定:"本协议项下的赔偿款项,甲方应在本协议签订之日起十个工作日内支付给乙方,如果超过上述时间尚未提供有效权益转移文件,甲方将上述赔款依法支付给保单中约定的受益人。"即太保舟山公司付款的时间限定在协议签订之日起 10 个工作日内,即使不付给庄和昌,也要付给保单中约定的受益人,故太保舟山公司关于其有权暂缓支付的抗辩,不予采纳。综上,庄和昌的诉请有理,予以支持。宁波海事法院依照《中华人民共和国保险法》第 24 条第 1 款的

规定,于 2008 年 11 月 17 日判决:

太保舟山公司于判决生效后 10 日内向庄和昌支付 4 000 万元。如果未按判决指定的期限履行给付金钱义务,应当依照《中华人民共和国民事诉讼法》第 229 条之规定,加倍支付迟延履行期间的债务利息。

一审案件受理费 252 800 元,由太保舟山公司承担 241 800 元,庄和昌承担 11 000 元。

三、上诉与答辩

太保舟山公司不服原审判决,向浙江省高级人民法院提起上诉称:虽然双方在本案事故发生后签订了《协议书》,但该《协议书》仅对本案事故的损失数额进行了确定,原判认定太保舟山公司已确认本案事故为保险事故与事实不符;太保舟山公司是在相信本案事故为保险事故的前提下签订的协议,但庄和昌仍应根据《中华人民共和国保险法》的相关规定提供证据证明确系保险事故,现有材料不足以证明投保船舶系爆炸沉没,其未履行法律规定的投保人应尽的义务;庄和昌也未按照协议的约定,提供清单所列的船员证书和海事部门出具的事故调查报告,未全面履行合同约定的义务,致本案事故性质无法确定;在庄和昌既未履行法定义务,也未履行约定义务的情况下,太保舟山公司有权暂缓支付赔偿款项。请求改判驳回庄和昌的诉讼请求。

庄和昌书面答辩称:双方所签《协议书》并非只确定了损失数额,而已经是对赔偿金额的确定,赔偿的前提是确定为保险事故,否则,也系保险人太保舟山公司放弃了该项抗辩权,仍应支付保险赔偿款;双方也未在协议中约定庄和昌提供清单所列材料系支付赔偿款的条件,且庄和昌不能提供船员证书的原因,太保舟山公司在签收庄和昌提供的材料清单时即已知情并已签字认可,其余材料均已提供,太保舟山公司无权行使先履行抗辩权;在协议约定保险人应支付保险赔偿款,被保险人又履行了协议约定的提供材料义务的情况下,作为保险人的太保舟山公司要求暂缓支付保险赔偿款没有依据。原判正确,应予维持。

四、二审裁判

浙江省高级人民法院经审理查明的事实与原判认定的一致。

浙江省高级人民法院认为:本案争议焦点在于太保舟山公司应否承担保险赔偿责任。双方当事人对庄和昌投保船舶"海江浚 7"号轮确已沉没,双方为此于 2008 年 8 月 13 日签订《协议书》的事实均无异议,浙江省高级人民法院予以确认。该协议不违反法律法规,亦不损害他人利益,双方本应按约履行。太保舟山公司认为《协议书》仅对事故损失数额进行了确定,并非确定赔偿数额。但该《协议书》明确载明双方就保险赔偿事项进行多次协商确定赔付金额为 4 000 万元,赔偿意思表示明确,太保舟山公司主张仅对损失数额作出确认明显与事实不符,太保舟山公司的该项理由不能成立。太保舟山公司进而认为,《协议书》并未明确本案所涉事故的性质,庄和昌仍需举证证明该事故发生的原因,以确定是否落入保险范围。虽然《协议书》确未写明本案事故属于保险范围的事故,但一方面,太保舟山公司在协议中明确表明的赔偿意思表示隐含了其确认事故性质为保险事故;另一方面,《协议书》也未写明已确定的赔偿款项需待事故性质经特定程序确定后才予支付,更何况,该协议还明确表明本案所涉事故采用协议赔偿方式,故庄和昌需证明事故性质的举证责任实际已被免除,太保舟山公司要求庄和昌再举证证明事故性质的主张缺乏事实和法律根据,不应予以支持。太保舟山公司还认为,庄和昌未按《协议书》要求提供材料清单中约定的船员证书和事故调查报告,未全面履行协议约定的义务,本案不具备付款条件,太保舟山公司享有先履行抗辩权,可以暂不支付协议项下的赔偿款。对此,《协议书》虽约定庄和昌需提供的材料应符合协议所附清单的要求,但这仅是庄和昌一方应履行的义务,《协议书》并没有将此约定为太保舟山公司支付赔偿款的先行条件,太保舟山公司认为庄和昌的行为不符合付款条件与事实不符;行使先履行抗辩权的前提需存在对等给付,即双方当事人存在相当的主给付义务,庄和昌需向太保舟山公司提交相关材料的义务显然并非与太保舟山公司支付赔款的义务相当,太保舟山公司行使先履行抗辩权缺乏相应的条件;且《协议书》所附庄和昌需提供材料的清单中,要求提供的是事故发生的证明而非事故调查报告,庄和昌向太保舟山公司提交了由事故发生地海事部门加盖"准予备查"签证章的报案材料应属事故发生的证明;"海江浚7"号轮非自航船舶,其船舶证书已表明其无船员配备要求,庄和昌在提交的材料中已将此情况注明,太保舟山公司对此也已知情,故庄和昌不存在未全面履行协议约定的提交材料义务的情形,太保舟山公司应按《协议书》予以赔偿。

综上,太保舟山公司提出的上诉理由均不能成立,浙江省高级人民法院不予支持。原判认定事实清楚,适用法律正确,实体处理得当。依照《中华人民共和国民事诉讼法》第153条第1款第(1)项之规定,判决如下:

驳回上诉,维持原判。

3.4 出险后义务

⑨ 原告海源润铝材玻璃有限公司与被告中国平安财产保险股份有限公司秦皇岛中心支公司水路货物运输保险合同赔偿纠纷案
案例来源:上海海事法院(2005)沪海法商初字第37号
主题词:被保险人出险后义务 保险人特别通知 玻璃运输

> **裁判要旨**
>
> **No. HX-3.4-1** 一旦保险事故发生,被保险人应当立即通知保险人,并采取必要的合理措施,防止或者减少损失。被保险人收到保险人发出的有关采取防止或者减少损失合理措施的特别通知的,应当按照保险人通知的要求处理。对于被保险人违反前款规定所造成的扩大损失,保险人不负赔偿责任。

一、基本案情

原告：上海源润铝材玻璃有限公司

被告：中国平安财产保险股份有限公司秦皇岛中心支公司

原告上海源润铝材玻璃有限公司诉称，原告于2004年6月24日通过上海银河船务有限公司的"春天"轮将一批高档玻璃由秦皇岛运往上海。该批货物由被告承保，承保险种为"综合险（包括水湿险）"。运输过程中，玻璃被水浸湿。原告本着损失最小化原则对部分玻璃作了相应处理，但部分高档玻璃损失较大，经统计共损失人民币1 134 939元。原告于2004年7月23日、29日两次向被告索赔，但被告毫无反应。2004年10月被告回函告知原告该批玻璃未受损失，无法进行理赔。原告即将该批受潮玻璃送去国家玻璃质量监督检验中心检验，经鉴定，该批玻璃作为高档建筑用玻璃，已失去使用价值。据此请求被告按不足额投保比例支付保险赔款人民币70万元，并承担本案诉讼费。

被告在答辩期间提供了中国进出口商品检验（上海）公司的验残证书作为证据，在庭审中辩称：（1）原告主体不合格，本案被保险人是秦皇岛耀荣船务代理有限公司（以下简称耀荣公司），我方与原告没有保险合同关系；（2）本案不存在原告所主张的货损，我方提供的报告、证明受水浸湿的玻璃质量没有受损，玻璃的使用价值和商业价值没有受损；（3）原告递交的国家玻璃质量监督检验中心的《鉴定说明》，是事发后近半年才鉴定出具的，无法证明涉案玻璃的质量受损。请求本院驳回原告的起诉。

二、法院查明的事实

上海海事法院经审理查明并确认如下法律事实：

2004年6月24日，原告委托耀荣公司为其办理玻璃货运、投保等业务，耀荣公司以自己的名义为原告所有，由上海银河船务有限公司"春天"轮承运的建筑玻璃投保了"国内水路、陆路货物运输综合险"。2004年6月29日，船到上海，卸船时发现船舱进水，造成玻璃水湿。2004年7月1日，被告委托中国进出口商品检验（上海）公司去收货人仓库，由检验公司检验员会同船方、收货方一起对受损玻璃进行清点，打开外包装进行检验，检验结果确认因船舱底部积水，导致船舱下层储运的玻璃下部进水，积水沿玻璃之间所衬白纸向上渗透，从而扩大玻璃水湿程度。确认水湿比例为29%—39%。经检验员将水湿白纸取样送实验室分析后得知，船舱底部积水为淡水。经对水湿玻璃与完好玻璃分别取样送实验室进行对比分析，得到结论为船舱中的积水对LOW-E玻璃和SUN-E玻璃的具体品质指标并无明显影响，所有水湿玻璃无受损现象。之后，原、被告之间为如何施救互相进行联系，被告要求原告及时积极采取措施减少损失，原告则强调自己作为一个批发企业，没有能力实施施救措施。2004年10月13日，被告书面通知原告：经过商检部门出具的报告，75件LOW-E玻璃及10件SUN-E玻璃受水湿影响，但所有水湿玻璃品质无明显影响，不能理赔。因此引起涉案诉讼。

三、法院裁判

上海海事法院认为,关于被保险人的义务法律适用,依照《中华人民共和国海商法》第236条的规定:"一旦保险事故发生,被保险人应当立即通知保险人,并采取必要的合理措施,防止或者减少损失。被保险人收到保险人发出的有关采取防止或者减少损失的合理措施的特别通知的,应当按照保险人通知的要求处理。对于被保险人违反前款规定所造成的扩大的损失,保险人不负赔偿责任。"在本案中,根据被告提供的验残报告,涉案的LOW-E和SUN-E玻璃水湿比例为29%—39%,但在2004年7月1日检验时,检验报告确认,船舱中的积水对LOW-E和SUN-E玻璃的具体品质指标并无明显影响,所有水湿玻璃无受损现象。本院认为,作为被保险人的原告,在发现玻璃存在水湿的情况下,应依法采取补救措施以减少损失。本案玻璃受水浸湿后,如原告及时采取烘干等措施进行补救,就不会产生损失,至少不会出现扩大的损失,但原告以自己是批发企业,受设备条件限制,无法完成木箱更换、玻璃清洗、烘干、重新夹纸等清理工作为由拒绝实施补救,显然违反了该法条关于"被保险人收到保险人发出的有关采取防止或者减少损失的合理措施的特别通知的,应当按照保险人通知的要求处理"、"对于被保险人违反前款规定所造成的扩大的损失,保险人不负赔偿责任"的规定,对扩大的损失,原告无法索赔。此外,被告作为一个保险公司,对受损物品并无法定的施救义务。综上所述,本院认为,本案的原告委托耀荣公司代办运输玻璃及保险义务,可从本院审理调查查明的事实中得到证实。被告在耀荣公司投保时没有询问投保人具体情况,耀荣公司没有具体披露被保险人的具体情况并不构成投保人隐瞒事实,不履行告知义务的过失或过错。原告对涉案投保玻璃享有保险利益,有权向被告提出索赔请求。原告托运的玻璃在运输过程中因船舱积水遭受湿损,符合涉案保险合同约定的综合险理赔范围。但是由于原告未能举证证明湿损玻璃所产生的具体损失,又未能提出科学合理、可供本院采信的索赔请求,本院无法支持原告的诉讼请求。

依据《中华人民共和国民事诉讼法》第64条第1款,《中华人民共和国保险法》第11条,第16条第1、2、5款,第41条第1款,《中华人民共和国海商法》第236条的规定,判决如下:

对原告上海源润铝材玻璃有限公司的诉讼请求不予支持。

4. 保险人的义务

4.1 合同条款解释义务

1 原告广东富虹油品有限公司与被告中国平安财产保险股份有限公司深圳分公司海上货物运输保险合同纠纷案

案例来源:广州海事法院(2005)广海法初字第211号

主题词:保险人合同解释义务　除外责任条款　举证责任

> **裁判要旨**
>
> **No. HX-4.1-1**　保险人收到被保险人的赔偿请求后,应当及时作出核定,与被保险人协商赔偿,履行赔偿义务;保险人未及时履行赔偿义务的,除支付保险赔偿金外,还应当赔偿被保险人因此受到的损失。
>
> **No. HX-4.1-2**　保险人没有举证证明其在投保人接受保险单以前已向投保人明确说明了保险除外责任条款,应认定保险人在订立保险合同时没有向投保人说明除外责任条款,保险单规定的除外责任条款不产生效力,保险人无权依据保险单中的除外责任条款拒赔。

一、基本案情

原告:广东富虹油品有限公司(以下简称原告)

被告:中国平安财产保险股份有限公司深圳分公司(以下简称被告)

原告广东富虹油品有限公司诉称:2004年4月28日,原告为"韩进大马(MV. Hanjin Tacoma)"轮从巴西运载进口的57 750公吨大豆向被告投保了海运货物一切险,保险金额为22 874 179.50美元。被告向原告签发了保险单。8月1日,原告发现该轮所载货物霉变,立即通知了被告。经商检评估,该轮残损大豆损失净重为5 868.428公吨,扣除0.3%的免赔额后的价值达17 903 749.20元(本判决书所述货币除注明为美元外,均为人民币)。为处理该批残损大豆,原告还垫付了检验费用172 530元、额外包装材料费97 261.06元、港口灌包费92 586.72元、港口困难作业费80 850元、额外人工费20 000元、港口堆存保管费198 977.63元、港口卸载残损货物费用205 394.98元、困难作业引起船舶滞期费用1 681 668元,合计20 453 017.59元。10月28日,原告向被告提交了索赔申请和相关资料,被告于11月1日确认收到原告的索赔申请,却一直不予赔付。因被告签发的保险单背面以英文载明免责条款,其在订约过程中没有向原告作出说明,原告当时也不了解条款内容,被告无权援引保险单背面所载的免责条款拒赔。

请求法院判令被告赔付原告货物损失 17 903 749.20 元、残损大豆施救费及船舶滞期损失 2 549 268.39 元及其利息(从货物卸船完毕之日起按年利率 5.58% 计至法院判决确定的支付之日止),并承担本案诉讼费。

被告中国平安财产保险股份有限公司深圳分公司辩称:双方当事人之间的保险合同合法有效,合同的免责条款是原告自己选择的,被告已就保险条款的全部内容向原告作了明确说明,保险合同的全部条款是双方当事人一致同意的内容,原告不能在保险事故发生后只选择合同的责任条款而否定免责条款。货物损失及相关费用共为 18 298 955.08 元。其中,货物损失数量相当于 5 868.428 公吨货物全损,按货物发票所载的成本加运费价 369.26 美元(按当时 1 美元兑人民币 8.2769 元的汇率折算)和保险费 168 578.51 元计算,本案全部货物的保险价值为 176 671 534.94 元,单价为 3 059.25 元/公吨。原告只有证据证明检验费用 172 530 元、港口灌包费 92 586.72 元、港口困难作业费 80 850 元,货物的施救费用为该三项费用,合计 345 966.72 元。原告没有证据证明其主张的其他费用。原告主张船舶滞期费用 1 681 668 元,也没有提供任何相关证据,且滞期费与保险人无关。"韩进大马"轮从 2004 年 5 月 8 日起航,于 6 月 16 日抵达湛江港,而原告却迟延于 8 月 2 日才办妥卸货手续。罗便士保险公估(中国)有限公司(以下简称罗便士公估公司)与中国检验认证集团深圳有限公司(以下简称深圳检验公司)所作的两份报告分别认为,船舶停航期间的货损占全部货损的比例为 78% 与 76.3%。本案货物损失的绝大部分是被保险人、发货人方面的原因与运输迟延造成的,这属于保险单约定的除外责任。原告不能将自己应负的责任强加给被告。原告应承担 78% 的损失和费用,被告应承担 22% 的损失和费用。被告应仅向原告支付保险赔偿 3 457 787.78 元。

二、法院查明的事实

2004 年 4 月 15 日,原告(作为买方)与路易达孚亚洲私人有限公司(Louis Dreyfus Asia Pte Ltd.)(作为卖方)签订买卖合同,约定:买方以信用证付款方式向卖方购买 55 000 公吨(增减 10% 由卖方选择)散装巴西大豆等。5 月 17 日,原告申请广东发展银行湛江分行作为开证行开出了以卖方为受益人的不可撤销的跟单信用证。5 月 19 日,原告申请该开证行将信用证金额确定为 21 324 765 美元,货物单价定为成本加运费,卖方不负责卸货(CFR FO 湛江),每公吨 369.26 美元。8 月 23 日,广东发展银行湛江分行从原告账户中划拨了 177 884 911.77 元,用于支付上述信用证下的货款及其利息共 21 423 063.25 美元。

4 月 27 日,原告就从巴西进口的大豆向被告发出货物运输险投保单,投保单载明:货物数量 60 500 公吨;运输工具"韩进大马"轮,船旗为巴拿马旗,该轮于 2004 年 5 月 4 日自巴西桑托斯开航,至中国湛江;保险金额 23 963 445 美元;保险费 20 368.93 美元;投保一切险加战争险、罢工险等。投保单仅载明险别名称,没有载明险别内容。

4 月 28 日,被告签发了货物运输保险单,以邮政快递方式寄送原告,保险单载明:

被保险人为原告;被告根据被保险人的要求及其所交付约定的保险费,按照保险单背面所载条款与特款,承保货物运输保险;被保险货物为 60 500 公吨散装巴西大豆,货物单价 396.09 美元/公吨;货物由"韩进大马"轮于 2004 年 5 月 4 日从巴西桑托斯(Santos)起运至中国湛江,该轮船旗为巴拿马旗;保险金额 23 963 445 美元。保险单没有记载保险价值。保险单正面载明承保条件为:(1) 按照中国人民保险公司(1981/1/1)海洋运输货物保险条款(包括仓至仓条款)承保一切险,按照中国人民保险公司(1981/1/1)海洋运输货物战争险条款承保战争险,并按照中国人民保险公司货物罢工险条款承保罢工险;(2) 短量责任为"港至港"责任,其他责任为"仓至仓"责任;(3) 短量事故绝对免赔为保险金额的 0.5%,其他事故绝对免赔为保险金额的 0.3%;(4) 货物抵港重量以目的港商检计量报告为准;(5) 附加运输终止条款;(6) 货物抵港后需保险人监卸。

保险单正面下方英文格式条款载明"索赔文件",约定:为迅速处理索赔,被保险人或其代理人应该及时提交所有相关文件,包括:(1) 保险单正本;(2) 装运清单连同装运明细单和/或重量记录的原件或经核实的复印件;(3) 提单和/或运输合同的原件或经核实的复印件;(4) 检验报告或其他能证明货物损失程度的文件;(5) 在卸货港或最后目的地的卸货数量和重量记录;(6) 就货损赔偿与承运人或其他当事人商讨的信函。

保险单背面全部以英文载明海洋运输货物保险(格式)条款,有关条款内容如下:

1. 责任范围

本保险的一切险除承保保险单所列明的平安险、水渍险和各项责任外,还负责被保险货物在运输途中由于外来原因所致的全部或部分损失。

2. 除外责任

本保险对下列损失,不负赔偿责任:(1) 被保险人的故意行为或过失所造成的损失;(2) 属于发货人责任所引起的损失;(3) 在保险责任开始前,被保险货物已存在的品质不良或数量短差所造成的损失;(4) 被保险货物的自然损耗、本质缺陷、特性以及市价跌落、运输迟延所引起的损失或费用;(5) 本公司海洋运输货物战争险条款和货物运输罢工险条款规定的责任范围和除外责任。

3. 责任起讫

本保险负"仓至仓"责任,自被保险货物运离保险单所载明的起运地仓库或储存处所开始运输时生效,包括正常运输过程中的海上、陆上、内河和驳船运输在内,直至该项货物到达保险单所载明目的地收货人的最后仓库或储存处所或被保险人用作分配、分派或非正常运输的其他储存处所为止。如未抵达上述仓库或储存处所,则以被保险货物在最后卸载港全部卸离海轮后满 60 天为止,如在上述 60 天内被保险货物需转运到非保险单所载明的目的地时,则以该项货物开始转运时终止等。

4. 被保险人的义务

如遇航程变更或发现保险单中所载明的货物、船名或航程有遗漏或错误时,被保险人应在获悉后立即通知保险人并在必要时加缴保险费,本保险才继续有效;被保险人在向保险人索赔时,必须提供下列单证:保险单正本、提单、发票、装箱单、磅码单、货损货差证明、检验报告及索赔清单。如果涉及第三者责任,还须提供向责任方追偿的有关函电及其他必要单证或文件,等等。本案没有证据证明被告在原告接受保险单以前就保险单正面与背面的英文条款内容(包括免责条款)向原告作出了明确的说明。

4月29日,被告向原告出具了21 567.10美元的保险费发票。4月30日,原告为本案货物保险向被告支付了168 587.51元保险费。5月12日,被告向原告出具了170 390.60元的保险费发票。5月13日,因根据提单记载,被保险货物数量有所变化,经原告申请,被告向原告签发保险批单,批单载明:自2004年5月11日起将保险单下保险金额减少为22 874 197.50美元,货物数量更改为57 750公吨,应退还保险费980.32美元;保险单所载其他条件不变。原告于4月30日支付保险费后,没有继续向被告支付保险费,被告也未向原告退还保险费。最终,原告为本案货物保险实际向被告支付的保险费仍为168 587.51元。

从5月4日至7日,原告购买的57 750公吨大豆在巴西桑托斯港被装上韩进船务有限公司所属的韩国籍"韩进大马"轮。该轮悬挂韩国旗,但该轮在此时的装货时间《事实记录》记载该轮船旗为巴拿马旗。5月7日,泛大西洋运输公司〔Transatlantic Carriers(Agenciamentos) Ltda.〕作为该轮船长金锡现(Gim, Seog Hyeon)的代理为该批货物签发了一式三份正本指示提单,提单正面载明57 750公吨散装巴西大豆(soybean)已清洁装船等。该提单经正面所载明的托运人科迈实业公司(Comercio E Industrias Brasileiras Coinbra S/A)背书后,由原告持有。5月20日,货物卖方路易达孚亚洲有限公司向原告出具商业发票,发票载明:57 750公吨巴西散装大豆总价为21 324 765美元,单价为成本加运费(卖方不负责卸货费)369.26美元/公吨。巴西BSI检疫有限公司(BSI Inspectorate Do Brasil Ltda.)受卖方的委托在本案货物57 750公吨大豆装船前检验了"韩进大马"轮船舱,在货物装船后对货物进行了品质与重量检验、熏蒸与化学残留物监测与植物检验,于5月7日出具了该批货物的原产地证书、装运港重量证书、质量证书、熏蒸证书、清舱证书、化学残留物证书、装货港植物检验证书,表明船舶在装货前船舱清洁干燥,适合装运大豆,没有记载货物在装运时有不良情况。巴西BSI检疫有限公司出具的《质量证书》载明,本案57 750公吨大豆在装运时的各种含量分别为:水分12.7%;杂质0.97%;破碎粒10.89%;损伤粒7.22%;热损伤粒0.75%;油分19.58%;蛋白质35.7%(没有载明异色粒项目)。

6月16日0400时,"韩进大马"轮抵达湛江港,开始抛锚等泊位。6月19日10:24时,船长递交了装卸准备就绪通知书,做好了卸货准备。该轮一直锚泊至8月1日16:12时起锚靠向湛江港405泊位,同日21:30时,该轮第5.6舱开始卸货,随后陆续卸货,期间因下雨、移泊、挑选红豆等原因暂停卸货,于9月3日05:40时卸货完毕。

6月18日,原告与路易达孚亚洲私人有限公司分别获得农业部就本案进口大豆颁发的《中华人民共和国农业转基因生物标识审查认可批准文件》《中华人民共和国农业转基因生物安全证书(进口)》。7月27日,原告获得国家质量监督检验检疫总局为本案进口大豆颁发的《中华人民共和国进境动植物检疫许可证》。

8月1日16:00时,原告在与其他检验人员对"韩进大马"轮所载大豆抽样时发现大豆有霉变、受损现象,同日电话通知被告,于次日向被告发出出险通知书,告知货损情况。原告于8月6日书面通知"韩进大马"轮船长金锡现货物有霉变情况。

8月23日,原告申请法院对"韩进大马"轮上的航海日志等资料进行证据保全,同日法院经审查裁定〔(2004)广海法保字第46号〕准许了原告的证据保全申请,并对该轮上的有关资料进行了证据保全。8月25日,原告向法院申请扣押"韩进大马"轮,要求该轮所有人韩进船务有限公司提供500万美元的担保,同日法院经审查裁定〔(2004)广海法保字第47号〕准许了原告的财产保全申请,在湛江港扣押了该轮。被告为原告申请证据保全与扣押船舶向法院提供了担保函,并代原告向法院交纳了证据保全与财产保全的申请费及执行费共35 000元。9月2日,中国再保险(集团)公司为该轮所有人向原告与被告提供了担保赔偿限额为400万美元的担保函。同日原告接受了上述担保函,并申请法院解除船舶扣押,法院遂于同日解除了对"韩进大马"轮的扣押。

10月28日,原告向被告书面提出索赔申请,要求被告赔付本案货物损失及有关费用共22 464 871.76元。被告收到原告的索赔申请后,于11月1日向原告提出索赔资料清单,要求原告提供保险单、提单及租船合同、商业发票、装运港重量证书与质量证书、中华人民共和国出入境检验检疫局的品质证书与重量证书、广东检验公司湛江分公司的残损鉴定报告、安全证书及进口许可证等24份单证的原件。被告在该索赔资料清单上还注明:若无上述资料的正本,原告须在复印件上加盖公章。

12月29日,原告向被告提供了21份单证的复印件,与被告提出的索赔资料清单所列单证相比,原告提供了该清单所列的19份单证的复印件,原告没有按照被告在上述索赔资料清单中的要求提供贸易货款银行支付凭证、货物存放码头仓库的协议、货物提取记录及有关凭证,也没有提供卫生检验证书、出入境检验检疫局的品质证书与重量证书,但提供了植物检验证书、出入境检验检疫局的检验证书与卫生证书。原告向被告提供的提单、商业发票、中华人民共和国进境动植物检疫许可证等复印件上加盖了原告的公章。同日,被告向原告书面确认收到上述资料的复印件,之后没有通知原告补充索赔证明和资料。

8月20日,原告与湛江港集团有限公司第一分公司就"韩进大马"轮所载大豆的灌包等装卸作业签订港口费协议,约定该批货物的港口作业包干费标准为每吨计费,项目包括灌包费、灌包后的转栈费、转堆叠堆费、装汽车费、过秤费。湛江港集团有限公司第一分公司对上述大豆进行了卸船、灌包等装卸作业,原告先后于9月30日向该公司支付5 786.67公吨大豆的装卸包干费92 586.72元(单价16元/公吨),于10月8日向该公司支付57 750公吨大豆的装卸包干费1 536 150元(单价26.6元/公吨)、港务费80 850元(单价1.4元/公吨),于2005年2月16日、21日两次向该公司支付大豆的仓库堆存费共 198 977.63 元。湛江港集团有限公司第一分公司收到上述费用后向原告相应出具了费用发票,其中装卸包干费与港务费发票仅载明上述大豆的吨数和计费单价,堆存费发票未载明堆存吨数、货物品质与单价,有关发票均没有表明费用是因本案货损所额外引起的。8 月 2 日,原告为确定"韩进大马"轮所载大豆的残损情况,委托广东检验公司湛江分公司进行检验,于 10 月 21 日向该分公司支付了残损检验费 172 530 元。本案没有证据证明"韩进大马"轮的滞期费用。

在诉讼中,双方当事人一致同意本案纠纷应适用中华人民共和国的法律,并同意按 1 美元兑 8.2769 元人民币的汇率折算美元。

三、法院裁判

本案属海上货物运输保险合同纠纷。

除法律另有规定外,依法成立的合同,自成立时生效。鉴于保险合同条款一般由保险人格式化拟定,且被保险人充分了解免责条款对于公平保护其利益具有重要意义,法律对保险免责条款的生效另有特别规定。《中华人民共和国保险法》第 18 条规定:"保险合同中规定有关于保险人责任免除条款的,保险人在订立保险合同时应当向投保人明确说明,未明确说明的,该条款不产生效力。"原告向被告投保时在投保单上选择投保一切险等险别,但没有载明险别内容,这不能说明原告在投保时明确了解承保范围、除外责任等险别内容。双方当事人均为国内当事人,而被告向原告签发的保险单却以英文规定本保险不负责赔偿运输迟延所引起的损失和费用等除外责任,这可能不便于原告及时了解对其利益有重大影响的除外责任条款,以决定是否同意接受保险单的条款内容并订立保险合同。被告先签发保险单,再邮寄给原告接受,不是当面向原告签发保险单,不可能在签发保险单时面对面向原告说明除外责任条款。因此,仅依据原告选择了险别并接受了保险单,尚不能推定原告在接受保险单以前已明确了解保险单规定的除外责任条款,因而被告没有必要向原告明确说明;更不能推定被告在原告接受保险单以前已向原告明确说明了除外责任条款。被告没有举证证明其在原告接受保险单以前已向原告明确说明了保险除外责任条款,应认定被告在订立保险合同时没有向原告说明除外责任条款,保险单规定的除外责任条款不产生效力,被告无权依据保险单中的除外责任条款拒赔。但是,《中华人民共和国海商法》第 243 条规定:"除合同另有约定外,因下列原因之一造成货物损失的,保险人不负赔偿责任:(一)航行迟延、交货迟延或者行市变化;(二)货物的自然耗损、本身的缺陷和自然特性;(三)包装不当。"被告可以依据法律关于保险除外责任的规定对因航行与交货迟延所造成的货物损失不予赔偿。

双方当事人在保险单上约定被告按照中国人民保险公司(1981/1/1)海洋运输货物保险条款承保一切险,对货物短量外的损失承担"仓至仓"责任。按照保险单关于一切险的承保范围与"仓至仓"责任条款的约定,被告应负责被保险货物在运输途中由于外来原因所致的全部或部分损失,保险期间从保险单载明的起运地仓库至货物运至保险单载明的目的地仓库。保险合同约定"仓至仓"责任"包括正常运输过程",不是仅限于正常运输,从而间接将运输迟延排除在保险期间之外。保险合同也没有直接排除运输迟延于保险期间之外的措辞,而是明确约定保险责任"直至"货物达到目的地仓库。而且,保险单正面约定:短量责任为"港至港"责任,其他责任为"仓至仓",保险单对于"港"与"仓"有明显区分。如果对于在船舶到目的港后等泊期间货物发生的非短量损失,保险人可以就此拒赔,其对非短量损失的保险期间为"仓"至"港",而不是"仓至仓"。因此,即使发生运输迟延,只要货物尚未达到目的地仓库,"仓至仓"保险期间不应终止,运输迟延仍属于该保险期间。法律规定航行与交货迟延所造成的损失为保险除外责任,也不意味航行与交货迟延期间不属于保险期间。法律规定保险人可因航行与交货迟延而不负责赔偿的损失,是与航行、与交货迟延有因果关系的损失。迟延期间所发生的损失不等于因迟延所造成的损失,因为在迟延期间可能存在外来原因造成被保险货物损失,也可能因迟延等其他因素或多种因素综合作用造成货损。因运输迟延属保险期间,在运输迟延中因承保风险所造成的损失,保险人仍应负责赔偿;如果在运输迟延中因承保风险与迟延等保险除外风险共同造成被保险货物损失,保险人仅可拒赔因迟延等保险除外风险所造成的损失,即与迟延等保险除外风险有因果关系的部分损失。

按照《中华人民共和国民事诉讼法》第64条第1款及最高人民法院《关于民事诉讼证据的若干规定》(法释[2001]33号)第2条的规定,当事人对自己提出的诉讼请求所依据的事实或者反驳对方请求所依据的事实有责任提供证据加以证明;没有证据或者证据不足以证明当事人的事实主张的,由负有举证责任的当事人承担不利后果。被保险人提出保险赔偿请求,应就保险合同承保的风险及其所造成的损失与费用举证;保险人以被保险人主张的损失与费用属于保险除外责任为由予以反驳的,应就保险除外风险及其所造成的损失与费用举证。

原告已举证证明了被保险货物在运输途中因船舱通风不良引起高温和舱汗而遭受净损失达5 868.428公吨。船舱通风不良(引起高温和舱汗)对于货物而言是一种外来原因。上述货损属于保险合同约定的险别"一切险"的承保范围,被告应予以赔偿。被告没有举证证明货损中因航行迟延、交货迟延等法律规定的保险除外风险所造成的部分,应依法承担不利后果。被保险货物在装船时状况良好,本案也没有证据表明货物本身具有致损的缺陷。货物的发货人在船舶于2004年6月19日做好卸货准备前一天已办好进口批文,没有影响船舶及时卸货。原告在船舶到港41天后才取得货物进境动植物检疫许可证,会引起运输迟延,原告迟延获得许可证的事实也一并归于运输迟延因素予以考虑。本案没有证据表明原告有迟延获得许可证的故意。而且,因保险合同中的除外责任条款不生效,被告无权援引其中关于保险人不负责因被保险人故意或过失,或发货人责任所引起的损失的约定,主张免除赔偿责任。被告提出货损大部分是被保险人与发货人方面的原因、运输迟延造成的,其相应的不应予以赔付的抗辩,缺乏事实与法律依据,不予支持。

尽管原告在投保时对运输船舶"韩进大马"轮的船旗的陈述与事实不符,但鉴于船舶的装货时间《事实记录》也同样记载该轮船旗为巴拿马旗,当时可能影响原告的认知,原告并无误述船旗为巴拿马旗的故意。保险合同仅具体列明货物、船名、航程有遗漏或错误时,被保险人应在知悉后立即通知保险人并在必要时加缴保险费,保险才继续有效,而没有将船旗列入上述对保险合同效力有重大影响的事项中,这说明船旗并非一定是对本案保险合同的订立与生效有重大影响的事项。事实上,原告误述船旗与船舱通风不良、运输迟延无关,与货损无关,没有增加货损风险。2005年4月8日,罗便士公估公司向被告作出《最终报告》,该报告所附《船舶规范》《(船舶)检验报告》均已表明该轮船旗为韩国旗,被告至少从此已知或应知原告误述船旗,一直也没有针对原告的索赔提出异议或要求,而在抗辩中主张保险合同合法有效。原告的保险赔偿请求不应因其误述船旗而受影响。

本案保险合同没有约定保险价值。按照《中华人民共和国海商法》第219条第2款第(2)项的规定,保险人与被保险人未约定货物保险价值的,货物的保险价值是保险责任开始时货物在起运地的发票价格以及运费和保险费的总和。被保险货物57 750公吨大豆在起运地的发票价格以及运费共为21 324 765美元,按1美元兑人民币8.2769元的汇率合人民币176 502 947.43元。货物的保险费为168 587.51元。整批货物的保险价值为176 671 534.94元(单价3 059.25元/公吨)。5 868.428公吨净损货物的价值为17 952 988.36元。本案保险合同最终约定保险金额为22 874 197.50美元,按上述汇率合人民币189 327 445.29元,高于整批货物的保险价值。根据《中华人民共和国海商法》第220条的规定,保险金额由保险人与被保险人约定;保险金额不得超过保险价值;超过保险价值的,超过部分无效。本案保险合同下有效的保险金额应以整批货物的保险价值176 671 534.94元为准。保险合同约定被告对非短量事故按保险金额的0.3%免赔。按照该约定计算被告的免赔额,应当以合法有效的保险金额176 671 534.94元为基准。被告对本案货损的免赔额为530 014.60元。被告对货物损失应承担的赔偿责任为:货物损失17 952 988.36元减去免赔额530 014.60元后,金额为17 422 973.76元。

按照《中华人民共和国海商法》第240条第1款的规定,被保险人为防止或者减少根据保险合同可以得到赔偿的损失而支出的必要的合理的费用,为确定保险事故的性质、程度而支出的检验、估价的合理费用,以及为执行保险人的特别通知而支出的费用,应当由保险人在保险标的损失之外另行支付。原告为确定货损程度而支付了货物残损检验费172 530元,被告应向原告赔偿该项费用。为确定货损程度,原告需委托港口经营人等单位对受损货物进行灌包、过磅、堆存、丈量等作业,并支付了有关费用。被告确认原告支付的港口灌包费92 586.72元、港口困难作业费80 850元属于货物施救费用,并同意赔偿,原告主张该两项费用,应予以支持。虽然原告还支付了57 750公吨大豆的装卸包干费1 536 150元、大豆的仓库堆存费198 977.63元,但是,按照货物买卖合同中约定的成本加运费,卖方不负责卸货费的价格条件,原告本应负责支付货物的卸货费,原告没有提供证据证明该两项费用是因本案货损所额外引起的费用,并属于保险人应按上述法律规定另行支付的施救费用。尽管广东检验公司湛江分公司在《检验证书(残损鉴定)》中另外备注:由于处理残损货物所产生的其他额外费用包括包装材料费97 261.06元、额外人工费20 000元等,但原告没有提供证据证明其已支付该两项费用,其主张该两项费用的事实依据不足,不予支持。原告主张港口卸载残损货物费用205 394.98元、困难作业引起船舶滞期费用1 681 668元,但没有提供证据予以证明,缺乏事实与法律依据,不予支持。被告应向原告赔偿的施救费用包括货物残损检验费172 530元、港口灌包费92 586.72元、港口困难作业费80 850元,合计345 966.72元。被告应向原告赔偿的货物损失和施救费用共计17 768 940.48元。

根据《中华人民共和国保险法》第23条、第24条第1款与第2款、《中华人民共和国海商法》第237条的规定,保险事故发生后,被保险人依据保险合同请求保险人赔偿,应当向保险人提供其所能提供的与确认保险事故的性质、原因、损失程度等有关的证明和资料;保险人依据保险合同的约定,认为有关的证明和资料不完整的,应当通知被保险人补充提供有关的证明和资料;保险人收到被保险人的赔偿请求后应当及时作出核定,与被保险人协商赔偿,履行赔偿义务;保险人未及时履行赔偿义务的,除支付保险赔偿金外,还应当赔偿被保险人因此受到的损失。在保险事故发生后,原告于2004年8月2日书面及时通知了被告,被告于8月3日、8月9日先后委托深圳检验公司、罗便士公估公司到湛江港检验货损,已开始掌握货损情况。11月1日,被告在收到原告的书面索赔申请后,向原告提出索赔资料清单,要求原告提供24份单证原件,同时说明原告若无正本须在复印件上加盖公章。被告于12月29日收到原告提供的21份索赔单证复印件后,没有要求其补充提供有关证明和资料,而依据罗便士公估公司与深圳检验公司关于运输迟延期间发生的损失的报告,主张免除78%的保险责任,事实依据不足,其应当在合理时间内及时向原告作出保险赔付。综合本案情况,酌定被告应赔付的合理时间为自原告于2004年12月29日向其提供索赔单证后的15日以内。被告应当在2005年1月13日以前向原告支付保险赔偿金(货物损失和施救费用)17 768 940.48元。被告逾期不履行赔付义务,原告还有权请求其补偿保险赔偿金相应的利息损失,该利息从2005年1月14日起算,按中国人民银行同期企业流动资金贷款利率计至本判决确定的支付之日止。

综上,依照《中华人民共和国保险法》第24条第1款与第2款,《中华人民共和国海商法》第237条、第240条第1款的规定,判决如下:

被告中国平安财产保险股份有限公司深圳分公司向原告广东富虹油品有限公司支付保险赔偿17 768 940.48元及其利息(从2005年1月14日起算,按中国人民银行同期企业流动资金贷款利率计至本判决确定的支付之日止)。

② 再审申请人海南丰海粮油工业有限公司与原审上诉人中国人民财产保险股份有限公司海南省分公司海运货物保险合同纠纷案

案例来源:最高人民法院(2003)民四提字第5号

主题词:保险人合同解释义务　保单格式条款　外来原因

> **裁判要旨**
>
> **No. HX-4.1-3**　在海上运输货物保险合同中,中国人民保险公司《海洋运输货物保险条款》规定的一切险,除包括平安险和水渍险的各项责任外,还包括被保险货物在运输途中由于外来原因所致的全部或部分损失。在不存在被保险人故意或者过失的情况下,除非被保险货物的损失属于保险合同规定的保险人的除外责任,保险人应当承担运输途中外来原因所致的一切损失。

一、基本案情

再审申请人(原审被上诉人):海南丰海粮油工业有限公司(以下简称丰海公司)

再审被申请人(原审上诉人):中国人民财产保险股份有限公司海南省分公司(原名中保财产保险有限公司海南省分公司以下简称海南人保)

海口海事法院一审查明:

1995年11月28日,丰海公司在海南人保投保了由印度尼西亚籍"哈卡"轮(HAGAAG)所运载的自印度尼西亚杜迈港至中国洋浦港的4 999.85吨桶装棕榈油,投保险别为一切险,货价为3 574 892.75美元,保险金额为3 951 258美元,保险费为18 966美元。投保后,丰海公司依约向海南人保支付了保险费,海南人保向丰海公司发出了起运通知并签发了海洋货物运输保险单,并将海洋货物运输保险条款附于保单之后。根据保险条款规定,一切险的承保范围除包括平安险和水渍险的各项责任外,海南人保还"负责被保险货物在运输途中由于外来原因所致的全部或部分损失"。该条款还规定了五项除外责任。上述投保货物是由丰海公司以CIF价格向新加坡丰益私人有限公司(以下简称丰益公司)购买的,根据买卖合同约定,发货人丰益公司与船东代理梁国际代理有限公司(以下简称梁国际)签订一份租约,该租约约定由"哈卡"轮将丰海公司投保的货物5 000吨棕榈油运至中国洋浦港,将另1 000吨棕榈油运往香港。1995年11月29日,"哈卡"轮的期租船人、该批货物的实际承运人印度尼西亚PT. SAMUDERAINDRA公司(以下简称PSI公司)签发了编号为DM/YPU/1490/95的已装船提单,该提单载明船舶为"哈卡"轮,装货港为印度尼西亚杜迈港,卸货港为中国洋浦港,货物唛头为BATCH NO. 80 211/95,装货数量为4 999.85吨,清洁、运费已付。据查,发货人丰益公司将运费支付给梁国际,梁国际已将运费支付给psi公司。1995年

12月14日,丰海公司向其开证银行付款赎单,取得了上述投保货物的全套(3份)正本提单。

1995年11月23日至29日,"哈卡"轮在杜迈港装载31 623桶、净重5 999.82吨四海牌棕榈油起航后,由于"哈卡"轮船东印度尼西亚 PT. PERUSAHAAN PELAYARAN BAHTERA BINTANG SELATAN公司(以下简称BBS公司)与该轮的期租船人PSI公司之间因船舶租金发生纠纷,"哈卡"轮中止了提单约定的航程并对外封锁了该轮的动态情况。为避免投保货物的损失,发货人丰益公司、丰海公司、海南人保多次派代表参加"哈卡"轮船东与期租船人之间的协商,但由于船东以未收到租金为由,不肯透露"哈卡"轮行踪,多方会谈未果。此后,丰益公司、丰海公司通过多种渠道交涉并多方查找"哈卡"轮行踪,海南人保亦通过其驻外机构协助查找"哈卡"轮。直至1996年4月,"哈卡"轮走私至中国汕尾被我海警查获才真相大白。根据广州市人民检察院穗检刑免字(1996)64号《免予起诉决定书》的认定,1996年1月至3月,"哈卡"轮船长埃里斯·伦巴克根据BBS公司指令,指挥船员将其中11 325桶、2 100多吨棕榈油转载到属于同一船公司的"依瓦那"和"萨拉哈"货船上运走销售,又让船员将船名"哈卡"轮涂改为"伊莉莎2"号(ELIZA Ⅱ)。1996年4月,更改为"伊莉莎2"号的货船载剩余货物20 298桶棕榈油走私至中国汕尾,4月16日被我海警查获。上述20 298桶棕榈油已被广东省检察机关作为走私货物没收上缴国库。1996年6月6日,丰海公司向海南人保递交索赔报告书,8月20日,丰海公司再次向海南人保提出书面索赔申请,海南人保明确表示拒赔。丰海公司遂诉至海口海事法院。

原审另查明,丰海公司是海南丰源贸易发展有限公司和新加坡海源国际有限公司于1995年8月14日开办的中外合资经营企业。该公司成立后,就与海南人保建立了业务关系。1995年10月1日至同年11月28日(本案保险单签发前)就发生了4笔进口棕榈油保险业务,其中3笔投保的险别为一切险,另1笔为"一切险附加战争险"。该4笔保险均发生索赔,其中有一切险范围内的货物短少、破漏的赔付。

原审还查明,根据中国人民银行银复(1996)248号文的精神,中国人民保险公司海南省分公司于1996年8月16日被撤销,并分别设立中保财产保险有限公司海南省分公司、中保人寿保险有限公司海南省分公司。中保财产保险有限公司海南省分公司于1996年9月23日在海南省工商行政管理局领取营业执照。根据中国人民银行银复(1996)248号文和《中保财产保险有限公司章程》的有关规定,海南人保财产保险业务由海南财保承接。

二、一审裁判

海口海事法院审理认为:丰海公司与海南人保之间订立的保险合同有效,双方的权利义务关系应受保险单及所附保险条款的约束与调整。本案所涉投保货物,其中3 848.07吨因船东BBS公司的走私行为而被我国边防部门作走私物品处理,剩余货物已被船东非法盗卖,均不能再归丰海公司所拥有。根据《中华人民共和国海商法》(以下简称《海商法》)第 245 条的规定,本案保险标的已发生全损;本案投保货物的发货人丰益公司与梁国际订立航次租船合同的行为符合法律规定和国际贸易运输的习惯做法,且丰益公司当庭出示的运费支付凭证及投保货物的实际承运人 PSI 公司签发的提单关于"运费已付"的记载,均证明发货人已履行了支付该航次运费的义务,故本案保险标的的损失,发货人没有责任;本案丰海公司在投保货物的承运船"哈卡"轮未在合理时间内运到约定卸货港的情况下,即书面通知了海南人保,并采取必要的合理措施,为防止或者减少保险标的的损失进行了积极的作为,故丰海公司对保险标的的损失没有过失责任。本案保险标的的损失是由于"哈卡"轮船东 BBS 公司的盗卖和走私行为造成的,根据附于本案所涉保单之后的保险条款的规定,应属于丰海公司所不能预测和控制的"外来原因",符合丰海公司投保的一切险的承保条件。海南人保提出的本案保险标的的损失是基于商业和社会风险,丰海公司如欲获得保险保障则应投保特别约定险种,如"交货不到险"的主张,因其未在保险条款的除外责任中列明,亦未在订立保险合同时明确告知,违反了《中华人民共和国保险法》(以下简称《保险法》)第 17 条的规定,订立保险合同,保险人应向投保人说明保险合同的内容,以及第 18 条的规定,保险合同中规定有关于保险人责任免除条款的,保险人在订立合同时应向投保人明确说明,未明确说明的该条款不产生效力,故对其上述主张不予支持。

海口海事法院认为,海南人保提出的保险标的尚未实际全损、丰海公司所称损失属于除外责任、不属于承保范围,故请求免除其赔偿责任的主张缺乏事实依据和法律依据,不予支持。丰海公司已履行了其作为被保险人的法律义务和合同义务,在其投保货物发生保险合同约定的承保范围内的损失时,有权依约获得保险赔偿。故对丰海公司要求海南人保依约赔偿保险标的损失的诉讼请求予以支持。由于丰海公司与海南人保双方在订立保险合同时未约定保险价值,故依照《海商法》第 219 条第 2 款第(3)项的规定,应以本案投保货物的货价(已含运费)加保险费计算,即本案投保货物的保险价值为 3 593 858.75 美元。丰海公司提出的要求海南人保赔偿其为防止和减少保险标的损失而支出费用的诉讼请求缺乏足够的证据证明,不予支持。经海口海事法院审理,依照《中华人民共和国民法通则》第 106 条、《中华人民共和国海商法》第 237 条、《中华人民共和国保险法》第 23 条的规定,判决:

一、海南人保应赔偿丰海公司保险价值损失 3 593 858.75 美元;

二、驳回丰海公司的其他诉讼请求。

三、二审裁判

海南人保不服一审判决,提出上诉。

海南省高级人民法院认为,海南人保与丰海公司之间订立的保险合同合法有效,双方的权利义务应受保险单及所附保险条款的约束。由于诉讼期间海南人保被撤销,海南人保的财产保险业务已由海南财保承接,因此,本案上诉人应变更为海南财保。

本案保险标的已发生实际全损,发货人丰益公司对保险标的的损失没有过错责任。本案保险标的的损失是由于"哈卡"轮船东 BBS 公司将"哈卡"轮所载货物运走销售和走私行为造成的。根据保险单所附的保险条款和保险行业惯例,一切险的责任范围包括平安险、水渍险和普通附加险(即偷窃提货不着险、淡水雨淋险、短量险、沾污险、渗漏险、碰损破碎险、串味险、受潮受热险、钩损险、包装破损险和锈损险),中国人民银行《关于〈海洋运输货物'一切险'条款解释的请示〉的复函》亦作了相同的明确规定。可见,丰海公司投保货物的损失不属于一切险的责任范围。此外,鉴于海南人保与丰海公司有长期的保险业务关系,在本案纠纷发生前,双方曾多次签订保险合同,并且海南人保还作过一切险范围内的赔付,所以丰海公司对本案保险合同的主要内容、免责条款及一切险的责任范围应该是清楚的,故一审判决以本案保险标的的损失属一切险的责任范围及海南人保未尽说明义务为由判令海南人保承担赔偿责任不当。一审判决对保险标的的发生全损的事实认定不清,适用法律错误,应予纠正。海南人保提出的上诉理由成立,应予支持。但海南人保在一审期间未充分履行举证义务,造成讼累,应承担二审期间的诉讼费用。经海南省高级人民法院审判委员会讨论决定,判决撤销一审判决,驳回丰海公司的诉讼请求。

四、再审申请与答辩

丰海公司不服二审判决,向最高人民法院申请再审称:终审判决适用我国保险法律确有错误,因而在对保险人责任免除条款的认定上明显违反法律规定。具体为:投保货物不属于一切险的责任范围的认定明显超越本案所涉"海洋运输货物保险条款"对"除外责任"的明确约定。"海洋运输货物保险条款"并未书面约定一切险的责任范围包括平安险、水渍险和普通附加险;保险人及其保险业务代表根本没有向丰海公司说明一切险的范围,更未说明"提货不着险"的责任范围。在丰海公司投保 4 999.85 吨棕榈油一切险和海南人保签发起运通知书、保险单时,保险人及其保险业务代表根本没有向投保人说明"外来原因"不包括船东授意船长、船员在运输途中擅自变卖该轮承运的货物和中国边防海警扣留、没收该轮承运的货物;投保人和保险人在保险条款中明确规定的保险人五项免责范围,不包括本案保险标的的被船长、船员变卖和被我国边防武警没收;终审判决将本案标的的损失随意扩大为保险人免责范围,明显违背保险条款。根据《保险法》的规定,在订立保险合同时未明确说明的条款,不产生效力。对于保险合同的条款,保险人与投保人、被保险人或者受益人有争议时,人民法院或者仲裁机关应当作出有利于被保险人和受益人的解释,终审判决援引中国人民银行的复函作为判决的依据不当;海南人保从来没有对本案这类保险标的的损失向丰海公司作过赔付或者作过拒付,海南人保在本案之前曾就丰海公司投保货物作过水渍险赔付,不等于海南人保在本案保险合同订立时已明确告知丰海公司本案的情况属于免责范围。终审判决应当认定本案保险标的的实际全损。丰海公司请求最高人民法院予以再审。

海南人保答辩称:(1) 再审审理的范围应限定为原终审判决适用法律是否错误。

(2)原终审判决适用法律没有错误,本案应适用《海商法》和1995年《保险法》的规定。(3)原终审判决认定保险标的的损失不属于保险责任范围的法律依据充分:涉案的海洋运输货物保险条款是由国家行政主管部门制定和颁布的,具有部门规章的属性。海洋运输货物保险一切险条款是一个列明风险条款,而不是除"除外责任"外都予负责的开放式条款。其保险责任范围仅仅指的是平安险、水渍险加上11种附加险,即一切险的"外来原因"仅指11种附加险列明的外来原因。(4)涉案保险标的损失的原因是船东的侵占及政府没收,而非任何自然灾害或意外事故。涉案保险标的损失不属于一切险的责任范围。(5)本案不涉及除外责任问题,损失不属于法定保险条款的责任范围,《保险法》第30条不利解释原则不适用于本案,海南人保未违反有关保险人法定义务。请求驳回丰海公司的再审申请,维持原终审判决。

最高人民法院再审中,双方当事人均未提供新的证据材料,对原审认定的事实亦未提出异议,最高人民法院予以认定。

另查明:中国人民银行《关于〈海洋运输货物"一切险"条款解释的请示〉的复函》为海南人保在二审期间向法院提供;根据中国保险监督管理委员会保监复[2003]117号批复的精神,中保财产保险有限公司海南省分公司于2003年8月12日更名为中国人民财产保险股份有限公司海南省分公司。

五、再审裁判

最高人民法院认为,本案为国际海上运输货物保险合同纠纷,被保险人、保险货物的目的港等均在中华人民共和国境内,原审以中华人民共和国法律作为解决本案纠纷的准据法正确,双方当事人亦无异议。

丰海公司与海南人保之间订立的保险合同合法有效,双方的权利义务应受保险单及所附保险条款的约束。本案保险标的已经发生实际全损,对此发货人丰益公司没有过错,亦无证据证明被保险人丰海公司存在故意或过失。保险标的的损失是由于"哈卡"轮船东BBS公司与期租船人之间的租金纠纷,将船载货物运走销售和走私行为造成的。本案争议的焦点在于如何理解涉案保险条款中一切险的责任范围。

依本案"海洋运输货物保险条款"的规定,一切险"除包括上列平安险和水渍险的各项责任外,本保险还负责被保险货物在运输途中由于外来原因所致的全部或部分损失"。保险条款中还列明了五项保险人的除外责任条款,即:(1)被保险人的故意行为或过失所造成的损失;(2)属于发货人责任所引起的损失;(3)在保险责任开始前,被保险货物已存在的品质不良或数量短差所造成的损失;(4)被保险货物的自然损耗、本质缺陷、特性以及市价跌落、运输迟延所引起的损失;(5)本公司海洋运输货物战争险条款和货物运输罢工险条款规定的责任范围和除外责任。从本案保险条款的规定看,除前述五项除外责任的规定外,保险人应当承担包括平安险、水渍险以及被保险货物在运输过程中由于各种外来原因所造成的损失。

何谓运输过程中的"外来原因",属于对保险条款的解释。保险合同作为格式合同的一种,提供格式条款的一方应当遵循公平原则确定当事人之间的权利义务,并采取合理的方式提请对方注意免除或者限制其责任的条款,按照对方的要求,对该条款予以说明。本案中的保险条款除外责任中并不包括因承运人的非法行为将整船货物盗卖或者走私造成的保险标的的损失,海南人保亦不能证明其在签订保险合同时向丰海公司说明因承运人的非法行为将整船货物盗卖或者走私造成的损失不属于保险责任范围。因此,海南人保应当按照合同约定承担赔偿责任。原审以海南人保与丰海公司有长期的保险业务关系,在本案纠纷发生前,双方曾多次签订保险合同,海南人保还以作过一切险范围内的赔付为由,认定丰海公司对本案保险合同的主要内容、免责条款及一切险的责任范围是清楚的,因此海南人保可以不承担本案的赔偿责任。这一认定在事实和法律上均无依据,应予纠正。

海南人保在原审中提供了中国人民银行给中国人民保险(集团)公司的复函,对"一切险"条款作出解释,以证明本案事故不属于保险责任范围。最高人民法院认为,根据我国《保险法》的规定,保险人应当在订立保险合同时向投保人说明保险合同条款的内容。中国人民银行作为当时保险行业的主管机关,在涉案保险事故发生之后对保险合同条款作出的解释,不应适用于本案。且从中国人民银行的复函看,亦不能得出本案事故不属于一切险责任范围的结论。

综上,最高人民法院认为,本案保险标的的损失不属于保险条款中规定的除外责任之列,应为收货人即被保险人丰海公司无法控制的外来原因所致,故应认定本案保险事故属一切险的责任范围。原审认为丰海公司投保货物的损失不属一切险的责任范围错误,应予纠正。丰海公司的再审申请理由依据充分,应予支持。本院根据《中华人民共和国民事诉讼法》第184条第1款的规定,判决如下:

一、撤销海南省高级人民法院(1997)琼经终字第44号民事判决;

二、维持海口海事法院(1996)海商初字第096号民事判决。

3 上诉人浙江奥圣船务工程有限公司与上诉人中国人寿财产保险股份有限公司浙江省分公司等海上保险合同纠纷案

案例来源:天津市高级人民法院(2010)津高民四终字第137号
主题词:船舶搁浅 《沿海内河船舶保险条款解释》 保险公司分支机构 除外责任

裁判要旨

No. HX-4.1-4 中国人民银行《沿海内河船舶保险条款解释》对搁浅的概念进行的限定,属于中国人民银行的行业内部规定,并不属于保险合同约定的范围,如保险公司未将该相关内容告知被保险人,该解释对被保险人不发生法律效力。

No. HX-4.1-5 保险公司的分支机构,虽依法可以独立参加诉讼并独立对外承担责任,但并不影响被保险人向其上级总公司提出赔偿的权利,法院可以判决保险公司的分支机构和其上级总公司共同承担赔偿责任。

一、基本案情

上诉人(原审原告):浙江奥圣船务工程有限公司(以下简称奥圣公司)

上诉人(原审被告):中国人寿财产保险股份有限公司浙江省分公司(以下简称人寿财险浙江公司)

上诉人(原审被告):中国人寿财产保险股份有限公司

天津海事法院一审查明:奥圣公司系耙吸式挖泥船"奥圣65"轮的船舶所有人,案外人浙江海洋港务工程有限公司(以下简称海洋公司)为"奥圣65"轮的船舶经营人。2007年5月2日,人寿财险浙江公司签发了0830041484号沿海内河船舶保险单,投保人为海洋公司,被保险人为奥圣公司,船舶名称和船号为"奥圣65"轮。主承保险别为沿海内河船舶一切险,附加险险别为螺旋桨、舵、锚、锚链及子船单独损失保险条款。航行区域为近海及内河A、B级,保险价值和保险金额均为人民币14 300万元,保险期限为2008年12月6日至2009年12月5日。"特别约定清单"中特别约定部分损失每次事故绝对免赔额人民币10万元或按责论包(全责20%,主责15%,同责10%,次责5%),两者以高者为准。2008年12月21日,"奥圣65"轮在天津港北锚地抛锚。根据该轮航海日志记载,当时气象为08:00时东北风7级,波浪5—6级。根据天津市气象信息中心(以下简称气象中心)出具的气象资料记载,塘沽地区经历了暴雪天气。案外人仁祥保险公估有限公司(以下简称仁祥公司)出具的公估报告所附北京全球气象导航技术有限公司出具的事故海域天气海况分析报告记载,12月21日渤海受强冷空气影响,凌晨开始风力逐渐加大,08:00时海上风力增大到8—9级,瞬时风力达10—11级,浪高达2.0米以上,中央气象台提前两天发布了海上大风橙色警报。

2008年12月21日约08:00时,"奥圣65"轮的轮机长发现右舷机舱引水阀阀盖结合处有漏水现象,更换垫片时阀芯弹出,大量海水涌入机舱。船长立即发出堵漏警报,并报天津海事局交管中心请求救助。在附近工作的"奥圣57"轮"津航浚106"轮靠上"奥圣65"轮一起拖带。拖带中,"津航浚106"轮3根拖缆崩断。随后"奥圣65"轮船体完全搁浅,搁浅位置为北纬38°57.417′、东经117°57.965′。该轮向天津海事局递交了海事报告。事故发生后,海洋公司与案外人交通运输部烟台打捞局(以下简称烟台打捞局)洽谈"奥圣65"轮的打捞事宜。烟台打捞局对该轮进行了探摸,并分别于2008年12月24日、2009年2月12日出具了沉船探摸报告。随后,天津海事局也下达了限期打捞通知书。期间,奥圣公司与人寿财险浙江公司之间就打捞费用等事宜,以往来函件形式进行了沟通。奥圣公司因经济困难,请人寿财险浙江公司对救助费用作出决定。人寿财险浙江公司申明:打捞方案、打捞合同由船东决定,并承担其法律后果。人寿财险浙江公司派员参与或提供参考意见,不视为对保险责任的承认,并提醒奥圣公司对沉船采取警戒措施,避免他船与其造成碰撞。在获得相关证明资料前,其无法确定是否为保险事故,在法律上也无支付赔偿金或提供担保的义务。海洋公司向烟台打捞局支付探摸费人民币18万元。2009年1月1日,海洋公司与案外人上海成功水域工程有限公司(以下简称成功公司)签订《打捞合同书》。经过一段时间工作,由于成功公司无力继续履行,双方终止该打捞合同。2009年5月18日和7月13日,海洋公司与案外人交通运输部上海打捞局(以下简称上海打捞局)分别签订《"奥圣65"轮救助打捞合同》和《补充协议》,约定救助打捞费用总价为人民币4 860万元。"奥圣65"轮最终被上海打捞局成功打捞,奥圣公司向上海打捞局支付人民币4 860万元。2009年7月23日,海洋公司与案外人舟山市鼎盛船舶服务公司(以下简称鼎盛公司)签订《海上拖航合同》,将"奥圣65"轮拖航至舟山市,产生拖航费人民币93.8万元。奥圣公司已向鼎盛公司支付人民币63.8万元。

2009年8月16日,海洋公司与案外人舟山市沥港船舶修造有限公司(以下简称沥港公司)签订"奥圣65"轮维修合同,估算修理费人民币1 200万元。2009年12月14日,该船修理决算总额为人民币11 385 627元。2009年8月25日,海洋公司代表奥圣公司购买和委托修理了船舶机械系统、控制系统、液压系统、通讯系统、自动化系统、挖泥配套等设备,发生费用总计人民币16 815 315元。2009年2月18日06:00时,"天台81"轮撞上"奥圣65"轮,"天台81"轮沉没。

2009年6月8日,海洋公司出具证明:在"奥圣65"轮搁浅后,根据天津海事局必须有船只进行看护的要求,"汇龙驳607"轮从2009年2月7日至6月6日作为看护船,产生看护费人民币84万元。海洋公司就"津航浚106"轮崩断的3根拖缆向案外人天津信义德船舶设备贸易有限公司(以下简称信义德公司)支付了重新购买费用人民币76 190元。奥圣公司因事故造成的损失请求人寿财险浙江公司、中国人寿财产保险股份有限公司(以下简称人寿财险公司)赔偿未果,为此成诉。

二、一审裁判

天津海事法院原审认为,本案为海上保险合同纠纷。奥圣公司通过海洋公司提出了保险要求,经人寿财险浙江公司同意承保,保险合同成立。双方的权利义务依照《中华人民共和国合同法》、2002年《中华人民共和国保险法》《中华人民共和国海商法》等有关规定,以及保险人向投保人签发的保险单或者其他保险凭证确定。人寿财险浙江公司作为保险金融单位的分支机构,依法有权单独作为诉讼主体参加诉讼,但并不能因此而免除奥圣公司请求人寿财险公司赔偿的诉讼权利。

(一)关于涉案事故是否属于保险责任范围

一审法院认为,根据《中华人民共和国海商法》第216条的规定,保险责任范围应基于保险人与被保险人的约定。涉案船舶投保的是沿海内河船舶一切险,《沿海内河船舶保险条款》即为双方约定的具体内容。根据该《条款》第2条规定,本保险承保第1条列举的六项原因所造成保险船舶的全损或部分损失以及所引起的碰撞、触礁责任和共同海损、救助及施救费用,第1条第1款第(4)项列明的原因为搁浅、触礁,且与前三项所列明的大风、火灾、碰撞等原因一样未加任何限制性定语,只有第(5)项所列明的倾覆、沉没进行了限定,必须是第(1)至第(4)项灾害或事故引起的,因此可以合理推断搁浅系保险人承保的风险(或)原因,而无须再查找引起搁浅的原因。即搁浅属于双方约定的保险事故,由于搁浅产生的损失和救助费用属于保险责任范围。现代汉语对搁浅一词的解释为船舶进入水浅的地方,不能行驶。中国人民银行关于《沿海内河船舶保险条款解释》对搁浅的解释为,船舶在航行或锚泊中遭受意外造成船舶底部与海底、河床或浅滩紧密接触,使之无法航行,处于静止或摇摆状态,并造成船舶损坏或停航12小时以上,但船舶为了避免碰撞或者由于其他原因,有意将船舶抢滩座浅受损不属于搁浅责任范围。根据《中华人民共和国合同法》第41条的规定,对格式条款应当按照通常理解予以解释。中国人民银行关于《沿海内河船舶保险条款解释》对搁浅的概念进行了限定,因其不是本案保险合同的组成部分,也没有证据证明保险人在订立保险合同时对此进行过释明,因此并不约束被保险人。"奥圣65"轮机舱发生漏水事故使得船舶发生危险,不得已在救助船舶的协助下驶往浅水区,因风浪较大、拖缆断裂、船舶意外搁浅,符合对搁浅的通常理解,属于保险责任范围。

(二) 关于"奥圣65"轮是否适航问题

天津海事法院认为,"奥圣65"轮证书齐全,该轮在船船员均持有相应等级的资格证书,具备了船舶适航的形式要件。引发漏水事故的阀门有生产厂家的合格证书,奥圣公司已经提供了该部件的船检证书,且人寿财险浙江公司在一审法庭辩论阶段撤销了该部件导致船舶不适航的主张。该轮的轮机长持有相应的资格证书,有一定的从业经历,仅凭其在处理紧急情况时的疏忽,并不能得出该船员不适格的结论。人寿财险公司、人寿财险浙江公司未能提供"奥圣65"轮存在事实上不适航的充分证据,其主张该船舶不适航的理由不能成立。

(三) 关于奥圣公司是否尽到减损义务的问题

原审法院认为,涉案船舶发生机舱进水事故后,奥圣公司指令船舶驶往浅水区而避免船舶沉没,系减少船舶损失的行为。奥圣公司在搁浅事故发生后立即通知了保险人,并先后联系了烟台打捞局、成功公司、上海打捞局等有资质的单位进行打捞作业,履行了勤勉的减损义务。至于实际发生的打捞费用人民币4 860万元,系打捞市场行为导致的结果,而非奥圣公司的懈怠。

(四) 关于奥圣公司的损失数额及是否应当扣除20%的免赔额问题

原审法院认为,对于奥圣公司所遭受的损失,应当以船舶搁浅时间点予以区分。在此之前属于机舱事故直接产生的损失不属于保险合同列明的风险,由奥圣公司自行承担;在此之后属于船舶搁浅所造成的合理损失,由人寿财险公司、人寿财险浙江公司承担。

船舶搁浅以前损失包括:"津航浚106"轮崩断的3根拖缆赔偿费用人民币76 190元,"奥圣65"轮在沥港公司产生修理费人民币11 385 627元的一部分,购买船舶设备和部件以及对受损设备进行修理所产生费用人民币16 815 315元的一部分。修理费和部件费用庞杂,难以区分和计算。鉴于发生机舱进水事故至搁浅仅数小时,可能造成的损失是机电短路等,而搁浅直至打捞成功为期数月,海水的腐蚀性会造成船体和设备的严重锈蚀,以致产生修理的困难和设备的失效换新,应认为搁浅后损失远远大于搁浅前损失。为此,酌定 20% 属于船舶搁浅前产生的损失。"天台81"轮碰撞事故造成的损失仅限于船首部位,其修理费用也在前述酌定金额之内。船舶搁浅以后产生的不合理损失包括:奥圣公司将"奥圣65"轮从天津拖航至舟山修理,产生的拖航费人民币 93.8 万元。由于并不是回到船舶建造原厂修理,奥圣公司亦未证明异地修理的必要性,故对此项费用认定为不合理损失。船舶搁浅以后产生的合理损失包括:烟台打捞局探摸费用人民币 18 万元,上海打捞局打捞费用人民币 4 860 万元,看护费人民币 84 万元,修理费人民币 11 385 627 元和购买船舶设备、部件以及对受损设备进行修理所产生费用人民币 16 815 315 元的酌定 80% 部分,总计人民币 72 180 754 元。涉案沿海内河船舶保险单特别约定了"部分损失每次事故绝对免赔额人民币 100 000 元或按责任论处(全责 20%)",两者以高者为准",涉案船舶发生进水进而导致搁浅事故,系奥圣公司单方造成,应当属于全责范畴。人寿财险浙江公司有权享有 20% 的免赔额,故人寿财险公司、人寿财险浙江公司应当向奥圣公司支付保险赔款人民币 57 744 603 元。原审法院根据《中华人民共和国民法通则》第 4 条、《中华人民共和国民事诉讼法》第 64 条第 1 款之规定,判决:

人寿财险公司和人寿财险浙江公司共同赔偿奥圣公司人民币 57 744 603 元。

三、上诉与答辩

奥圣公司不服原审判决,向天津市高级人民法院提起上诉,请求依法改判人寿财险浙江公司、人寿财险公司支付保险赔款人民币 73 094 944 元及利息,主要理由为:(1)原审判决认定"搁浅"所造成的合理损失属于保险责任范围,但遗漏了"八级以上(含八级)大风"所造成的合理损失也应该属于保险责任范围。奥圣公司提供的气象中心出具的 2008 年 12 月 21 日天津市渤海海面的气象科技资料凭证报告载明,渤海海面出现大风天气,瞬时极大风速达到 27.6 米/秒(风力等级 10 级)。该报告所附 A 平台气象站观测数据显示事发当日渤海海面 06:00 时至 11:00 时的风力均达到 8 级,并且在 08:00 时风力达到 9 级。人寿财险浙江公司、人寿财险公司提供的气象科技资料报告显示的是天津市塘沽区的天气现象、能见度、风向和风速,并非涉案事故发生海域的天气情况。人寿财险浙江公司提供的《调查检验报告》《关于"奥圣65"轮沉船事故经过的报告》《检验报告》均证明事故发生时,"奥圣65"轮遭遇了 8 级(含 8 级)以上大风。根据《沿海内河船舶保险条款》第 2 条的规定,8 级(含 8 级)以上大风所造成的损失属于人寿财险浙江公司的保险责任范围,至少造成了搁浅前损失的扩大,这部分扩大的损失属于保险责任范围,但原审判决未予认定。(2)原审判决错误认定"奥圣65"轮从天津拖航至舟山修理产生的拖航费人民币 938 000 元为不合理损失。因为天津港附近的船厂不具备修理该轮的条件,而且拖带至舟山修理使修理费降低,且人寿财险浙江公司在得到奥圣公司通知准备将该轮拖带至舟山修理时并未提出任何异议,故该费用是为了减少损失而发生的费用,属于人寿财险浙江公司的保险责任范围。(3)原审判决错误认定人寿财险浙江公司、人寿财险公司有权享有20%的免赔额。涉案事故仅涉及"奥圣65"轮一方，无法适用按责论处的免赔额计算方式。涉案保险单未对按责论处的含义和适用范围作出明确约定，且人寿财险浙江公司在与奥圣公司订立合同时并未告知其主张的解释的内容，应当作出对奥圣公司有利的解释，即解释仅适用于两船或多船碰撞事故中。因此，涉案事故的绝对免赔额为涉案保单特别约定的人民币10万元。

人寿财险浙江公司辩称:(1)本案并未发生保险法意义上的搁浅事故。(2)事故发生时，"奥圣65"轮未遭遇8级以上(含8级)大风，且大风并未造成船舶的任何损失或损失扩大。(3)即使搁浅成立，根据事故损失与原因之间直接至少是相当密切的因果关系，应当赔付的保险损失也仅限于由于搁浅原因所致的合理损失。(4)即使保险事故成立，根据保险合同并所附作为合同组成部分的保险条款规定，针对每起事故各项损失赔款的20%的绝对免赔额应当扣除。

人寿财险公司辩称:(1)原审判决在关键事实的认定上存在错误，对事故原因的认定与天津海事局事故调查报告明显不符，且未说明不采纳事故调查报告的理由。对搁浅前后损失比例的认定存在错误。原审判决主观酌定搁浅前的损失占20%，对此重大事实未予查清。(2)原审判决在法律适用上存在错误，对《沿海内河船舶保险条款解释》不予适用，并未对搁浅作出更为准确、更为合理的解释，存在明显错误；对因果关系的认定错误，本案事故不属于承保风险的范围，保险公司不需要就此承担保险责任。(3)奥圣公司未履行减损、防损义务而增加的损失不应予以赔偿。(4)本案保险合同约定的免赔率合法有效，在保险人承担保险责任时有权扣除。

人寿财险浙江公司不服原审判决，向天津市高级人民法院提起上诉，请求撤销原审判决，依法改判驳回奥圣公司的诉讼请求，主要理由为:(1)"奥圣65"轮机舱进水后，对该轮的拖带是经过各方一致同意的、主动有意进行的抢滩座浅行为，而并非是船舶发生航行意外的搁浅行为。因此，"奥圣65"轮并没有发生保险法意义上的搁浅，不属于本案船舶保险合同《沿海内河船舶保险条款》中的承保风险。原审判决将"奥圣65"轮的座浅认定为搁浅，属于事实认定错误。(2)原审判决错误地认定发生搁浅就会产生保险责任，忽视了海上保险合同法律中的"因果关系原则"，对保险条款的理解错误。如果"奥圣65"轮海底阀没有进水，则该轮不会丧失正常漂浮状态，也不会产生接下来的损失和费用。海底阀进水是涉案损失和费用的近因，不属于保险合同约定的承保风险，保险人不应承担赔偿责任。(3)奥圣公司在事故发生后没有采取有效和合理的沉船打捞措施，也没有履行对沉船的谨慎看护义务，导致船舶修理、打捞费用扩大。对扩大的损失和费用，保险人依法不承担赔付责任。同时，奥圣公司没有保护保险人对碰撞责任方的追偿权利，保险人有权相应减扣保险赔偿。(4)原审法院在没有事实依据的情况下，自行将搁浅之前的损失的修理费核定为20%，将搁浅后损失的修理费核定为80%，缺乏事实依据，有失合理和公平。人寿财险公司不服原审判决，向天津市高级人民法院提起上诉，请求撤销原审判决，依法改判驳回奥圣公司的诉讼请求或撤销原审判决,依法发回重审。主要理由为:人寿财险浙江公司具有合法的企业营业执照和经营金融业务(保险)的经营许可证并具有足够偿付能力,更是保险合同的签约与履约主体,具有法定的诉讼主体资格,可以作为诉讼主体进行应诉或起诉。依据中国人民银行《关于中国人民保险公司分支机构诉讼主体资格说明的函》第3条规定,只有当保险公司的分支机构不能单独承担民事责任时,才应当由保险公司统一负责。故人寿财险公司不是本案适格的主体,原审判决认定其与人寿财险浙江公司共同承担赔偿责任是错误的。其提出的其他事实和理由与人寿财险浙江公司上诉提出的事实和理由相同。

奥圣公司针对人寿财险浙江公司和人寿财险公司提出的上诉请求和理由答辩称:(1)人寿财险浙江公司、人寿财险公司主张原审判决认定"奥圣65"轮发生"搁浅"属于认定事实错误的主张不成立。《沿海内河船舶保险条款解释》不具有部门规章的效力,在本案中不能作为法律依据加以适用,且并非涉案保险合同的组成部分,对奥圣公司不具有约束力。我国法律中没有"近因原则"的规定,原审判决认定搁浅造成的损失属于保险责任范围,并没有违背因果关系原则。人寿财险浙江公司、人寿财险公司主张"搁浅"应以"意外"为条件,但对"意外"时间点的理解错误,判断是否为"意外"的时间点应该以订立保险合同时为准。原审判决认定"搁浅系保险人承保的风险(或)原因,而不需再查找引起搁浅的原因",是对保险条款的正确理解。(2)奥圣公司已尽其所有的努力积极落实打捞事宜,打捞费用是合理的,并不存在扩大损失的情况。(3)奥圣公司遭受的各项损失中,8级以上(含8级)大风造成的损失主要为"津航浚106"轮崩断的3根拖缆赔偿费用人民币76 190元。搁浅以及此后沉没造成的损失包括:"奥圣65"轮探摸费人民币18万元、打捞费人民币4 860万元,搁浅和沉船看护费人民币84万元、起浮后从天津拖航至舟山的拖航费用人民币93.8万元,以及部分修理费和购买船舶设备、部件以及对受损设备进行修理所产生的费用。保险单中"明细单"和"特别约定"关于免赔额的记载应当具有同等效力。由于保险单是由作为保险人的人寿财险浙江公司打印和签发,这种不一致使得保险单的内容存在两种解释,因而应作出对保险人不利的解释。本案应适用绝对免赔额人民币10万元,而不适用按责论处的免赔额计算方式。

四、二审裁判

各方当事人在二审期间均未提交新的证据。天津市高级人民法院经审理查明:

一审法院查明的"人寿财险浙江公司于2007年5月2日签发了0830041484号沿海内河船舶保险单",经天津市高级人民法院查明,签发保险单时间应为2008年12月3日。除此事实查明有误,应予纠正外,一审法院查明的其他事实经查证属实,天津市高级人民法院予以认定。另查明:根据气象中心出具的《气象科技资料凭证报告》记载,2008年12月21日,天津市渤海海面出现大风天气,瞬时极大风速达到27.6米/秒(风力等级10级),风向东北偏北。"奥圣65"轮的船长、轮机长、"奥圣57"轮的船长等相关工作人员均证实在涉案事故发生后,"奥圣65"轮为了避免沉船而呼叫 VTS 并联系"奥圣57"轮、"津航浚106"轮向较浅水位拖带施救,但因拖带缆绳断裂而无法前行,"奥圣65"轮最终搁浅于天津港北锚地北纬38°57.417′、东经117°57.965′处。上述事实有气象中心出具的《气象科技资料凭证报告》、"奥圣65轮""奥圣57"轮相关工作人员的询问笔录予以证实。

天津市高级人民法院认为,本案为海上保险合同纠纷。涉案沿海内河船舶保险合同是各方当事人真实意思表示,内容不违反法律、行政法规的规定,应认定合法有效。本案争议的焦点之一为涉案事故的发生是否属于保险责任范围。涉案保险单约定主险承保险别为沿海内河船舶一切险。在沿海内河船舶保险条款中约定保险公司对"(一)八级以上(含八级)大风、……(四)搁浅、触礁;(五)由于上述一至四款灾害或事故引起的倾覆、沉没"负责赔偿。

1. 根据气象中心出具的《气象科技资料凭证报告》载明,涉案事故发生时事发海域出现大风天气,瞬时极大风速达到27.6米/秒(风力等级10级)。人寿财险浙江公司虽然也提交了气象中心出具的《气象科技资料凭证报告》,但该报告只是证明事发当日天津市塘沽地区的天气状况,不能体现渤海海面风力的相关记载。因此,对于奥圣公司上诉提出的涉案事故发生时事发海域出现8级以上大风天气的主张,天津市高级人民法院予以支持。

2. 虽然8级以上大风天气不是导致涉案事故发生的直接原因,但该大风天气发生后,因"奥圣65"轮右舷机舱引水阀发生渗漏,该轮轮机长经过检查之后更换垫片时阀芯弹出,海水浸入机舱。"奥圣57"轮和"津航浚106"轮接到求救信息后,为避免"奥圣65"轮沉没,而采取靠上"奥圣65"轮一起拖带至浅水区域的紧急措施,但由于拖缆崩断而未能拖带成功,致使"奥圣65"轮搁浅,本案各方当事人对该事实均无异议。人寿财险浙江公司上诉提出的根据《沿海内河船舶保险条款解释》的相关规定,"奥圣65"轮的上述行为属于抢滩座浅,不属于保险赔偿范围之主张,天津市高级人民法院认为,一方面该《沿海内河船舶保险条款解释》系中国人民银行行业的内部规定,并不属于保险合同约定的范围,保险公司亦未将该相关内容告知被保险人。因此,该解释对奥圣公司不发生法律效力。另一方面,综观涉案事故发生后对"奥圣65"轮的施救过程,属于"奥圣65"轮为避免船舶沉没而采取的紧急措施,系因"奥圣57"轮和"津航浚106"轮未能拖带成功而致使"奥圣65"轮搁浅,应认定涉案事故属于保险赔偿范围。一审法院对此认定正确,天津市高级人民法院予以支持。

本案争议的焦点之二为,奥圣公司是否尽到了合理减损义务、涉案事故造成损失的数额及双方应承担责任比例是否适当。

1. 关于奥圣公司是否尽到了合理减损义务的问题:天津市高级人民法院认为,奥圣公司在涉案事故发生后及时告知人寿财险浙江公司事故的发生情况并联系该公司委派工作人员勘查事故现场,积极履行了应尽的告知义务。人寿财险浙江公司亦派出工作人员前往事发现场,共同研究解决方案,是双方为避免事故损失扩大采取的积极行为。奥圣公司于事故发生后主动与烟台打捞局、成功公司、上海打捞局商谈对"奥圣65"轮进行探摸、打捞工作的具体过程,并且均及时将商谈情况告知人寿财险浙江公司并征求人寿财险浙江公司的处理意见。人寿财险浙江公司派出的工作人员在参与历次商谈中虽未表明处理意见,且未对承担保险责任做出承诺,但这些相关事实可以证实奥圣公司在事故发生后采取了积极措施努力减少事故损失的进一步扩大。

2. 关于涉案事故造成损失的数额问题。(1) 关于探摸费及打捞费问题,因为打捞工作系一项较为复杂的工作,打捞结果往往难以预料,打捞成功与否及打捞价格的确定需综合天气、设施、市场等多种情况予以确定,并非奥圣公司消极行为所致。原审法院对于成功公司打捞未成功的相关费用并未支持。且依人寿财险浙江公司提交的仁祥公司报告书确认"奥圣65"轮的打捞费用估算为人民币49 789 400元,高于奥圣公司实际支付的数额。故奥圣公司支付的探摸费用人民币18万元以及打捞成功后支付的打捞费用人民币4 860万元,应由保险公司支付给奥圣公司。(2) 关于拖航费问题:天津市高级人民法院认为,"奥圣65"轮打捞成功后,奥圣公司将该轮拖至舟山修理而产生的拖航费人民币93.8万元,系奥圣公司单方行为且未提交充分证据证明该费用发生的合理性和必要性,故该项费用应由奥圣公司自行承担,原审法院对此认定并无不当。(3) 关于看护费问题:涉案事故发生后,为维护海域安全、避免产生扩大损失,奥圣公司按照天津海事局的要求而派出"汇龙驳607"轮对"奥圣65"轮进行守护。由此而产生的机油、柴油、船员工资每天人民币7 000元共计人民币84万元的看护费用,人寿财险浙江公司和人寿财险公司并未提出充分证据予以反驳,原审法院认定保险公司应支付此笔费用正确,天津市高级人民法院予以支持。(4) 关于修理及购买船舶设备、部件以及对受损设备进行修理所产生的费用问题:天津市高级人民法院认为,涉案搁浅事故造成的损失主要包括"奥圣65"轮机舱进水造成电力线路及设备损坏、船舶搁浅后长时间遭受海水浸泡锈蚀而使船体及设备减效或失效以及遭受"天台81"轮碰撞而产生的各项损失。保险公司依约应对"奥圣65"轮搁浅后造成的损失承担保险责任。由于本案造成的损失难以根据相应时间段准确区分责任并核算各自应承担损失的数额,综合比较机舱进水和船体长时间浸水以及遭受"天台81"轮碰撞而致的较轻损失,应认定船舶搁浅前造成的损失远小于搁浅后造成的损失。且依人寿财险浙江公司提交的仁祥公司报告书确认"奥圣65"轮的修理费用估算为人民币36 313 250元,远高于奥圣公司主张的数额。故原审法院酌定保险公司承担修理费人民币11 385 627元、购买船舶设备、部件以及对受损设备进行修理所产生的费用人民币16 815 315元,共计人民币28 200 942元的80%,应予维持。(5) 关于重新购置拖缆的费用问题:天津市高级人民法院认为,该笔费用系因"津航浚106"轮拖带"奥圣65"轮而产生,属于涉案搁浅事故发生前的损失,不在涉案保险单约定的赔偿责任范围内,原审法院认定该笔费用应由奥圣公司自行承担并无不妥,天津市高级人民法院予以支持。(6) 关于免赔额问题:涉案沿海内河船舶保险单特别约定清单约定"部分损失每次事故绝对免赔额100 000元或按责任论处(全责20%,主责15%,同责10%,次责5%),两者以高者为准"。

奥圣公司主张"按责论处"的免赔额计算方式仅在两船或多船碰撞的情况下方可适用，但从该特别约定的字面含义并不能得出奥圣公司的主张。奥圣公司虽然提供了相关证据证明"奥圣65"轮引水闸阀门为合格产品，但涉案事故发生的原因是由于轮机长发现右舷机舱引水阀阀盖结合处有漏水现象，更换垫片时阀芯弹出，大量海水涌入机舱。故人寿财险浙江公司有权依特别约定清单的约定享有20%的免赔额。奥圣公司提出的人寿财险浙江公司只享有绝对免赔额人民币10万元的主张，证据不足，天津市高级人民法院不予支持。

本案争议的焦点之三为人寿财险公司是否承担共同赔偿责任。天津市高级人民法院认为，人寿财险浙江公司作为人寿财险公司的分支机构，虽依法可以独立参加诉讼并独立对外承担责任，但并不影响奥圣公司依法行使向人寿财险浙江公司的上级总公司提出赔偿的权利。本案中，在奥圣公司已经向人寿财险公司主张权利的情况下，原审法院判决人寿财险公司和人寿财险浙江公司共同向奥圣公司承担赔偿责任，并无不当。

综上，涉案事故的发生属于保险责任范围，保险事故发生后，奥圣公司积极履行了相应告知和减损的义务，人寿财险浙江公司、人寿财险公司应在保险责任范围内承担向奥圣公司的赔付责任。奥圣公司、人寿财险浙江公司、人寿财险公司的上诉请求均无事实和法律依据，天津市高级人民法院不予支持。原审法院查明的事实基本清楚，适用法律正确，依法应予维持。依据《中华人民共和国民事诉讼法》第153条第1款第(1)项之规定，判决如下：

驳回上诉，维持原判。

4 原告湖北华闽海运有限公司与被告阳光财产保险股份有限公司泉州中心支公司海上保险合同纠纷案

案例来源：厦门海事法院(2012)厦海法商初字第147号
主题词：除外责任　粗体印刷　保险人合同解释义务　无效条款

裁判要旨

No. HX-4.1-6　保险条款约定的如依法能从第三者或其他保险获得赔偿时，本保险仅对不足额部分予以赔偿之条款，属于减轻保险人责任的条款，在保险人未尽到说明义务的情况下，属于无效条款。

No. HX-4.1-7　"除外责任"上以粗体印刷方式显示，且保险人也对免除责任条款的内容向被投保人作了明确说明，除外责任条款有效。在除外责任条款有效的条件下，保险人欲免责还需要证明保险事故系免责事由所致。

一、基本案情

原告：湖北华闽海运有限公司（以下简称原告）

被告：阳光财产保险股份有限公司泉州中心支公司（以下简称被告）

原告诉称，原告与被告签订《沿海内河船舶保险单》一份，其中包含有"船东对船员责任保险"。2011年12月21日，"华闽99"轮航行在象山石浦以东海域，船长吴金树上洗手间返回驾驶室时不慎摔倒在驾驶室门口，次日凌晨04：30左右，经随船医生判断，船长已死亡。后船长遗体由"东海救209"轮运到宁波基地码头，随即由死者家属接回福建。事故发生后，在石狮市蚶江镇人民调解委员会主持下，原告与死者家属于2012年1月5日达成了赔偿协议，由原告一次性赔偿40万元。而后，原告按被告的要求提交了索赔申请资料，要求被告予以保险赔偿。但在原告向被告报送索赔申请资料1个月后，被告以上级公司没有批准为由拒绝赔偿，并通知原告取回申请资料。

被告辩称：（1）船长吴金树系因疾病死亡。（2）船东对船员责任险属于沿海船舶一切险主险的附加险，该附加险条款第2条除外责任第2项约定"殴斗、自杀、自残、疾病、违法犯罪行为所致船员的伤残或死亡"属于除外责任。（3）被告对除外责任条款已作了明确说明。（4）根据船东对船员责任险条款第5条第6款第1项，原告未在事故发生后的48小时之内将事故详情通知被告的，除非被告书面同意，被告不负赔偿责任。

二、法院查明的事实

厦门海事法院查明：

2011年4月2日，石狮信达作为投保人为黄冈市华闽海运有限公司的"华闽99"轮向被告投保"沿海内河船舶一切险"，被保险人为黄冈市华闽海运有限公司。被告核保后签发了保单号为1359511022011000003的《沿海内河船舶保险单》1份，其中包括"船东对船员责任保险"。根据该保险单，船东对船员责任险保额为人民币390万元，共承保船员13人，每人赔偿限额为人民币30万元，其中每人医疗费用限额5万元，每次事故绝对免赔额1000元。保险责任期限为2011年4月3日0时起，至2012年4月2日24时止，保单第一受益人为石狮信达。2011年7月30日，原告名称变更，原告向被告办理了保险批改手续，将被保险人名称由黄冈市华闽海运有限公司变更为"湖北华闽海运有限公司"，保单第一受益人变更为厦门银行股份有限公司福州分行。

该保险单正面以粗体标注"重要提示"："1. 本保险合同由投保单、风险问询表、保险条款、特别约定和批单组成。2. 收到本保险单后请立即核对，本保险单内容如与投保事实不符或存在疏漏，请立即通知本公司办理书面变更或补充。3. 请详细阅读所附保险条款，特别是关于责任免除和投保人、被保险人义务的部分。"

投保单中的"投保人声明"中写明："1. 投保人填写本投保单以前，保险人已经就本投保单及后附的保险条款的内容，尤其是关于保险人免除责任的条款及投保人和被

除外责任・粗体印刷・保险人合同解释义务・无效条款

保险人义务条款向投保人作了明确说明,投保人对该保险条款已完全理解,并同意接受保险条款的约束。"

保险单所附的"船东对船员责任保险条款"第 1 条约定保险责任为:"保险船舶在航行运输或停泊中船上在岗船员发生死亡或伤残,根据劳动合同或法律,依法应由船东(被保险人)对船员承担的医疗费、住院费和伤残、死亡补偿费,保险人负责赔偿。"第 2 条约定除外责任,并以粗体方式印刷。第 5 条第 3 款约定,本保险项下的索赔,如依法能从第三者或其他保险获得赔偿时,本保险仅对不足额部分予以赔偿。

另查明,吴金树自 2011 年 6 月 10 日由原告聘任为"华闽 99"轮船长,月综合工资 38 000 元。2011 年 12 月 21 日 22:30 时左右,"华闽 99"轮航行在象山石浦以东海域时,船长吴金树突然晕倒,情况危急。船员遂向宁波海上搜救中心值班室报警。因海上风浪大,搜救中心海巡艇无法出航,于是向东海救助局宁波基地求援。12 月 22 日 01:58 时,"东海救 209"轮带医生前往"华闽 99"轮接应。04:30 时,经随船医生诊断,吴金树已经死亡。其后吴金树遗体由"东海救 209"轮送往宁波,后由死者家属运回福建。12 月 24 日,原告拨打被告电话报案,说明吴金树在作业时摔倒后死亡。

2012 年 1 月 5 日,在石狮市蚶江镇人民调解委员会的调解下,原告及石狮信达(甲方)与吴金树妻子纪美玉、长子吴超雄、次子吴坤雄(乙方)签订了一份赔偿协议书。1 月 8 日,原告向被告提出保险索赔申请,要求被告理赔 30 万元,被告出具了索赔申请确认书。被告收到原告索赔申请后,委托福建元一律师事务所律师于 1 月 9 日向原告、石狮信达、郭克聪发出律师函,称 2011 年 12 月 24 日收到原告报险称 12 月 21 日"华闽 99"轮船长吴金树在作业时摔倒死亡。对于吴金树死亡是否属于保险理赔范围,需进行尸检确定,并要求原告积极配合对死者吴金树进行尸检,与被告协商选任检验机构,并通知被告派员到场参与尸检。该律师函分别于 1 月 10 日 18:50 时送达郭克聪、11:19 时送达石狮信达,于 1 月 16 日 12:18 时送达原告。1 月 10 日,吴金树遗体在石狮市殡仪馆火化。1 月 11 日,石狮市公安局蚶江边防派出所以生产事故死亡为由办理了吴金树的户口注销手续。

三、法院裁判

厦门海事法院认为,与保险单一同交付的保险条款中的"船东对船员责任保险条款"在"除外责任"上以粗体印刷方式显示,作出了足以引起投保人注意的提示;同时,保险人也对免除责任条款的内容向被投保人作了明确说明,投保人在投保单中的"投保人声明"亦确认保险人已就免除责任条款作了明确说明。被告作为保险人已经尽到告知义务,该除外责任条款有效。

被告需要尽到举证责任,证明船长吴金树死亡系疾病所致。本案中被告提供的证据仅能证明救助船长吴金树的经过,而不能证明其死于疾病。原被告双方之间的保险合同并未约定保险理赔必须出具尸检报告,被告在 2011 年 12 月 24 日收到原告报案电话及 2012 年 1 月 8 日收到原告索赔申请后,才于 1 月 9 日书面通知原告应提供吴金树的尸检报告,该书面通知于1月16日方抵达原告,而吴金树遗体已于1月10日火化。被告迟延通知最终导致相关证据的灭失,对此被告应负举证不能的责任,并承担不利的法律后果。

案涉"船东对船员责任保险条款"的第5条第1款仅约定"发生本保险责任范围内的事故,被保险人必须于48小时之内将详情告知保险人",并未约定如被保险人未在48小时内通知的,保险人不负赔偿责任。故原告事故发生后3天通知被告,虽然超过约定的48小时期限,但并不因此失去索赔权。

"船东对船员责任保险条款"第5条第3款约定被告无需赔偿或只需对赔偿不足部分进行赔偿,该约定属于减轻保险人责任的条款,被告应当尽到告知义务。但被告没有证据证明其将此规定内容以引起被保险人注意的方式加以提示并加以明确说明,故应认定该约定无效;同时,被告也没有证据证明吴金树的死亡已经从工伤保险基金中获得赔偿,故其辩称不能成立。原告还主张因被告逾期履行保险义务给其造成的贷款利息损失,这一请求合理。

综上,依照《中华人民共和国海商法》第237条、《中华人民共和国民事诉讼法》第64条第1款的规定,判决如下:

一、被告阳光财产保险股份有限公司泉州中心支公司应于本判决生效之日起10日内支付原告湖北华闽海运有限公司保险赔偿金299 000元及该款自2012年4月23日起至判决确定支付之日止按中国人民银行规定的同期贷款基准利率计算的利息;

二、驳回原告其他诉讼请求。

4.2 及时赔付义务

5 上诉人海南昌信船务有限公司与中国太平洋保险公司海南分公司船舶保险合同纠纷案
案例来源:海南省高级人民法院(1999)琼经终字第87号
主题词:保险人及时赔付义务 《钢质海船入级与建造规范》 船级证书

> **裁判要旨**
>
> **No. HX-4.2-1** 发生保险事故造成损失后,保险人应当及时向被保险人支付保险赔偿。保险人拒绝赔偿,属于违约行为,依法应承担向被保险人支付保险金和赔偿因迟延支付保险金造成被保险人损失的法律责任。

一、基本案情

上诉人(原审原告):海南昌信船务有限公司(以下简称昌信公司)
上诉人(原审被告):中国太平洋保险公司海南分公司(以下简称海南太保)

海口海事法院一审认定:

1996年2月1日,昌信公司同海南征达船务有限公司签订光船租赁合同,将万利达轮光租给昌信公司经营。同年4月11日,昌信公司向海南太保投保,保险单约定:险别为一切险,保险价值和保险金额均为170万美元,保险期限从1996年4月12日零时至1997年4月11日24时,保险费为5.1万美元,保险条件为按船舶保险条款(1986年1月1日)投保,航行范围为中国沿海、韩国、日本、中国港澳台地区、东南亚、文莱、巴布亚新几内亚。还特别约定:第一航次从境外返回内地港口,须经我司检验,否则出险造成损失我司不负责任。同年5月20日,万利达轮第一次从境外返回汕头港后,依约请求海南太保前去检验,但海南太保告知暂不派人前去检验,要求告知该轮下次返回国内港口的具体时间及目的地,验船前可按现保险责任执行。5月25日,万利达轮驶离汕头港,在香港加油和物料后驶往巴布亚新几内亚,6月7日抵LAE(莱城)港锚泊。8月9日,万利达轮起航于8月14日抵所罗门群岛Honiara(霍尼亚拉)港,8月15日12:35时移泊至Payuvu(帕务务)港装载原木。装货中,该轮左舷与码头圆木靠垫碰撞,造成左舷第三压载水舱顶角及上方船壳变形,76号肋骨严重裂损,75号肋骨严重弯曲。

事故发生后,船长即令停止装货,并指示船员进行修理,8月17日凌晨修理完毕。8月19日17:00时,装货完毕。8月20日,移至霍尼亚拉港加油,8月21日,驶往目的地香港。万利达轮实际配备船员24人,均持有合格适任证书,其中大管轮和二管轮均有伤病,但无不能胜任工作的证据。8月30日,该轮主机汽缸油用完,经请示后以同一品牌同一指标的主机润滑油替代。9月7日11:20时,该轮主机因故障停车,9月8日10:30时启动续航,17:45时,主机再次故障停车。同日,该海域有台风SALLY(即9616号)经过,万利达轮发生剧烈的纵横摇摆。9月9日01:00时,主机启动后定速迎大浪航行,06:45时主机又发生故障停车,其时该轮概位为北纬16°43′2,东经118°22′7。此后,该轮失去动力开始飘航。同日,该轮船员发现第一货舱右船壳水线以下1—2米处出现漏水,具体位置为货舱中部竖向龙骨处,船长即令船员用污水泵和手提泵排水,因船壳多处漏水,且海况为大浪和长涌,泵水无法抵消进水,该轮出现艏倾,封进水裂缝未果。9月10日,该轮飘航海域生成一热带气压并将在未来48小时内加强成为热带风暴,受该气象影响,一舱进水无法控制,船舶纵摇剧烈,船长遂于当日19:35时发出SOS求救信号。9月11日早上,该轮前主甲板已在水线以下,而救助拖轮预计于9月12日才能抵达,当时海况为大浪和长涌且渐趋恶劣,9月11日06:30时,船长下令弃船,当时该轮船位为北纬16°42′,东经118°01′,至08:30时,所有船员登上附近的英国壳牌公司所属Serieata轮,当时,万利达轮船位约为北纬16°41′,东经117°65′。弃船当时,该轮尚未完全沉没,但船头完全没入海水中。9月11日至14日,救助拖轮在弃船海域搜寻未发现万利达轮遗骸。

事故发生后,昌信公司向海南太保提出了索赔,但海南太保未理赔。万利达轮的船级为中国船级社CCS级,持有中国船级社颁发的各项船级证书,但其中国际载重线年检、货船构造安全证书年检、货船设备安全证书年检、货船无线电安全证书年检、国际防止油污证书年检等法定证书检验项目和船级年检、船级中期检验、坞内检验、尾轴及推进器检验等船级检验项目,以及两个入级检验项目已过期,且展期3个月亦届满,对上述项目均未检验。昌信公司曾在展期3个月内的1996年6月11日向中国船级社大连分社提交申请检验报告,大连分社批注称:待该轮抵达本港,需与船东代表或船长确认所需检验项目后,再进行申请评审和标识。因该轮沉没,故未做检验。昌信公司于同年8月13日向海南太保申请扩展航次至所罗门群岛,海南太保同意扩展至所罗门群岛,期限为1996年8月15日零时至8月31日24时。万利达轮8月31日位于北纬1°54′,东经132°37′,已进入保单约定的海域,弃船方位北纬16°42′,东经118°01′,亦在保单约定行航行范围内。

二、一审裁判

海口海事法院一审认为:昌信公司同海南太保之间船舶保险合同合法有效。万利达轮出事航次18天的航行正常行驶证明该轮适航。该轮沉没的直接原因是船壳进水及主机失去动力和恶劣气候无法控制进水,属于保单一切险的责任范围,海南太保应负赔偿责任。万利达轮虽未对多个船级证书和检验项目过期未检负有过错,但依有关规定,船级暂停不属于保险终止事由。海南太保在昌信公司投保时应依职责审查有关船舶情况,对海南太保未询问的问题昌信公司无须告知,故未违反被保险人告知义务。该轮船员配备适航。该轮在帕务务港的碰撞对船体结构未造成影响。该轮以相同技术指标的主机润滑油替代汽缸油并无不当。昌信公司主张施救费用和事故调查费用证据不足,主张利息损失于法无据。遂依法判决海南太保支付昌信公司保险赔偿金170万美元,驳回昌信公司的其他诉讼请求。

三、上诉与答辩

上诉人昌信公司不服原判上诉称:昌信公司向海南太保就万利达轮投保了一切险,在保险期间内该轮发生事故,海南太保应按照保险合同的约定向昌信公司支付保险赔偿金170万美元及救助打捞费和事故调查处理费。海南太保在昌信公司索赔后拒赔,应从其拒赔之日起支付逾期付款的利息。一审法院仅判令海南太保支付保险赔偿金170万美元,而对施救费用和事故调查费用以昌信公司未能举证证明该费用已发生和实际支付为由而不予保护,对昌信公司提出的利息损失以于法无据为由不予保护,属于认定事实错误。海南太保无理拒赔已构成违约,本应依最高人民法院规定的日万分之五支付逾期付款违约金,而昌信公司仅要求按银行贷款利率计算,属于最低限度的要求,已大大减轻了海南太保的赔偿责任,一审法院不予支持该项请求,属于适用法律不当。请求二审法院撤销原判第二项,判令海南太保赔偿救助打捞费用和事故调查费用103 750美元,及1 803 750美元自1996年12月8日起的利息。

上诉人海南太保不服原判上诉称:(1)万利达轮在事故发生前,已因船级暂停而导致船级证书失效,该轮已失去船级。由于该轮船级变动和失去船级,船舶保险合同早已自动终止,海南太保不承担赔偿责任。一审法院认定船级暂停不属于船舶保险合同中保险终止的事由,对海南太保主张的保险合同因万利达轮船级暂停而终止的请求不予保护的判决确有错误。(2)万利达轮在事故航次开航前和开航时不适航,昌信公司对此未恪尽职责,依船舶保险条款的规定,属于保险人的除外责任。一审对这一重要事实存在着错判和漏判。一审以所谓开航后的"正常航行"推理认定该轮适航是错误的。万利达轮开航前,船级早已失去,船级证书已失效,所以不论该轮的实际状况如何,该轮已构成不适航。该轮开航前的7月30日、8月5日、8月6日、8月10日的轮机日志和电报表明,该轮事故航次前实际上存在船壳水线以下裂缝和其他部位多处裂缝,及8月16日2号货舱船壳碰撞变形等船损情况。昌信公司未将船损情况报告中国船级社和海南太保,故一审认为碰撞事故对船体结构不造成影响,与该轮沉没之间亦无因果关系的认定,是不顾事实、割裂因果关系、主观臆断的,是根本不能成立的。(3)昌信公司以万利达轮经营人的身份投保,但在承保期限内,昌信公司未事先书面征得海南太保的同意,将该轮经营管理权变更为香港信达船务有限公司经营管理,这一事实已由昌信公司代理人1996年10月7日向海南太保出具的律师函所承认。依据船舶保险条款的规定,该保险合同也早已自动终止,保险人不承担赔偿责任。(4)一审判决对被保险人的如实告知义务,作出了明显违反有关《保险法》规定和法理的判决。(5)昌信公司在万利达轮开航前漏水和发生碰撞后未及时报告保险人,致使该轮危险程度增加,保险人依法应当免责。一审判决认定事实错误,存在一系列错判和漏判,由于认定事实错误而导致法律适用错误,请求二审法院查清本案事实后依法改判。

四、二审裁判

经二审审理查明,一审认定的事实清楚,证据充分。还查明,万利达轮两个遗留项目即甲板机械和舵机的一些电缆(包括电缆线、灯线)损坏并严重锈蚀、主甲板船尾两水密门,均要求应于1996年4月15日前修复,船东海南征达船务有限公司于1996年1月18日在香港信利船舶服务有限公司进行了修复。上列事实有修船检验报告为据,且经双方当事人质证确认。

海南省高级人民法院认为,上诉人昌信公司同上诉人海南太保之间签订的船舶保险合同系双方当事人真实的意思表示,符合国家有关法律规定,应确认该船舶保险合同合法有效,双方当事人应按合同约定全面履行各自义务。被保险船舶万利达轮1996年9月11日发生保险事故沉没后,上诉人海南太保作为保险人,应及时按合同约定金额向上诉人昌信公司支付保险赔偿金,上诉人海南太保拒绝赔偿,属于违约行为,依法应承担向上诉人昌信公司支付保险金和赔偿因迟延支付保险金造成上诉人昌信公司损失的法律责任。

中国船级社《钢质海船入级与建造规范》(1996)第4.1.5.1条第(1)款规定:船舶没有按照本规范规定的期限进行或完成有关检验,且未按规定进行展期时,应通知船东船级证书到期或无效,船级将自动暂停。万利达轮法定证书检验和船级检验9个项目在自动展期 3 个月期间,向中国船级社及大连分社申请展期检验并获大连分社同意,该轮两个遗留项目已在规定消除日之前修复,中国船级社亦未正式通知万利达轮证书到期或无效,故万利达轮保持了船级,其船级未自动暂停。海南太保上诉主张的万利达轮因检验项目过期导致船级自动暂停和失去船级,应当适用船舶保险条款第 6 条第(2)项中所列的船舶等级变动而导致船舶保险合同自动终止,海南太保不承担赔偿责任的理由,无法律依据,本院不予支持。

万利达轮由海南征达船务有限公司光船租赁给昌信公司经营,香港信达船务有限公司为昌信公司代理人。海南太保上诉主张的昌信公司未经海南太保同意将船舶经营管理权变更为香港信达船务有限公司,故按船舶保险条款第 6 条第(2)项中所列的将船舶转让给新的管理部门而导致船舶保险合同自动终止,海南太保不承担赔偿责任的理由,无事实根据和证据证明,本院不予采纳。

海南征达船务有限公司 1995 年 6 月购入万利达轮后,于 1995 年 7 月在深圳蛇口由中国船级社深圳分社进行了初次入级检验,检验内容有船级检验及法定检验。1995 年 11 月,万利达轮在大连进行修理后,由中国船级社大连分社进行了坞内检验及螺旋桨和尾轴检验,并消除了遗留项目。1996 年 1 月万利达轮在香港进行了修理和有关检验,消除了两个遗留项目,该轮持有中国船级社颁发的各项船级证书。1996 年 2 月 1 日,海南征达船务有限公司将万利达轮光船租赁给昌信公司后,昌信公司于同年 4 月 11 日同海南太保签订了船舶保险合同,之后该轮在航行中处于适航状态,无人员配备不当、装备或装载不妥等不适航状况。万利达轮 1996 年 8 月 15 日在所罗门群岛帕务务港装载原木时同码头圆木靠垫发生碰撞并自行修复,未向中国船级社和海南太保报告,昌信公司负有过错责任。但从本案事实和证据证明,万利达轮左舷在所罗门群岛同码头圆木靠垫发生的碰撞属轻微碰撞,对该轮船体结构无影响,同以后该轮右舷进水等原因造成沉没无直接的因果关系。该轮 1996 年 8 月 6 日焊 2 号货舱漏洞及焊 2 号舱压载舱 3 处漏洞,属于该轮轻微船损并已修复,无证据证明该轮因存在上述轻微船损而不适航及同沉没有直接因果关系,也未达到使该轮危险程度增加的状况。一审法院认定万利达轮沉没的直接原因是船壳裂口漏水,加之主机故障失去动力飘航,又遇恶劣的气候条件使船舶进水无法排除,上述因素共同作用导致该轮沉没的结论是正确的,符合船舶保险条款全损险中自然灾害和船舶机件及船壳的潜在缺陷而造成的船舶全损。海南太保不能举证证明昌信公司未恪尽职责,亦无证据证明海南太保就船舶保险条款中的免责条款向昌信公司予以明确说明。海南太保上诉主张的万利达轮已失去船级而不适航的理由和发生碰撞及两处漏水属于该轮不适航及同该轮沉没有直接因果关系,昌信公司对船舶危险程度增加未及时通知保险人和未恪尽职责,海南太保应依照船舶保险条款第 2 条的规定免除赔偿责任的理由,无事实证据和法律依据,本院不予支持。

万利达轮从 1995 年 6 月购入后,所有人海南征达船务有限公司于同年 6 月 5 日向海南太保投保,险别为一切险,期间为 1995 年 6 月 10 日零时至 1996 年 6 月 9 日 24 时,光船租赁给昌信公司后,在原保险期未届满之前的1996年4月11日,昌信公司又向海南太保就万利达轮投保,就保险人海南太保的职责要求来说,对万利达轮的有关情况是知道或应当知道的,依照有关法律规定,对保险人海南太保未经询问的,被保险人昌信公司无须告知。海南太保上诉主张的昌信公司未履行如实告知义务,海南太保对万利达轮全损不负赔偿责任的理由,无事实证据及法律依据,本院不予支持。昌信公司上诉主张海南太保应赔偿施救费用及海事调查处理费用计103 750美元的主张,因未能提供充分的证据,本院不予采纳。

昌信公司上诉主张的海南太保应支付保险赔偿金170万美元应从1996年10月8日起的利息的理由,符合《中华人民共和国海商法》第237条和《中华人民共和国保险法》第23条第2款的规定,本院应予采纳。但利息起算时间应从昌信公司起诉之日即1996年12月10日起算,依照法律规定,应以1996年12月10日中国银行公布的美元同人民币的价格折算170万美元为人民币,并以人民币数额按中国人民银行同期一年期流动资金贷款利率计算。原判认定事实清楚,证据充分,适用法律基本正确,但未计算海南太保未及时理赔而对昌信公司造成的利息损失不当,应予纠正。

依照《中华人民共和国民事诉讼法》第153条第1款第(2)项、《中华人民共和国经济合同法》第41条第1款,《中华人民共和国保险法》第23条第2款之规定,判决如下:

一、维持海口海事法院(1997)海商初字第010号民事判决第一项即海南太保10日内支付昌信公司保险赔偿金170万美元;

二、撤销海口海事法院(1997)海商初字第010号民事判决第二项即驳回昌信公司其他诉讼请求;

三、海南太保以1996年12月10日中国银行公布的美元同人民币比价折算出170万美元兑换人民币的数额,并以此数额按中国人民银行一年期流动资金贷款利率从1996年12月10日起计算利息至判决确定的付清之日止,向昌信公司支付本息,逾期则加倍支付迟延履行期间的债务利息。

四、驳回昌信公司的其他诉讼请求。

6 原告江苏省航运公司张家港公司与被告华泰财产保险股份有限公司南京分公司、第三人南京兴安航运有限公司船舶保险合同纠纷案

案例来源:武汉海事法院(2001)武海法通商字第65号

主题词:不足额保险　保险人先行支付义务　施救费用

> **裁判要旨**
>
> **No. HX-4.2-2**　在不足额保险中,为减少损失而产生的打捞费等施救费用,保险公司应当按保险金额与保险价值的比例赔付。

一、基本案情

原告:江苏省航运公司张家港公司(以下简称航运公司)

被告:华泰财产保险股份有限公司南京分公司(以下简称保险公司)

第三人:南京兴安航运有限公司(以下简称兴安公司)

原告航运公司诉称:第三人兴安公司所属"宏利968"轮在被告保险公司处投保船舶险,并于2001年4月9日发生保险责任事故,第三人兴安公司将其中的保险赔款人民币(以下均为人民币)38万元转让给原告航运公司,被告保险公司未支付上述款项,故诉请判令被告保险公司支付保险赔款38万元,并承担本案诉讼费用。

被告保险公司辩称:财产保险合同享有保险金请求权的只能是投保人和被保险人,原告航运公司既不是投保人,又不是被保险人,不能成为本案的诉讼主体。第三人兴安公司所属"宏利968"轮与"兴业519"轮发生碰撞,碰撞责任未经法院的最后划定,被告保险公司应支付给第三人兴安公司的保险金数额亦无法确定,第三人兴安公司应先行向碰撞对方提起诉讼。保险合同是一种双务有偿合同,第三人兴安公司未经被告保险公司同意,将保险金索赔权转让给原告航运公司既为法律所不准,亦使据以保险索赔所应承担的义务无人承担,故该转让无效,请求法院依法驳回原告航运公司的诉讼请求。

第三人兴安公司称:保险事故已经发生,第三人兴安公司已将其中的部分保险赔款请求权转让给原告航运公司,请求法院支持原告航运公司的诉讼请求。

二、法院查明的事实

武汉海事法院经审理查明:2001年2月7日,第三人兴安公司将自己所属的"宏利968"轮向被告保险公司投保。保险单载明,保险价值200万元,保险金额180万元,保险条件为沿海、内河船舶定期一切险,适用中国人民银行1996年7月25日《沿海内河船舶保险条款》,保险期限自2001年2月8日零时起至2001年12月31日24时止,每一事故绝对免赔额为5000元。2001年4月9日,"宏利968"轮与"兴业519"轮在上海港长江口32灯浮附近水域(出口航道)发生碰撞,"宏利968"轮沉没,船上所载货物全损,上海港务监督吴淞监督站认定"兴业519"轮负主要责任,"宏利968"轮负次要责任。同月13日,第三人兴安公司与上海吴淞打捞队签订一份打捞费为50万元的打捞合同,上海吴淞打捞队依约将"宏利968"轮打捞出水。12月12日第三人兴安公司将38万元的保险款项索赔权转让给原告航运公司,并于同月17日将该转让事宜书面通知被告保险公司。

三、法院裁判

本案争议的焦点主要有二:(1)未经法院划定"宏利968"轮和"兴业519"轮碰撞责任之前,第三人兴安公司是否有权获得38万元的保险赔款;(2)未经被告保险公司同意,第三人兴安公司能否将 38 万元保险赔款请求权转让给原告航运公司。

武汉海事法院认为,第三人兴安公司将所属"宏利968"轮向被告保险公司投保一切险,是双方的真实意思表示,保险合同有效。"宏利968"轮与"兴业519"轮发生碰撞事故,属被告保险公司承保的一切险的责任范围,该保险事故发生在保险责任期间,故对于"宏利968"轮的船损、为减少根据保险合同可以得到赔偿的损失而产生的打捞费,被告保险公司均应按保险金额与保险价值的比例赔付。第三人兴安公司在发生保险事故后,向保险人索赔保险金的权利由法律直接赋予,不以向碰撞对方先行诉讼为前提。第三人兴安公司将部分保险赔款的索赔权转让给原告航运公司,属债权的转让,只要通知债务人被告保险公司则可,亦不以被告保险公司同意为前提。本案第三人兴安公司已将债权的转让通知被告保险公司,该转让对被告保险公司发生效力,故原告航运公司诉讼主体适格。被告保险公司认为保险金不可转让的主张无法律依据,武汉海事法院不予支持。原告航运公司提起诉讼后,在 2002 年 1 月 15 日的第一次庭审中,向被告保险公司出示了保险事故有关证明和资料,已逾 60 日。"宏利968"轮与"兴业519"轮碰撞事故,虽未经法院最终判明责任,但打捞费中的 45 万元可以确定由被告保险公司承担,该数额已超出原告航运公司受让的债权,故被告保险公司依法应对此被转让部分先行支付给原告航运公司。依照《中华人民共和国保险法》第 25 条,《中华人民共和国海商法》第 240 条第 1、3 款,《中华人民共和国合同法》第 79 条、第 80 条,最高人民法院关于适用《中华人民共和国合同法》若干问题的解释(一) 第 27 条,《中华人民共和国民事诉讼法》第 128 条之规定,判决如下:

被告华泰财产保险股份有限公司南京分公司于本判决生效之日起 10 日内一次性支付原告江苏省航运公司张家港公司人民币 38 万元。

5. 保险标的的损失和委付

5.1 保险标的的损失

1 原告重庆市长江三峡旅游船有限公司与被告中国人民财产保险股份有限公司重庆市分公司船舶保险合同纠纷案

案例来源:武汉海事法院(2006)武海法商字第159号
主题词:船舶适航　实际全损　保险价值　迟延赔付导致的利息损失

> **裁判要旨**
>
> **No. HX-5.1-1** 在财产保险合同中,保险价值应该与保险标的的实际价值相当。定值保险高于船舶在事故发生之时的实际价值,法院认定违反补偿原则,高出部分不应获得赔偿。
>
> **No. HX-5.1-2** 船舶发生实际全损,被保险人要求保险人委付时,保险人有权拒绝接受被保险人的委付。

一、基本案情

原告:重庆市长江三峡旅游船有限公司(以下简称三峡公司)

被告:中国人民财产保险股份有限公司重庆市分公司(以下简称保险公司)

原告三峡公司诉称:2005年4月1日,经原告投保后,被告保险公司向原告签发《沿海内河船舶保险单》(NO.0048074),约定承保原告所属"银河2号"轮"沿海内河一切险"及"船主对旅客责任险""四分之一附加险""螺旋桨等单独损失险",保险期为2005年4月2日零时至2006年4月1日24时,双方同时在保险单中约定"银河2号"轮的保险价值为人民币(以下均为人民币)2 200万元。2005年9月1日00:48时,"银河2号"轮上行至长江上游航道里程592.9公里处发生触礁事故,造成船舶中后部座礁、机舱进水、因退水致船体扭曲变形而拆解的重大事故。保险事故发生后,原告立即向海事部门报案,并通知了被告。经打捞单位实地勘测后,认为"银河2号"轮作为船舶已出现严重破坏,并失去浮力,同时也失去修复价值,建议在稳船后进行解体切除。同时,我公司亦向各方征集"银河2号"轮救助、修复方案,各方均认为从现状考虑,"银河2号"轮只能采取解体打捞。原告遂通知被告委付,但被告以"银河2号"轮可以修复为由拒绝委付。现"银河2号"轮已按照被告的要求解体打捞完毕,但被告既不同意按照保险单的约定支付保险金,也拒绝提出修复方案。原告认为被告出具的《沿海内河船舶保险单》所载明的内容是双方真实意思表示,对双方具有约束力。"银河2号"

轮损坏严重,已失去原有形体和效用,构成全损,被告应按照约定的保险金额,立即支付原告保险金2 200万元,并赔偿因逾期支付保险金导致原告所产生的其他经济损失。

被告保险公司未提交书面答辩状,但在庭审中辩称,由于原告严重违反原、被告双方签订的《沿海内河船舶保险条款》第19条"被保险人及其代表应当严格遵守港航监督部门制定的各项安全航行规则和制度,按期做好保险船舶的管理、检验,确保船舶的适航性"的规定,被告有权依据《沿海内河船舶保险条款》第20条"被保险人不履行第16条至第19条规定的义务,保险人有权终止合同或拒绝赔偿"的规定对原告要求赔偿保险金的请求予以拒绝。同时,"银河2号"轮的实际价值远远没有2 200万元,保单中约定的2 200万元的保险价值超过其实际价值的部分违背了保险法的补偿原则,因而自始无效。所以,根据《中华人民共和国保险法》《沿海内河船舶保险条款》以及《中国人民银行关于超值保险如何理赔问题的答复》的相关规定,在保险单中载明的2 200万元保险金额远远超出了"银河2号"轮实际价值的情况下,原、被告双方签订的保险合同属一份超额保险合同,其超过保险标的实际价值的部分是无效的,保险金额最多只能以"银河2号"轮出险当时的实际价值为限。另外,本次海损事故只是部分损失,不属于实际全损和推定全损。因而被告不应承担全额赔偿责任。鉴于以上理由,被告保险公司要求法院依法驳回原告三峡公司的诉讼请求。

二、法院查明的事实

经审理,武汉海事法院查明以下案件事实:

2005年4月1日,应三峡公司投保申请,保险公司向三峡公司签发保单号码为PC-BA200550000093000007的《沿海内河船舶保险单》及《特别约定清单》,约定由保险公司承保三峡公司所有的"银河2号"轮,保险范围为"沿海内河一切险"及"船主对旅客责任险""四分之一附加险""螺旋桨等单独损失险";保险期限为2005年4月2日零时至2006年4月1日24时;"银河2号"轮保险价值为2 200万元,保险金额亦为2 200万元。《特别约定清单》约定免赔额为7 000或实际损失的10%,以高者为准。

2005年8月29日11:00时,"银河2号"轮第44航次,载客90人上水由宜昌南津关发航开往重庆。8月31日23:30时,大副陈韬夫、二副李建国、舵工郭明刚和文小伟在长江上游长寿芭蕉沱水域接班,驾驶"银河2号"轮继续上行。大副陈韬夫引航、舵工郭明刚执舵,二副杨建国、副班舵工文小伟协助值班。9月1日00:15时,"银河2号"轮航行至王家滩进漕时,能见度逐渐降低,视距约1 000米左右。00:21时,"银河2号"轮驶过骑马桥水域,尾随汽车滚装船"联盟818"轮上驶。00:34时,"银河2号"轮至白鹭嘴时,受瘴气影响,能见度下降为600—700米。00:37时,"银河2号"轮上行至罐子石水域,当班大副陈韬夫吩咐舵工郭明刚通过高频电话与"联盟818"轮联系,要求从其右舷追越。"联盟818"轮同意了"银河2号"轮的要求,但提出只有船到笑滩后才可追越。00:39时,"银河2号"轮抵笑滩,大副陈韬夫决定沿北岸上驶进行追越,遂右转向、加速过河。00:46时,"银河2号"轮船位平车家石梁,此时能见度下降到不足

100 米,该轮借助雷达继续上行。00:47 时许,"银河 2 号"轮行至距鳝鱼尾礁石 60—70 米时,大副陈韬夫用探照灯扫射,突然发现鳝鱼尾岸嘴在船首右前方一点方向,随即左满舵扬头,再右满舵甩尾,但为时已晚。00:48 时,"银河 2 号"轮触礁后整个船体搁置在鳝鱼尾礁石上。

2005 年 9 月 1 日 08:30 时,三峡公司向保险公司提交《船舶保险出险通知书》,报告了"银河 2 号"轮触礁经过以及触礁后所采取的救助措施。

事故发生后,受三峡公司委托,作为专业船舶救助打捞单位的重庆中山舰救助打捞工程有限公司即派技术人员赶赴事故现场,并于 2005 年 9 月 2 日作出《抢险稳船方案》。该方案在对"银河 2 号"轮的状态、水域情况、抢险过程中存在的不确定因素、可以实施的抢险方案、抢险设备及人员的投入和安全措施等具体事项作了说明以后,同时提出具体的建议:"由于'银河 2 号'游轮目前已发生严重中拱(断裂),作为一艘船舶,船体已出现严重破坏,并失去浮力,同时也失去了修复价值。为了减少损失,建议重庆市长江三峡旅游船有限公司,在稳船目的达到后(如出现人力不可抗拒的自然因素除外),组织有关专业人员对难船进行解体切除,现场清障。"

2005 年 9 月 6 日,重庆海事局向三峡公司发出《重庆海事局关于限期打捞"银河 2 号"沉船的通知》,要求三峡公司在 2005 年 9 月 20 日前打捞并撤离"银河 2 号"轮;进行打捞作业前,必须严格制定应急和防止水污染安全措施,并申请办理相关手续。

2005 年 9 月 7 日,保险公司向三峡公司发出《关于"银河 2 号"重大事故处理的联系函》,要求三峡公司与有关方面确定"银河 2 号"轮应负的责任和费用时,应征得保险公司的同意;保险公司原则上不同意对"银河 2 号"轮实施解体打捞方案,目前保险公司正积极寻求新的解决方案,力求将损失控制在最小范围;对于其他因素造成的不属于保险责任范围内的扩大损失,保险公司将不予赔付。保险公司同时通知三峡公司,保险公司员工陈世强和李华,作为保险公司本次事故的具体联系人。

2005 年 9 月 8 日,三峡公司向保险公司提交一份《预付保险金申请报告》,在介绍事故经过以及事故损失后,申请保险公司预付 500 万元保险金。在提交该报告的同时,三峡公司向保险公司送交了"银河 2 号"轮保险单、《抢险稳船方案》和《重庆海事局关于限期打捞"银河 2 号"沉船的通知》等文件。

2005 年 9 月 15 日,三峡公司与保险公司签订了 1 份《"银河 2 号"轮解体打捞协议》,双方约定同意对"银河 2 号"轮实施解体打捞;解体打捞工作由重庆东风船舶工业公司东风修船厂和重庆中山舰救助打捞工程有限公司协同进行;为减少损失,解体方案应在现有技术条件下,以对现有完好设备采取保护性解体为原则;实施解体打捞过程中,双方应对打捞工作给予积极配合。

2005 年 9 月 16 日,三峡公司与重庆东风船舶工业公司东风修船厂拟定《"银河 2 号"轮拆除合同》,约定三峡公司委托重庆东风船舶工业公司东风修船厂对"银河 2 号"轮进行"破坏性拆除",总费用为 124.1 万元;此外,双方还就施工原则、付款方式和工程期限等事项进行了约定。同日,三峡公司将上述拆除合同连同《"银河 2 号"拆除工

船舶适航·实际全损·保险价值·迟延赔付导致的利息损失

程概述》《消防安全预案》和《工程预算》等材料一并送交保险公司,并要求保险公司尽快提出明确具体的意见。

2005年9月23日,三峡公司与重庆东风船舶工业公司东风修船厂正式签订《"银河2号"解体打捞合同》,双方约定对"银河2号"轮进行拆除,拆除费用为120万元。此外,双方还就施工原则、施工期限等事项进行了约定。同日,保险公司向三峡公司送交《关于对〈"银河2号"解体打捞合同〉征求意见的复函》,表示基本同意三峡公司与重庆东风船舶工业公司东风修船厂签订的《"银河2号"解体打捞合同》,但强调就该合同涉及的费用只承担90万元。

2005年9月28日,在对"银河2号"轮实施具体解体打捞过程中,三峡公司与保险公司签订一份《关于"银河2号"解体打捞现场物资处理的协议》,双方就打捞现场相关物资的处理等事宜进行了约定,对于具有修复价值的设备和修复后可利用物资的处理,双方另行商议;对于具有修复价值的设备和修复后可利用的物资以外的并可立即变现的物资,先由保险公司确认,然后三峡公司可自行联系处理;三峡公司对保险公司就《"银河2号"解体打捞合同》中约定的120万元拆除费仅承担90万元无异议。

随后,三峡公司先后于2005年10月28日和2005年12月7日,分别向保险公司发出《关于"银河2号"储运事宜的征求意见函》和《关于对"银河2号"解体后设备等物质进行处置的征求意见函》,在向保险公司报告打捞物资等相关事项的同时,要求保险公司根据双方签订的《关于"银河2号"解体打捞现场物资处理的协议》,就物资处理等事宜尽快提出具体合理的解决方案。

2005年10月10日,三峡公司再次向保险公司提交《预付保险金申请报告(二)》,称:截至当日,三峡公司因实施打捞等事宜需向相关单位支付费用147.4666万元,其中至少117.4666万元应由保险公司支付,故申请保险公司先行预付该部分费用。

2005年10月31日,重庆海事局与三峡公司签订了《"银河2号"沉船打捞施工作业通航安全维护费用协议》;2005年11月26日,三峡公司与重庆长江轮船公司中山舰救助打捞工程部签订《"银河2号"救助协议》,分别就"银河2号"轮打捞过程中的现场维护、救助措施以及相关费用进行了约定。

武汉海事法院同时查明,2005年9月16日,三峡公司向保险公司送交《委付通知书》及重庆长寿海事处签发的海事签证等材料,认为"银河2号"轮在事故中严重受损,完全失去原有的形体和效用;"银河2号"轮解体后进行修复所支付的费用将超过该轮的保险价值,为此,将"银河2号"轮的一切权利转移给保险公司,并要求保险公司支付全额保险金。

2005年12月7日,重庆海事局作出《水上交通事故调查处理通知书》,认为"银河2号"轮当班驾驶人员盲目追越、错误选择航路、疏忽瞭望以及操作不当是导致触礁事故发生的直接原因;船长监航制度执行不力以及三峡公司汛期安全管理不到位,是事故发生的间接原因;能见度不良、事故水域水文紊乱是引发事故的另一原因。

2005年12月19日,三峡公司向保险公司送交《"银河2号"委付通知及保险索赔

船舶适航·实际全损·保险价值·迟延赔付导致的利息损失

报告》,称保险事故发生后,三峡公司已向保险公司提交了相关材料,但保险公司拒绝了三峡公司关于委付和预付保险金的请求;现"银河2号"轮已经打捞完毕,但保险公司仍未提出对相关物资如何处理、如何利用的方案;三峡公司经自行估算,修复"银河2号"轮所需费用将超过该轮本身的保险价值。鉴于此,三峡公司向保险公司提出以下请求:(1)委付要求,鉴于修复"银河2号"轮所支付的费用将超过该轮保险价值,现将"银河2号"轮的一切权利转移给保险公司;(2)索赔要求,根据《沿海内河船舶保险单》的条款,三峡公司要求保险公司立即支付保险金1947万元。三峡公司在提交上述报告时,同时提交了《水上交通事故调查处理通知书》以及与施救、打捞相关的合同、收据发票等。

2006年1月10日,三峡公司通过其授权的重庆索通律师事务所律师向保险公司提交一份《关于要求先予支付部分保险金的函》,要求保险公司在收到该函后15日内立即支付"难船定位、生根、保船、防倾"费、安全维护费、船舶解体打捞费等费用,总计76.65万元。

2006年2月8日,三峡公司再次通过其授权的重庆索通律师事务所律师向保险公司提交一份《关于要求立即支付"银河2号"保险金的函》,要求保险公司在收到该函后7日内按照《沿海内河船舶保险单》支付保险金2200万元。

武汉海事法院另查明,"银河2号"轮所有人为三峡公司,船体材料:钢质;船舶种类:旅游客船;船籍港:重庆;核定航区:B级、J1;建成日期:1994年9月10日;改建日期:2003年3月24日;船舶尺度:长74.58米,宽11.6米,深3.5米;船舶吨位:总吨2566吨,净吨898吨;主机功率:600×2千瓦;核定乘客定额:124人;船舶最低安全配员:15人,核定船员总数:90人。2004年4月2日至2005年4月1日、2005年4月2日至2006年4月1日,三峡公司均就"银河2号"轮向保险公司进行连续投保,保险价值和保险金额均载明为2200万元。

2006年3月30日,保险公司向武汉海事法院提交《申请书》,申请武汉海事法院委托有权机构对"银河2号"轮出险当时的市场实际价值和保护性解体后的船舶残值进行评估鉴定。受武汉海事法院办公室所辖鉴定工作小组委托,方正事务所于2006年6月30日作出武方正评报字(2006)第029号《重庆市长江三峡旅游船有限公司保险合同纠纷案涉案"银河2号"轮司法鉴定评估项目资产评估报告书》,报告书结论称:"银河2号"轮出险当时的市场实际价值(基准日2005年9月1日)的评估值为1305.08万元;"银河2号"轮保护性解体后的残值(理论残值)(基准日2005年9月1日)的评估值为249.91万元;"银河2号"轮保护性解体后现场勘察日的残值(实际残值)(基准日2006年6月7日)的评估值为151.12万元。

三、法院裁判

武汉海事法院认为,本案系船舶保险合同纠纷。被告保险公司于2005年4月1日向原告三峡公司签发的保单号码为PCBA200550000093000007的《沿海内河船舶保单》《特别约定清单》以及保险单的背面条款《沿海内河船舶保险条款》等,共同构成原、被告双方之间的船舶保险合同法律关系。由于投保和接受投保等相关内容的约定是原、被告双方真实意思表示,既没有违反法律规定,也没有损害社会公共利益,因而双方之间就"银河2号"轮的船舶保险合同关系有效。在合同有效期内,双方均有权根据合同的约定和法律的规定,享有相应的权利,承担相应的义务。

"银河2号"轮于2005年9月1日00:48时,在长江上游鳙鱼尾礁石发生触礁事故这一事实,原告三峡公司和被告保险公司均无异议。根据《沿海内河船舶保险条款》第1条和第2条的规定,本次触礁事故属原、被告双方约定的保险责任事故。

根据原告三峡公司的诉讼主张以及被告保险公司的抗辩理由,武汉海事法院认为,原、被告双方争议的焦点主要集中在四个方面:(1)"银河2号"轮在发生触礁事故当时,是否违反《沿海内河船舶保险条款》第19条"被保险人及其代表应当严格遵守港航监督部门制定的各项安全航行规则和制度,按期做好保险船舶的管理、检验和修理,确保船舶的适航性"的规定,构成《沿海内河船舶保险条款》第20条"被保险人不履行第16条至第19条规定的义务,保险人有权终止合同或者拒绝赔偿"的理由?(2)"银河2号"轮是否构成《沿海内河船舶保险条款》所称的全损?(3)被告保险公司若承担赔偿责任,是根据"银河2号"轮出险当日的实际价值赔偿,还是根据《沿海内河船舶保险单》中载明的保险金额进行赔偿?(4)被告保险公司应该承担的赔偿责任以及原告三峡公司的委付申请是否成立?

对于第一个争议焦点而言,实质涉及船舶的适航与否。船舶的适航,是指船舶本航次的技术状态能经受所驶航区通常所遇到的各种危险,它与保障等方面的适宜程度有关。保险合同中的船舶适航包括三个方面的内容:一是船舶在设计、构造和设备上应符合船舶建造和检验规范的要求,并经过检验获得相应的合格证书;二是船员资格、配备燃料和供给应符合有关法规的规定并满足航区要求;三是配载货物应符合有关规定的要求。根据查明的事实,无证据证明"银河2号"轮在事故航次中的技术状态违反相关规定。至于"银河2号"轮在航行过程中盲目追越、错误选择航路、疏忽瞭望、操作不当以及船长监航制度执行不力等行为,应属船舶操作和船舶管理上的过失,与船舶的技术状态无关。所以,武汉海事法院认为,"银河2号"轮触礁事故的发生,属航行过程中违章操作和船舶管理上的过失所导致,与该轮的适航与否无关。被告保险公司以"银河2号"轮不适航,进而不承担赔偿保险金责任的抗辩理由既无法律依据,亦无事实依据,武汉海事法院不予支持。

对于第二个争议焦点而言,涉及"银河2号"轮在事故中是否构成全损。船舶全损分实际全损和推定全损。船舶发生海损事故后灭失,或者受到严重损坏完全失去原有形体、效用,或者不能再归船舶所有人所拥有的,为实际全损。船舶发生海损事故后,认为实际全损已经不可避免,或者为避免发生实际全损所需支付的费用超过船舶残存价值的,为推定全损。武汉海事法院认为,触礁事故的发生,已经导致"银河2号"轮实际全损,并且导致全损的原因在于"银河2号"轮发生触礁事故,而非原告三峡公司在触礁事故发生后怠于实施相应的救助措施以及其他非保险责任范围内的原因所致。上述结论主要是基于以下理由:(1)"银河2号"轮触礁事故发生后,原告三峡公司已委托专业救助、打捞单位重庆中山舰救助打捞工程有限公司实施了相应的救助行为。(2)在采取了相应的救助措施以后,2005年9月23日,原告三峡公司与重庆东风船舶工业公司东风修船厂正式签订《"银河2号"解体打捞合同》,委托后者对"银河2号"轮进行拆解,这一拆解方案被告保险公司表示基本同意。(3)"银河2号"轮在拆解过程中,原告三峡公司与被告保险公司于2005年9月28日签订《关于"银河2号"解体打捞现场物资处理的协议》,双方对拆解的船体以及船上的设备处置等事项进行了明确的约定,如果"银河2号"轮在拆解后有修复的可能,则不存在对拆解的船体以及船上的设备进行处置。(4)事故后,被告保险公司未要求原告三峡公司对"银河2号"轮进行实际修复,也未向武汉海事法院提交"银河2号"轮具有实际修复可能性的有效证据材料。所以,被告保险公司已经实际认可"银河2号"轮在事故后构成实际全损这一事实,因而其认为"银河2号"轮在事故后不构成全损的抗辩理由不能成立。

　　对于第三个争议焦点而言,涉及原告三峡公司的诉讼请求是否违反补偿原则。《中华人民共和国保险法》第40条规定,保险标的的保险价值,可以由投保人和保险人约定并在合同中载明,也可以按照保险事故发生时保险标的的实际价值确定;保险金额不得超过保险价值,超过保险价值的,超过的部分无效。补偿原则是保险法的基本原则,即当发生保险事故时,投保人就其遭受的损失可以获得相应的弥补,但不能因保险事故的发生而获得额外的利益。在财产保险合同中,保险价值应该与保险标的的实际价值相当。虽然原告三峡公司就"银河2号"轮向被告保险公司投保船舶险时该轮的实际价值没有准确认定,但是,作为专业船舶运输单位,原告三峡公司应该具有认定该轮实际价值的能力,以保证该轮的实际价值与保险价值基本相当。在"银河2号"轮的保险金额大幅超过该轮的实际价值的情况下,如果要求被告保险公司根据保险单约定的保险金额予以全额赔偿,就会导致原告三峡公司客观上因"银河2号"轮发生责任海损事故而获得额外的利益,这一结果显然与保险法所遵循的补偿原则相悖。根据方正事务所所作的《重庆市长江三峡旅游船有限公司保险合同纠纷案涉案"银河2号"轮司法鉴定评估项目资产评估报告书》,"银河2号"轮出险当时的市场实际价值(基准日2005年9月1日)为1 305.08万元,与原、被告双方约定的2 200万元保险金额存在较大的差异。所以,原告三峡公司要求被告保险公司根据双方约定的保险金额,向其赔偿2 200万元保险金的诉讼请求于法无据,武汉海事法院不予支持。被告保险公司承担的赔偿保险金的义务应以"银河2号"轮出险时的实际价值为限。

　　对于第四个争议焦点而言,涉及被告保险公司保险事故中应该承担的赔偿责任。"银河2号"轮因触礁导致的船舶损失应为发生事故时船舶实际价值扣除事故后打捞出水的船舶残值。根据方正事务所所作出的《重庆市长江三峡旅游船有限公司保险合同纠纷案涉案"银河2号"轮司法鉴定评估项目资产评估报告书》,"银河2号"轮的实际船舶损失应为1 305.08万元 - 249.91万元 = 1 055.17万元。对于打捞出水的受损船体、船舶设备等具有一定价值的物品若在合理的时间内通过合理的价格和方式进行处置，就能最大限度地减少事故损失。原告三峡公司和被告保险公司虽然就该部分物品如何进行处置签订了《关于"银河2号"解体打捞现场物资处理的协议》，但根据《中华人民共和国保险法》第42条第1款的规定，并不能因此免除原告三峡公司应该承担的尽力采取必要的措施，防止或者减少事故损失的义务。"银河2号"轮保护性解体后的残值（理论残值）（基准日2005年9月1日）的评估值为249.91万元，解体后现场勘查日的残值（实际残值）（基准日2006年6月7日）的评估值为151.12万元，对于增加的98.79万元损失属处置措施不及时所至，应该由原告三峡公司自行承担。

虽然原、被告双方达成的《特别约定清单》约定被告保险公司在实际损失的范围内享有10%的免赔率，但是根据《沿海内河船舶保险条款》第11条"保险人对每次赔款均按保险单中的约定扣除免赔额（全损、碰撞、触碰责任除外）"的规定，在"银河2号"轮构成实际全损的情况下，被告保险公司并不能享有该项权利。对于原告三峡公司在事故后多次提出预赔保险金的请求，被告保险公司有义务予以及时答复，但是，无证据证明被告保险公司对原告三峡公司的请求有明确的意思表示。所以，在构成保险赔偿责任的前提下，被告保险公司不仅应该赔偿原告三峡公司保险金，而且应该赔偿因其迟延履行赔偿保险金的义务所导致的原告三峡公司的利息损失。

根据《中华人民共和国海商法》的相关规定，委付是指海上保险事故发生后，保险标的被推定全损时，被保险人请求给付全部保险金额，而将保险标的物的全部权利和义务转移给保险人的一种特殊法律制度。"银河2号"轮属于内河船舶，并且发生海损事故的地点为内河水域，原告三峡公司以"银河2号"轮全损为由，要求被告保险公司赔偿2200万元保险金，进而将该轮的全部权利和义务转移给被告保险公司的请求，无法律依据，武汉海事法院不予支持。

综上，武汉海事法院认为，"银河2号"轮触礁事故属责任保险事故，被告保险公司除了应该赔偿原告三峡公司保险金损失以外，还应该赔偿因迟延赔偿保险金导致原告三峡公司的利息损失。

根据《中华人民共和国保险法》第24条和《中华人民共和国民事诉讼法》第128条的规定，判决如下：

被告中国人民财产保险股份有限公司重庆市分公司赔偿原告重庆市长江三峡旅游船有限公司保险赔偿金1055.17万元及利息损失（利息损失根据中国人民银行同期流动资金贷款利率自2006年2月8日起算至本判决生效之日止），在本判决生效后10日内付清。逾期不履行，根据《中华人民共和国民事诉讼法》第232条的规定，加倍支付迟延履行期间的利息。

驳回原告重庆市长江三峡旅游船有限公司的其他诉讼请求。

❷ 原告中国太平洋财产保险股份有限公司深圳分公司、中化国际石油公司与被告莫林大财产有限公司海上货物运输合同货差纠纷案

案例来源:广州海事法院(2005)广海法初字第417号
主题词:0.5%液体损耗　保险责任范围　自然损耗

> **裁判要旨**
>
> **No. HX-5.1-3**　主张油类货物短少数量应扣除0.5%的自然损耗和计量误差,无法律依据。

一、基本案情

原告:中国太平洋财产保险股份有限公司深圳分公司(以下简称深圳太保)
原告:中化国际石油公司(以下简称中化公司)
被告:莫林大财产有限公司(MELINDA HOLDING S.A)(以下简称莫林大公司)

两原告共同诉称:被告是"森林"(SILVA)轮船舶所有人,中化公司是该轮船长于2005年8月28日所签发提单的持有人。提单记载的货物为75 293公吨280#燃料油。2005年9月18日,该轮抵达中国南沙港卸货,实际卸货重量74 052.503公吨,货物短少造成经济损失433万元(无特别注明币种均为人民币)。中化公司于2005年9月23日向法院申请诉前扣押船舶,支付了申请费5 000元、执行费3万元。深圳太保赔付了中化公司2 566 080元并支付检验费44 432元。请求判令被告赔偿深圳太保2 610 512元、赔偿中化公司货物损失1 719 488元;负担中化公司支出的诉讼费用68 960元,其中诉前扣押船舶费用35 000元、调查取证费用2 000元、本案受理费31 960元。

被告莫林大公司辩称:涉案货物实际仅短少385.692公吨,且短少原因在于货物本身的固有缺陷,被告作为承运人依法应当免责;即便被告负有赔偿责任,货物短少数量也应扣除0.5%的自然损耗和计量误差。原告不是涉案货物的第一手买家,不能按照其所提交的买卖合同中的价格计算损失。请求法院驳回原告的诉讼请求。

二、法院查明的事实

2005年8月17日,中化公司与中化国际石油(巴哈马)有限公司(以下简称中化巴哈马公司)签订05BS11XA5332FO111号买卖合同,向后者购买280#燃料油75 000公吨(±10%),以装港数量为准;合同约定价格条件为CIF中国黄埔,2005年9月15日至24日期间,由"森林"轮或卖方接受的替代船舶运至中国黄埔或中国广州港发码头。中化公司按每公吨343.64美元的单价,通过交通银行北京分行向卖方中化巴哈马公司支付了货款25 873 686.52美元。

深圳太保承保了涉案海上货物运输,于2005年8月28日出具货物运输保险单,保险单号码为ASHZ08824105B000297Z。其中载明:被保险人为中化巴哈马公司,货物为

75 293 公吨 280#燃料油，保险金额 223 611 927.77 元。同日，深圳太保通过 BSHZ01824105B0002 号批单，将被保险人变更为中化巴哈马公司/中化公司，保单记载的其他事项不变。中化公司向深圳太保支付了保险费 134 167.16 元。

莫林大公司是"森林"轮船舶所有人，该轮接受伊朗国家石油公司的委托，承运 280#燃料油自伊朗班达马赛港（BANDAR MAHSHAHR）至中国黄埔港。装港检验机构德尔孚公司（DELFI S.A.）于 2005 年 8 月 27 日出具干舱报告（OBQ/ROB REPORT），证明"森林"轮货舱清洁干燥。伊朗国家石油公司出具的货舱检验证书证实，"森林"轮适合装载涉案货物。原产地证书记载：涉案货物数量为 494 039 桶/74 106 长吨/75 293 公吨，与舱单及提单中记载的货物重量相同；装船后的量舱报告显示货物重量为 75 333.046 公吨/74 143.236 长吨。"森林"轮船长于 2005 年 8 月 28 日签发了指示提单。提单记载货物重量为 75 293 公吨，该提单经 4 次背书，由中化公司持该提单提取了货物。

2005 年 9 月 18 日，检验检疫局在广州港沙角锚地对"森林"轮卸货前的船载货物进行检测，在 15 ℃时货物标准总体积 78 573.955 立方米，重量 75 344.565 公吨。检验检疫局检验员郭志坚在量舱报告上注明仅对空距和温度负责（for ull & temp only）。卸货前的燃油报告显示，"森林"轮船载燃油空气中的重量为 1 107.97 公吨。9 月 22 日卸货后的燃油报告显示，"森林"轮船载燃油空气中的重量为 1 014.27 公吨。

9 月 22 日，中化公司向番禺海关缴纳了 68 293 公吨货物的进口关税 11 405 829.96 元，增值税 34 255 509.31 元；向黄埔老港海关缴纳了 7 000 公吨货物的进口关税 1 169 092.14 元，增值税 3 511 173.39 元。关税为货物价值的 6%，增值税为货物价值与关税之和的 17%，美元兑人民币的汇率为 1 比 8.1002，货物价值按照每公吨 343.64 美元的单价计算。

涉案货物通过中化公司安排的驳船转卸，中检广东公司对转卸到 75 艘次驳船上的货物分别计重，于 2005 年 9 月 26 日出具 GD2005/PY233-6 号重量证书。称"根据所查装货后各舱之空距/油深，依照驳船方提供之容积计量表，并结合测得之油液温度及密度进行必要之校正后，计得驳船装载油轮之货物重量为 74 052.503 公吨"。SGS 石化部对中检广东公司的重量证书进行论证，认为其计量过程使用的标准合理，计重结果可以认可。同时根据中检广东公司测得的数据计算出 75 艘次驳船共收到货物 74 050.444 公吨。

9 月 23 日，中化公司向法院申请扣押"森林"轮，责令被告提供 500 万元的担保。当日，法院裁定准许了中化公司的申请，并发出扣押船舶命令，扣押了"森林"轮。在中国人民财产保险股份有限公司广东省分公司出具保函，为莫林大公司提供了 450 万元的担保后，法院于 9 月 26 日解除了对该轮的扣押。中化公司为申请扣押船舶交纳了申请费 5 000 元，执行费 3 万元，均为实际发生的费用。

9 月 26 日，被告莫林大公司向法院提出海事证据保全申请，请求对"森林"轮上的有关证书进行保全，同时对卸货情况进行检验。法院准许了莫林大公司的证据保全申请,与 9 月 27 日召集中化公司及莫林大公司的代理人协商指定检验机构,双方一致同意由海工公司对"森林"轮卸货后的状况进行检验。

9 月 28 日,海工公司检验人员郑辉波登轮对"森林"轮货油舱进行检验,在 31 ℃下测得比重为 0.948 克/立方厘米的货舱残留液态货油 255.89 立方米、重量 242.583 公吨;舱底凝固物质 206.61 立方米,密度难以测量,不能被抽出。当日 15:30 时,测得"森林"轮燃料油舱存有燃油 969.353 公吨、柴油 129.664 公吨。

9 月 29 日,检验检疫局对"森林"轮进行检验,出具的干舱报告显示,各舱共有残留物 488.31 立方米。同日,检验检疫局向"森林"轮提交声明信,称该轮没有提供舱容表及相关证书的原件(the vessel part could not provide us with original Ullage Table and related certificates for it.),"森林"轮船长在该声明信上签字并加盖船章,同时注明仅收到该份文件(for receipt only)。

9 月 30 日,海工公司出具 GM05195 号检验报告,该报告内容除了包括 28 日检验结果外,还注明该轮未能提供舱容表正本原件,计量使用的是由挪威船级社(BUREAU VERITIES)于 1999 年认可的舱容表复印件。2005 年 12 月 12 日,海工公司出具 GM05195-1 号补充报告,该报告认为,在无法直接测量舱底凝固物比重的情况下,可以用检验检疫局在卸货前所作量舱报告中确认的 15 ℃标准体积数(78 573.955 立方米)减去卸后剩余货物标准体积数(459.583 立方米),得出已卸货油的标准体积数(78 114.372 立方米),货物在 15 ℃时的标准比重是 0.9600 克/立方厘米,进而计算出已卸货油在空气中的重量为 74 907.308 公吨,比提单记载的货物重量减少了 385.692 公吨。

深圳太保于 2005 年 12 月 19 日向中化公司支付保险赔款 2 566 080 元。深圳太保还向中检广东公司番禺分公司支付了检验费 44 432 元。

2006 年 5 月 1 日,法院应被告的申请,在停泊于青岛北海船厂的"森林"轮上保全了该轮涉案航次后的残油处理报告、油类记录簿以及该轮的舱容表。

另查明,2005 年 9 月 21 日中国人民银行公布的美元兑人民币汇率为 8.0911。

三、法院裁判

原告中化公司是收货人,被告莫林大公司是承运人。《中华人民共和国海商法》第 46 条规定,在承运人的责任期间,货物发生灭失或者损坏,承运人应当负赔偿责任。涉案货物在承运人责任期间发生短少,被告莫林大公司应向中化公司赔偿因货物短少造成的损失。

原告深圳太保是涉案海上货物运输保险人。《中华人民共和国海商法》第 252 条规定,保险标的发生保险责任范围内的损失是由第三人造成的,被保险人向第三人要求赔偿的权利,自保险人支付赔偿之日起,相应转移给保险人。深圳太保于 2005 年 12 月 19 日向中化公司支付保险赔款 2 566 080 元,取得代位求偿权,可以在赔偿金额范围内代位行使中化公司对莫林大公司请求赔偿的权利。

在承运人责任期间内货物发生灭失或者损坏,承运人应当承担赔偿责任。涉案货物在承运人责任期间内共短少385.692公吨。被告关于承运人在货物短少0.5%范围之内都应当免责的主张没有法律依据,不予支持。但在卸货后的舱底残留物中,有206.61立方米的固体物,承运船舶在装货前进行的检验表明货舱清洁干燥,原告提交的买卖合同中也约定允许货物含有不超过总体积0.5%的水及沉淀物,可以认定卸货后残留的固体物质是货物中的沉淀物沉淀而成,属于货物的自然属性造成的,应将其从短少数量中予以扣除。因该部分物质比重难以测量,考虑到沉淀物比重一定大于货油的比重,酌情参照货油比重0.948克/立方厘米计算,认定该部分固体沉淀物的重量为195.867公吨。

综上,依据《中华人民共和国合同法》第318条及《中华人民共和国海事诉讼特别程序法》第93条的规定,判决如下:

被告莫林大财产有限公司偿付原告中国太平洋财产保险股份有限公司深圳分公司180662.4元及利息(从2009年10月30日起算,至本判决确定的支付之日止按中国人民银行同期人民币流动资金贷款利率计算)。

驳回原告中国太平洋财产保险股份有限公司深圳分公司的其他诉讼请求。

3 原告中国平安财产保险股份有限公司青岛分公司与被告朗帆(香港)有限公司海上、通海水域货物运输合同纠纷案

案例来源:上海海事法院(2009)沪海法商初字第710号

主题词:0.5%液体损耗　保险责任范围　自然损耗　国际惯例

裁判要旨

No. HX-5.1-4　在运输合同项下,应以货物实际价值计算货损金额,参照国际惯例,大宗散货在运输交接过程中的合理计量允差可确定为0.5%。

一、基本案情

原告:中国平安财产保险股份有限公司青岛分公司(以下简称原告)

被告:朗帆(香港)有限公司[BRIGHT SAIL(HONGKONG)LIMITED 以下简称朗帆公司]

原告中国平安财产保险股份有限公司青岛分公司诉称,2008年12月24日,原告与被保险人中化(青岛)实业有限公司(以下简称中化公司)签订货物运输保险合同,约定由原告对中化公司进口的越南木薯干承担保险责任。中化公司与被告朗帆公司签订租船协议书,该批货物由"XINHE"轮实际承运。同年12月28日,在越南胡志明港签发的提单载明5268.68公吨木薯干清洁装船。2009年1月16日,"XINHE"轮到达连云港卸货,由上海东方天祥检验服务公司、中国检验认证集团江苏连云港分公司(以下简称中检公司)共同进行水尺检验,计重结果为5151公吨。实际重量与提单重量相

差 117.68 公吨。同年 1 月 18 日,中化公司向原告提出索赔,最终经双方确认出险货物损失为人民币 107 309.89 元,原告予以赔付,并取得中化公司出具的赔款收据及权益转让书。原告认为,货物短少是由于被告朗帆公司在运输过程中的过错所致,请求判令被告朗帆公司赔偿货物损失人民币 107 309.89 元,并承担诉讼费用。

被告朗帆公司辩称,根据金康租约 94 条款第 2 条和第 10 条以及《中华人民共和国海商法》的规定,被告朗帆公司作为航次租船合同的出租人只履行航次租船合同项下的义务,对货物装卸重量不负责,无需对原告承担货物短少的赔偿责任。被告朗帆公司未签发提单,没有义务保证实际卸货重量与提单记载一致。货物损失金额按照保险金额计算缺乏依据,针对大宗散货,0.5% 的合理计量误差或损耗应予以扣除。

二、法院查明的事实

上海海事法院经审理查明并确认如下法律事实:

2008 年 12 月,中化公司向 THANHANCO., LTD. 购买越南木薯干 5 268.68 公吨,FOB 越南胡志明港,单价 128.75 美元,总价为 678 342.55 美元。同年 12 月 10 日,中化公司与被告朗帆公司签订租船协议书,约定被告朗帆公司向中化公司提供"XINHE"轮,装运上述木薯干,从越南主要港口至中国日照或岚山或连云港港口,运费为 11.50 美元/公吨,并约定租船协议书中未约定的内容适用金康租约 94 条款。被告朗帆公司确认其就上述货物的运输又与天和公司签订了一份航次租船合同。同年 12 月 24 日,原告向中化公司签发保单号为 21136002802010800087 的货物运输保险单,保险金额为 811 377 美元,短少免赔为整批货物保险金额的 0.3%,以商检水尺计重为准。同年 12 月 31 日,原告向中化公司开具保险费人民币 11 099.61 元的发票(保险费按保险金额 811 377 美元和保险费率 0.18%,计算保费为 1 460.48 美元,并折算人民币 11 099.61 元收取。被告朗帆公司对此予以确认)。同年 12 月 28 日,"XINHE"轮船长签发抬头人为天和公司的编号 01/XH/TA 的清洁已装船提单,提单签单处盖有天和公司印章。提单载明托运人 T 公司,收货人凭指示,通知方中化公司,装货港越南胡志明港,卸货港中国岚山港或连云港,货物为散装越南木薯干,数量 5 268.68 公吨。2009 年 1 月 16 日,"XINHE"轮到达连云港开始卸货。同年 1 月 18 日卸货完毕。中检集团水尺检验计重结果为 5 151 公吨,与提单记载数量相差 117.68 公吨。同年 1 月 18 日,中化公司通知原告货物出险。当日,青岛荣达保险公估有限公司(以下简称荣达公司)接受原告委托对木薯干短少情况进行调查。同年 1 月 20 日,荣达公司出具公估报告,认为货物短少发生在货物运输期间,是由于承运人在运输途中管理疏忽造成。荣达公司依据货物保险金额单价 154 美元/公吨和货物短少重量 117.68 公吨,计算损失金额为 18 122.72 美元;依据保险金额 811 377 美元和免赔率 0.3%,计算免赔额为 2 434.14 美元;最终确定赔付金额为 15 688.58 美元。同年 5 月 13 日,原告向中化公司支付了上述保险赔偿金。中化公司向原告出具赔款收据及权益转让书,将相关权益转让给原告。

三、法院裁判

上海海事法院认为,关于航次租船合同法律适用:依照《中华人民共和国海商法》(以下简称《海商法》)第92条的规定:航次租船合同,是指船舶出租人向承租人提供船舶或者船舶的部分舱位,装运约定的货物,从一港运至另一港,由承租人支付约定运费的合同。《海商法》第94条规定,本法第47条和49条的规定,适用于航次租船合同的出租人。本章其他有关合同当事人之间的权利、义务的规定,仅在航次租船合同没有约定或者没有不同约定时,适用于航次租船合同的出租人和承租人。《海商法》第48条规定:承运人应当妥善、谨慎地装载、搬移、积载、运输、保管、照料和卸载所运货物。本案中,关于赔偿责任问题。被告朗帆公司认为,其未签发提单,对货物装卸重量不负责,在航次租船合同项下,其无须承担货物短少的赔偿责任。上海海事法院认为,航次租船合同在性质上属于运输合同,根据我国《海商法》规定,在航次租船合同没有约定或没有不同约定的情况下,承租人和出租人的权利义务仍然适用有关承运人和托运人权利义务的规定。被告朗帆公司与中化公司签订航次租船合同,其负有提供船舶装运货物,并妥善、谨慎管理货物和安全运输货物的义务。现有事实表明,货物在被告朗帆公司运输期间内发生短少,被告朗帆公司应依法承担赔偿责任。涉案货物是按照航次租船合同运输的货物,货物虽由被告朗帆公司委托的天和公司实际承运,提单也由天和公司实际签发,但是,该提单仍应视为航次租船合同下签发的提单,被告朗帆公司应受提单记载条款的约束。被告朗帆公司认为提单非由其签发,其无需对货物装卸重量和短少负责的观点,缺乏法律依据。从金康租约94条款第2条和第10条的内容来看,也并不能得出被告朗帆公司可以不承担责任的结论,被告朗帆公司对条款内容以及我国《海商法》的相关规定理解有误。据此,上海海事法院对被告朗帆公司的抗辩意见不予采纳。

上海海事法院认为,关于航次租船合同法律适用,依照《中华人民共和国海商法》第55条的规定:货物灭失的赔偿额,按照货物的实际价值计算;货物损坏的赔偿额,按照货物受损前后实际价值的差额或者货物的修复费用计算。货物的实际价值,按照货物装船时的价值加保险费加运费计算。第252条规定,保险标的发生保险责任范围内的损失是由第三人造成的,被保险人向第三人要求赔偿的权利,自保险人支付赔偿之日起,相应转移给保险人。本案中,关于损失范围问题。被告朗帆公司认为,货物短少损失不能按照保险金额计算,且应扣除0.5%的合理误差或损耗。上海海事法院认为,在保险合同项下,原告以货物的保险金额为依据计算保险赔偿金,但在运输合同项下应以货物实际价值计算货损金额。同时,参照国际惯例,大宗散货在运输交接过程中的合理计量允差可确定为0.5%,因此,被告朗帆公司的抗辩理由成立,上海海事法院予以采纳。根据我国《海商法》规定,货物灭失的赔偿额,按照货物的实际价值计算。货物的实际价值,按照货物装船时的价值加保险费加运费计算。经查明,涉案货物装船时的总价为740 392.85美元,单价为140.53美元/公吨,货物短少117.68公吨,因此,短少货物的损失金额为 16 537.57 美元。涉案货物共计 5 268.68 公吨,按照 0.5% 合理允差为 26.34 公吨,免赔额为 3 701.56 美元。据此,被告朗帆公司应赔付短少货物的损失为 12 836.01 美元。根据出险日(2009 年 1 月 18 日)外汇中间价 1 美元兑换 6.84 元人民币折算为人民币 87 798.31 元。上海海事法院对原告超过货物实际损失部分的诉请,不予支持。

综上,依照《中华人民共和国海商法》第 48 条、第 55 条第 1 款和第 2 款、第 92 条、第 94 条第 2 款、第 252 条第 1 款之规定,判决如下:

一、被告朗帆(香港)有限公司〔BRIGHT SAIL(HONGKONG)LIMITED〕应于本判决生效之日起 10 日内向原告中国平安财产保险股份有限公司青岛分公司赔偿货损人民币 87 798.31 元;

二、对原告中国平安财产保险股份有限公司青岛分公司的其他诉讼请求不予支持。

被告朗帆(香港)有限公司〔BRIGHT SAIL(HONGKONG)LIMITED〕如果未按本判决指定的期间履行给付金钱义务,应当依照《中华人民共和国民事诉讼法》第 229 条之规定,加倍支付迟延履行期间的债务利息。

4 原告中国人民财产保险股份有限公司石家庄市分公司与被告中海发展股份有限公司海上货物运输合同货损代位求偿纠纷案

案例来源:天津海事法院(2005)津海法商初字第 197 号
主题词:0.5% 液体损耗　保险责任范围　自然损耗　国际惯例　保险代为求偿权

裁判要旨

No. HX-5.1-5　中国《出入境检验检疫指南》中有关检验检疫局计量的说明,只是说明计量器的误差,该项计量器的误差仅是检验检疫局计量时自己掌握的合理计算方法,与货物短重没有关联性。运输过程之中不是必然出现 0.5% 的允许误差,也没有证据表明油类运输 0.5% 的允许误差属于国际惯例。承运人应按提单表面记载的货物数量交付货物,而不是依据船上的空距报告记载的货物数量交付货物。

一、基本案情

原告:中国人民财产保险股份有限公司石家庄市分公司(以下简称原告)

被告:中海发展股份有限公司(以下简称被告)

原告诉称:2004 年 7 月 9 日,被告所属船舶"JIAN SHE 31"轮装载棕榈硬脂,自印度尼西亚 DUMAI 港和 PALEMBANG 港运往中国秦皇岛港。被告作为承运人,签发了编号为 SP/DM/QHD-01 的清洁已装船提单,提单显示上述货物装载于 3P、3S、SLOPS 货舱,提单载明涉案货物重量为 740 公吨,原告所承保的被保险人秦皇岛金海粮油工业有限公司是合法收货人。2004年7月26日,涉案货物运抵目的港秦皇岛后,经秦皇岛出入境检验检疫局根据岸罐计量表,测量油罐之空距,结合货物温度及密度,认定上述货物卸船重量为729.828公吨,短重10.172公吨,造成经济损失35 668.93元。原告依据保险合同赔付被保险人30 674.61元,原告依法取得代位求偿权。原告认为,被告作为承运人应尽妥善管货之义务,并应按照提单记载状况妥善交付货物。因被告管货不当致货物短重,被告应承担全部赔偿责任。原告要求将诉讼请求由人民币35 668.93元变更为人民币30 674.61元。根据《中华人民共和国海商法》(以下简称《海商法》)的有关规定,请求法院依法判令被告:(1)赔偿原告短重损失人民币30 674.61元。(2)本案诉讼费由被告承担。

被告辩称:(1)被告不是涉案海上货物运输合同的承运人,不是本案的责任主体。(2)原告不能证明短少发生在承运人的责任期间,承运人对货物短少不应承担任何责任,承运人的责任期间是舷到舷,而保险人的责任期间是舱到舱。(3)由于油类运输的自然损耗,承运人对0.5%的短少损失不承担赔偿责任,短量索赔应当扣除0.5%。(4)由于油类运输计量的允许误差,承运人对0.3—0.5%的计量误差不承担赔偿责任。

二、法院查明的事实

天津海事法院查明:

2004年7月9日,被告所属船舶"JIAN SHE 31"轮装载棕榈硬脂,自印度尼西亚DUMAI港和PALEMBANG港运往中国秦皇岛港。被告作为承运人签发编号为SP/DM/QHD-01的清洁已装船提单,提单显示上述货物装载于3P、3S、SLOPS货舱,提单载明涉案货物重量为740公吨,原告所承保的被保险人秦皇岛金海粮油工业有限公司是合法收货人。2004年7月26日,涉案货物运抵目的港秦皇岛后,经秦皇岛出入境检验检疫局根据岸罐计量表,测量油罐之空距,结合货物温度及密度,认定上述货物卸船重量为729.828公吨,短重10.172公吨,造成经济损失35 668.93元。原告依据保险合同赔付被保险人30 674.61元。

三、法院裁判

被告提出的船舶登记证书记载的船舶所有人不是本案承运人,承运人的识别不能以船舶登记证书作为依据。天津海事法院认为,如被告所述,本案的提单是在按照航次租船合同签发的,但是从本案涉及的提单正面记载上来看,被告已清楚表明被告是船舶的二船东,是在提单正面唯一显示自己身份的承运人。从被告提交的电子版租船合同来看,船舶是由被告实际控制,综合上述两点应认定被告是本案的承运人。

被告对我国《海商法》第46条进行了"解释",认为承运人承担责任只应在其责任期间,即"从货物装上船时起至卸下船时止"的期间内。"责任期间"是指行为人履行义务、承担责任在时间上的范围,责任期间的长短,在一定程度上体现了承运人承担义务的多少和责任的轻重。所谓"装上船时起至卸下船时止"一般理解为:使用岸上的吊杆或起重机装卸,则以货物越过船舷为界,亦即"舷到舷"期间。然而,根据我国《海商法》的立法本意,这一期间是承运人对货物发生灭失或损坏的责任期间,其中"灭失或损坏"只能是物理性的"灭失或损坏",不应也不能作任意性扩大解释,此期间的规定,并不解除承运人将货物运到目的港后对货物的妥善保管义务,更不能免除其按照提单交货的义务。故被告所作"解释"不能成立。本案的货物为油类商品,在装、卸货物的过程中使用连续、快速作业的管线输运,无论在运输手段、计量手段上均存在特殊性。承运人在保证货运质量的前提下,应谨慎处理、负责对承运货物的装卸、保管。

对于油类货物应以法定检验证书的重量作为认定承运人实际交付货物的依据。中华人民共和国秦皇岛出入境检验检疫局检验出具的货物重量证书及通知单,是我国出入境检验检疫部门对收货人按照提单收到的货物数量和重量的法定检验,该重量证书是外贸业务中进行交接、结算、索赔的依据。该法定检验重量证书的依据是在港口具备岸上油罐计量条件下所作的该油类商品的油罐计量单。船上的空距报告仅仅是对于货物在船舶上状态的技术记录,其对于收货人的最终货物重量的认定效力低于法定检验重量证书。因此本案短重损失的计算依据是中华人民共和国秦皇岛出入境检验检疫局检验认定货物的重量证书的结果。

本案的提单是按照航次租船合同签发的,按照我国《海商法》的规定,航次租船合同项下的提单,在提单转让后提单持有人的权利义务适用提单的规定。租约不能约束作为提单持有人的原告。《中国出入境检验检疫指南》中有关检验检疫局计量的说明,只是说明计量器的误差,该项计量器的误差仅是检验检疫局计量时自己掌握的合理计算方法,与本案没有关联性。上海高院的讨论纪要不是本案可依据的法律渊源,与本案没有关联性。综上,被告的证据不能证明本案货物的运输必然出现 0.5% 的允许误差,被告也不能证明油类运输 0.5% 的允许误差属于国际惯例。

原告已实际赔付被保险人 30 674.61 元,依法取得涉案货物的代位求偿权,对此数额天津海事法院予以确认。提单属于对承托双方均具有法律约束力的证据,按照我国《海商法》的规定,承运人应按提单表面记载的货物数量交付货物,而不是依据船上的空距报告记载的货物数量交付货物。被告作为承运人应尽妥善管货的义务,原、被告对交付涉案货物时是否允许 0.5% 的误差没有明确约定,而我国法律对此也没有明确的规定,因此被告应按照提单的记载交付货物。货物发生了短重,被告应承担全部赔偿责任。

综上所述,依据《中华人民共和国海商法》第 46 条第 1 款、第 95 条、第 229 条,《中华人民共和国海事诉讼特别程序法》第 95 条之规定,判决如下:被告中海发展股份有限公司赔偿原告中国人民财产保险股份有限公司石家庄市分公司货物短重损失 30 674.61 元人民币。

0.5% 液体损耗 · 保险责任范围 · 自然损耗 · 国际惯例 · 保险代为求偿权

5 原告中国人民财产保险股份有限公司北京市直属支公司与被告铜河海运有限公司、寰宇船务企业有限公司海上货物运输合同代位求偿纠纷案

案例来源:宁波海事法院(2003)甬海商初字第 353 号

主题词:0.5%液体损耗　保险责任范围　自然损耗　举证责任

> **裁判要旨**
>
> **No. HX-5.1-6** 承运人必须按提单记载的原油数量交付收货人。即使提单中有关货物状况的资料是由托运人提供的,承运人知道或有合理根据怀疑其接收或装船的货物状况与提单记载不符或无法核对时,也应该在提单上作出批注。即使承运人有装货港的空距报告证明实际接收的货物或装船的货物与提单记载不符(但数量证书、发票与提单记载数量相符),提单数量也应成为承运人交货义务的证据。
>
> **No. HX-5.1-7** 0.5%范围之内的油类运输损耗系国际海上油运业惯例,法院予以认可。

一、基本案情

原告:中国人民财产保险股份有限公司北京市直属支公司(以下简称原告)

被告:铜河海运有限公司(以下简称被告)

被告:寰宇船务企业有限公司(以下简称被告)

原告中国人民财产保险股份有限公司北京市直属支公司诉称:2002 年 5 月 7 日,原告承保中国国际石油化工联合有限责任公司进口的 28 835 MT 辛塔原油装于"喜鹊"轮,自印度尼西亚辛塔港运至中国舟山港,被告签发了 CINTA-2607 清洁提单。"喜鹊"轮于 2002 年 5 月 15 日驶抵目的港卸货,并于 5 月 17 日卸货完毕。中华人民共和国浙江出入境检验局检验检疫技术中心(以下简称检验中心)对货物进行检验并出具 70 200YJ25 号重量证书,证实"喜鹊"轮实际卸货 28 339.606 吨,比提单数量短少 495.394 吨。原告根据保险合同的约定,对被保险人所遭受的相关损失进行了保险赔付,支付保险赔偿金共计 67 497.62,并依法取得了代位求偿权。被告签发了清洁提单对货物进行承运而未能全部完好交付提单所载货物,应当对因此而造成的原告的上述经济损失承担赔偿责任。请求判令两被告支付货物损失 67 497.62 美元及利息 674.98 美元。庭审中,由于被保险人实际支付货款时货物减价,原告请求两被告支付货物损失也减少为 65 802.40 美元。

两被告辩称:原告所称货差的计算是依据岸罐数字,所称货差即使存在也是发生在被告的责任期间之外。根据《中华人民共和国海商法》(以下简称《海商法》)第 46 条的规定,"承运人对非集装箱装运的货物的责任期间,是指从货物装上船时起至卸下船时止,货物处于承运人掌管之下的全部期间"。在本案中,铜河海运有限公司作为"喜鹊"轮的登记船东,已根据海上货物运输合同于 2002 年 5 月 15 日将货物完好运抵

目的港,货物于 5 月 17 日全部卸下,已履行完毕合同义务。因此,根据上述法律规定,本案中判断是否发生货差的标准应该是比较货物在目的港卸下承运船舶之时的数量与提单记载的货物数量是否一致,而不是与货物卸下承运船舶之后在岸罐储存时的数量相比较。在本案中,原告所依赖的索赔依据是 CIQ 的重量证书,但该重量证书的数据是根据岙山油库 C-05 计量罐前后测得的液体深度计算得出的,即根据货物卸下承运船舶之后在岸罐的数据作出的,其反映的货差即使存在,也显然超过了承运人的责任期间,不应承担任何责任。根据 2002 年 5 月 15 日,"喜鹊"轮在目的港作出的油舱空距报告,卸货之前船上货物的总量为 28 693.417 公吨,CIQ 检验人员也在该报告上签字确认,与提单所记载的货物总量 28 835 公吨相近,其误差在国际海上油运业惯例允许的范围内。而根据船方于 2002 年 5 月 17 日 1340 时出具的干舱报告表明,装载本案货物的各油舱已无任何货油残留,且该干舱报告已经收货人代表何伟签字确认。据此,短货事实根本不存在。综上,请求驳回原告的诉讼请求。

另,被告寰宇船务企业有限公司书面辩称:根据原告所提交的由"喜鹊"轮船长签发的提单,并没有记载我司系提单项下的承运人,将经营和管理船舶的国有企业定性为船舶经营人并要求其承担相应的责任,也不适用于根据香港特别行政区法律成立的我司企业,且我国《海商法》没有任何规定在海上货物运输合同下船舶经营人的地位应当与承运人的地位一致,必须与承运人一样承担法律所规定的义务。综上,我司既不是本案的登记船东,又不能根据法律确定我司为本案货物承运人地位,因此起诉我司没有任何事实和法律依据。

二、法院查明的事实

宁波海事法院确认如下事实:

2002 年 4 月 25 日,中国国际石油化工联合公司为进口 28 835 MT 辛塔原油与联合石化亚洲有限公司签订买卖合同一份(合同号:02XM2SU710A033HK-C),约定:原油数量为 210 000 桶(允许误差 ± 5%)、价格 USD 26.239/桶 CIF 舟山;付款方式为签单后 30 天电汇支付;所附单证为发票、提单、数量证书、空距报告等。同年 5 月 6 日,该票货物由原告承保,保险单约定:被保险人为中国国际石油化工联合公司、保险货物为辛塔原油 28 835 公吨、保险金额为 5 541 676.80 公吨。5 月 6 日至 7 日,该批货物在印度尼西亚辛塔港装于"喜鹊"轮的 1 舱左中右翼、3 舱和 Slop 舱左右翼、5 舱中油舱。7 日,该轮船长依据装货港发货人与检验公司采用流量计计量的数量证书签发了 CINTA-2607 清洁提单,提单载明 60 °F 时净重 211 200 桶/28 835 公吨。同日,装货港 TNN 检验公司会同码头负责人、大副三方出具该票原油装船后的船舶空距报告,该报告记载实装货物为 60 °F 时净量 210 286.282 桶/28 680.549 MT,比提单少 154.451 公吨。该轮于同月 15 日驶抵舟山目的港,但收货人与承运人就货物交接的计量方法事前未进行约定,卸货前双方又未能协商一致。卸货时收货人委托检验中心对从船上输入岙山油库 C-05 计量岸罐的数量进行鉴定;同时该轮大副会同检验中心检验人员又制作抬头为寰

0.5% 液体损耗·保险责任范围·自然损耗·举证责任

宇船务有限公司的油舱空距报告,该报告载明卸前原油数量60°F时净重21 016桶/28 693.417公吨,比提单少141.583公吨、比装货港空距报告多12.868公吨。该轮自15日起至17日止该票货物卸货完毕,大副又会同检验中心检验人员、收货人代表共同签署了抬头为寰宇船务有限公司的干舱报告。同月21日,检验中心出具了**重量证书**,载明:根据输入岙山油库C-05计量岸罐前后测得的液体深度按计量表,参照液温、密度和水进行相应校正,计算所输入油品重量为28 339.606公吨,计206 506桶,比提单记载的重量少495.394公吨。尔后,贸易合同约定的价格因故减价,卖方开具落款时间为5月13日的发票载明:原油数量为211 200桶、计28 835公吨、价格25.580美元/桶CIF中国舟山、总金额5 402 496美元。6月5日,中国国际石油化工联合公司向联合石化亚洲有限公司支付货款5 402 496美元,比合同价少付139 180.80美元。同年12月27日,原告仍依据检验中心重量证书与提单记载的重量差额、保险单约定的单价、扣除0.5%自然损耗率向被保险人支付了赔偿款67 497.62美元。2003年1月6日,被保险人向原告出具了权益转让书。同年3月7日,由北英保赔协会向原告出具8万美元保函,并确认该轮所有人为铜河海运有限公司,涉案航次未以光船租赁方式出租。但实际该轮由寰宇船务企业有限公司管理、经营。原告因向两被告索赔未果,遂诉至宁波海事法院。

另查明,中国人民保险公司北京市直属支公司已于2003年12月19日变更为中国人民财产保险股份有限公司北京市直属支公司。

三、法院裁判

宁波海事法院认为,原告依据保险合同的约定已实际向被保险人支付了保险赔款,依法取得了收货人凭提单向承运人的代位求偿权。本案提单未约定管辖条款,涉案船舶目的港卸货地在中国舟山港,根据《中华人民共和国民事诉讼法》第28条的规定,宁波海事法院具有管辖权。原告提起代位求偿权所依据油轮提单虽载明:如果因装、卸港所在地区实行1936年4月16日通过的《美国海上货物运输法》或1924年8月25日《海牙规则》,而提单,也应受该法案或规则的约束等,但原告因卸货中货物短少提起的涉外诉讼,原、被告双方在庭审诉辩中均引用我国《海商法》,根据我国《海商法》第269条的规定,当事人可以选择合同适用的法律,故本案应以我国《海商法》作为准据法。"喜鹊"轮涉案航次由船长代表船东签发提单,第一被告船东为承运人,而"喜鹊"轮实际由第二被告经营、管理,故第二被告应确认为实际承运人,据此,两被告的主体资格适格。

针对本案争议的焦点,宁波海事法院分析认定如下:

(一)提单记载的原油数量是否约束被告?

原告认为,提单记载的货物数量应当约束两被告。本案的提单为清洁提单,本案提单所载货物数量虽然是装货港岸上流量计的计量数量,与被告在装货港制作的空距报告上的数据不符,装货港的空距报告被约定为卖方应当提供的单证之一,原告已经提供证据证明收货人按提单所载货物数量全额付款,对收货人以及取得代位求偿权人的原告而言,提单所载内容对两被告均具有约束力。因此,被告主张装港的空距报告应当约束收货人并无法律或事实依据。

两被告认为,原告没有权利要求承运人在目的港依据提单记载货物重量(28 835公吨)交付货物。(1)提单只是证明承运人在装货港收到货物数量的初步证据,并非绝对证据。原告提供的货物贸易合同约定,装货港的油舱空距报告应由卖方作为收取货款的单证之一;装货港空距报告是经装货港码头经理、船方大副和检验人员三方签字认可,因此该报告对收货人、承运人应有约束力;从该油舱空距报告的内容看,计算货物重量需要考虑的相关因素,如船舶经验系数、原货舱残留量、自由水、油温等均通过相关的公式调整,所以该报告最后所得出的船舶实际从岸上接收并装载的在60 ℉下货物总量为28 680.549公吨是准确的。(2)事实上,原告已经知道或者应该知道提单记载货物数量与装港的空距报告所记载重量之间的差距,而且没有提出任何异议,仍然付款赎回提单和上述装港空距报告,这一行为实际上表明原告已承认及接受了其中的重量差额。(3)特别是原告起诉时所附的商业发票复印件载明单价为26.239美元/桶、折192.186美元/公吨,总价为5 541 676.80美元,该单价与原告提供的贸易合同约定的单价是一致的,也正是原告提出索赔的货物单价;而原告在质证时提供的商业发票原件却显示,货物单价更改为 USD25.580美元/桶,折187.36美元/公吨;原告提交的货款支付凭证表明,收货人支付的货款总金额为5 402 496美元,而非其修改前的发票金额5 541 676.80美元,差额为139 180.80美元,但原告却没有提供任何证据证明货物单价的更改原因。综上,收货人在向货物卖方支付货款时,已知道货物数量少于提单数量,故没有按照提单货物重量28 835公吨付款。按照实际付款金额5 402 496美元及原合同价192.186美元/公吨计算,收货人付款的货物数量实际为28 110.768公吨,少于提单数量724.232公吨,收货人已丧失了依据提单上记载货物重量要求承运人在目的港交付的权利,装港的空距报告应当约束收货人。

宁波海事法院认为,承运人必须按提单记载的原油数量交付给收货人。根据我国《海商法》第75条的规定,提单中有关货物状况的资料是由托运人提供的,承运人知道或有合理根据怀疑其接收或装船的货物状况与提单记载不符或无法核对时,可在提单上作出批注。提单一经批注,便在一定程度上起否定提单记载的作用,承运人可在其批注的项目和范围内免除责任。提单未作批注的,具有一定的证据效力。提单上有关货物的记载事项,在托运人和承运人之间构成初步证据;而承运人向包括收货人在内的善意第三人提出与提单所载状况不同的证据,不予承认,则构成最终证据。则承运人对善意受让提单的包括收货人在内的第三人所提出的关于其实际接收或装船的货物与提单记载状况不同的证据,不予承认,承运人须按提单记载状况交付货物,如果承运人交付的货物与提单记载不符,承运人应负相应的责任。善意受让提单的人,有理由信赖其要取得的货物就是提单记载的货物,这是提单物权凭证的性质决定的。据此,即使本案承运人有装货港空距报告证明实际接收的货物或装船的货物与提单记载不符（但数量证书、发票与提单记载数量相符），收货人仍有权按照提单记载向承运人提取货物。被告主张装货港的空距报告应当约束收货人并无法律依据，承运人必须按提单记载的数量交付货物。

（二）承运人的责任期间、原油卸离船舶时是否实际短少？（其判断的依据是卸货港的油舱空距报告和干舱报告？还是检验公司从船上卸入岙山油库 C-05 计量岸罐所出具的重量证书？）

原告认为，确定本案货物卸货数量的依据应当是检验公司重量证书，两被告并应承担赔偿责任。(1) 本案船方与货方之间几乎没有出现过约定计量方式的情形，在装、卸两港做空距测量是承运船的大副的例行工作，是船方的单方面行为；制作人并不具备检验人的资质。即使该报告有货方或其检验人员的签字，但签字人通常只认可其空距与温度。因此，油舱空距报告不是独立的检验证书，不能作为认定装、卸货数量的依据，在诉讼中只能作为参考。(2) 被告的油舱空距报告系船舶到港数量，不能证明船舶卸货数量，根据船舶使用年限及建造的因素，船上的数量与卸货数量存在差异，本案的船舶经验系数是 1.00312，这表明船测数量偏大；油轮的卸货由于油温等关系，通常会造成挂壁，本案的卸货温度偏低，很可能是船舶未将全部货物卸下的原因。(3) 被告提供的干舱报告只是对有关油舱进行查证（虽然法院查证另一票货物没有溢卸），但其他舱没有查证，也没有证实已经完全卸到岸上，不能得出卸货数量。(4) 检验公司查证的计量岸罐能代表该票货物卸入数量。通过查核岸罐接收数量方式来查实船舶卸货数量是检验公司目前所普遍采用的散装液货数量检验方法，检验公司是国家法定检验机构，其查证的进出口货物数量是国家征税的基本依据。在本案中，通过原、被告双方的举证，本案货物自岙山基地泊位至计量岸罐的输油管线在卸货前、后保持全满，所有相关阀门在卸货期间均处于正常的工作状态。也就是说，本案货物在卸货过程中没有货物被留在输油线中，也不存在货物串罐的情形，计量岸罐所接收的货物数量因此就是该航次所卸货物的数量。(5) 采用岸罐计量方式查证卸货数量与要求船方承担在岸上发生的货物短量是两个完全不同的概念，被告以承运人的责任期间到"交付货物时为此"而主张岸罐计量结果不能约束承运人显然偷换概念。检验公司重量证书即表示承运人卸离船舶交付的货物数量，故承运人应对卸入计量岸罐的货物短少负赔偿责任。综上，船方仅提供空距报告、干舱报告并不足以证明该轮的卸货数量，而检验公司查证的计量岸罐接收数量能够代表所卸货物数量。因此，确定本案货物卸货数量的依据，应当是检验公司重量证书，本案货物短少数量应当确定为 495.394 公吨。

两被告认为，船方向收货人实际已交付货物的重量应以卸货港油舱空距报告和干舱报告的 28 693.417 公吨为准，原告所依据的检验公司重量证书其货差即使存在也是发生在被告的责任期间之外。(1) 卸货港的油舱空距报告和干舱报告上检验公司检验人员也签字作出了确认，因此该报告反映的卸前货物的总量是真实的，检验公司检验员在签字确认时注明"For Ullage & Temp. Only"，因为只有空距和油温是确定货物总量的两个可变因素,油舱所载货物数量根据测量得到的空距数据、油温、自由水等相关因素,按照被告提供该轮货油舱计算表,即可计算出卸货之前船上装票货物在 60 ℉ 下的总量为 28 693.417 公吨。又根据《干舱报告》油舱在卸货作业完成后已无任何货油残留,各舱已卸净。(2) 原告提出根据检验公司的意见,卸货时油温应该不低于 48.8 ℃,而船舶实际卸货时的油温低于上述标准,从而造成货油可能挂壁无法全部卸清,导致货物短少,该主张没有依据。首先,在原告提供证据 11 的检验公司的船、岸数量对照表中注明是"可能导致卸货后在舱壁或管壁上产生油垢",并非原告所解释的"将导致"。也就是说,该现象有发生的可能性,并非必然性;同时又注明"Vessel discharging Temp. 48.8 ℃",并不表明检验公司认为货物卸货温度应该达到 48.8 ℃ 以上;即使检验公司这样认为,也没有任何依据。因为,该批货油为 CINTA 原油,其倾点为 43 ℃,而卸货时各油舱的货油温度都超过了 43 ℃。但考虑到不同原油的性质,为防止原油卸货时在货舱挂壁,因此卸货时需要保持不同的油温。根据航运惯例,货物的收货人应该就卸货时该油温向船方提交书面卸货指令,否则船方只需按照通常经验进行操作。本案中,船方没有收到任何相关的指令,因此按照超过该票货物的倾点来保持油温并卸货,船方已尽妥善保管和卸载的义务。因此,即使有所称的油舱挂壁未能卸空现象,也应当由原告承担货物短少的责任。综上,承运船舶在卸货港卸货前所装载的 28 693.417 公吨已经全部卸至岸上,被告方的责任期间也同时终止。确定本案所称货差是否存在应当以装、卸两港的油舱空距报告为依据,两份油舱空距报告采用的是相同的测量方法,具有完全的可比性。而岸罐重量数据所采用的是与上述油舱空距报告完全不同的测量方法,因此不具有可比性。(3) 原告所称货差即使存在也是发生在被告的责任期间之外。根据《中华人民共和国海商法》第 46 条的规定:"承运人对非集装箱装运的货物的责任期间,是指从货物装上船时起至卸下船时止,货物处于承运人掌管之下的全部期间。"在本案中,承运人已将货物完好运抵目的港,并全部卸下,至此,被告已履行完毕其在运输合同下的义务。原告根据货物卸下承运船舶之后在岸罐的数据作出的重量证书,其反映的货差即使存在,根据上述法律规定,被告对此不应承担任何责任。

宁波海事法院认为,原、被告双方对非集装箱装运的货物的承运人责任期间并无争议。原告依据检验公司重量证书系证明货物在岙山基地泊位卸离船舶时的重量,并非只证明输入计量岸罐所发生的货物短少数量。据此,被告认为货物卸下承运船舶之后在岸罐的数据货差即使存在,也不应承担责任的抗辩理由不能成立。

货物是否短少应依据提单记载的数量与卸港的空距报告、干舱报告的卸货数量之差予以确认。原油贸易、运输界对原油数量的交接计量通常采用流量计计量、油罐计量和油舱计量三种方式,但行业界并没有统一的要求,有时装、卸两港通常采用不同的计量方式,这对确认原油交接数量产生了一定难度。本案关键问题是贸易合同和运输单证中均没有约定卸货港的交接计量方法,即在贸易合同中只要求卖方同时提供涉案货物的提单、数量证书和装货港的空距报告、发票等单证,而有关运输单证也没有约定卸货港交接的计量方法。本案货物交接时实际出现了流量计计量、油舱空距计量和岸罐计量三种不同方法，即装货港发货人与检验公司采用流量计计量的数据确认净重，承运人据此签发提单；同时又由装货港检验人员会同码头负责人、大副三方共同制作了油舱空距报告确认净重；目的港卸货前收货人委托检验公司对卸入计量岸罐前、后重量进行检验，同时承运人又会同检验公司制作了空距报告。三种不同的货物交接计量方法，必然产生三种不同的检验结果。根据装、卸两港空距报告分析得出，装港空距报告记载的数字为 60 °F 时净量 210 286.282 加仑桶/28 680.549 公吨，卸港空距报告记载的数字为 60 °F 时净量 210 162 加仑桶/28 693.417 公吨，该两空距报告数字很接近，均有检验人员签字确认，说明装卸前后两港数量基本相等，运输途中没有出现承运人管货过错。又根据三方签字确认的干舱报告记载各油舱在卸货作业完成后已无任何货油残留，各舱已卸净，进一步证明了承运人已履行了交货义务，且卸港空距报告与提单记载的数量之差均在国际海上油运业惯例允许的 0.5% 范围之内。而检验公司重量证书根据货物卸入计量岸罐前、后的深度数据计算得出，并非采用与装货港相同的流量计计量方法，检验公司重量鉴定系原告单方委托，该货物交接的计量方法和数据也未经承运人认可或签字确认。据此，经分析比较卸货港空距报告、干舱报告和检验公司重量证书可知，对于证明承运人交付货物数量的卸货港空距报告、干舱报告比检验公司重量证书具有更强的证明力及证据优势，宁波海事法院无法确认货物短卸事实。故原告依据提单与检验公司重量证书的差额主张货物短少的索赔理由和证据，均不够充足。

综上，依照《中华人民共和国海商法》第 71 条、第 77 条，《中华人民共和国民事诉讼法》第 64 条第 1 款、第 237 条的规定，判决如下：

驳回原告中国人民财产保险股份有限公司北京市直属支公司的诉讼请求。

5.2 委付

6 原告莫斯科考兰特有限公司与被告中国平安保险股份有限公司绍兴支公司、中国平安保险股份有限公司海上货物保险合同纠纷案
案例来源：宁波海事法院(1999)甬海商初字第 209 号
主题词：保险人总分公司责任的确定　委付　英国保险惯例

> **裁判要旨**
>
> **No. HX-5.2-1**　被保险人要求保险人按照全部损失赔偿的，应当向保险人委付保险标的，但却未经委付而直接销毁全部货物，该行为有过错，应对此负部分法律责任。
>
> **No. HX-5.2-2**　保险单抬头和印鉴均为平安总公司，但保险单上保险人的地址和电话为平安绍兴公司的营业场所。法院认定保险合同系平安绍兴公司与被保险人签订。

一、基本案情

原告:莫斯科考兰特有限公司(Trading Company Korat 以下简称考兰特公司)

被告:中国平安保险股份有限公司绍兴支公司(以下简称平安绍兴公司)

被告:中国平安保险股份有限公司(以下简称平安总公司)

原告考兰特公司诉称:1998 年 6 月 8 日,考兰特公司与绍兴市进出口公司(以下简称绍兴外贸)签订"中国鞋制品外贸销售合同",绍兴外贸向被告平安绍兴公司投保了货运险,平安绍兴公司签发 4 份抬头为被告平安公司的保险单。6 月 30 日货物装上长荣海运股份有限公司(以下简称长荣公司)船舶,于 8 月 20 日抵卸货港芬兰的考特卡,考兰特公司作为提单及保险单合法的背书受让人,开箱发现货物全部浸水霉变,根据俄卫生监督中心报告认为不得销售而全部销毁。考兰特公司要求被告平安绍兴公司及平安总公司予以赔付,但遭拒绝。为此,诉请法院判令两被告赔偿货损 4 313 797.8 元及利息损失 490 478.76 元、货物检验及处理费用 26 145 元。为支持其诉讼请求,考兰特公司向宁波海事法院提交如下证据材料:(1) 1998 年 6 月 8 日考兰特公司与绍兴外贸签订的售货确认书、合同附件,绍兴外贸出具的商业发票,原始货运委托书、托运单、货运代理人出具的装箱单 4 份及装箱证明,长荣公司签发的海运清洁提单,4 份海上货物运输保险单,上述证据均表明,考兰特公司所进口的数量为 4 656 件、42 528 双,价值为 USD472 486.08 的货物已出运并由保险人所承保。(2) 出口商检合格证书,平安总公司的芬兰代理 O.Y. LARS KROGIUS 的联系地址及其出具的检验报告,俄罗斯货物材质与贮存问题科学发展研究院的鉴定结论,俄罗斯联邦公共健康部关于销毁报废鞋子的决定,TOCT 公司销毁鞋子的工作记录及费用发票,上述证据表明,保险单项下的经出口检验合格的货物全损,并按照俄罗斯联邦公共健康部的要求,由 TOCT 公司予以销毁。(3) 考兰特公司的索赔函件及平安总公司杭州分公司的回复。

被告平安绍兴公司、平安总公司辩称:投保人绍兴外贸及考兰特公司违反告知和陈述义务,投保时绍兴外贸提供的外贸合同号均为 98018 及 4 份货物运输险投保单的保险金额均为 USD129 933.67,而该司向海关申报时所提供 3 份报关单中,只有 1 份合同号为 98018、另两份为 98061,该 98018 发票金额仅为 USD135 266.4,根据保险合同所适用的英国海上保险法,本保险人可宣告保险合同无效并不再承担赔偿责任;合同号 98018 项下只有价值为 USD135 266.4 的货物装上集装箱,保险人即使承担保险责任,也只能对该价值的货物损失赔偿;涉案货物运抵保险单所载目的港 KOTKA 时,考兰特公司已拆箱并检查箱内货物质量,然后才转运至莫斯科,根据"仓至仓"责任,保险人的保险责任至 KOTKA 时已经终止;考兰特公司委托的检验机构 O.Y. LARS KROGIUS 系保险人在芬兰的代理,但本保险人并未指定该机构查勘,该机构系接受考兰特公司的委托,而且其检验报告缺乏科学性,不能作为定损的依据;考兰特公司既然认为全损,就必须委付,无权申请销毁全部货物。综上,请求法院驳回考兰特公司的诉请。

为支持其抗辩,平安绍兴公司、平安总公司向宁波海事法院提供如下证据:

(1) 1998年6月2日考兰特公司与绍兴外贸签订的售货确认书:合同号为98 018,数量为75 500双,价值为USDS870 865。(2) 海关出口货物报关单:其中1份合同号为98 018,两份为98 061,数量为42 528双,价值为USD394 414.48,集装箱号与保单、提单上内容相同。(3) 考兰特公司提供的在比利时制作的装箱单及联运承运人签发的公路运单4份;数量为3656件,集装箱号与海运提单、保险单上所记载一致。(4) 平安绍兴公司委托代理人卢江丽对浙江出入境检验检疫局李慧琳医师的调查笔录:认为O. Y. LARS KROGIUS检验报告缺乏科学性,皮鞋上有霉菌不必予以销毁。(5) 投保单、4份保险单原件、4份商业发票、海运提单1份:内容与考兰特公司所提供的此类证据一致。

二、法院查明的事实

宁波海事法院确认如下事实:

1998年6月8日,绍兴外贸与考兰特公司签订售货确认书,约定:绍兴外贸向考兰特公司出售男女各式皮鞋42 528双,价值USD460 912.8,贸易条件为FOB,付款方式为T/T,收货人委托发货方保险,保险费由收货人承担等。同年6月22日,绍兴外贸向考兰特公司开具总值为USD460 912.8、号码为ST9801-1的发票一份。同日,因原合同中部分鞋子尺码变动,双方签订补充协议一份,约定由考兰特公司向绍兴外贸支付相应增加费用USD11 573.28。6月26日,浙江进出口商品检验局对上述货物进行检验,认为上述货物数量和质量符合合同要求、安全且对人体无害。6月27至29日,浙江远洋国际货运公司绍兴分公司接受绍兴外贸委托后代为向长荣公司订舱报关。6月29日,绍兴外贸作为被保险人向平安绍兴公司填写了4份投保单,每份均注明鞋子10 632双、保险金额USD129933.67,并分别注明发票号为ST9801-1、ST9801-2、ST9801-3、ST9801-4,集装箱号分别为EMCU9011678、EMCU9135771、EMCU9230296、EMCU9270719。同日,平安绍兴公司向绍兴外贸出具抬头为平安总公司、签章人为其法定代表人马明哲的格式货物运输保险单8份(每票一式2份),记载内容同投保单,并注明起运港宁波,目的港芬兰KOTKA,查勘代理人为当地合格的勘验人,承保人条件为1963年ICC一切险附加1982年ICC战争险等。该保险单的保险人地址和电话为平安绍兴公司的营业场所。绍兴外贸支付保险费10 216.49元。6月30日,宁波船务代理有限公司代理长荣公司签发编号为EISU143806001071的提单,载明:托运人为绍兴外贸,收货人凭指示,通知人为考兰特公司,货物数量为4X40集装箱,每箱件数为1 164,起运港宁波,卸货港芬兰KOTKA,运费到付,托运人装箱并点数,运输方式为FCL/FCL等。上述货物运抵芬兰KOTKA后,分别于8月14日、20日装上承运人KONTEINERNYI TRANZIT所有的卡车上,通过陆路运抵俄罗斯莫斯科。考兰特公司提货后打开箱子,发现鞋子外包装纸板箱表面潮湿且发霉,于是马上与绍兴外贸联系。绍兴外贸随即与平安绍兴公司联系,平安绍兴公司告知其与平安总公司在芬兰赫尔辛基的代理O. Y. LARS KROGIUS联系解决办法,并向其提供一份保险人国外查勘和理赔代理人指南(DIRECTORY OF SURVEY AND SETTLING AGENTS),其中之一即为O. Y. LARS KRO-

GIUS。8月28日,考兰特公司向O.Y. LARS KROGIUS申请对货物进行检验。O.Y. LARS KROGIUS指派当地检验师D. Stepakov到考兰特公司仓库进行检验、查勘。同时,考兰特公司申请俄罗斯货物材质与贮存问题科学发展研究院对货物质量进行鉴定。9月7日,该研究院经过实验,作出如下结论:该批鞋子内、外部均布满白绿色的霉菌菌落,致使鞋子严重受损。根据观察该菌菌落的发展可以得出结论:该霉菌成长已经1至1个半月,且系在长时间的高湿度情况下产生的,长时间的霉变作用下产生的皮上营生的菌落,使皮鞋及皮革制品的高分子化合物原料组织受到严重破坏。同时,俄罗斯联邦公共健康部、俄罗斯国家公共传染病监督中心函复考兰特公司,从中国进口的合同号为98018(08/06/98出具)的鞋子不符合俄罗斯联邦公共卫生的检疫要求,不得签发卫生证书。O.Y. LARS KROGIUS经过检验、查勘,并结合上述实验报告,于1998年10月6日作出编号为M980916的检验报告:检验标的为4个集装箱的鞋子,其中箱号EMCU927071-9为956件,EMCU901167-8为1445件,EMCU913577-1为916件,EM-CU923029-6为1339件(共计4656件)。所有集装箱在箱铅封完好的情况下卸到莫斯科,打开箱子时,有发霉的味道并且箱里特别潮湿。装鞋的纸板箱是湿的,表面有霉点。上层纸箱是湿的,并有受潮的痕迹,在集装箱的内顶层可以看到水珠。经过抽样检验,每个鞋盒、包装纸和鞋都是潮的,并发着霉所有鞋子已均不适合销售。最后的结论:通过对货损的综合分析,我们认为水包括海水穿过集装箱焊点的疤点、集装箱的容积不断地容纳从漏缝中进来的潮气与水分,由于泄漏以及运输途中湿度的变化引起冷凝是霉菌形成的主要原因。所有鞋子都在过分潮湿的空气及相应温度中从而形成霉菌的情况下作用了相当长一段时间(1到1个半月)。根据收货人提供的发票及保单,货物的保险价值是USD519 734.68,索赔的总金额为USD519 734.68。为此,考兰特公司支付检验费USD750。10月15日,考兰特公司通过绍兴外贸向平安绍兴公司提交出险通知书和货损检验报告,要求保险人理赔,但保险人未予明确答复。10月26日,考兰特公司与TOCT公司签订货物销毁合同,约定由TOCT公司将42 528双鞋子运走销毁。11月3日,俄罗斯卫生部莫斯科国家检疫中心作出决定,1998年6月8日98018合同项下由中国进口的42 528双鞋子不能颁发卫生检疫商检证,由TOCT公司在本年度内全部销毁,不得引起第二次废物污染。11月4日,考兰特公司通过绍兴外贸将上述内容电传平安绍兴公司,并告知俄罗斯工商局将于1998年11月5日起一周内对42 528双鞋子进行销毁。11月5日,平安总公司杭州分公司回复绍兴外贸:要求俄方收货人保存好受损货物以减少损失,我司会联系俄代理人协调此事。11月6日,TOCT公司根据合同将全部鞋子销毁完毕。考兰特公司向其支付处理费用41 000卢布(折合USD2 400)。此后,绍兴外贸、考兰特公司多次向平安总公司及其杭州分公司、绍兴分公司索赔,并按要求提供相应单证文件,但上述保险人以货损原因和责任一时无法调查清楚等为由未予理赔。为此,考兰特公司从绍兴外贸背书转让取得保险单后,诉至宁波海事法院。

三、法院裁判

宁波海事法院认为,考兰特公司起诉平安总公司和平安绍兴公司,平安绍兴公司系平安总公司的分公司,领有营业执照。被保险人向平安绍兴分公司投保,保险单抬头和印鉴均为平安总公司,但保险单上保险人的地址和电话为平安绍兴公司的营业场所。因平安总公司及其分公司所使用的保险单均系同一格式,唯一区别之处即是保险人的营业场所,故应认定保险合同系平安绍兴公司与被保险人签订。

关于争议焦点之一保险合同是否有效,考兰特公司是否违反最大诚信原则问题。被保险人绍兴外贸投保时,提供 1998 年 6 月 8 日的外贸合同及 4 份外贸发票,并按照合同和发票内容填写投保单,保险人平安绍兴公司审核后及时签发保险单,应当认定双方之间的海上保险合同依法成立。虽然贸易双方以 FOB 成交,但双方在外贸合同中对保险条款专门约定由绍兴外贸投保,FOB 仅是贸易惯例,如果双方有约定的应依约定,不能生搬硬套地认为凡以 FOB 成交的都必须由买方投保。至于被告辩称报关单中所记载的鞋子合同号与保险单所记载的合同号不一致,因报关单上鞋子数量与保单上的数量相符,而且集装箱号也一致,可见两份证据所证明的对象系同一货物;至于金额不一致问题,由于绍兴外贸投保时所提交的是价值为 USD472 486.08 的外贸合同和相应的外贸发票,对该批货物的价值只能以发票为准,何况该批货物系关税全免,不存在偷逃关税的问题。尽管中途装箱单与公路运单数量比保险单、提单上数量少 1 000 件,但上面的 4 个集装箱号与保险单、提单上的集装箱号相符,保险人的芬兰代理所作的检验报告中,陈述当时箱内货物数量为 4 656 件。保险标的物的数量为保险单所记载的内容,而非平安绍兴公司所辩称的有隐瞒事实的行为,故其认为绍兴外贸违反最大诚信义务的抗辩不成立。

关于争议焦点之二货损事实是否存在问题。(1) O. Y. LARS KROGIUS 系保险人在芬兰的查勘和理赔代理,因为该代理人系货损发生后绍兴平安公司向投保人提供的,而且平安绍兴公司对此亦予以承认。(2) 保单中约定查勘代理人为当地合格的勘验人,而并未特别约定,发生货损还需保险人的特别授权。现考兰特公司按照保险人提供的代理人名册找到其在芬兰的代理人,该代理人依职权作出检验报告,根据民法中关于代理的法律原理,该代理人的行为后果应由被代理人承担。(3) 平安绍兴公司对俄罗斯货物材质与贮存问题科学发展研究院的资质等提出异议,但并未举出相反的证据,而且其代理人对此予以认可,并且该份实验报告经过当地公证机构公证,对其效力应予确认。故平安绍兴公司认为其检验报告有上述诸多疑点,不能作为本案定性证据的抗辩,缺乏事实和理论依据,不予采纳。

关于争议焦点之三保险人的保险责任是否终止问题。保险单载明的目的港为 KOTKA,保险责任期间为自宁波港至 KOTKA 港的海上运输区间,但由于货物最终目的地为莫斯科,货物运抵 KOTKA 后,马上用 7—10 天时间转运至莫斯科。当时在 KOTKA 不可能拆箱检验,除非明知货损。故平安绍兴公司要求考兰特公司在 KOTKA 检验的抗辩不能成立。货物运抵莫斯科后,考兰特公司马上申请 O. Y. LARS KROGIUS 检验,而且根据检验报告,所有鞋子在过分潮湿的空气及相应温度中从而形成霉菌的情况下作用了 1 至 1 个半月,由此可以推断,货损发生在海运期间,属于保险人所承保的责任期间。而且该风险属于一切险中一般附加险的受潮受热险,系保险人所承保的责任范围,故保险人应负赔付责任,平安绍兴公司认为货物运抵 KOTKA 时完好无损、其保险责任已经终止的抗辩不成立。

关于争议焦点之四货物是否全损及责任问题。尽管根据 O. Y. LARS KROGIUS 检验报告和俄罗斯货物材质与贮存问题科学发展研究院的实验报告,所有鞋子失去原有形体和效用,不能销售,但涉案货损为推定全损;考兰特公司要求保险人按照全部损失赔偿的,应当向保险人委付保险标的,但却未经委付而直接委托 TOCT 公司销毁全部货物,该行为有过错,应对此负部分法律责任。平安绍兴公司认为货物未销毁,仅是怀疑,并未提供反证,其抗辩货物未销毁的理由不能成立,应对本案货损及货物检验费、处理费用负主要赔付责任,但利息损失由考兰特公司承担。

关于法律适用,保险单本身没有这方面的约定,但其选择的承保条件是 1963 年 ICC 一切险,该条款系平安绍兴公司所辩称的旧的英国协会货物保险条款,现在所通用的是 1982 年协会货物保险条款,但即便是 1982 年协会货物保险条款,其中关于法律适用规定适用英国法律和惯例,而英国海上保险法律即为 1906 年海上保险法。

综上,经宁波海事法院审判委员会讨论,依照《中华人民共和国民法通则》第 142 条第 1 款、第 145 条第 1 款,英国 1906 年《海上保险法》第 61 条、第 62 条第 1 项,《中华人民共和国民事诉讼法》第 237 条、第 64 条第 1 款之规定,判决如下:

被告平安绍兴公司赔偿原告考兰特公司货损 3 019 658.4 元、货物检验费及处理费用 18 301.5 元。上述款项于本判决生效之日起 10 日内付清。

驳回原告考兰特公司的其他诉讼请求。

驳回原告考兰特公司对被告平安总公司的诉讼请求。

6. 保险赔偿

6.1 代位求偿权

1 原告中国人民财产保险股份有限公司某公司与被告某市某第三水运公司、杨某某水路货物运输合同纠纷案

案例来源:广州海事法院(2010)广海法初字第403号
主题词:保险代位求偿权　利息损失　保险合同法律关系

> **裁判要旨**
>
> **No. HX-6.1-1**　依据《中华人民共和国保险法》第60条之规定,受理保险人行使代位请求赔偿权利纠纷案件的法院,应当仅就造成保险事故的第三人与被保险人之间的法律关系进行审理,当事人关于保险合同是否成立等有关保险合同法律关系的抗辩,不在审理范围之内。
>
> **No. HX-6.1-2**　保险公司主张利息损失的,应从实际赔付之日起计算,而非从其打印赔款收据之日起算。

一、基本案情

原告:中国人民财产保险股份有限公司某公司(以下简称人保某公司)

被告:某市某第三水运公司、杨某某(以下简称某公司、杨某某)

原告人保某公司诉称:2009年5月24日,原告的被保险人贵港瑞康饲料有限公司(以下简称瑞康公司)向广州植之元油脂实业有限公司(以下简称植之元公司)购买豆粕共计800吨。6月26日,"桂某货3863"轮装载了其中的430吨共7 176包豆粕,于6月29日开航前往目的港广西贵港。7月8日约19:20时,"桂某货3863"轮在广西某浔江航段鲫鱼滩附近水域发生触礁事故。经检验,本次事故造成货物损失1 385 155.20元。2010年4月22日,原告已向被保险人支付货损保险赔款1 181 150元,并支出检验费25 000元,合计1 206 150元,依法取得保险代位求偿权。被告某公司作为肇事船舶"桂某货3863"轮的经营人,被告杨某某作为该轮的登记所有人,应对原告的上述损失和相关费用承担连带赔偿责任。人保某公司请求判令两被告连带赔偿原告支付的保险赔款及其他相关费用共计1 206 150元及利息(从2010年4月22日起至付清赔款之日止,按中国人民银行同期贷款利率计算),并连带承担本案诉讼费、执行费以及原告为本案支出的交通、电信、差旅费等相关费用。

被告某市某第三水运公司、杨某某辩称:(1)涉案保险是责任险,是为免除承运人

的责任而投保,保险公司不应向承运人追责;(2)没有证据显示保险合同成立,人保某公司支付了不该理赔的金额,损失应由其自行承担;(3)被保险人瑞康公司不是涉案运输合同的当事人,无权依据运输合同关系向被告主张权利,故人保某公司也无权向被告起诉。

二、法院查明的事实

广州海事法院经审理查明并确认如下法律事实:

2009年6月24日,植之元公司与瑞康公司签订产品销售合同,由瑞康公司向植之元公司购买编织袋装高蛋白豆粕800吨,单价3520元,共计2818000元。交货期限为7月1日至7月15日止,具体交货日期和数量由植之元公司决定。

6月29日,发货人植之元公司发货,涉案货物水路运输交接清单记载:430吨共7176包高蛋白豆粕,起运港植之元码头,到达港为贵港。承运人栏盖有"桂某货3863"轮的船章,并加盖"桂某货1172"轮的船章,注明因"桂某货3863"轮出现事故,由"桂某货1172"轮接运至贵港,日期为7月13日。收货人瑞康公司于同日记录实收36.49吨共616包,其中9包有湿块,9包为坏包。

贵港海事局于2009年10月23日制作的内河交通事故调查结论书记载:2009年7月8日约19:20时,"桂某货3863"轮从广州南沙港装载豆粕430吨至贵港,途经浔江某航段鲫鱼滩附近水域发生触礁事故,该轮沉没,导致货物受损。事故原因为"桂某货3863"轮驾驶员存在以下过失:(1)对出事地点水下情况估计不足,选择上航线路不当;(2)出现危局时没有使用安全航速行驶,及时修正航路。认定"桂某货3863"轮驾驶员应负该次事故的责任。

2010年2月1日,广州衡准保险公估有限公司受人保某公司委托作出瑞康公司2009/7/8豆粕运输货损事故终期理算报告,该公估报告记载:被保险人为瑞康公司,保单号码为PYDS2009447102010000941号,保险险别为国内水路、陆路货物运输基本险。货物在植之元公司码头装"桂某货3863"轮,于2009年6月29日开航前往广西贵港,于7月8日在广西某浔江航段鲫鱼滩水域出险。涉案货物中,35.41吨共598包经抢救完好无损,不作定损;1.08吨共18包在抢救过程中水湿受损,按投保价值(单价3000元每吨)的50%定损;379.71吨共6330包货物失踪,13.80吨共230包货物推定全损。定损金额为1.08×3000×50%+379.71×3000+13.80×3000=1182150元,扣除约定的每次事故绝对免赔额1000元后,保险人就本次事故对被保险人的赔付金额为1181150元。人保某公司于2010年4月30日向广州衡准保险公估有限公司支付公估费25000元。

顺德农村商业银行于2010年4月29日出具的结算业务申请书记载:人保某公司于该日申请向瑞康公司转账1181150元。该行于5月11日出具的户名为人保某公司的账户对账单记载:2010年4月30日,该账户"转账、大额支付"1181150元。收到该款后,瑞康公司在人保某公司于2010年4月22日打印的PYDS2009447102010000941号保险单赔款收据的"上列赔款如数收讫"一栏加盖公章。

瑞康公司出具的权益转让书记载：瑞康公司同意在收到损失金额1 181 150元后，该公司向第三者的索赔权即自动转让给人保某公司，并保证协助其向第三者追偿损失。

另查，"桂某货3863"轮为钢质干货船，总长43.40米，总吨312登记吨，主机功率94.90千瓦，船舶核定的经营范围为珠江水系内河省际（含珠海、深圳）普通货船运输。船舶所有人为杨某某，船舶经营人为某公司。某公司与杨某某于2009年1月1日签订的船舶安全生产责任状记载：杨日荣承包某公司经营的"桂某货3863"轮，并承担营运中的各种责任风险（包括安全责任和经济责任），承包期限为2009年1月1日至12月30日。承包期间，杨某某必须按规定购买船舶财产保险、船员雇主责任保险和承运人责任保险，并要求货方购买货物保险，以化解事故风险。

2010年9月26日，人保某公司向广州海事法院提出财产保全申请，广州海事法院于10月11日裁定对"桂某货3863"轮不予办理转让、抵押、光船租赁等手续，发生申请费5 000元。

三、法院裁判

广州海事法院认为，根据现有证据，原、被告提交的货物水路运输交接清单对承运的货物、数量、起运港、目的港、托运人、收货人以及承运人作了明确的记载，双方当事人亦均对该运输事宜予以确认，本案的货物运输构成了水路货物运输合同法律关系，植之元公司是托运人，瑞康公司是收货人，某公司是承运人。参照中华人民共和国交通部《国内水路货物运输规则》第44条规定的精神，收货人有权就水路货物运输合同项下货物损坏、灭失或者迟延交付所造成的损害向承运人索赔。涉案货物出险后，人保某公司根据保险合同向收货人瑞康公司支付保险赔款，取得代位追偿权后依法向某公司、杨某某提出追偿，故本案属于水路货物运输合同纠纷。

《中华人民共和国保险法》第60条第1款规定："因第三者对保险标的的损害而造成保险事故的，保险人自向被保险人赔偿保险金之日起，在赔偿金额范围内代位行使被保险人对第三者请求赔偿的权利。"受理保险人行使代位请求赔偿权利纠纷案件的法院应当仅就造成保险事故的第三人与被保险人之间的法律关系进行审理，某公司、杨某某关于保险合同是否成立等有关保险合同法律关系的抗辩不在本案审理范围之内。涉案事故发生后，作为保险人的人保某公司已经向被保险人瑞康公司支付保险赔偿金，在赔偿金额范围内取得了代位行使瑞康公司根据水路货物运输合同向承运人请求赔偿的权利，为本案适格的诉讼主体。

根据《中华人民共和国合同法》第311条关于"承运人对运输过程中货物的毁损、灭失承担损害赔偿责任，但承运人证明货物的毁损、灭失是因不可抗力、货物本身的自然性质或者合理损耗以及托运人、收货人的过错造成的，不承担损害赔偿责任"的规定，涉案货物在运输途中因船舶触礁沉没造成货损，某公司作为承运人，应承担相应的违约责任。涉案事故共造成货物损失1 385 155.20元,人保某公司作为保险人,有权在其赔偿金额范围内代位行使被保险人对某公司请求赔偿的权利。在某公司不能证明货损是由于不可抗力等不可归责于承运人的免责事由所致的情况下,其应该赔偿人保某公司因涉案事故而支付的保险赔款1 181 150元及其利息。人保某公司主张利息从其打印赔款收据的2010年4月22日起计,没有法律依据,合议庭不予支持,利息应自人保某公司实际赔付之日即2009年4月30日起,按中国人民银行公布的同期同类资金贷款利率计算至本判决确定支付之日止。

根据已查明的事实,"桂某货3863"轮登记在某公司名下经营,但其船舶所有人杨日荣在涉案事故发生期间已承包该轮并负责船舶的日常经营。杨某某为涉案运输实际承运人,在其不能证明货损是由于不可抗力等不可归责于实际承运人的免责事由所致的情况下,其应对该事故承担责任。参照《国内水路货物运输规则》第46条的规定:"承运人与实际承运人都负有赔偿责任的,应当在该项责任范围内承担连带责任",杨某某作为负有责任的实际承运人,应对人保某公司的损失承担连带责任。

人保某公司主张某公司、杨某某应支付公估费25 000元,保险公估费用系人保某公司作为保险人为履行保险合同而支出的费用,根据《中华人民共和国保险法》第64条"保险人、被保险人为查明和确定保险事故的性质、原因和保险标的的损失程度所支付的必要的、合理的费用,由保险人承担"的规定,人保某公司的该主张缺乏法律依据,不予支持。人保某公司主张其为本案支出的交通、电信、差旅费等相关费用应由某公司、杨某某承担,但并未提交发生前述费用的相关证据,该主张缺乏事实依据,合议庭不予支持。

综上,依照《中华人民共和国合同法》第311条的规定,判决如下:

一、被告某市某第三水运公司赔偿原告中国人民财产保险股份有限公司某公司货物损失1 181 150元及其利息(利息自2009年4月30日起至本判决确定的支付之日止,按中国人民银行公布的同期同类资金贷款利率计算);

二、被告杨某某对判决第一项确定的赔偿义务承担连带责任;

三、驳回原告中国人民财产保险股份有限公司××公司的其他诉讼请求。

以上给付金钱义务,应于判决生效之日起10日内履行完毕。

如果未按判决指定的期间履行给付金钱义务,应当依照《中华人民共和国民事诉讼法》第229条之规定,加倍支付迟延履行期间的债务利息。

本案受理费15 655元,原告中国人民财产保险股份有限公司某公司负担325元,被告某市某第三水运公司、杨某某负担15 330元。财产保全申请费5 000元,由被告某市某第三水运公司、杨某某负担。

2 原告中国人民财产保险股份有限公司宁波市分公司与被告深圳市华展国际物流有限公司、马士基(中国)航运有限公司、A.P.穆勒-马士基有限公司海上货物运输合同货损纠纷案

案例来源:广州海事法院(2006)广海法初字第159号
主题词:保险代位求偿权　集装箱运输　承运人管货义务

> **裁判要旨**
>
> **No. HX-6.1-3**　保险代位求偿权是一种法定的权利,在保险人对被保险人实际赔付后即取得代位求偿权,该权利的取得并不以保险人取得权益转让书为必要条件。保险人向被保险人作出了保险赔付,持有涉案正本提单和保险单,依法取得了代位求偿权,有权提起诉讼,行使收货人的权利,要求承运人承担民事责任。

一、基本案情

原告:中国人民财产保险股份有限公司宁波市分公司(以下简称原告)
被告:深圳市华展国际物流有限公司(以下简称华展公司)
被告:马士基(中国)航运有限公司(以下简称马士基中国公司)
被告:A.P.穆勒-马士基有限公司(A.P. MOLLER-MAERSK A/S)(以下简称A.P.穆勒-马士基)

原告诉称:2005年3月13日,原告承保的226箱家具,装载于"克莱门泰恩·马士基"(CLEMENTINE MAERSK)轮上一集装箱内,从中国盐田运往挪威阿里桑德(Aalesund)。被告签发了清洁提单。货物到达目的港后,经检验,发现货物严重水湿受损。原告根据保险合同赔偿了被保险人的损失,依法取得了代位求偿权。被告华展公司系涉案货物运输的承运人,被告马士基中国公司和A.P.穆勒-马士基系涉案货物运输的实际承运人,3被告在运输上述货物途中,没有妥善、谨慎地装载、搬移、积载、运输、保管、照料和卸载所承运的货物,对于货物损失负有不可推卸的责任。请求法院判令3被告连带赔偿原告货物损失和检验费用共计30 610.51美元及其利息(利息自保险赔款实际支付之日起至生效判决确定支付之日止,按中国人民银行企业同期存款利率计算),并判令3被告承担诉讼费用。

被告华展公司辩称:(1)华展公司不是货物承运人,而是货运代理人。而且宁波蒙都进出口有限公司(以下简称蒙都公司)并未向华展公司订舱,而是向深圳市华展国际物流有限公司中山分公司(以下简称华展中山公司)订舱;华展中山公司接受蒙都公司的订舱后,以自己的名义向马士基物流(中国)有限公司深圳分公司(以下简称马士基中国深圳分公司)订舱托运。原告将华展公司作为被告系诉讼对象错误。(2)涉案货损并非因货物通风不良所致,而是货物本身含水量过高,在运输途中自然蒸发所致,是由于货物本身的自然特性或者固有缺陷所造成,属于承运人法定免责范畴。(3)原

告提交的检验报告无法断定货损原因在于承运人。(4)原告提交的检验报告没有任何关于检验机构和人员资质的证据,定损程序不当,不能作为定损依据。(5)原告的代位求偿权取得有瑕疵。原告没有提供收货人即货物买方 TEMA TRADING AS(以下简称 TEMA 公司)与蒙都公司之间的贸易合同;未能证明 TEMA 公司已经支付货款,本案的货物所有权或保险利益已经转移;提单背面没有 TEMA 公司的背书,无法证明 TEMA 公司是合法的提单持有人。

被告马士基中国公司辩称:其是 A.P. 穆勒–马士基在中国的代理,并非涉案货物承运人,不应当成为本案被告。

被告 A.P. 穆勒–马士基辩称:(1)原告没有提交证据证明原告与 A.P. 穆勒–马士基之间存在海上货物运输合同关系,也未提交证据证明 A.P. 穆勒–马士基系本案实际承运人。(2)原告提交的检验报告存在严重瑕疵,不能作为认定货损的证据。原告诉请的损失缺乏证据证明。(3)涉案集装箱进出场交接状况良好,集装箱水密性良好,货损系托运人自行装箱的过错,加上货物固有瑕疵引起,并非由原告所称的承运人过错造成。(4)原告的代位求偿权存在重大缺陷:① 原告仅提交了保险单证明原告与被保险人存在海上货物保险合同,证据不足。② 本案的贸易术语为 CIF,即由托运人蒙都公司负责投保,再与其他单证一并背书转让给收货人。但是,涉案保险单显示,被保险人直接列为 TEMA 公司,被保险人在投保时没有保险利益。③ 原告未提交足以证明被保险人收讫赔款并授权代位求偿的证据,原告并未提供权益转让书等有效凭证以证明其合法身份。请求驳回原告的诉讼请求。

二、法院认定的事实

广州海事法院经审理查明并确认如下法律事实:

2005 年 3 月 4 日,蒙都公司以托运人身份向华展中山公司出具出口货物托运单,要求将一个装有卫浴配件的 40 尺集装箱从深圳运往挪威阿里桑德。3 月 6 日,华展中山公司以华展公司为托运人,向马士基中国深圳分公司发出出口货物托运单,要求将一个 40 尺集装箱配到 3 月 13 日的马士基大船,从深圳运往挪威阿里桑德。抬头为马士基海陆(MAERSK SEALAND)的订舱确认书记载:订舱人为马士基中国深圳分公司,运输方式为堆场到堆场,起运港为中国盐田,目的地为挪威阿里桑德,一个 40 尺集装箱,承运船舶为"克莱门泰恩·马士基"轮,预计离港时间为 3 月 13 日。华展公司签发的编号为 PMLE05030239 的清洁指示提单记载:托运人为蒙都公司,通知方为 TEMA 公司,起运港为中国盐田,目的地为挪威阿里桑德,承运船舶为"克莱门泰恩·马士基"轮,集装箱/封签号为 GATU4019390/40 尺/CN4490829,集装箱数量或包装数/包装及货物描述为 226 箱家具,托运人负责装箱、计数和封箱(1×40 尺),运费预付,堆场–堆场。签发时间和地点为 2005 年 3 月 13 日中国盐田。签名为 JENNY LUO 代表华展公司作为承运人马士基海陆的代理。在庭审中,华展公司确认没有得到马士基海陆的授权。蒙都公司于 3 月 22 日向华展公司支付运费 6 217.50 美元,华展公司于 3 月 21 日向马士基中国深圳分公司支付运费 4 149.50 美元。承运船舶"克莱门泰恩·马士基"轮属 A.P. 穆勒–马士基所有。货物在目的港由 A.P. 穆勒–马士基根据华展公司的指示电放给华展公司在目的港的代理,收货人凭华展公司签发的提单提货。集装箱在目的港整箱交付收货人时,箱况良好,封志无损。

原告提供的商业发票显示,涉案货物价格 CIF 挪威阿里桑德 21 932.30 欧元。2005 年 3 月 12 日,原告签发了涉案货物的运输保险单,号码为 PYIE200533028200001335,被保险人为 TEMA 公司,保险金额 24 126 欧元。保险事故发生后,原告依据保险单向被保险人 TEMA 公司支付了保险赔款 24 126 欧元,并向检验人 Bachke & Co. A/S 支付了检验费用 1 353.87 美元。

被告华展公司原名为深圳市华展国际货运代理有限公司,于 2005 年 3 月 25 日变更为深圳市华展国际物流有限公司。华展中山公司持有广东省中山市工商行政管理局颁发的营业执照,其经营范围为"为母公司提供国际货运代理业务咨询"。

原告与三被告对以上事实没有异议,广州海事法院予以确认。

为证明货物损失的原因及数量,原告提交了 Bachke & Co. A/S 出具的编号为 25044V 号的《检验报告》。该检验报告载明:检验日期和地点为 2005 年 5 月 2 日在阿里桑德检验空箱,5 月 3 日在 STRAUMGJERDE(SYKKYLVEN)检验浴室家具。检验现场人员有 Baard Myhre 先生代表收货人 TEMA 公司,Erik Tveten 先生代表马士基海陆,检验师 Harald Johansen 代表货物保险人,隶属 Bachke & Co. A/S。关于货物检验经过情况,《检验报告》作如下描述:货物运抵 STRAUMGJERDE 时被拒,理由是货物受水湿。TEMA 公司的 Baard Myhre 先生在运单上就该事实作了批注。货物从集装箱内卸下后,集装箱就被交还至阿里桑德,我们的检验师于 2005 年 5 月 2 日在那里对集装箱进行了检验,并拍摄了照片(见照片 1-6)。如你从照片上所能看到的,集装箱内外的通风口均用胶带封住(硬制胶带,不可能用手撕开),而且集装箱内部仍然潮湿。2005 年 5 月 3 日,Harald Johansen 先生在 STRAUMGJERDE 执行检验,在场的有 Baard Myhre 先生和 Erik Tveten 先生,一些箱子被打开。我们可以肯定地说,所有箱子外表均有不同程度的潮湿痕迹,被打开的箱子内的所有家具均受水湿。其中一个箱内的积水计有多升。我们同意 Baard Myhre 先生应当将所有货物包装都打开,以确定货物是否可以被晒干,如果可以的话他们就可以将货物重新打包并送至海关。5 月 12 日,Baard Myhre 先生通知我们的检验师,所有货物已经失去使用价值。Baard Myhre 先生抱怨,由于饰面损坏,而且其公司不愿承担投诉风险,因此上述家具不能减价出售。他指出唯一的办法就是销毁所有货物。随后,Baard Myhre 先生给检验师发了一封电子邮件:我们打开了部分货物,并试图将其洗净。然而,家具的表面已受潮而损坏,清洗后货物有霉味。货物有受潮后的标记,镜子和盆上有霉斑。所有货物很有可能被损坏,不适合出售,我们将以全损索赔。然而我希望能有一个代表在场,在我们处理前定损。检验师随后通知 Baard Myhre 先生,已没必要再进行一次检验,因为货物已被认为全损。关于货物损失原因,检验报告认为是"集装箱通风口被用硬制胶带封上,因此未发挥作用"。最后,《检验报告》称："本报告依据保险单的条款条件以及金额出具,对各方无损害。"该检验报告最后,有检验师 Harald Johansen 签名和 Bachke & Co. A/S 的盖章。另有一标识有文字为"LLOYD'S AGENCY TRONDHEIM"的印章。报告后共附照片 17 张。2006 年 8 月 24 日,中华人民共和国驻挪威大使馆领事部出具(2006)挪认字第 0000688 号认证书,证明在检验报告上挪威王国外交部的印章和该部官员 GINA HETLEVIK 的签字属实。但原告未提供检验机构和检验人员的相关资质证明。

　　三被告对检验报告的表现形式,真实性没有异议。但均认为原告没有提供检验机构和检验人员的资质证明,不能证明是合格的检验人员所作出的检验结论。检验人员在作出检验结论时,除了拍照外,没有运用任何检验方法进行定损,而仅凭收货人的陈述,丧失了检验公估的严肃性、客观性和科学性。检验报告定损程序不当,对货损原因的分析缺乏依据,对货物全损的结论不应采信。广州海事法院认为,因当事人双方对检验报告的真实性没有异议,广州海事法院对其真实性予以确认。对检验报告的证明力大小,应根据报告所证明的内容进行审查判断。报告中关于集装箱、货物表面状况的描述,并不需要专门的知识和技能,普通证人也可以作出,因此对报告中该部分内容应予采信。对于检验结论性意见,应从检验机构、人员的资质和检验方法、程序等方面进行审查。原告没有提供检验机构 Bachke & Co. A/S 和检验师 Harald Johansen 先生的相关资质证明,广州海事法院无法确认其具有相应的专业检验资质,从检验报告关于定损的过程看,检验人仅进行过一次现场检验,且并未将所有的货物开箱进行检验。其定损的过程是收货人代表通知检验师"货物已失去使用价值","公司不愿承担投诉风险""不能减价出售"和"所有货物很有可能被损坏",检验师随后即通知收货人代表"已没必要再进行一次检验,因为货物已被认为全损"。可见,其关于货物全损的结论主要是根据收货人代表的意见得出,没有体现检验人运用其专门知识进行鉴别、判断的推理过程。因此,对检验报告关于该批货物全损的结论不予采信。同样,报告关于货损原因也未体现其分析论证过程,不予采信。

　　庭审中,当事人一致选择适用中国法律处理本案。

三、法院裁判

　　本案是一宗保险人依据代位求偿权向海上货物运输承运人提起的涉外海上货物运输合同货损纠纷案。各方当事人一致选择适用中国法律处理本案争议,根据《中华人民共和国海商法》(下称《海商法》)第 269 条"合同当事人可以选择合同适用的法律"的规定,本案应适用中国法律处理。

　　提单是运输合同的证明。本案 PMLE05030239 号提单记明,蒙都公司为托运人。提单由华展公司签发,虽然记明为华展公司作为承运人马士基海陆的代理,但事实上,华展公司并没有得到马士基海陆的授权,事后也没有得到追认。因此其法律后果应由华展公司承担,应认定华展公司为货物承运人。华展中山公司虽然也可以作为民事诉讼主体,但因其不具有法人资格,其民事责任应由华展公司承担,而且华展公司是本案合同的主体,是本案的适格被告,华展公司关于原告起诉对象错误的答辩理由不成立。提单记明货物由"克莱门泰恩·马士基"轮承运,并且,该轮实际承担了该票货物的运输。根据查明的事实,该轮为 A. P. 穆勒–马士基所有,A. P. 穆勒–马士基为实际承运人。被告马士基中国公司没有签发提单,也没有实际从事该票货物运输,既不是承运人,也不是实际承运人。货物到达目的港后,由 TEMA 公司实际提取货物,华展公司对此并无异议,因此可认定 TEMA 公司为合法收货人。

关于原告是否依法取得代位求偿权的问题。根据《海商法》第 252 条第 1 款的规定,保险标的发生保险责任范围内的损失是由第三人造成的,被保险人向第三人要求赔偿的权利,自保险人支付赔偿之日起,相应转移给保险人;《中华人民共和国海事诉讼特别程序法》第 93 条规定,因第三人造成保险事故,保险人向被保险人支付保险赔偿后,在保险赔偿范围内可以代位行使被保险人对第三人请求赔偿的权利。因此,保险代位求偿权是一种法定的权利,在保险人对被保险人实际赔付后即取得代位求偿权,该权利的取得并不以保险人取得权益转让书为必要条件。原告作为保险人,向被保险人作出了保险赔付,持有涉案正本提单和保险单,依法取得了代位求偿权,有权提起本案诉讼,行使收货人的权利,要求承运人承担民事责任。三被告关于被保险人 TEMA 公司在投保时不具有保险利益的抗辩,属于保险合同效力问题,为另一法律关系,不在本案审查范围之列。综上,三被告关于原告取得代位求偿权存在瑕疵的抗辩,依法不能成立。

本案为集装箱货物运输,运输方式为堆场到堆场。承运人在提单正面批注"托运人装箱、计数和封箱"。《海商法》第 75 条规定:"承运人或者代其签发提单的人,……或者没有适当的方法核对提单记载的,可以在提单上批注,说明不符之处、怀疑的根据或者说明无法核对。"在集装箱整箱运输中,由托运人自己装箱、计数和封箱,承运人收到的只是外表状况良好,铅封完整的集装箱,而对箱内货物的实际情况并不了解。承运人对货物状况无法核对,在提单上进行批注,符合《海商法》的上述规定。根据《海商法》第 77 条"除依照本法第七十五条的规定作出保留外,承运人或者代其签发提单的人签发的提单,是承运人已经按照提单所载状况收到货物或者货物已经装船的初步证据;承运人向善意受让提单的包括收货人在内的第三人提出的与提单所载状况不同的证据,不予确认"的规定,承运人的批注是有效的。承运人在目的地堆场将箱体外表良好,铅封完整的集装箱交付收货人,即可视为已尽其责任。

虽然,根据检验报告记载,本案集装箱内外的通风口均用硬制胶带封堵,在托运人自行装箱、封箱的情况下,承运人不可能在接受货物后进入箱体封堵通风口。托运人也没有提出要求承运人开启通风口,以保证集装箱通风良好。承运人和实际承运人没有义务主动开启托运人装箱时封堵的集装箱通风口,退一步说,如检验报告所描述的,通风口被硬制胶带从内和外两面封住,承运人注意到应当开启通风口,也难以操作。因此,即使货损确如检验人所称,系因集装箱通风口封堵所致,也不是基于承运人和实际承运人的责任。

综上所述,合议庭认为本案承运人华展公司在提单上关于"托运人负责装箱、计数和封箱"的批注是有效的。承运人和实际承运人在运输中已尽到妥善、谨慎的管货义务,不应对货物损失承担责任。对于因货损而产生的检验费用,同样不应承担责任。据此,判决如下:

驳回原告中国人民财产保险股份有限公司宁波市分公司的诉讼请求。

本案受理费6 217元,其他费用300元,合计6 517元,由原告负担。

3 原告中国平安财产保险股份有限公司江门中心支公司与被告中海集装箱运输深圳有限公司江门分公司、中海集装箱运输深圳有限公司、五洲航运有限公司海上货物运输合同货损赔偿纠纷案

案例来源:广州海事法院(2006)广海法初字第84号

主题词:保险代位求偿权的诉讼时效 抢劫 免责事由

裁判要旨

No. HX-6.1-4 抢劫并不同于海盗行为,不属于《中华人民共和国海商法》第51条规定的免责情形。

一、基本案情

原告:中国平安财产保险股份有限公司江门中心支公司(以下简称江门平保)

被告:中海集装箱运输深圳有限公司江门分公司(以下简称江门中海)

被告:中海集装箱运输深圳有限公司(以下简称深圳中海)

被告:五洲航运有限公司(以下简称五洲航运)

原告江门平保诉称:2005年2月18日,原告承保的一批价值25 169.70美元的甜味剂从江门高沙港运往俄罗斯,被告安排"永航8"轮运往香港,2005年2月19日,上述货物在香港转运过程中被劫,警方追回货物后,因涉嫌犯罪扣留货物,直到2005年9月7日才返还被告。2005年11月10日,经过各方联检,证实全部货物失去价值。请求法院判令:(1)被告赔付原告货物损失25 169.70美元,并自2005年2月19日起至赔付日以同期人民币贷款利率计算的利息;(2)被告承担为检验本案受损货物支付的检验费人民币4 683元;(3)被告负担本案诉讼的全部费用。

被告江门中海与被告深圳中海辩称:(1)江门瑞怡乐甜味剂厂有限公司在2005年2月21日已经向江门平保报险,要求履行赔付保险赔偿的义务,可见江门瑞怡乐甜味剂厂有限公司在2005年2月21日或该日之前就已经知道集装箱货物被海盗抢劫,知道其权利被侵害,而江门瑞怡乐甜味剂厂有限公司却在2006年2月28日才向法院提起诉讼,已经超过《中华人民共和国海商法》第257条规定的1年诉讼时效。因此原告

的起诉已超过法定的诉讼时效,丧失胜诉权。(2)江门瑞怡乐甜味剂厂有限公司不是适格的索赔主体。根据报关单,江门瑞怡乐甜味剂厂有限公司的贸易合同采用的是FOB价格术语,而其装箱单则采用的是CIF价格术语。但是,无论FOB还是CIF,货物灭失损坏的风险都是以第一程船的船舷为界,转移给买方。因此,索赔主体应当是买方,卖方不应当遭受任何损失。而保险人的代位求偿权是基于被保险人的权利的,既然江门瑞怡乐甜味剂厂有限公司不是适格的索赔主体,江门平保自然也就没有代位求偿权。(3)货物损失是由于法定免责事由引起,江门中海依法不应承担任何赔偿责任。本案的抢劫行为,发生在海上或者与海相连的可航水域,属于海盗行为,而这种海上或与海相连的可航水域的抢劫行为(即海盗行为)属于海上或者其他可航水域的危险,同时也是承运人不能克服和避免的意外事故。根据《中华人民共和国海商法》第51条第1款的规定,承运人对此不承担任何赔偿责任。(4)趸船"金生88"轮已经尽到妥善、谨慎保管、照料货物的责任,集装箱货物因海上或与海相通的可航水域的抢劫风险(即海盗)而灭失损坏,与管货义务无关。(5)江门平保夸大实际损失。江门平保提供的合同和发票表明,买方瑞典甜味剂集团是江门瑞怡乐甜味剂厂有限公司的总部,两个主体具有关联关系,因此,合同约定的价格及发票所体现的价格缺乏公信力,不能真实反映货物销售的实际价值。而其向海关申报的价值具有公示效力,真实可信,因此货物的实际价值应当以该报关价值为准。(6)检验费用不合理。江门瑞怡乐甜味剂厂有限公司在11月10日提取海关交还的集装箱货物后,分别于11月10日、11月21日和11月25日对该批货物进行抽样检验。由于第一次检验没有按照该企业标准抽取1 000克的要求,所以第一次的检验结果不可靠,结果导致了第二次和第三次的检验。而第一次抽样检验时,江门瑞怡乐甜味剂厂有限公司人员在现场,检验的标准是其企业标准,因此江门瑞怡乐甜味剂厂有限公司应当知道抽取少于1 000克样品进行检验是不符合企业标准的,但是却仍然疏忽的送检了少于1 000克的样品,导致了第二次和第三次检验。因此,江门瑞怡乐甜味剂厂有限公司应当对由于其疏忽而导致的后两次检验而产生的费用负责。(7)原告诉称的利息不合理。趸船"金生88"轮集装箱货物在2月19日晚发生海上抢劫行为(即海盗行为),随后,在2月23日获悉该批货物被番禺海关查获。由于需对涉案人员进行处理,所以作为证据的集装箱货物一直在番禺海关的扣押监管之下。此期间的利息损失是由政府当局的行为造成,属于不可抗力,因此被告不应承担该利息损失。在集装箱货物于9月8日归还"金生88"轮后,江门瑞怡乐甜味剂厂有限公司直到11月10日才提取货物。此期间的利息损失应当由原告自行承担。

被告五洲航运辩称:五洲航运与江门瑞怡乐甜味剂厂有限公司之间没有订立货物运输合同,也没有签发提单,他们之间不存在直接的运输合同关系,五洲航运不是该集装箱货物的契约承运人;五洲航运不是趸船的所有人,从来没有接受承运人的委托或转委托,从事该集装箱货物的运输或部分运输,五洲航运也不是该集装箱货物运输的实际承运人。因此,五洲航运作为本案被告的诉讼主体资格不适格,不应对江门平保货物赔款的损失承担任何赔偿责任。同意被告江门中海与被告深圳中海的答辩意见。

二、法院查明的事实

本案是一宗海上货物运输合同货损赔偿纠纷。

江门瑞怡乐甜味剂厂有限公司是货物的所有人和涉案航次的托运人,被告江门中海安排船舶承运了该批货物,是本案所涉运输关系的承运人。江门瑞怡乐甜味剂厂有限公司与江门中海之间存在海上货物运输合同关系。在江门中海没有签发提单货物被抢并予以退回的情况下,江门瑞怡乐甜味剂厂有限公司有权就承运人责任期间对货物发生的灭失或者损坏向承运人提出索赔。原告作为货物保险人,在赔付了被保险人江门瑞怡乐甜味剂厂有限公司的货款损失后,根据《中华人民共和国海商法》第 252 条第 1 款"保险标的发生保险责任范围内的损失是由第三人造成的,被保险人向第三人要求赔偿的权利,自保险人支付赔偿之日起,相应转移给保险人"的规定,有权代位向承运人提起诉讼。三被告认为原告诉讼主体不适格,不能提出索赔的主张没有依据,不予支持。

被告江门中海在将江门瑞怡乐甜味剂厂有限公司交付的货物运至香港后,在香港屯门河贸易码头靠泊时该集装箱货物被人抢走。《中华人民共和国海商法》第 46 条规定,"承运人对集装箱装运的货物的责任期间,是指从装货港接收货物时起至卸货港交付货物时止,货物处于承运人掌管之下的全部期间……在承运人的责任期间,货物发生灭失或者损坏,除本节另有规定外,承运人应当负赔偿责任。"本案所涉的抢劫行为发生在承运人的责任其间,由此造成的货物损失,江门中海在没有证据证明属于免责事由的情况下,其应承担赔偿责任。本案货物被抢发生在香港码头,当时船上只有 1 名值班船员,应认为是承运人没有妥善、谨慎地保管货物。3 被告认为,本案抢劫行为是海盗行为,承运人可以免责的主张证据不足,不予支持。

江门中海是深圳中海的分公司,不具有法人资格。根据《中华人民共和国公司法》第 14 条第 1 款"公司可以设立分公司。设立分公司,应当向公司登记机关申请登记,领取营业执照。分公司不具有法人资格,其民事责任由公司承担"的规定,江门中海对原告的赔偿责任应由深圳中海承担。

三、法院裁判

本案货物运输由江门中海安排,货物被抢劫的趸船"金生 88"轮的所有人不是五洲航运。原告没有证据证明五洲航运是本案货物的承运人或实际承运人,也没有证据证明五洲航运与其存在其他法律关系,因此,原告请求被告五洲航运对货物损失承担赔偿责任的主张,证据不足,不予支持。

江门瑞怡乐甜味剂厂有限公司因本案所涉事故遭受的损失,另案终审判决已认定货物损失本息 26 672.84 美元、检验费损失人民币 4 683 元。原告赔付给江门瑞怡乐甜味剂厂有限公司的费用没有超过上述费用。三被告认为江门平保夸大损失的主张依据不足,不予支持。但原告只能请求被告赔偿其实际赔付给江门瑞怡乐甜味剂厂有限公司的费用,即原告有权要求深圳中海赔偿损失人民币 219 239.58 元及其利息(从 2007 年 1 月 18 日起至本判决确定的赔付之日止,按中国人民银行同期贷款利率计算)。

涉案货物被抢并被海关追回,警方于 2005 年 9 月 7 日将货物交回,并存放于趸船"金生 88"轮,然后再将货物交给江门瑞怡乐甜味剂厂有限公司。应该认为承运人交付货物的时间是 2005 年 9 月 7 日之后。根据《中华人民共和国海商法》第 257 条第 1 款"就海上货物运输向承运人要求赔偿的请求权,时效期间为一年,自承运人交付或者应当交付货物之日起算"的规定,原告的诉讼时效应该从 2005 年 9 月 7 日以后起算,至 2006 年 2 月 28 日原告起诉并未超过 1 年的诉讼时效。三被告认为原告起诉超过 1 年诉讼时效的主张,没有事实依据,不能成立。

综上所述,依照《中华人民共和国海事诉讼特别程序法》第 93 条、《中华人民共和国海商法》第 46 条、《中华人民共和国公司法》第 14 条第 1 款的规定,判决如下:

被告中海集装箱运输深圳有限公司赔偿原告中国平安财产保险股份有限公司江门中心支公司人民币 219 239.58 元及其从 2007 年 1 月 18 日起计算至本判决确定的赔付之日止按中国人民银行同期贷款利率计算的利息。

驳回原告的其他诉讼请求。

本案受理费人民币 5 941 元,由被告中海集装箱运输深圳有限公司负担。江门瑞怡乐甜味剂厂有限公司已预交的受理费人民币 5 941 元由本院予以清退。被告中海集装箱运输深圳有限公司应向本院交纳受理费人民币 5 941 元。

以上给付金钱义务,应于本判决生效之日起 10 日内履行完毕。如果未按本判决指定的期间履行给付金钱义务,应当依照《中华人民共和国民事诉讼法》第 232 条之规定,加倍支付迟延履行期间的债务利息。

4 **原告中国人民财产保险股份有限公司海南省分公司与被告湛江市沧海船务有限公司、广州市港信航务实业有限公司船舶碰撞损害赔偿纠纷案**
案例来源:广州海事法院(2003)广海法终字第 84 号
主题词:保险人代位求偿权 货物损失的确定 保险利益

裁判要旨

No. HX-6.1-5 保险人支付的保险赔偿小于货物损失的,保险人依法只能在其保险赔偿范围内行使代位求偿权。

一、基本案情

原告：中国人民财产保险股份有限公司海南省分公司（以下简称人保海南公司）
被告：湛江市沧海船务有限公司
被告：广州市港信航务实业有限公司（以下简称港信公司）

原告人保海南公司诉称：2003年3月10日，椰树集团有限公司（以下简称椰树集团）将所属的14个集装箱货物交由沧海公司所属的"银虹"轮承运，由海口运往上海。3月13日，"银虹"轮与被告港信公司所属"穗港信202"轮在广州港沙角对开水域发生碰撞，"银虹"轮及其所载货物全部沉没。原告作为椰树集团的货物保险人，已根据保险合同支付了保险赔偿1 575 316.40元，依法取得了代位求偿权。原告人保海南公司还支付了处理货物的检验费和其他费用。请求法院判决：（1）两被告赔偿原告经济损失1 575 316.40元及按照中国人民银行同期贷款利率计算的利息，其中100万元的利息自2003年3月28日起至被告实际支付之日止，575 316.40元的利息自2003年6月13日起至被告实际支付之日止；（2）两被告赔偿原告检验费3 500元及自2003年5月13日起至被告实际支付之日止按照中国人民银行同期贷款利率计算的利息；（3）两被告承担本案诉讼费用。

被告港信公司辩称：（1）原告没有证据证明其所提交的保单上记载的保险标的是"银虹"轮承运的货物；原告对本案货物也不具有所有权，对该货物的灭失或损害也不具有利益风险，不具有保险利益，因此，原告不是适格的诉讼主体。（2）即使原告取得了代位求偿权，原告也只能在保险赔偿范围内对第三人请求赔偿，对其所提出的检验费和利息没有请求权。（3）即使被告港信公司应承担赔偿责任，其责任也应按（2003）广海法初字第246号民事判决书确认的碰撞责任比例划分。（4）原告的诉讼请求属于《中华人民共和国海商法》第207条规定的请求，被告港信公司有权享受海事赔偿责任限制。请求法院驳回原告的诉讼请求。

二、法院查明的事实

原告提供的由原告签发的编号为0003367、签发日期为2003年2月26日的《国内水路货物运输保险单（凭证）》记载：起运港海口，运输工具"集装箱联（驳）运"，运单号码0001805，被保险人为淞达公司收转椰树集团，投保人为椰联公司，货物为"椰树"系列产品，共1 500件，目的港上海，起运日期2月26日，保险金额为119 700元，保险费为95.76元，险种为综合险。由原告签发的编号为0003374、签发日期为2003年3月1日的《国内水路货物运输保险单（凭证）》记载：运单号码0001814，货物共11 500件，起运日期3月1日，保险金额为776 387.50元，保险费为621.11元。本保险单记载的其他项目与编号为0003367的保险单相同。由原告签发的编号为0003380、签发日期为2003年3月7日的《国内水路货物运输保险单（凭证）》记载：运单号码0001823，货物共44 802件，起运日期3月7日，保险金额为2 823 562.50元，保险费为2 258.85元。本保险单记载的货物包括编号为 0001823 的货物托运单记载的两票未运出的货物。本保险单记载的其他项目与编号为 0003367 的保险单相同。根据上述保险单背面印制的《中国人民保险公司水路货物运输保险条款》(1998 年 4 月 13 日)记载：综合险的承保范围包括由于运输工具发生碰撞、搁浅、触礁等所造成保险货物的损失和费用；保险责任的起讫期，是自签发保险单(凭证)后，保险货物运离起运地发货人的最后一个仓库或储存处所时起，至该保险凭证上注明的目的地的收货人在当地的第一个仓库或储存处所时中止。被告对上述事实没有异议，合议庭予以确认。

2003 年 3 月 10 日，上述 14 个集装箱的货物在海口港装上沧海公司所属的"银虹"轮。原告提供的两份《金轮公司集装箱货物运单》记载，承运船舶为"银虹"轮，航次为 YH076N，该批货物装货港为海口，卸货港为蛇口，目的港为上海，货物装载于 14 个 20 英尺的集装箱的"椰子汁"，集装箱箱号与《集装箱货物装箱单》记载的相同，托运人为椰联公司，收货人为"淞达公司转椰树集团"。"银虹"轮和金轮公司在上述运单上加盖印章。原告提供的《金轮货运内贸舱单》记载的集装箱数量、箱号和承运船舶、航次与上述运单记载相同，该舱单记载的起航时间为 3 月 10 日，起运港为海口，中转港为蛇口，目的港为上海。"银虹"轮和金轮公司在上述舱单上加盖印章。被告对上述事实没有异议，合议庭予以确认。

根据已生效的(2003)广海法初字第 246 号民事判决查明的事实，3 月 13 日，"银虹"轮与被告所属"穗港信 202"轮在广州港沙角对开水域发生碰撞，"银虹"轮及其所载货物全部沉没。后"银虹"轮及其所载 37 个集装箱中的 23 个集装箱被打捞出水。本案所涉的 14 个集装箱中编号为 PRSU2293210、UXXU2282874、SYMU2026755 和 SY-MU2003600 的集装箱被打捞出水，其余的 10 个集装箱未能打捞出水。上述判决认为，"穗港信 202"轮应承担 60% 的责任，"银虹"轮应承担 40% 的责任；"穗港信 202"轮有权享受海事赔偿责任限制，其海事赔偿责任限制额为 216 766 计算单位(该计算单位指国际货币基金组织规定的特别提款权)。被告已在本院设立了海事赔偿责任限制基金。

原告委托中国进出口商品检验广东公司对被打捞出水的编号为 PRSU2293210、UXXU2282874、SYMU2026755 和 SYMU2003600 的集装箱货物进行检验。2003 年 4 月 24 日，中国进出口商品检验广东公司出具一份《残损鉴定报告》，认为，经现场查勘及根据广州进出口食品检验研究中心抽样后进行感官检验的评定结果，鉴于该批椰树牌纸包装椰子汁由于沉船事故受水浸泡，造成外包装软化、胀气、破损，有外来污染，不符合食品卫生要求，鉴定为全损。原告支付了检验费 3 500 元。被告对上述证据没有异议，合议庭予以确认。

根据椰联公司 2003 年 3 月 18 日填报的《保险标的损失清单》记载，编号为 0003388、0003374、0003367 的保险单项下的货物全损，损失金额为 1 575 316.40 元。原告在该《保险标的损失清单》加注的审核意见为"核定损失金额为人民币 1 575 316.40 元"。被告认为，上述损失金额的合理性无法确定。2004 年 9 月 10 日，广东省物价局价格认证中心接受广东敬海律师事务所的委托对上述《保险标的损失清单》记载的货物进行价格认证。该价格认证中心出具的《报告书》认为,《保险标的损失清单》所列货物于价格认证基准日(2003年3月13日至2003年3月27日)在广东、上海地区的总价值为1 611 080元。广东省物价局价格认证中心持有国家发展计划委员会颁发的《价格鉴证机构资质证》。被告对上述《报告书》有异议,但没有提供反驳证据或充分的理由予以推翻。

2003年3月28日,根据椰联公司的指示,原告将保险赔偿100万元支付给椰树集团海口罐头厂。同日,椰联公司向原告出具了上述保险赔偿的发票。6月13日,根据椰联公司的指示,原告将保险赔偿575 316.40元支付给椰树集团海口罐头厂。同日,椰联公司向原告出具了上述保险赔偿的发票。6月18日,椰树集团向原告出具了权益转让书,将编号为0003388、0003374、0003367保险单项下的货物的所有损余追获、销售及其他一切权利,暨对第三者之追偿权、诉讼权在已支付赔款的范围内完全转让与原告,并协助原告共同向第三者追偿损失。被告对上述事实没有异议,合议庭予以确认。

另查,原告于2003年6月26日就本案诉讼请求向本院申请债权登记,7月24日本院裁定准予其债权登记申请。原告向本院交纳债权登记申请费500元。

三、法院裁判

原告提供的3份保险单记载的货物托运单编号与涉案货物的3份货物托运单编号一致。3份货物托运单记载的内容与14份集装箱货物装箱单、两份集装箱货物运单、一份舱单记载的内容也一致。上述证据证明原告所承保的货物除编号为0001823的货物托运单注明的两票未运出货物以外均装上执行YH076N航次任务的"银虹"轮。由于"银虹"轮与"穗港信202"轮发生船舶碰撞,导致了原告所承保的货物损失。原告根据保险合同的约定,向被保险人支付保险赔偿后,在保险赔偿范围内可以代位行使被保险人对第三人请求赔偿的权利。而本案被告港信公司是船舶所有人和船舶经营人,是本案船舶碰撞事故的责任主体。原告有权根据因船舶碰撞产生的侵权法律关系向被告行使请求权。被告提出原告不是本案适格主体的主张,与本案事实不符,不予支持。根据已生效的(2003)广海法初字第246号民事判决,"穗港信202"轮应对本案所涉船舶碰撞承担60%的责任,"银虹"轮承担40%的责任。被告作为船舶碰撞责任主体应对本案货物损失承担60%的赔偿责任。

原告所承保的、而由"银虹"轮承运的14个集装箱货物,其中10个集装箱货物因未能打捞出水而全损,其余的4个集装箱货物经有关法定商品检验机构检验也为全损。原告为了证明其所承保货物的价值,委托持有价格鉴定机构资质证的广东省物价局价格认证中心对本案货物的价格作出认证。经审查,该价格认证中心出具的《报告书》没有违反法律规定。被告对该《报告书》有异议,但没有提供足以反驳的相反证据和理由,对该《报告书》的证明力应予以确认。

本案因碰撞事故造成的货物损失经广东省物价局价格认证中心评估,价值为

1 611 080 元,而原告向被保险人支付的保险赔偿为 1 575 316.40 元。原告支付的保险赔偿小于本案因碰撞事故造成的货物损失,原告依法只能在其保险赔偿范围内向船舶碰撞的双方行使代位追偿权。因被告在本案所涉船舶碰撞中承担 60% 的赔偿责任,根据《中华人民共和国海商法》第 169 条第 2 款的规定,被告应赔偿原告货物损失 945 189.84 元。原告在保险赔偿范围之外额外请求被告赔偿其货物检验费,没有法律依据,不予支持。

原告支付的保险赔偿 1 575 316.40 元,其中 100 万元的支付日期为 2003 年 3 月 28 日,575 316.40 元的支付日期为 2003 年 6 月 13 日。因此,被告赔偿原告货物损失 945 189.84 元中的 60 万元的利息,应从 2003 年 3 月 28 日起计至本判决确定的支付之日止,另外 345 189.84 元的利息,应从 2003 年 6 月 13 日起计至本判决确定的支付之日止,上述利息的利率可按照中国人民银行同期流动资金贷款利率计算。

鉴于被告已在本院设立了责任限制额为 216 766 计算单位的海事赔偿责任限制基金,且根据已经生效的(2003)广海法初字第 246 号民事判决书认定,"穗港信202"轮有权享受海事赔偿责任限制。原告的债权与本案所涉船舶碰撞事故有关,只能在该基金中受偿,不能对被告在基金之外的任何财产行使任何权利,也不能再通过扣押船舶行使船舶优先权。

依照《中华人民共和国海商法》第 169 条第 2 款、第 214 条、第 252 条第 1 款和《中华人民共和国海事诉讼特别程序法》第 116 条规定,判决如下:

一、被告港信公司赔偿原告人保海南公司货物损失 945 189.84 元及其利息,其中 60 万元的利息从 2003 年 3 月 28 日起计至本判决确定的支付之日止,345 189.84 元的利息从 2003 年 6 月 13 日起计至本判决确定的支付之日止,利率按照中国人民银行同期流动资金贷款利率计算;

二、驳回原告人保海南公司的其他诉讼请求。

5 原告中国人民财产保险股份有限公司上海市分公司与被告天津中远国际货运有限公司、中远集装箱运输有限公司海上货物运输合同纠纷案
案例来源:天津海事法院(2004)津海法商初字第 722 号
主题词:代位权的取得条件　签单代理人　权益转让书

裁判要旨

No. HX-6.1-6　保险单和提单虽经背书,但均为空白背书,保险人持有正本保险单和全套正本提单,应认定其具有合法的代位求偿权。

No. HX-6.1-7　承运人的签单代理人与保险人及被保险人之间没有海上货物运输合同关系,不应承担货损责任。

一、基本案情

原告:中国人民财产保险股份有限公司上海市分公司(以下简称原告)
被告:天津中远国际货运有限公司(以下简称中货公司)
被告:中远集装箱运输有限公司(以下简称中集公司)

原告诉称:2002年10月30日,原告承保的铸盖与铸框,被装载于"Hanjin Pennsylvania"轮,自中国新港运往德国汉堡港,被告签发了编号为COSU18352200的提单。按照地理上和习惯上的航线,该批货物应当于2002年12月1日被运抵目的地汉堡港,但是时至今日,被告仍未在汉堡港交付该批货物,因此,原告推定货物已经灭失,并依保险合同的约定进行了实际赔付,从而依法取得代位求偿权,请求天津海事法院判令被告赔偿原告货物损失人民币533 074.43元及其利息(自2002年12月1日起算,至实际赔付之日止,利率按中国人民银行企业同期存款利率计算),本案的诉讼费用由被告承担。

被告中货公司在庭审中答辩称:中货公司仅是中集公司的签单代理人,而非承运人或实际承运人,在完成代理业务中没有过错,不应承担责任。

被告中集公司在庭审中答辩称:提单、保险单均已背书转让,被保险人未遭受实际损失,原告错误赔付不享有相应的代位求偿权。涉案货物的损毁原因是"Hanjin Pennsylvania"轮于2002年11月1日发生的火灾事故,依照《中华人民共和国海商法》的规定,承运人应当享受免责。另外,原告作为保险人,在保险事故发生后,已经进行了检验并全额赔付,应认定该保险标的没有残值。

二、法院查明的事实

天津海事法院查明:

吉信国际贸易(上海)有限公司委托被告中集公司出运货物,货物名称铸盖、铸框,2002年10月29日,原告承保该批货物,出具了货物运输保险单,其中记载被保险人为吉信国际贸易(上海)有限公司,保险金额为65 357欧元,承保险别为一切险。2002年10月30日,被告中货公司代理被告中集公司签发了已装船正本提单,提单号为COSU18352200。提单记载的托运人为吉信国际贸易(上海)有限公司,收货人凭指示,装货港中国新港,卸货港德国汉堡,承运船舶为"Hanjin Pennsylvania",运费预付。涉案提单和保险单均经过吉信国际贸易(上海)有限公司空白背书。2002年11月11日,"Hanjin Pennsylvania"轮正常航行于斯里兰卡南印度洋海域时,突然发生爆炸并起火。事故发生后,NOBLE DENTON PTE LTD接受UK船东互保协会、托马司·米勒(香港)有限公司(THOMAS MILLER)的指示,代表被告调查火灾事故并出具了对货舱、船载集装箱、货损的检验报告。报告表明,"Hanjin Pennsylvania"轮第4舱、第5舱甲板和第6舱均发生过爆炸和火灾。原告提交的中外运的检验报告显示,涉案的7个集装箱,被认为是可能非常有价值的货物,其中箱号为CBHU3226328和CBHU3241024的集装箱被推定全损。2003年10月24日原告曾给被告中集公司发函称：原告已将包括本案7个集装箱在内的共13个集装箱按推定全损赔付了被保险人吉信国际贸易（上海）有限公司，被保险人愿意以9万元人民币FOB Singapore的价格购买13个集装箱货物的残值，但不承担运输费、停留港口保管费、拍卖费。

三、法院裁判

天津海事法院认为，原告提交证据中的付款凭证与保险金额数额一致，时间吻合，并有权益转让书予以印证，可以认定原告作为海上货物运输的承保人，在发生保险事故后，全额赔付了被保险人。保险单和提单虽经背书，但均为空白背书，原告持有正本保险单和全套正本提单，因此应认定原告具有合法的代位求偿权，在本案中具有合法的主体资格。被告主张涉案保险单和提单均已背书，原告错误赔付，不具有保险利益的主张不予支持。原告基于保险合同代位求偿权而成为海上货物运输合同的当事人，应向承运人被告中集公司索赔，而被告中货公司仅是提单记载的承运人的签单代理人，与原告及被保险人之间没有海上货物运输合同关系。因此，原告请求判令被告中货公司承担货损赔偿责任没有事实和法律依据，天津海事法院不予支持。对于货损的原因及承运人在本案中是否可以享受免责问题，原被告双方对"Hanjin Pennsylvania"轮发生火灾的事实均予以认可。爆炸和火灾发生在第4舱、第5舱甲板和第6舱，根据集装箱舱位图显示，涉案货物在紧邻爆炸点的第3舱和第5舱，在无其他证据证明货损是因其他原因造成的情况下，可以合理推定涉案货物的损害原因是因为爆炸和火灾。根据《中华人民共和国海商法》第51条第1款第（2）项的规定，在运输期间因火灾造成的货物灭失或损坏，承运人可以享受免责，除非由于承运人本人的过失造成的除外。本案发生火灾的原因并非是承运人的过失，因此，被告中集公司依照《中华人民共和国海商法》的规定应享有免责的权利。

对于涉案货物是否还有残值的问题。原告虽然提供了中外运的检验报告，但该报告仅是显示涉案的集装箱的货物可能有残值，而被告中集公司提供的检验报告对涉案集装箱货物均有明确的描述，涉案集装箱货物均为100%灭火或损坏，可抢救/报废。而从原告以按全损赔付被保险人的行为，以及被保险人愿意出资9万元人民币购买包括本案7个集装箱在内的13个集装箱货物的残值而不承担运输费、停留港口保管费、拍卖费的行为可以认定本案所涉货物没有抢救价值，应认定全损。综上，依据《中华人民共和国民事诉讼法》第64条第1款，《中华人民共和国海商法》第51条第1款第（二）项及第2款，判决如下：

驳回原告中国人民财产保险股份有限公司上海市分公司的诉讼请求。

6 上诉人江苏省宝江运贸有限公司与被上诉人中国人民财产保险股份有限公司唐山市分公司沿海货物运输合同纠纷案

案例来源:天津市高级人民法院(2010)津高民四终字第35号

主题词:保险代位求偿权诉讼的审查范围　代位求偿权的取得条件　近因原则

> **裁判要旨**
>
> **No. HX-6.1-8** 判断保险人是否取得代位求偿权,主要应审查其是否向被保险人支付了赔款。保险代位求偿权诉讼案件,对于保险合同关系是否成立等问题,不属于案件的审理范围。

一、基本案情

上诉人(原审被告):江苏省宝江运贸有限公司(以下简称宝江公司)

被上诉人(原审原告):中国人民财产保险股份有限公司唐山市分公司(以下简称唐山人保公司)

天津海事法院一审查明:

唐山人保公司承保被保险人上海昌敬实业有限公司(以下简称昌敬公司)的472.31吨热卷钢板由京唐港至上海海保码头的货运综合险。上述货物由宝江公司承运。宝江公司于2008年12月2日签发编号为0007632号运单,托运人为唐山海港捷宁物流有限公司(以下简称捷宁公司),收货人为昌敬公司,承运船舶为宝江公司所属的"宝江6号"轮。2008年12月2日20时,涉案货物在京唐港完成装货并封闭舱盖。2008年12月3日至5日,"宝江6号"轮因大风暂缓离港,在京唐港锚地停泊避风。2008年12月10日,宝江公司将涉案货物运至目的港上海海保码头并现场交货,交货记录中注明"冷卷有捌件外包装轻微破损,高线、热卷部分有锈迹、水迹"。2008年12月15日,唐山人保公司委托通标标准技术服务有限公司(以下简称通标公司)对货损原因和程度进行检验。2009年4月19日,通标公司出具检验报告,认为货损是海水侵蚀所致,涉案货损率为6.826%。上述货损合人民币91 565.13元。当日,唐山人保公司与昌敬公司协商确定理赔额度为人民币7万元,并于同日依昌敬公司付款指示实际支付,昌敬公司签署了收据及权益转让书。宝江公司对唐山人保公司的损失未予赔偿,为此双方成讼。

二、一审裁判

天津海事法院认为,关于唐山人保公司是否适格主体的问题。宝江公司主张唐山人保公司对涉案货物不具有保险利益,进而不能享有收货人的权利。根据最高人民法院《关于审理海上保险纠纷案件若干问题的规定》(以下简称《海上保险司法解释》)第14条规定,本案应仅对承运人和收货人之间的运输合同进行审查,保险合同效力问题不在本案审查范围内,即宝江公司是否承担法律责任,是基于宝江公司与昌敬公司的运输合同项下权利义务关系确定,与保险合同的效力无关。据此,宝江公司以保险合同效力异议为由认为唐山人保公司不具有主体合法性的抗辩主张,该院不予认可。关于涉案货损原因是否属于不可抗力的问题。宝江公司作为沿海货物运输合同的承运人,对装货港发生的7—10级大风天气并非不可预见;7—10级大风天气和涉案货损之间并不存在必然的因果关系,即船舶遭遇大风后,船载货物损坏并非不可避免和克服。结合通标公司提供的检验报告显示,货损是由于"货舱遭海水进入"所致,可以推定宝江公司在货物装载后舱盖密封存在缺陷,属于承运人管货义务疏失的范畴。据此,宝江公司认为涉案货损原因属于不可抗力的主张不成立。天津海事法院认为,涉案货物出险后,唐山人保公司委托通标公司对货损原因、数量、程度及范围进行检验,符合保险理赔的行业习惯。唐山人保公司与被保险人以检验报告为基础,协商确定货损的理赔数额为人民币7万元,并未超出定损范围,应当予以认可。宝江公司对唐山人保公司赔付数额及依据提出异议,但并未提出充分理由或证据证明自己的主张,因此,宝江公司的抗辩理由不能成立。唐山人保公司诉请的利息损失应自唐山人保公司向昌敬公司实际支付之日(2009年4月17日)起算,但以同期贷款利率计算的法律依据不足,不予支持。唐山人保公司诉请的检验费用人民币3600元,虽然不在向昌敬公司实际赔付范围内,但由于该项费用支出系完成理赔和实现向宝江公司追偿损失所必须,应当予以支持。

综上,天津海事法院判决:

一、宝江公司赔偿唐山人保公司货物损失人民币73 600元。

二、宝江公司给付唐山人保公司上述款项的利息(自2009年4月17日起至本判决书确定的给付之日内实际履行之日止,按中国人民银行同期存款利率计算)。

三、上诉与答辩

宝江公司不服原审判决,向天津市高级人民法院提起上诉,请求撤销原审判决,改判驳回唐山人保公司的诉讼请求

一、二审诉讼费用由唐山人保公司承担

主要理由:

1. 原审判决适用法律存在明显错误

原审法院认定"本案为沿海货物运输合同保险代位求偿纠纷",适用《中华人民共和国海商法》第四章的规定及最高人民法院《关于审理海上保险纠纷案件若干问题的规定》(以下简称《海上保险司法解释》)第14条,属于适用法律错误。本案所涉的运输是京唐港至上海海保码头之间的沿海货物运输。《中华人民共和国海商法》第2条第2款规定:"本法第四章海上货物运输合同的规定,不适用于中华人民共和国港口之间的海上货物运输"。同理,《海上保险司法解释》,也不适用于中华人民共和国港口之间的海上货物运输。

2. 唐山人保公司提供的证据无法证明其依法取得代位求偿权

（1）唐山人保公司提供的保险单真实性无法确认。该保险单既非原件，也没有投保人的签字，不能证明涉案保险关系成立；唐山人保公司提供的付款水单、付款收据及权益转让书证实保险金7万元实际上是支付给投保人捷宁公司的。根据《中华人民共和国保险法》第12条"投保人对保险标的不具有保险利益的，保险合同无效"的规定，投保人捷宁公司与保险人订立的保险合同就应当认定无效。（2）唐山人保公司所提供付款水单、付款收据及权益转让书意图证明的是"唐山人保公司依据保险合同的规定及被保险人昌敬公司的指示，支付保险赔偿款至投保人捷宁公司，获得代位求偿权"。昌敬公司的指示和支付保险赔偿款至捷宁公司，完全是因为捷宁公司依据关于货物浸水生锈的处理协议，先于唐山人保公司赔偿了涉案货损7万元给昌敬公司。据此，在向唐山人保公司转让代位求偿权之前，昌敬公司已行使了涉案货损向第三人（捷宁公司）索赔的权利。由于在运输法律关系中，就同一货损事实，权利人没有获得双倍赔偿的权利，因此昌敬公司已获得托运人捷宁公司赔款后，没有再向承运人索赔同样数额赔偿的权利，更不能转让该权利。（3）唐山人保公司提供的权益转让函，盖章的不是受益人中国民生银行上海分行而是案外人中国民生银行股份有限公司上海市东支行。因此，涉案货物财产权益没能因此转让给被保险人。此外，该转让函上所加盖的公章，除了主体不对之外，还有伪造之嫌，即该章的"中"和"行"之间的距离与工商部门备案的印章有1毫米的出入。

3. 原审判决未能查明涉案运输合同及当事人间的运输法律关系

"宝江6号"轮签发的水路货物运单中除写明货物名称和重量外，没有记载作为运输合同所应有的其他内容，所以运单不是一份运输合同。与本案直接相关联的运输合同是捷宁公司与案外人上海天锦物流有限公司之间的运输合同。

4. 原审判决推定承运人货管义务疏失没有依据

依据中国人民银行制定的《沿海内河船舶保险条款解释》第1条第4项"八级及八级以上（即风速在17.2米/秒以上），凡船舶遇此大风造成船损的，保险公司应承担相应赔付义务"的规定，可知"船舶的通常抗风能力为八级"，"宝江6号"轮也不例外。根据本案的《气象咨询资料证明》记载：2008年12月4日塘沽渤海海域发生的是风速22.2米/秒的大风，风速8级以上。"宝江6号"轮在船舶适航状态下受载后，接到大风预报通知，为确保船、人、货的安全，在京唐港锚地停航避风，而且没有造成船、人的损失，只有轻微货损。这足以说明"宝江6号"轮在承运中已采取了必要的、有效的防范措施。通标公司的检验报告不能作为本案的定案依据，更不能作为唐山人保公司证明承运人存在过错的依据。

5. 涉案热卷钢板不在"宝江6号"轮运输货物的货损范围内

涉案热卷钢板的发货符号是1号，而货运记录记载受损的热卷钢板的发货符号为2、5、7号，不包括涉案货物。

6. 关于涉案货损赔偿数额没有依据

唐山人保公司证明货损数额的证据只有关于货物浸水生锈的处理协议和通标公司的检验报告。但处理协议是托运人捷宁公司与被保险人昌敬公司之间的意思表示，不能作为向其他人索赔的依据；检验报告是唐山人保公司单方委托形成的，无论形式上还是内容上，均不符合定案依据的条件。

唐山人保公司辩称：(1) 通过涉案运单可以看出捷宁公司是托运人，昌敬公司是收货人，宝江公司是承运人。作为承运人的宝江公司应就货损承担赔偿责任。(2) 涉案保险合同合法有效，唐山人保公司在赔付后依法取得代位求偿权，昌敬公司没有获得双倍赔偿。(3) 宝江公司主张8级大风为不可抗力没有依据，8级大风是可以预见的。综上，请求驳回宝江公司的上诉请求。

四、二审裁判

二审庭审中，宝江公司向天津市高级人民法院补充提交了"宝江6号"轮船舶保险单，意图证明8级大风对"宝江6号"轮来说属于不可抗力。唐山人保公司对该证据的真实性没有异议，但认为与本案没有关联性。综合当事人的举证质证情况，天津市高级人民法院的认证意见为，"宝江6号"轮船舶保险单说明的是保险人对于船舶因遭遇8级以上(含8级)大风而发生全损时，应予赔偿，不能说明8级大风就属于不可抗力，故对该证据的证明力不予确认。天津市高级人民法院经审理查明，原审法院查明的事实清楚，天津市高级人民法院予以确认。

关于本案的法律适用问题。本案所涉的运输是京唐港至上海海保码头之间的沿海货物运输，因此，不适用《中华人民共和国海商法》(以下简称《海商法》)第四章的规定，应适用《中华人民共和国合同法》和交通部《国内水路货物运输规则》的规定。原审法院适用海商法第46条第1款、第48条的规定不妥，应予纠正。而海上保险司法解释主要是对《海商法》第十二章的解释，《海商法》第十二章不仅适用于国际海上货物运输，也适用于沿海运输。故海上保险司法解释适用于本案。

关于唐山人保公司是否取得代位求偿权问题。根据《中华人民共和国海事诉讼特别程序法》第96条的规定，保险人提起代位求偿之诉的条件是向被保险人支付保险赔偿。因此，在本案中，判断唐山人保公司是否取得代位求偿权主要应审查其是否向被保险人昌敬公司支付了赔款。唐山人保公司提供的付款指示、付款水单、付款收据及权益转让书等证据能够证明其已经按照昌敬公司的指示支付了保险赔偿。因此，唐山人保公司依法取得代位求偿权。对于宝江公司提出的昌敬公司无权获得双倍赔偿的主张，天津市高级人民法院认为，虽然在保险赔付之前，捷宁公司已经就涉案货损向昌敬公司支付了7万元，但昌敬公司指示唐山人保公司将赔款支付给捷宁公司的行为实际上是昌敬公司将7万元退还捷宁公司。据此，昌敬公司仅从唐山人保公司获得了保险赔偿，而并未获得双倍赔偿。因此，宝江公司该项上诉主张依据不足，天津市高级人民法院不予支持。对于宝江公司提出的保险合同关系不成立等主张,天津市高级人民法院认为,根据《海上保险司法解释》第14条的规定,本案仅就宝江公司与昌敬公司的沿海货物运输合同关系进行审理,对于保险合同关系是否成立等问题,不属于本案的审理范围,故对于宝江公司的上述主张不予支持。关于涉案的运输合同的当事人问题。根据交通部《国内水路货物运输规则》第58条的规定,运单是运输合同的证明。本案0007632号运单中收货人记载为"唐山海港捷宁物流有限公司代中国民生银行上海分行代上海昌敬实业有限公司",承运人记载为"江苏省宝江运贸有限公司 宝江6号"。上述事实说明昌敬公司为涉案运输合同的收货人,宝江公司为承运人。宝江公司所称的捷宁公司与上海天锦物流有限公司之间的运输合同实际是关于"宝江6号"轮的航次租船合同,与涉案合同不是同一法律关系。

关于0007632号运单项下的热卷钢板是否发生货损问题。根据交通部《国内水路货物运输规则》的规定,货运记录未记载货损仅是承运人已经按照运单的记载交付货物的初步证据,如果收货人提出相反的证明,仍应当认定货损存在。就0007632号运单项下的热卷钢板而言,作为第三方的检验人通标公司对上述货物进行了检验,出具了检验报告,认为货损系运输过程中海水侵蚀所致,货损率为6.826%。虽然宝江公司对检验的地点提出异议,但海水侵蚀货损原因的认定与检验地点并无必然联系,结合同航次其他货物确已遭受海水侵蚀并出现货损的情况,故天津市高级人民法院确认,0007632号运单项下的热卷钢板发生了货损。

关于宝江公司是否对货损承担责任问题。宝江公司主张货损原因为不可抗力,但不可抗力应当以"不能预见、不能避免并不能克服"的标准进行认定。宝江公司作为沿海货物运输合同的承运人,对装货港发生的八级以上大风的天气并非不可预见。而且船舶遭遇大风后,船载货物损坏并非不可避免和克服。本案货损是由于"货舱遭海水进入"所致,说明宝江公司在货物装载后舱盖密封存在缺陷,宝江公司对此造成的货损应承担赔偿责任。

关于涉案货损的赔偿数额及依据问题。结合通标公司检验报告确定的货损率、案外人唐山钢铁股份有限公司开具的增值税发票记载的单价以及涉案货物的数量,可以确定货损金额为91 565.13元。而唐山人保公司与昌敬公司协商确定货损的理赔数额为人民币7万元,并未超出定损范围,应当予以认可。唐山人保公司诉请的检验费用人民币3 600元,虽然不在向昌敬公司实际赔付范围内,但由于该项费用支出系完成理赔和实现向宝江公司追偿损失所必须,亦应予以支持。

综上,驳回上诉,维持原判。

7 上诉人中国人民财产保险股份有限公司东莞市分公司与被上诉人王振旭海上保险合同代位求偿权纠纷案

案例来源：福建省高级人民法院(2011)闽民终字第467号
主题词：保险代位求偿权诉讼的审查范围　自认　水路货物运输区段承运人

裁判要旨

No. HX-6.1-9 受理保险人行使代位请求赔偿权利纠纷案件的，人民法院应当仅就造成保险事故的第三人与被保险人之间的法律关系进行审理，第三人抗辩保险人理赔程序不正当的，并不对第三人责任承担产生任何影响。

一、基本案情

上诉人(原审被告)：王振旭

被上诉人(原审原告)：中国人民财产保险股份有限公司东莞市分公司(以下简称财保东莞公司)

原审被告：福州明发船务有限公司(以下简称明发公司)

厦门海事法院原审查明：

2008年10月27日，王振旭签署一份以顾广明为委托人的发货单，其上载明："顾广明委托营口广海物流有限公司托运大米到营口港，运费每吨120元，总计56吨，2240袋。如有丢失损坏，照价赔偿，按每袋95元赔偿。"2008年10月26日，为委托明发公司运输案涉货物，营口经济技术开发区广海物流有限公司(以下简称广海公司)出具一份托运单，该托运单载明：托运人广海公司，联系人王振旭，收货人沈丘县中通物流中心(以下简称中通物流)，货物名称大米，船名航次为新明发17/0811S，始发港营口，目的地黄埔港，海运费7 620元，集装箱编号/封号分别为GESU3739679/022245、GESU3739730/022211，运输方式堆场到堆场，落款处"托运人签字(盖章)"栏中盖有广海公司的合同专用章。该托运单还载明："托运人保证遵守承运人与托运人、收货人之间的权利、义务和责任界限适用于《国内水路货物运输规则》《港口货物作业规则》及运杂费的有关规定"及"托运单被视为要约，具有法律效力"。明发公司收到该托运单后，签发了编号为"MF17YKHP080332-2"的《国内水路集装箱货物运单》。该运单上记载的发货人为广海公司，服务要求为CY-CY(即堆场到堆场)，出运日期为2008年11月1日，重量为28 000KG/箱，落款处"承运人"栏中盖有"福州明发船务有限公司营口办业务专用章"的印章；运单记载的收货人、货物品名、船名航次、集装箱编号与封号、始发港、目的港等其他内容均与托运单记载一致。

2008年10月31日，财保东莞公司出具了一份《国内水路货物运输保险单》，其上载明：保险单号PYDL200844193400000045，投保人、被保险人均为东莞市南北货物运输有限公司(以下简称南北公司)，起运地为营口，目的地为樟木头，运单号码为

MF17YKHP08032(系笔误,应为 MF17YKHP080332-2),货物名称为集装箱运输的大米,件数为两个集装箱,号码分别为 GESU3739679 和 GESU3739730,运输方式为联运,运输工具为新明发 17/0811S,起运日期 2008 年 11 月 1 日,保险金额 36 万元,保险费 100.08 元。

2008 年 11 月 1 日,承运船舶沉没,导致该批货物全部损毁灭失。同日,顾同光出具了一份《关于保险安排的说明》,其上载明:"本人顾同光委托南北公司为本人安排一票自营口至黄埔港的 56 吨大米。该保险由财保东莞公司承保,保险单号 PYDL200844193400000045。"南北公司于 2009 年 9 月 17 日在该份说明左下角加盖"情况属实"的确认章。

事发后,财保东莞公司委托广州衡准保险公估有限公司就案涉保险单项下的货物损失问题进行公估,该公估公司于 2009 年 9 月 21 日出具《"新明发 17"轮 2008 年 11 月 1 日在营口鲅鱼圈沉没造成货物损失公估报告》。该报告认为,本次事故属于保险责任范围,保单责任成立,并认为案涉保险单项下的货物已全损,定损金额为 175 840 元,理算金额为 158 256 元。此外,该公估报告还提及:公估公司人员于 2008 年 11 月 11 日前往事故地营口鲅鱼圈并与案涉货物货主顾同光一同进行查勘;同月 12 日,公估公司人员前往广海公司,该司人员王振旭称,"新明发 17"轮在航行过程中,突受 8—9 级大风影响,造成该轮沉没,事后,他们已代表货主向承运人明发公司提出索赔要求;根据顾同光的陈述,本票货物的陆运和海运等事宜,其已委托广海公司,他本人不清楚具体装货情况,而本票货物的实际货主是月辉米店顾同光(即其本人),南北公司只是负责货物运输并帮助月辉米店购买保险。

根据财保东莞公司提交的《黑龙江增值税普通发票》记载,案涉货物的卖方为庆安青河米业有限公司,买方为顾同光,购货数量为 56 000 公斤,货物价格 164 601.76 元,含税金额是 186 000 元。2009 年 10 月 30 日,财保东莞公司通过中国工商银行向南北公司汇款 158 256 元,南北公司也以自己的名义向财保东莞公司出具赔款收据和权益转让书。另查明,广海公司出具过一份提货凭证,该凭证系由广海公司发给中通物流,其上载明:"运单号为 MF17YKHP080332-2,箱号为 GESU3739679/022245、GESU3739730/022211,收货地址樟木头,联系人顾月辉,电话 13580974???,拖车费 1 650 元。"

根据厦门海事法院(2010)厦海法商初字第 7 号生效民事判决书查明的事实,王振旭在该案中要求明发公司赔偿其所托运的 7 个集装箱货物损失计 683 600 元,但该院仅对其中 5 个集装箱货物的损害赔偿问题进行审理,就本案所涉运单项下两个集装箱货物的损害赔偿问题,则以已另案解决为由不予审理。另查明,王振旭在(2010)厦海法商初字第 7 号案中提交的案涉货物发货单与本案财保东莞公司提交的发货单系同一份证据的复印件,而王振旭在(2010)厦海法商初字第 7 号案中提交的案涉货物运单与本案财保东莞公司提交的证据 5 运单基本内容一致,但前者"发货人"一栏记载的是"王振旭"。明发公司在本案诉讼过程中出具《情况说明》称,其是在王振旭要求下才同意将案涉运单的发货人由广海公司改为王振旭。还查明,顾同光与顾广明系父子关系,顾同光与顾月辉系兄弟关系;广海公司未经营口市工商行政管理局注册登记。

财保东莞公司认为,其作为该票货物的保险人,依约向顾同光支付保险款 158 256 元,并取得代位求偿权后,王振旭及明发公司作为涉案货物的契约承运人以及实际承运人应对货物在运输过程中发生的货损承担赔偿责任。为此,财保东莞公司诉请判令:(1)王振旭及明发公司赔偿原告 158 256 元及该款自起诉之日起至实际还款之日止按中国人民银行同期贷款利率计算的利息;(2)被告承担全部诉讼费用。

二、一审裁判

厦门海事法院原审认为,本案立案案由为水路货物运输合同纠纷,但查明的事实表明,本案系在国内水路货物运输中发生事故而导致的保险代位求偿纠纷,故案由应变更为海上保险合同代位求偿纠纷。本案的争议焦点有两个:(1)货主顾同光与王振旭及明发公司之间的法律关系;(2)财保东莞公司可否向王振旭及明发公司行使代位求偿权及相应赔偿数额。对此,原审法院逐一分析认定如下:

(一)货主顾同光与王振旭及明发公司之间法律关系问题

结合查明的事实,原审法院认为,王振旭系以未经注册登记的广海公司名义、以承运人的身份接受货主顾同光的委托,负责案涉货物的陆路和水路运输,其理由如下:(1)王振旭于 2008 年 10 月 27 日以未经注册登记的广海公司名义签署发货单,接受顾同光的父亲顾广明关于运输案涉货物至营口港的委托,并承诺对货物的可能损失按每袋 95 元承担赔偿责任;(2)明发公司就案涉货物自营口港至黄埔港的运输签发案涉运单,在其所接受的相应托运单中的托运人系广海公司,而联系人正是王振旭;(3)事故发生后,广海公司又于 2009 年 9 月 9 日出具了一份《关于货物运输的说明》,明确承认:其曾于 2008 年 10 月 27 日接受顾同光委托运输 56 吨大米自营口至黄浦(埔)港,其又安排由明发公司实际运输该票货物;(4)王振旭在事故发生后曾要求明发公司将案涉运单的托运人由广海公司改为其个人,明发公司表示同意并作出相应更改;(5)王振旭在获得该更改过的运单后,便以托运人的身份起诉明发公司,要求赔偿案涉货损。

依据最高人民法院《关于适用〈中华人民共和国民事诉讼法〉若干问题的意见》第 49 条的规定,王振旭作为直接责任人理应对其以未经注册登记的广海公司名义从事的民事活动承担民事责任。由于王振旭系以承运人的身份接受货主顾同光有关国内陆路与水路货物运输的委托,故其与货主顾同光之间存在多式联运合同关系,依据《中华人民共和国合同法》第 311 条、第 317 条的有关规定,王振旭理应对案涉货损承担损害赔偿责任。此外,对于案涉货物自营口港至黄埔港的水路运输区段,王振旭又以广海公司的名义委托明发公司实际承运。从查明的事实看,案涉沉船事故是一起责任事故,明发公司作为水路运输区段的实际承运人,应对案涉货损承担损害赔偿责任。

(二)关于财保东莞公司是否有权行使代位求偿权及相应赔偿数额

从查明的事实可知,顾同光是案涉货物的所有人,其委托南北公司为其办理案涉货物的投保事宜,南北公司又以自己为投保人和被保险人向财保东莞公司投保并取得财保东莞公司签发的案涉保险单,故南北公司与财保东莞公司之间成立货物运输保险合同关系且该合同合法生效。因尚无证据证明财保东莞公司在缔约之时就知道顾同光与南北公司之间存在保险代理法律关系,根据《中华人民共和国合同法》第 403 条的规定,顾同光与南北公司之间系隐名代理合同关系,故保单记载的被保险人名为南北公司,实为隐名委托人——顾同光,即顾同光为隐名被保险人。事故发生后,隐名被保险人顾同光向财保东莞公司出具《关于保险安排的说明》,表明其与南北公司之间的委托代理关系,南北公司亦对此签章确认,财保东莞公司在此基础上依据保险合同进行了理赔,共计支付保险赔款 158 256 元。因此,财保东莞公司理应有权在该赔偿金额范围内代位行使保险合同隐名被保险人顾同光对王振旭与明发公司请求赔偿的权利。案涉货物的价值为 164 601.76 元,财保东莞公司代位求偿的数额并未超过货物价值,故原审法院对财保东莞公司要求被告支付赔偿款 158 256 元的主张予以支持。关于利息计算问题,这涉及利息的计算标准和起止时间两个方面。关于计算标准,财保东莞公司主张按中国人民银行同期贷款利率计算利息,由于缺乏事实根据,原审法院不予支持,财保东莞公司主张的利息宜以中国人民银行同期同类存款利率计算。关于起止时间,被告偿还利息应从财保东莞公司支付保险赔款之日(即 2009 年 10 月 30 日)起计算,故原审法院对财保东莞公司有关计息时间从起诉之日(即 2009 年 10 月 29 日)起计算的主张不予支持。财保东莞公司主张将利息计算至实际还款日止缺乏法律依据,原审法院不予支持。因本案纠纷一经生效判决确定,债务人就应当按照生效判决履行给付所欠款项及其利息的义务,如债务人不按照生效判决履行,其行为已不再是违约行为而是不履行生效法律文书的行为,故利息的计算应截止在生效判决所确定的支付之日。

综上,厦门海事法院判决:

一、被告王振旭应于本判决生效之日起 10 日内向原告中国人民财产保险股份有限公司东莞市分公司赔偿 158 256 元及其自 2009 年 10 月 30 日起至判决确定支付之日止,按中国人民银行公布的同期同类存款利率计算的利息;

二、被告福州明发船务有限公司有权享受海事赔偿责任限制;

三、被告福州明发船务有限公司在海事赔偿责任限额范围内对本判决第一项确定的还款义务承担连带清偿责任;

四、驳回原告中国人民财产保险股份有限公司东莞市分公司的其他诉讼请求。

三、上诉与答辩

一审宣判后,王振旭不服,向福建省高级人民法院提起上诉称:上诉人不是货物的承运人,与顾同光之间是货运代理关系。上诉人是自然人,无承运人资质;顾同光委托上诉人向"新明发17"轮办理托运手续,知道其自己是货主,明发公司是承运人,上诉人是货运代理人;上诉人从未签发运单给顾同光,也没有运费收入,仅仅收取微薄的代理佣金;内贸水路运输的行业规矩,货主不会直接向船公司订舱,都是通过货代办理,货代作为托运人体现在船公司签发的运单上,因此明发公司签发的运单中,托运人是广海公司,联系人是上诉人,这正说明了广海公司和上诉人是代表货主向明发公司办理托运手续;因广海公司开办手续未获批准,上诉人因此要求明发公司将托运人改为上诉人,但这并未改变上诉人是货运代理的事实;船舶沉没后,顾同光委托上诉人办理索赔事宜,上诉人即代表顾同光等货主向明发公司索赔,法院判决也认为上诉人有权代表真正的货主行使追偿权。上诉人作为货运代理人按照顾同光要求的船期、航班和指示,办理了托运手续,又协助顾同光向保险公司索赔,在整个代理过程中没有过错,不应当承担承运人的赔偿责任,且应与明发公司一并享受责任限制。保险单上被保险人并非顾同光,财保东莞公司赔偿给顾同光也是错误的。综上,一审认定事实不清,适用法律错误,应撤销判决。被上诉人财保东莞公司答辩称:上诉人负责涉案货物的陆路和水路运输,系本案承运人,一审认定事实清楚。财保东莞公司已经向顾同光进行了保险理赔,依法取得追偿权利。上诉人无权享有责任限制。请求驳回上诉。

原审被告明发公司述称:本案涉及一个系列案,所有运单上的承运人都是货代,只有这个案件是例外,也请二审参考其他案件。王振旭向"新明发17"轮托运了7个货柜,其中涉及3个货主。王振旭是作为货代的身份参加诉讼,一审开庭审理后,要求每个货代提供真正货主的委托文件。因顾广明已经拿到了赔偿款,于是王振旭在(2010)厦海法商初字第7号案中又撤掉了本案两个货柜的代位索赔权。财保东莞公司理赔程序有瑕疵。

四、二审裁判

二审中,双方当事人均未提交新证据。上诉人王振旭虽然在上诉状中认为原审查明事实不清,但在二审庭审中,其对原审财保东莞公司提供证据的真实性均无异议,且明确除了2009年9月9日以广海公司名义所出具证明只是为了方便顾同光向财保东莞公司索赔,不能因此认定上诉人为承运人外,对原审查明的其他事实均无异议,故福建省高级人民法院对原审查明的其他事实予以确认。

另查明,已经生效的厦门海事法院(2010)厦海法商初字第7号案民事判决书查明,2008年11月1日,王振旭将包括本案讼争两个集装箱在内共7个集装箱装上"新明发17"轮,明发公司签发了包括本案讼争运单在内的4份运单,运单中记载的发货人均为王振旭。本案案涉运单项下的两个集装箱货物为大米,货物系由货主顾广明(即顾同光之父)委托王振旭办理陆路运输并订舱。王振旭在该案起诉时主张明发公司应赔偿的范围包括了本案案涉货物灭失造成的损失,后因被上诉人财保东莞公司在本案中单独起诉,故王振旭在(2010)厦海法商初字第7号案中撤回了对本案案涉货物损失的请求。

福建省高级人民法院认为,本案的争议焦点在于上诉人王振旭是案涉水路货物运输中的契约承运人或是货运代理人。根据《国内水路货物运输规则》第3条的规定,承运人是指与托运人订立水路运输合同的人,其收取运输费用,负责将托运人托运的货物经水路由一港运至另一港。据此,作为承运人应当具有两个最基本的特征:一为收取运输费用;二为与托运人订立运输合同。就本案而言,虽然没有直接证据证明王振旭自行或以未实际成立但由其实际控制的广海公司名义,与顾同光订立案涉货物的多式联运合同或就营口至黄埔段水路运输单独订立合同,但王振旭在事故发生后以广海公司名义所出具的《关于货物运输的说明》中,有其于2008年10月27日接受顾同光委托运输56吨大米自营口至黄埔港及安排由明发公司实际运输该票货物的陈述,该陈述应视为王振旭对其为案涉水路货物运输合同承运人身份的自认。对于该自认行为,王振旭在一、二审中均未能提供相反证据予以推翻,结合王振旭以广海公司名义向明发公司订舱,在事故发生后又要求明发公司将托运人改为王振旭自己,并以自己名义向实际承运人明发公司提起诉讼的事实,应认定王振旭为案涉水路货物运输合同的承运人。王振旭抗辩顾同光知悉其为货运代理人,其收取的不是运费而是微薄的代理佣金,以及其出具《关于货物运输的说明》是为了方便顾同光向财保东莞公司索赔,并非确认货运合同关系,但均未提交证据支持。王振旭抗辩厦门海事法院(2010)厦海法商初字第7号案民事判决书已经确认了其系货运代理人,但该生效判决中并未明确其在案涉水路运输合同中的法律地位系货运代理人而非承运人;并且,该判决认定王振旭在该案中有权要求明发公司向其承担运单项下货物运输损害赔偿责任的理由,是因为王振旭和明发公司建立了运单合同关系,且已受让实际货主作为债权人对明发公司的货物索赔权利,故王振旭的该项抗辩缺乏事实依据,不予支持。至于王振旭以并未实际成立的广海公司名义,以及在不具有承运人资质情况下对外订立运输合同的行为,不仅不能因此减轻或免除其作为承运人应承担的民事责任,而且还应受到相应的行政处罚。

根据最高人民法院《关于审理海上保险纠纷案件若干问题的规定》第14条的规定,受理保险人行使代位请求赔偿权利纠纷案件的,人民法院应当仅就造成保险事故的第三人与被保险人之间的法律关系进行审理。因王振旭对货主顾同光委托东莞市南北货物运输有限公司安排案涉货物保险、财保东莞公司已经向东莞市南北货物运输有限公司实际支付案涉货物保险赔偿并取得相应权益转让的事实无异议,故本案应仅就王振旭及明发公司与货主顾同光之间的水路货物运输合同法律关系进行审理,王振旭以财保东莞公司理赔程序不正当提出上诉缺乏法律依据。综上所述,上诉人的上诉理由不能成立,根据《中华人民共和国民事诉讼法》第153条第1款第(1)项的规定,判决如下:

驳回上诉,维持原判。

6.2 保险责任的期间

8 原告广东恒兴集团有限公司与被告华泰财产保险股份有限公司广东省分公司海上货物运输保险合同纠纷案

案例来源:广州海事法院(2007)广海法初字第 426 号

主题词:"仓至仓"运输保险责任期间　转运　保险责任终止的判断

> **裁判要旨**
>
> **No. HX-6.2-1**　保险条款中"仓至仓"责任自被保险货物运离保险单所载明的起运地仓库,或储存处所开始运输时生效,包括正常运输过程中的海上、陆上、内河和驳船运输在内,直至该项货物到达保险单所载明目的地收货人的最后仓库,或储存处所或被保险人用作分配、分派或非正常运输的其他储存处所为止。
>
> **No. HX-6.2-2**　在"仓至仓"运输的保险纠纷中,若无证据证明被保险人知道有转船运输的事实,转船运输并不影响保险合同的有效性;海上货物运输法律关系与海上货物运输保险法律关系是两个不同的法律关系,不能以承运人应否承担责任来决定保险人责任的归属与否。

一、基本案情

原告:广东恒兴集团有限公司(以下简称原告)

被告:华泰财产保险股份有限公司广东省分公司(以下简称被告)

原告诉称:2007 年 3 月 6 日,原告购买 451.10 吨秘鲁鱼粉,由地中海航运公司"MSC 秘鲁"(MSC Peru)轮自秘鲁派塔(Paita)港运至上海港。原告为此向被告购买了该批货物的海洋货运一切险,保险金额 4 359 099.41 元。该货物于 4 月 21 日运抵上海。5 月 14 日,原告准备提货时发现货物颜色变红,有异味及焦灼味。经原告质检人员化验,货物发热、自燃现象严重,已失去了原来的使用价值。次日,原告向被告提交了出险通知书及有关初步证据。经原告质检人员、原被告双方委托的上海东方公估行和商检局检验,均证实该批货物严重受损。为防止损失扩大,原被告协商一致对残损货进行变卖处理,收回残值 1 116 000 元。但是,被告对因保险事故造成的鱼粉自燃损失 3 230 022.11 元拒不理赔,亦未向原告支付残货清理、堆存、检验等费用 42 226 元。保险标的鱼粉自燃受损,系保险责任期间发生的保险责任事故,被告依法应予赔偿。故诉请法院判令被告向原告赔付保险金 3 272 248.11 元,并由被告承担全部诉讼费用。

被告辩称:保险单载明的被保险人为 Guangdong Evergreen Group Company Limited,因而原告是否适格不能确定。保险单约定的载货船舶为"MSC 秘鲁"轮,货物却是由另一艘船舶"MSC 诺亚"(MSC NOA)轮运抵上海,被保险人并未通知载货船舶发生变更,因而尚未起保或保险合同已自动失效。退一步讲,即使保险合同继续有效,保险人也只是承担"仓至仓"责任。涉案集装箱货物于 2007 年 4 月 21 日由"MSC 诺亚"轮运抵上海洋山港,嗣后由驳船转运抵上海龙吴港,5 月 2 日全部货物拆箱完毕。龙吴港码头堆场是被保险人用做分配、分派或非正常运输的储存处所,货物在龙吴港码头从集装箱中卸出,拆箱卸货的行为意味着与进口贸易有关的正常运输环节终结;收货人完成提货并将货物转交第三人浙江恒兴饲料有限公司的行为,亦表明正常的海上货物运输关系完结。在这种情况下,有关货物运输保险责任在货物卸离驳船存入龙吴码头堆场时终止。根据外轮理货公司的拆箱理货记录,货物拆箱交付时外观完好,即证明在保险责任期间货物并未发生损坏。另外,鱼粉具有因存放环境因素及存放时间延长而发生外观颜色改变的固有特性,以及自我氧化而发生自燃的特性。涉案鱼粉并未发生冒烟、起火或自燃的现象,即没有证据证明货物发生自燃并导致货损。鱼粉颜色的改变并不属于承保的风险,且货物颜色改变的根本原因,是收货人没有及时将堆放在露天的货物提走或没有安排适当的仓库存放货物所致。保险单特别约定了集装箱运输条款,保险责任期间是指正常的集装箱运输的期间,货物拆箱后即不再属于保险合同所指的正常运输。总之,无论从保险单责任起讫,还是从承保风险等因素考量,被告均无须承担所谓的货损赔偿责任,请求法院依法驳回原告的全部诉讼请求。

二、法院查明的事实

原告广东恒兴集团有限公司注册的英文名称为 Guangdong Evergreen Group Company Limited,法定代表人陈丹,企业所在地为广东省湛江市麻章区。

2007 年 2 月 6 日,原告与香港拓威贸易有限公司(Hongkong Topway Trading Co., Ltd.)(以下简称拓威公司)签订 1 份编号为 HKTW20070205A 的鱼粉买卖合同,约定:原告作为买方,向拓威公司购买秘鲁蒸汽鱼粉 450 吨,成本加运费(CFR)每吨 1 125 美元,最后装运日期不迟于 2007 年 3 月 20 日,从任一秘鲁港口到中国上海港;卖方提供的鱼粉,其蛋白质含量最低为 65%,脂肪含量最高为 12%,含水量最高为 10%,盐和砂含量最高为 5%,其中砂单项含量最高为 2%,鱼粉用编织袋包装,每袋重约 50 千克,以毛重作净重,在装运时应经过至少 150PPM 的抗氧化处理;在装运港以集装箱装运;由买方负责投保一切险和战争险,包括受热险、受潮险、结块险、发酵险、自燃险、短量险,保险责任起讫采用仓至仓条款;买方须开出以拓威公司为受益人的不可撤销、100% 合同金额即期信用证。该鱼粉买卖合同还约定了其他内容。

地中海航运公司编号为 MSCUP0311232 的提单记载:托运人 Pesquera Hayduk S. A.,通知人拓威公司,收货人凭指示,秘鲁派塔港装运,卸货港中国上海,由"MSC 秘鲁"轮承运,货物为装入 17 个 40 英尺标准集装箱的 8 957 包 451.10 吨秘鲁蒸汽鱼粉,于 2007 年 3 月 13 日完成接收和装运,货物装运时完好。提单一式 3 份,于 3 月 13 日在派塔港签发。同日,拓威公司向原告开具商业发票 1 份,记载:451.10 吨秘鲁蒸汽鱼粉,单价每吨 1 125 美元,总金额 507 487.50 美元。原告于 7 月 2 日通过信用证方式向拓威公司全额付款。

SGS 于 2007 年 3 月 13 日出具的涉案货物抽样分析证书记载:鱼粉生产日期为 2006 年 10 月 19 日至 2007 年 1 月 24 日,鱼粉在装运时没有结块和受潮,处于良好状态。

被告签发的编号为 1076234012007000014,生效日期为 2007 年 3 月 13 日的货物运输保险单记载:被保险人 Guangdong Evergreen Group Company Limited,被保险货物为 MSCUP0311232 号提单项下的 8 957 包 451.10 吨秘鲁蒸汽鱼粉,总保险金额 4 359 099.41 元,装载工具"MSC 秘鲁"轮于 2007 年 3 月 13 日自秘鲁派塔港起运,目的地中国上海,承保条件为 1981 年 1 月 1 日修订的中国人民保险公司海洋运输货物保险条款所规定的一切险。该保险单还特别约定:(1) 人保海洋货运一切险条款,包括受热、受潮、结块、霉变、自燃及沙门氏菌所引起的熏蒸费用,绝对免赔率为出险提单货重价值的保险金额 0.3%,以人民币承保,如发生保险责任范围内的海损事故并需提供担保的,以人民币担保,如有赔付以人民币赔付;(2) 被保险人必须及时提供货物起运前的检验报告(含水量 10% 以内,含脂肪量 15% 以内,需添加抗氧化剂,装船时温度不高于 37 ℃);(3) 用集装箱装运的,装运前集装箱完好的货物,在运输过程中发生保险事故造成损失,保险人方可理赔;(4) 合同号:HKTW20070205A。

该保险单背面附有英文的海洋运输货物保险条款,其中约定:本保险负"仓至仓"责任,自被保险货物运离保险单所载明的起运地仓库或储存处所开始运输时生效,包括正常运输过程中的海上、陆上、内河和驳船运输在内,直至该项货物到达保险单所载明目的地收货人的最后仓库或储存处所或被保险人用作分配、分派或非正常运输的其他储存处所为止。如未抵达上述仓库或储存处所,则以被保险货物在最后卸载港全部卸离海轮后满 60 天为止。如在上述 60 天内被保险货物需转运到非保险单所载明的目的地时,则以该项货物开始转运时终止。关于被保险人的义务,该保险条款约定:当被保险货物运抵保险单所载明的目的港(地)以后,被保险人应及时提货,当发现被保险货物遭受任何损失,应即向保险单上所载明的检验、理赔代理人申请检验,如发现被保险货物整件短少或有明显残损痕迹应即向承运人、受托人或有关当局(海关、港务当局等)索取货损货差证明;如遇航程变更或发现保险单所载明的货物、船名或航程有遗漏或错误时,被保险人应在获悉后立即通知保险人并在必要时加缴保费,本保险才继续有效。

被告于 2007 年 3 月 19 日向原告出具了该保险单项下的保险业专用发票,载明的保险费金额为 34 872.80 元。

在涉案的海关进口货物报关单上记载:进口口岸洋山港区,进口日期 2007 年 4 月 21 日,申报日期 4 月 28 日,海关审单批注及放行日期 5 月 17 日,经营单位和收货单位均为原告,报关单位上海外运聚运报关有限公司(以下简称聚运报关公司),运输工具"MSC 诺亚"轮,起运地秘鲁派塔港,境内目的地湛江,商品为饲料用粉状蒸汽烘干秘鲁红鱼粉 451.10 吨。原告已缴进口关税 78 748.94 元。

中国外轮理货总公司的卸货理货单记载：经2007年5月1日理货，"MSC诺亚"轮14个40英尺集装箱，共有7366袋鱼粉；5月2日理货3个集装箱，共1591袋鱼粉。该两天的理货单"损坏情况"（Condition of damage）栏均为空白，即未记载任何内容。

2007年5月15日，原告向被告发出货运险出险通知称：5月1日货物卸上海龙吴港，5月14日被保险人准备提货时，发现包装内货物已因受热自燃严重受损，而包装表面良好，要求按整批货物保险金额全损赔付。

三、法院裁判

本案是一宗具有涉外因素的海上货物运输保险合同纠纷。因保险合同的双方当事人均为中国法人，且合同签订地、履行地、保险事故索赔地都在中国境内，原告以中国法律为依据提起诉讼，被告对此并无异议，因此，根据《中华人民共和国海商法》第269条所规定的最密切联系原则，本案处理适用中华人民共和国法律。

原告依法注册的英文名称为Guangdong Evergreen Group Company Limited，与保险单上被保险人的英文名称相同，且在保险事故处理过程中，被告一直是与原告沟通和协商的，因而可以认定保险单上注明的被保险人Guangdong Evergreen Group Company Limited与原告具有同一性，原告具有合法的诉讼主体资格。

原告向被告投保，被告以签发货物运输保险单的形式接受投保，表明双方已经签订了以该保险单为表现形式的海上货物运输保险合同。该合同的签订，是双方当事人在自愿平等基础上的真实意思表示，符合中国法律的有关规定，因而合法有效，对双方当事人具有法律上的拘束力，双方均应全面而适当地履行合同，即应按约定享受权利并履行义务。

保险单约定的载货船舶为"MSC秘鲁"轮，原告所持提单上记载之承运船舶亦为"MSC秘鲁"轮，没有证据显示在起运港不是由该轮承运涉案货物。因此，根据"仓至仓""自被保险货物运离保险单所载明的起运地仓库或储存处所开始运输时生效"的约定，保险合同自2007年3月13日在派塔港开始运输时生效。在该货物运输过程中，没有证据表明承运人地中海航运公司或其代理人通知了原告将要转船运输；当货物最终由"MSC诺亚"轮运抵上海后，由原告的代理报关人聚运报关公司向海关申报，亦无证据显示聚运报关公司通知了原告转船的事实。因此，原告客观上并不知道货物在派塔港由一程船舶"MSC秘鲁"轮装运后，中途需要更换二程船舶"MSC诺亚"轮运往上海，原告不可能通知被告航程变更或船名错误，因而转船运输的事实并不影响保险合同的有效性。被告关于承运船舶不是保险单约定的船舶，保险合同因未起保而不生效；中途更换船舶未通知保险人，致使保险合同失效的抗辩，与案件事实不符，其抗辩理由不成立。

原被告对保险责任的起讫乃"仓至仓"责任并无异议，但保险责任何时终止以及保险责任终止时货物是否发生了损坏，则存有完全对立的立场和意见。

保险条款中"仓至仓"责任的规定是：自被保险货物运离保险单所载明的起运地仓

库或储存处所开始运输时生效,包括正常运输过程中的海上、陆上、内河和驳船运输在内,直至该项货物到达保险单所载明目的地收货人的最后仓库或储存处所或被保险人用作分配、分派或非正常运输的其他储存处所为止。显然,保险人所承担的"仓至仓"责任期间,并不完全等同于承运人的责任期间,即在国际海上集装箱货物运输中,保险责任开始于货物一经运离保险单载明的起运地发货人仓库之时,而此刻承运人责任是否开始在所不论,在起运港承运人掌管或控制货物之前的货损风险不由承运人承担;在目的港承运人的责任终止于交付货物时,而保险责任则终止于货物到达保险单所载明目的地收货人的最后仓库。承运人对于非集装箱货物的责任期间,则是指从货物装上船时起至卸下船时止、货物处于承运人掌管下的全部期间,而保险人的责任期间仍是"仓至仓"。无论货物是否由集装箱装运,保险人的责任期间都明显长于承运人的责任期间。所以,被告关于海洋货物运输保险承保的是货物处于承运人控制下的运输期间的风险、保险责任终止于货物脱离承运人控制而转由被保险人自己控制之时的抗辩理由,没有法律根据和事实依据,不予采信。

本案保险人的责任期间到底终止于何时？涉案货物鱼粉已运抵保险单所载明的目的港上海港,因而保险人的责任期间不适用于货物未抵达目的地仓库或储存处所,则以被保险货物在最后卸载港全部卸离海轮后满 60 天为止的规定;亦不适用在上述 60 天内被保险货物需转运到非保险单所载明的目的地时,则以该项货物开始转运时终止的规定。涉案鱼粉的保险责任期间只能适用"该项货物到达保险单所载明目的地收货人的最后仓库或储存处所或被保险人用作分配、分派或非正常运输的其他储存处所为止"的规定。

货物以何种方式到达保险单所载明目的地收货人最后仓库,并不是保险责任终止所需要考虑的因素,因而无论是国际货物运输合同的承运人将货物运进仓库,抑或是收货人提货后自行将货物运进仓库,都不影响以货物进入仓库的时刻作为保险责任终止的规定。亦即收货人从承运人处提货后自行运进仓库前的一段时间仍属于保险责任期间,而这段时间到底应该有多长,其间是否可以将货物暂存某处如码头堆场,嗣后再运进仓库,有关法律及保险条款并无限定性或者否定性的特别要求。当然,如果货物一直暂存某处,收货人始终未将货物运进仓库,亦始终未进行分配或分派,则为了避免保险人的责任过重,此时应以被保险货物全部卸离海轮后满 60 天终止保险人的责任,即暂存某处并非无期限,以保险单约定的该 60 天为限具有显见的合理性。

收货人提货后将货物堆放在码头堆场而未运进仓库,此时可以对货物做出两种不同的处理:可以将货物运进保险单所载明目的地收货人的最后仓库或储存处所,也可以由被保险人在码头堆场将货物分配、分派。倘若货物运进收货人的最后仓库,则从进库一刻起保险责任终止;倘若货物不运进仓库而直接将货物分配、分派,则从货物实际分配、分派一刻起,保险责任终止。将保险责任期间理解为码头堆场货物实际分配、分派时方才终止,是符合保险条款本意的,也是与保险责任期间从货物进入最后仓库一刻终止的规定吻合一致的,否则,进入码头堆场的货物就会面临两种完全不同的命运:从堆场进入仓库的货物以入库一刻终止保险责任,而分配、分派的货物则一进入堆场就终止了保险责任。若此,被保险人就会选择先将存放于堆场的货物入库,再分配、分派货物。显而易见,这样理解保险条款,将会造成被保险人不必要的成本支出,而保险人却并没有因此而得到任何额外的好处和利益,故而是不可理喻的。鉴此,被告对鱼粉的保险责任终止于2007年5月14日,原告在上海龙吴码头分配或分派鱼粉之时,而非终止于5月2日货物从集装箱内拆出完毕之时。被告关于其保险责任终止时间的抗辩主张,不符合保险条款的本意,该抗辩理由不成立。

另外,保险单正面"特别约定"第3项关于货物"用集装箱装运的,装运前集装箱完好的货物,在运输过程中发生保险事故造成损失,保险人方可理赔"的约定,仅是对货物装运前集装箱的状态作出特别约定,即装运前集装箱已损坏的,即使是在运输过程中发生保险事故造成损失,保险人也不予理赔,而并不是指货物在集装箱内发生保险事故造成损失,保险人才予以理赔。该特别约定不具有改变"仓至仓"责任期间的效力,字里行间也没有缩短"仓至仓"责任期间的意思表示,换言之,集装箱货物的保险责任期间仍然是"仓至仓"而不是"集装箱内",该特别约定仅是特别要求装运前集装箱须完好无损。经仁祥保险公估(北京)有限公司检验,集装箱在目的港没有发现破损,足可证明货物在起运港装箱时集装箱是完好的。

根据庭审查明的事实,涉案鱼粉在原告于2007年5月14日龙吴码头分配或分派之时发现货损,次日即书面报告了被告。该货损有吴淞检疫局、上海东方公估行、中国检验认证集团上海有限公司、仁祥保险公估(北京)有限公司的鉴定报告、检验报告证实,即鱼粉存在异味、臭味、焦灼味、颜色暗红或黄棕色,已经影响了鱼粉的正常使用。涉案鱼粉在起运港装运时质量符合要求,货损不可能在原告分配或分派货物时一瞬间发生,而显然是一个由量变到质变的渐变的损坏过程,即货损是在被告的保险责任期间发生,目前没有证据证实货损是由于保险人的除外责任引起,因而被告理应承担相应的赔付责任。至于货损是在集装箱内发生,还是拆箱后堆存在龙吴码头堆场时发生,基于两者均在保险责任期间内的认识,故并不对被告的理赔责任产生任何实质意义的影响。更何况中国外轮理货总公司的卸货理货单"损坏情况"一栏为空白,即未注明拆箱时货物的状况,因而没有证据证明货物在拆箱时是完好无损的。另外,承运人对货物负表面完好的运输责任,而涉案鱼粉的保险责任则在于鱼粉的质量或品质责任,海上货物运输法律关系与海上货物运输保险法律关系是两个不同的法律关系,显然不能以承运人应否承担责任来决定保险人责任的归属与否。

根据《中华人民共和国海商法》第237条、第240条之规定,判决如下:

被告华泰财产保险股份有限公司广东省分公司向原告广东恒兴集团有限公司赔付被保险货物损失3 222 627.11元,向原告支付受损货物检验费等42 226元。

9 原告尤迪特包装私人有限公司、原告上海耀科印刷机械有限公司与被告大众保险股份有限公司海上保险合同纠纷案

案例来源：上海海事法院（2011）沪海法商初字第 101 号

主题词："仓至仓"运输保险责任期间　转运　保险责任终止的判断　保单背书转让

> **裁判要旨**
>
> **No. HX-6.2-3**　保险单背面条款责任起讫约定的"仓至仓"责任，保险责任的终止是在被保险货物到达保险单所载明目的地收货人的最后仓库或储存处所或被保险人用作分配、分派或非正常运输的其他储存处所为止。如未抵达上述仓库或储存处所，则以被保险货物在最后卸货港全部卸离海轮后满 60 天为止。如在上述 60 天内被保险货物需转运到非保险单所载明的目的地时，保险期间则以该项货物开始转运时终止。

一、基本案情

原告：尤迪特包装私人有限公司

原告：上海耀科印刷机械有限公司

被告：大众保险股份有限公司

两原告诉称：原告尤迪特公司与原告耀科公司于 2009 年 7 月 3 日签订了一份货物销售合同，原告尤迪特公司向原告耀科公司购买了一台型号为 JY-1650E 的模切机及相关附属零配件。按照 CIF 条款，原告耀科公司在被告处投保，保单号为 AAAE0000SHB2009B000356，保险金额为 239 800 美元，承保条件为仓至仓条款下的一切险、战争险、罢工险和暴动民变险。原告耀科公司在向原告尤迪特公司交付提单时，将保险单背书转让予原告尤迪特公司。上述货物运抵印度港后，于同年 8 月 2 日在从港口经汽车运输至原告尤迪特公司的仓库途中发生保险事故，货物全损。原告尤迪特公司在第一时间通知了被告及被告指定的印度地区的代理人。同年 10 月 10 日，根据被告及被告印度地区的代理人的要求，原告尤迪特公司向其提供了保险索赔所需的各项材料，被告印度地区的代理人进行了签收。但被告始终未向两原告提供勘验报告，也未进行理赔。经两原告多次催促，被告未予理睬或借故搪塞。据此，两原告请求判令被告支付保险金 239 800 美元及从事故发生起暂计至 2010 年 5 月 31 日止的利息损失 1 984 美元，两项共计 241 784 美元，诉讼费由被告承担。

被告辩称：(1) 原告耀科公司填写的投保单显示，被保险人认可的目的港是印度的那瓦什瓦港（NHAWA SHEVA SEAPORT），在最终目的地一栏没有填写。因此，两原告确认的目的港为最终目的地。(2) 保险条款三"责任起讫"约定保险责任直至保险单所载明目的地收货人的最后仓库。而保险单已明确约定了收货人的目的地为印度的那瓦什瓦港，超过保险单约定的目的地，不属于被告的责任范围。(3) 检验报告显

示,涉案货物应有相应的残值,两原告主张货物全损不合理。

二、法院查明的事实

上海海事法院经审理查明并确认如下法律事实:

2009年4月11日,原告耀科公司与原告尤迪特公司签订了一份贸易合同,约定由原告尤迪特公司向原告耀科公司购买一台包括附件的型号为SUMO JY-1650E的自动模切机,总价格为218 000美元,付款条件为100%不可撤销信用证,CIF价加10%的金额投保海运保险。嗣后,原告耀科公司向被告进行了投保,投保单显示被保险人为原告耀科公司,涉案货物自中国上海港运至印度那瓦什瓦港,数量为4件,投保险别为一切险、海运战争险、罢工险、骚乱和民变险,从受益人仓库至申请人仓库。该投保单还记载了涉案货物的唛头、保险货物的项目、保险金额等,在投保人、发票号、发票金额、提单号、最终目的地等处空白。原告耀科公司在投保单上作了签章。根据被告的陈述,原告耀科公司在投保时未提供涉案货物的出口文件。同月6日,被告向原告耀科公司出具了保险单,主要内容与投保单相同,该保险单还注明了被告在印度的代理人的地址和联系方式。涉案货物于同年7月12日装船出运。根据提单记载,托运人为原告耀科公司,收货人按印度IDBI银行有限公司指示,通知人亦为该银行。收货地和装货港均为上海港,卸货港和交货地均为印度那瓦什瓦港,堆场至堆场。货物出运后,原告耀科公司将保险单背书转让给了原告尤迪特公司。涉案货物运抵目的港后,原告尤迪特公司于同月27日进行了进口报关。同年8月1日,箱号为HDMU7407047的集装箱从印度那瓦什瓦海鸟集装箱集散站提出,装上车牌号为MH-06-AQ-5155的集装箱卡车,经陆路运往原告尤迪特公司在印度浦那的场所。次日,该卡车在离印度潘维尔(PANVEL)市约3公里的高速公路上驶向浦那的一侧发生翻车事故。印度潘维尔市警察局对事故进行了调查。同年8月11日,海鸟海事服务私人有限公司出具证明称,箱号为HDMU7407047的集装箱从集装箱集散站装上车牌号为MH-06-AQ-5155的集装箱卡车时完好无损。同月17日,原告耀科公司派工程师赴原告尤迪特公司对损坏的货物进行检查,确认带回中国修理的费用大于新造的费用,如果原告尤迪特公司再订购一台新机,费用可减少8 500美元。同月21日,原告尤迪特公司向卡车公司提出了索赔,同年9月29日,卡车公司以合同背面条款的约定,卡车在运输过程中造成的残损不承担责任为由而拒赔。同年10月16日,原告尤迪特公司将有关单证交予被告在印度的代理人,向被告提出索赔。被告在印度的代理人签收了上述单证。同年11月20日,原告耀科公司致函被告,要求尽快落实上述受损货物的理赔事宜。2010年1月7日,原告耀科公司的委托代理人向被告发出律师函,要求被告就上述受损货物进行理赔。同月11日,被告委托代理人以律师函的形式回复原告耀科公司的委托代理人,要求原告耀科公司确认涉案保险单项下两原告哪一位是合法的被保险人,待合法的被保险人正式书面提出索赔后,再予以审核和回复。同月3月10日,两原告的委托代理人向被告委托代理人发函,称原告尤迪特公司作为合法的被保险人已经向被告提出了书面索赔要求,并向被告在印度的代理人提供了支持文件,再次要求被告进行理赔。同时,原告耀科公司证明其已将涉案保险背书转让给了原告尤迪特公司。

根据保险单背面条款三责任起讫约定,本保险负"仓至仓"责任,自被保险货物运离保险单所载明的起运地仓库或储存处所开始运输时生效,包括正常运输过程中的海上、陆上、内河和驳船运输在内,直至该项货物到达保险单所载明目的地收货人的最后仓库或储存处所或被保险人用作分配、分派或非正常运输的其他储存处所为止。如未抵达上述仓库或储存处所,则以被保险货物在最后卸货港全部卸离海轮后满60天为止。如在上述60天内被保险货物需转运到非保险单所载明的目的地时,则以该项货物开始转运时终止。

原、被告确认,涉案货物为定值足额保险。

三、法院裁判

关于货损是否发生在被告的保险责任期间的认定:保险单背面条款三责任起讫约定的"仓至仓"责任,保险责任的终止是被保险货物到达保险单所载明目的地收货人的最后仓库或储存处所或被保险人用作分配、分派或非正常运输的其他储存处所为止。由此可见,被保险货物运抵卸货港卸货后,保险责任并没有当然终止,如果该货物通过陆路运往保险单载明的卸货港所在地区的收货人的仓库,保险责任至该仓库为止。

本案保险单载明自中国上海港至印度那瓦什瓦港,贸易合同和信用证均载明CIF印度那瓦什瓦港,提单载明堆场至堆场。显然,涉案货物被告的保险责任期间为中国上海至印度那瓦什瓦。结合保险单背面条款,被告的保险责任应从中国上海至印度那瓦什瓦收货人的仓库。"仓至仓"责任还约定,如被保险货物未抵达上述仓库或储存处所,则以被保险货物在最后卸货港全部卸离海轮后满60天为止。如在上述60天内被保险货物需转运到非保险单所载明的目的地时,则以该项货物开始转运时终止。涉案货物从目的港提离后,运往印度的浦那,在过印度潘维尔市往浦那方向3公里处的高速公路上发生事故,已经离开了印度的那瓦什瓦,而浦那和那瓦什瓦并非同一城市或地区,因此,根据上述条款,被告的保险责任自涉案货物提离目的港开始运输时终止。原告耀科公司认为其在投保时被告应向其作出解释,但保险责任期间并非保险合同中免除保险人责任的条款,法律没有规定保险人需对责任期间作出解释,如果是条款本身产生争议,如那瓦什瓦港或是那瓦什瓦地区,则应当作出对被告不利的解释。而印度浦那既不是免责条款,也不是保险合同中载明的争议条款,且被告要求原告耀科公司填写的书面格式投保单已明确载明了最终目的地一栏,然原告耀科公司并未填写。海上保险合同的订立,与其他经济合同的签订一样,遵循"要约"—"承诺"程序,投保单即为一种要约,保险人根据投保人填写的投保单内容来确定保险费率。投保单印制的内容,已足以引起投保人的注意,特别是"最终目的地"一栏,更是一种明示的提示。原告耀科公司认为投保单由被告填写,但原告耀科公司并未提供证据予以证明。通常情况下,投保单应由投保人填写,如果是保险人填写,保险人也应根据投保人提供的文件信息填写。本案中,原告耀科公司在投保时并未向被告提供涉案货物的出口文件,原告耀科公司在本案审理过程中也未向法院提供证据证明其在投保时已向被告提供了涉案货物的出口文件,且其在投保单上盖章时本应对投保单内容进行核实,因此,没有证据证明投保单由被告填写,被告根据原告耀科公司填写的投保单内容签发保险单并无过错。根据目前网络及通信技术,在填写式单证的空白处进行打印填写,已不是很难的技术问题,只要当事人之间有网络通信,任何人都可以做到。原告耀科公司认为投保单空白处因是打印填写,故而推定由被告填写,依据不足,法院不予采信。

综上所述,原告耀科公司在涉案货物发生事故前,已经将保险单背书转让,其无权向被告主张保险赔款。原告尤迪特公司与被告海上保险合同关系成立,但涉案货物发生事故已超出被告保险责任期间,原告尤迪特公司的诉讼请求,上海海事法院不予支持。依照《中华人民共和国海商法》第 221 条、第 222 条、第 229 条、第 269 条和《中华人民共和国民事诉讼法》第 64 条第 1 款的规定,判决如下:

一、驳回原告尤迪特包装私人有限公司的诉讼请求;
二、驳回原告上海耀科印刷机械有限公司的诉讼请求。

⑩ 原告厦门鹭永信实业有限公司与被告中国人民保险公司厦门市分公司海上货物运输保险合同纠纷案

案例来源:厦门海事法院(2004)厦海法商初字第 219 号
主题词:保险责任起止的判断　举证责任　保险利益

裁判要旨

No. HX-6.2-4　货物保险"仓至仓"条款约定,自被保险货物运离保险单所载明的起运地仓库或储存处所开始运输时生效,直至该项货物到达保险单所载明目的地的最后仓库或储存处所或被保险人用作分配、分派或非正常运输的其他储存处所为止。因此,被保险人在拖车公司停车场开柜,停车场应视为分配、分派货物的场所,保单的责任期间到拖车公司的停车场止。被保险人不能证明在保险责任期间发生了保险事故,对其要求保险人支付保险赔款的主张不予支持。

一、基本案情

原告:厦门鹭永信实业有限公司

被告:中国人民保险公司厦门市分公司

原告厦门鹭永信实业有限公司因与被告中国人民保险公司厦门市分公司海上货物运输保险合同纠纷一案,原告诉称:2001 年 9 月,原告因向新西兰出口服装,与被告签订《海洋货物运输保险单》,保单号为 PEXP200135020401000695,险种为海洋货物运输保险一切险。2001 年 11 月 2 日,因新西兰收货人拒收货物,该批服装由新西兰运回香港转卖给智利客商,双方又签订第二份保单,保单号为 PIMP200135020401000062,险种仍为一切险。2001 年 12 月 18 日,货柜到达香港内河码头,原告委托香港大利货柜服务公司派车拖柜换柜,不料开柜时发现货柜内 300 箱服装已经全部丢失。原告发现货物丢失后,立即向被告报案,并向香港警方报案。2003 年 3 月 28 日,香港警方作出调查结论:"现在可以肯定该批货物是在新西兰被盗,至今没有找到被盗的货物也未抓到盗窃的人,被盗的货物清单如下:共 21 600 件裤子,价值 1 157 768 美元。"原告认为,依据保险条款规定,被告负有"仓至仓"保险责任,负责被保险货物在运输途中由于外来原因所致的全部或部分损失。诉请判令被告支付原告理赔款 127 354 美元(折合人民币 1 064 679 元),并按日万分之二点一支付自 2002 年 2 月 1 日至实际付款日的利息。

被告中国人民保险公司厦门市分公司辩称:(1)本案存在两个保险合同关系,责任期间不同,原告主张的保险事故不可能同时发生在两个责任期间,因此,原告应当明确依据哪个保险合同索赔。(2)原告不能证明在保险责任期间内发生保险事故,应当承担举证不能的责任。原告证明保险事故发生的证据系为香港警方的证明和笔录,没有公证认证不应采信。且根据船公司以及大利车行的提货收据,在保险合同的责任期间内货柜签封完好,可以推定没有发生保险事故。(3)原告违反保证义务,未如实告知新加坡转船的事实,且原告没有向责任人索赔,被告有权拒赔。(4)原告对保险标的不具有保险利益,保险标的系鸿双辉制衣有限公司所有,原告与其是外贸代理关系,原告未能举证证明为出口商垫付货款或受到出口商索赔,且案涉货物出口收汇已核销,原告没有损失发生。(5)原告起诉已经超过诉讼时效。原告自认,保险事故应当在新西兰期间发生,即应在 2001 年 11 月 24 日装船之前发生,根据《中华人民共和国海商法》规定,自保险事故发生之日起计算诉讼时效,已超过两年,应当驳回原告的诉讼请求。

二、法院查明的事实

厦门海事法院经审理查明,原告与厦门鸿双辉制衣有限公司(以下简称鸿双辉公司)签订有代理出口协议。2001 年 9 月,原告代理鸿双辉公司出口一批货物到新西兰,并向被告投保。2001 年 9 月 24 日,被告向原告签发了一份《海洋货物运输保险单》,保险单号为 PEXP200135020401000695。该保单记载,被保险人为原告,保险货物为服装,数量 300 纸箱,保险金额 127 354 美元,自厦门至新西兰奥克兰,开航日期 2001 年 9 月 19 日,承保险别为中国人民保险公司海洋运输货物保险条款中的一切险及战争险,并约定 2% 的免赔额。庭审中,原告未能出示该保单正本。上述货物于 2001 年 9 月 17 日向厦门海关申报,报关单记载经营单位为原告,指运港奥克兰,成交方式 FOB,集装箱号 PCIU3280754,商品名称为全棉针织男短裤,数量 300 纸箱 21 600 件,单价 5.36 美元,总价 115 776 美元。报关单上盖有厦门海关放行章,在查验一栏有工作人员签字。负责报关的厦门嵩海报关行于 2002 年 1 月 16 日出具一份证明函,证明上述货物经海关查验品名、数量均与原告申报的数据相同后给予放行装船,向海关报备并由码头落锁的铅封号为 C417195。

2001 年 9 月 19 日,上述货物装船起运。承运人太平船务有限公司〔PACIFIC INTERNATIONAL LINES(PTE)LTD〕签发了提单。提单注明箱号为 PCIU3280754,铅封号为 C417195。货到目的港后,因无人提货,原告委托太平船务有限公司将货物运到香港。2001 年 11 月 24 日,太平船务(中国)有限公司厦门分公司签发了 PXMAK-LC2K21679 号提单,提单载明托运人原告,收货人 SUNGOD COMPUTER SYSTEMS INTL. CO.(下称三高公司),装货港奥克兰,卸货港新加坡,交货地香港,集装箱号 PCIU3280754,铅封号 C417195。该提单为电放提单。同日,被告向原告签发了 PIMP200135020401000062 号保险单,该保险单记载被保险人原告,保险货物服装,数量 300 纸箱,保险金额 127 354 美元,开航日期 2001 年 11 月 24 日,自奥克兰至香港,承保险别为中国人民保险公司海洋运输货物保险条款中的一切险。2001 年 12 月 16 日,船到香港。2001 年 12 月 23 日,三高公司委托大利货柜服务公司派拖车到香港内河码头提货。在集装箱出场交接单上注明箱号 PCIU3280754,铅封号 C417195。拖车司机在交接单上签字确认。

原告在庭审中陈述,案涉货物到香港后原计划转运到智利。货柜从码头拖出后运到距码头 500 米处的拖车公司停车场。原告及三高公司在未派人到场的情况下同意拖车司机换柜,而拖车司机在开箱后告知原告箱内无货物,原告到场后未看到 C417195 的铅封,只看到地上有一个 541662 的铅封。原告还提交了一份香港警务处对原告工作人员张君剑的笔录的复印件和一份香港警方的信函。因该两份材料均形成于香港,但原告未提交相关的证明手续,不符合最高人民法院《关于民事诉讼证据的若干规定》的规定,因此对该两份材料厦门海事法院不予采信。另原告在庭审中自认案涉货物的外汇已核销。因本案涉及两份保险合同,厦门海事法院认为两份合同承保的责任期间、承保险别及免赔额均不同,属于两个不同的法律关系,要求原告明确选择依据哪个保险合同索赔。原告选择依据 PIMP200120401000062 号保险单项下的保险合同索赔。

三、法院裁判

厦门海事法院认为,本案为涉外海上货物运输保险合同纠纷。原、被告均主张适用中国法律,故本案应适用中国法律。被告向原告签发了 PIMP200120401000062 号保险单,双方之间保险合同关系成立,合法有效。原告作为鸿双辉公司的出口代理,以自己的名义对外签订合同,其对案涉货物具有法律上承认的利益,被告关于原告对保险标的不具有保险利益的抗辩不能成立。保险条款约定:"本保险负'仓至仓'责任,自被保险货物运离保险单所载明的起运地仓库或储存处所开始运输时生效,包括正常运输过程中的海上、陆上、内河和驳船运输在内,直至该项货物到达保险单所载明目的地的最后仓库或储存处所或被保险人用作分配、分派或非正常运输的其他储存处所为止。如未抵达上述仓库或储存处所,则以被保险货物在最后卸载港全部卸离海轮后满 60

为止。如在上述60天内被保险货物需转运到非保险单所载明的目的地时,则以该项货物开始转运时终止。"原告称货物将转运智利,但未就此举证。因此原告在拖车公司停车场开柜,停车场应视为分配、分派货物的场所,本案 PEXP200135020401000695 号保单的责任期间应自奥克兰装上转运船时开始至运到香港拖车公司的停车场止。本案运输为集装箱运输,由原告装箱和施封。根据拖车司机与承运人的交接单,拖车司机接收货物时集装箱上的铅封是完好的。而原告及收货人三高公司同意拖车司机开箱,并未对铅封是否完好提出异议,应视为开箱时铅封仍是完好的。且案涉货物的外汇已核销。因此,原告不能证明在保险责任期间发生了保险事故,对原告要求被告支付保险赔款的主张不予支持。依照《中华人民共和国民事诉讼法》第64条的规定,判决如下:

驳回原告厦门鹭永信实业有限公司的诉讼请求。

11 原告宁波钢铁有限公司与被告中国平安财产保险股份有限公司宁波分公司、中国平安财产保险股份有限公司水运货物运输保险合同纠纷案

案例来源:宁波海事法院(2008)甬海法商初字第12号
主题词:码头卸船险　保险责任期间　被保险人求偿依据　保险公司分支机构

裁判要旨

No. HX-6.2-5　码头卸船险,承担的责任是货物在装卸过程中意外事故造成的直接损失,责任起自货物卸离海轮时,至装上运输车辆时终止。"卸离海轮"如无特别约定,按照对保险人不利的解释,自货物被吊离舱底开始计算保险期间。

No. HX-6.2-6　被保险人有权选择依据保险合同向保险人索赔,也有权选择依据其他法律关系向责任方索赔。保险合同作出"被保险人必须先向事故责任方索赔,然后才能向保险人索赔"的限制性约定的,该约定无效。

一、基本案情

　　原告:宁波钢铁有限公司
　　被告:中国平安财产保险股份有限公司宁波分公司(以下简称平安宁波公司)
　　被告:中国平安财产保险股份有限公司(以下简称平安公司)
　　原告宁波钢铁有限公司起诉称:2006年8月,原告就其购买的1780精轧机组设备向被告中国平安财产保险股份有限公司宁波分公司投保了码头卸船险,共计3份保险单,编号分别为2290001930213060091、2290001930213060092、2290001930213060093,责任起讫自卸离海轮至装上运输车辆时止,承保条件参照编号为 NB(06) 水字 017 号的国内货物运输预约保险协议,被告平安公司在上述3份保险单上盖章。2006年8月24日,1780精轧机组设备在码头吊装过程中发生事故,导致其中的5件机架受损,之后受损设备返回至大连修理。原告认为,涉案事故属于被告承保的保险责任范围,且发生在保险期间内,被告理应向原告支付全部保险赔偿,特请求判令被告:(1)赔偿原告保险赔款 3 240 568 元及其利息(按中国人民银行同期贷款利率从 2006 年 8 月 24 日计算至实际支付之日止);(2)承担全部诉讼和法律费用。

被告平安宁波公司、平安公司答辩称:(1)原、被告间的保险合同无效。该货物是由另一个公司即建龙经贸公司购买,事故发生时原告不是涉案货物的所有权人,因此没有保险利益。(2)本案事故不属于保险责任范围。保险责任期间从卸离海轮开始,事故发生时货物还在船舱里,没有卸离船舶。根据保险条款,包装质量不善不属于承保范围。(3)根据预约保险协议,被保险人应当先向责任方索赔,因此保险人可以不先予赔偿。(4)根据除外责任条款,被保险人过失造成的损失,保险人是免责的。从港口接卸协议中可以看出,货物应使用钢丝吊装,而实际上使用的是尼龙绳,原告及代理人中远物流公司现场接卸是认可使用尼龙绳的,因此原告是有过错的。(5)原告投保了大连到宁波的水运、陆运货物运输险,与本案保险责任相重叠,存在重复保险。

二、法院查明的事实

宁波海事法院确认如下事实:

2006 年 8 月,原告委托中远物流公司安排 1780 精轧机组的卸货事宜,包括代为进行船舶泊位安排、货物卸船、货物吊装保险等。此后,中远物流公司与被告平安宁波公司签订《国内货物运输预约保险合同》,合同约定:保险标的 4 299.378T(1780)精轧机组设备,投保人为中远物流公司,被保险人为原告,承担责任为货物在装卸过程中意外事故造成的直接损失,投保险别为码头卸船保险,责任起讫为自货物卸离海轮时起,至装上运输车辆时止,包装方式为木箱或敞装,货物发生保险责任范围内的损失;如果根据法律规定或者有关约定,应当由承运人或其他第三者负责赔偿部分或全部损失的,被保险人应首先向承运人或其他第三者索赔;如果被保险人提出要求,保险人也可以先予赔偿,但被保险人应签发权益转让书给保险人,并协助保险人向责任方追偿;协议有效期为 2006 年 8 月 21 日至 2006 年 10 月 20 日。同年 8 月 21 日,被告平安公司依据上述预约保险合同向原告签发了 3 份保险单。8 月 24 日,被保险设备在吊卸过程中发生事故而受损。9 月 4 日,原告、被告平安宁波公司、宁波港集团有限公司、中远物流公司及中检公司参加货损处理协调会,同意由中检公司对受损货物进行公估。10 月 11 日,中检公司对存放于宁波兰羚钢铁实业有限公司仓库的受损设备的情况进了调查,并出具了《关于宁钢"1780 精轧机架"调查报告》。该报告载明:2006 年 8 月 24 日"锦绣海"轮承运的 1780 精轧机组设备在宁波第二集装箱公司大件码头卸货,使用 400 吨大吊开始起吊卸货,第一件设备用吊绳安全地起吊卸至车上,但在起吊第二件设备(F6 操作侧机架)刊,吊绳意外断裂,该设备从起吊点约 1.5 米左右的高度(离船舱底 4.5 米左右)坠入船舱,砸在舱内 F3 操作侧机架和 F1 操作侧机架上,造成上述操作侧机架不同程度的损坏。同年 10 月 25 日,上述各方再次召开协调会议,同意该调查报告意见,由原告负责将受损设备运回大连修复,并由中检公司负责监督等。11月20日,各方就受损设备返修事宜再次进行了协调。经中检公司确认,原告为修复受损设备而支付了修理费、运输费、保险费等计3 145 566元。另外,原告还支付了船舶受损补偿费4.5万元,以及吊索具租用费5万元。后因原告不能同两被告就理赔事宜达成协议,遂诉至宁波海事法院。

三、法院裁判

宁波海事法院对本案的几个争议焦点分析如下:

(一)原告是否具有保险利益

两被告认为,该货物是由另一个公司即建龙经贸公司购买,事故发生时原告不是涉案货物的所有权人,因此没有保险利益。宁波海事法院经审理认为,原告系预约保险合同及保险单载明的被保险人,原告委托中远物流公司为涉案被保险货物安排运输、码头卸船、投保等事宜,在保险事故发生后受损货物的运输、修复和理赔过程中,作为货物所有人及被保险人一方参与的只有被告和其委托的中远物流公司,并无其他公司对涉案货物主张所有权或保险赔款;而两被告虽然抗辩原告非货物的买方,并据此认为原告不是该货物的所有权人,但是两被告未能提供相应证据支持其抗辩;即使货物买方是另一公司,也不表明保险事故发生时其是所有权人,而且具有货物保险利益的并非只有货物的所有人,故对被告该项抗辩,不予采信,宁波海事法院认定原告对涉案货物具有保险利益。

(二)本案事故是否属于保险责任范围

两被告认为,保险责任期间从货物卸离海轮时开始,而事故发生时该货物虽然悬空,但是仍在船舱中,故涉案货物的保险责任尚未开始。宁波海事法院经审理认为,涉案货物投保险别为码头卸船险,承担责任是货物在装卸过程中意外事故造成的直接损失,责任起讫为自货物卸离海轮时起,至装上运输车辆时终止,系原、被告特别约定的保险险种;作为特殊险种,两被告当庭陈述没有向其主管部门报备,也没有提供该险种的具体说明条款,故对该险种约定的"卸离海轮"应理解为包括货物"卸离海轮"的整个过程;货物系由岸上的吊机起吊,事故发生时已离开起吊点1.5米左右,距船舱底约4.5米,应当认定事故发生时的状态构成该险种约定的"卸离海轮";即使对"卸离海轮"存在两种以上不同理解,根据《中华人民共和国保险法》第31条的规定:"对于保险合同的条款,保险人与投保人、被保险人或者受益人有争议时,人民法院或者仲裁机关应当作有利于被保险人和受益人的解释。"因此,应认为涉案货物在发生事故时已处于保险协议中"卸离海轮"的状态,故宁波海事法院对两被告的此项抗辩不予采信,认定涉案事故发生于保险责任期间之内。

(三)原告是否有义务向责任方先行索赔

两被告认为,根据预约保险协议,被保险人应当先向承运人或其他第三方先行索赔,才有权向保险人索赔,因此两被告可以不先予赔偿。宁波海事法院经审理认为,根据《中华人民共和国保险法》第 26 条、《中华人民共和国海商法》第 237 条之规定,在保险事故造成损失后,保险人应当及时向被保险人支付保险赔偿,被保险人有权选择依据保险合同向保险人索赔,也有权选择依据其他法律关系向责任方索赔;而且双方签订的预约保险协议还约定"……如果被保险人提出要求,保险人也可以先予赔偿,但被保险人应签发权益转让书给保险人,并协助保险人向责任方追偿",故原告没有必须先向责任方索赔的义务。原告在事故发生后就立即通知被告平安宁波公司,被告平安宁波公司参与了事故的勘查和定损整个过程,且原告已选择向两被告主张保险赔款,两被告不得以原告未向责任方索赔而拒绝赔偿,故两被告的此项抗辩,不予采信。

(四)原告在卸货过程中是否具有过错

两被告认为,涉案货物应使用钢丝吊装,但是实际上使用了尼龙绳,且货物包装不善,导致事故发生,因此原告及其代理人中远物流公司在现场接卸过程中具有过错,属预约保险协议约定的除外责任。宁波海事法院经审理认为,两被告没有提供相应证据证明实际使用尼龙绳和货物包装不善(未标记重心和起吊位置)的事实;因同样包装的涉案货物已顺利装船并运至卸货码头,在专门的大件专用码头卸货,故即使未标记重心和起吊位置,也不必然导致吊绳断裂的保险事故发生。因而,两被告不能证明由于原告过错而导致保险事故发生,两被告对此的抗辩,宁波海事法院不予采信。

(五)涉案货物是否存在重复保险

被告认为,原告投保了大连到宁波的水运、陆运货物运输险,与本案保险责任相重叠,因此涉案货物存在重复保险。原告认为,其从未就涉案货物的保险责任向其他保险人进行投保。宁波海事法院经审理认为,两被告不能提供证据证明原告存在重复保险并获得了相应的保险赔款,原告有权向两被告提出保险赔偿,故对两被告的此项抗辩,宁波海事法院亦不予采信。

宁波海事法院认为,原告与被告平安宁波公司之间订立的水运货物运输保险合同合法有效。涉案保险标的在保险责任期间发生事故,属于承保范围内的保险事故,在被保险人及时告知保险人后,保险人应当及时向被保险人支付保险赔偿。保险人无正当理由拒绝履行支付保险赔偿义务,应当承担相应的违约责任。根据我国《保险法》第 80 条第 2 款的规定,因被告平安宁波公司系被告平安公司设立的分支机构不具有法人资格,其对原告因保险事故产生的民事责任由被告平安公司承担。对于原告主张的保险赔偿,其中经中检公司确认的 3 145 566 元,属保险事故造成的直接损失,应予以支持;船舶受损补偿费 4.5 万元,系原告对第三人的赔偿款项,不属于本保险承保范围,且系原告与第三人协议赔付,不予支持;吊索具租用费 5 万元,没有经中检公司及两被告确认,也没有其他证据佐证系涉案保险事故产生的必要费用,亦不予支持;对于原告主张利息损失,理由正当,应予支持,但是原告没有提供实际支付运费、修理费等损失的具体时间,利息损失应按原告于 2007 年 6 月 30 日向被告平安宁波公司主张保险赔款之日起计算。

综上,根据《中华人民共和国民事诉讼法》第 64 条第 1 款,《中华人民共和国保险

法》第 26 条、第 31 条、第 80 条第 2 款,《中华人民共和国海商法》第 237 条之规定,判决如下:

被告中国平安财产保险股份有限公司于本判决生效之日起 10 日内支付原告宁波钢铁有限公司保险赔偿人民币 3 145 566 元及利息(自 2007 年 6 月 30 日起至本判决确定的履行之日止,按中国人民银行公布的同期贷款利率计算)。

驳回原告宁波钢铁有限公司的其他诉讼请求。

6.3 保险责任的范围

12 华安财产保险股份有限公司与兄弟海运有限公司海上货物运输合同纠纷案
案例来源:广州海事法院(1999)广海法深字第 98 号
主题词:进出口商品检验局　货损检验　检验结果不同的判断

裁判要旨

No. HX-6.3-1　依据买卖合同双方达成的货损货差赔偿协议,并不能证明货物短少发生在保险责任期间,法院不能以此作为定案的依据。

No. HX-6.3-2　理货公司与进出口商品检验局对同一事项的检验结果有差异时,除有充分证据证明进出口商品检验局的结果有瑕疵,否则法院会以进出口商品检验局的结果为准。

一、基本案情

原告:华安财产保险股份有限公司(以下简称原告)

被告:兄弟海运有限公司(Brother Shipping Company Limited)(以下简称被告)

原告华安财产保险股份有限公司诉称:1999 年 5 月 27 日,燃气公司与宝威物料供应有限公司(以下简称宝威公司)签订了《销售合同》,约定由燃气公司向宝威公司购买 693 卷、净重 4 785.3 吨的冷轧钢板和 580 卷、净重 4 551.95 吨的热轧钢板,宝威公司负责将货物运至深圳赤湾港交货。宝威公司于 6 月 23 日将货物交由被告承运,并代理被告签发了两份提单,提单记载装运冷轧钢板 693 卷、净重 4 785.3 吨,热轧钢板 580 卷、净重 4 551.95 吨。被告所属的"马里高"轮运载货物到达赤湾港后,经深圳进出口商品检验局检验发现冷轧钢板短量 105.44 吨、热轧钢板短量 26.05 吨。被告承运货物后签发了提单,应对提单载明的货物数量和质量负责,原告是本批货物的保险人,在承担保险责任并支付了被保险人燃气公司人民币 263 565.26 元保险赔款后,可代位行使燃气公司对被告的赔偿请求权。请求判令被告赔偿原告货物短少造成的损失人民币 263 565.26 元及自原告承担保险责任之日起的利息,并承担本案诉讼费用。

被告兄弟海运有限公司辩称:(1) 本案货物重量不存在短少。中国外轮理货总公司蛇口分公司(以下简称蛇口理货公司)的理货证书记载的本案所涉提单卸下货物件数和重量与提单记载完全一致,深圳进出口商品检验局未对钢板进行开包检验,理货证书更能准确反映卸下货物的数量和状况。(2) 即使货物存在短量,短量也是发生在装船前,承运人无需承担赔偿责任。本案货物运到件数和提单记载一致,且包装完好,说明货物在承运人责任期间没有发生变化。燃气公司在商检机构出具重量检验证书后,即向货物卖方宝威公司进行索赔,双方最终达成了和解协议,一致确认货物短重是由于宝威公司的责任造成的。(3) 合法的赔付是保险人取得代位求偿权的前提,原告自愿赔付行为,不能享有代位求偿权。本案货物投保海洋货物运输一切险,货物短量并不是发生在保险责任期间内,而是发生在装船前,属于发货人责任,保险人不应承担赔偿责任。(4) 原告未证明出具权益转让书的燃气公司是本案提单的合法持有人,因此不具有对被告的诉权。(5) 根据燃气公司与宝威公司的买卖合同,允许卸货重量与提单记载存在 0.5% 的误差,因此原告能索赔的货物短重应扣除上述误差。

二、法院查明的事实

广州海事法院经审理查明并确认如下法律事实:

1999 年 5 月 27 日,燃气公司与宝威公司签订《销售合同》,约定:燃气公司向宝威公司购买冷轧钢板和热轧钢板各 5 000 吨、允许溢短装正负 10%,单据重量以实际付运净重为准;货物单价冷轧钢板为 CFR 中国赤湾 257 美元/吨,热轧钢板为 CFR 中国赤湾 182 美元/吨;在目的港卸货后买方有权申请中国商品检验局进行检验,如发现货物品质、数量、重量与合同或发票不符,除属保险公司及/或船公司责任外,买方有权根据中国商品检验局出具的证明书向卖方索赔,在卸货港检验机构出具的重量验证书允许与提单有正负 0.5% 的误差,当超重超过 0.5% 的误差时,买方将补足超出 0.5% 误差的费用。反之,如重量短缺超出 0.5% 的误差,卖方将退回买方超出 0.5% 误差的款项。

宝威公司将货物交由被告承运,并作为被告的代理于 6 月 23 日签发了两份提单,提单记载托运人为宝威公司,收货人凭指示,通知方为燃气公司,承运船舶为"马里高"轮,装货港为乌克兰黑海港,卸货港为中国赤湾,在货物描述栏,一份提单记载装运冷轧钢板 693 卷、净重 4 785.3 吨、总重 4 923.9 吨,另一份提单记载装运热轧钢板 580 卷、净重 4 551.95 吨、总重 4 557.75 吨,在提单正面还载有"重量、体积、数量、质量、条件、内容和价值不知"(Weight, measure, quantity, quality, condition, contents and value unknown)的字样,宝威公司已在提单背面作了空白背书。宝威公司还于同日向燃气公司开出两张发票,编号为 BW/RAA60CN 的发票记载:热轧钢板 CFR 中国赤湾 182 美元/吨、净重 4 551.95 吨、发票金额为 828 454.9 美元,编号为 BW/RAA61CN 的发票记载:冷轧钢板 CFR 中国赤湾 257 美元/吨、净重 4 785.3 吨、金额为 1 229 822.1 美元。上述货物于 8 月 8 日到港。

原告于 6 月 22 日签发了编号为 HA20B001199B420001 和 HA20B001199B420002 的两份货物运输保险单。编号为 HA20B001199B420001 的保险单记载的保险货物为热轧板,货物净重 4 551.95 吨、总重 4 557.75 吨,保险金额为人民币 6 857 949.66 元;编号为 HA20B001199B420002 的保险单记载的保险货物为冷轧板,货物净重 4 785.3 吨、总重 4 923.9 吨,保险金额为人民币 10 180 467.34 元;两份保险单记载的被保险人均为燃气公司,承保条件均为中国人民保险公司 1981 年海洋运输货物保险"一切险"条款,包括短量险〔Covering all risks as per ocean marine cargo clause (1/1/1981) of the people's insurance company of China. Including the risk of shortage〕。

燃气公司于 8 月 19 日出具权益转让书,将其就编号为 HA20B001199B420001 和 HA20B001199B420002 的货物运输保险单下被保险财产短量损失对应负责的任何第三人之追偿权全部转让给原告,原告于 8 月 25 日向燃气公司支付了保险赔款人民币 263 565.26 元。

对双方当事人有争议的事实,广州海事法院认定如下:

(一) 货物在目的港卸下时的短少情况

原告为证明货物在赤湾港卸下时短少,提交了深圳进出口商品检验局于 1999 年 8 月 10 日出具的冷轧钢板和热轧钢板重量检验证书。冷轧钢板重量检验证书记载:货物运抵赤湾港后,经过校准之衡器全部过重,实衡毛重 4 818.46 吨,扣除以发票毛、净重计算之皮重 138.6 吨,该批到货与发票相比,短少净重 105.44 吨,系卸船前原有之情况。热扎钢板重量检验证书记载:货物运抵赤湾港后,经过校准之衡器全部过重,实衡毛重 4 531.7 吨,扣除以发票毛、净重计算之皮重 5.8 吨,该批到货与发票相比,短少净重 26.05 吨,系卸船前原有之情况。被告认为,深圳进出口商品检验局未对钢板进行开包检验,无法确定货物皮重,其出具的重量检验证书不可靠。被告为证明货物卸下时并未短少,提供了蛇口理货公司 8 月 9 日出具的理货证书,理货证书记载:本案所涉提单卸下货物件数为 1 273 卷、毛重为 9 481.65 吨。原告认为,理货证书并不能推翻商检报告的内容。

广州海事法院认为:深圳进出口商品检验局是从事进出口商品检验工作的法定机构,在货物运抵赤湾港后已通过校准之衡器将货物全部过重,在未开包检验的情况下,根据发票毛、净重差额计算货物皮重并无不当,对其重量检验证书的证据效力应予以确认。蛇口理货公司亦未开包检验,其出具的理货证书未记载检验方法和过程,因此该理货证书的证据效力较低,应不予采纳。根据重量检验证书的记载,可以认定货物在目的港卸下时与提单及发票记载相比存在短少,其中冷轧钢板短少净重 105.44 吨、热轧钢板短少净重 26.05 吨。

(二) 燃气公司在货物短少后与宝威公司联系索赔的过程

被告为证明货物短少发生在装船前,宝威公司愿意承担本案货物短少损失的事实,提供了燃气公司于 1999 年 12 月 8 日发给宝威公司的确认书,确认书记载:燃气公司与宝威公司就销售合同货物短重索赔案达成最终协议,燃气公司确认宝威公司一次性支付 5 000 美元或等值人民币作为特殊解决金,这笔款项是最终及完全之解决金额,燃气公司无权就上述货物短重案向宝威公司作任何形式的追讨。原告对被告提供的确认书予以认可,但认为该证据与被告证明事项没有关联性。原告为证明燃气公司没有接受宝威公司赔偿,提供了燃气公司于 2000 年 1 月 7 日发给宝威公司的函件,函件记载:保险公司表示愿意赔偿燃气公司人民币 23 万元,燃气公司本着损失最小化的商业利益原则,接受了保险公司的理赔,愿意退还宝威公司给付的特殊解决金 5 000 美元,由于已获得保险公司赔偿,对宝威公司的追偿权已不存在。被告对该函件予以认可。

广州海事法院认为,原、被告双方均认可燃气公司发给宝威公司的确认函及随后的函件,因此对上述两份证据予以确认。根据确认的证据,可以认定燃气公司与宝威公司达成过货物短少索赔协议,宝威公司同意赔付燃气公司 5 000 美元的特殊解决金以解决买卖合同纠纷,燃气公司随后根据保险合同接受了保险公司的理赔而放弃了依买卖合同向宝威公司索赔的权利。宝威公司同意赔付燃气公司特殊解决金只表明其愿意承担买卖合同项下的责任,并不能证明货物短少发生在装船前。

(三) 燃气公司的法律地位

原告为证明燃气公司是提单的合法持有人,提交了宝威公司代被告签发的冷轧钢板和热轧钢板提单复印件各一份,提单记载托运人为宝威公司,收货人凭指示,通知方为燃气公司,宝威公司在提单背面作了空白背书。被告对提单的真实性予以确认,但认为上述证据不能证明燃气公司是本案提单的合法持有人。

广州海事法院认为,本案货物已经交付,原告与燃气公司均不可能持有正本提单,宝威公司在提单背面作了空白背书,提单持有人即可凭此提单向承运人提取货物,根据燃气公司与宝威公司的联系索赔的函件可以认定本案货物已由燃气公司提取,燃气公司还以被保险人身份为本案货物运输购买了保险。因此,依据原告提交的提单复印件,结合其他已确认的证据,可以确认燃气公司是本案提单的合法持有人。

另查明:1999 年 8 月 12 日,燃气公司向广州海事法院提出诉前财产保全申请,请求扣押被告所属的"马里高"轮,并责令其提供人民币 50 万元的担保,广州海事法院于同日作出裁定准予燃气公司的申请,在广州港扣押了"马里高"轮。8 月 13 日,中国人民保险公司广东省分公司为被告出具了担保金额为人民币 50 万元的担保函,广州海事法院于同日对该轮解除扣押。

三、法院裁判

广州海事法院认为,本案是一宗海上货物运输合同纠纷。本案原告作为保险人在向被保险人燃气公司支付货物短少的保险赔偿后,可以依照《中华人民共和国海事诉讼特别程序法》第 95 条的规定,提出变更原告的请求,代位行使燃气公司对承运人请求赔偿的权利。本案当事人没有选择解决争议所适用的法律,由于本案提单项下货物的卸货港、提单持有人均在中国,根据最密切联系原则,本案应适用中华人民共和国法律处理。燃气公司与被告之间成立海上货物运输合同,该合同符合法律规定,合法有效。

被告作为承运人在宝威公司代其签发了清洁提单后,记载了货物的数量和重量的提单对于善意受让提单的燃气公司而言,具有最终的证据效力,被告应按照提单上的记载向提单持有人履行交付义务。尽管被告在提单上事先印制了"重量、体积、数量、质量、条件、内容和价值不知"(Weight, measure, quantity, quality, condition, contents and value unknown)的字样,但不能对抗提单记载的货物数量和重量。即使货物短少发生在装船前,被告仍然应当对提单记载的货物数量和重量负责。由于涉案货物在目的港卸载时与提单记载相比,冷轧钢板短少净重105.44吨、热轧钢板短少净重26.05吨,被告应对货物短少承担赔偿责任。

燃气公司在货物短少后可以选择依据买卖合同要求卖方宝威公司承担责任,或者以提单持有人的身份要求被告赔偿损失,或者依据保险合同请求赔偿。在燃气公司选择接受保险理赔后,原告作为保险人,取得了代位行使被保险人对第三人请求赔偿的权利,原告同样可以选择索赔对象。燃气公司已将宝威公司支付的5 000美元特殊解决金退还给宝威公司,燃气公司最终没有得到宝威公司的赔偿。因此,原告有权选择凭提单向被告主张全部短量损失。燃气公司与宝威公司在买卖合同中的约定不能免除承运人应依据提单的记载交付货物的义务,因此被告提出买卖合同允许卸货重量与提单记载存在0.5%的误差、原告索赔货物短少应扣除上述误差的抗辩理由不能成立。到港货物短少属原告保险责任范围,原告作为保险人依照保险条款对燃气公司进行理赔,其赔付合法,有权代位行使燃气公司依提单向被告索赔的权利,被告认为原告赔付不当,没有依据,不予支持。

本案提单项下货物冷轧钢板短少净重105.44吨、热轧钢板短少净重26.05吨,按照《中华人民共和国海商法》第55条第2款的规定,货物灭失的赔偿额,按照货物装船时的价值加保险费加运费计算。根据燃气公司与宝威公司签订的《销售合同》,冷轧钢板装船时价值加运费为257美元/吨,热轧钢板装船时价值加运费为182美元/吨,原告要求被告赔偿货物短少损失人民币263 565.26元,是按此标准即冷轧钢板和热轧钢板装船时价值加运费计算,没有超过法律规定的货物灭失的赔偿额,且没有超出原告保险赔偿的范围,应予以准许。原告请求被告承担自其支付保险赔款之日(1999年8月25日)起的利息,符合法律规定,应予支持。

13 原告广东温氏食品集团有限公司与被告中国人民财产保险股份有限公司广州市分公司海上货物运输保险合同纠纷案

案例来源:广州海事法院(2005)广海法初字第103号

主题词:保险人及时赔付义务 核实保险金 减少保险事故损失的合理费用

> **裁判要旨**
>
> **No. HX-6.3-3** 保险合同对保险金额及赔偿或者给付期限有约定的,保险人应当依照保险合同的约定,履行赔偿或者给付保险金义务。保险人未及时履行前款规定义务的,除支付保险金外,应当赔偿被保险人因此受到的损失。
>
> **No. HX-6.3-4** 被保险人为防止或者减少根据合同可以得到赔偿的损失而支出的必要的合理费用,为确定保险事故的性质、程度而支出的检验、估价的合理费用,以及为执行保险人的特别通知而支出的费用,应当由保险人在保险标的损失赔偿之外另行支付。

一、基本案情

原告:广东温氏食品集团有限公司(以下简称原告)

被告:中国人民财产保险股份有限公司广州市分公司(以下简称被告)

原告广东温氏食品集团有限公司诉称:2004年6月8日,原告与天宝粮谷饲料贸易有限公司签订鱼粉合同,进口1800吨秘鲁鱼粉。6月29日,原告为其购买的鱼粉向被告投保了海洋货物运输保险,保险金额为人民币10 289 941.07元,承保险别为包括中国人民财产保险股份有限公司海洋货物运输一切险、战争险、附加受热、受潮、霉变、结块、自燃、短量险,免赔额按照保险单所载明的保险金额的0.3%计算,保险货物在保险责任范围内发生霉变产生的沙门氏菌而所需的熏蒸费用,保险人负责赔偿。被告向原告签发了保险单,原告向被告支付保险费人民币113 189.35元。6月30日,上述货物分两票装上"安妮塞拉"(ANNIE SIERRA)轮,船长分别签发第1号和第6号两套已装船清洁提单。9月5日,"安妮塞拉"轮将上述货物运抵广州黄埔港。原告在卸货过程中发现货物有结块、自燃等现象,第6号提单项下1 050吨鱼粉受损严重。经原、被告共同查看货物受损情况,被告同意原告在商检结果出来之前处理该批受损货物。9月21日,中华人民共和国黄埔出入境检验检疫局在上述鱼粉中检验出沙门氏菌,须作无害化处理,处理费为人民币12 060元。10月9日,中国进出口商品检验广东公司出具货损检验证书,载明本案受损货物6 417包,共计322.005吨,其中775包计38.890吨贬值75%,3 735包计187.422吨贬值50%,1 907包计95.693吨贬值25%,合计贬值损失重量146.802吨。商品检验费用为人民币4 010元。因被告函告要求原告停止处理库存残损鱼粉,拖延处理致使鱼粉品质下降,使原告遭受进一步经济损失人民币155 980元。请求法院判令被告赔偿原告货物损失人民币824 413.47元及其从2004年

12月6日始计至2005年2月28日止按银行贷款年利率6.039%计算的利息损失人民币11 616.80元,赔偿因被告不准原告处理货物而造成的损失人民币155 980元,并承担本案诉讼费用。

被告中国人民财产保险股份有限公司广州市分公司辩称:原告至今未举证证明造成货损的原因,不能证明货损是由承保风险所引起的,应以证据不足驳回原告的诉讼请求。因原告未举证证明造成本案货损的原因,只能推论货物的结块是装船前已存在的状况,由此引起在运输途中发生自燃、霉变、产生沙门氏菌等,是货物潜在缺陷造成的,属除外责任,保险人不承担责任。本案中运输工具的航程与保险单承保的航程不符,增加了卸港,改变了航线,必然造成风险的增加,被告有权拒绝赔偿。原告未能证明其实际损失,其提供的中国进出口商品检验广东公司的货损检验证书,只是检验人的估损。原告拒不提供完好货物和残损货物处理的有关合同发票等材料,其实际损失应以货物的保险价值减去原告自称的处理价格来计算,即按每吨人民币5 716.63元,减去原告所称残损货物货价的平均值人民币3 425元,得出每吨人民币2 291.63元计算。原告请求被告赔偿被告不准其处理货物的损失,该主张没有事实及法律依据。被告要求原告暂停单方处理货物,只是为了要求其公开、合理的处理残损货物而已。原告主张的延迟赔付的利息损失也没有事实和法律依据,因原告未提供证明货损原因及损失的资料,双方也未达成赔偿协议,被告的给付义务尚未产生,因此也不存在迟延赔付的利息损失。请求法院驳回原告对被告的诉讼请求。

二、法院查明的事实

2004年6月8日,原告与香港的天宝粮谷饲料贸易有限公司签订一份鱼粉合同,约定原告向天宝粮谷饲料贸易有限公司购买秘鲁鱼粉1 800吨,允许5%溢短量,价格为CFR中国黄埔,以毛重作净重,每吨627.90美元,总价款为1 130 220美元,由原告开出足额的见票后60日付款的不可撤销信用证支付货款。

6月30日"安妮塞拉"轮在秘鲁的塞拉菲(SALAVERRY)港装载了原告上述货物,承运人签发了第1号和第6号两套各一式3份提单。该两套提单均载明收货人为凭指示,通知人为原告,承运船舶为"安妮塞拉"轮,装运港为秘鲁的塞拉菲港,卸货港为中国的黄埔港,货物为秘鲁鱼粉,以毛重作净重,其中第1号提单项下的鱼粉14 947包,总重750吨,第6号提单项下的鱼粉20 925包,总重1 050吨。上述货物在装运港经秘鲁的SGS检验公司检验,并出具装船前检验证明、卫生检验证明、重量证明、生产技术和产品细菌检验证明等证书,证明:第6号提单项下货物秘鲁鱼粉20 925包,计1 050吨,平均每包50.1792公斤;上述货物已用编织袋包装好,编织袋适用于远洋运输;货物在装载时没有结块和发霉的现象,没有沙门氏菌和志贺氏菌,没有活昆虫虫害,也没有哺乳类动物或者哺乳类动物肉屑,鱼粉的状态良好。

2004年6月29日,原告就该批货物向被告投保了海洋运输货物保险,被告向原告签发了保险单。保险单约定:保险货物为秘鲁鱼粉35 872包,计1 800吨,保险金额为人民币10 289 941.07元,保险费为人民币113 189.35元,货物起运日期为2004年6月30日,装载船舶为"安妮塞拉"轮,自秘鲁的塞拉菲港至中国黄埔港,承保险别为包括海洋货物运输一切险、战争险,附加受热、受潮、霉变、结块、自燃、短量险,免赔额为保险人按照保险单所载明的保险金额的0.3%计算,保险货物在保险责任范围内发生霉变产生的沙门氏菌而所需的熏蒸费用,保险人负责赔偿。该保险单背面印有中国人民保险股份有限公司于1981年1月1日制定的海洋运输货物保险条款和战争险条款。原告向被告支付了保险费人民币113 189.35元。

2004年9月6日,"安妮塞拉"轮将本案上述货物运抵黄埔港并开始卸货,9月11日卸货完毕。9月22日,中华人民共和国黄埔出入境检验检疫局出具兽医卫生证书载明,"安妮塞拉"轮承运的1 800吨鱼粉检出沙门氏菌,须作无害化处理。原告付给中国检验认证集团广东有限公司黄埔分公司检验费人民币4 510元,付给广州市正贸检验检疫技术服务有限公司熏蒸费人民币12 060元。

因在卸货过程中发现货物有结块、自燃等现象,原告于2004年9月10日致被告一份关于受损鱼粉的处理申请,要求被告在商检局的检验报告尚未报出前,批准原告立即处理受损鱼粉,具体的赔偿以商检局出示的报告书为根据。被告于同日在该申请函中批复"同意尽快处理本批鱼粉"。经原告申请,中国进出口商品检验广东公司对该批鱼粉进行了检验,据该司2004年10月9日出具的货损检验证书载明:中国进出口商品检验广东公司于9月13日至27日派人在黄埔港码头仓库对货物进行了检验,发现部分货物已发生自燃、变色、变味,部分结块。经港方对货物进行翻堆、分拣,挑出残损货物6 596包,其中775包计38.890吨货物贬值75%,损失重量29.168吨;3 735包计187.422吨货物贬值50%,损失重量93.711吨;1 907包计95.693吨货物贬值25%,损失重量23.923吨;合计贬值损失重量146.802吨。翻堆、分拣人工费用人民币2 010元,检验费用人民币2 000元。

2004年9月12日,原告曾向鑫威公司出具委托书,委托鑫威公司代为处理本案残损的382吨鱼粉。10月20日,被告致原告传真函,要求停止处理仍存放在港务局仓库的301吨残损鱼粉。10月22日,鑫威公司致函原告称现有买家同意以每吨人民币3 300元购买该批残损鱼粉,原告于同日复函鑫威公司称因被告不同意,其暂时不能处理在仓的残损鱼粉。10月27日鑫威公司致函原告,称其已按原告9月12日的委托,处理货物100.70吨,其中59.66吨货物按每吨人民币3 350元处理,41.04吨货物按每吨人民币3 500元处理,共计获得货款人民币343 501元(含代理费人民币5 035元)。10月28日,原告将其于10月17日前处理的100.70吨货物情况函报被告,被告于同日回复原告:被保险人处理残损货物的处理方案须经保险人确认同意,被告对原告私自处理的货物不予认可;由于中国进出口商品检验广东公司的货损检验证书缺少具体数据和事故原因分析等内容,被告决定对仍在仓库的货物进行品质检验。12月3日,被告致函原告称,被告拟按照中国进出口商品检验广东公司出具的货损检验证书的鉴定检验结果理算赔付金额,码头堆放的鱼粉由原告自行处理,原告提出的所谓进一步扩大和市场价格跌落的损失部分的索赔要求,被告不予认同。12月6日,原告回函被告,同意被告按中国进出口商品检验广东公司的货损检验证书的检验结果赔付的赔付方案,放弃索赔扩大和市场价格跌落的损失部分。12月10日,鑫威公司复函原告,称剩余283.60吨鱼粉按每吨人民币2 750元处理完毕,共计货款人民币779 900元。2005年2月23日、25日,鑫威公司将处理上述残损货物的货款共计人民币1 104 186元,支付给原告。

三、法院裁判

法院认为,本案是一宗涉外海上货物运输保险合同纠纷。原告向被告交纳了保险费,履行了合同义务,被告应依保险合同的约定承担保险责任。货物运输保险单背面条款约定:"本保险负'仓至仓'责任,自被保险货物运离保险单所载明的起运地仓库或储存处所开始运输时生效,包括正常运输过程中的海上、陆上、内河和驳船运输在内,直至该项货物到达保险单所载明目的地收货人的最后仓库或储存处所或被保险人用作分配、分派或非正常运输的其他储存处所为止。"本案证据表明,本案秘鲁鱼粉在装货港经检验状态良好,承运人承运该货物后,签发了清洁提单,表明货物在装船时处于良好状态,而该货物在卸货港卸货时,发现部分货物自燃、变色、变味,部分结块,造成部分货物损失。在被告没有提供其他相反证据的情况下,根据《中华人民共和国海商法》第77条的规定:"除依照本法第七十五条的规定作出保留外,承运人或者代其签发提单的人签发的提单,是承运人已经按照提单所载状况收到货物或者货物已经装船的初步证据;承运人向善意受让提单的包括收货人在内的第三人提出的与提单所载状况不同的证据,不予承认。"应认定该货物损失发生在承运人运输货物过程中,即发生在被告承保该货物的责任期间内。根据本案货物运输保险单的约定,原告向被告投保的险别为海洋货物运输一切险、战争险、附加受热、受潮、霉变、结块、自燃、短量险。本案货物因自燃、变色、变味、结块造成损失,属于被告承保的责任范围内的损失,且没有证据表明上述损失属于货物运输保险单背面条款所约定的除外责任范围内的损失,因此,依照本案保险单的约定和《中华人民共和国海商法》第237条关于"发生保险事故造成损失后,保险人应当及时向被保险人支付保险赔偿"的规定,被告作为本案货物的保险人,应对本案货物损失承担赔偿责任。

本案鱼粉经中国进出口商品检验广东公司检验并出具了货损检验证书,中国进出口商品检验广东公司具有对流通商品进行质量及验残检验的技术手段和能力,具备相关的鉴定资格,且原告和被告在2004年12月3日和6日的来往函件中,双方均同意按照中国进出口商品检验广东公司出具的该货损检验证书的鉴定检验结果理算赔付金额,故应予采纳该货损检验证书的鉴定结果作为本案保险货物损失情况的认定依据。《中华人民共和国海商法》第238条规定,保险人赔偿保险事故造成的损失,以保险金额为限。《中华人民共和国海商法》第220条规定,保险金额可由保险人与被保险人约定。保险金额不得超过保险价值,超过保险价值的,超过部分无效。原告向被告投保的保险金额为人民币 10 289 941.07 元,保险货物的数量为 1 800 吨,即每吨鱼粉保险金额为人民币 5 716.63 元。原告请求按此标准计算残损鱼粉的损失,被告在其书面答辩状中也明确,以该货物的保险价值即每吨人民币 5 716.63 元计算本案保险货物的损失,可见原告和被告均确认本案货物的保险价值为每吨人民币 5 716.63 元。因此,本案残损鱼粉可以按每吨人民币 5 716.63 元乘以 146.802 吨,然后减去货物运输保险单所约定的保险人按保险金额的 0.3% 计算的免赔额计算,为人民币 808 342.90 元。按照货物运输保险单的约定,被告承保的险别还包括"保险货物在保险责任范围内发生霉变产生的沙门氏菌,而所需的熏蒸费用,保险人负责赔偿"。本案鱼粉在装货港经检验无沙门氏菌,在卸货港经中华人民共和国黄埔出入境检验检疫局检出沙门氏菌,须作无害化处理,原告因此支付的熏蒸费人民币 12 060 元,在被告没有提出其他相反证据的情况下,亦应认定该沙门氏菌发生在被告承保的保险责任期间,该熏蒸费属于被告承保责任范围内的损失,应由被告予以赔偿。依照《中华人民共和国海商法》第 240 条第 1 款的规定:"被保险人……为确定保险事故的性质、程度而支出的检验、估价的合理费用,以及为执行保险人的特别通知而支出的费用,应当由保险人在保险标的损失赔偿之外另行支付。"根据该规定,原告支付的货损检验费用人民币 2 000 元,翻堆、分拣人工费用人民币 2 010 元,被告应当在保险标的的损失赔偿之外另行支付。综上所述,被告应支付给原告的保险赔偿额为人民币 824 412.90 元。

依照《中华人民共和国保险法》第 24 条第 1 款、第 2 款的规定:"保险人收到被保险人或者受益人的赔偿或者给付保险金的请求后,应当及时作出核定,并将核定结果通知被保险人或者受益人;对属于保险责任的,在与被保险人或者受益人达成有关赔偿或者给付保险金额的协议后十日内,履行赔偿或者给付保险金义务。保险合同对保险金额及赔偿或者给付期限有约定的,保险人应当依照保险合同的约定,履行赔偿或者给付保险金义务。保险人未及时履行前款规定义务的,除支付保险金外,应当赔偿被保险人或者受益人因此受到的损失。"原、被告双方已于 2004 年 12 月 6 日达成按货损检验证书的检验结果理算赔付金额的协议,但被告未及时履行赔付保险赔偿的义务,应当赔偿原告因此受到的利息损失。原告请求被告赔偿的利息损失,应按中国人民银行人民币同期流动资金贷款利率计算,从 2004 年 12 月 17 日起计算至原告请求的 2005 年 2 月 28 日止。

至于原告请求被告赔偿的因被告不同意处理货物而造成的货物差价损失,因原告只提供了其委托鑫威公司处理本案残损货物有关情况的来往函件和鑫威公司向原告支付货款等证据,未能提供鑫威公司处理受损货物的合同、发票、付款凭证等具体资料予以印证,原告仅凭上述证据尚不足以证明其处理本案残损货物的情况和价格,故对原告该诉讼请求不予支持。

依照《中华人民共和国海商法》第 237 条、第 240 条第 1 款,《中华人民共和国保险法》第 24 条第 1 款、第 2 款的规定,判决如下:

一、被告中国人民财产保险股份有限公司广州市分公司赔偿原告广东温氏食品集团有限公司损失人民币 824 412.90 元及其从 2004 年 12 月 17 日起至 2005 年 2 月 28 日止按中国人民银行同期人民币流动资金贷款利率计算的利息。

二、驳回原告广东温氏食品集团有限公司的其他诉讼请求。

案件受理费 18 000 元,其他诉讼费 100 元,由原告负担 2 846 元,被告负担 15 254 元。上述诉讼费用,已由原告向法院预交,被告应将所负担的费用径付原告,法院不另外清退。

14 上诉人中国平安财产保险股份有限公司烟台中心支公司与被上诉人烟台大海国际船舶管理有限公司船舶保险合同纠纷案

案例来源:山东省高级人民法院(2007)鲁民四终字第 123 号

主题词:保险责任范围　船舶主机拉缸　一切险

裁判要旨

No. HX-6.3-5　事故发生在保险责任期间,因船员疏忽行为造成的船舶损失事故,属于保险人船舶保险条款(1986 年 1 月 1 日施行)一切险条款中船长、船员的疏忽行为所造成的船舶部分损失,为承保范围,保险人应当承担保险赔偿责任。

一、基本案情

上诉人(原审被告):中国平安财产保险股份有限公司烟台中心支公司(以下简称平安保险公司)

被上诉人(原审原告):烟台大海国际船舶管理有限公司(以下简称大海船舶公司)

青岛海事法院查明:

2006 年 1 月 1 日,盛海船务有限公司(甲方)就其所有的"盛海"轮与大海船舶公司(乙方)签订委托管理协议书,甲方委托乙方全权负责"盛海"轮的经营管理事务。双方约定:乙方保证船舶处于良好的适航状态,配备合格的船长和船员;乙方作为投保人办理船舶保险合同,保险费由乙方支付;发生保险事故后,乙方应与保险人联系索赔事宜,保险事故发生的费用和对外赔款由乙方支付,保险赔款不足以补充为处理保险事故所支付的费用时,不足部分由甲方承担。

2006 年 7 月 3 日,大海船舶公司就"盛海"轮向平安保险公司投保,同日平安保险公司向大海船舶公司签发了编号为 2113100320204060012 的船舶险保险单。该保单载明:被保险人为大海船舶公司,保险价值和保险金额均为 800 万元人民币,保险条件为中国人保 1986 年 1 月 1 日船舶保险条款一切险,航行范围为中日韩,保险期限自 2006 年 7 月 10 日中午 12:00 时保至 2007 年 7 月 10 日中午 12:00 时;每次事故绝对免赔额为人民币 50 000 元,或损失金额的 10%,两者以高者为准。大海船舶公司依约向平安保险公司交纳了相应的保险费。船舶保险条款一切险的承保范围包括因船长、船员的疏忽行为造成的船舶全部损失和部分损失。

2006年7月8日至17日,"盛海"轮在烟台打捞局船舶修造厂进行了坞修,主机活塞环及油头全部换新,部分主机部件经过了更新、修理和清洗,修理后的"盛海"轮编号为LH28-137-1至6的6个缸套完全符合技术指标要求。

2006年7月19日,"盛海"轮执行0618航次由中国烟台驶往日本鹿岛。该轮轮机日志记载:7月21日润滑油压力降低,清洗滤器后恢复正常;7月22日拆刷主机左右润滑油细滤器;7月23日润滑油压力低,清洗滤器,每班注意,及时清洗;7月24日停主机后,清洗润滑油粗、细滤器,打开曲轴箱检查,发现每缸均有拉缸现象。

2006年7月24日,"盛海"轮抵达日本鹿岛锚地后,该轮船长向日本鹿岛港递交海事报告,报告中载明:2006年7月21日08:00时至12:00时,发现主机润滑油压力表压力偏低,经清洗滤器后恢复正常工作压力。2006年7月24日船抵鹿岛锚地后,轮机长对主机进行例行保养检查时,打开主机曲轴箱后,发现主机6个缸套出现不同程度的拉缸磨损。拉缸事故发生后,大海船舶公司于2006年7月25日致函平安保险公司,将有关情况向平安保险公司方报告,并要求平安保险公司协助处理。

根据"盛海"轮航海日志的记载,2006年7月26日14:10时至14:50时,该轮在鹿岛港卸货结束后,由一拖轮将该轮拖至鹿岛北公共码头靠泊检修。同年8月11日11:30时,该轮经联合船级社验船师检验完毕后离开码头。该轮移泊鹿岛北公共码头停泊检修期间产生修理费275万日元、备件费1 082万日元、码头费132 045日元、缆索操作费10 400日元、拖带费7万日元、临时检测费2 900美元。另外,大海船舶公司为确定拉缸损坏是否与润滑油有关,支出滑油分析费85 575日元,为该轮新换润滑油支付油款6 750美元。

2006年7月26日,救助协会神户办事处受平安保险公司的委托,对"盛海"轮的损坏情况进行了检验并出具书面报告。检验人经检验提出如下意见:该轮建于1989年,已经营运17年,主机缸套和活塞组是建造时的原装缸套和活塞组,船上没有发现主机维修记录,没有最近在烟台打捞局船厂进行修理的修理项目单和完工报告。在缸套和活塞组件的表面发现的拉伤和磨损是17年营运造成的正常磨损;虽然由于主机润滑油压力下降而导致损坏是另外一个可能的原因,但0.1至0.2公斤的压力下降以及约3天短的时间,不可能导致所有活塞组件和缸套需要更换的严重损害。

"盛海"轮修理完毕后,大海船舶公司将修理情况通知平安保险公司,并就拉缸事故产生的经济损失向平安保险公司索赔。2006年10月25日,平安保险公司向大海船舶公司出具理赔意见函,认为本案拉缸损坏事故不属于涉案保单项下的保险责任,因此拒绝理赔。

2006年12月21日,青岛三杰海事技术咨询有限公司(以下简称三杰公司)受青岛海事法院委托,对"盛海"轮主机缸套损坏的原因进行鉴定并于2007年1月8日出具鉴定报告。鉴定人根据对受损缸套的检验和测量结果,结合烟台打捞局船舶修造厂"盛海"轮检验试验报告、修理工程决算单中关于主机修理情况数据、主要零件换新记录、修理项目等有关情况的记录,对造成拉缸损坏的原因进行了分析论证,最后得出结论:(1)6个缸套的磨损情况从拉缸后的直径测量情况分析,尚处于正常的磨损增量范围内,不属于过度磨损。(2)该缸套的拉缸损坏应该是在航行途中发生润滑油压力大幅度降低甚至接近其报警压力或已经报警的情况下(船员未能及时发现)而未及时采取合理措施恢复正常压力,使柴油机在该状态下长时间运行而导致的机损事故。鉴定人认为,在整个航程的轮机日志的记录中发现有清洗润滑油滤器的记载,而通常轮机人员值班当中,如果没有润滑油压力的较大降低或报警,而仅仅是润滑油压力降低0.1-0.2公斤的情况下,是不至于清洗润滑油滤器的。因此,该柴油机实际运行的润滑油压力真实数据有可能大大低于轮机日志上所记载的压力数值,甚至有可能已经发生了报警。一般情况下,即使发生了压力突降,甚至报警,船员如果能够及时停车,查明压力下降的原因,消除故障,也不会使柴油机立即发生严重的拉缸损坏。而相对于该柴油机的润滑方式和拉缸损坏的实际情况分析,造成如此严重的缸套拉缸损坏,则有可能是在已经发生压力降低或压力降低到接近报警或已经报警的情况下,未能及时发现或停车、或降低转速、消除故障的情况下造成的。

另查明,大海船舶公司委托烟台市外事翻译中心对其提交的部分外文证据进行了翻译,支付翻译费人民币900元。

二、一审裁判

青岛海事法院认为,关于平安保险公司的保险责任问题。(1)大海船舶公司就"盛海"轮向平安保险公司投保一切险,并依约支付了保险费;平安保险公司经审查接受了大海船舶公司的投保,并向大海船舶公司出具了保单,因此,双方之间的船舶保险合同依法成立。(2)大海船舶公司虽不是"盛海"轮的所有权人,但是该轮的经营管理人。根据大海船舶公司与"盛海"轮船舶所有人签订的委托管理协议,大海船舶公司作为投保人负责办理船舶保险合同,保险费由大海船舶公司支付,发生保险事故后,大海船舶公司负责与保险人联系索赔事宜,保险事故发生的费用和对外赔款,由大海船舶公司支付,保险赔款不足以补充为处理保险事故所支付的费用时,不足部分由"盛海"轮所有人承担。由此可见,大海船舶公司对"盛海"轮具有保险利益。(3)关于"盛海"轮拉缸损坏的原因,三杰公司具有相应的鉴定资质,鉴定程序合法,鉴定人出庭接受了质询,而且在鉴定过程中双方当事人对三杰公司受青岛海事法院委托进行鉴定没有异议,因此对三杰公司的鉴定结论予以采信。救助协会的鉴定是受单方委托作出的,与三杰公司的鉴定相比缺乏公信力、科学性、严谨性,因此对其鉴定结论不予采信。根据三杰公司的鉴定结论,"盛海"轮拉缸事故是该轮在航行途中发生润滑油压力大幅度降低甚至接近其报警压力或已经报警的情况下,船员未能及时发现、未及时采取合理措施恢复正常压力,使柴油机在该状态下长时间运行而导致的机损事故;即使发生了润滑油压力突降,甚至报警,船员如果能够及时停车,查明压力下降的原因,消除故障,也不会使柴油机立即发生严重的拉缸损坏。由此可见,船员的疏忽是导致事故发生的直接原因,根据平安保险公司所承保的船舶一切险条款,因船长、船员的疏忽行为所造成的船舶全部或部分损失属于平安保险公司的承保范围,平安保险公司应当根据涉案保单的约定承担保险责任。

关于平安保险公司的赔偿数额问题。修理费 275 万日元、备件费 1 082 万日元、检测费 2 900 美元、码头费 132 045 日元、缆索操作费 10 400 日元、拖带费 7 万日元、润滑油分析费 85 575 日元、润滑油费 6 750 美元,这些费用是大海船舶公司为修理"盛海"轮支出的合理费用,应认定与拉缸损坏之间存在因果关系,平安保险公司应予以赔偿。根据涉案保单的约定,每次事故绝对免赔额为人民币 5 万元或损失金额的 10%,两者以高者为准。上述款项总额的 10% 显然超过人民币 5 万元,因此本案拉缸损坏事故的绝对免赔应当按照损失金额的 10% 计算,据此,修理费、备件费、码头费、缆索操作费、拖带费、润滑油分析费,扣除 10% 后为 12 481 218 日元;润滑油费、检测费,扣除 10% 后为 8 685 美元。

关于大海船舶公司主张的运输费 16 万日元、通信费 6 万日元、报税费 36 431 日元、加载费 26 250 日元、代理费 30 万日元、附加费 7 万日元、船员工资人民币 54 445 元,因大海船舶公司无充分证据证明其与拉缸损坏之间的因果关系,因此不予支持。关于翻译费人民币 900 元,该费用并非本案诉讼必然产生的费用,不应当作为大海船舶公司因拉缸事故产生的损失,因此亦不予支持。依照《中华人民共和国民法通则》第 106 条第 1 款之规定,判决:

一、平安保险公司于判决生效之日起 10 日内向大海船舶公司赔付修理费、备件费、码头费、缆索操作费、拖带费、润滑油分析费等损失 12 481 218 日元,加自 2006 年 7 月 25 日起至本判决确定的平安保险公司实际付款之日止按银行同期贷款利率计算的利息。

二、平安保险公司于本判决生效之日起 10 日内向大海船舶公司赔付润滑油费、检测费损失 8 685 美元,加自 2006 年 7 月 25 日起至本判决确定的平安保险公司实际付款之日止按银行同期贷款利率计算的利息。

三、驳回大海船舶公司其他诉讼请求。案件受理费人民币 15 550 元,由平安保险公司负担 12 440 元,大海船舶公司负担 3 110 元;司法鉴定费人民币 4 万元,由平安保险公司负担。

三、上诉与答辩

上诉人平安保险公司不服原审判决,向山东省高级人民法院提起上诉称:本案保险事故并不存在。大海船舶公司主张的事故发生时,船舶仍在正常运行,主机缸套并不存在更换的必要。大海船舶公司没有证据表明存在拉缸,对于拉缸的概念和内涵并没有提供充分的科学依据,并没有科学的测量,没有提供证明划痕程度和深度的证据。三杰公司的鉴定报告也认定,缸套的磨损情况尚处于正常的磨损增量范围内,不是过度磨损。大海船舶公司所主张的事故损失,完全是大海船舶公司单方故意造成的,不属于保险责任范围。

大海船舶公司的证据不能证明拉缸损坏是因润滑油压力降低所致。轮机日志记载的润滑油压力降低范围仍然在主机运行允许的正常范围内，只会产生缸套的自然磨损，根本不可能导致拉缸损坏的发生。三杰公司的鉴定报告仅仅是主观推测主机运行时真实的润滑油压力降低可能大于轮机日志的记载，甚至还进一步推测有可能已发生了报警，但推测毕竟不是客观事实。三杰公司的鉴定报告分析认为，造成拉缸损坏的常见原因有多种，并且排除法确定润滑油压力降低是最可能的原因，该鉴定方法并没有确凿的科学依据。该报告还认为，润滑油总碱值降低会加重对机器腐蚀，又认为短时间运行不会造成严重腐蚀作用，但不能证明总碱值降低是短时间存在。

即使拉缸损坏是因润滑油压力降低所致，也不能证明系船员疏忽所为。三杰公司的鉴定报告认为，润滑油压力降低长时间运行会产生拉缸损坏。可见，根据该鉴定意见，短时间的、偶尔的润滑油压力降低并不会导致拉缸损坏，但鉴定人在一审中接受质询时却称是短时间形成的，前后矛盾。在整个轮机日志记录的相关时间段中，并没有发现润滑油压力长期降低的记载。三杰公司的鉴定报告也并没有明确认为存在船员疏忽行为，而仅仅是推测可能存在船员疏忽，而这个推测是鉴定人主观的判断。船员注意到了润滑油压力降低的变化，从主观上尽到注意义务，就不存在疏忽行为。而对于清洗不到位的主张，大海船舶公司也没有提供证据证明清洗不到位是由于疏忽行为而导致的。鉴定人在一审中接受质询时承认船员未发现只是一种可能，也就是也可能不存在船员的疏忽。

原审判决判令平安保险公司向大海船舶公司支付的码头费、拖带费、润滑油费不属于保险赔偿范围。平安保险公司请求二审法院撤销原审判决，依法改判驳回大海船舶公司的诉讼请求，或将本案发回重审。

被上诉人大海船舶公司辩称：三杰公司的报告中称缸套的磨损处于正常范围，不是过度磨损，是指如果不发生拉缸事故，缸套是可用的，是在正常的寿命周期内。发生拉缸事故是在其正常的增量范围内，在非正常的外力作用下形成了不可修补的划痕，导致活塞环和缸套之间不能密合，缸套报废。平安保险公司委托的日本的代理机构均确认发生了拉缸事故，对应编号记录的缸套的实地测量也证明拉缸事故发生。

润滑油压力降低是拉缸损坏的唯一原因，这是三杰公司的报告通过已知的数据事实，根据科学原理推知的唯一性结论，报告结论是科学合理的。平安保险公司委托的日本的代理机构在报告中所写明的两个原因也是润滑油压力降低和自然老化，只要排除了自然磨损，润滑油压力降低就是唯一结论。船舶不能航行说明不是自然磨损，而是外力作用。法院委托的三杰公司作出的结论也是润滑油压力降低。

在轮机日志中记载了润滑油的各项数据，在记事栏里出现了润滑油压力降低的记载，上述记载表明润滑油滤油器发生了问题，但船员或船长既未报告，也没有停船检查，船舶继续航行，这些行为均属于船员或船长的疏忽行为。平安保险公司以航海日志记录正常来认定疏忽的人没有疏忽行为是不能成立的。船员或船长的疏忽行为，是从科学原理排除各种可能性,得出唯一的可能性。关于碱值偏低的问题,平安保险公司的代理机构仅写明碱值偏低,而未给出正常的碱值标准,同时碱值偏低发生的是化学变化,不会引起拉缸。青岛海事法院对于赔偿范围的认定是正确的。大海船舶公司请求山东省高级人民法院维持原审判决。

四、二审裁判

山东省高级人民法院查明:

"盛海"轮在烟台修理期间,联合船级社(Union Bureau of Shipping)于2006年7月15日签发检验报告,检验结果为:就主机活塞和缸套进行了目视检验,发现一切良好。

在一审庭审中,大海船舶公司询问三杰公司鉴定人姜福全,事故发生后缸套是不是不能用了?姜福全回答:"不能用了。"平安保险公司委托的鉴定人王国瑞在接受询问时同意该观点。

海叶株式会社和Maruzen Showa Unyu Co., Ltd.出具的拖带费收据记载,拖带费7万日元为2006年7月26日1445至1600时拖轮拖带"盛海"轮产生的费用。Kashima Kowan Unso Co., Ltd.出具的码头费收据记载,码头使用费132 045日元为"盛海"轮于2006年7月26日至8月10日停靠在北公共码头产生的费用。平安保险公司在一审中对上述收据的真实性无异议。

山东省高级人民法院查明的其他事实与原审判决认定的事实相同。

山东省高级人民法院认为,三杰公司的鉴定报告和平安保险公司委托的救助协会的鉴定报告的内容可以证明,"盛海"轮发生了主机拉缸事故。三杰公司的鉴定人和平安保险公司委托的鉴定人在出庭接受询问时均认为,因为发生拉缸,缸套已无法使用,因此应认为发生了保险事故。三杰公司的鉴定报告称:"6个缸套的磨损情况从拉缸后的直径测量情况分析,尚处于正常的磨损增量范围内,不属于过度磨损。"可见,鉴定报告所称的缸套不属于过度磨损,是指缸套直径处于正常的磨损增量范围内,并非指没有划痕。平安保险公司对于鉴定报告的解释有误,山东省高级人民法院对其主张不予支持。

青岛海事法院委托三杰公司对"盛海"轮主机拉缸的原因进行鉴定,三杰公司和鉴定人具备相关的鉴定资格,鉴定程序合法,鉴定结论依据充分,且运用排除法作出鉴定结论并无不当,该鉴定结论可以作为证据使用。三杰公司的鉴定结论为,缸套不属于过度磨损;缸套的拉缸损坏应该是在航行途中发生润滑油压力大幅度降低甚至接近其报警压力或已经报警的情况下(船员未能及时发现)而未及时采取合理措施恢复正常压力,使柴油机在该状态下长时间运行而导致的机损事故。按照中国人保1986年1月1日船舶保险条款一切险条款,船长、船员的疏忽行为所造成的船舶部分损失属于承保范围,平安保险公司应当承担保险赔偿责任。

联合船级社的检验报告可以证实,"盛海"轮修理后主机活塞和缸套处于良好状态。本案所涉拉缸事故发生于"盛海"轮修理后第一个航次开航后的第五天。平安保险公司主张拉缸事故是由于正常磨损或润滑油总碱值降低造成的,但未提交证据证明,更未证明上述正常磨损和材料缺陷是被保险人恪尽职责应予发现的,因此对该主张山东省高级人民法院不予支持。平安保险公司亦没有提交证据证明拉缸事故是由保险责任范围之外的原因造成的,因此对本案所涉拉缸事故损失应予赔偿。

大海船舶公司请求支付的拖带费为"盛海"轮主机发生故障后,由拖轮移泊到修理地点所支出的费用;码头费为船舶修理时靠舶码头产生的费用;拉缸发生后润滑油需要更换。因此拖带费、码头费和润滑油费均为大海船舶公司为修理"盛海"轮支出的合理费用,为保险事故所致的损失,属保险赔偿范围。

综上,上诉人平安保险公司的上诉理由不成立。原审判决认定事实清楚,适用法律正确,应予维持。依照《中华人民共和国民事诉讼法》第 153 条第 1 款第(1)项之规定,判决如下:

驳回上诉,维持原判。

二审案件受理费 14 765 元,由上诉人平安保险公司负担。

本判决为终审判决。

15 上诉人中国人民保险公司青岛市分公司与被上诉人巴拿马浮山航运有限公司船舶保险合同纠纷案

案例来源:山东省高级人民法院(2001)鲁经终字第 314 号

主题词:船舶碰撞　和解赔偿协议　保险责任范围　保险人担保　保险人及时赔付义务

裁判要旨

No. HX-6.3-6　被保险人所属船舶在国外被当地法院扣留后,被保险人及时通知了保险人,并要求保险人为其提供担保,但保险人以间接碰撞不在保险责任范围为由拒绝提供担保。在达成和解协议前征求过保险人的意见,但保险人置之不理。被保险人这一行为的目的是为了减少自己的损失,应该说也是为了维护保险人的利益而实施的行为。保险人不积极作为,并不影响被保险人向其主张权利,保险人应该赔偿被保险人因间接碰撞所支付给对方船东的赔偿。

No. HX-6.3-7　保险合同适用的船舶保险条款中约定保险人的责任包括法律费用。被保险人在国外法院因船舶间接碰撞纠纷参加诉讼,为了诉讼所支付的律师费应认定是法律费用,保险人应予赔偿。但被保险人支付的咨询费用不是必要的法律费用,不应由保险人负担。

一、基本案情

上诉人(原审被告):中国人民保险公司青岛市分公司(以下简称青岛人保)

上诉人(原审原告):巴拿马浮山航运有限公司(Floating Mountain Shipping Ltd. S.,A.,Panama)(以下简称浮山航运)

青岛海事法院查明:

1997年1月1日,巴拿马浮山航运有限公司所属"浮山"轮的经营管理人青岛汇泉船务公司向青岛人保为"浮山"轮投保"一切险加战争险",青岛人保同日出具编号为009970098的船舶保险单。该保险单规定的保险期限为自1997年1月1日北京时间0时起至1997年12月31日北京时间24时止,保险条件为根据本公司船舶保险条款(1986年1月1日)承保,保险险别为一切险加战争险,保险金额为100万美元,保险船舶为"浮山"轮,免赔金额为2500美元,保险费为按约定费率计算,付费办法为按季平均交费。1996年1月1日中国人民保险公司《船舶保险条款》第1条"责任范围"第(2)款"一切险",为"本保险承保上述原因所造成被保险船舶的全损和部分损失以及下列责任和费用:1. 碰撞责任①本保险负责因被保险船舶与其他船舶碰撞或触碰任何固定的、浮动的物体或其他物体而引起被保险人应负的法律赔偿责任"。据青岛海上安全监督局给交通部安全监督局《关于"继承者"轮(M/V SUCCESSOR)搁浅事故的调查报告》称,1997年6月3日,LETHIA MARITIME G. L. T. D. NICOSIA CYPRUS 所属"继承者"轮(以下简称S轮)在进入青岛港时,在青岛港检疫锚地东南约0.3海里处搁浅。其经过如下:1997年5月31日23:30时,自澳大利亚载矿石165000吨的S轮到达青岛港外超大型船舶临时锚泊点A点(35°43′N,120°57′E)。由于为超大型船舶进出青岛港制定的航线要穿过禁航区,须事先征得海军同意,方可由此航线进出青岛港。S轮抵达A点时,正值海军进行军事演习,因此S轮就不能穿越禁航区进入青岛港,只能由青岛港主航道进入。由于青岛港主航道在35°56′39″N,120°28′27″E处有一16.0米的浅点,青岛海上安全监督局值班室指示S轮于6月3日15:00时左右,趁高潮过浅点进入青岛港,在青岛港检疫锚地下锚。据船长报告:15:50时S轮在通过浅点后,行驶到36°01.20′N,120°22.80′E处,航向由283°改为230°准备进入检疫锚地时,"浮山"轮由引航站以航向105°出港,与S轮相距3海里。16:03时S轮接近两艘在检疫锚地锚泊的船舶(左舷的"加乐"轮锚位36°00.57′N,120°22.35′E,右舷的"易禄"轮锚位36°00.52′N 120°21.66′E),准备从两艘锚泊船之间穿过,S轮距"易禄"轮1.5链,距"加乐"轮2.8链。这时,"浮山"轮已驶到距"易禄"轮4.0链处,突然向右转向,对着S轮右舷首部开来,S轮用VHF呼叫,没有回音。为避免碰撞,S轮向左转向,避开了"浮山"轮,但由于落流的影响,S轮被压向左舷的浅点,于16:20时搁浅在检疫锚地东南0.3海里处,位置为35°59.81′N,120°22.03′E。S轮搁浅后,船长用全速倒车,不但未能脱险,而且使船搁浅更厉害。6月3日至6月4日,青岛港务局派拖轮试拖,未能使S轮脱浅,6月6日,S轮船东委托烟台救捞局对S轮进行救助,并签订了"无效果无报酬"合同,至 6 月 12 日 09:30 时,S 轮被拖离浅滩,使之起浮。青岛海监局认为,此次事故发生的原因是由于 S 轮避让"浮山"轮后,顾此失彼,没有充分考虑到向左转向后,重载船受横流作用,被压到浅滩而造成搁浅。由于搁浅位置海地是泥沙,所以船体并未造成损坏,经初步检验,只是在 5 舱处船底有一点轻微凹陷。

1997 年 6 月 19 日,"继承者"轮船东作为原告,以"浮山"轮船东浮山航运为被告向新加坡高等法院申请扣押"浮山"轮并提起诉讼,新加坡高等法院对"浮山"轮予以扣押并以(1997)853 号案立案审理。在审理过程中,双方达成和解协议,由"浮山"轮船东浮山航运赔偿"继承者"轮船东 35 万美元,新加坡高等法院于 2000 年 3 月 15 日终止该案诉讼。上述 35 万美元赔偿款"浮山"轮船东浮山航运已经支付给"继承者"轮船东。另外,"浮山"轮船东浮山航运在上述案件中还支付了聘请律师费用和咨询费用计新加坡币 177 739.81 元。上述案件和解前,浮山航运曾于 2000 年 1 月 13 日传真通知青岛人保,拟与"继承者"轮船东和解。

法院还查明,上述 35 万美元赔款及律师费、咨询费新加坡币 177 739.81 元,是由中国船东互保协会替"浮山"轮船东浮山航运垫付,为此,青岛远洋运输公司向中国船东互保协会提交"反担保函","保证承担协会在根据协会现行保险条款和该轮入会条件应承担的赔偿责任以外所遭受的一切损失、风险、责任及费用"。

法院又查明,"浮山"轮在新加坡被扣押后,"浮山"轮的经营人青岛汇泉船务公司向青岛人保提出请求,要求青岛人保为"浮山"轮提供担保,但被青岛人保以"因两船未发生实际接触,故不属于我船舶保险条款(1/1/86)碰撞责任项下承保责任,我司没有提供担保的义务"为由拒绝。之后,浮山航运在提交反担保的情况下,由中国船东互保协会为"浮山"轮提供了担保,"浮山"轮才得以获释。

二、一审裁判

青岛海事法院认为,浮山航运、青岛人保对于双方之间存在的保险合同关系并无争议,对该案所涉保险单的效力亦无异议。双方所争议的焦点在于本案浮山航运所遭受的损失是否属于青岛人保保险单上记明的保险范围,即浮山航运所属"浮山"轮与 S 轮之间所形成的间接碰撞是否属于保险单上所规定的"碰撞"含义之内。《中华人民共和国海商法》第八章"船舶碰撞"规定,"船舶碰撞,是指船舶在海上或者与海相通的可航水域发生接触造成损害的事故"的同时,又于第 170 条规定,"船舶因操纵不当或者不遵守航行规章,虽然实际上没有同其他船舶发生碰撞,但是使其他船舶以及船上的人员、货物或者其他财产遭受损失的,适用本章规定"。这说明,《中华人民共和国海商法》对船舶间发生的直接接触而造成的碰撞损害(学理上称为"直接碰撞")与尽管船舶间没有直接发生接触但同样造成损害(学理上称为"间接碰撞")的法律处理结果是完全相同的,二者的责任基础、责任的构成要件、损害赔偿范围的确定与计算等均完全相同,所以我国《海商法》实际上已将间接碰撞纳入了"船舶碰撞"的范围之内。而在最高人民法院《关于审理船舶碰撞和触碰案件财产损害赔偿的规定》中,则已明确将"船舶碰撞"界定为"在海上或者与海相通的可航水域,两艘或者两艘以上的船舶之间发生接触或者没有直接接触,造成财产损害的事故"。本案所涉保险单的保险条款虽规定对船舶"碰撞"造成的损失予以赔偿,但却并未给船舶碰撞下一个明确的定义,亦未在免责条款中列明本案所属的间接碰撞属于青岛人保的免赔范围,以致引起保险人(青岛人保)与被保险人(浮山航运)之间对此发生争议。根据《中华人民共和国保险法》的规定,对保险条款发生争议时的解释原则,应作有利于被保险人的解释,故本案保险单所规定的保险条款中的船舶碰撞,应包括我国《中华人民共和国海商法》第170条所规定的情况。本案中"浮山"轮因操纵不当,致使S轮遭受了损失,此种情况属于间接碰撞,应属于青岛人保的保险范围之内。另外,被保险人在投保之后,亦负有在保险事故发生后及时有效地采取措施,防止损失扩大的义务。如保险人对间接碰撞拒赔,势必消极地造成鼓励被保险船舶直接碰撞。从而使保险人遭受更大的损失,并进而造成船舶保险市场的混乱,不利于培育良好的保险市场和保险秩序。

中国船东互保协会为浮山航运垫付了相关费用,是由于青岛远洋运输公司为浮山航运出具了反担保,并非当然地认为此种碰撞属于保赔协会的承保范围。但律师费及咨询费的支付,系浮山航运在新加坡法院支付的司法费用,并不属于作为保险人的青岛人保按照保险单的规定所应必然支付的费用,故对浮山航运的此项诉讼请求,山东省高级人民法院不予支持。关于浮山航运要求青岛人保赔偿其已支付给S轮船东的间接碰撞损失的诉讼请求,理由正当,证据充分,应予支持,但应按保险单规定扣除免赔额2500美元。青岛人保关于本案所涉的情形不是保险单上所规定的"碰撞",不应由作为保险人的青岛人保赔偿的答辩理由,缺乏法律依据,法院不予采信。依照《中华人民共和国民法通则》第106条第1款、第111条,《中华人民共和国保险法》第30条、第147条,《中华人民共和国海商法》第170条,最高人民法院《关于审理船舶碰撞和触碰案件财产损害赔偿的规定》第16条第1款第(3)项的规定,判决:

一、青岛人保赔偿浮山航运保险金347 500美元及利息(利息以自2000年2月5日起至本判决生效之日止按我国银行同期存款利率计算)。

二、驳回浮山航运的其他诉讼请求。

案件受理费人民币40 320元,由浮山航运承担10 320元,青岛人保承担30 000元。

二、上诉与答辩

青岛人保不服原审判决,上诉称:原审判决逻辑推理错误,适用法律不当。本案所涉保险合同约定明确,间接碰撞不属于青岛人保承保的保险事故范围,青岛人保依法不应承担保险责任。理由如下:(1)保险人承保的碰撞责任仅限于有直接接触的碰撞,这在我国国内是被普遍接受的原则。《保险条款费率辞释大全》一书中将"碰撞"界定为"仅限于船舶之间发生的直接接触,包括水上、水下各部位及锚和锚链";将"碰撞"界定为"被保险船舶接触了船舶以外的浮动或固定物体,如码头、闸门、航标、渔网、浮筒,甚至包括空中飞行物"。这一解释表明,没有直接接触的碰撞不属于保险人承保的责任范围。(2)《中华人民共和国海商法》第 165 条关于"船舶碰撞"的定义是明确的,根据该定义,发生实际接触是构成船舶碰撞的四要件之一。而《中华人民共和国海商法》第 170 条,对船舶间未发生接触造成损害的情形,单独加以规定,正说明这种情况不是船舶碰撞,这些非船舶碰撞的情况可以适用有关船舶碰撞的规定进行处理。原审判决作出船舶碰撞包括间接碰撞的结论,是对船舶碰撞概念的不合理扩张。最高人民法院《关于审理船舶碰撞和触碰案件财产损害赔偿的规定》中,"船舶碰撞"的含义,仅仅适用于本规定。完全是为了表述上的方便,而不是为了超越《中华人民共和国海商法》的定义去扩张"船舶碰撞"的内涵。(3)我国海商法学界和司法界及 1910 年《统一船舶碰撞某些法律规定的国际公约》都表明,"船舶间的接触是构成船舶碰撞的必要条件","没有接触的船舶间的相互作用,即使发生损害,在现行船舶碰撞概念中,也不属于船舶碰撞"。(4)《中华人民共和国保险法》第 30 条的规定,是在对保险合同条款本身用词含糊不清、可作多种理解的情况下适用,本案所涉保险合同的条款,语义是明确的,不应适用《中华人民共和国保险法》第 30 条之规定。按我国《合同法》第 41 条的规定:"当事人对合同条款的理解有争议的,应当按照通常理解予以解释。"(5)浮山航运对"继承者"轮船东的赔付无法律依据,把这样的赔付强加到保险人头上是不公平的,也违反了《中华人民共和国保险法》的基本原则。因为青岛港监经调查后并没有认定"浮山"轮应当对"继承者"轮的搁浅承担任何责任;在新加坡法院没有认定浮山航运应对"继承者"轮的搁浅承担责任的情况下,浮山航运自愿进行了赔付。且该赔付前后均未经过保险人的同意和认可,严重损害了保险人利益。原审判决认为"如保险人对间接碰撞拒赔,势必消极地造成鼓励被保险船舶直接碰撞"的观点是不成立的。作为法院,应以法律为准绳,严格按保险合同去判断双方当事人的权利义务,而不应顾及不合理的担忧任意裁判。请求二审法院撤销原判,驳回浮山航运的诉讼请求。

上诉人浮山航运答辩称:(1)原审判决第一项逻辑推理正确,即认定间接碰撞属于青岛人保碰撞责任条款的范围之内。适用法律也无不当。我国《海商法》第 165 条、第 170 条,最高人民法院《关于审理船舶碰撞和触碰案件财产损害赔偿的规定》《里斯本公约》《1910 年碰撞公约》等,都规定了"间接碰撞属于船舶碰撞的范围之内"。《里斯本公约》第 1 条便明确规定:不把"接触"作为船舶碰撞的必要条件;船舶碰撞适用于船舶间相互作用的任何事故。1910《统一船舶碰撞某些法律规定的国际公约》第 13 条更是明确地规定,间接碰撞属于船舶碰撞的范围之内。而《保险条款费率辞释大全》一书中"船舶保险条款说明"部分对于"碰撞"的界定,显然仅属于保险公司参编者的个人观点,无任何法律效力。(2)原审判决适用《中华人民共和国保险法》第 30 条作出有利于被保险人的解释是正确的。关于人保船舶保险条款中的"碰撞"是否包括无接触的间接碰撞,只能有两种不同的解释,即本案双方当事人所持有的两种观点。(3)青岛港监在其《事故调查报告》中,虽然未对"浮山"轮和"继承者"轮的责任比例作出划分,但已经确认了间接碰撞的发生,即由于"浮山"轮操纵方面的问题,致使"继承者"轮为了避免与"浮山"轮直接碰撞而搁浅。因此,"浮山"轮对"继承者"轮的搁浅应承担碰撞责任是毫无疑问的。我方与"继承者"轮船东达成和解,绝非草率的赔付。而是审时度势,谨慎作出的有利于保险人的选择。"浮山"轮被扣押之后,浮山航运及时向青岛人保作了说明,并根据碰撞条款要求青岛人保出具担保,但遭其拒绝。关于在新加坡法院的诉讼意见,青岛人保也以拒赔为由,不作答复。现在却指责浮山航运所作赔付没有经过保险人同意和认可,显然连自己的信誉都不顾了。请求二审法院驳回青岛人保的上诉,维持原审判决第一项。

上诉人浮山航运不服原审判决,上诉称:青岛海事法院判决第二项对浮山航运在新加坡法院因诉讼所支付的律师费和咨询费的诉讼请求不予支持是错误的。请求二审法院改判第二项为青岛人保赔偿浮山航运已支付的律师费及咨询费计新加坡币177 739.81元及利息,折合人民币82万元。其理由为:保险合同条款中所称的"法律费用"实际就是原审判决认定的司法费用,应属船舶保险人的赔偿责任范围。"继承者"轮船东在新加坡法院对我方索赔高达260余万美元,我方必须聘请当地律师出庭答辩,经过艰辛努力,终于争取到以35万美元和解结案,维护了保险人的利益。

青岛人保对浮山航运的上诉未提交答辩状,在庭审中辩称:青岛人保因对于这次事故不承担任何保险责任,故由此而产生的法律费用等也不应由青岛人保承担。

四、二审裁判

山东省高级人民法院查明的事实与青岛海事法院认定的事实基本相同。

另查明:中国人民保险公司《船舶保险条款》第(2)款1(3)项规定:"本条项下保险人的责任(包括法律费用)是本保险其他条款项下责任的增加部分,但对每次碰撞所负的责任不得超过船舶的保险金额。"浮山航运因"继承者"轮船东在新加坡法院对其起诉,为聘请律师支付了新加坡币144 322.77元,另支付咨询费新加坡币33 417.04元。

山东省高级人民法院认为,本案双方当事人在一、二审诉讼中均引用我国法律进行诉辩,本案纠纷的解决应适用中华人民共和国法律。

本案双方当事人争执的主要问题有:(1)关于本案所涉保险合同中"船舶碰撞"是否应包括间接碰撞的问题,山东省高级人民法院认为,青岛海事法院对该问题的认定是正确的,即间接碰撞已纳入了船舶碰撞的范围之内,间接碰撞应属于青岛人保赔偿的范围,依据是《中华人民共和国海商法》第165条规定"船舶碰撞,是指船舶在海上或者与海相通的可航水域发生接触造成损害的事故"。《中华人民共和国海商法》第170条规定:"船舶因操纵不当或者不遵守航行规章,虽然实际上没有同其他船舶发生碰撞,但是使其他船舶以及船上的人员、货物或者其他财产遭受损失的,适用本章的规定"。最高人民法院《关于审理船舶碰撞和触碰案件财产损害赔偿的规定》中第16条,对"船舶碰撞"的含义作了释义,"船舶碰撞是指在海上或者与海相通的可航水域,两艘或者两艘以上船舶之间发生接触或者没有直接接触,造成财产损害的事故"。1910年《统一船舶碰撞某些法律规定的国际公约》第13条规定:"本公约的规定扩及一艘船舶对另一艘船舶造成损害的赔偿案件,而不论这种损害是由于执行或不执行某项操纵,或是由于不遵守规章所造成,即使未曾发生碰撞,也是如此。"根据以上的法律法规及参照国际公约规定,可以确定本案船舶保险条款所指碰撞应当包括无接触碰撞。另外,双方当事人所签保险合同中"碰撞责任"的除外责任中,也未说明对间接碰撞不负赔偿责任。《中华人民共和国保险法》第 30 条规定:"对于保险合同的条款,保险人与投保人、被保险人或者受益人有争议时,人民法院或者仲裁机关应作有利于被保险人和受益人的解释。"《中华人民共和国保险法》第 17 条规定:"保险合同中规定有关于保险人责任免除条款的,保险人在订立保险合同时应当向投保人明确说明,未明确说明的,该条款不产生效力。"所以,青岛人保应对浮山航运船舶间接碰撞所造成的损失承担保险赔付责任。(2) 关于浮山航运对"继承者"轮船东的赔付是否侵害了保险人的合法利益问题。浮山航运与"继承者"船东达成的和解赔付协议,是在"继承者"船东向新加坡法院起诉后在诉讼中形成的,青岛人保认为浮山航运对外赔付是主动行为与事实不符。浮山航运所属船舶在新加坡被当地法院扣押后,浮山航运及时通知了青岛人保,并要求青岛人保为其提供担保,但青岛人保以间接碰撞不在保险责任范围为由拒绝提供担保。浮山航运在与"继承者"轮船东达成和解协议前也征求过青岛人保的意见,但青岛人保仍然置之不理。青岛人保虽指责浮山航运损害了其合法利益,但未能举证证明。浮山航运是作为被告在诉讼过程中与"继承者"轮船东达成和解协议的,目的是为了减少自己的损失,应该说也是为了维护保险人的利益而实施的行为。青岛人保不积极作为,并不影响浮山航运向其主张权利。其应该赔偿浮山航运因间接碰撞所支付给"继承者"轮船东的 35 万美元(应扣除合同约定的 2 500 美元免赔额)。(3) 关于浮山航运主张的律师费、咨询费是否应由青岛人保赔偿的问题。根据本案保险合同适用的船舶保险条款"碰撞责任"(3)项的规定,保险人即青岛人保的责任应当包括法律费用。浮山航运在国外法院因船舶间接碰撞纠纷参加诉讼,为了诉讼所支付的律师费应认定是法律费用。青岛海事法院认为,该费用系浮山航运在新加坡法院支付的司法费用,不属于保险单中规定所应必须支付的费用不当,应予纠正。但浮山航运支付的咨询费用不是必要的法律费用,不应由保险人负担。浮山航运主张的新加坡币 144 322.77 元律师费损失应由青岛人保负担,对其主张的新加坡币 33 417.04 元咨询费不予支持。

综上,青岛人保关于本案所涉保险合同约定的保险范围不应包括间接碰撞,其不应承担保险责任的主张,不符合法律规定,山东省高级人民法院不予采纳。青岛人保应按保险合同约定,在承保范围内赔偿浮山航运已因船舶间接碰撞所支付给"继承者"轮船东的赔偿费用。浮山航运关于由青岛人保赔偿其所支付律师费的请求,符合保险合同的约定,应予支持。青岛海事法院认定事实基本清楚,适用法律正确,但认定浮山航运支付的律师费不是法律费用欠当,依法予以纠正。依照《中华人民共和国民事诉讼法》第 153 条第 1 款(3)项之规定,判决如下:

一、维持青岛海事法院(1999)青海法海商初字第 180 号民事判决书第一项。

二、撤销青岛海事法院(1999)青海法海商初字第 180 号民事判决书第二项。

三、中国人民保险公司青岛市分公司赔偿巴拿马浮山航运有限公司已支付的律师费用新加坡币 144 322.77 元或人民币 665 830.20 元及利息(自 2000 年 2 月 5 日起至本判决生效之日止按我国银行同期存款利率计算)。

四、驳回巴拿马浮山航运有限公司对中国人民保险公司青岛市分公司关于咨询费的诉讼请求。

上述款项,中国人民保险公司青岛市分公司应在本判决生效之日起 10 日内付清,逾期则按有关法律规定加倍支付迟延履行期间的债务利息。

一审案件受理费人民币 40 320 元,由中国人民保险公司青岛市分公司负担 35 482 元,巴拿马浮山航运有限公司负担 4 838 元。二审案件受理费人民币 40 320 元,由中国人民保险公司青岛市分公司负担 35 482 元,巴拿马浮山航运有限公司负担 4 838 元。

本判决为终审判决。

16 上诉人巴拿马永跃船务发展有限公司与被保险人中国人民财产保险股份有限公司青岛市分公司船舶保险合同保险赔偿金纠纷案

案例来源:山东省高级人民法院(2007)鲁民四终字第 65 号
主题词:通融赔付 保险代理人 船舶适航

裁判要旨

No. HX-6.3-8 即使船东公司的股东之一同意或知道赔付,也无法得出船东公司同意或知道赔付的结论。被保险人曾委托其管理公司向保险人索赔,管理公司放弃被保险人的部分利益需经被保险人的授权。保险人没有证据证明被保险人委托管理公司代为确认保险赔付事宜或达成通融赔付的协议的,管理公司对赔付的同意和确认不能约束船东。

一、基本案情

上诉人(原审原告):巴拿马永跃船务发展有限公司(YONG YUE SHIPPING EN-TERPRISES INC., PANAMA)(以下简称永跃公司)

被上诉人(原审被告):中国人民财产保险股份有限公司青岛市分公司(以下简称青岛人保)

青岛海事法院查明:

2001 年 11 月 22 日,山东省海丰船舶管理有限公司(以下简称海丰公司)就"海丰大阪"轮(SITC OSAKA)船舶投保事宜,向青岛人保提交投保单。投保单载明:船东为永跃公司,海丰公司是管理人,该轮船舶注册地及船籍国为巴拿马,保险金额 150 万美元,保险条件为一切险,航行范围近洋,保险期限为 2001 年 11 月 23 日至 2001 年 12 月 31 日。同日,青岛人保完全接受投保并出具了永跃公司为被保险人的船舶保险单,保单记载进一步明确了按中国人保1986年1月1日船舶保险条款承保一切险。该条款规定的相关责任范围为：承保因船舶机件或船壳的潜在缺陷、船长及船员等的疏忽行为所造成的船舶的全损和部分损失，但此种损失原因应不是由于被保险人、船东或管理人未恪尽职责所致；不适航、被保险人及其代表的疏忽或故意行为，及被保险人恪尽职责应予发现的正常磨损、锈蚀或保养不周或材料缺陷（包括不良状态部件的更换或修理）等原因所致损失、责任或费用为除外责任。

"海丰大阪"轮保险期限届满前的2001年12月28日，海丰公司的郭金魁代表海丰公司向青岛人保确认维持原有承保条件续保。随后，青岛人保于12月30日签发了与前述承保条件相同的船舶保险单，保险期限自2002年1月1日起至2002年12月31日止。

2002年1月19日，"海丰大阪"轮满载货物自上海起航驶往日本大阪。1月20日08：10时，主机发生故障，停车漂航，修理主机，一直持续到1月21日19：05时恢复航行，1月22日04：30时许，主机再次发生故障，于11：00时许在日本FUKUE SHIMA岛以南、TSUTARA SHIMA岛以北处（锚位北纬32°35′.6，东经128°43′.5）抛锚等待救援。同日，海丰公司向青岛人保提交了事故报告。1月28日，"海丰大阪"轮由上海打捞局"德平"轮拖带至目的港卸货，后又拖带回青岛灵山船厂修理。拖带费用约为8.8万美元。在灵山船厂修理期间，青岛双诚船舶技术咨询有限公司（以下简称双诚咨询公司）受青岛人保委托指派验船师对该轮进行了全程跟踪检验，并于该轮修理完毕后的2002年8月6日出具了检验报告。报告认为：造成该轮主机损坏的原因可能部分归因于轮机长声称的损坏原因，但该轮主机系统本身已存在的问题会对主机损坏产生影响。已存在的问题包括机油分油机不能正常工作、机油系统内严重脏污、主机扫气质量差及主机安全保护系统自接船就不能正常工作等。验船师还对修理费用进行了评估，认为本次主机损坏修理的合理费用合计为1 278 904元人民币。验船师的检验报告中附有轮机长于1月23日手写的事故报告，轮机长称在事故前对主机第7缸进行检修时忘记锁紧防松钢丝，致使航行中压盖螺栓松动，润滑油从压盖外泄，轴承润滑油量减少，造成了第7缸及其他各缸的损坏。青岛人保此后还委托上海悦之保险公估有限公司（以下简称悦之公估公司）就事故原因进行了分析，并于2003年11月15日取得了《SITC OSAKA轮主机机损事故发生原因分析报告》（以下简称《分析报告》）。该报告认为的事故主要原因是：该轮上次修理时，船东光更换了主机润滑油，但没有清洗主机润滑油循环柜，清除其中长期积累的残渣污垢；船东也没有为该轮配备能够正常工作的主机润滑油分油机，接船后主机润滑油就没有分油净化过，润滑油质量极差，……使主机所需要润滑的重要零件发热损坏或严重磨损，造成这次重大机损事故。永跃公司称也曾对本次机损事故原因征询过专家意见，认为：该轮润滑油分油机是否正常工作，并不必然导致本次机损事故的发生；主机第7缸润滑油出口压盖忘记装锁紧防松钢丝是事故极可能的起因，在主机第7缸发生敲缸的情况下，没有采取停车措施而继续航行，是导致事故发生的最根本原因。永跃公司提供的该《咨询意见》，没有鉴定部门的盖章或相应专家的签署,系永跃公司律师作为代理意见的组成部分一并提交的。

应海丰公司的请求,青岛人保曾向其先行赔付了部分拖带费用5万美元。在船舶修理完毕之后的2002年9月29日,海丰公司就全部修理费3 414 428.76元人民币,依照保险合同向青岛人保提起索赔。2002年11月5日,青岛人保以主机事故前即存在故障未予修理、船舶不适航等为由通知海丰公司拒赔。海丰公司将该通知转传给了永跃公司。2002年11月18日,海丰公司回复青岛人保并提出了不同观点,希望与青岛人保共同探讨。2003年1月21日,青岛人保决定,除已经赔付5万美元外,再赔付拖带费37 923.39美元,同时对机损部分按检验人认定费用的15%(即23 763.26美元)进行通融赔付,共计56 685.65美元(扣除免赔额5 000美元)。该方案两天后取得海丰公司郭金魁同意并予以签字确认。2003年1月27日,海丰公司收到了上述赔款,并向青岛人保出具了收款收据。

2003年3月24日,永跃公司就机损保险赔偿事宜传真致函青岛人保,称青岛人保以机损前主机机油系统严重脏污及润滑油油质不好的结论为主要理由确定机损赔付数额依据不足,并认为由于青岛人保从未与其进行过协商,因而不能接受按修理费的15%赔付。同日,青岛人保回复永跃公司,称再作赔付已不可能。后永跃公司于2004年1月12日向青岛海事法院提起诉讼,要求青岛人保偿付其拒绝赔付部分的保险赔偿金。

另查明:"海丰大阪"轮系永跃公司购买取得并于2001年11月在香港接船。原船东在将船舶驶往香港交船的航次中,永跃公司聘用的船长林明及轮机长莫定雄即已在船上。2001年10月22日,船长林明将该航次航行中主机停车已达15次、累计停车时间近10天,即主机状况不良的情况,以手写报告的形式向永跃公司作了汇报,并在汇报中提到了主机需修理的项目已由轮机长列出清单。轮机长同日手写的书面报告显示,有列明的主机修理项目,还有提示永跃公司(王总和公司领导)应注意的事项:船上的润滑油分油机一直未用,有冷却水漏入曲轴箱内的情况发生,修复需要巨大资金。永跃公司在香港接船后,将该轮驶往舟山并于同年12月5日进舟山市定海沥港船厂(以下简称沥港船厂)修理,至2002年1月9日试航完毕。永跃公司本次修船项目包括主机部分的修理,并对润滑油分油机进行过更换,但对主机修复的情况未申请验船师进行检验。2002年1月11日至1月18日,该轮正常完成自上海至日本大阪的往返两个航次,机损事故发生在自上海至日本的第三个航次。永跃公司曾对于上述船长和轮机长的手写报告复印件持有异议。对此,青岛人保就船长的报告复印件委托了文书司法鉴定,证明是真实的。

法院还查明:"海丰大阪"轮由海丰公司代为管理,永跃公司提交的船舶代管协议复印件中,没有关于海丰公司可代为确认保险赔付事宜的约定。

二、一审裁判

青岛海事法院认为,本案系涉外保险合同保险赔偿金纠纷,青岛人保住所地在青岛,根据《中华人民共和国民事诉讼法》第 26 条的规定,该院对该案享有管辖权。双方当事人均主张适用中华人民共和国法律,可视为双方对准据法共同作出了选择,依照《中华人民共和国海商法》第 269 条的规定,本案争议的解决应适用中华人民共和国法律。

根据《中华人民共和国海商法》第 221 条的规定,本案双方当事人之间成立了有效的船舶保险合同法律关系,双方的权利义务关系由船舶保险单的记载内容确定。永跃公司按中国人保 1986 年 1 月 1 日船舶保险条款投保了一切险,青岛人保作为保险人是否承担保险赔偿责任,应当根据该条款的责任范围及除外责任的相应规定予以分析判断。本案机损事故的发生,涉及船员和船东不同性质的行为。船员的过错原因发生事故构成保险事故,但船东不当行为的原因可导致保险人免责,因而查明事故原因成为本案的关键。

对于机损事故的原因,双方当事人争议较大,且分别提供了咨询意见和有关报告以支持自己的主张。双诚咨询公司的《检验报告》,是专业验船师在参与了船舶现场修理的基础上形成的,真实反映了当时的客观情况,应予采信;悦之公估公司的《分析报告》,系具有专业技术资质的人员以验船师的《检验报告》为依据进一步科学分析而得出的,可以作为确定本案事实的依据。据此可以认定,机损事故主要是由于永跃公司接船后进行修理时未清洗润滑油循环柜以及润滑油分油机不能正常工作等原因所致,船员忘记装锁紧防松钢丝等过失行为也是事故原因之一。关于永跃公司的咨询意见中提出的不同观点,永跃公司的分析系基于充分清洗了润滑油循环柜的事实基础上得出的结论,因该事实无充分证据予以证实,故其意见中关于"最根本原因是在主机第 7 缸发生敲缸的情况下,没有采取停车措施而继续航行造成的"的推论不能成立。

如上所述,机损事故的最主要原因是主机本已存在故障,次要原因是船员操作不当。对于原有的主机故障,在船舶交予永跃公司时即已存在,永跃公司通过船长及轮机长的报告已经知道或应当知道这些事故隐患。但永跃公司对随后的船舶修理不申请专业验船师进行检验,仅在修理完毕后进行了试航,未能确保船舶经维修后其故障得以排除。永跃公司的行为表明,其未尽到一个合格船东通常的谨慎处理义务,构成被保险人未恪尽职守的过失。根据中国人保(1986 年 1 月 1 日)船舶保险条款一切险相应条款的规定,永跃公司未恪尽职责所致的事故损失,不属于青岛人保承保的责任范围,且构成青岛人保可以免责的正当事由;而船员的疏忽行为则属于青岛人保的承保风险,青岛人保应对由此产生的相应事故损失承担赔偿责任。由于该承保风险仅是导致事故发生的次要原因,青岛人保的赔偿责任应当限于整个事故损失的较少部分。青岛人保已实际赔付事故修理合理费用(154 643 美元)的 15%,且对尚有争议的近 8.8 万美元的拖航费也已通融支付,可以视为青岛人保对永跃公司已进行了合理赔付。据上,青岛海事法院认为,本案机损事故仅部分归因于船员疏忽的承保风险所致,青岛人保对此已尽合理赔付义务;未予赔付部分的损失和费用,不属于青岛人保的责任范围,青岛人保不应承担保险赔偿责任。

因无充分证据证明船舶在开航当时不适航,青岛人保依此提出免除全部保险责任的主张,不应支持。

青岛人保关于永跃公司接受了保险人的通融赔付后无权再行诉讼的主张不能成立。青岛人保对于海丰公司有权代表永跃公司接受其通融赔付的主张负有举证责任。永跃公司否认其委托海丰公司对保险理赔事宜进行最终确认,青岛人保亦无证据证明永跃公司对海丰公司有明确的授权及存在永跃公司事后追认的事实,则青岛人保与海丰公司达成的赔付协议不能约束永跃公司。海丰公司的行为是以自己的名义进行的,不符合表见代理的构成要件,青岛人保以此为据提出的抗辩,不应支持。

综上所述,青岛人保向永跃公司的船舶管理人进行了通融赔付,不应视为本案双方当事人就本案争议已经协商解决,永跃公司有权提起诉讼主张权利。但因青岛人保对本案机损事故已在其保险责任范围内给予适当赔偿,青岛人保不应再对超出此范围的损失或费用承担责任,对永跃公司的诉讼请求不予支持。据此,并依照《中华人民共和国民事诉讼法》第64条第1款的规定,判决:

驳回永跃公司的诉讼请求。案件受理费15 610元由永跃公司承担。

三、上诉与答辩

上诉人永跃公司不服一审判决,上诉称:原审判决对机损事故原因认定为"原有主机故障没有排除"是不符合事实的推定。永跃公司针对接船前和接船后检查发现"海丰大阪"轮所存在的问题,进舟山沥港船厂修理,经试航和检验合格出厂。该轮执行了航行任务两个航次,主机工作良好。以上事实证明,永跃公司作为船东已尽了恪尽职责的义务,"海丰大阪"轮修船后在开航前和开航当时是适航的。本次事故是"海丰大阪"轮执行第三个航次任务的第四天,2002年1月22日,在海上有8级大风的情况下,主机第七缸发生敲缸异常。该轮船员没有按规定在大风浪天气航行时降速使用柴油机,反而将正常情况下11.7节的速度加速到13.3节,使柴油机严重超负荷,造成了机损事故。该轮因发生保险事故而产生的主机修理费为1 311 304元人民币。这种损坏的结果,完全是船员的过失造成的损失,依法属于保险事故。

一审判决认定永跃公司未恪尽职责的理由和根据不成立。(1)"海丰大阪"轮是适航的。专业验船师的检验不是保险责任的法定要件,而是否适航才是划分责任的标准,原审判决以船舶修理后未申请验船师进行检验为由认定永跃公司未恪尽职责是错误的。(2)双诚咨询公司出具的《检验报告》和悦之公估公司的《分析报告》是青岛人保单方委托作出的,永跃公司对该两个材料一直不予认可,曾多次申请对事故原因委托鉴定,但青岛海事法院未予同意。永跃公司请求改判青岛人保承担全部保险赔偿责任。

被上诉人青岛人保辩称:从航海日志等证据来看,"海丰大阪"轮在2002年1月22日04:30时之前的航行途中的风浪从来都没达到过九级,根本没有遇到罕见的大风大浪。"海丰大阪"轮在该航次刚刚离开上海的几乎风平浪静的头一天,即1月20日

08:10 时,就发生了严重的主机故障并停车漂航 35 小时,一直漂航到 1 月 21 日 19:05 时才勉强恢复航行。而在主机发生故障的 1 月 20 日 08:10 时以前的海面上仅仅是"和风、轻浪,风力 4 级",根本没有任何大的风浪。"海丰大阪"轮在漂航了 35 小时后于 1 月 21 日 19:05 时勉强恢复航行仅仅 9 个小时,就再次发生了主机故障。"海丰大阪"轮的主机故障与风浪没有任何关系,完全是船舶主机不适航的直接后果。

"海丰大阪"轮主机长期处于不适航状态,没有得到妥善修理,是导致主机故障、停车漂航的根本原因。永跃公司至今没有任何证据能够证明,船长和轮机长所报告的船舶严重不适航问题得到了彻底修复。2002 年 1 月 23 日向永跃公司写的另一书面报告中又讲:"1 月 14 日,在神户检查主机时,发现主机第三缸十字头轴承两端有金属微粒;到上海后,洗机油过滤器时,发现磁性棒上有金属粒,上述情况向公司汇报并请求是否停航修理。"永跃公司明明知道或应当知道这种严重的不适航情况,但始终没有采取彻底的修复措施。对因此而引起的主机修理费损失,船舶保险人没有赔偿义务。

"海丰大阪"轮应当在日本就近港口或船厂修理,长距离拖航没有必要,保险人没有赔偿义务。青岛人保就在永跃公司的船舶管理人的《事故报告》上明确签署回复意见并提出:"该轮应拖到就近港口或码头、锚地进行检修,并通知该轮靠港地点和时间,以便我司安排检验。"但永跃公司执意拖航,因此而产生的拖轮费用 8.8 万美元不属于施救费用,保险人理所当然可以拒赔。

"海丰大阪"轮船舶管理人已经接受了保险人的通融赔付,不应反悔而再行诉讼。另外,永跃公司始终没有向货主宣布过共同海损,没有要求过货主对损失参加共同海损分摊。因此,即使"海丰大阪"轮的主机故障遭受的损失应当由船舶保险人承担,保险人也没有义务承担本应由货主承担的共同海损分摊。假如青岛人保应当赔偿永跃公司的损失,也应当扣除货主应分摊的共同海损。

永跃公司的航海日志、轮机日志有作假行为,表明其完全知道自己进行保险索赔的证据和理由不充分、不可靠。青岛人保请求驳回上诉,维持原判。

四、二审裁判

上诉人永跃公司在山东省高级人民法院二审期间提交了以下证据:(1) 国家海洋局东海预报中心《2002 年 1 月 20—30 日日本西部沿海(北纬 30—35 度,东经 126—129 度)附近海域海洋环境实况证明》,用以证明"海丰大阪"轮主机事故发生前后的海况与航海日志记载相同。(2) 航海资料和《大型船舶的锚泊操纵方法》,用以证明北纬 32—34 度,东经 127—129 度水深 180 米,在如此深的水域是不可能抛锚的。(3) 舟山市定海区沥港船厂《沥港船厂估价单》,与《工程项目验收、价格单》相印证,用以证明"海丰大阪"轮在沥港船厂的修理工作,进行了润滑油循环柜清洁,并收取了费用。(4)《船舶修理结账协议书》和付款发票,用以证明沥港船厂向永跃公司收取的修船费用包含润滑油循环柜清洁的费用。青岛人保对证据 1 中记载的风浪的真实性没有异议,但认为不能证明主机故障是大风大浪造成的。山东省高级人民法院认为,上述证据能够证明 2002 年 1 月 21 日中午至 22 日夜上述海域风力 7 至 8 级,最大风力 9 级,海浪 3 至 4 米。青岛人保对证据 2 的真实性没有异议,但认为与本案无关。山东省高级人民法院认为上述证据能够证明"海丰大阪"轮发生本案所涉事故水域平均水深 180 米,不可能抛锚。青岛人保认为,证据 3 和证据 4 中除付款发票外不具有真实性,上述证据不能证实船舶适航。山东省高级人民法院认为,《沥港船厂估价单》为书证原件且有《工程项目验收、价格单》《船舶修理结账协议书》和付款发票佐证,青岛人保虽提出异议但没有足以反驳的相反证据,故对上述证据的真实性予以认定。上述证据能够证实沥港船厂在修理"海丰大阪"轮时,进行了润滑油循环柜清洁。

被上诉人青岛人保在山东省高级人民法院二审期间提交了以下证据:(1) 海丰公司的《证明》,内容为郭金魁在该公司工作,负责"海丰大阪"轮的投保和理赔工作,签署文件是代表公司处理保险事故的行为。(2)《山东航海》杂志,证明海丰公司的服务项目包括代办船舶保险理赔;该公司总经理王学盛为永跃公司的股东之一。(3) 永跃公司给海丰公司的传真,催促海丰公司尽快落实索赔的修理费和拖轮费,海丰公司总经理批示请郭金魁参办。(4) 永跃公司给海丰公司的传真,称对青岛人保拒绝赔偿的意见无法接受,要求海丰公司据理力争。青岛人保提交上述证据欲证明,海丰公司郭金魁有权代理永跃公司理赔。永跃公司认为,上述证据无法证明青岛人保的主张。山东省高级人民法院认为,上述证据不能证明被保险人永跃公司委托海丰公司代为确认保险赔付事宜或达成通融赔付的协议。

经审理查明:双诚咨询公司 2002 年 8 月 6 日作出的《检验报告》附件中,有"海丰大阪"轮的部分航海日志复印件和轮机日志复印件,上述复印件与永跃公司提交给法院的航海日志和轮机日志记载有所不同。永跃公司称:双诚咨询公司《检验报告》所附的复印件是从其航海日志和轮机日志上复印而来,在复印后永跃公司对航海日志进行了补记,轮机日志因为脏污而另誊写了一本。永跃公司未能提交其所称的脏污的原始轮机日志。山东省高级人民法院认为,永跃公司提交不出原始的轮机日志,誊写的轮机日志无法与原件中未复印的部分进行核对,所以双诚咨询公司《检验报告》附件中的轮机日志复印件可以作为证据使用,永跃公司向法院提交的轮机日志对其主张不具有证明力。双诚咨询公司《检验报告》附件中的航海日志复印件可以作为证据使用,永跃公司向法院提交的航海日志与上述复印件不一致的部分不具有证据效力。

双诚咨询公司《检验报告》称,造成该轮主机损坏的原因可能部分地归因于轮机长卢称的损坏原因,但法院还了解到,该轮还存在下列五项问题会对主机损坏产生影响:机油分油机不能正常工作,虽在上次修船过程中更新过一台二手分油机,但还是不能正常工作;机油系统内严重脏污,虽然在上次修船时更换过润滑油,但润滑油系统没有进行过清洗;主机空气冷却器拆除运行,主机扫气质量较差;主机安全保护系统自接船就不能正常工作;主机的运动件间隙在上次修船时就很可能很大,但可能没超极限。《检验报告》未记载署名验船师如何了解到该轮存在的上述问题。山东省高级人民法院认为,因为署名验船师并非勘验人,也不能说明向何人了解,因此凭《检验报告》中的记载尚不能认定该轮在沥港船厂修理后存在上述润滑油分油机不能正常工作的问题。

2001年12月5日至2002年1月9日,"海丰大阪"轮在沥港船厂修理,修理时进行了润滑油循环柜清洁。

2002年1月21日中午至22日夜,"海丰大阪"轮所经海域风力7至8级,最大风力9级,海浪3至4米。

永跃公司在本案二审期间申请对"海丰大阪"轮主机机损事故的原因进行鉴定。最高人民法院《关于民事诉讼证据的若干规定》第28条规定:"一方当事人自行委托有关部门作出的鉴定结论,另一方当事人有证据足以反驳并申请重新鉴定的,人民法院应予准许。"山东省高级人民法院认为,永跃公司在二审中提交的证据足以反驳双诚咨询公司《检验报告》,因此对永跃公司的申请应予准许。山东省高级人民法院委托青岛三杰海事技术咨询有限公司(以下简称三杰咨询公司)对"海丰大阪"轮主机损坏事故的原因进行了鉴定。该公司出具《船舶技术鉴定报告》,对该轮主机的损坏原因提出如下鉴定意见:在对"海丰大阪"轮主机润滑油柜进行了清洁并更换了润滑油的情况下,在短时间(大约10天)运转过程中,即使不进行分油,也不会产生大量的沉淀物、气缸燃烧物和轴承磨损形成的金属微粒,不会有明显的脏污,不会在大风浪的过程中形成"沉渣泛起"的现象,也不会产生脏污物反向进入主机的运动部件的现象,不会导致第7缸十字头轴承的机损事故;主机第7缸十字头轴承的机损事故的直接原因为船员2002年1月18日对第7缸十字头轴承增压泵压盖检修时忘记锁紧防松钢丝,导致增压泵压盖螺栓松动,增压泵漏油使第7缸十字头轴承润滑恶化而首先损坏,继而由于天气恶劣继续坚持航行,引发主机其他运动部件因润滑不良原因而造成的相继损坏;2002年1月20日发生的主机空气分配器的过热并停车漂航修理约36个小时的主机故障,是柴油机的启动换向系统的故障,第7缸十字头轴承属于柴油机的曲柄连杆机构,主机空气分配器的过热故障,不会导致2002年1月22日航行途中发生主机第7缸十字头轴承的机损事故;第3缸十字头销轴两端发现的金属微粒,属于该缸十字头销轴的轴承合金在经过拂刮修理后的初期磨合过程中形成的,与第7缸十字头轴承的损坏无关;沥港船厂《船舶修理测量记录》中所反映的主机各运动部件的磨损量和间隙测量数据分析,除第5缸十字头轴承换新外,该轮主机的其他运动部件在沥港船厂修船以后尚处于良好的磨合情况,各部件间隙均在判定标准的极限数据范围内;轮机长在永跃公司接船前跟船工作中向永跃公司提出的主机修理单项目,大都已在沥港船厂修船时得到了落实,轮机长曾经提出的"主机1—9#高压油泵解体、检查柱塞偶件及出油阀,必要时换新"项目在《估价单》中未见,但该项目是否修理与第7缸十字头轴承损坏无关。

对于《船舶技术鉴定报告》,永跃公司表示同意。青岛人保的意见为,永跃公司提交的轮机日志和航海日志没有可信性,依据永跃公司提供的证据不可能作出正确、真实的鉴定结论。山东省高级人民法院认为,双诚咨询公司《检验报告》附件中的航海日志复印件和轮机日志复印件,复印于双诚咨询公司受青岛人保委托指派的验船师对船舶跟踪检验时,在青岛人保没有提供相反证据的情况下,对上述复印件的真实性应予认定,青岛人保关于永跃公司提交的证据不真实导致鉴定结论错误这一主张并不成立。《船舶技术鉴定报告》合法有效,可以作为认定本案事实的依据。

山东省高级人民法院查明的其他事实与原审判决认定的事实相同。

山东省高级人民法院认为,本案为涉外船舶保险合同纠纷,应依照涉外民事诉讼程序审理。本案双方当事人均选择适用中华人民共和国法律,依照《中华人民共和国海商法》第269条的规定,应确定中华人民共和国法律作为处理本案的准据法。

青岛人保向永跃公司出具的船舶保险单中记载按中国人保公司《船舶保险条款》(1986年1月1日)船舶保险条款承保一切险。上述保险条款关于责任范围的规定为,本保险承保船长、船员和引水员、修船人员及租船人的疏忽行为所造成的被保险船舶的损失。该条款关于除外责任的规定为,本保险不负责下列原因所致的损失、责任或费用:不适航,包括人员配备不当、装备或装载不妥,但以被保险人在船舶开航时,知道或应该知道此种不适航为限;被保险人及其代表的疏忽或故意行为;被保险人恪尽职责应予发现的正常磨损、锈蚀、腐烂保养不周,或材料缺陷包括不良状态部件的更换或修理。青岛人保以本案所涉事故损失是由于船东永跃公司未恪尽职责所致为由主张免除其保险赔偿责任,应提交证据证实船舶不适航,或永跃公司有疏忽或未恪尽职责的行为,且船舶不适航或永跃公司疏忽或未恪尽职责的行为导致了本案所涉机损事故的发生。《船舶技术鉴定报告》的鉴定结论表明,本案所涉机损事故是船员的疏忽行为所造成的,属于中国人保公司《船舶保险条款》(1986年1月1日)一切险的责任范围,青岛人保应予赔付。青岛人保提供的证据尚不足以证明"海丰大阪"轮存在双诚咨询公司《检验报告》所称的在沥港船厂修理后存在润滑油分油机不能正常工作的问题和悦之公估公司《分析报告》所称的问题,亦不足以证明《检验报告》所称的该轮存在的五项问题和悦之公估公司《分析报告》所称的问题与机损事故之间存在因果关系,不能证明本案所涉机损事故是因为该轮不适航,或永跃公司疏忽或未恪尽职责造成的,其免除赔付责任的主张没有事实和法律依据,山东省高级人民法院不予支持。青岛人保关于因永跃公司未宣布共同海损而应在保险费中扣除货主应分摊部分的主张,亦无事实和法律依据。永跃公司在本案中诉请的是主机损坏产生的修理费用,对拖轮费用8.8万美元是否应由青岛人保赔付的问题,与本案中永跃公司的诉讼请求应否得到支持无关,因此不属于本案审理范围。

海丰公司的总经理王学盛为永跃公司的股东之一,但永跃公司的股东之一同意或知道通融赔付,无法得出永跃公司同意或知道通融赔付的结论。被保险人永跃公司曾委托其管理公司海丰公司向保险人索赔,但管理公司放弃被保险人的部分利益需经被保险人的授权。青岛人保提交的证据不能证明被保险人永跃公司委托海丰公司代为确认保险赔付事宜或达成通融赔付的协议,因此海丰公司对通融赔付的同意和确认不能约束永跃公司。

双诚咨询公司《检验报告》认为本次主机损坏修理的合理费用合计为1 278 904元人民币。青岛人保已向永跃公司支付其中的15%,剩余85%为1 087 068.40元人民币,以本判决作出时的汇率换算成美元,数额大于永跃公司诉讼请求所主张的 134 736.06 美元,因此永跃公司关于要求青岛人保支付保险赔偿金 134 736.06 美元的诉讼请求应予支持,且青岛人保应从向永跃公司表示不可能再作赔付之日,即 2003 年 3 月 24 日起支付上述赔偿金的利息。

综上,上诉人永跃公司上诉请求成立,山东省高级人民法院予以支持。原审判决认定事实不当,应予改判。依照《中华人民共和国海商法》第 237 条、《中华人民共和国民事诉讼法》第 153 条第 1 款(三)项之规定,判决如下:

一、撤销青岛海事法院(2004)青海法海商初字第 32 号民事判决;

二、中国人民财产保险股份有限公司青岛市分公司支付巴拿马永跃船务发展有限公司(YONG YUE SHIPPING ENTERPRISES INC., PANAMA)保险赔偿金 134 736.06 美元及利息(以 134 736.06 美元为本金,从 2003 年 3 月 24 日起至判决生效之日止按中国人民银行公布的同期美元活期存款利率计付),于判决生效之日起 10 日内付清。

如果未按判决指定的期间履行给付金钱义务,应当依照《中华人民共和国民事诉讼法》第 229 条之规定,加倍支付迟延履行期间的债务利息。

一、二审案件受理费共计 31 220 元,鉴定费 9 万元由被上诉人中国人民财产保险股份有限公司青岛市分公司负担。

本判决为终审判决。

17 原告诚创科技(苏州)有限公司与被告中国太平洋财产保险股份有限公司苏州分公司海上保险合同纠纷案

案例来源:上海海事法院(2010)沪海法商初字第 724 号
主题词:保险责任范围　受潮导致湿损　平安险　陆运险

> **裁判要旨**
>
> **No. HX-6.3-9**　保险单载明,保险人承保的险别为平安险和陆运险。由于货物受潮而导致湿损,并不属于平安险和陆运险的保险责任范围,因此保险人不应承担责任。

一、基本案情

原告:诚创科技(苏州)有限公司(以下简称原告)

被告:中国太平洋财产保险股份有限公司苏州分公司(以下简称被告)

原告诉称:因其有一批设备需运往韩国进行维护升级,故向被告投保。2009 年 4 月 10 日,被告就涉案货物签发了一份编号为 ASUZ58124209Q000747D 的货物运输保险单,被保险人为原告,总保险金额为 246 万美元,承保险别为平安险和陆运险,责任期间为仓至仓,自投保人国内仓库至韩国收货人仓库。该批货物运至韩国后,收货人开箱后发现设备出现锈蚀。随后,原告向被告申请调查。被告委托检验机构对涉案货物进行检验。检验报告称,涉案货物包装受淡水侵蚀使设备受潮而引起锈损。10月27日,原告正式发函要求被告进行理赔。被告回函称涉案货损不属于保险责任范围,并拒绝理赔。原告为修复涉案锈损的设备支付了除锈、复原等费用15万美元(按美元与人民币1∶6.83,折合人民币1 024 500元)、国家税费人民币27 704.17元及地方税费人民币55 964.21元、差旅费人民币2 470元,共计人民币1 110 638元。根据保险合同,被告可以享受5%的免赔额,扣除免赔额后,被告应当赔偿原告损失人民币1 055 106元。原告认为,被告作为保险人有义务按照保险合同赔偿原告因保险事故而遭受的损失,故请求判令被告支付原告保险赔偿金人民币1 055 106元,并承担本案诉讼费。

被告辩称:原告投保的是平安险和陆运险,涉案货物发生淡水锈蚀,不在被告的保险责任范围内;原告未提供证据证明货物受损程度,其主张的设备修复费用没有依据;原告诉请的税费和差旅费不属于保险赔付的范围。

二、法院查明的事实

上海海事法院经审理查明确认事实如下:

2009年4月10日,被告签发保险单号为ASUZ58124209Q000747D的货物运输保险单。保险单记载被保险人为原告、总保险金额为246万美元、险种为平安险和陆运险。保险单背面附有英文版海洋运输货物保险条款。其后,原告向被告支付了保险费人民币10 089.79元。

4月15日,涉案设备抵达目的港并进行卸货。4月21日,涉案设备由卡车运往韩国平泽市。收货人收货时发现设备存在锈损。4月25日,劳合社受Hyopsung公司委托对涉案设备进行检验。其后,原告与SHINJIN公司签订修复服务合同,约定由SHINJIN公司负责对涉案受损设备进行除锈及修复,原告向SHINJIN公司支付修复服务费162 249.88美元,其中包括修复服务费15万美元以及原告代缴的税金12 249.88美元。6月11日,原告分别向吴江市国家税务局第六税务分局以及吴江市地方税务局第九分局缴纳了税款人民币27 704.17元和人民币55 964.21元。6月23日,原告通过汇款方式向SHINJIN公司支付了服务费15万美元。7月24日,劳合社出具检验报告称:"涉案设备出收货人十2年前制造,并在中国使用,被运回韩国以进行可能的升级和必要的维修。其中,编号为STS-01、02、03、04的4个设备以及几个附件有不同程度的生锈……检查发现设备、控制面板、框架等15个部件有较小的擦伤/凹痕和持续生锈……对纸箱的潮湿部分进行硝酸银测试,呈阴性反应,表明货物和淡水有接触。"检验报告的结论认为没有淡水渗透/进入木箱的迹象,生锈造成的损坏可能是因为运输受潮或者部分生锈的设备,并且(或者)木箱在运输过程中因湿气而受潮。

2009年10月27日,原告发函要求被告就涉案设备损害事宜办理保险理赔手续。11月6日,被告回函告知原告,涉案货损不属于平安险和陆运险的保险责任范围,并拒绝向原告进行保险理赔。原告派员前往韩国处理涉案事故产生住宿费人民币770元和机票费用人民币1 700元。

法院另查明:被告公司网站上公布了中国太平洋财产保险公司的海洋运输货物保险条款和陆上运输货物保险条款(火车、汽车)中文版,其中列明了涉案平安险以及陆运险的保险责任范围。因受潮而导致的锈损不属于平安险和陆运险的保险责任范围。

三、法院裁判

(一)关于涉案货损是否属于保险合同的责任范围?

法院认为,本案系海上保险合同纠纷,被告签发保险单承保原告所有的一批设备自中国吴江经上海至韩国的运输,原告与被告间的海上保险合同关系成立并生效,双方均应按约行使权利并履行义务。

原告认为,由于被告未向其提供陆运险条款和平安险的中文条款,致使原告并不清楚各项保险险别的具体承保范围,故应认定为双方没有详细约定险别,只要涉案设备在运输途中发生货损,被告都应当承担赔偿责任。法院认为,涉案保险单正面载明涉案保险合同的具体承保险别,而保单背面也明确记载了英文版海洋运输货物保险条款。经查询,被告公司网站已经公布了各项保险条款的中文版本,可以随时进行查阅。原告关于没有途径可以了解保险条款具体内容的主张,法院不予认可。

原告还认为,根据检验报告的记载,涉案设备存在湿损,但由于检验报告系单方委托出具,且未记载技术检验的具体方法,不能真实反应货损原因。法院认为,劳合社受保险单载明的查勘代理人Hyopsung公司委托对涉案货损进行了检验,且劳合社作为一家有资质的检验机构,其出具的检验报告对于涉案设备的货损情况及原因的判断具有客观真实性。原告对货损原因存有异议,但未提供证据证明其主张,故对检验报告确定的货损原因予以认可。涉案保险单载明,被告承保的险别为平安险和陆运险。涉案设备由于受潮而导致湿损,并不属于平安险和陆运险的保险责任范围。

(二)关于原告货损的范围和金额

法院认为,原告已经提供证据证明为了进行设备的除锈和修复,向SHINJIN公司支付了服务费15万美元,并分别缴纳了税款人民币27 704.17元和人民币55 964.21元。上述费用系原告为修复涉案设备的湿损而支出的合理费用,属于涉案货损的范围。原告主张的差旅费不属于涉案设备锈损导致的直接损失,不属于货损的赔偿范围。

综上,原、被告签订的保险合同约定,被告的承保险别为平安险和陆运险。根据中国太平洋财产保险公司的海洋运输货物保险条款和陆上运输货物保险条款(火车、汽车)的规定,在运输途中发生的因受潮而导致的货物湿损,不属于平安险和陆运险的保险责任范围。法院对被告主张涉案货损不属于其保险责任范围的抗辩理由予以采纳,被告无须对原告进行保险理赔。

综上所述,依照《中华人民共和国海商法》第216条、第269条,《中华人民共和国保险法》第17条第5款、第25条,《中华人民共和国民事诉讼法》第64条第1款的规定,判决如下:

对原告诚创科技(苏州)有限公司的诉讼请求不予支持。

18 原告上海申福化工有限公司与被告中国人民财产保险股份有限公司上海市分公司海上保险合同纠纷案

案例来源:上海海事法院(2010)沪海法商初字第914号
主题词:保险责任范围 "合理费用"的确定 律师费 税金

> **裁判要旨**
>
> **No. HX-6.3-10** 律师费、货物的进口关税和进口增值税,不属于保险事故导致的损失,亦不属于《中华人民共和国海商法》规定的为防止或者减少可以得到赔偿的损失而支出的必要的合理费用,故该部分损失不属于保险赔偿的范围。

一、基本案情

原告:上海申福化工有限公司(以下简称原告)

被告:中国人民财产保险股份有限公司上海市分公司(以下简称被告)

原告诉称:2008年10月14日,原告与国外卖方签订国际货物买卖合同一份,约定由原告向国外卖方进口847.501吨纯苯酚,价格为CIF每吨1390美元,总价1178026.39美元。合同签订后,原告即向被告就上述货物投保海洋货物运输保险,被告于同年10月15日签发保险单,原告按约支付保险费。保险合同约定涉案货物承保险别为一切险,包括"仓至仓"条款和战争险以及按岸罐计量短少0.3%以上的保险赔偿责任,保险金额为人民币8079730元。相关证据表明,涉案货物在装船、入仓时表面状况良好,品质优良,色度值不高于5铂钴。涉案货物运抵目的港常州港后,经原告委托相关机构检验,发现涉案货物的色度值已由装船时的5铂钴分别变为39铂钴(右2舱)、54铂钴(左8舱)和36铂钴(右10舱),水分也发生变化,严重超出货物买卖合同约定的色度值最高允许值10铂钴,货物受损。保险事故发生后,原告及时向被告发函,告知涉案货物受损情况,并要求进行联合检验、询价等事宜,但未得到被告有效的回复。为减少损失,原告经市场询价,将受损货物分两批出售给了张家港保税区中开贸易有限公司,挽回经济损失人民币3997836元。2009年2月10日,原告根据被告要求提交完毕相关索赔材料,但被告至今没有理赔,也没有发出拒绝赔偿通知书。原告认为,被告作为保险人,有义务按照保险合同赔偿原告因保险事故而遭受的损失,故请求判令:(1)被告向原告支付保险赔偿金人民币4081894元及利息(按中国人民银行规定的企业同期贷款利率从2009年4月11日起算至判决确定应付之日止);(2)被告向原告支付为施救涉案货物所支出的合理费用人民币1922869.72元,其中包括货物检验费人民币8081.25元、向承运人索赔支付的律师费人民币3万元、进口关税人民币442344.21元及进口增值税人民币1442444.26元;(3)本案诉讼费用由被告负担。

被告当庭辩称:(1)原告未能提供证据证明涉案苯酚因色度值变化而产生的实际损失,国家标准亦未对工业用苯酚的色度进行严格规定,涉案苯酚在卸货时各项指标仍符合工业用合成苯酚国家标准优级品的要求,而且涉案苯酚用于生产酚醛树脂,对于色度没有特别要求。(2)原告主张的货物损失属于保险合同项下的除外责任。涉案苯酚色度变化是因为氧化,系其自然损耗和本质缺陷造成,涉案苯酚出售价值低的主要原因是苯酚市场价值跌落,而市场价值跌落造成的损失保险人无须赔偿。(3)原告主张的关税、增值税、律师费等损失不属于保险责任范围。

二、法院查明的事实

上海海事法院经审理查明并确认如下法律事实:

2008年10月14日,原告与住友香港有限公司签订买卖合同,约定原告向住友香港有限公司购买847.501公吨纯苯酚,每吨价格为1390美元,共计1178026.39美元。买卖合同约定,色度值最大不超过10铂钴,含水量不超过0.05%。2008年10月15日,原告向被告就涉案货物投保货物运输保险,并支付保险费人民币8887.70元,被告签发了保单号为PYII200831010507000351的保险单。根据保险单记载,被保险人为原告,涉案货物保险金额为人民币8079730元,运输区间为从西班牙维尔瓦至中国常州,承包险别为一切险,包括"仓至仓"条款和战争险以及按岸罐计量短少0.3%以上的保险赔偿责任,偿付地点为上海。同日,原告向卖方住友香港有限公司支付了全部货款。

2008年9月7日,涉案货物与案外货物混装,分别积载于"金色基恩"轮的2S、8P、10S舱位,上述3个舱位中苯酚总量为997.501公吨。根据瑞士通用公证行(SGS)出具的数量和品质报告书及清仓证书,涉案苯酚色度值小于5铂钴,含水量为0.0106%。涉案货物在装船前,船舱进行了包括淡水、海水清洁、蒸舱、排水、通风、擦拭、干燥等方式在内的清洁方法。

2008年10月19日,涉案船舶停靠上海漕泾码头,原告委托的上海东方天祥检验服务有限公司提取涉案货物样品时发现货物色度超标,向被告报案。同年10月25日,涉案货物运抵目的港常州,原、被告组织对货物进行联合检验,但被告方未出具检验报告。2008年10月29日,上海东方天翔检验服务有限公司出具卸货报告,报告结论为积载于2S舱的色度值为39铂钴,积载于8P舱的色度值为54铂钴,积载于10S舱的色度值为36铂钴,水分值为0.050%,常州港岸罐T-205接收数量为995.783公吨,短少比例为0.172%。原告向上海东方天祥检验服务有限公司支付了本案四票货物的检验费人民币19000元。2008年11月4日,上海英斯贝克商品检验有限公司对涉案苯酚装船前的岸罐样本和起运前的船舱样本进行了检验,检验结果显示色度值分别为5铂钴和4铂钴。2008年11月17日,原告就涉案货物向常州海关缴纳进口关税人民币442344.21元和进口增值税人民币1442444.26元。2009年1月7日,原告向上海英斯贝克商品检验有限公司支付了检验费人民币26650元。

2008年11月起,原告就涉案货物损失向被告主张保险理赔并要求被告对涉案货物处理作出指示,被告未对涉案货物处理作进一步指示。原告经多方询价后,于2008年11月21日以每吨人民币4731元向张家港保税区中开贸易有限公司出售756吨,

2009年1月6日再次以每吨人民币4 680元向张家港保税区中开贸易有限公司出售90吨,销售金额共计人民币3 997 836元。原告为涉案货物的赔偿问题委托律师处理,支付分摊至本案的律师费人民币3万元。

另查明,从原告向被告投保涉案货物运输保险至原告出售涉案货物期间,中国国内苯酚市场价格持续下跌,跌幅较大。根据华东理工大学林衍华教授出具的专家意见书,涉案苯酚产品色度和水分两个指标发生变化,但仍然符合国家标准对于苯酚优级品的要求;苯酚氧化生成苯醌,同时有水产生,苯醌和苯酚进一步反应,生成显色的大分子化合物,逐步累积,使得苯酚色度逐步增加;2008年10月华东地区苯酚价格从人民币12 500元/吨跌至人民币7 500元/吨,11月继续下跌至人民币5 700—5 800元/吨,12月跌至人民币4 500—4 600元/吨。

三、法院裁判

上海海事法院认为,本案系海上保险合同纠纷,原、被告之间的海上保险合同关系依法成立。本案的争议焦点是:(1)保险标的是否发生保险事故,且是否属于保险人除外责任?(2)被保险人是否合理履行减损义务?(3)保险事故造成的损失范围。

关于是否发生保险事故及是否属于保险人除外责任?上海海事法院认为,根据原、被告保险条款约定,涉案货物投保险别为一切险,保险人负责平安险、水渍险的各项责任,还负责保险标的在运输途中因外来原因所致的全部或部分损失。涉案货物在起运港西班牙维尔瓦的色度值低于5铂钴,在运抵目的港中国常州后色度值和湿度发生明显变化,已不符合原告购买涉案苯酚色度不超过10铂钴的要求,而该运输区间属于保险单记载的责任区间,涉案货物的色度值变化是在保险责任区间内发生,尽管涉案苯酚仍有其他用途,但色度变化已影响其本身价值,造成涉案货物部分实际损失的事实确已发生,属于保险事故。

根据保险合同的约定,被保险货物的自然损耗、本质缺陷、特性引起的损失属于保险人的除外责任。但如保险人欲以此条款予以免责,应对其主张免责的除外责任负举证义务。审理中,被告并没有提供证据证明涉案货物损失系其自身的本质缺陷、特性造成,相反原告提供随船小样的检验结果表明,涉案苯酚的色度值并无变化,证明货物自然属性导致货物损失的理由不能成立,故上海海事法院对被告的该项抗辩意见不予采纳。被告应承担举证不能的不利后果。

关于被保险人是否履行了减损义务:上海海事法院认为,原告在出险后及时向被告履行了告知义务,被告未对涉案货物处理作出指示,基于当时苯酚跌价迅速的市场因素,原告在向多家企业询价的基础上出售涉案货物是履行减损义务的行为。原告已证明其曾向多家企业进行询价,最终交易价格也不低于询价结果,相反被告未能证明原告进口涉案货物的用途,也未能证明交易价格背离市场价值,故上海海事法院确认原告已尽减损义务。

关于保险事故造成的损失范围:上海海事法院认为,根据《中华人民共和国海商法》第 243 的规定,由于行市变化造成的损失,保险人不负赔偿责任。保险赔偿额中应考虑行市变化造成的损失。被告主张按货物贬损率计算货物损失,贬损率为货物完好时的市场价值与受损货物的实际价值之差,然后除以货物完好时的市场价值,该计算方法扣除相应市场差价,考虑了货物行市变化导致的损失,上海海事法院予以采纳。根据被告提供的林衍华教授的专家意见及原告提供的公证书公证的当时国内苯酚价格记录,2008 年 11 月至 12 月,国内华东地区苯酚价格从人民币 7 500/吨跌至人民币 4 500—4 600 元/吨,该时间段内华东地区苯酚平均价格约为人民币 6 000 元。2008 年 11 月 21 日,原告将大部分涉案苯酚予以出售,该日华东地区苯酚平均价格亦为人民币 6 000 元,故上海海事法院确定以人民币 6 000 元/吨的单价计算涉案货物的完好价值。涉案货物抵达目的港后,短少量为 0.172%,按比例分摊至本案短少量为 1.458 吨,这部分属于合同约定的免赔范围,故应予以扣除。故涉案货物最终的完好价值为人民币 5 076 258 元〔(847.501—1.458)吨×6 000 元/吨〕,减去总受损后的货物价值人民币 3 997 836 元,除以完好价值得出涉案货物的贬损率为 21.24%(1 078 422/5 076 258),乘以涉案货物保险金额人民币 8 079 730 元,最终涉案货物的赔偿限度为人民币 1 716 134.65 元。该部分损失属于保险公司承保的范围,其余损失系由于苯酚市场价格跌落导致的损失,保险人可以免责。

关于原告主张的施救费用,上海海事法院认为,其中的律师费、涉案货物的进口关税和进口增值税,不属于保险事故导致的损失,亦不属于《中华人民共和国海商法》规定的为防止或者减少可以得到赔偿的损失而支出的必要的合理费用,故对该部分损失不予支持;对原告支出的检验费,原告主张在本案中分摊金额为人民币 8 081.25 元,系原告为确定保险事故的性质、程度而支出合理费用,应当由保险人在保险标的损失赔偿之外另行支付。

对原告主张的利息损失,根据原告提供的证据显示,其于 2009 年 2 月 10 日之前及当日已向被告提交了索赔的全部材料,根据相关保险法律规定,保险人应当在 60 日内支付可以确定的最低数额的赔偿金,但被告在 60 日内既未向原告发出拒赔通知书,也未支付最低数额的赔偿金,导致原告利息损失,该损失系被告延迟赔付产生的孳息,应由被告予以赔偿。原告主张按企业贷款利率计算,因其未提供相关贷款的证据予以证明,故上海海事法院对此不予采纳。对原告的利息损失,应当从 2009 年 4 月 11 日起按照活期存款的利率计算至本判决生效之日止。

综上,依照《中华人民共和国海商法》第 216 条第 1 款、第 237 条、第 240 条第 1 款、第 243 条第(1)项和《中华人民共和国民事诉讼法》第 64 条第 1 款之规定,判决如下:

一、被告中国人民财产保险股份有限公司上海市分公司应于本判决生效之日起 10 日内向原告上海申福化工有限公司支付保险赔偿人民币 1 716 134.65 元及利息损失(利息损失自 2009 年 4 月 11 日起按中国人民银行同期人民币活期存款利率计算至本判决生效之日止)。

二、被告中国人民财产保险股份有限公司上海市分公司应于本判决生效之日起

10 日内向原告上海申福化工有限公司支付检验费人民币 8 081.25 元。

三、对原告上海申福化工有限公司其他诉讼请求不予支持。

如果被告中国人民财产保险股份有限公司上海市分公司未按本判决指定的期间履行给付金钱义务,应当依照《中华人民共和国民事诉讼法》第 229 条之规定,加倍支付迟延履行期间的债务利息。

19 上诉人中国平安财产保险股份有限公司天津市南开支公司与被上诉人九三集团天津大豆科技有限公司海上保险合同纠纷案

案例来源:天津市高级人民法院(2010)津高民四终字第 32 号
主题词:大豆运输 自然属性 短重 保险责任范围 举证责任

裁判要旨

No. HX-6.3-11 大豆运输短重索赔,保险人欲以水分含量的减少属于货物的自然属性进行抗辩,就应该承担相应的举证责任,否则应承担举证不能的后果。

一、基本案情

上诉人(原审被告):中国平安财产保险股份有限公司天津市南开支公司(以下简称平安公司)

被上诉人(原审原告):九三集团天津大豆科技有限公司(以下简称九三公司)

天津海事法院一审查明:2009 年 1 月,九三公司与平安公司签订了一份进口货物运输预约保险协议。2009 年 3 月 13 日,九三公司向平安公司支付保险费 105 334 元。协议有效期自 2009 年 1 月 1 日至 2009 年 12 月 31 日,保险标的为九三公司从美国(较少部分从阿根廷、巴西)进口的大豆和豆油。投保险别为一切险、战争险和罢工险。保险金额按货物 CIF 价格加成 10% 确定。保险责任为仓至仓,绝对免赔额为保险金额的 0.4%。协议约定,进口货物抵达卸货港时,货物数量损益以当地商检机构出具的重量证为准,被保险货物如发生保险范围内的损失时,被保险人应当立即通知保单上指定的机构进行现场查勘。2009 年 2 月 2 日,九三公司与案外人托福国际亚洲私人公司(Toepfer International-Asia Pte Ltd,以下简称托福公司)签订了合同号为 29001950 的销售合同。九三公司向托福公司购买 55 000 吨(可增减 10%,由卖方选择)散装黄豆;约定货物价格为中国天津 CFR TO(成本加运费,不负责卸货)每吨 392.89 美元,CIF 价格为每吨 393.17 美元,保险金额为每吨 432.487 美元。2009 年 3 月 9 日,该批黄豆在巴西巴拉那瓜港装船完毕,承运船舶为"依克提(YMEQUOLITY)"轮。承运人清洁提单记载:托运人为托福公司,通知人为九三公司,收货人凭指示。散装巴西产大豆净重为 54 900 吨,自巴西巴拉那瓜运至中国天津。2009 年 4 月 22 日,"依克提"轮抵达天津港开始卸货。2009 年 4 月 28 日 5:30 时卸货完毕。根据天津出入境检验检疫局出具的重检证,该批大豆的实衡重量为54 584.256吨,比提单记载的重量短少315.744吨,短少大豆的CIF价值为124 141.07美元。九三公司在发现损失后,曾拨打95512平安保险客服报案电话,报案号为90326000201009000001。但平安公司没有派人到卸货港进行现场查勘。

二、一审裁判

天津海事法院认为,九三公司与平安公司之间通过进口货物运输预约保险协议达成海上货物运输保险合同关系,平安公司是保险人,九三公司是被保险人。九三公司向平安公司投保了海上货物运输一切险。九三公司与平安公司之间的保险协议约定"进口货物抵达卸货港时,货物数量损益,以当地商检机构的重量证为准"。涉案货物在天津港卸货,卸货过程中出入境检验检疫部门对卸货数量进行衡重,其重量鉴定证书证明了九三公司所进口的涉案货物重量发生短少的事实。涉案货物重量发生短少,平安公司主张是由于大豆水分蒸发,属于货物自然特性导致的,但没有充分证据予以支持。同时卸货港商检机构作出的大豆质量检验报告所记载的数据,和针对同一批货物在装货港装货时的质量检验报告所记载的数据相比较,不符合通常的物质原理。卸货港商检机构作出的质量检验报告不能明确证明涉案货物短量的真正原因。另外,九三公司发现货物短量,在规定时间内向平安公司报案,平安公司没有出现场进行查勘,未能及时指导九三公司对涉案货物短量的原因做进一步查明。因此平安公司的上述主张不能成立。涉案货物发生短量,并非平安公司的保险除外责任,属于平安公司的保险责任范围。原审法院依照《中华人民共和国海商法》第237条之规定,判决平安公司向九三公司支付货物短重保险赔偿人民币198 928.9元。

三、上诉与答辩

平安公司不服一审判决提起上诉,请求撤销一审判决,改判驳回九三公司的诉讼请求,一、二审诉讼费用由九三公司承担。主要理由:(1)本案九三公司因货物短重向平安公司索赔,但九三公司提供的证据显示,货物短重的原因是水分减少,该损失属于平安公司的除外责任,平安公司依法不应当承担保险赔偿责任;(2)原审法院以所谓没有科学依据的"通常理论"否定国家权威检验机构出具的检验报告(卸港质量检验报告)的证明效力,属于对案件事实认定不清;(3)卸港质量检验报告是九三公司提供的对平安公司有利的证据,九三公司对该证据的真实性、合法性、关联性构成自认,一审法院应当对该证据予以认定;(4)一般书证的证明力低于公文书证,而原审法院能够认定作为一般书证的装港检验报告的证明力,却否认作为公文书证的卸港检验报告的证明力,缺乏相反证据的支持;(5)在大豆运输中的短重问题考虑水分散失因素是我国各海事法院已经形成的惯例,保险人可以就水分含量变化所引起的货物短重免除赔偿责任。

九三公司答辩称:(1)大豆的主要成分是蛋白质和脂肪,这两种物质性质稳定,只有在特定条件下才发生变化。(2)卸港检验报告显示大豆蛋白质含量减少,水分也减少,这在正常状态下是不会发生的。平安公司只注意卸港检验报告中水分减少并不全面。(3)平安公司没有依约及时进行现场查勘,九三公司也没有找到平安公司理赔的具体流程。(4)一审法院并没有否认卸港检验报告的真实性,只是对其证明力不予认可。平安公司有责任证明装、卸港检验报告显示的水分、蛋白质、脂肪含量变化的原因。综上,请求驳回平安公司的上诉请求。

四、二审裁判

二审庭审中,双方均未提交新证据。原审查明的事实清楚,天津市高级人民法院予以确认。天津市高级人民法院认为,鉴于九三公司与平安公司在二审过程中对货物短少的事实没有争议,故本案的关键问题是涉案大豆重量的减少是否属于保险人的除外责任。平安公司主张大豆短重的原因是水分含量的减少,属于货物的自然属性。但对比装卸两港的质量检验报告,装港的检验报告记载涉案大豆的水分含量为12.5%,蛋白质含量为35.28%;卸港的质量检验报告记载大豆的水分含量为11.5%,蛋白质含量为32.39%。两份检验报告反映出了大豆的水分含量减少了1%,蛋白质含量减少了2.89%。考虑到在本案货物未发生化学变化的情况下,上述两种物质的含量不会同时较大幅度减少,天津市高级人民法院认为,装卸两港的质量检验报告不具有可比性,不能真实反映大豆在运输过程中蛋白质、水分等物质含量的变化。此外,平安公司在接到九三公司货物短量的报案后,没有到现场进行查勘,未能及时指导九三公司进一步查明涉案货物短量的原因。因此,现有证据并不能说明大豆短重的原因是水分减少,故天津市高级人民法院对平安公司以大豆短重属于自然属性,保险人可因此免责的主张不予支持。

综上,原审判决认定事实清楚,适用法律正确。天津市高级人民法院依照《中华人民共和国民事诉讼法》第153条第1款第(1)项之规定,判决如下:驳回上诉,维持原判。

20 原告福州明发船务有限公司与被告中国人民财产保险股份有限公司武汉市硚口支公司等海上保险合同纠纷案

案例来源:厦门海事法院(2009)厦海法商初字第488号
主题词:"合理费用"的确定　公估费　船检费

裁判要旨

No. HX-6.3-12　公估费、船检费属于确定保险事故程度而支出的估价费用,属于必要的合理费用,原告可以请求保险人承担。

No. HX-6.3-13　保险合同由保险公司分支机构与原告签订,且该分支机构具有独立承担民事责任的经济能力,该分支机构的上级保险公司无须承担连带责任。

一、基本案情

原告:福州明发船务有限公司(以下简称原告)
被告:中国人民财产保险股份有限公司湖北省分公司(以下简称湖北人保)
被告:中国人民财产保险股份有限公司武汉市分公司(以下简称武汉人保)
被告:中国人民财产保险股份有限公司武汉市硚口支公司(以下简称硚口人保)
被告:中国人民财产保险股份有限公司(以下简称中国人保)

原告福州明发船务有限公司与被告中国人保、湖北人保、武汉人保、硚口人保海上保险合同纠纷一案,原告诉称:2008年9月23日,原告就其所属的"新明发17"轮向被告硚口人保投保沿海内河船舶一切险及附加险(四分之一附加险、螺旋桨等单独损失险),并投保油污责任险、承运人责任险。硚口人保承保后向原告出具编号为PCBA200842010400000064的保单,船舶的保险价值为1900万元(人民币,下同),油污责任险的保险金额为100万元,承运人责任险的保险金额为500万元。保险期限为2008年9月24日至2009年9月23日止。2008年11月1日,"新明发17"轮在营口鲅鱼圈海域遭遇8级以上大风发生沉没,船载集装箱、货物全部随船沉没。后原告委托打捞公司将"新明发17"轮打捞出水,船上装载的集装箱则全部灭失。原告为打捞"新明发17"轮承担了842万元的船舶打捞费,且"新明发17"轮在本次事故中损坏严重,所需修理费用金额巨大。此外,原告还支付了清污费用,并需向货方赔偿巨额损失。原告向被告武汉人保、硚口人保提出按保险合同支付保险赔款的请求,但被告硚口人保百般推诿,迟迟未予赔付。原告请求法院判令:(1)四被告共同向原告支付"新明发17"轮保险赔款2050万元,并支付该款自2008年11月1日至实际支付之日按银行同期贷款利率计算的利息;(2)四被告共同承担本案的全部诉讼费用。

被告湖北人保、武汉人保答辩称,从前述保险合同签订的主体来看,答辩人并非该保险合同的签订者,依据《中华人民共和国民事诉讼法》(以下简称《民事诉讼法》)及最高人民法院《关于适用〈中华人民共和国民事诉讼法〉若干问题的意见》(以下简称《民诉法若干问题意见》)第40条第7项的规定,原告只能以签订保险合同的分支机构为诉讼当事人,而不能将二被告作为诉讼当事人。因此,原告将二被告列为本案被告,显然是诉讼主体错误,请求法院依法裁定驳回原告对二被告的起诉。

被告硚口人保答辩称,"新明发17"轮沉船事故不属于保险赔偿范围,原告的诉讼请求依法应当驳回。2008年11月1日,"新明发17"轮在营口鲅鱼圈附近水域沉没。事故发生后,硚口人保认真审核了原告提供的相关索赔资料并进行了必要的调查。调查查明:事故发生时,海面风力没有达到8级,可见,"新明发17"轮沉船事故不属于保险责任范围。另外,被告硚口人保还发现,保险船舶"新明发17"轮存在不适航、船舶转让未事先书面通知保险人等事实。因此,硚口人保认为"新明发17"轮2008年11月1日发生的沉船事故不属于保险赔偿范围。原告在事故发生前,已经转让"新明发17"轮,没有保险利益。因此,原告的诉讼请求应当依法驳回。

厦门海事法院前往中华人民共和国福州海事局(以下简称福州海事局)制作了《调查笔录》,前往中华人民共和国营口海事局(以下简称营口海事局)调取了《救助(任务)飞行情况报告表》《"兴宁1"轮船长〈事实陈述〉》《气象证明》,前往大连市专业气象台制作了《调查笔录》。

二、法院查明的事实

厦门海事法院查明:

2008年9月23日,原告就其所属的"新明发17"轮向被告硚口人保投保沿海内河船舶一切险及附加险(四分之一附加险、螺旋桨等单独损失险),并投保油污责任险、承运人责任险。硚口人保承保后向原告出具编号为PCBA200842010400000064的保单,船舶的保险价值为1900万元,保险金额为1900万元。油污责任险的保险金额为100万元,承运人责任险的保险金额为500万元。保险期限为2008年9月24日至2009年9月23日。保单上载明:"船体每次事故绝对免赔额为30000元或绝对免赔率为10%,两者以高者为准,全损免赔率为20%。"

营口海事局《"新明发17"轮沉没事故调查报告》(以下简称《事故报告》)在"一、事故概况"中载明:"2008年11月1日09:30时左右,'新明发17'轮在从营口港去广州黄埔港的途中遭遇大风浪,沉没于营口港鲅鱼圈港区航道出口A#浮标西南约2海里处(沉没位置:40°16.42′N、121°48.36′E)。事故造成该轮沉没……并造成事故附近海域污染";在"三、载货和离岗情况"中载明:"该轮船舶配员满足《船舶最低安全配员证书》要求,船舶证书和船员证书齐全有效,船舶吃水未超过满载吃水,准予办理船舶进出港签证";在"五、事故经过"中载明:"13:00时,'兴宁1'轮向营口海事局VTS中心报告'新明发17'轮已沉没";在"八、事故原因分析"中载明:"事发之日,事故水域海面风向南南西,风力达7至8级,强劲大风而伴生的海浪高达3米以上,风大浪高,海况恶劣"。

2008年11月2日,营口海事局向原告发出《关于限期打捞"新明发17"轮的通知》,内载明:"2008年11月1日你公司所属'新明发17'沉没于营口港鲅鱼圈港区主航道A、B浮西南约2海里位置,该位置处于鲅鱼圈港区主航道外端习惯航道上,且该轮集装箱有部分漂失,严重妨害船舶安全航行。根据《中华人民共和国海上交通安全法》第四十条、《中华人民共和国打捞沉船管理办法》第五条的规定,现责令你公司48小时内向我局提出申请并进行打捞;否则,我局将依法强制打捞,由此所产生的打捞、清除费等相关费用均由你公司承担。"

2008年11月24日至2009年10月14日期间,原告与被告武汉人保、硚口人保就保险理赔事项进行了函件往来。2009年7月23日,原告向被告武汉人保、硚口人保发出《索赔函》,正式提出支付保险赔款的请求。2009年8月6日,被告武汉人保复函原告,要求原告进一步提供索赔资料。被告硚口人保于2009年10月14日向原告出具了《拒赔通知书》。中国人民财产保险股份有限公司《沿海内河船舶保险条款》(以下简称《保险条款》)第2条载明:"本保险承保第一条列举的六项原因所造成的保险船舶的全损或部分损失以及所引起的下列责任和费用:……保险船舶在发生保险事故时,被保险人为防止或减少损失而采取措施及救助措施所支付的必要的、合理的施救或救助费用、救助报酬,由本保险负责赔偿。"第1条的原因列举中包括"一、八级以上(含八级)大风……"《保险条款》第3条载明:"保险船舶由于下列情况所造成的损失、责任及费用,本保险不负责赔偿:'一、船舶不适航,船舶不适拖……'"第7条第2款载明:"一切险……部分损失……部分损失的赔偿金额以不超过保险金额或实际价值为限,两者以低为准。"第14条载明:"被保险人按保险人要求提供的各种必要单证齐全后,保险人应当迅速审核,赔款金额经保险合同双方确认后,保险人在十天内赔偿结案。"第17条载明:"……在保险期限内,保险船舶出售、转借、出租……应当事先书面通知保险人……"第20条载明:"被保险人不履行第十六条至第十九条规定的义务,保险人有权终止合同或拒绝赔偿。"

"兴宁1"轮2008年11月1日航海日志记载:"04:00时:风级6;08:00时:风级7;12:00时:风级7;16:00时:风级7/8;20:00时:风级7;24:00时:风级7"。大连三杰海上保险公估有限公司接受被告武汉人保委托出具的《公估报告》在"八、结论"中载明:"'新明发17'轮2008年11月1日自鲅鱼圈开航前稳性不符合要求,即船舶不适航,是本次倾覆事故的主要因素。"

被告硚口人保委托湖北瀚海资产评估有限公司(以下简称湖北评估公司)出具的《"新明发17"轮修理费用评估报告书》(以下简称硚口人保方公估报告)载明:"由于客观原因,评估人员无法对评估基准日时点委估船舶状况进行实地勘查,本公司评估人员参考辽宁省船舶检验局对'新明发17'轮的检验报告及其他相关材料作出本评估报告","委估船舶因海事事故可能产生的修理费用于评估基准日价值为人民币3 928 842元"。

厦门海事法院去函营口海事局请求该局提供认定事故水域海面"风力7至8级"所依据的相关材料,营口海事局提供了三份材料。一是大连市专业气象台提供的《气象证明》;二是《"兴宁1"轮船长〈事实陈述〉》;三是交通部北海第一救助飞行队《救助(任务)飞行情况报告表》。其中,大连市专业气象台出具的《气象证明》载明:"2008年11月1日12时—18时大连长兴岛自动站监测实况:瞬时极大风向风速:12时为风速17.5米/秒,风级8;13时为风速18.1米/秒,风级8;14时为风速18.6米/秒,风级8;15时为风速17.6米/秒,风级8;16时为风速17.9米/秒,风级8;17时为风速15.5米/秒,风级7;18时为风速13.9米/秒,风级7";《"兴宁1"轮船长〈事实陈述〉》记载:"12:30L我轮向左调整航向,同时发现'新明发17'轮向左转向,而且发现'新明发17'轮开始向左倾斜,当时海面西南风,风力8级,风速仪实测风速18.6 m/s,海面浪高4至5 m;13:00L风浪增大,'新明发17'轮很快倾覆,人员落水,当时海面西南风风力8级,风速仪实测19.1 m/s,海面浪高5 m左右";《救助(任务)飞行情况报告表》在"三、救助作业的过程和结果"中记载:"B7313于13:40开车,13:57起飞,直飞翻扣船海域,

14:35时抵达现场……当时海况极其恶劣,大风6至7级,阵风8级,浪高3—4米。"

厦门海事法院于大连市专业气象台制作的《调查笔录》的被调查人为大连市专业气象台台长。该被调查人称:大连市专业气象台面向各行业提供专业气象服务,该气象台离营口鲅鱼圈最近的沿海气象台为长兴岛自动气象站。对于同一时间点的风力,各气象测站数据不尽相同,这与造成大风的天气系统、测站所在位置等均有关系,应综合判断。厦门海事法院于福州海事局制作的《调查笔录》记载:"新明发17"轮于2005年9月25日在该局登记,所有人为原告占61%股份,共有人陈玉占29%股份,陈贤琴占10%股份。2010年2月3日该轮注销,船舶转让于上海成功水域工程有限公司。2005年9月25日至2010年2月3日期间,该轮未发生过户情况,所有权记载未发生变动。

《中国船舶工业总公司国内民用船舶修理价格表(1992年版)》(以下简称92黄本)载明:船长在76—100米的船舶,其进出坞费一次为4200元(首两天+10%),在坞费为1711元/天。根据中国船舶工业行业协会《2009年上半年船舶工业经济运行情况》所载:2009年6月,国内修船市场修船换板价格为1200美元/吨。

三、法院裁判

关于本案案涉事故是否属于保险责任范围。厦门海事法院认为,根据《保险条款》第2条,8级以上(含8级)大风所造成的保险船舶的全损或部分损失属于被告硚口人保的承保范围。本案中,原告为证明案涉事故海域风力达到8级,提供了营口海事局《事故报告》以及大连市专业气象台的《气象证明》。根据最高人民法院《关于民事诉讼证据的若干规定》(以下简称《民事证据若干规定》)第77条第1款的规定,营口海事局《事故报告》作为国家机关的公文书证,其证明效力大于其他证据,除非被告提供的证据具有足以反驳的效力。从被告硚口人保提供的两份营口气象局《天气实况证实表》来看,结合原告提供的大连市专业气象台的《气象证明》来看,3份天气实况表对于极大风速及平均风速的记载均不一致,可见由于各测点所处位置不同,其对风力风速的测量也不尽相同,无法单凭某份天气实况表来判定事故海域的风速风力。且营口气象局的两份《天气实况证实表》虽然经纬度与事故海域经纬度相近,但该两个观测站为陆地岸基站点,陆地气象与海上气象并不完全相同,仅凭硚口人保提供的《天气实况证实表》,无法具备推翻公文书证的效力。硚口人保提供的另一份反驳证据《"兴宁1"轮航海日志》,其对气象的记载在2008年11月1日12:00时显示"7级",16:00时显示"7/8级",而对于12:00至16:00时期间的风力则未记载,无法完全证明该期间不存在风力达8级的可能。结合厦门海事法院调取的《"兴宁1"轮船长〈事实陈述〉》来看,该轮船长称"12:30时海面风速仪实测风速18.6 m/s,海面浪高4—5 m,13:00时风浪增大,当时海面风速仪实测风速19.1 m/s",可见,在12:00—16:00时,该轮对事故海域存在八级风的记录。因此,被告提供的《"兴宁1"轮航海日志》亦未达到足以推翻公文书证的效力。营口海事局《事故报告》的调查结论依据了大连市专业气象台的《气象证明》《"兴宁1"轮船长〈事实陈述〉》及《救助（任务）飞行情况报告表》，是国家行政主管机关在职权范围内对案涉事故海域风速风力及案涉事故原因的客观综合判断，厦门海事法院对其结论予以采信。被告硚口人保提供的证据不足以推翻国家机关的公文书证，厦门海事法院对其关于案涉事故水域海面风力未达8级的主张不予支持。综上，保险标的"新明发17"轮沉没事故原因之一为事故水域海面风力达8级，属于保险合同约定的保险责任范围。

关于公估费。原告为证明"新明发17"因沉没产生的价值上的减损，委托公估机构作出公估报告，并因此支出了公估费，该公估费属为确定保险事故程度而支出的估价费用，属于必要的合理费用，应予以支持；关于船检费。船检费发票虽然开具单位是营口航润船舶技术咨询有限公司，但该发票项目载明"新明发17损坏评估费"，且船检报告载明营口航润船舶技术咨询有限公司即发票开具单位的工程技术人员共同进行了船检，由此可推定船费发票与本案的关联性，且船检评估费系为确定保险事故程度而支出的检验的合理费用，因此厦门海事法院对原告提供的船检费发票予以支持。综上，厦门海事法院认定原告因保险事故支付的公估费为2万元，船检费38 500元。

关于被告中国人保、湖北人保、武汉人保是否应当对被告硚口人保的保险赔偿承担连带责任，厦门海事法院认为，根据《中华人民共和国民事诉讼法》第49条以及最高人民法院《关于适用〈中华人民共和国民事诉讼法〉若干问题的意见》第40条第7项的规定，被告硚口人保具有独立的民事诉讼主体资格。案涉保险合同由硚口人保以自己的名义与原告签订，加盖公章亦为硚口人保公章，硚口人保相对独立地从事各项保险业务，为相对独立的经济实体。依据《中国人民银行对有关金融机构分支机构承担民事责任问题的复函》的规定，金融机构分支机构在承担民事责任时，应当先以其总行（总公司）授权其经营管理的财产承担责任，当其经营管理的财产不足以承担民事责任的，超过部分的民事责任由其上级机构承担，逐级履行直至总行（总公司）。本案保险合同由硚口人保与原告签订，且硚口人保具有独立承担民事责任的经济能力，中国人保、湖北人保、武汉人保对硚口人保的保险赔偿无须承担连带责任。

综上，根据《中华人民共和国海商法》第9条、第237条、第240条第1款，《中华人民共和国保险法》第17条第2款、第55条第1款，《中华人民共和国民事诉讼法》第49条、第64条、第130条，最高人民法院《关于民事诉讼证据的若干规定》第72条、第77条的规定，判决如下：

一、被告中国人民财产保险股份有限公司武汉市硚口支公司应在本判决生效之日起10日内支付原告福州明发船务有限公司保险赔偿金15 332 818.5元及该款自2009年9月16日起至本判决确定支付之日止按中国人民银行规定的同期贷款基准利率计算的利息。

二、驳回原告福州明发船务有限公司对被告中国人民财产保险股份有限公司武汉市硚口支公司的其他诉讼请求。

三、驳回福州明发船务有限公司对被告中国人民财产保险股份有限公司、中国人民财产保险股份有限公司湖北省分公司、中国人民财产保险股份有限公司武汉市分公司的诉讼请求。

21 原告广西明发海运有限公司与被告中国人民财产保险股份有限公司重庆市渝中支公司海上保险合同纠纷案

案例来源:厦门海事法院(2009)厦海法商初字第528号
主题词:保险责任范围　一切险　船舶自身故障　除外责任

> **裁判要旨**
>
> **No. HX-6.3-14**　船舶机器本身发生的故障所引起的其他损失或损坏,根据沿海船舶一切险中除外责任的约定,保险人不承担赔偿责任。

一、基本案情

原告:广西明发海运有限公司(以下简称广西明发)
被告:中国人民财产保险股份有限公司重庆市渝中支公司(以下简称渝中人保)

原告广西明发诉称,其所属船舶"新明富7"轮向被告渝中人保投保沿海船舶一切险,原告为被保险人;船舶保险金额1770万元。2009年4月30日,"新明富7"轮装载货物,从江苏太仓驶往广州黄埔。5月1日20:10时,在厦门海域23°32′724″N/117°34′324″E处,船舶主机发生故障,导致船舶失去动力而无法航行。为了船货的共同安全,船舶进入汕头港并采取了合理的措施,拖带船舶进入避难港,卸下货物,对船舶进行修理,另雇他船装上货物续航,最终使得船货获救。为此,被保险人支付共同海损牺牲和费用共计667 740元(人民币,下同),包括"新明富7"轮船舶拖带费22万元、避难港装卸费138 560元、港务拖轮包干费7万元、码头杂费24 320元、水电费16 460元,雇用其他船舶装运货物到目的港产生费用198 400元。上述共同海损费用属于被告签发的保单之承保范围,被告应当支付给原告。为此,请求法院:(1)判令被告支付原告667 740元及从2009年5月1日开始起算的利息;(2)判令被告承担诉讼费、保全费、理算费等全部费用。

被告渝中人保庭审时辩称,(1)本案事故是保险船舶机器自身故障;(2)案涉事故不是保险事故,不属于保险赔偿的责任范围,而是属于保险人的除外责任范围;(3)原告没有充分的证据证明机器故障时,保险船舶处于紧急、危险需要进港避难而产生的相关费用;(4)原告请求的相关费用不应计入避险费用。请求驳回原告的诉讼请求。

二、法院查明的事实

厦门海事法院查明:
2008年12月22日,广西明发作为投保人,就"新明富7"轮向渝中人保投保。同日,渝中人保出具编号 PCBA200850010300000051 的《沿海内河船舶保险单》。保单记载被保险人广西明发,船舶名称"新明富7"轮,保险价值、保险金额 1 770 万元,航行区域为近海及内河 A、B 级航区,保险期限自 2008 年 12 月 23 日零时起至 2009 年 12 月 22 日 24 时止,保险险别为沿海内河船舶一切险、附加船东对船员责任险、四分之一附加险等。保单所附《沿海内河船舶保险条款》约定,一切险承保除全损险列举的八级以上大风、洪水、地震等自然灾害、火灾、爆炸等 6 项原因造成的保险船舶的全损或部分损失外,还承保下列责任和费用:(1) 碰撞、触碰责任;……(2) 共同海损、救助及施救。除外责任条款约定:保险船舶由于下列原因所造成的损失、责任及费用,本保险不负责赔偿:(1) 船舶不适航,船舶不适拖;(2) 船舶正常的维修、油漆,船体自然磨损、锈蚀、腐烂及机器本身发生的故障和舵、螺旋桨、桅、锚、锚链、橹及子船的单独损失等 8 项情形。保单还特别约定:船体每次事故绝对免赔额为 3 万元或绝对免赔率为 10%,两者以高者为准等。

2009 年 4 月 30 日,"新明富7"轮由江苏太仓驶往广州黄埔。5 月 1 日 20:10 时,船舶航行至 23°32′7124″N/117°34′324″E 海域,发生主机故障,船舶失去动力无法航行,就地抛锚。事故发生后,广西明发向保险人渝中人保报案。5 月 6 日,渝中人保派员对"新明富7"轮的船长、轮机长进行询问调查。据该轮轮机长谢文生陈述,5 月 1 日 20:10 时,其在机控室听见主机发出猛烈的机械敲击声,立即采取停车操作,拆开机体发现主机的第七缸活塞从根部断裂,造成活塞销撞击机体壳破裂,曲轴平衡块破损;事故原因是由于第七缸活塞使用时间较长,发生结构疲劳后导致炸裂,活塞炸裂后在惯性作用下冲出打坏了缸体(机体),导致主机损坏。

2009 年 5 月 8 日,受保险人的委托,厦门通达保险公估有限公司派员登临"新明富 7"轮进行现场查勘。根据该公司出具的《公估报告》记载,根据现场查勘及现有材料分析显示,本起事故是因为第七缸活塞使用了较长时间,发生结构性疲劳。在做功过程中当金属疲劳积累到一定程度时,就在活塞最脆弱部位活塞销孔处附近突发断裂,造成连杆、活塞在高速运转的惯性作用下,连续撞击缸套,造成缸套断裂。另外掉落的活塞下部、活塞销、缸套下部被曲轴、连杆惯性带着高速运转,不断撞击缸套及铸铁做的机体,最终导致机体上口和下口被击穿。此外,经《公估报告》理算确认,本起事故中"新明富7"轮在拖轮、装卸、港监港杂费的损失金额为 386 996 元。

三、法院裁判

厦门海事法院认为,本案为一起船舶保险合同纠纷。渝中人保接受广西明发的投保,签发船舶保险单后,双方当事人之间成立了有效的船舶保险合同法律关系,双方的权利义务关系应由船舶保险单的记载内容确定。广西明发按中国人民财产保险股份有限公司沿海内河船舶保险条款投保了一切险,渝中人保作为保险人是否承担保险赔偿责任,应当根据该条款的责任范围及除外责任的相应规定予以认定。

本案双方的争议焦点在于本起事故是否属于保险事故? 原告广西明发主张"新明

富7"轮发生主机故障,失去动力而无法航行,为了船货的共同安全而采取的合理措施,由此产生的费用属于共同海损费用,属于保险人的承保范围。被告渝中人保认为,"新明富7"轮发生主机故障,是"机器本身发生的故障",属于保险条款除外责任。厦门海事法院认为,关于本起事故原因,《公估报告》与"新明富7"轮轮机长所作的分析、判断基本一致,应予采信。据此,厦门海事法院认定"新明富7"轮主机故障系因第七缸活塞使用较长时间发生结构性疲劳,而突发断裂,造成连杆、活塞在高速运转的惯性作用下,连续撞击缸套,造成缸套断裂,掉落的活塞下部、活塞销、缸套下部被曲轴、连杆惯性带着高速运转,不断撞击缸套及机体,最终导致机体上下口被击穿。该事故应属于船舶机器本身发生的故障所致。根据保险条款中除外责任的约定,船舶机器故障造成本身及引起的其他损失或损坏,保险人不承担赔偿责任。因此,案涉事故不属于保险责任范围内的事故,原告广西明发的主张没有事实和法律依据,厦门海事法院不予采信。

根据《中华人民共和国民事诉讼法》第64条第1款的规定,判决如下:驳回原告广西明发海运有限公司的诉讼请求。

22 原告台州市神通海运公司与被告中国大地财产保险股份有限公司台州中心支公司船舶保险合同纠纷案

案例来源:宁波海事法院(2008)甬海法台商初字第5号
主题词:保险责任范围　赔偿协议　逾期赔付利息

> **裁判要旨**
>
> **No. HX-6.3-15**　被保险人与第三人签订的赔偿协议书中约定了逾期付款违约金,该约定不约束保险人。保险人即使未能及时理赔,也不承担该逾期违约金。
>
> **No. HX-6.3-16**　保险人未能及时理赔,应当按照同期银行贷款利率计算逾期赔付的责任。

一、基本案情

原告:台州市神通海运公司(以下简称神通公司)

被告:中国大地财产保险股份有限公司台州中心支公司(以下简称大地保险公司)

原告神通公司起诉称:2005年11月12日,原告将其所有的"浙黄机716"轮(以下简称716轮)在被告大地保险公司投保,双方签订了保险合同,原告支付了相应的保险费。2006年4月19日凌晨,716轮撞击福建吉安燃油储运有限公司(以下简称吉安公司)所属的吉安码头,造成码头设施损坏。经交通部第三航务工程勘察设计院勘察工程公司(以下简称三航公司)估价,码头的修复费用为114万元。2006年5月13日,原告与吉安公司签订赔偿合同书,约定原告赔偿吉安公司70万元,分三期付清,第一期于 2006 年 5 月 15 日前付 36 万元,第二期于 2006 年 6 月 30 日前付 20 万元,第三期于 2006 年 7 月 15 日前付清;如有延期付款,按每日延期款项的 0.3% 支付利息。

合同签订后,原告按约支付了第一期款项,并向被告提出保险理赔请求。被告以其委托上海天衡保险公估有限公司(以下简称天衡公司)鉴定的码头损失只有 13 万元为由拒绝理赔,导致原告未能向吉安公司支付后两期赔偿款项。为此,吉安公司在厦门海事法院提起诉讼,要求神通公司支付后两期赔款及相应的延期付款利息。该案经厦门海事法院及福建省高级人民法院审理,判决神通公司应向吉安公司支付后两期赔款 34 万元,并按每日万分之五计算的逾期付款利息。原告已履行了该案判决。之后,被告对原告赔偿给吉安公司的本金 70 万元中的 75% 即 52.5 万元作了赔付,但对原告赔偿给吉安公司的逾期付款违约金 8 万元则拒绝予以理赔。此外,原告还在厦门海事法院诉讼案件中为被告垫付了专家费用 2 000 元。

原告认为,由于被告以天衡公司估价损失仅为 13 万元为由拒绝理赔,导致原告未能履行吉安公司的协议而赔付了逾期违约金,对此被告应予以赔偿。请求法院判令被告大地保险公司赔偿原告上述损失 8 万元中的 75% 即 6 万元,并返还垫付费用 2 000 元。庭审前,原告神通公司增加诉讼请求,主张原告的经济损失除逾期付款违约金 8 万元外,还支付了厦门海事法院、福建省高级人民法院的一、二审诉讼费 12 444 元,总损失为 92 444 元,请求判令被告支付原告上述损失的 75% 计 69 333 元,以及垫付专家费用 2 000 元。

被告大地保险公司答辩称:(1) 原告神通公司与吉安公司达成赔偿协议时,大地保险公司没有参与谈判,事后也没有追认,该协议对被告没有约束力。该协议未约定原告支付赔款系以收到被告的理赔款为前提,原告在其与吉安公司的诉讼中,也并未以大地保险公司拒赔作为抗辩,而是以神通公司在签订协议时有重大误解与胁迫行为作为抗辩理由,该案的一、二审判决书也未认定神通公司违约是由于大地保险公司的原因或过错所造成。因此,原告主张其赔偿给吉安公司的逾期付款违约金及诉讼费系因被告拒绝理赔所造成,没有事实与法律依据。(2) 原告诉称被告拒赔不符合事实。根据原、被告约定的《沿海内河船舶一切险保险单款》第 14 条的约定,被保险人按保险人要求提供各种必要单证齐全,经保险公司与投保人双方确定赔款金额后,保险人在 10 日内赔偿结案。被告已经及时支付了理赔款,履行了合同义务。(3) 被告从未委托原告垫付款项,原告主张返还代付款 2 000 元,没有事实依据。请求驳回原告的诉讼请求。

二、法院查明的事实

宁波海事法院确认如下事实:

2005 年 11 月 12 日,被告大地保险公司签发《沿海内河船舶一切险保险单》,承保原告所有的 716 轮,险别为一切险,保险期限自 2005 年 11 月 22 日至 2006 年 11 月 21 日止,保险金额 400 万元,每次事故绝对免赔额为 2 万元或损失金额的 20%,以高者为准;自第二次事故起每次事故再加扣5%的免赔。同月22日,原告支付给被告保险费6万元。2006年4月19日凌晨,716轮撞击吉安公司所属的吉安码头,造成码头设施损坏。2006年4月20日,神通公司与吉安公司签订协议书一份,一致同意委托三航公司、上海港湾工程质量检测有限公司对受损码头进行勘查与损失评估。经三航公司估价,码头的修复费用为114万元。2006年5月13日,神通公司与吉安公司签订合同书,约定神通公司赔偿吉安公司经济损失70万元,分三期付清,第一期于2006年5月15日前付36万元,第二期于2006年6月30日付20万元,第三期于2006年7月15日前付清;如延期付款,应按每日延期款项的0.3%支付利息。

合同签订后,原告按约支付了第一期款项36万元,但以被告委托的天衡公司鉴定码头损失只有133 780元而尚未理赔为由,未向吉安公司支付后两期赔偿款项。为此,吉安公司在厦门海事法院提起诉讼,要求神通公司支付后两期赔款34万元及相应的延期付款利息。神通公司则提出反诉,以神通公司与吉安公司的赔偿合同书系在被胁迫与重大误解的情形下签订为由,请求法院撤销该合同书,返还已付的款项166 220元。该案经厦门海事法院及福建省高级人民法院审理,判决神通公司应依约向吉安公司支付后两期赔款34万元及按每日万分之五计算的逾期付款利息。原告为履行该判决,于2007年10—11月,分3次支付吉安公司款项42万元,并分别支付一、二审诉讼费4 834元、7 610元。2007年12月24日,被告支付给原告碰撞码头总损失70万元的75%即525 000元,对原告赔付给吉安公司的逾期违约金8万元及诉讼费则拒绝赔付,为此原告诉至宁波海事法院。

三、法院裁判

宁波海事法院认为,原、被告之间的保险合同及原告与吉安公司签订的赔偿合同书应确认有效。根据法律规定,合同仅对合同当事人有约束力,故原告神通公司与吉安公司在赔偿合同书约定的付款义务,不对被告大地保险公司具有约束力。原告对其与吉安公司的赔偿合同书的违约行为,与被告是否拒赔之间没有因果关系。因此,原告以被告拒赔导致其承担逾期付款违约金及诉讼费为由,要求被告承担损失的主张,理由不足,被告关于两者之间不存在因果关系的抗辩有理,宁波海事法院予以采信。但是,根据原、被告保险合同的约定,被保险人按保险人要求提供的各种必要单证齐全后,保险人应当迅速审核,赔款金额经保险合同双方确认后,保险人应在10天内赔偿结案。本案原告神通公司向被告提出保险理赔申请后,被告以其委托的天衡公司评估损失仅为13余万元为由迟迟不予赔付,而经过厦门海事法院及福建省高级人民法院审理认定,天衡公司的评估报告系中国大地财产保险股份有限公司宁波分公司单方委托,未到现场实地查勘,且与保险人有利害关系,不足以推翻三航公司出具的修复费用为114万元的修复咨询报告结论,不应作为认定损失的依据。因此,被告以天衡公司评估报告认定的损失仅为13万余元迟迟不予赔付,理由不足,客观上亦对原告造成了损害,应对由此造成原告的经济损失予以赔偿,其数额以赔款总额52.5万元从应当作出赔付之日起至实际支付之日按银行同期贷款利息计算。因原告与吉安公司约定的最后一期付款日期为2006年7月15日,该日作为确定赔偿之日的10天后,即2006年7月25日为被告应作出赔付之日,自该日起计至2007年12月24日实际赔付之日共510天,按银行1年至3年期贷款基准年利率7.56%计算,原告因被告延期理赔共遭受经济损失55 457元;原告主张由被告承担其中的75%,宁波海事法院亦予确认,故被告应支付原告款项41 593元。原告要求被告支付垫付费用2 000元的诉讼请求,证据不足,宁波海事法院不予支持。

综上,根据《中华人民共和国海商法》第237条、《中华人民共和国民法通则》第106条第1款的规定,判决如下:

一、中国大地财产保险股份有限公司台州中心支公司支付原告台州市神通海运公司款项41 593元;

二、驳回原告台州市神通海运公司的其他诉讼请求。

23 原告包朝波、贺满青与被告中华联合财产保险股份有限公司舟山中心支公司海上保险合同纠纷案

案例来源:宁波海事法院(2012)甬海法舟商初字第104号
主题词:意外伤害险　保险责任范围　脑出血死亡　除外责任

裁判要旨

No. HX-6.3-17　突发脑出血死亡不属于意外伤害险的承保范围,其他类似保险合同均作如此释义,故该解释不属于免责条款范畴。而且意外伤害险的字面含义既然不包括自身疾病,故无须保险人对该除外责任作特别解释。

一、基本案情

原告:包朝波

原告:贺满青

被告:中华联合财产保险股份有限公司舟山中心支公司

原告包朝波、贺满青诉称:两原告分别为被保险人包幸福之子、妻,被保险人包幸福生前系"浙定39308"船船员。2011年9月9日,案外人"浙定39308"船船东钟国苗为被保险人包幸福等8位船员向被告投保了"团体人身意外伤害保险",保期自2011年9月14日至2012年9月13日止,每人保额为30万元。2011年10月21日下午,被保险人包幸福在船上工作时突发脑出血,经送医院抢救无效于同日死亡。两原告向被告索赔,被告拒赔,两原告遂诉至法院,请求判令被告赔偿两原告保险赔款30万元,并承担本案诉讼费用。

被告中华联合财产保险股份有限公司舟山中心支公司答辩称:本案被保险人因疾

病死亡,不属于其投保的"团体人身意外伤害保险"的保险范围,即使属于保险范围,也应当适用免责条款,不予理赔。

二、法院查明的事实

宁波海事法院认定如下事实:

两原告分别为被保险人包幸福之子、妻,2011年9月9日,案外人"浙定39308"船船东钟国苗为被保险人包幸福等8位船员向被告投保了"团体人身意外伤害保险",保期自2011年9月14日至2012年9月13日止,每人保额为30万元。保险单载明该保单适用中华联合(备案)〔2009〕N231号团体人身意外伤害保险条款,在明示告知2中,提示投保人在收到保险单后详细阅读各项内容,特别是保险责任、责任免除条款及被保险人有关权利义务的相关内容。在附页的保险条款第6条中约定了责任免除的事项,但字体无法辨识出已加黑。在释义部分第4条对意外伤害进行了解释,载明"意外伤害指以外来的、突发的、非本意的、非疾病的客观事件直接且单独的原因致使身体受到的伤害"。由于投保人钟国苗在船上工作,且自2002年起一直向被告投保该险种,故保险单等相关文书均委托被告公司业务员胡国宏代为签字。2011年10月21日下午,被保险人包幸福在船上工作时突发脑出血,经送医院抢救无效于同日死亡。两原告向被告索赔,被告拒赔,两原告遂诉至法院。

三、法院裁判

宁波海事法院认为:本案保险合同合法成立,应确认有效,被告公司业务员代签投保单等文书的行为系投保人钟国苗所授权,且投保人已经按时足额缴纳保险费,故被告关于该保险合同未成立的抗辩,宁波海事法院不予采信。两原告作为被保险人的第一顺序继承人,根据法律规定,具有本案诉权。根据保险合同的约定,两原告向被告主张赔偿应当以被保险人系因"意外伤害"导致死亡为前提条件,根据保险合同的约定,"意外伤害指以外来的、突发的、非本意的、非疾病的客观事件直接且单独的原因致使身体受到的伤害"。本案被保险人因突发脑出血死亡,两原告并无证据证明该种死亡系因上述所列"意外伤害"所致,两原告主张该释义属于免责条款的一种,且因投保单等单据系被告业务员代签,故被告未尽到告知义务,宁波海事法院认为,该释义并非涉案保险合同所独有,其他类似保险合同均作如此释义,故该释义条款并非免责条款范畴。且即使按照一般意义上的字面意思理解"意外伤害"也应当包括"意外"及"伤害"两个范畴,两原告并无证据证明被保险人的死亡系因"伤害"所致,故两原告诉请缺乏事实依据,宁波海事法院难以支持。依照《中华人民共和国保险法》第10条第1款的规定,判决如下:

驳回原告包朝波、贺满青的诉讼请求。

7. 保险纠纷的时效与举证责任

7.1 时效

1 原告赵典藏、金志贝、陈德喜、吴昌南与被告中国人民财产保险股份有限公司温州市分公司船舶保险合同保险赔款纠纷案
案例来源:宁波海事法院(2006)甬海法温商初字第39号
主题词:海上保险案件管辖权　诉讼主体资格　时效中断

> **裁判要旨**
>
> **No. HX-7.1-1**　在船舶所有人和船舶经营人分离的情况下,以船舶作为保险标的(而非船舶经营人的经营收益)的保险利益,应当认定为由船舶所有人所享有。
>
> **No. HX-7.1-2**　被保险人故意不如实告知以及未告知或者错误告知对保险事故的发生有影响的举证责任,由保险人承担。
>
> **No. HX-7.1-3**　海上保险合同的时效中断,适用《中华人民共和国海商法》的规定,不能仅因被保险人提出主张而中断时效。

一、基本案情

原告:赵典藏、金志贝、陈德喜、吴昌南(以下简称四原告)
被告:中国人民财产保险股份有限公司温州市分公司(以下简称被告)
四原告诉称:四原告系"浙乐油18"轮船舶所有人。2003年5月9日,船舶经营人乐清市东方海运有限公司(以下简称东方公司)就该轮向被告投保沿海内河船舶一切险,保险期限至2004年5月9日止,保险金额和保险价值同为人民币100万元。2003年11月6日,"浙乐油18"轮在东营北港池受大风及潮位影响,于当晚21时搁浅在离主航道约160米的沙质浅滩上。次日,四原告向被告报告船舶遇险情况。被告要求尽一切努力采取脱浅补救措施,费用由被告负责。2003年11月中旬,四原告委托拖轮进行拖离;2004年3月以高压水枪冲船底沙滩拖船、同年10月21日大潮之际在船底装气囊充气上浮船舶拖离等方法,均未成功。为此,四原告共支付船舶施救费用18.8万元,被告已予确认。此外,船舶搁浅期间,原告为避免损失进一步扩大,支付船舶保管人员工资11.9万元。2005年6月19日在船舶无法脱浅情况下,四原告书面要求被告理赔,被告同意赔偿,并于2005年6月27日在理赔报告书上签署"情况属实"的意见。此后,双方一直就理赔事宜进行沟通协商。2006年5月20日,被告派人前往山东,与

烟台救捞局取得联系,经该局下属单位威海海华船务有限公司实地勘查,并编制《浙乐油18油轮清淤出浅方案及费用》,提出具体施救方案,预算费用为86万元。但至今双方仍未能就赔偿金额协商一致。由此,请求判令被告赔偿:(1)船舶损失100万元;(2)船舶施救费用18.8万元;(3)船舶保管费用11.9万元;(4)上述款项自2005年6月27日起的利息(按日万分之二点一利率计算,暂计至2006年10月27日为133 666元)。

被告辩称:(1)四原告诉称不实。涉案事故因风流作用座浅,而非搁浅;事故发生后,被告未以任何方式确认过有关费用,更不清楚相关费用是否合理、是否已支付,也从未以任何形式同意保险赔偿。(2)四原告非本案适格诉讼主体。涉案保险单明确记载被保险人为东方公司,而非本案四原告;四原告非保险合同当事人,无权向被告提起诉讼,应驳回起诉。(3)船舶座浅不属于保险责任范围。涉案事故发生后,四原告从未办理过海事签证,海事主管部门自然也未对事故进行任何勘验调查;经东营海事处盖章的材料是四原告为获取保险赔款而通过非正常途径取得的;四原告未举证事故属于涉案《沿海内河船舶保险条款》(以下简称《保险条款》)"保险责任"中列明风险,也未根据《保险条款》第18条的规定,在48小时内向港航监督部门报告,根据《保险条款》第20条的规定,保险人有权拒赔。(4)被保险人在投保时未尽如实告知义务。被保险人明知保险船舶"浙乐油18"轮在投保时已经光租给山东胜坨集团公司(以下简称胜坨集团),但在投保时未按《中华人民共和国海商法》第222条规定如实告知保险人,根据该法第223条,保险人有权解除合同并不承担任何赔偿责任。(5)四原告在涉案事故中未遭受损失。宁波海事法院(2004)甬海法商初字第257号一审判决书和浙江省高级人民法院(2005)浙民三终字第54号二审判决书,均判决胜坨集团交还四原告"浙乐油18"轮,且已申请强制执行。四原告诉称的损失均属光租合同项下的商业风险,与涉案事故无因果关系。即使本案四原告系被保险人,其保险利益也仅限于船舶出租收益及船舶财产所有权,均已经判决并执行,四原告不存在任何实质性损害。(6)本案已过2年法定诉讼时效。四原告期间仅提出赔偿要求,被告未同意,不构成时效中断,无论根据《中华人民共和国海商法》第264条、第267条,还是根据《保险条款》第15条的规定,其起诉均已超过法定诉讼时效,应驳回其诉讼请求。(7)四原告诉请损失金额缺乏事实与法律依据。船舶至今仍由四原告控制并座浅在港池内,未构成全损;"船舶施救费用、船舶保管费用"既缺乏合理性,也未实际支付,且已经包括在光船承租人应赔偿四原告的未交还船舶损失范围内;"利息"损失于法无据。

二、法院查明的事实

结合被告援引的以本案四原告为被上诉人的浙江省高级人民法院(2005)浙民三终字第54号终审判决以及当事人庭审陈述,宁波海事法院确认如下事实:

"浙乐油18"轮登记为四原告共有。2002年7月29日,该轮光租给胜坨集团,租期为2002年8月1日至2003年8月1日。2003年5月9日,该轮向被告投保,被告签发沿海内河船舶保险单。保险单记载被保险人为"浙乐油18"轮经营人东方公司;保险险别为沿海内河船舶一切险;保险价值和保险金额均为100万元,承保比例100%,免赔额为1万元。

2003年11月6日,"浙乐油18"轮锚泊于东营港北港池,因受大风(风力9至10级,阵风11级)及高潮位影响,并受港内操作水域限制,于当晚21时左右搁浅在离主航道160米处的沙质浅滩上。次日,四原告通知被告船舶搁浅出险。被告受理后,嘱船方待机自行脱浅,但未派人前往调查勘验。因东营北港池潮位落差小,无合适高潮位及风力风向,该轮一直无法自行脱浅。2003年11月10日,原告赵典藏作为"浙乐油18"轮一方的代表与第七公司签订协议书,约定由第七公司保管船舶并拟订方案实施脱浅。此后,四原告曾尝试以拖轮拖离、高压水枪强冲船底沙土以及在船底装气囊充气上浮等脱浅办法,但均无果。四原告已支付第七公司救助费用共10.5万元。

2004年7月19日,东方公司及本案四原告向宁波海事法院起诉,要求胜坨集团返还"浙乐油18"轮、支付租金52万元、赔偿损失60.5万元及其利息。一审判决后,胜坨集团提起上诉。浙江省高级人民法院于2005年5月23日作出(2005)浙民三终字第54号终审判决:认定胜坨集团在光租期限届满后未完全履行还船义务,判决胜坨集团于30日内交还东方公司及本案四原告"浙乐油18"轮、支付尚欠租金35.5万元、赔偿未依约还船租金损失50万元。

2005年6月27日,东方公司向被告提出书面报告称:"浙乐油18"轮已根据被告的要求尝试脱浅,但几经努力均未成功,被保险人已将有关情况告知被告,被告既未派人到出事地点勘查,也未对被保险人的索赔请求予以答复;现要求被告在该年份大潮来临时派技术人员至山东开展拖救工作,如无法拖出船舶,则要求按保险合同约定予以理赔。被告第五营业部收到报告后,即签署如下意见:"该保户出险时已向我司报案,因多种原因出险船舶施救未果。情况属实。"并将该理赔案移交理赔中心。理赔中心遂要求船方联系一家海事救助单位,提出具体可行性施救方案、编制预算,由保险人再作下一步决定。此后,虽经船方多方努力,但一直未联系到施救单位。2006年3月29日,东营海事处向四原告出具"浙乐油18"轮于2003年11月6日晚9时因大风搁浅的证明,并就船舶搁浅原因、施救过程和搁浅位置出具"发生事故的详细经过"说明。2006年5月20日,被告经办人前往山东与烟台救捞局取得联系,经实地勘查,烟台救捞局下属单位威海海华船务有限公司于当月31日编制了《浙乐油18油轮清淤出浅方案及费用》报告,提出施救方案,预算清淤脱浅费用为86万元。考虑到对该施救方案合理性、后续修复费用以及船体结构损害的审核涉及专业知识,被告于2006年6月20日决定上报其上级单位中国人民财产保险股份有限公司浙江省分公司,要求代为委托保险公估机构进行处理。

另查明:浙江省高级人民法院(2005)浙民三终字第54号民事判决生效后,东方公司及本案四原告已向宁波海事法院申请强制执行,但至今未能执行,"浙乐油18"轮仍搁浅在原位置。

海上保险案件管辖权 · 诉讼主体资格 · 时效中断

三、法院裁判

宁波海事法院认为,本案双方当事人主要争议在于:(1)四原告是否具有向被告请求保险赔款的诉讼主体资格?(2)涉案事故是否构成保险事故?(3)被保险人是否未履行如实告知义务?(4)四原告对事故损失有无请求权、损失如何确定?(5)本案有无超过法定诉讼时效。

(一) 四原告诉讼主体资格

"浙乐油18"轮由本案四原告共有,挂靠在东方公司经营。从当事人庭审陈述可知,船舶投保时已提供船舶所有权登记证书,被告对船舶所有权人和经营人的情况理当清楚。《中华人民共和国保险法》第12条规定,"投保人对保险标的应当具有保险利益";"保险利益是指投保人对保险标的具有的法律上承认的利益"。四原告作为船舶所有人,对"浙乐油18"轮具有保险利益。庭审中,四原告称,保险费由其支付;而被告表示不清楚,且认为即使如此,也系代东方公司支付。尽管四原告未对此举证,但在船舶所有人和船舶经营人分离的情况下,以船舶作为保险标的(而非船舶经营人的经营收益)的保险利益应当认定为由船舶所有人所享有,被告签发保险单将船舶经营人东方公司作为被保险人记载,应视为东方公司是以船舶经营人的身份代理船舶所有人即本案四原告与被告签订船舶保险合同,四原告为合同一方当事人。何况被告自己在"船舶险重大损案上报表"中也将被保险人填写为"乐清市东方海运有限公司浙乐油18"。"浙乐油18"系指船舶,如无特指,应理解为船舶所有人无疑。综上,四原告对"浙乐油18"轮具有保险利益,有权提起诉讼,请求船舶保险赔款。被告以保险单记载被保险人系东方公司为由,抗辩四原告非本案适格主体,理由不成立,不予采纳。

(二) 涉案事故性质

根据中国人民银行《沿海内河船舶保险条款解释》,船舶在航行或锚泊中遭受意外造成船舶底部与海底、河床或浅滩紧密接触,使之无法航行,处于静止或者摇摆状态,并造成船舶损坏或停航12小时以上即构成搁浅,但船舶为了避免碰撞或者由于其他原因,有意将船舶抢滩座浅受损不属于搁浅责任范围。"座浅",通常是指船舶在有潮汐的港口停泊时,低潮接触海底,而高潮又浮起,事先可预料,不属于意外事故。根据东营海事处出具的证明材料,"浙乐油18"轮发生事故前空载在东营北港池抛单锚锚泊,因大风船位移动,船员采取抛双锚、启动主机顶风等措施,而均未见效,显属因走锚漂移而搁浅,并不存在人为故意的抢滩行为。事故发生之日,值农历十月十三,并非当年乃至当月最高潮位,"浙乐油18"轮此后采多种措施均未能脱浅,也与"座浅"的客观现象不符,不可能事先预料。综此,涉案事故应认定为"搁浅",而非"座浅",系《保险条款》一切险中的列明风险,属于船舶保险责任范围。被告所谓"浙乐油18"轮因潮位和装载影响而座浅的抗辩,与查明的事实不符,不足采信。

四原告虽无证据佐证其在事故发生后已书面向东营海事处报告,但从当事人庭审陈述以及四原告所提供的相关证据材料(证据10和11)至少可以反映,事故发生次日,四原告即通知被告,被告予以受理,东营海事处此后也出具书面材料,证明或者说明事故原因、经过以及所采取的施救措施,可初步认定被保险人已履行《保险条款》第18条"向港航监督部门、保险人报告"的义务。何况根据《沿海内河船舶保险条款解释》,船舶发生海损事故,船东未在到达第一港(或就近港)后的48小时内向当地港航监督部门和保险人报告的,其后果是保险人不予受理。被告作为船舶保险人接船舶出险报告后,既已受理,且指示被保险人自行施救,而直到事故发生逾2年半时间以后才派人前往事故现场,于被保险人起诉保险赔款时再以被保险人未履行向海事行政机关报告义务为由,援引保险单格式条款拒赔,加重了被保险人索赔的举证责任,抗辩理由不成立,不予采纳。

(三)被保险人如实告知义务的履行及其后果

船舶光租将导致船舶经营状况的变化,如船舶管理、航行区域、船员配备等,确实属于"有关影响保险人据以确定保险费率或者确定是否同意承保的重要情况",被保险人在投保时应当如实告知。就举证责任分配而言,已经履行如实告知义务的举证责任由被保险人承担;而被保险人故意不如实告知以及未告知或者错误告知对保险事故的发生有影响的重要情况的举证责任,则由保险人承担。庭审中,四原告称投保时已将船舶光租情况告诉过被告,且在被告第五营业部当场将保险单传真给光租承租人,被告经办人及第五营业部经理均知道船舶光租情况;被告则称投保人未告知,也未提供光租合同,如果有则应在保险单上进行批注(但未说明应在何处批注)。事隔3年多,投保人在投保时如何告知、告知了哪些情况,已不得而知。被保险人在2005年6月27日给被告的要求理赔的报告中提出:"签订保险合同当时,保险船舶已光船租赁给山东胜坨集团公司,且报告人已将此情况告知贵公司保单经办人员……"被告第五营业部在收到该报告后签署"……情况属实"的意见,构成订立保险合同时投保人已告知船舶光租的初步证据。被告未举证被保险人故意不履行如实告知义务,也未举证或者合理说明涉案事故与被保险人未履行告知义务之间存有因果关系,自不能作被保险人存在故意不如实告知的认定,也得不出因未告知而对保险事故发生产生影响的结论。被告以被保险人未履行如实告知义务为由拒绝保险赔偿的抗辩,不符合《中华人民共和国海商法》第222条和第223条的规定,不予采纳。

(四)四原告对保险事故损失的请求权和损失的确定

1. 关于四原告对保险事故损失的请求权

"浙乐油18"轮搁浅后,被保险人立即通知保险人,按保险人指示进行施救,并在船舶难以成功脱浅、保险人不及时理赔的情况下,对胜坨集团提起诉讼,尽到了法律规定或者合同约定的被保险人的义务。尽管在四原告与胜坨集团光船租赁合同纠纷一案中,法院判决胜坨集团返还船舶,并向四原告支付尚欠的租金、赔偿未依约及时还船造成的租金损失,但前者至今未能执行,后者既未执行也与本案分属不同的诉讼请求。在浙江省高级人民法院(2005)浙民三终字第54号民事判决未获执行的情况下,四原告作为被保险人,仍有权依船舶保险合同关系向被告主张保险事故损失赔偿。被告关于四原告损失已经判决执行的抗辩,与宁波海事法院查明的事实不符,不予采信。

2. 关于船舶损失

《中华人民共和国海商法》第246条第1款规定,"船舶发生保险事故后,认为实际全损已经不可避免,或者为避免发生实际全损所需支付的费用超过保险价值的,为推定全损。""浙乐油18"轮船舶保险价值100万元,预算脱浅费用86万元,尚存差额。四原告主张构成推定全损而未对此举证,也未根据《中华人民共和国海商法》第249条的规定对保险标的进行委付,应认定构成部分损失。船舶部分损失金额即预算的脱浅费用,由被告依法根据保险单约定,扣除免赔额1万元后,予以赔付85万元。被告关于船舶尚有残值不构成推定全损的抗辩有理,予以采纳。

3. 关于此前的施救费用

《中华人民共和国海商法》第240条规定:"被保险人为防止或者减少根据合同可以得到赔偿的损失而支出的必要的合理费用……以及为执行保险人的特别通知而支出的费用,应当由保险人在保险标的损失赔偿之外另行支付。""浙乐油18"轮搁浅后,四原告按被告指示进行施救,所产生的合理费用属于《保险条款》第2条保险责任范围,虽无效果,保险人应当根据最高人民法院《关于审理海上保险纠纷案件若干问题的规定》第12条,予以支付。四原告要求被告在保险标的之外另行支付施救费用的主张有理,但金额应以前述审查确定的10.5万元为限,其余施救和保管费用,证据不足。

4. 关于保险赔款利息

《中华人民共和国海商法》第237条规定:"发生保险事故造成损失后,保险人应当及时向被保险人支付保险赔款。"《中华人民共和国保险法》第26条也规定:"保险人自收到赔偿或者给付保险金的请求和有关证明、资料之日起六十日内,对其赔偿或者给付保险金的数额不能确定的,应当根据已有证明和资料可以确定的最低数额先予支付;保险人最终确定赔偿或者给付保险金的数额后,应当支付相应的差额。"根据《中华人民共和国海商法》第251条以及《保险条款》第6条和第14条规定,被保险人向保险人索赔时应当提供各种必要的单证,其中包括海事报告。本案被保险人尽管于事故发生次日即通知了保险人,并于2005年6月27日再次向保险人提出书面索赔报告,但其2006年3月29日才从东营海事处取得有关船舶搁浅事故的证明材料,清淤出浅方案及费用预算的报告至2006年5月31日才作出。没有证据表明被告已根据《中华人民共和国保险法》第23条第2款的规定,再行要求被保险人补充提供有关保险索赔的证明和资料,根据该法第26条的规定,被告应在此后60日内支付保险赔款,否则承担支付保险赔款利息的违约责任。四原告诉请按日万分之二点一利率计算保险赔款利息,尚为合理,但利息应自2006年7月31日起算。

(五) 诉讼时效

《中华人民共和国海商法》第264条规定,海上保险赔偿请求权诉讼时效为2年,自保险事故发生之日起算;第267条第1款规定:"时效因请求人提起诉讼、提交仲裁或者被请求人同意履行义务而中断。"比较《中华人民共和国民法通则》第140条可知,海上保险赔偿请求权不因被保险人向保险人提出索赔要求而致诉讼时效中断。"浙乐油18"轮于2003年11月6日搁浅,四原告于2006年11月21日向宁波海事法院提起诉讼,已逾2年。被保险人于2005年6月27日向被告提出书面索赔,但仅有此类索赔要求尚不足以产生诉讼时效中断的法律效果。《中华人民共和国海商法》第267条第1款所指的"被请求人同意履行义务",属于意思表示,不限于书面,还包括口头或者行为方式,也非要求明确赔偿金额和赔偿期限不可。从来源于被告的"船舶险重大损案上报表"可知,事故发生后,被保险人即通知被告,并按被告指示采取了一系列施救措施,还于2005年6月书面要求理赔;被告接理赔报告后,要求被保险人联系施救单位,并随后由其自行联系施救单位编制施救方案和预算报告;报告作出后,再请示其上级单位委托保险公估。被告人上述一系列行为,说明其在请示上级单位之前,从未向被保险人作出过拒赔的意思表示,恰恰相反,被告自始至终在向被保险人传达同意支付保险赔款的信息。被保险人向保险人提出索赔,保险人的意思表示不外乎同意赔偿或者拒赔,被告至今不向四原告或者东方公司发出书面拒赔通知,而仅要求被保险人实施自行脱浅、施救、确定损失等,应当认定被告此前一直存有同意赔付的口头和行为方式意思表示。法律规定诉讼时效的目的,是为了促使权利人及时行使权利,避免当事人之间法律关系长久处于不稳定的状态。如果许可保险人一方面以诸如资料未齐、损失未确定、内部审核、向第三人起诉等理由拖延赔付,另一方面又不作拒赔表示,待2年届至,再以诉讼时效作抗辩,既非立法之本意,也与诚实信用原则不符。综此,至被告2006年6月20日向其上级单位请示之前,其指示被保险人对搁浅船舶进行施救,包括2005年6月份要求联系救助单位、提出施救方案和编制预算在内的一系列行为,均具"同意履行义务"的意思表示效力,构成诉讼时效中断。被告关于本案诉讼时效的抗辩无理,不予采纳。

综上,原、被告双方之间的船舶保险合同合法有效,"浙乐油18"轮在保险期限内发生保险事故,被告应根据保险单和《保险条款》的约定,依法向四原告支付保险赔款,并承担利息损失。四原告诉讼请求有理部分,予以支持;超过部分,证据不足,予以驳回。依照《中华人民共和国海商法》第237条、第240条第1款、第247条、第264条、第267条第1款,《中华人民共和国合同法》第107条和《中华人民共和国民事诉讼法》第64条第1款之规定,判决如下:

被告中国人民财产保险股份有限公司温州市分公司应赔付原告赵典藏、金志贝、陈德喜、吴昌南船舶保险赔款85万元和施救费用10.5万元,及上述款项自2006年7月31日起至实际付清之日止的利息(按每日万分之二点一利率计算)。

上述应付款项应于本判决生效之日起10日内偿付,逾期依照《中华人民共和国民事诉讼法》第232条之规定,加倍支付迟延履行期间的债务利息。

驳回原告赵典藏、金志贝、陈德喜、吴昌南的其他诉讼请求。

❷ 原告深圳市光达航运有限公司与被告中国人民保险公司深圳市分公司保险合同纠纷案

案例来源:广州海事法院(2000)广海法深字第 7 号

主题词:诉讼时效　诉讼时效的起算　协商变更诉讼时效

裁判要旨

No. HX-7.1-4　海上保险合同纠纷,被保险人向保险人要求保险赔偿的请求权的时效期间为 2 年,自保险事故发生之日起计算。

No. HX-7.1-5　诉讼时效是法定的,当事人无权协商变更,船东责任险条款中对被保险人的索赔时效的规定无效。

一、基本案情

原告:深圳市光达航运有限公司(以下简称原告)

被告:中国人民保险公司深圳市分公司(以下简称被告)

原告深圳市光达航运有限公司诉称:1996 年 6 月,原告就"光达"轮向被告投保了船东保障和赔偿责任险(以下简称船东责任险),被告于 7 月 3 日向原告签发了中国人民保险公司船东责任险保单(以下简称保单)。保险期间为 1996 年 7 月 3 日至 1997 年 2 月 19 日,承保条件按照 1993 年 1 月 1 日修订的中国人民保险公司船东责任险条款。原告支付了相应的保费。

1996 年 11 月 14 日,"光达"轮在泰国宋卡港装货,原告签发了数套提单。12 月,"光达"轮抵达大连港卸货。在卸货过程中,发现部分货物水渍。其中编号为 SKDL-1、SKDL-2、SKDL-3、SKDL-4 的提单持有人华润万通有限责任公司(以下称华润公司)于 1997 年 6 月 9 日向大连海事法院起诉。该案经大连海事法院一审,辽宁省高级人民法院二审发回重审后,大连海事法院作出(2000)大海法商初字第 60 号民事判决书(以下称大连海事法院判决书)判决本案原告承担华润公司货款损失 5 337 434 元及利息以及商检费、协助检验费 305 663 元。

根据船东责任险条款,因"光达"轮所载货物发生水渍事故而使原告所面临的一系列责任和损失属于保险的承保范围。原告曾于 1998 年 11 月 12 日因上海高级人民法院判令原告向涉及本案运输的编号为 SKDL-5 的提单持有人赔付货款损失而向本案被告提起诉讼,原告在本案中的请求权的时效因此中断,诉讼时效期间没有届满。另外,根据船东责任险条款关于索赔时效的规定,时效期间也没有届满。原告请求法院判令被告支付 5 337 434 元的赔偿金及承担原告因处理有关事故而发生的相应费用。

被告中国人民保险公司深圳市分公司辩称:被告对原告不负赔偿责任,理由如下:(1)"光达"轮所载货物货损,是该轮开航前和开航当时不适航所造成的。大连海事法院民事判决书对上述事实进行了认定。(2)本案保单的险别是船东责任险,只有船东才具有投保该险种的保险利益。原告既不是船东,又不是该轮光船承租人,不具有投保船东责任险的保险利益,本案所涉保单无效。(3)原告未向被告交纳本案所涉保单项下的保费。根据中国人民银行银条法[1996] 39号《对〈关于对拖欠保费的赔案理赔处理意见的请示〉的复函》的规定,被告可以依法不负赔偿责任。(4)根据船东责任险条款中先决条件的规定,原告未向货方支付货损赔款之前,无权向被告索赔。(5)大连海事法院判决书认定原告和船舶所有人深圳市联合投资有限公司(以下简称联合公司)不能享受责任限制的理由是,该轮所载货物受损是由于原告和联合公司明知可能造成损失而轻率地作为或不作为所造成的。这属于间接故意行为。故意行为包括直接故意和间接故意。根据船东责任险条款规定,对被保险人的任何故意行为引起的任何责任、损失等,保险人不予赔偿。本案货损属被告的除外责任,被告无须承担任何赔偿责任。(6)被告根据验船师对"光达"轮的检验报告,两次发传真要求原告尽快消除该轮存在的不适航的缺陷,但原告没有接受被告的建议和要求,没有消除该缺陷。原告因此违反了船东责任险条款第一节承保原则第(3)项规定。被告对原告因其未消除"光达"轮不适航的缺陷而造成的货损所引起的索赔不负赔偿责任。(7)原告起诉时,其诉讼时效期间已届满,原告已丧失胜诉权。

另外,根据保单的约定,原告的请求数额应减去免赔额3 000美元。

二、法院查明的事实

广州海事法院认定以下事实:

1996年7月3日,被告向作为被保险人的原告签发了保单,按船东责任险条款承保有关"光达"轮应由原告承担的责任或费用;保险期间为1996年7月3日至1997年2月19日;非散装货物的损坏或短量的赔偿每航次扣减3 000美元。

船东责任险的主要条款有:第一节承保原则第(3)项规定,在承保期限内,本公司(指中国人民保险公司,以下同)有权随时委请验船师对被保险船舶进行检验、状况检验,被保险人必须为此提供便利,并保证按照本公司在检验后提出的建议在要求的期限内消除缺陷,否则本公司将对此缺陷引起的索赔不负赔偿责任,直至终止本合同,并不退还所交纳的保险费;第(5)项规定,本保险适用于《中华人民共和国海商法》和与此有关的法律规定。第三节承保风险第(15)项规定,本公司承保、赔偿被保险人依法承担的提单项下的货物责任,即因被保险人或被保险人应对其行为、疏忽或过失在法律上负责的任何人未按提单规定恪尽职责,违反妥善的装载、收受、积载、运输、保管、照料、卸载或交付货物的义务,或因被保险船舶不适航或不适货造成货物的灭失、短少、损坏所承担的赔偿责任。第四节保证、条件、除外责任、赔偿责任限制及其他第(3)项规定,每一事故的赔偿责任以被保险人依据法律可限制的赔偿责任为限,如因被保险人的过失或疏忽未采取必要的手段或措施限制其赔偿责任,本公司对被保险人的赔偿以其应享受的赔偿限制金额为限。第(4)项先决条件规定,本公司赔偿被保险人根据本条款提出索赔的先决条件是被保险人必须:(1)按照本公司的规定交付全部保险费。如本公司放弃这一条件,本公司有权将应付给被保险人的任何款项充抵被保险人应交付的保险费。(2)先行支付任何责任赔款、费用或开支,除非本公司另有决定。第(5)项除外责任第6目规定,本公司在任何情况下不对由于被保险人的任何故意行为引起的任何责任、损害、损失或费用负责。第五节被保险人义务和索赔第(1)项被保险人的义务规定,被保险人与本公司另有约定外,在没有得到本公司的同意前,被保险人不得支付本公司承担的任何索赔或承担责任。第(3)项索赔和时效规定,除非本公司同意,本公司对被保险人在与索赔方或任何其他方结案一年内未向本公司提出索赔不负赔偿责任。

联合公司是"光达"轮的注册船东,原告是船舶管理人,联合公司与原告共同承运了本案所涉的货物。1996年11月1日,"光达"轮承运6 000吨袋装橡胶从泰国宋卡至中国大连。原告以承运人身份签发2 000吨橡胶的提单。12月1日,"光达"轮到达大连后,发现货损。提单持有人华润公司向大连海事法院提起诉讼,该案经一审和辽宁省高级人民法院二审发回重审。大连海事法院判决书认定:联合公司和原告明知"光达"轮的船况可能会给货物造成损失,却轻率地仍旧让"光达"轮投入不能适应的航程运输,以致酿成船舱进水、货物受损的事故。作为承运人的联合公司和原告,不能依照《中华人民共和国海商法》的规定,享受责任限制,判决本案原告承担华润公司货款损失5 337 434元和利息以及商检费、协助检验费305 663元。该判决书现已生效。

原告为证明其向被告交付了保费,提供了被告发给原告的传真、银行支票存根以及保费收据的复印件。原告提交的据称被告发给原告的传真记载:自1996年7月3日起,"光达"轮保赔保险由被告承保,保费为18 198.97美元,经多次催收,至今未到账,请原告见到此传真后迅速将保费转入被告账户,户名为深圳人民保险公司营业部。支票存根记载:编号为00211786,日期为1996年12月3日,收款人为深圳人民保险公司营业部,用途是保费,金额为18 198美元。保费收据记载:被告于1996年12月12日收到原告的保费18 198.97美元。被告对上述证据的真实性均表示异议,并称没有收到保费。

应原告的申请,本院于2001年4月12日到招商银行罗湖支行调查原告是否向被告汇出该笔保费。该行向本院出示了编号为00211786的支票。支票记载:付款人为原告,收款人为深圳人民保险公司营业部,金额为18 198.97美元,用途为保费,出票日期为1996年12月3日。支票上盖有该行1996年12月4日转讫的章。原告与被告对该支票的真实性均表示没有异议,合议庭予以确认。合议庭认为,该支票可以与原告提供的上述3份证据相互印证,足以证明原告已向被告支付了保费。

被告在举证期间内为证明"光达"轮所载货物遭受货损是该轮开航前和开航当时不适航造成的,提供的证据有:(1)西英保赔协会和华泰保险代理顾问服务有限公司委托中国船级社实业公司于1997年1月24日出具的"光达"轮检验报告;(2)华泰保险代理顾问服务有限公司委托中国船级社实业公司于1996年12月26日出具的"光达"轮检验报告;(3)西英船东保赔服务(香港)有限公司委托联合海事咨询有限责任公司于 1997 年 1 月 21 日出具的"光达"轮检验报告;(4)联合海事咨询有限公司于 1997 年 2 月 1 日发给西英船东保赔服务(香港)有限公司的传真。

广州海事法院认为:被告提供的这 3 份检验报告和一份传真,欲证明的事实已为发生法律效力的大连海事法院判决书所确定,被告无须另行举证。

被告在举证期间内为证明原告违反了船东责任险第一节承保原则第(3)项规定,提供的证据有:(1)上海蓝捷海上安全技术咨询服务公司于 1995 年 5 月 27 日出具的检验报告;(2)广东海事工程咨询检验公司于 1996 年 5 月 15 日出具的检验报告;(3)被告发给原告的两份传真函。

上海蓝捷海上安全技术咨询服务公司的检验报告记载:应中国人民保险公司上海分公司的请求,上海蓝捷海上安全技术咨询服务公司高级顾问贝明武验船师代表西英保赔协会(香港)登上"光达"轮进行检验。该报告记载了证书、船体、甲板和上层结构、机器等设备的检验结果。该报告附有"缺陷单",共有 11 项。广东海事工程咨询检验公司的检验报告记载:应中国人民保险公司广东分公司的请求,广东海事工程咨询检验公司的高级验船师吴继雄于 1996 年 5 月 9 日登上停泊在广州淀漕洲 1 号锚地的"光达"轮,根据西英保赔协会的要求进行了全面检验。该报告记载了船舶规范、文件、船体、机器、导航仪器和其他设备的检验结果。其中船体检验记载:"邻近液舱顶的 1 号舱后部右舷船壳板明显锈蚀,凹陷面为 8500×2000 毫米。"该份报告最后还记载:"没有发现测厚记录,已告知船东代表王龙洋先生近液舱顶的 1 号舱船尾部约 8500×2000 毫米的右舷船壳板,由于钢板明显锈蚀凹陷,应在下一次入坞时测厚。"被告提供的据称于 1996 年 6 月 25 日发给原告的传真记载:被告通过广东省人保和西英船东保赔协会委托广东海事工程咨询检验公司于 1996 年 5 月 9 日至 11 日对"光达"轮进行检验,检验结果为该轮 NO.1 舱靠近液舱顶的右舷船壳板有明显锈蚀,其他地方亦有一些问题。被告正准备办理"光达"轮船东责任险的保险手续,希望原告能尽快纠正上述检验报告中提及的问题。否则,即使办理了保险手续,因上述问题造成的船舶、货物损失,被告均不负责。被告提供的据称于 1996 年 8 月 15 日发给原告的传真记载:被告给原告"光达"轮办理船东责任险已有一个多月,但仍未见原告对"光达"轮的缺陷进行纠正。原告须尽快消除"光达"轮的缺陷和不适航,否则由于该轮缺陷和不适航引起的船舶、货物等损失,被告概不负责。上述两份传真函均没有原告签收的记载。

经庭审质证,原告对上述两份检验报告的真实性没有异议,但认为上述检验报告均在保险期间开始前作出,而且并非被告委托检验,不足以证明原告违反承保原则。原告对被告提供的两份传真函件的真实性均表示异议,称从未收到上述传真。合议庭对被告提交的上述两份检验报告的真实性及所记载的内容予以确认。但被告提交的两份传真是被告单方制作的,被告未能提供证据证明曾将上述函件传真给原告,原告也称没有收到过,因此对被告主张其已将上述函件传真给原告的事实不予确认。

另查:1996 年 8 月 16 日,中国人民保险公司深圳市分公司名称变更为中保财产保险有限公司深圳市分公司。1999 年 6 月 22 日该公司名称变更为中国人民保险公司深圳市分公司。

广州海事法院认为，被告于1996年7月3日向原告签发了保单，应视为原告与被告就保险合同的条款达成一致，保险合同成立。该保险合同承保的风险是"光达"轮应由原告承担的责任和招致的费用。虽然该险种的名称是"船东保障和赔偿责任险"，双方还约定以船东责任险条款作为承保条件，但保险合同和船东责任险条款并没有规定只有船东和光船承租人才能投保。原告作为"光达"轮的管理人，与联合公司共同经营"光达"轮，对保单所承保的责任具有保险利益。事实上，大连海事法院判决书也已认定，原告对"光达"轮在营运中给货主造成的货损承担赔偿责任。因此，被告关于原告不具有保险利益，保单因此无效的主张，不予支持。本案所涉保险合同的内容符合法律规定，合法有效。

三、法院裁判

广州海事法院认为，本案属于海上保险合同纠纷，根据《中华人民共和国海商法》第264条的规定，原告向被告要求保险赔偿的请求权的时效期间为两年，自保险事故发生之日起计算。本案保险事故发生的时间是1996年12月，至原告起诉的1999年12月27日止，已超过2年诉讼时效期间，原告的诉讼请求不受法律保护，应予以驳回。原告虽然曾于1998年11月12日因上海高级人民法院判令原告向编号为SKDL-5的提单持有人赔偿货款损失而另案起诉被告，但该案与本案是相互独立的诉讼，本案诉讼时效并不能因该案的起诉而中断。

船东责任险条款中对被保险人的索赔时效进行了规定，但诉讼时效是法定的，当事人协商变更是无效的。因此如果条款中的规定违背法律规定，该条款无效。原告以此主张诉讼时效期间尚未超过不予支持。

依照《中华人民共和国海商法》第264条的规定，判决如下：

驳回原告深圳市光达航运有限公司对被告中国人民保险公司深圳市分公司的诉讼请求。

本案受理费53 210元，由原告负担。

3 **上诉人上海安顺航运有限公司与被上诉人中国太平洋财产保险股份有限公司云南分公司海上货物运输合同纠纷案**
案例来源：上海市高级人民法院(2013)沪高民四(海)终字第23号
主题词：时效中断　保险代位求偿权诉讼　重复诉讼

裁判要旨

No. HX-7.1-6 保险人行使代位权之诉与受益人对第三人所提起的索赔之诉系同一事实、同一法律关系、同一诉讼标的额的诉讼，当任一诉讼已进入审理程序时，法院均不可能因同一事实以同样的案由再次立案，该事由也可成为诉讼时效中断的事由。

一、基本案情

上诉人(原审被告):上海安顺航运有限公司(以下简称安顺航运)

被上诉人(原审原告):中国太平洋财产保险股份有限公司云南分公司(以下简称太保云南分公司)

一审法院经审理查明:

2005年11月25日,云南机械进出口股份有限公司(后更名为云南联合外经股份有限公司)与川铁国际经济技术合作有限公司作为联合体(以下简称联合体)与越南造船工业公司签订交钥匙工程合同,约定由联合体承包越南容橘造船厂一期工程的设计采购施工项目,承包商在承包项目经验收合格后方能收到相应工程款项。上述交钥匙工程涉及一台350吨×165米造船龙门式起重机设备的设计、制造、运输、安装、调试、交验及技术服务和技术培训等业务,该起重机的供货方为案外人上海豪力起重机械有限公司(以下简称豪力公司)。2009年3月,本案被保险人中铁二局集团有限公司(以下简称中铁二局)以自己名义负责涉案货物的出口报关以及运输单证安排等事宜。涉案货物被拆成散件共计81件(包括66个大件及15个集装箱货物)装载于安顺航运所属的"君顺"轮上,其中8件装载于甲板上,包括4个圆筒状柔腿撑竿及4个集装箱,由中铁二局的货运代理人上海海华国际货运有限公司委托绑扎公司对涉案货物进行了绑扎工作。2009年3月5日,上海安顺船务代理有限公司(以下简称安顺船代)代表安顺航运签发了涉案编号为JSD01的提单。提单记载托运人为中铁二局,收货人为越南容橘造船厂,货物毛重为899 313公斤,承运船舶"君顺"轮0904航次,起运港中国上海,目的港越南容橘,运费预付。

2009年3月14日凌晨,"君顺"轮在越南容橘水域发生事故,涉案81件货物中装载于甲板的5件货物(4个大件及1个集装箱货物)落入海中,甲板上另外两个集装箱货物受损。2009年3月16日,"君顺"轮船长签发事故报告,声称船舶在越南当地时间2009年3月14日凌晨2点至9点之间遭遇了恶劣天气,致使船舶严重摇晃、颠簸。随后甲板上5件货物的系固绳断裂,货物落入海中。2009年3月16日,事故发生地海事局官员、容橘港港口所有人、船舶代理及"君顺"轮船长对涉案货物灭失及受损状况进行了联合确认;同日,BAOTIN联合检验股份公司海防支公司应安顺船代的委托对涉案货损事故进行了初步检验,并出具初步货损检验报告,结论是因恶劣海况引起船舶剧烈颠簸和摇晃,装于甲板上的柔腿撑竿的绑扎绳与集装箱摩擦,最终绑扎绳断裂导致货物落海及受损;绑扎绳断裂的原因是"绑扎绳质量不佳以及未获良好保护(衬板未被使用)"。涉案船舶的航海日志记载,涉案事故发生时风力达到了阵风9—10级,但没有船员曾在事故发生之前对甲板上装载的货物增加系索的记载,安顺航运亦未提交其及时收听了天气预报的资料。

2009年5月至6月,中铁二局安排豪力公司重新准备替代部件以代替2009年3月14日落海及受损的货物,并安排将替代部件从中国上海港发运至越南容橘港。提单显示货物的重量为 75 295 公斤,报关单显示货物的监管方式为"无代价抵偿""免税",货物的重量为 68 995 公斤,价格为 75 万美元。豪力公司出具海损替代部件价格表金额为人民币 4 935 197 元。

涉案船舶"君顺"轮系普通杂货船,载重吨 3 242 吨,总长 81.2 米,于 2006 年建造。《"君顺"轮货物系固手册》关于重件货的积载要求之一为:重件货物的重量分布应避免对船舶结构产生过大的应力。应特别注意在甲板或舱盖上装载重件时应用足够强度的木材或钢梁将重件的重量传递到船舶的结构上。关于甲板货物为抵御恶劣海况的系固,虽然是困难的,但应作出一切努力进行系固,保证支撑件能经受相应的冲击,并考虑适用特别的系固方法。航次中船员"应对货物单元的系固状态进行定期检查,在必要时应对系固索具进行紧固,若需要还应增加系索,风浪天气中尤其应作此项考虑"。

2010 年 1 月 8 日,联合体签发共同说明,确认其已将因涉案货物于 2009 年 3 月 14 日在承运船舶"君顺"轮上发生灭失及损坏事故的相关索赔权(包括向保险人的索赔权以及向承运人的索赔权等)相应转让给中铁二局,并确认中铁二局可以其名义直接向保险人、承运人及其他责任人提起索赔。

2010 年 3 月 10 日,中铁二局以海上货物运输合同纠纷为由,向一审法院提起诉讼,要求安顺航运、上海育海航运公司、安顺船代连带赔偿其货款损失人民币 4 935 197 元及相应利息损失,并承担全部诉讼费用。同年 9 月 7 日,一审法院作出(2010)沪海法商初字第 178 号民事判决,判令安顺航运向中铁二局赔偿货款损失人民币 2 323 030.16 元及诉前财产保全费人民币 5 000 元。

2010 年 5 月 25 日、9 月 29 日,太保云南分公司就涉案货损分别向中铁二局支付人民币 100 万元、人民币 2 158 526.08 元,并于 9 月 30 日取得了中铁二局出具的赔款收据及权益转让书。

安顺航运不服(2010)沪海法商初字第 178 号一审判决,向上海市高级人民法院提起上诉,上海市高级人民法院于 2010 年 10 月 28 日立案受理。此后,太保云南分公司于同年 12 月 17 日向上海市高级人民法院提交申请,以其已实际赔付并取得代位求偿权为由,请求变更二审当事人,并参加二审诉讼;2012 年 2 月 27 日,太保云南分公司再次向上海市高级人民法院提交参加诉讼请求,同时提交了中铁二局出具的同意退出诉讼的确认函。2012 年 4 月 28 日,上海市高级人民法院作出(2010)沪高民四(海)终字第 203 号民事判决,以中铁二局已获得太保云南分公司支付的保险赔款、就涉案货损已不存在损失为由,改判安顺航运无需向中铁二局赔偿货款损失。

二、一审裁判

一审法院认为,本案系海上货物运输合同纠纷案件,因涉案运输的目的港及事故发生地均位于境外,本案具有涉外因素。根据法律规定,合同当事人经协商一致可以选择解决涉外合同纠纷的准据法,由于各方当事人在庭审中均表示适用中国法律处理本案纠纷,故应当以中国法律作为处理本案纠纷的准据法。

本案争议焦点如下:(1) 太保云南分公司是否具有合法诉权?(2) 本案的货损原因如何认定?(3) 承运人应否及如何承担责任?(4) 太保云南分公司提起本案诉讼是否已过诉讼时效?

(一) 关于太保云南分公司是否具有合法诉权?

安顺航运认为,中铁二局仅系真正出口方联合体的代理人,代为办理涉案货物的出口及运输事宜,并非涉案运输的托运人。而太保云南分公司系代位中铁二局的权利向安顺航运主张责任,故其权利的取得即存在瑕疵,诉权不合法。一审法院认为,(1) 联合体于2010年1月8日即签署了共同说明,将与涉案事故相关索赔权(包括向保险人的索赔权以及向承运人的索赔权等)相应转让给中铁二局,并确认中铁二局可以其名义直接向保险人、承运人及其他责任人提起索赔,故中铁二局享有直接对承运人提起索赔的权利。(2) 提单系海上货物运输合同的证明。根据涉案提单记载,中铁二局为涉案货物的托运人,当然享有作为提单法律关系的一方当事人提起针对承运人诉讼的权利。现太保云南分公司依据保险合同实际履行了赔付义务,并取得中铁二局出具的权益转让书,有权在其赔付范围内代位中铁二局的权利向承运人主张因其过错导致的货损赔偿责任。对于安顺航运关于太保云南分公司不具备合法诉权的抗辩,一审法院不予采信。

(二) 关于本案的货损原因如何认定?

安顺航运认为,涉案事故的原因系货物的绑扎钢丝绳断裂所致,而绑扎工作系由发货人负责,故承运人对此可以免责。对此一审法院认为,(1) 在船方提交的公估报告中,检验人员关于事故原因的初步结论是恶劣海况引起船舶剧烈颠簸和摇晃,装于甲板上的柔腿撑竿的绑扎绳与集装箱摩擦,最终绑扎绳断裂导致货物落海及受损;绑扎绳断裂的原因是"绑扎绳质量不佳以及未获良好保护(衬板未被使用)"。根据绑扎绳断裂致使货物落海的事实,可以认定绑扎材料存在质量瑕疵及绑扎工作不尽完善,已构成涉案货损的直接原因和主要原因之一。鉴于绑扎工作系中铁二局委托案外人完成,中铁二局应对货损结果承担一定的责任。(2) 货物的装载及绑扎实际由谁进行并不影响承运人对货物装载的责任和义务。安顺航运作为涉案运输的承运人,对所承运的货物进行妥善而谨慎地装载、搬移、积载、运输、保管、照料和卸载是其法定义务;尤其考虑到涉案货物的装载方式涉及船舶的稳性并进而影响到船舶的适航性,故即使货物的绑扎由绑扎公司进行并提供绑扎材料,并不能免除船长、大副依据船舶《系固手册》要求和良好船艺对货物绑扎工作进行监督、指导的义务;船方亦有义务在绑扎工作完成后对其质量进行检查并进行最终审核、确认。如货物的绑扎方式、绑扎材料的强度没有达到《系固手册》的要求,承运人应在开航前及时指出纠正,并应用足够强度的木材或钢梁将大件的重量传递到船舶的结构上,以保证货物的绑扎和装载适于具体航次的安全要求。安顺航运作为承运人未能履行上述职责,亦应对货损承担相应责任。

关于本案是否适用"船方不负责装卸条款"。安顺航运认为,根据与涉案运输相关的租约规定,船方不负责装卸,货物的绑扎是发货人的代理安排的,因此承运人不承担因货物绑扎的问题造成的货损赔偿责任。一审法院认为,太保云南分公司起诉所依据的是涉案提单所证明的海上货物运输合同,而涉案提单并未载有"租约并入提单"条款,故安顺航运主张适用的"船方不负责装卸"租约条款并未有效并入涉案提单,故对安顺航运的该项抗辩意见不予采信。

关于本案是否适用"甲板货免责条款",安顺航运认为,涉案提单明确记载"货装甲板",且提单背面约定承运人对于甲板货免责,本案货损属于甲板货的特殊风险,承运人应该免责。一审法院认为,尽管货装甲板比货装舱内有更大的风险,但由于航海技术的迅猛进步,"海上特殊风险"已经大大降低,而对承运人在管货义务上的要求必然更高,承运人应当在装载、绑扎、加固、防水、运输等环节尽到合理的谨慎之责。承运人主张"甲板货的特殊风险"免责,应证明货损事故确因甲板货的特殊风险所造成,且已尽到妥善管货的义务。本案中,相关证据表明货物绑扎不当以及船员未在事故发生前对甲板货物的绑扎进行加固,系涉案货损发生的主要原因,故承运人无权以"舱面货的特殊风险"为由主张免责。

综上,一审法院认为,中铁二局作为托运人对于涉案甲板货物的绑扎不尽妥当,而安顺航运作为承运人未完成其谨慎管货义务,中铁二局与安顺航运双方在履行自身义务过程中均存在过错,最终导致涉案事故的发生。

(三) 关于承运人应否及如何承担责任?

依据以上对货损原因的分析,一审法院认为,根据中铁二局与安顺航运的过错程度,双方应对涉案海损事故导致的损失各半承担责任。依据已生效的(2010)沪高民四(海)终字第203号民事判决书查明的事实,涉案海损造成的损失金额为人民币4 935 197元,对此安顺航运依据其过错程度应承担人民币2 467 596.50元的赔偿责任。庭审中,太保云南分公司、安顺航运双方对于安顺航运有权享受单位赔偿责任限制及责任限额的计算方式无异议,即5件落海货物的总重量为111 770公斤,安顺航运针对该部分受损货物的责任限额应为2计算单位/公斤×111 770公斤＝223 540计算单位。上述所称计算单位系指国际货币基金组织规定的特别提款权,按照判决之日即2012年12月7日国际货币基金组织公布的特别提款权对人民币的比率1:9 6391计算,为人民币2 154 724.41元;另外2件未落海受损货物的价值为人民币75 360元,因安顺航运未主张责任限制,故按照前述确定的事故责任比例,安顺航运对该2件货物应当承担人民币37 680元的赔偿责任。据此,安顺航运在本案中的赔偿责任应限制为人民币2 192 404.41元。对于太保云南分公司主张的超过上述赔偿限额部分的损失赔偿请求,一审法院不予支持。太保云南分公司主张的利息损失系因安顺航运迟延赔付产生的损失,一审法院予以支持,按中国人民银行同期活期存款利率自2010年9月29日太保云南分公司对外赔付完毕之日起计算至判决生效之日止。

(四) 关于太保云南分公司提起本案诉讼是否已过诉讼时效?

安顺航运认为,根据《中华人民共和国海商法》第252条的规定,太保云南分公司作为保险人,于 2010 年 9 月 29 日即向被保险人中铁二局赔付完毕,并取得权益转让书,故太保云南分公司向安顺航运提起代位追偿之诉的诉讼时效最晚应自该日起算。但太保云南分公司直至 2012 年 6 月 15 日才针对安顺航运提起涉案诉讼,已超过 1 年的诉讼时效,故在本案中已丧失胜诉权。太保云南分公司则认为,其虽于 2010 年 9 月 29 日即已取得代位求偿权,但因其无法在前案二审程序中申请参加诉讼,故诉讼时效应自二审判决之日的次日起算。对此一审法院认为,依据最高人民法院《关于审理海上保险纠纷案件若干问题的规定》第 15 条的规定:"保险人取得代位求偿权后,以被保险人向第三人提起诉讼、提交仲裁、申请扣押船舶或者第三人同意履行义务为由主张诉讼时效中断的,人民法院应予支持。"故太保云南分公司作为保险人在取得代位求偿权后,向作为承运人的安顺航运要求赔偿的诉讼时效,应自 2010 年 3 月 10 日中铁二局向安顺航运提起前案诉讼之日起中断。因前案诉讼程序一直延续,太保云南分公司期间亦提出了参加诉讼申请,故上述中断事由直至上海市高级人民法院于 2012 年 4 月 28 日就前案作出终审判决之日方告结束,太保云南分公司针对安顺航运提起代位求偿之诉的诉讼时效期间自该日起重新计算。太保云南分公司于 2012 年 6 月 15 日提起本案诉讼,未超过诉讼时效。

一审法院遂依照《中华人民共和国合同法》第 107 条,《中华人民共和国海商法》第 46 条、第 48 条、第 53 条第 2 款、第 54 条、第 55 条第 1 款、第 56 条第 1 款、第 71 条、第 252 条第 1 款、第 257 条第 1 款、第 267 条、第 269 条、第 277 条,最高人民法院《关于审理海上保险纠纷案件若干问题的规定》第 15 条,《中华人民共和国民事诉讼法》(2007 年修订)第 64 条第 1 款和《中华人民共和国海事诉讼特别程序法》第 93 条之规定,判决如下:

一、安顺航运向太保云南分公司赔偿货款损失人民币 2 192 404.41 元及利息损失(自 2010 年 9 月 29 日起按中国人民银行同期活期存款利率计算至判决生效之日止);

二、对太保云南分公司的其他诉讼请求不予支持。

三、上诉与答辩

安顺航运不服一审判决,其上诉主要理由为:(1)太保云南分公司的起诉已经超过诉讼时效,其选择在 2010 年 12 月 17 日与 2012 年 2 月 27 日参加(2010)沪高民四(海)终字第 203 号二审诉讼,不能成为诉讼时效中断或中止的理由。(2)太保云南分公司非涉案海上货物运输合同当事人,不享有涉案诉权。(3)涉案事故系舱面货特殊风险所致,且事故的直接原因系托运人自行绑扎不当所致,故安顺航运可予免责。据此,请求本院撤销原判,驳回太保云南分公司的诉请。

太保云南分公司答辩称:(1)本案被保险人、保险人就涉案货损向安顺航运等提起的诉讼系在诉讼时效期内提起,无论是从时效中断或时效中止来看均没有超过法律规定的 1 年诉讼时效。(2)本案被保险人是涉案记名提单的托运人,因此太保云南分公司对涉案合同的主体地位以及对货物的权利不因提单电放而丧失。(3)安顺航运未尽到妥善、谨慎管货义务,无权以"舱面货的特殊风险"为由主张免责。据此,请求本院驳回上诉,维持原判。

二审期间,双方当事人未提交新的证据材料。

四、二审裁判

二审法院经审理查明,原判查明事实清楚,应予确认。

二审法院认为,本案系海上货物运输合同纠纷。本案具有涉外因素,双方当事人在原审庭审中均表示适用中国法律处理本案纠纷,一审法院确定以中国法律作为审理本案纠纷的准据法正确,二审法院予以确认。

二审中双方当事人的主要争议焦点是:(1) 太保云南分公司提起本案诉讼是否已超过诉讼时效。(2) 太保云南分公司对本案是否有合法诉权。(3) 安顺航运对涉案事故是否依法可以免责。

关于本案的诉讼时效问题。二审法院认为,本案被保险人就涉案货损向安顺航运等提起的诉讼[(2010)沪海法商初字第178号]系在诉讼时效期内提起,该诉讼所引起的时效中断效力应及于本案。现原审查明,被保险人中铁二局在2010年5月25日、9月29日就涉案货损从保险人太保云南分公司处获得了赔付,至此,中铁二局就涉案货损对承运人安顺航运已不再享有诉权,太保云南分公司依据保险代位求偿权取得对承运人的诉权,理论上也可以自己的名义起诉承运人安顺航运,而本案诉讼时效应于2010年9月29日太保云南分公司取得代位求偿权之日起计算。但此时,就本案同一事实、同一法律关系、同一诉讼标的额的诉讼[即(2010)沪海法商初字第178号]已进入二审审理阶段,法院不可能因同一事实以同样的案由再次立案,故太保云南分公司在当时行使诉权在法律上存在障碍。从《中华人民共和国海商法》第266条规定的诉讼时效中止情形看,上述障碍应属于其中的"其他障碍"。该障碍一直延续到2012年4月28日上海市高级人民法院就前案纠纷作出二审判决,最终确认了安顺航运对于涉案保险事故应承担相应的责任才消除。太保云南分公司在障碍消除后两个月内就涉案的保险纠纷向承运人安顺航运提起诉讼,未超过最后6个月的诉讼时效。综上,太保云南分公司关于本案诉讼时效应适用《中华人民共和国海商法》有关时效中止的抗辩理由,于法有据,二审法院予以采纳,安顺航运关于本案诉讼已超过诉讼时效的上诉理由,二审法院不予支持。

关于太保云南分公司对本案纠纷是否有合法诉权。二审法院认为,涉案货损发生在海上货物运输途中,作为涉案提单的托运人中铁二局有权提起针对承运人安顺航运的诉讼,同时太保云南分公司依据保险合同向被保险人中铁二局履行了赔付义务,且赔付金额未超出保险价值,太保云南分公司依法取得代位求偿权,即太保云南分公司作为涉案保单上的保险人有权在赔付范围内代位向安顺航运主张因其一定过错导致的货损责任。故对安顺航运关于太保云南分公司对本案不享有合法诉权的上诉理由,二审法院不予采纳。

关于安顺航运对涉案货损事故是否依法可以免责。二审法院认为，作为海上货物运输的承运人，依据船舶《系固手册》要求妥善和谨慎地管理其所承运的货物是一种法定的、非消极的义务，这种义务不因货物的绑扎非承运人实施而免除。安顺航运主张享有"甲板货的特殊风险"免责，但其一直未能举证证明在运输途中船方及时收听了天气预报，也未能举证证明在恶劣海况发生时船员曾对甲板上装载的货物进行加固，而原审中相关证据显示，货物绑扎不当以及事故发生前甲板货物绑扎未得到加固系涉案货损事故发生的主要原因，且一审法院也据此认定了涉案托运人中铁二局（安排了涉案货物的绑扎）和承运人安顺航运均有过错，应分别承担责任。据此，对于上诉人主张"甲板货的特殊风险"免责的上诉理由，二审法院不予采纳。

综上，原判认定事实清楚，适用法律正确。安顺航运的上诉请求缺乏事实和法律依据，二审法院不予支持。依据《中华人民共和国民事诉讼法》第170条第1款第（1）项、第175条之规定，判决如下：

驳回上诉，维持原判。

4 上诉人百事昌化学公司与被上诉人中国人民财产保险股份有限公司北京市分公司海上保险合同纠纷案

案例来源：天津市高级人民法院（2005）津高民四终字第160号
主题词："被请求人同意履行义务" 时效中断 诉讼时效的起算

裁判要旨

No. HX-7.1-7 《中华人民共和国海商法》第267条规定的"时效因请求人提起诉讼、提交仲裁或者被请求人同意履行义务而中断"，而"被请求人同意履行义务"应理解为请求人与被请求人协商赔偿事宜，并就具体赔偿数额达成协议。保险人同意赔付合理费用、同意对受损货物进行索赔工作、在有条件限制的情况下同意支付法律费用等意思表示，均不构成诉讼时效中断的事由。

一、基本案情

上诉人（原审原告）：百事昌化学公司（Beston Chemical Corporation 以下简称百事昌公司）

被上诉人（原审被告）：中国人民财产保险股份有限公司北京市分公司（以下简称人保北京公司）

天津海事法院一审查明：1999年3月5日，百事昌化学公司与中国北方化学工业总公司签订销售合同，双方约定由中国北方化学工业总公司供给百事昌公司总价值为2 477 691美元的传爆药柱，装货港为中国港口，最好是天津港，目的港为美国路易斯安那州的BERWICK港。中国新时代公司作为出口代理人就2 444 076美元的传爆药柱与承运人 J. 普尔森船运公司办理了订舱手续。1999 年 9 月 11 日,中国天津外轮代理公司签发清洁提单,货物数量为 706 个托盘(31 770 个纤维板箱),857 323 公斤。同日,人保北京公司签发 BJ01BZX990079 号保险单,被保险人为中国新时代公司,保险金额为 2 688 484 美元,险别为"一切险",货物保险至美国阿肯色州开普敦的仓库。人保北京公司的美国代理人为美国国内保险公司(AMERICAN HOME ASSURANCE COMPANY)和 AI 海事保险理赔公司(AI MARINE ADJUSTERS,INC.)。该保险单被中国新时代公司背书转让给百事昌公司。涉案传爆药柱于 1999 年 11 月 6 日抵达目的港美国路易斯安那州的 BERWICK 港,1999 年 11 月 7 日美国海岸警备队登船检查。发现货损后,美国通用检验公司(General Inspection Company)的调查员在港口对货物进行了检验,并于 1999 年 11 月 10 日出具检验报告。报告认为:不适当的堆装方式、不充分的加固措施、航行期间遭遇的恶劣天气共同造成海损事故的发生。美国通用检验公司在 2002 年 3 月 5 日出具的报告中指出:调查人员认为那些顶部、箱角或者侧面有挤压痕迹或者凹坑的包装箱内部的货物可能已经受损;那些破损的包装箱内的货物如果经检查状况良好,应当对其重新包装;在码头装卸工人进行卸货操作时,一个托盘落入货轮与驳船之间的海里,这批货物应当推定为受损,损失价值为 5 328 美元。1999 年 12 月 10 日,人保北京公司承认此次货损属于保险单的承保范围,并同意赔付合理费用。在以后的时间里,百事昌公司与人保北京公司对货物如何检验进行磋商。2001 年 1 月 10 日,人保北京公司向百事昌公司表示保险索赔工作可以进行,并于 2001 年 11 月 5 日同意在人保北京公司最终解决索赔要求后,向百事昌公司支付法律费用。美国通用检验公司收取的检验费为 2 608.50 美元。百事昌公司在向涉案货物承运人进行索赔时,曾于 2002 年 8 月 13 日和 2002 年 9 月 9 日就和解事项征询人保北京公司的意见,但人保北京公司没有明确答复。2002 年 10 月 30 日,百事昌公司与货物承运人签订和解协议,以 14 万美元和解结果解决纠纷,百事昌公司已经收到该款。涉案货物发生货损后,百事昌公司所支出的必要检验费、材料费、修理费用共计 33 985.88 美元,百事昌公司因起诉人保北京公司而聘请中国律师的律师费为 15 000 美元。百事昌公司为向人保北京公司追索货物遭受的损失及上述费用,遂成讼。

二、一审裁判

天津海事法院认为,本案属于海上货物运输保险合同货损赔偿纠纷,百事昌公司作为涉案货物的收货人,合法受让由人保北京公司签发的 BJ01BZX990079 号保险单,成为该保单项下的被保险人,百事昌公司与人保北京公司之间为海上保险合同关系。根据保险单的记载,美国国内保险公司和 AI 海事保险理赔公司是人保北京公司在美国进行保险理赔的代理人,这两家公司与百事昌公司之间从事的涉案传爆药柱的理赔工作应视为人保北京公司的行为。1999 年 11 月 7 日涉案货物在目的港美国路易斯安那州的 BERWICK 港被发现受损的事实,百事昌公司与人保北京公司没有异议。根据《中华人民共和国海商法》第 264 条的规定,百事昌公司的诉讼时效期间应从知道货损发生之日即 1999 年 11 月 7 日起算。本案货损发生在海上运输期间，人保北京公司作为货物保险人，曾在 1999 年 12 月 10 日承认属于其承保范围，同意向百事昌公司赔付合理费用；2001 年 1 月 10 日同意对受损货物进行索赔工作；2001 年 11 月 15 日表示在有条件限制的情况下同意支付法律费用，但货损程度、损失数额及法律费用没有被最终确定。根据《中华人民共和国海商法》第 267 条的规定，百事昌公司的诉讼时效在 1999 年 12 月 10 日、2001 年 1 月 10 日、2001 年 11 月 15 日均不构成中断。虽然百事昌公司与人保北京公司就保险索赔、货损检验曾多次进行沟通，并且人保北京公司在 2002 年 8 月 13 日和 2002 年 9 月 9 日两次给百事昌公司发传真，就百事昌公司在美国起诉涉案货物的承运人 J. 普尔森船运公司，征询其和解意见作出答复，但因传真内容没有关于人保北京公司履行义务的承诺，并且 2002 年 8 月 13 日和 2002 年 9 月 9 日距 1999 年 11 月 7 日货损发生之日已超过两年，所以，这两份传真无法构成百事昌公司诉讼时效中断的法定理由。百事昌公司的诉讼时效起算日期仍然为 1999 年 11 月 7 日，届满日为 2001 年 11 月 7 日。现百事昌公司起诉人保北京公司的日期为 2004 年 7 月 1 日，已经超过诉讼时效期间。

因为在百事昌公司提供的证据中没有明确界定讼争货物的损失程度，百事昌公司请求的货款扣除额多是由于传爆药柱本身不符合规格产生的，并非由于货物运输过程中的货损导致，所以百事昌公司请求的货款扣除额与本案没有关联。另外，关于百事昌公司请求的受损货物额外仓储费问题（百事昌公司提供的证据显示是租金），根据相关证据，传爆药柱长时间仓储并非因传爆药柱受损维修、更换包装需要时间导致，而是与百事昌公司传爆药柱的销售时间长有关，因此，传爆药柱长时间仓储产生的额外仓储费，与传爆药柱受损并无必然联系，故对百事昌公司的该项请求不予认定。并且，百事昌公司上述两项请求所称的损失虽有具体数额，但不属于人保北京公司承保范围。由于更换包装产生的损失是运输过程中货物的包装受损造成的，货损及额外装卸、搬运费是在目的港卸货过程中产生的，上述损失应属人保北京公司承保范围。百事昌公司的其他诉讼请求，因没有相关证据，该院不予认定。原审法院综上认为，百事昌公司在起诉时已经超过诉讼时效。百事昌公司主张人保北京公司故意拖延索赔及人保北京公司未明确拒绝索赔构成时效中断的理由不能成立。百事昌公司的被保险货物在运输过程中发生了损失，但由于百事昌公司没有在《中华人民共和国海商法》规定的时效期间内进行诉讼，其针对本案的请求，丧失了胜诉的权利。据此，依据《中华人民共和国海商法》第 264 条的规定，判决驳回百事昌化学公司对中国人民财产保险股份有限公司北京市分公司的诉讼请求。

三、上诉与答辩

百事昌公司不服一审判决，向天津市高级人民法院提起上诉，主要理由：1. 上诉人起诉没有超过诉讼时效

本案中，上诉人与被上诉人一直在就理赔进行磋商，并且被上诉人有同意理赔的

行为和意思表示,被上诉人的行为和意思表示属于《中华人民共和国海商法》第 267 条关于"被请求人同意履行义务而中断……"的法律规定,这当然构成诉讼时效中断的理由。在双方一直进行理赔磋商过程中,基于上诉人对被上诉人的信赖,被上诉人有明确告知上诉人理赔或不理赔的义务。如果被上诉人不同意对上诉人进行理赔,应当明确告知上诉人,以便上诉人及时行使诉讼权利。否则,被上诉人则违反了诚实信用原则。被上诉人在出现海损事故后,一方面表示理赔,一方面因为被上诉人的原因和责任不能准确估损,因而与上诉人进行长时间的磋商,最后被上诉人却以超过诉讼时效为由拒绝理赔,违反了诚实信用原则,加之上诉人在本案中没有过失,法律应当保护上诉人的合法权益。一审判决关于上诉人起诉已超过诉讼时效的理由和认定不能成立。

2. 关于损失数额无法确定和如何担责问题

一审判决关于损失数额不清,因此不能理赔的认定是根本不能成立的。涉案货物出险后,被上诉人自己委托的检验机构做了检验,却又不承认该检验结果,实属毫无道理。退一步讲,即使检验报告没有得出准确的损失结果,责任也完全在被上诉人。根据最高人民法院《关于民事诉讼证据的若干规定》,如果因为被上诉人的原因和责任造成上诉人的损失无法估算,应当按照上诉人的合理要求推定上诉人的损失数额。

3. 上诉人主张的货款扣除额、受损货物额外仓储费与海损有直接关系。由于货物是传爆药柱,属于危险爆炸物品,一旦受到冲击便会在其内部产生质量问题,便不能再使用,需要在专门的场所进行处理,这必然产生仓储和运输费用,也必然会产生因上诉人客户退货或降价处理引起的货款扣除额问题。这些损失都是由于海损事故造成的。一审判决认定上诉人提出的货款扣除额、受损货物额外仓储费的诉讼请求与海损没有直接关系,缺乏事实依据和法律依据。

被上诉人答辩称:1. 上诉人关于诉讼时效的上诉理由不能成立

(1) 诉讼时效因为"被请求人同意履行义务而中断",这种"同意履行义务"必须是非常明确的,包括确认了具体的赔偿数额。并且,这种"同意履行义务"是没有任何附加条件的。(2) 法律之所以规定诉讼时效,目的是防止权利人懈怠行使权利。本案中,诉讼时效的起算点是"保险事故发生之日",而不是保险公司的"拒赔"。因此,上诉人提出的被上诉人应当明确告知上诉人是否予以理赔,以便使上诉人及时行使诉讼权利这一说法没有法律根据。(3) 1999 年 12 月 10 日、2001 年 1 月 10 日以及 2001 年 11 月 15 日的函中,被上诉人没有同意赔付的意思表示。另外,2002 年 8 月 13 日、2002 年 9 月 9 日被上诉人代理律师给上诉人的律师函中也没有同意理赔的意思表示。

2. 关于损失数额和责任承担问题

(1) 保单中载明的美国国内保险公司和 AI 海事保险理赔公司是被上诉人的定损查勘人员,该检验公司并不当然地成为被保险人的检验人。(2) 被上诉人从来不否认美国通用检验公司的检验报告。根据该检验报告,唯一确定的货损是落入海里的 1 托盘货物,价值是 5 328 美元,没有证据证明还有其他损失。(3) 即使还有其他损失,也完全是由于上诉人拒绝检验货物造成的,举证不能的责任由上诉人自负。

3. 关于货款扣除额、受损货物额外仓储费等

关于货款扣除额,上诉人没有证据证明实际被扣除了货款,上诉人也没有举证证明是因为货损造成了货款被扣除,因此货款被扣除与货损之间没有因果关系。即使真有货款扣除发生,也是因为货物本身的质量问题造成的。关于额外仓储费,根据贸易合同,货物是寄存在美国进行销售的,所有货物都必然进行存放,因此不存在额外堆存费。而且,上诉人的举证不真实,索赔有假。无论是货款扣除额还是额外仓储费,上诉人都没有形式合格的证据,所以上诉人的此项上诉主张也不能成立。

4. 关于上诉人的代位追偿权

上诉人与货物承运人就货损曾签订了和解协议,以14万美元和解结果解决纠纷,上诉人已经收到该款项。《中华人民共和国海商法》第254条规定:"保险人支付保险赔偿时,可以从支付的赔偿额中相应扣减被保险人已经从第三人取得的赔偿。"因此,上诉人的保险赔偿请求也不应再得到支持。

四、二审裁判

一审法院查明的事实属实,天津市高级人民法院予以确认。另查明:1999年12月10日,人保北京公司在给美国国内保险公司的函中表示"因为这次货损属于保险单的承保范围,我方同意赔付合理的费用,并且要求贵方代表我方采取补救措施"。2001年1月10日,AI海事保险理赔公司致函百事昌公司的律师,表示"中国人民保险公司已经通知我方,受理索赔的障碍已经被清除,我方可以进行索赔了"。2001年11月15日,人保北京公司在给美国国内保险公司、AI海事保险理赔公司的传真中表示"我方同意,在我方最终解决索赔要求后,向被保险人支付法律费用。被保险人应当将其支出的法律费用详细通知我方"。2002年8月13日,人保北京公司的代理律师在通过AI海事保险理赔公司转交给百事昌公司代理律师的传真中表示"根据到目前为止百事昌化学公司提供的情况来看,大量支持索赔的关键因素仍未确定。因此中国人保认为赔付缺乏法律依据。现在中国人保已经收到大量材料进行审查。中国人保方面认为无法在2002年8月15日之前作出评论,尤其是中国人保可能需要聘请一位美国律师参与理赔。不过,假如和解协议中含有签字各方当事人对于免责问题的约定,能够合法有效地使中国人保免除理赔义务,中国人保将支持和解协议"。2002年9月9日,人保北京公司的代理律师在给百事昌公司代理律师的传真中表示"人保北京公司再次要求被保险人安排一次调查,以便它的调查人员回来检查已经被分离出来的受损货物,然后完成最终报告,包括评估受损货物、事故发生的直接原因、诉讼和人力成本支出"。

天津市高级人民法院认为,本案纠纷是基于中国新时代公司与人保北京公司签订的海上货物运输保险合同引起的,保险合同的双方当事人均为中国法人,保险单的签发地亦在中国,故中国是与本案保险合同有最密切联系的国家,本案纠纷的处理应适用中华人民共和国法律。本案所涉保险单中的被保险人虽为中国新时代公司,但中国

新时代公司将该保险单背书转让给百事昌公司,根据《中华人民共和国海商法》第229条"海上货物运输保险合同可以由被保险人背书或者以其他方式转让,合同的权利、义务随之转移"的规定,百事昌公司受让该保险单符合法律规定,百事昌公司与人保北京公司建立海上保险合同关系。涉案被保险货物在保险期间因保险事故而发生损失,双方当事人对此均无异议,人保北京公司亦确认属于其承保范围,故人保北京公司对百事昌公司因保险事故所遭受的损失应当负有保险赔偿责任。

本案争议的焦点问题是百事昌公司的起诉是否超过诉讼时效。《中华人民共和国海商法》第264条规定:"根据海上保险合同向保险人要求保险赔偿的请求权,时效期间为二年,自保险事故发生之日起计算。"就本案而言,涉案货物承运船舶于1999年11月6日到达目的港美国路易斯安那州的Berwick港,次日,美国海岸警备队登船检查时发现货损,因此,本案保险事故发生日期应认定为1999年11月7日。根据《中华人民共和国民法通则》第154条第2款"规定按照日、月、年计算期间的,开始的当天不算入,从下一天开始计算"的规定,本案诉讼时效期间则应从1999年11月8日起算,2001年11月7日届满。百事昌公司应在上述期间内向人保北京公司请求保险赔偿。百事昌公司于2004年7月1日提起诉讼,百事昌公司认为,在其起诉之前双方一直就理赔问题进行磋商,并且人保北京公司有同意理赔的行为和意思表示,构成本案诉讼时效中断。《中华人民共和国海商法》第267条规定:"时效因请求人提起诉讼、提交仲裁或者被请求人同意履行义务而中断。"而"被请求人同意履行义务"应为请求人与被请求人协商赔偿事宜,并就具体赔偿数额达成协议。百事昌公司在发现货物出险后,与人保北京公司及其在美国的代理人美国国内保险公司和AI海事保险理赔公司就保险赔偿问题进行过协商,但双方始终未能就具体赔偿数额达成协议,所以人保北京公司于1999年12月10日、2001年1月10日、2001年11月15日作出的同意赔付合理费用、同意对受损货物进行索赔工作、在有条件限制情况下同意支付法律费用等意思表示,及2002年8月13日、2002年9月9日的传真,均不构成本案诉讼时效中断的理由,本案诉讼时效仍应从1999年11月8日起算,届满日期为2001年11月7日。百事昌公司提供的证据材料所反映的事实均不构成本案诉讼时效中断的法定事由,其提出的起诉未超过诉讼时效的主张,因缺乏事实依据和法律依据,天津市高级人民法院不予支持。原审判决关于百事昌公司的起诉已经超过诉讼时效的认定是正确的,应予维持。原审法院对百事昌公司主张的损失是否属于人保北京公司承保范围及损失数额的认定是正确的,由于百事昌公司未在法律规定的诉讼时效期间内提起诉讼,天津市高级人民法院对百事昌公司主张的损失不予支持。综上,原审判决认定事实清楚,适用法律正确,应予维持。

7.2 举证责任分配

5 原告海南省海口永昌兴船务有限公司与被告中国人民保险公司湖北省分公司船舶保险合同保险赔偿纠纷案

案例来源:武汉海事法院(2001)武海法商字第 23 号
主题词:被保险人的举证责任　船舶适航　举证责任分配

> **裁判要旨**
>
> **No. HX-7.2-1**　虽有船舶保险合同关系,且船舶发生海损事故亦发生在保险责任期间,但被保险人不能举证证明船舶发生事故的原因属于船舶保险责任范围,故不能主张保险赔偿。
>
> **No. HX-7.2-2**　对于海损事故原因是否系不适航所致的问题,应根据谁主张谁举证的原则,认定主张不适航的货方承担举证不能的不利后果。

一、基本案情

原告:海南省海口永昌兴船务有限公司(以下简称船务公司)

被告:中国人民保险公司湖北省分公司(以下简称保险公司)

原告船务公司诉称,1998 年 9 月,原告向被告就"兴海 988"轮的船舶保险进行投保,并于 9 月 8 日交纳了船舶保险费人民币(以下均为人民币)32 000 元。9 月 10 日被告签发了编号为 WH74-HIP98037 的船舶保险单,保险险别为一切险。保险期限为 1998 年 9 月 10 日零时至 1999 年 9 月 9 日 24 时止。1999 年 3 月 22 日 02:00 时左右,"兴海 988"轮由汕头港驶往蛇口港。约 06:00 时,"兴海 988"轮在驶经陆丰市石坑三角海面时,突遇大风,船体横摇增大,振动强烈。不久大副发现船舶进水,经全体船员 1 个多小时的抽水抢救,未能控制,船舶在大风大浪中进水量增大并开始下沉。船长决定,将船舶驶向海岸搁浅。"兴海 988"轮最终在风浪下搁浅于陆丰市湖东镇管区海滩,船舶全损。船员被湖东镇管区干警、群众救起。事故发生后,原告于当日通知被告深圳办事处,该处于 3 月 23 日、3 月 30 日二次派人前往事发地查看沉船并拍照,此后原告多次与被告联系,由于船舶断裂无法打捞,原告派人前往被告深圳办事处及被告处商讨船舶保险赔偿事宜,但被告没有明确答复。为此,请求判令被告赔偿"兴海 988"轮船舶保险金 198 万元。

被告保险公司辩称:(1) 原告起诉状中所述"兴海 988"轮遇大风而搁沉的观点无事实依据,因此原告的观点依法不能成立。(2) 原告所属的"兴海 988"轮该航次不适航,被告依法不承担此次事故的保险责任。(3) 原告在未征得被告同意的情况下,擅自处理"兴海 988"轮,因此产生的一切后果应由原告承担。

二、法院查明的事实

武汉海事法院查明:

1998年9月8日,原告向被告的代理人深圳兴保咨询有限公司支付"兴海988"轮船舶年度保险费32 000元。1998年9月10日,被告签发了编号为WH74/HIP98037的船舶保险单,该单记载,投保单位为原告,保险船舶为"兴海988"轮,保险价值为200万元,险别为一切险,费率为1.6%,航行线路为珠江三角洲和港澳航线,保险期限从1998年9月10日零时起至1999年9月9日24时止。1999年3月22日,"兴海988"轮从汕头港起航驶往蛇口港装货。约6时许,途经陆丰海域时船舶发生海难事故,船员被湖东镇边防干警和当地群众救起。次日,"兴海988"轮以书面形式通知被告深圳办事处。被告深圳办事处接到通知后,于1999年3月23日到现场了解情况,后又于1999年3月30日与深圳船检检验人员一起前往事故现场。由于天气原因,未能上船查勘。同时"兴海988"轮发生海事后未向当地港监报案。

同时查明,"兴海988"轮发生海事后并未沉没,陆丰渔监只证明船舶发生了海难事故,但未查明事故原因。

三、法院裁判

武汉海事法院对原、被告双方争议的焦点作如下分析认定:

(一)关于"兴海988"轮海损事故原因是否系大风所致的问题

经查"兴海988"轮抗风能力为9—10级,抗顺风能力为11级。1999年3月22日6时至10时,"兴海988"轮航行于陆丰海域时的风力为5级,故武汉海事法院认为,"兴海988"轮事故的原因并非原告所称系大风所致。原告主张船舶事故的原因系大风所致的理由,武汉海事法院不予采纳。

(二)关于"兴海988"轮海损事故原因是否系不适航所致的问题

经查,"兴海988"轮发生海事后,未向汕尾海事局报案,加之当时天气原因深圳船检无法上船查勘,同时原告又未向武汉海事法院提供航海日志和轮机日志,武汉海事法院经调查也无法核对被告提供的"兴海988"轮船长、大副、轮机长证词的真实性,致使事故原因武汉海事法院无法查明,故被告主张船舶发生事故的原因系船舶不适航所致,缺乏相应的证据,武汉海事法院对其主张亦不予采纳。

武汉海事法院认为,原告不能举证证明船舶发生了搁浅事故,以及该事故系大风所致,故在无法查明该轮事故原因的情况下,应根据《中华人民共和国民事诉讼法》的有关规定,强调谁主张谁举证的原则。本案因原告主张船舶发生海事属保险责任范围,故原告对其主张负有举证责任,原告如不能举证证明该轮发生事故的原因属保险责任范围,则应承担举证不能的后果。

综上,原、被告双方虽有船舶保险合同关系,且船舶发生海损事故亦发生在保险责任期间,但原告不能举证证明船舶发生事故的原因属船舶保险责任范围,故原告诉请

被告赔偿船舶保险损失,不符合法律规定。根据《中华人民共和国民事诉讼法》第64条第1款、第128条之规定,判决如下:

驳回原告海南省海口永昌兴船务有限公司对被告中国人民保险公司湖北省分公司要求赔偿船舶保险损失的诉讼请求。

❻ 原告苏黎世产物保险股份有限公司与被告华泓国际运输股份有限公司、万海航运新加坡私人有限公司海上货物运输合同纠纷案

案例来源:上海海事法院(2010)沪海法商初字第56号
主题词:举证责任分配　证明力　检验报告分歧的判断标准

裁判要旨

No. HX-7.2-3 原被告双方对货损原因作出了不同的结论,由于两份检验报告均为原、被告单方检验,证明力均存在一定瑕疵,因此,根据举证责任的分配规则,由负有举证责任的一方承担举证不能的不利后果。

一、基本案情

原告:苏黎世产物保险股份有限公司(以下简称原告)
被告:华泓国际运输股份有限公司(以下简称华泓国际)
被告:万海航运新加坡私人有限公司(以下简称万海航运)

原告诉称:原告承保的一套机器,分别装载于号码为CAXU2961398和WHLU1203467的集装箱内,于2008年12月在台湾台中港装载上"宏春"轮,运往上海港。华泓国际签发了号码为2SHA8HC4983307的清洁提单。12月9日,货物运抵上海港。根据中国外轮理货总公司出具的集装箱残损记录,号码为WHLU1203467的集装箱严重受损。经检验,箱内货物损坏,产生修理费等损失共计新台币2 807 136元。原告作为货物保险人,按照保险合同向被保险人进行了足额赔偿,并依法取得代位求偿权。原告认为,华泓国际签发提单,是货物的契约承运人;万海航运为承运船舶的所有人,是货物的实际承运人,两被告应对原告的上述损失承担连带赔偿责任。请求判令两被告连带赔偿原告保险赔款损失新台币2 807 136元(按人民币兑新台币1∶4.7,折算人民币597 262元)及利息(按中国人民银行同期企业贷款利率标准,从2009年7月2日起计算至判决生效之日止)。

华泓国际辩称:涉案货物是大型机器设备,用框架集装箱装载,由托运人自行绑扎装箱,根据万海航运提交的检验报告,框架箱四周无防护板保护,底部也无底盘,货损原因系绑扎不当引发,承运人免除赔偿责任。

万海航运辩称:原告不具备索赔的主体资格;货物损坏由于绑扎不当所致,承运人不承担赔偿责任;原告未提交有效证据证明损失的范围及索赔理由。

二、法院查明的事实

上海海事法院经审理查明并确认如下法律事实：

江苏汇鸿公司向新虎将公司购买一套立式加工机(型号：GT-160V)。2008年12月，新虎将公司委托华泓国际运输货物从台中港到上海港。新虎将公司负责货物包装、绑扎、固定至平板集装箱。华泓国际接受委托后，于12月4日签发了编号为2SHA8HC4983307的清洁提单，提单载明：托运人新虎将公司，收货人凭指示，通知方江苏汇鸿公司，船名航次"宏春N498"，装货港台中港，卸货港上海港，托运人装箱计数。华泓国际随后委托万海航运承运上述货物。万海航运为此于2008年12月5日出具了编号为0028028838的海运清洁提单。提单载明：托运人华泓国际，收货人华泓国际货运代理(中国)有限公司，船名航次"HONCHUNN498"，装货港台湾台中港，卸货港上海港。货物为一套立式加工机，总重量为25 170公斤，分装在一个20英尺平板集装箱和一个20英尺普通集装箱内，箱号分别是WHLU1203467和CAXU2961398。

涉案两个集装箱于2008年12月4日在台中港装船，箱号为WHLU1203467的平板集装箱装于"宏春"轮第四舱第三层的03-06位置，上部及四周无集装箱。同日"宏春"轮起航。12月5日到达基隆港继续装货，12月6日到达日本石狩湾，12月8日到达宁波港，并进行部分装卸货作业，但第四舱未进行装卸作业。12月9日到达上海港，涉案货物卸载。

另查明：万海航运是"宏春"轮的船舶所有人，该轮建造于1989年，船籍国新加坡。

2008年12月1日，原告签署号码为30-097-05760531-00001-CGO的海上货物运输保险单，就涉案"HONCHUNN498"航次的货物运输予以承保。保险单载明新虎将公司为被保险人，保险期限为台湾台中港至上海港的整个运输期间，保险货物为一套立式加工机。

涉案货损事故发生后，江苏汇鸿公司于2009年6月16日出具授权书，授权新虎将公司对涉案货损进行保险索赔，新虎将公司有权接受保险赔款并出具一切确认文件。原告于2009年7月1日向新虎将公司支付保险赔款新台币2 807 136元。2009年12月9日，新虎将公司向原告出具权益转让书，确认收到了上述赔款。

2008年12月2日，新虎将公司就涉案货物开具商业发票，价格为205 000美元。12月9日"宏春"轮到达上海港，中国外轮理货总公司出具集装箱残损记录，记载涉案WHLU1203467号集装箱货物受损。同日，万海航运委托上海泛华天衡保险公估有限公司登船检验。当晚，涉案集装箱货物卸载。12月10日，万海航运通知华泓国际涉案货物受损。12月11日，上海安晟保险公估有限公司到沪东集装箱码头对受损集装箱进行检验，认定集装箱及其上装载的货物倾斜并发生位移滑向一边，用于绑扎固定货物的四条钢索嵌入外包装，造成货物外包装严重损坏，货损原因系积载固定不当或装卸操作不慎所致。

2009年2月3日，上海泛华天衡保险公估有限公司就涉案货损事故出具检验报告,认定货物的绑扎系固不足以抵御海上运输的正常风险,以及箱内货物本身包装存在问题是造成货损的原因。报告称:平板集装箱内的木箱绑扎不充分,固定平板集装箱时未考虑防止侧滑和侧翻;且木箱包装不良,木箱容积大于货物体积,木箱内存有较大空间,致使货物在木箱内滑动而带动整个木箱移动。

为对受损货物进行进一步的测试及修理,货物退回给托运人新虎将公司。2009年12月14日,正亚公证有限公司出具公证报告,认定货物存在12处受损部位,修理更换零件费用为新台币2 075 809元,退运费用为新台币597 755元,重新出口运费为新台币209 381元,扣除换下的受损零件残值新台币75 809元,报告最终确定货损金额为新台币2 807 136元。

另查明,涉案货物的包装为钢木混合架构,箱体的底座与顶板为钢架结构支架,其他四面为木框架,外以木板覆盖,木板厚度约为8毫米。木箱与集装箱间的绑扎固定横向以四条钢索捆绑,平行从木箱顶部绕至平板集装箱底部固定,纵向以木框架支撑防止滑动。

三、法院裁判

上海海事法院认为,本案系海上货物运输合同纠纷。因涉案运输的装运港在中国台湾,原告和华泓国际系在中国台湾注册的企业法人,万海航运系在新加坡注册的企业法人,本案具有涉外因素。中国法律规定,涉外合同的当事人可以选择处理合同争议所适用的法律,庭审中各方当事人一致同意适用中华人民共和国的法律,因此上海海事法院确定以中国法律作为审理本案纠纷的准据法。

本案争议的焦点是:(1)各方当事人的主体地位;(2)货损的发生原因,及两被告应否对货损承担连带赔偿责任?(3)关于货损金额的计算及承运人的赔偿限额。

关于各方当事人的主体地位。上海海事法院认为,收货人江苏汇鸿公司出具的委托书授权新虎将公司对涉案货损进行保险索赔,新虎将公司有权接受保险赔款。原告在向新虎将公司支付保险赔款后,依法取得代位求偿权,有权向货损事故责任人提出赔偿。

关于两被告的主体地位。上海海事法院认为,现有证据显示,新虎将公司委托华泓国际运输货物,华泓国际接受委托后,签发了提单,应认定华泓国际为涉案货物运输的契约承运人。之后,华泓国际又委托万海航运承运上述货物,万海航运签发海运提单,并安排其所有的"宏春"轮实际运输货物,应认定万海航运为涉案货物运输的实际承运人。

关于货损的发生原因,及两被告是否应对货损承担连带赔偿责任。原告认为,涉案货损是由于集装箱积载固定不当或者装卸操作不慎,导致集装箱及其上装载的货物发生位移倾斜。两被告认为,涉案货损原因系货物包装不良,与平板集装箱的绑扎固定不充分所造成,承运人对货损不存在过错。上海海事法院认为,根据法律规定,承运人对集装箱装运货物的责任期间从装货港接收货物时起至卸货港交付货物时止。承运人应当在整个责任期间内妥善、谨慎地装载、搬移、积载、运输、保管、照料和卸载所运货物。现货物受损事实清楚,发生于交付货物之前,且涉案提单系清洁提单,据此可以认定货损发生在承运人的责任期间,承运人应当对货物损坏承担赔偿责任,除非承运人可以举证证明存在法律规定的免责事由。现原告和万海航运提交的检验报告各执一词,对货损原因作出了不同的结论。由于两份检验报告均为单方检验,证明力均存在一定瑕疵,万海航运提交的检验报告的证明力并不大于原告提交的检验报告,即万海航运提交的证据所支持的事实无法达到高度盖然性程度。因此,根据举证责任的分配规则,由负有举证责任的承运人承担举证不能的不利后果,承运人应当对货物的损坏承担赔偿责任。华泓国际作为契约承运人,将货物运输实际委托万海航运承运,涉案货物在万海航运承运的责任期间内发生损坏,华泓国际和万海航运作为承运人和实际承运人应当对货物损失承担连带赔偿责任。原告作为保险人已经向被保险人新虎将公司支付了保险赔款,依法取得代位求偿权。现原告代位行使涉案运输托运人的索赔权利,华泓国际和万海航运应当对货物损失承担连带赔偿责任。

关于货损金额的计算及承运人的赔偿限额。原告提供的正亚公证有限公司的公证报告可以证明,货物存在12处受损部位,修理更换零件费用为新台币2 075 809元,退运费用为新台币597 755元,重新出口运费为新台币209 381元,扣除换下的受损零件残值新台币75 809元,货损金额为新台币2 807 136元。原告请求以人民币折算货物损失,两被告对此均无异议,上海海事法院予以支持。按起诉之日2009年12月31日国家外汇管理局公布的新台币兑美元0.031,和当日中国人民银行公布的美元兑人民币汇率中间价6.8282计算货款损失,折合人民币594 198.27元。关于利息。上海海事法院认为,原告主张的利息损失系因被告迟延赔付产生的孳息损失,可予支持。但原告主张按中国人民银行同期企业贷款利率从保险赔款之日起计算利息至判决生效之日止,其主张贷款利率没有事实和法律依据。上海海事法院认为,利息损失按中国人民银行同期企业活期存款利率自保险赔款之日,即2009年7月2日起计算至判决生效之日止。

根据《中华人民共和国海商法》的相关规定,承运人对货物损坏的赔偿限额,按照货物件数或者其他货运单位数计算,每件或者每个其他货运单位为666.67计算单位,或者按照货物毛重,每公斤为2计算单位,以二者中赔偿限额较高的为准。原告主张货物损坏系涉案集装箱在船上的绑扎固定不当所致,应认定承运人存在重大过失,无权享受赔偿责任限制。上海海事法院认为,原告提交的证据不足以证明承运人故意或者明知可能造成损失而轻率地作为或者不作为,因此对于原告的这一主张,上海海事法院不予支持,承运人可以依法享受赔偿责任限制。涉案装箱单显示受损货物为一套立式加工机,总重量为24 500公斤。因此若按照货物毛重计算,应按货物总重量24 500公斤计算,按照每公斤2计算单位,货损应计为49 000特别提款权。若按照件数或其他货运单位计算,应按1个货运单位计算,按照每件666.67计算单位,货损应计为666.67特别提款权。因此,按照货物毛重计算的赔偿限额较高。按照判决之日2010

年11月15日国家外汇管理局公布的特别提款权兑美元1.57062,和当日中国人民银行公布的美元兑人民币汇率中间价6.6303,折合人民币510 270.41元。

综上,依照《中华人民共和国民法通则》第145条第1款,《中华人民共和国海商法》第46条、第48条、第51条第2款、第56条第1款和第2款、第60条第1款、第63条、第252条第1款、第277条,《中华人民共和国民事诉讼法》第64条第1款,最高人民法院《关于民事诉讼证据的若干规定》第73条的规定,判决如下:

一、被告华泓国际运输股份有限公司(Trans Wagon International Co.,Ltd.)应在本判决生效之日起10日内向原告苏黎世产物保险股份有限公司[Zurich Insurance(Taiwan)Ltd.]赔偿货物损失人民币510 270.41元及利息损失(按中国人民银行同期企业活期存款利率自2009年7月2日起计算至判决生效之日止)。

二、被告万海航运新加坡私人有限公司(Wan Hai Lines Singapore Private Ltd.)对上述款项承担连带赔偿责任;

三、对原告苏黎世产物保险股份有限公司[Zurich Insurance(Taiwan)Ltd.]的其他诉讼请求不予支持。

被告华泓国际运输股份有限公司(Trans Wagon International Co.,Ltd.)和被告万海航运新加坡私人有限公司(Wan Hai Lines Singapore Private Ltd.)如果未按本判决指定的期间履行给付金钱义务,应当依照《中华人民共和国民事诉讼法》第229条之规定,加倍支付迟延履行期间的债务利息。

7 上诉人 QAIS TRADING 与被上诉人中银保险有限公司浙江分公司海运货物保险合同纠纷案

案例来源:浙江省高级人民法院(2010)浙海终字第44号
主题词:保险责任分配　被保险人的举证责任　保险赔偿范围

裁判要旨

No. HX-7.2-4　保险事故发生后,投保人、被保险人或者受益人应当向保险人提供其所能提供的与确认保险事故的性质、原因、损失程度等有关的证明和资料。受益人、被保险人应有初步举证的义务。从举证的能力考量,受益人系收货人,能够在第一时间知晓货物的状况以及获得相关单据,其举证能力强于保险人,故"保险标的丢失是否发生在责任期间"的举证责任,由受益人承担。

一、基本案情

上诉人(原审原告):QAIS TRADING (盖斯贸易有限公司,以下简称盖斯公司)
被上诉人(原审被告):中银保险有限公司浙江分公司(以下简称中银浙江公司)
宁波海事法院审理查明,2008年5月,盖斯公司向杭州丘山进出口有限公司(以下简称丘山公司)购买一批价值 106 275 美元的全涤窗帘布,合同号 QSD080516,发票号 Y08079,成交方式 CIF。同年 6 月 27 日,丘山公司将该批海运货物向中银保险有限公司浙江分公司投保,中银浙江公司签发了编号为 05150202200800000125 的保单,该保单记载:投保人丘山公司,保险险别中国人民保险公司海洋货物运输条款规定的一切险及附加盗窃和提货不着险,保险期间仓至仓,保险标的发票号 QSFY08079 项下的 602 包全涤窗帘布,保险金额 106 275 美元,船名/航次 XIN QING DAO/V.0088W,船程从中国上海至阿联酋沙尔迦仓库。丘山公司于当日向中银浙江公司支付保险费人民币 737.25 元。同年 6 月 30 日,涉案保险货物装船出运,杰勒姆航运服务公司签发编号为 806HS6246FT 的提单。该提单记载:发货人丘山公司,收货人盖斯公司,货物 602 包全涤窗帘布,集装箱号 INKU6303177,集装箱规格 1×40'HQ,装运港上海,卸货港 JEBEL ALI。该批价值 106 275 美元的货物运抵目的港之后,由远航运输服务部(FAR WAY SHIPPING SERVICES)将集装箱清关并运离目的港前往盖斯公司在沙尔迦的仓库,于当地时间 2008 年 7 月 14 日晚至 15 日上午前被发现失窃。盖斯公司以货物连同 INKU6303177 号集装箱被盗窃为由要求中银浙江公司理赔,并于 2008 年 9 月 23 日向中银浙江公司在阿联酋迪拜的代理人递交了相关的理赔材料。因中银浙江公司至今未予理赔,盖斯公司遂诉至宁波海事法院,请求判令中银浙江公司赔偿:保险金 106 275 美元,以 2009 年 6 月 3 日 1:6.8302 元计算,折合人民币为 725 879.5 元;上述赔款按日万分之二点一从 2008 年 7 月 16 日计至实际付款日止的利息损失;盖斯公司为查明和确定涉案保险事故的性质、原因和损失程度所支付的费用计人民币 142 126.52 元。庭审中,盖斯公司将 142 126.52 元部分的诉讼请求变更为 56 699.502 元。

二、一审裁判

宁波海事法院针对本案的争议焦点审理如下:

(一)关于盖斯公司起诉时是否具有诉讼主体资格?

中银浙江公司认为,根据盖斯公司提供的商业执照注册证书,盖斯公司已经于 2009 年 5 月 7 日终止,故起诉时已经不具备主体资格。该院经审查认为,根据盖斯公司提供的经公证认证的迪拜工商局出具的证明,盖斯公司系在该局注册成立的一人制商业公司,执照颁发日 2002 年 5 月 8 日,到期日 2010 年 5 月 2 日,可以证明盖斯公司主体合法存在。中银浙江公司据以异议的材料未经公证认证,从时间点上合理分析,应是未续期前之商业执照,故该院以公证认证材料为准,认定盖斯公司主体合法存在,中银浙江公司就此提出的异议不能成立。

(二)关于盖斯公司诉称遭受盗窃的货物是否系涉案保险标的?

中银浙江公司异议认为,失窃货物不是保险标的,主要理由是沙尔迦警察局关于案件证明中提及的失窃货物价值与保险标的的价值差距过大,而盖斯公司对进口货物的报关及码头收据则证明盖斯公司在迪拜报关的货物并非保险标的。经审查,涉案保险合同项下的保险标的为盖斯公司购买的丘山公司出口的一批价值 106 275 美元的全涤窗帘布,该批货物于 2008 年 6 月 30 日装入编号为 INKU6303177 的集装箱从上海装船出运,其到达目的港的时间与失窃货物的流转时间基本吻合,阿联酋沙尔迦警察局的文件证明箱号为 INKU6303177 的集装箱及箱内货物被盗,该证明中提及的箱号与装载盖斯公司货物的集装箱号亦相一致,而中银浙江公司对箱号为 INKU6303177 的集装箱及箱内货物失窃的事实亦无异议。根据上述事实,该院认为,尽管沙尔迦警察局的证明所提及的报案者陈述的失窃货物价值与保险标的价值确有一定差距,在中银浙江公司不能证明 INKU6303177 集装箱内货物曾经进行了拆箱换货,而其提供的进口报关单、码头收据亦不能证明该节抗辩的情况下,本案应当认定涉案保险合同项下的保险标的即为装入 INKU6303177 集装箱的货物,并遭受了盗窃。

(三)关于保险标的丢失是否发生在保险责任期间?

根据保险合同约定的仓至仓保险责任期间,涉案货物的保险责任终止分界点为盖斯公司在阿联酋杰贝阿里港沙尔迦的仓库。故盗窃行为发生在货物进入盖斯公司仓库之前还是之后成为判断保险责任是否终止的重要依据。对此节事实,根据该院对盖斯公司提供的远航运输服务部出具的"说明一"及盖斯公司未提异议的中银浙江公司翻译件的证据认定,应认定涉案货物系在当地时间 2008 年 7 月 14 日晚至 7 月 15 日上午前于盖斯公司在沙尔迦的仓库失窃。对于案件中同样存在的远航运输服务部出具的"说明二",由于未经公证认证,未予认定;即便经过公证认证,该院对于同一家公司不同人签章出具的证明之真伪难以区分,亦难以判断证明力的大小。在此情况下,盖斯公司对于保险事故是否发生于保险责任期间负有举证责任。因为货物究竟是在进入仓库前还是在仓库中发生失窃,对盖斯公司而言应是索赔之前必须要确定的一个事实,即便货物确实是在仓库交接前失窃,也应当提供更为明确的证明以利保险人在赔付后决定是否向责任人追偿,而不是由承运人出具似是而非的证明。从盖斯公司目前的举证证明分析,涉案货物已经进入盖斯公司仓库,故本案难以认定保险事故系发生于保险责任期间。

(四)关于盖斯公司有否按照保险合同的约定履行通知义务,中银浙江公司能否据此不承担保险赔偿责任?

涉案保单正面记载:"除非在本保险届满后的 10 日内通知本保单规定的本公司代理人进行查勘,否则承保人不会对本保单项下的盗窃损失索赔予以赔偿。"该院认为,该约定属于免除保险人责任的条款。对于免除保险人责任的条款,保险人在订立合同时应当在投保单、保险单或者其他保险凭证上作出足以引起投保人注意的提示,并对该条款的内容以书面或者口头形式向投保人作出明确说明,以使投保人明了该条款的真实含义和法律后果。但中银浙江公司未能证明已经就此作出足够的提示或者明确的说明,从该条款在保单上的打印字体看,亦未达到足以引起普通人注意的程度。故该条款应当属于不产生效力条款。此外,根据本案证据显示,盖斯公司于 2008 年 9 月 23 日将书面资料提交中银浙江公司在迪拜的代理人,中银浙江公司于 2008 年 11 月 13 日回函中亦并未提及迟延报案事宜,也不能据此认定盖斯公司存在迟延报案的问题。

（五）关于盖斯公司的具体损失问题

关于货物损失,尽管本案保单仅约定保险金额,并未约定保险价值,但中银浙江公司对盖斯公司就涉案货物价值 106 275 美元无异议,该院予以认定。关于为查明和确定保险事故的性质、原因和损失程度的费用,盖斯公司主张的金额为 56 699.502 元,包括律师费 13 000 元,翻译费 2 650 元,赔偿集装箱费用 5 000 美元及公证费 1 010 美元,合计 6 010 美元(按 6.8302 折算成人民币为 41 049.502 元)。该院经审查认为,13 000 元属为诉讼聘请律师所支出的费用,不属于为查明和确定事故原因所支出;2 650 元翻译费中,其中 1 350 元系向华义翻译支付,盖斯公司为相同证据重新让求是翻译进行翻译而重复支付 1 300 元,故向华义翻译支付的 1 350 元不应认定,而向求是翻译支付的 1 300 元属为诉讼而支出的费用,亦不予认定;集装箱费用 5 000 美元,集装箱并不属于保险标的,不应成为索赔项目;关于公证费 1 010 美元的支出,因该票据反映的货币类型为阿联酋 AED,并非盖斯公司主张的美元且系为诉讼支出,并不属约定理赔的范围,不予认定。

综上,宁波海事法院认为,本案系涉外海运货物保险合同纠纷,中银浙江公司所在地位于宁波海事法院管辖范围,该院有权管辖本案。案件审理中,双方当事人明确要求适用中国法处理涉案争议,故本案应适用我国《海商法》和其他相关法律审理。本案盖斯公司从丘山公司处购买一批全涤窗帘布,成交方式 CIF,根据国际货物术语解释通则,卖方丘山公司将该批货物向中银浙江公司投保并将保险单提供给买方盖斯公司后,买方盖斯公司享有保险合同项下的保险利益,其有权直接向保险人中银浙江公司索赔。涉案保险合同的保险责任期限为仓至仓,保险人的保险责任至货物运至目的港收货人的仓库时终止。现涉案保险合同项下的保险标的丢失,但盖斯公司未能证明涉案货物丢失系发生在进入其目的港仓库之前,相反,现有证据表明涉案货物系被运至收货人盖斯公司的仓库后丢失,故该事故发生之时保险人的保险责任已经终止。盖斯公司主张中银浙江公司对涉案货物丢失承担保险赔偿责任证据不足,该院不予支持。依照《中华人民共和国民事诉讼法》第 235 条、第 64 条第 1 款之规定,宁波海事法院于 2010 年 1 月 6 日判决:驳回盖斯公司的诉讼请求。案件受理费 13 010 元,减少诉讼请求后的案件受理费为 12 158 元,由盖斯公司负担。

三、上诉与答辩

盖斯公司不服原审判决,向浙江省高级人民法院提起上诉称:(1)一审法院将"保险标的丢失是否发生在责任期间"的举证责任完全分配给盖斯公司有误。① 依据《中华人民共和国保险法》的相关规定,保险人在收到被保险人的赔偿或者给付保险金的请求后,应当及时作出核定。《保险单》约定"如发生保险单项下负责赔偿的损失或事故,应立即通知本公司下述代理调查"。因此,中银浙江公司负有对保险事故进行调查取证的法定义务、约定义务,其对"保险标的丢失是否发生在责任期间"应负举证义务。② "货物没有进仓"属于消极事实,盖斯公司无法对消极事实举证,应由中银浙江公司举证保险标的运至盖斯公司仓库。(2)一审法院对本案的证据没有进行综合认定,导致事实有误。本案中远航运输服务部2008年10月8日同一天出具两份说明,其中"说明一"为货物"送到仓库","说明二"为"送到仓库外面",两份说明虽内容矛盾,但结合失窃后系由远航运输服务部的司机陪同盖斯公司一同搜寻并以其名义去警察局报案这一事实,可得出货物仍在承运人控制中亦即没有进仓的事实。(3)一审法院对盖斯公司为查明和确定保险事故的性质、原因和损失程度而产生的相关费用不予认定有误。依据《中华人民共和国保险法》第64条规定,盖斯公司为查明和确定保险事故的性质、原因和损失程度所支付的合理费用,应由中银浙江公司承担。具体有翻译费两笔1300元、1350元,公证认证费1010美元以及集装箱损失费用5000美元,至于13000元律师费系中银浙江公司对盖斯公司赔偿保险金的请求置之不理,盖斯公司迫不得已通过诉讼途径解决所发生的合理支出,应由中银浙江公司承担。请求二审法院撤销原判支持其一审中提出的诉讼请求。

中银浙江公司庭审中答辩称:(1)关于"保险标的丢失是否发生在保险期间"的问题,远航运输服务部出具的三份说明相互矛盾,没有证据效力,盖斯公司已对承运人赔偿了集装箱损失费,说明其已经接受了货物。原审判决认定保险标的丢失在保险责任终止后的事实认定清楚。关于举证责任,《中华人民共和国保险法》第22条规定,受益人有向保险人提供其所能提供的与确认保险事故的性质、原因、损失程度等相关证明和资料的义务。何况从举证能力上讲也是盖斯公司强于中银浙江公司;(2)关于"支出的合理费用",盖斯公司上诉主张的费用均不属于为查明和确定保险事故的性质、原因的损失,而是盖斯公司为了诉讼目的而支出的费用,理应由其自负;(3)原审判决对保险单中"除非在保险届满后的10日内通知本保单规定的本公司代理人进行查勘,否则承保人不会对本保单项下的盗窃损失索赔予以赔偿"的约定认定为格式条款不妥,该内容系双方间的约定。请求二审法院依法维持原判。

四、二审裁判

根据双方的上诉请求和理由以及答辩意见,本案二审争议的焦点为:(1)"保险标的丢失是否发生在责任期间"的举证责任的分担以及本案是否发生落入保险期间的保险事故,宁波海事法院认定的证据是否妥当?(2)为查明涉案保险事故的原因所支付的费用是否应由保险人支付?对于浙江省高级人民法院归纳的争议焦点,双方当事人均无异议。

针对上述争议焦点,浙江省高级人民法院分析认定如下:

(一)"保险标的丢失是否发生在责任期间"的举证责任的分担以及本案是否发生落入保险期间的保险事故,宁波海事法院认定的证据是否妥当?

根据《中华人民共和国保险法》第22条之规定,保险事故发生后,依照保险合同请求保险人赔偿或者给付保险金时,投保人、被保险人或者受益人应当向保险人提供其所能提供的与确认保险事故的性质、原因、损失程度等有关的证明和资料。亦即受益人有初步举证的义务。从举证的能力考量,受益人系收货人,能第一时间知晓货物的状况以及获得相关单据,其举证能力亦强于保险人。本案保险责任期间为仓至仓,涉案货物失窃是在进入盖斯公司仓库之前还是之后成为判断保险责任是否终止的重要依据。盖斯公司上诉称涉案货物实际"没有进仓","没有进仓"系消极事实之主张,应由相对方承担举证责任,即由中银浙江公司承担举证责任。浙江省高级人民法院认为,"没有进仓"并非消极事实之主张,承运人与收货人间应有交接手续可以证明,盖斯公司应负初步举证的义务。其在一审诉讼中提交内陆承运人远航运输服务部于2008年10月8日出具的"说明一",但该"说明一"的内容却是证明涉案货物送至仓库,宁波海事法院据此对盖斯公司主张不予支持并无不当。

二审中盖斯公司提交《声明》一份,系内陆承运人远航运输服务部出具,内容为陈述涉案货物在进入仓库前失窃、报案的过程。浙江省高级人民法院认为,虽然该份《声明》可以支持盖斯公司的上诉主张,但远航运输服务部在本案中先后出具3份陈述内容不一的证明,系不诚信的行为,故对该份《声明》不予采信。盖斯公司上诉所称涉案货物尚在保险期间内的主张没有事实依据。

(二)为查明涉案保险事故的原因所支付的 56 699.502 元费用是否应由保险人支付?

对于盖斯公司上诉主张的为查明和确定保险事故的性质、原因和损失程度的 56 699.502 元费用。根据《中华人民共和国保险法》第 64 条的规定,翻译费、公证费、集装箱损失赔偿费、律师费不属为查明和确定事故原因所支出,盖斯公司的该上诉理由不能成立。

综上,浙江省高级人民法院认为,盖斯公司上诉所称涉案货物尚在保险期间内的主张没有事实依据,浙江省高级人民法院不予支持;翻译费、公证费、集装箱损失赔偿费、律师费系非为查明涉案保险事故的原因所支付的费用,浙江省高级人民法院亦不予支持。原审判决认定事实清楚,适用法律正确。依照《中华人民共和国民事诉讼法》第 153 条第 1 款第(1)项之规定,判决如下:

驳回上诉,维持原判。

8. 其他

8.1 预约保险

1 原告深圳市金活医药有限公司与被告华泰财产保险股份有限公司深圳分公司水运货物保险合同纠纷案

案例来源:广州海事法院(2006)广海法初字第227号
主题词:预约保单　单个保险保单　水运货物保险

> **裁判要旨**
>
> **No. HX-8.1-1**　被保险人分别签发的保险单证的内容与预约保险单证内容不一致的,以分别签发的保险单证为准。

一、基本案情

原告:深圳市金活医药有限公司(以下简称原告)
被告:华泰财产保险股份有限公司深圳分公司(以下简称被告)
原告诉称:2006年1月1日,原、被告签订国内货物运输预约保险单。约定由被告在2亿元保险金额内承保国内水路、陆路货运保险综合险;保险费一月一结,以当月实际发货量为准;索赔资料齐全后,被告应在10日内赔付。2006年4月11日,原告托运400件中成药自深圳由"海顺发"号货轮运往上海港。原告根据预约保险单向被告支付了涉案货物运输的保险费。货到目的地后发现集装箱底两层中成药纸箱浸湿。4月26日,原告向被告提交"货运险出险通知书"。当天被告委托上海天衡保险公估有限公司(以下简称天衡公司)与原告代表一起作了现场清点,确认有142箱包装湿损。受损货物价值194 256元。5月24日被告委托天衡公司致函原告,同意对湿损的142箱中成药进行换包装理赔46 222.7元。原告当天回复,《中华人民共和国药品管理法》不允许对湿损污染的药品换包装后投入市场,也难以运回境外厂家处理,表示不能接受换包装的处理意见。之后,被告没提出其他理赔方案。涉案事故在被告保险责任范围以内,被告在接出险报告后不依约在10天内理赔,应承担违约赔偿责任。请求判令被告赔偿原告货物损失194 256元及其利息(自2006年6月3日起按人民银行同期贷款利率计算),承担本案诉讼费。

被告辩称:保险合同约定的运输方式为汽车运输,涉案货物运输方式为沿海集装箱运输,事故发生在海运区段,超出了双方约定的装载工具和运输方式;该次事故的近因是船员操作失误而使船舶压舱水排放到货舱,导致货物被淡水浸泡,不属于保险合同约定的列明风险。被告拒绝赔付符合双方保险合同的约定和有关法律规定,请求法院依法驳回原告的诉讼请求。

二、法院查明的事实

2006年1月1日,原告与被告签订YY200600001号国内货物运输保险预约保险单。约定被告为保险人,原告及深圳市金活实业有限公司为被保险人;保险标的为药品、保健品等;承保险别为国内水路、陆路货物运输保险综合险、邮包险附加盗抢险;保险责任期间为"仓至仓";保险金额2亿元;保险费率0.9‰;无免赔额;保险费按月结算,一月一结,以当月实际发货量为准,保险金额按照发票金额确立;索赔资料齐全后,保险人应在10日内赔付。保险合同采用中国人民保险公司1993年4月9日颁布、1995年2月20日修订的《国内水路、陆路货物运输保险条款》。

该条款规定的基本险包括:(1)因火灾、爆炸、雷电、冰雹、暴风、暴雨、洪水、地震、海啸、地陷、崖崩、滑坡、泥石流所造成的损失;(2)由于运输工具发生碰撞、搁浅、触礁、倾覆、沉没、出轨或隧道、码头坍塌所造成的损失;(3)在装货、卸货或转载时因遭受不属于包装质量不善或装卸人员违反操作规程所造成的损失;(4)按国家规定或一般惯例应分摊的共同海损的费用;(5)在发生上述灾害、事故时,因纷乱而造成货物的散失及因施救或保护货物所支付的直接合理的费用。

综合险在基本险责任外,保险人还负责赔偿:(1)因受震动、碰撞、挤压而造成货物破碎、弯曲、凹瘪、折断、开裂或包装破裂致使货物散失的损失;(2)液体货物因受震动、碰撞或挤压致使所用容器(包括封口)损坏而渗漏的损失,或用液体保藏的货物因液体渗漏造成保藏货物腐烂变质的损失;(3)遭受盗窃或整件提货不着的损失;(4)符合安全运输规定而遭受雨淋所致的损失。

2006年4月10日,原告与上海复星药业有限公司(下称复星公司)签订购销合同,向其出售3000毫升/瓶的京都念慈庵蜜炼川贝枇杷膏19 200瓶,每瓶单价28.50元,总金额547 200元。原告缴纳了增值税79 507.7元,增值税发票记载货物单价为每瓶24.358974359元,价税合计547 200元。4月12日,原告委托深圳市东林货运代理有限公司(以下简称东林公司)将该批货物共400箱自深圳运往上海。货物装入PRSU2310940号集装箱,由上海中谷新良海运有限公司(以下简称海运公司)"海顺发"号货轮0609N航次,自深圳蛇口港运往上海港,运单号为HS0609NSKSH020,该集装箱堆放在"海顺发"号货舱的最底层。

4月19日,货物到达上海,22日卸船。25日下午送交收货人,收货人打开集装箱门时发现箱底两层货物浸水。原告于同日向被告提交货运出险通知书,告知"2006年4月12日海运托运发往上海的枇杷膏400件在运输途中有142箱被水淹严重湿损",要求被告赔偿194 256元(142箱×48瓶/箱×28.50元/瓶)。4月26日,被告委托的天衡公司、原告以及复星公司的代表在上海市交暨路207弄5号复星公司仓库对涉案货物进行了清点。各方确认全部货物中有258箱包装完好,142箱包装潮湿。

4月28日,东林公司向原告出具证明,证明涉案货物运输及发现货损的经过,称142箱货物于运输途中被海水浸湿,完全受损,造成直接经济损失194 256元。29日,原告致函被告称:由于国家食品药品监督管理局对药品的管理很严格,对污染、包装出现液体漏液、破损、标识模糊不清及外包装变形的商品均不可销售,更不可以折价处理。

5月17日,海运公司向东林公司传真1份关于"海顺发"号轮0609N航次货舱进水的说明,称"海顺发"号轮0609N航次在海上航行时,甲板上浪导致第一货舱内有少量积水,由于排除货舱积水后,分闸阀没有关紧,后来机舱向压载舱注入压载水时部分压载水倒灌进入第一货舱,可能对货舱内的货物造成损失。

5月24日,天衡公司传真原告,称:涉案事故为淡水湿损,事故原因是运输途中压载水倒灌所致;鉴于货物为玻璃瓶装,密封,产品外包装为纸盒装,运输包装分内外两个瓦楞纸箱,原则上可以退回原厂进行换包装处理;考虑到运输途中的损耗,建议将受潮总数的20%——1 363瓶确定为全损,发票价每瓶24.36元,合计33 202.70元;其余80%按换包装处理,包装费用3 420元、更换人工费用5 600元;上海往返蛇口运费3 000元,蛇口往返香港运费1 000元,损失金额合计46 222.7元。原告当天即回复天衡公司,称难以运回境外厂家处理,表示不能接受换包装的处理意见。

5月26日,原告向被告支付保险费10 873.43元,在此前后,被告开出6063336012006000330号国内水路、陆路货物运输保险单。保险单记载总保险金额12 081 592.72元,货物标记"＊",装载工具"汽车＊",起运时间2006年4月1日,起运地深圳,目的地全国各地,保险费10 873.43元,承保条件按照中国人民保险公司1995年2月《国内水路、陆路货物运输保险条款》规定承保综合险、财产险2000年除外责任条款;特别约定附加盗抢险、被保险人不得放弃向承运人追偿的权利。关于装载工具汽车之后的符号"＊",原告认为是省略号,表示除了汽车之外还有其他运输工具;被告主张该符号是终止的意思,表示只有汽车一种运输工具。除货物标记及装载工具外,保险单的其他位置没有这种符号。

6月22日,原告委托代理人蒋穗初向被告发出律师函,称涉案货物受损发生在从深圳布吉工厂用汽车运到蛇口转载到轮船所发生的非包装、非装卸人员造成的损失,被告应全额理赔;要求被告在2006年6月26日中午12时前向原告发出是否赔偿的通知书。23日,被告通过传真答复原告,称此次货损的直接原因是船方过失,不属于保单责任范围,被告不需要向原告赔偿。

7月25日,天衡公司出具《4·26深圳市金活医药有限公司货运险案的公估报告》,报告称:经硝酸银溶液测试,货损是由淡水所致;事故原因是船员操作失误压载水倒灌入货舱,浸泡货物造成损失,与暴雨完全无关,事故责任在船方,不属于保单承担的责任范围;受损货物142箱共计6 816瓶枇杷膏残值为零。天衡公司公估师胡曙音到庭接受了质询。

中央气象台网站发布的天气预报显示,2006年6月13日至25日,承运船舶航行区域有5—9级的大风,其中19日8时至20日8时阵风可达10—11级;有降雨。

当事人对以下事实存在争议,法院分别认定如下:

(一) 关于原告是否向被告提交起运通知书?

原告主张其在每月末向被告提交当月的起运通知书,在2006年4月份的起运通知书中,已经通知被告涉案运输方式为汽车加海运。原告提交了2006年4月份起运通知书并在证据交换后又提交了2006年1—3月份的起运通知书作为反驳证据,但没有举证证明被告收到起运通知书。被告否认曾经收到起运通知书,称每月的保单都是根据原告业务人员的便函、电话或手机短信通知的总额填写的,但也没有举证证明其主张。

法院成员一致认为:原、被告之间订有预约保险协议,被告每月根据原告的申报签发上月的保单,双方之间一定存在一个信息交换的过程。被告虽然否认收到起运通知书,主张是通过电话甚至手机短信通知的方式接到原告申报的金额,但没有举证证明自己的主张,如此重要的商务活动采取电话或短信的方式也与常理不符。原告的主张较为合理,可以推定被告收到了原告2006年4月份的起运通知书。

(二) 关于涉案货物受损原因

原告主张发生货损的原因是运输途中遇到暴风导致甲板上浪、下雨以及压载水倒灌;被告主张货物是受淡水浸泡受损的,是压载水倒灌入货舱所致。原、被告都提供了东林公司及海运公司的证明支持自己的主张。除此之外,原告还提供了中央气象台2006年6月13日—25日天气预报的网页打印件,被告对前述预报予以认可,但表示预报不代表真实的天气情况;被告还提交了天衡公司《4·26深圳市金活医药有限公司货运险案的公估报告》,原告认可公估报告中对事情经过的描述,但认为承运船舶走沿海航线,其压载水也应该是海水而不是淡水;用硝酸银溶液测试得不出货物受淡水浸泡受损的结论。

法院认为:涉案货物受损部位在集装箱底部,集装箱在运输途中积载于船舱最底层,不可能由于雨淋导致湿损。硝酸银溶液测试是检测区分海水淡水的常用手段,天衡公司通过测试得出货损为淡水所致的结论可以认定,由此可见浪上甲板,进入货舱的海水并未造成货物受损。根据原、被告双方均认可的承运人海运公司对承运船舶涉案航次货舱进水情况的说明,可以认定发生货损是由于:甲板上浪导致货舱积水,在排除积水后,分闸阀没有关紧,导致在机舱向压载舱注入压载水时,压载水倒灌进入货舱,浸泡涉案集装箱,引起货损。原告没有举证证明承运船舶压载水为海水,该主张也与本案证据所显示的事实不符。

三、法院裁判

本案是一宗水运货物保险合同纠纷。原、被告之间的保险合同合法有效,原告是被保险人,被告是保险人,双方均应按照保险合同的约定履行合同义务,享有合同权利。

涉案保险单装载工具一栏汽车之后标有"*",原告主张是省略符号,被告主张是终止符号,但均无有力证据证明各自的主张,属于约定不明。起运通知书中已经载明涉案货物运输工具为"汽车+海运",被告在收到起运通知书之后,将起运通知书中的总计金额作为保险金额,并据此向原告收取了保险费,应视为双方同意海运也是保险单中约定的运载方式之一。同时,在被告开出涉案保险单时,湿损事故已经发生,被告也已经对事故进行了勘查,公估并提出定损方案。被告是在知道原告投保的货物运输中包含部分海运方式后开出的保险单。在原告提交出险通知,明确告知运输方式为海运之后,被告没有就涉案运输的装载工具提出异议;直至天衡公司在7月25日作出的公估报告中,也没有就装载工具提出异议。据此,足以认定涉案保险单中约定的装载工具不仅仅限于汽车,还包括轮船。

原、被告之间订有预约保险协议,被告每月按照原告告知的金额对上月的货物运输签发保险单。预约保险单中记载的装载工具是汽车,但在争议的保险单中约定的装载工具不仅仅限于汽车,还包括轮船。《中华人民共和国海商法》第232条规定,被保险人分别签发的保险单证的内容与预约保险单证内容不一致的,以分别签发的保险单证为准。被告关于只承保汽车运输,涉案运输超出双方约定装载工具和运输方式的主张与案件事实不符,不予支持。

由于承运船舶在航行途中遇到风浪,甲板上浪导致货舱积水,在排除积水后,分闸阀没有关紧,导致压载水倒灌进入第一货舱,浸泡底层集装箱,造成货物受损。货物受损的原因在于分闸阀没有关紧,导致压载水倒灌进入货舱;甲板上浪并不必然导致分闸阀没有关紧。货物受损的原因不在保险合同约定的综合险及附加盗抢险的保险责任范围之内。依据《中华人民共和国海商法》第216条第2款、第237条的规定,判决如下:

驳回原告深圳市金活医药有限公司的诉讼请求。

2 上诉人中国太平洋财产保险股份有限公司嵊泗支公司与被上诉人浙江省舟山天力化纤有限公司水运货物保险合同纠纷案

案例来源:浙江省高级人民法院(2009)浙海终字第12号
主题词:预约保险单　被保险人通知义务　诉讼时效

裁判要旨

No. HX-8.1-2　预约保险单约定被保险人负有出运货物前的通知义务,由于该条款系保险人免责条款,而保险人未尽说明义务,该约定不发生效力。

No. HX-8.1-3　保险人认为被保险人未及时向第三人索赔,导致诉讼时效届满,有权扣减保险赔偿金。法院认为,该行为不影响保险人先承担保险责任,再向第三人追偿,故驳回保险人的该主张。

一、基本案情

上诉人(原审被告):中国太平洋财产保险股份有限公司嵊泗支公司(以下简称嵊泗太保)

被上诉人(原审原告):浙江省舟山天力化纤有限公司(以下简称化纤公司)

宁波海事法院审理查明:

2007年2月28日,化纤公司与嵊泗太保签订"保险备忘录",约定化纤公司在嵊泗太保投保包括企财险、货运险、船舶险等在内的财产系列保险;货运险保额6000万元,保费15万元;化纤公司投保的企财险、机损险、货运险在单位事故损失发生后扣除1万元绝对免赔额后,嵊泗太保按实际损失赔偿。同日,双方又与天安保险股份有限公司舟山中心支公司嵊泗县营销服务部(以下简称嵊泗天安)签订了保险协议书,三方约定嵊泗太保承保化纤公司保险项目的70%,嵊泗天安承保30%,并按各自承保比例出具保险单,共保期限自2007年3月8日起至2008年3月7日结束。同年3月8日,化纤公司与嵊泗天安签订国内货运险预约保险协议。由化纤公司和中国太平洋财产保险股份有限公司舟山中心支公司(以下简称舟山太保)共同盖章确认的编号为C20050032-07005的货物运输保险预约保险单先后出具两份,一份载明保险期限自2007年3月3日至2008年3月2日止,另一份载明保险期限自2007年3月8日起至2008年3月7日止,双方确认涉案货物保险事宜依保险期限自2007年3月8日起至2008年3月7日止的预约保险单为准。该保险单抬头显示嵊泗太保为承保人,同时载明"九、每一航次/车次/班次的运输限额,承保人对保险标的每一运输工具的每一航次/班次/车次所负的最高保险责任为人民币200万元(或等值货币),如有超过,被保险人/投保人应在货物装运前3—7天书面通知承保人,并在承保人确认后方可承保。如果被保险人/投保人事先未按规定要求提前通知,或未等到承保人的书面认可,承保人只对预约保单规定的每一航次/车次/班次的规定限额部分承担约定限额和货物实际价值的比例责任,超出部分由被保险人自行负责";"十三、保费结算,一次性支付,年底按提供的起运通知调整保费,多退少补";"十四、投保手续,被保险人在协议签署后的5日内提供全年(或合同)运输计划或清单向承保人投保并以此作为清单所列标的发生保险事故时向承保人索赔的依据。协议执行中途标的实际运输如有变动情况,应在投保人/被保险人获悉变更时立即通知承保人以作批改。协议期满,应根据实际运输情况调整期初的清单以作为保费结算的依据";"十五、保证条款,被保险人应按预保单规定无遗漏地将每一票货物向保险公司如数投保。保险公司在承保的任何时间内,有对被保险人的账簿单据中有关预保单规定范围内的内容进行查阅的权利"。2007年3月8日,化纤公司向舟山太保支付10.5万元保费。

2007年7月,化纤公司从航天通信控股集团股份有限公司购得PTA 1012吨,单价8400元,货物价值8500800元。同年8月13日晚,运货船舶"银月68"轮在上海港装货完毕等待开航驶往舟山港时,船体倾斜,船只沉没。当日,化纤公司即口头通知嵊泗太保,嵊泗太保即委托上海悦之保险公估有限公司现场勘验,以查明事故原因及货物损失等。经积极抢救,打捞上岸的货物在评估后以 6 500 元/吨价格出售,卖得货款 6 350 565 元。货物损失 2 150 235 元。为抢救处理该批货物,化纤公司共支付货物打捞费 250 000 元,装吊费 9 200 元,货物转驳费 15 000 元,打捞费及差旅费 3 403 元,共计 277 603 元。

2007 年 9 月,嵊泗太保将其起草的聘请律师合同、诉前财产保全申请书、担保函等文件送交化纤公司,以作化纤公司向"银月 68"轮船东/光租人货物损失索赔纠纷之用。10 月 22 日,化纤公司书面提交保险出险通知书(代索赔申请)。2008 年 6 月 17 日,舟山太保致函化纤公司,认为因该批货物总值大大超过预约保险单第 9 条约定的运输限额,最终核定的理赔金额为 389 281. 13 元;且由于化纤公司未积极和及时地向承运人索赔,从而导致其不能在诉讼时效内对承运人行使代位求偿权,故依法将对保险赔偿金作相应扣减。同年 7 月 16 日、8 月 8 日,嵊泗太保委托代理人余妙宏律师两次致函化纤公司,就相同内容再次敦促化纤公司向承运人提出索赔。双方就保险赔偿金额协商未果,化纤公司于 2008 年 6 月 30 日向宁波海事法院起诉,请求判令:嵊泗太保赔付保险赔偿金和抢险费用共计 1 692 626.6 元及自 2007 年 9 月 30 日起的利息。

宁波海事法院另查明:自 2005 年起,化纤公司与嵊泗太保、嵊泗天安三方以保险备忘录、共保协议书和预约保险单形式,建立保险业务关系。在涉案保险事故发生前,嵊泗太保和嵊泗天安在 2005、2006 和 2007 年均对化纤公司进行过货运险理赔,舟山太保理赔金额最低的为 3 760 元,最高的为 22 406. 27 元。在编号为 2005-10、2006-02、2007-02、06 的赔款案卷中显示相关航次货物装运的 PTA 总量在 1 000 吨以上、2 000 吨以下。舟山太保就国内货运险的理赔权限为两万元以下(含两万元)。

二、一审裁判

宁波海事法院审理认为:涉案货物运输预约保险单虽由化纤公司与舟山太保签订,保费由舟山太保收取,但该保单首部明确嵊泗太保为承保人,化纤公司、嵊泗太保亦在庭审中一致表示涉案货物运输保险系双方真实意思表示,且与化纤公司、嵊泗太保于 2007 年 2 月 28 日签订的保险备忘录、保险协议书相印证,故化纤公司、嵊泗太保之间依法成立货物运输保险法律关系。

因承运化纤公司货物的船只"银月 68"轮沉没造成化纤公司货物损失,属于化纤公司、嵊泗太保约定的《国内水路、陆路货物运输保险条款》综合险保险责任的范围,嵊泗太保应当负赔偿责任。

关于嵊泗太保承担保险责任的范围,保险备忘录、预约保险单有不同约定,后者约定的保险责任明显低于前者的约定。如果保险备忘录和预约保险单同时签订,基于两个条款互相矛盾的事实,依照《中华人民共和国保险法》第 31 条"对于保险合同的条款,保险人与投保人、被保险人或者受益人有争议时,人民法院或者仲裁机关应当作有利于被保险人和受益人的解释"的规定,应当适用保险备忘录的约定。如果预约保险单后于保险备忘录签订,依照《中华人民共和国保险法》第 18 条"保险合同中规定有关于保险人责任免除条款的,保险人在订立保险合同时应当向投保人明确说明,未明确说明的,该条款不产生效力"的规定,由于嵊泗太保不能举证证明其在签订预约保险合同当时,已向化纤公司履行过明确说明义务,故该条款不产生效力。综上,无论保险备忘录和预约保险单签订时间先后,嵊泗太保均应依保险备忘录的约定,扣除 1 万元的绝对免赔额后,在嵊泗太保承保比例范围内,按照化纤公司实际损失承担赔偿责任。

就嵊泗太保抗辩认为化纤公司违反通知义务一节,化纤公司在涉案货物运输前,未将货物价值、装运货物的船名等情况通知嵊泗太保,违反了《中华人民共和国海商法》第 233 条关于被保险人在预约保险合同下负有的法定通知义务。由于预约保险单第 15 条保证条款的内容仅限于被保险人无遗漏地将每一票货物向保险公司如数投保,以备保险公司对被保险人账簿单据进行查阅,故被保险人负有的通知义务与《中华人民共和国海商法》第 235 条规定的保证义务不同。另由于通知义务是被保险人在预约保险合同成立之后所负的法定义务,与《中华人民共和国海商法》第 222 条规定的被保险人的告知义务始于被保险人要求保险之初,终于保险合同成立之时,亦不相同。故被保险人违反告知义务、保证义务的法律后果不能适用于被保险人违反通知义务的情形。考虑到化纤公司、嵊泗太保建立保险业务关系多年,化纤公司从未履行过通知义务,嵊泗太保亦多次理赔的实际情况,且嵊泗太保未举证证明化纤公司就涉案货物运输业务系故意违反通知义务,在《中华人民共和国海商法》第 233 条未对违反通知义务的法律后果作出明确规定的情形下,嵊泗太保无权否定其保险赔偿责任,至于是否修改承保条件、增加保险费,则在本案审理之外。

就嵊泗太保抗辩认为化纤公司应承担保险赔款被相应扣减的法律责任一节,虽然《国内水路、陆路货物运输保险条款》第 14 条规定:"货物发生保险责任范围的损失,如果根据法律规定或者有关约定,应当由承运人或其他第三者负责赔偿一部分或全部的,被保险人应首先向承运人或其他第三者索赔",但该条同时并不排斥"被保险人提出要求,保险人也可以先予赔偿,但被保险人签发权益转让书给保险人,并协助保险人向责任方追偿"的做法。即便被保险人未向承运人或其他第三者先提出索赔,只要在诉讼时效期间内,也不影响保险人向承运人或其他第三者代位求偿权利的行使。本案化纤公司已在保险事故发生当日即口头通知嵊泗太保,并采取了必要的合理措施,防止和减少损失的发生,且于 2007 年 10 月 22 日书面提交了保险出险通知书(代索赔申请),此时距离嵊泗太保向第三人追偿的诉讼时效期间届满尚余 9 个多月,加之化纤公司自保险事故发生之日起,从未向第三人作出过放弃赔偿的意思表示,所以从 2007 年 8 月 13 日事故发生之日至 2007 年 10 月 22 日化纤公司向嵊泗太保提出书面索赔申请期间,化纤公司不先向承运人或其他第三者提出索赔的行为,与嵊泗太保代位求偿权不能行使之间,不存在因果关系,嵊泗太保抗辩理由不足,不予采信。

化纤公司按单次事故扣除 1 万元绝对免赔额后,诉请嵊泗太保赔偿其因保险事故产生的实际损失的 70%,计 1 692 626.6 元,符合双方约定,予以支持。化纤公司同时要求嵊泗太保承担该款自 2007 年 9 月 30 日起的同期银行贷款利息,由于化纤公司于 2007 年 10 月 22 日方提出书面索赔申请,根据预约保险单第 17 条"保险人应在确定保险责任并在收齐有关单证后的 10 个工作日内确定赔偿金额"之规定,酌定嵊泗太保理赔的合理时间为 1 个月,故保护化纤公司该款自 2007 年 11 月 22 日起的同期银行贷款利息。综上,宁波海事法院依照《中华人民共和国保险法》第 18 条、第 31 条,《中华人民共和国海商法》第 233 条、第 237 条、第 240 条第 1 款,《中华人民共和国民事诉讼法》第 64 条第 1 款的规定,于 2008 年 10 月 16 日判决:

一、嵊泗太保支付化纤公司保险赔偿金 1 692 626.6 元及利息损失(自 2007 年 11 月22 日起至判决生效之日止,按中国人民银行同期贷款利率计付);

二、驳回化纤公司的其他诉讼请求。

上述应付款项应于判决生效之日起 10 日内付清。如果未按判决指定的期限履行给付金钱义务,应当依照《中华人民共和国民事诉讼法》第 229 条之规定,加倍支付迟延履行期间的利息。案件受理费 20 030 元,由嵊泗太保负担。

三、上诉与答辩

嵊泗太保不服原审判决,向浙江省高级人民法院提起上诉称:(1) 宁波海事法院认定嵊泗太保应依保险备忘录的约定,扣除 1 万元绝对免赔额后,在承保比例范围内按照化纤公司实际损失承担赔偿责任。此认定违背事实,属于主观认定。① 保险备忘录签订在预约保险单之前,化纤公司申请理赔的依据是预约保险单,且保险备忘录不符合法律规定的保险合同应具备的内容,宁波海事法院认定适用保险备忘录的约定违背事实;② 预约保险单是双方协商签订的,对双方当事人均有约束力,不存在化纤公司难以理解的免责条款。(2) 化纤公司违反预约保险单第 9 条约定的通知义务,嵊泗太保有权拒绝赔偿。(3) 双方约定化纤公司应当先向承运人索赔,化纤公司未及时向承运人索赔,致使保险人追偿的诉讼时效届满,嵊泗太保可以相应扣减保险赔偿。综上,原判认定事实不清,请求二审法院查清事实,依法改判驳回化纤公司的诉讼请求。

化纤公司答辩称:(1) 保险备忘录与预约保险单系同时签订,二者不一致,应当以保险备忘录为准。(2) 从双方长期的合作情况看,化纤公司运输的货物均在 1 000 万元左右,历次赔付均无金额限制。(3) 嵊泗太保没有要求化纤公司履行通知义务,并且化纤公司未履行该义务并不导致向保险人的索赔权丧失。(4) 嵊泗太保应当对预约保险单第 9 条进行说明而未加以说明,违反法定义务。(5) 化纤公司向嵊泗太保申请理赔时,保险人向承运人追偿的诉讼时效并未届满,嵊泗太保无权扣减保险赔偿金。请求二审法院依法驳回上诉,维持原判。

四、二审裁判

根据双方当事人的上诉和答辩,浙江省高级人民法院确定本案二审的争议焦点为:嵊泗太保应当承担的保险赔偿金额是多少。对于浙江省高级人民法院归纳的争议焦点,各方当事人均无异议。

针对争议焦点,浙江省高级人民法院作出如下认定:

嵊泗太保上诉称根据预约保险单第9条仅对不超过200万元的货物的损失承担保险责任。关于保险责任的范围,保险备忘录、预约保险单有不同约定,后者约定的保险责任明显低于前者的约定。预约保险单没有显示签订日期,通常情况下预约保险单系与保险备忘录同时签订或后于保险备忘录签订。如果预约保险单与保险备忘录同时签订,依照《中华人民共和国保险法》第31条的规定,保险人与被保险人对于保险合同的条款有争议时,应当作有利于被保险人的解释,故关于保险责任应当适用保险备忘录的约定。嵊泗太保主张保险备忘录不属于法律规定的保险合同,关于保险责任不能适用保险备忘录。浙江省高级人民法院认为,保险备忘录约定由嵊泗太保对化纤公司遭受保险事故造成保险标的的损失和产生的责任负责赔偿,由化纤公司支付保险费,符合法律对保险合同的定义,对双方当事人均有约束力。如果预约保险单签订于保险备忘录之后,预约保险单第9条约定,每一航次保险人所负的最高保险责任为200万元,该条款系对保险人责任的免除条款,根据《中华人民共和国保险法》第18条的规定,保险人应当在订立合同时向被保险人明确说明,嵊泗太保不能举证证明其在签订预约保险单的当时向化纤公司履行过说明义务,该条款依法不产生效力。嵊泗太保与化纤公司从2005年起开始建立保险合同关系,编号为2005-10、2006-02、2007-02、2007-06的赔款案卷显示相关航次货物装运的PTA重量均超过1000吨,价值远远超出200万元,保险人均予以赔付,从未提出货物价值超出限定的保险金额的异议,故双方的行为表明预约保险单第9条实际未产生效力。综上,化纤公司的损失属于嵊泗太保的保险责任范围,嵊泗太保应当扣除1万元免赔额后,按其承保的70%的比例足额予以赔偿。

预约保险单第9条约定化纤公司负有通知义务,由于该条款系保险人免责条款,因嵊泗太保未尽说明义务而不发生效力。从双方长期的合同履行情况看,化纤公司从未履行过通知义务,嵊泗公司亦多次同意理赔,双方实际行动表明嵊泗公司承担保险责任并不以化纤公司履行通知义务为前提,嵊泗太保无权以化纤公司未及时通知货物情况为由拒绝承担保险责任。《中华人民共和国海商法》第222条系规定了被保险人在合同订立前的告知义务,告知的内容为被保险人知道或应当知道的影响保险人据以确定保险费率或确定是否同意承保的重要情况。涉案货物没有单独签发保险单,预约保险单即为当事人之间的保险合同,预约保险单签发后,化纤公司的告知义务即告终止。嵊泗太保亦无权依据《中华人民共和国海商法》第233条免除其赔偿责任。

嵊泗太保上诉称:化纤公司未及时向承运人索赔,导致诉讼时效届满,嵊泗太保有权扣减保险赔偿金。《国内水路、陆路货物运输保险条款》第14条虽然规定被保险人应当首先向承运人索赔,但同时规定被保险人提出要求,保险人可以先予赔偿。预约保险单没有约定化纤公司应当首先向承运人索赔,仅约定"如涉及第三方责任,被保人须提供向有关责任方追偿的函电及其他必要单证或文件",根据预约保险单第17条"(被保险人)应在确定保险责任并在收齐单证后10个工作日内确定赔偿金额"的约定,嵊泗太保有及时赔付的义务。化纤公司在出险后及时通知嵊泗太保并申请理赔,距离保险人行使代位求偿权的诉讼时效届满尚余9个多月,且化纤公司从未作出放弃向承运人索赔的意思表示,故化纤公司未向承运人索赔的行为与嵊泗太保不能行使代位求偿权之间不具有因果关系,嵊泗太保无权扣减保险赔偿金。

综上,化纤公司与嵊泗太保之间依法成立货物运输保险合同法律关系。2007年8月13日,承运化纤公司货物的船只"银月68"轮沉没造成化纤公司货物损失,属于双方约定的《国内水路、陆路货物运输保险条款》综合险保险责任范围,嵊泗太保应当负赔偿责任。嵊泗太保关于根据预约保险单第9条仅对不超过200万元的货物的损失承担保险责任,以及由于化纤公司未及时向承运人索赔致其无法行使代位求偿权,故相应扣减保险赔偿金的上诉主张于法无据,浙江省高级人民法院均不予采信。嵊泗太保应当扣除1万元免赔额后,按其承保的比例对化纤公司的实际损失足额予以赔偿。原判认定事实清楚,适用法律正确。双方当事人在二审庭审中一致确认嵊泗太保已于2008年8月13日向化纤公司支付了保险赔偿金389 281.13元,故浙江省高级人民法院对原判认定的保险赔偿金数额予以相应扣减。依照《中华人民共和国民事诉讼法》第153条第1款第(1)项之规定,判决如下:

一、维持宁波海事法院(2008)甬海法舟商初字第103号民事判决第二项,即驳回浙江省舟山天力化纤有限公司其他诉讼请求;

二、变更宁波海事法院(2008)甬海法舟商初字第103号民事判决第一项为中国太平洋财产保险股份有限公司嵊泗支公司支付浙江省舟山天力化纤有限公司保险赔偿金1 303 205.47元及利息损失(自2007年11月22日起至判决生效之日止,按中国人民银行同期贷款利率计付)。

8.2 重复保险

3 原告中国太平洋财产保险股份有限公司苏州分公司与被告上海海联运输有限公司、被告上海权亚船务有限公司通海水域货物运输合同纠纷案
案例来源:上海海事法院(2011)沪海法商初字第1187号
主题词:重复保险　保险合同的解释　保险利益

> **裁判要旨**
>
> **No. HX-8.2-1**　是否构成重复保险,应以投保人及保险利益是否同一为标准。两份保险合同之间,投保人既非同一,保险利益亦不相同,并不构成重复保险。

一、基本案情

原告:中国太平洋财产保险股份有限公司苏州分公司(以下简称原告)
被告:上海海联运输有限公司(以下简称海联公司)
被告:上海权亚船务有限公司(以下简称权亚公司)

原告诉称,2010年1月1日,海联公司与案外人金华盛纸业(苏州工业园区)有限公司(以下简称金华盛公司)签订一份《进出口纸浆关务运输仓储委托协议书》(以下简称纸浆运输协议),约定由金华盛公司委托海联公司负责其进口货物的内河运输业务。接受委托后,海联公司委托权亚公司实际承运涉案货物,权亚公司签发了编号为0010341的水路货物运单。2010年10月31日,装载涉案货物的"皖淮河888"轮沉没,已装船的342件货物沉入水中产生损失,上海市宝山区地方海事处为此出具了《10·31皖淮河888轮事件情况说明》。事故发生后,原告作为涉案货物的保险人,向金华盛公司赔付人民币2 339 879.86元,并取得代位求偿权。原告认为,两被告系涉案运输的承运人与实际承运人,应对货损承担赔偿责任。为此,原告请求法院判令:(1)两被告连带赔偿货物损失人民币2 339 879.86元及相应利息损失(按中国人民银行同期活期存款利率自原告对外赔付之日起计算至判决生效之日止);(2)本案案件受理费由两被告承担。

海联公司辩称:(1)原告未证明其与金华盛之间已构成保险合同关系,亦未证明其已合法取得代位求偿权;(2)针对涉案货物,海联公司向华泰保险股份有限公司上海分公司(以下简称华泰保险)投保了货物运输险,本案存在重复保险,原告赔付金额不合理;(3)被保险人金华盛公司在与海联公司的纸浆运输协议中已放弃了主张赔偿权利,本案为代位求偿案件,原告作为保险人因此也无权向海联公司主张赔偿;(4)海联公司在涉案运输中仅系金华盛公司委托的货运代理人,不应对货损承担责任;(5)原告未能证明货物价值,且对受损货物的处理存在问题,其损失不合理。综上,请求法院依法驳回原告诉请。

被告权亚公司未出庭答辩,亦未提交书面答辩意见。

二、法院查明的事实

上海海事法院经审理查明确认事实如下:

2010年1月1日,案外人金华盛公司与海联公司订立《纸浆运输协议》,约定由海联公司为金华盛公司承运自上海码头或太仓码头、常熟港码头、张家港码头至金华盛公司保税仓库或金华盛公司自备码头的进口纸浆货物。《纸浆运输协议》中第4.11条约定:"乙方(海联公司)必须确保货物原收原交,甲方(金华盛公司)若发现货物损失,需在卸船交接时与船方相关人员做好书面签认工作,并及时向乙方书面提出。如因乙方原因造成的货损货差,乙方全额赔偿甲方相关货物损失。"第7.1条约定:"……如因乙方操作或管理原因所产生的一切货损货差和罚款损失,且涵盖于甲方保险范围内可行处理者,乙方仍须赔偿甲方因保险免赔额所产生的损失。"该份《协议》有效期自2010年1月1日起至2010年12月31日止。海联公司接受金华盛公司委托后,就涉案运输委托权亚公司实际承运。权亚公司签发的水路货物运单载明:托运人为海联公司,承运人为权亚公司,收货人为金华盛公司;起运港为上海市宝山区冷冻五厂码头,到达港为江苏省苏州胜浦;承运船舶为"皖淮河888轮";装载货物数量为340大件;装船日期为2010年10月31日。2010年10月31日,装载涉案货物的"皖淮河888"轮在上海市宝山区冷冻五厂码头装货过程中船体发生倾斜,最终倾覆沉没。货损发生之日,即2010年10月31日美元对人民币的汇率为1∶6.69。

关于货损原因,原告与海联公司均确认系因装货阶段承运涉案货物的船舶倾斜导致沉没。

2009年11月14日,原告与金华盛公司签订2009、2010年度货物运输及存货预约保险单。保险单载明的"适用于第一部分(货物运输险)及第二部分(仓储保险)的条款"第09项"放弃代位追偿权条款"约定:"任一在保单中列明作为被保险人的个人或团体将被认为是独立的投保人,等同于对每一个人或团体用其各自的名义出具一份单独保单,本公司同意放弃对此类个人或团体的代位求偿权,但此权利不对任何被保险人的欺诈、欺骗或犯罪行为生效。"2010年5月25日,原告向金华盛公司开具编号为ASUZ591241100000009V、金额总数为人民币20万元的保费发票,金华盛公司实际予以支付。涉案事故发生后,原告于2011年10月11日向金华盛公司实际赔付款项人民币2 339 879.86元,于2011年10月12日取得金华盛公司出具的、编号同保费发票号码的权益转让书。

被告权亚公司未到庭进行举证、质证,视为其放弃举证、质证的权利。

三、法院裁判

上海海事法院认为,除事实部分的争议焦点外,本案争议焦点如下:(1)当事人之间的法律关系如何?(2)原告是否有权向海联公司主张赔偿?(3)涉案货物是否存在重复保险及原告的实际赔付是否合理?

(一)当事人之间的法律关系如何?

本院认为,本案为通海水域货物运输合同纠纷案件。海联公司与金华盛公司签订了纸浆运输协议,明确约定由海联公司为金华盛公司承运进口纸浆货物,可以证明海联公司与金华盛公司的水路货物运输合同法律关系有效成立;且海联公司此后委托权亚公司承运涉案货物,并在权亚公司出具的水路货物运单上被记载为托运人,进一步佐证了海联公司系涉案运输承运人的地位,本院对海联公司关于其在涉案运输中仅为金华盛公司货运代理的抗辩主张不予采信。原告认为,权亚公司接受承运人海联公司的委托实际承运涉案货物,根据《国内水路货物运输规则》第3条第5款"实际承运人,是指接受承运人委托或者接受转委托从事水路货物运输的人"及第 46 条"承运人与实际承运人都负有赔偿责任的,应当在该项责任范围内承担连带责任"的规定,权亚公司系涉案运输的实际承运人,应对涉案货损承担连带赔偿责任。本院认为,权亚公司并非涉案船舶的所有人,原告亦未提供证据证明权亚公司对承载涉案货物的船舶具有实际的掌控权,故依据现有证据,难以认定权亚公司系涉案运输的实际承运人,原告要求权亚公司承担连带责任的依据不足,本院对此不予支持。原告系涉案货物的保险人,在向被保险人金华盛公司实际赔付货损后,已依法取得代位求偿权,有权向海联公司代位追偿因货损造成的损失。海联公司抗辩认为,涉案保险合同、检验报告、权益转让书上显示的保单号均不一致,原告未能证明与金华盛公司之间的保险合同有效成立、检验报告系针对涉案保险单出具及已取得合法的代位求偿权。本院认为,原告提供了与金华盛公司之间的保险合同,金华盛公司依据原告开具的发票实际支付了保险费,在涉案事故发生后,原告委托意简公估出具检验报告并实际予以理赔,且意简公估出具了说明证明该检验报告确系针对涉案保单项下的保险事故所作出,上述行为及情节均可以佐证原告与金华盛公司之间已成立有效的保险合同,本院对海联公司的上述抗辩不予采信。

(二) 原告是否有权向海联公司主张赔偿?

海联公司抗辩认为,根据其与金华盛公司的《纸浆运输协议》第 7.1 条"……如因乙方操作或管理原因所产生的一切货损货差和罚款损失,且涵盖于甲方保险范围内可行处理者,乙方仍须赔偿甲方因保险免赔额所产生的损失"的约定,该条款的含义是,在发生货损的情况下,如果货损已"涵盖于保险范围内可行处理者",则该部分损失金华盛公司无权再向海联公司主张赔偿。本案系代位求偿案件,在被保险人金华盛公司已放弃对海联公司的索赔权的情况下,原告作为保险人无权再向海联公司主张赔偿责任。本院认为,对于合同条款的真实含义,应采用文义解释、整体解释、目的解释等合同解释方法予以综合解读。针对第 7.1 条款,从文义上解释,"……乙方(海联公司)仍须赔偿甲方(金华盛公司)因保险免赔额所产生的损失"的表述方式,系对金华盛公司未获足额理赔的损失部分如何从海联公司处获得进一步补偿的约定,并未体现出对"已涵盖于保险范围内可行处理"的损失部分海联公司可予免责的含义;从合同整体及条款目的上进行解读,该《协议》第 4.11 条款约定:"……如因乙方(海联公司)原因造成的货损货差,乙方全额赔偿甲方(金华盛公司)相关货物损失。"将该条款与第 7.1 条款相结合,本院认为,第 4.11 条款系针对货损赔偿责任的承担所进行的专门约定,而第 7.1 条款系对第 4.11 条款的补充,其逻辑关系为:海联公司应全额赔偿金华盛公司的货损损失,即使部分损失为保险范围内可行处理的、且金华盛公司已从保险公司处获得部分赔偿的,海联公司仍应就未覆盖于保险范围内的差额损失予以进一步赔偿。上述条款的目的系为保障金华盛公司遭受的损失获得充分赔偿,而非免除海联公司的赔偿责任,难以得出金华盛公司已放弃针对海联公司的货损索赔权的结论,故本院对海联公司的上述抗辩不予采信,原告在已取得合法代位求偿权的情况下,有权向海联公司主张追偿。此外,海联公司还认为,原告与金华盛公司签订的保险合同中约定了"放弃代位求偿条款",故已无权向海联公司主张追偿。本院认为,该条款约定内容为"任一在保单中列明作为被保险人的个人或团体将被认为是独立的投保人,……本公司同意放弃对此类个人或团体的代位求偿权……"则该条款的指向对象及适用主体系"在保单中列明作为被保险人的个人或团体",海联公司并不属于上述主体范围,故不能单纯依据条款名称得出原告已放弃追偿权利的结论,本院对海联公司的该项抗辩不予采信。

(三) 关于涉案货物是否存在重复保险及原告的实际赔付是否合理

关于本案是否存在重复保险,被告海联公司认为,海联公司针对本案货物向华泰保险投保了货物运输险,故涉案货物存在重复保险。在此情形下,即使涉案货损确实存在,原告作为涉案保险人之一也仅应就涉案货损向被保险人承担50%的赔偿责任。本院认为,首先,依据现有证据,海联公司并未证明其就涉案货物向华泰保险进行了投保;其次,即使海联公司确已投保,在本案中,金华盛公司为其所有的货物向原告投保,而海联公司为其所承运的货物向华泰保险投保,两份保险合同之间投保人既非同一、保险利益亦不相同,并不构成重复保险,本院对海联公司关于涉案货物存在重复保险、原告仅应对涉案货损承担50%赔偿责任的抗辩主张不予采信。关于原告的赔付是否合理,本院认为,根据原告与海联公司均无异议且经本院确认的事实,涉案受损货物应为340件680吨,按照货损发生之日美元对人民币汇率1∶6.69计算,价值应为人民币3 411 900元,减掉降价出售获得的货款人民币1 460 000元,涉案货物损失价值为人民币1 951 900元。原告在向金华盛赔付并取得代位求偿权后,有权就该部分损失向承运人及实际承运人主张赔偿责任。本案系代位追偿案件,原告系在赔付后代位运输合同关系中的托运人金华盛公司行使追偿权,其能主张的赔偿责任范围不能超出被代位人金华盛公司的请求权范围,故本院对原告关于按照货物实际价值110%主张赔偿的请求不予支持。原告主张的利息损失系因被告迟延赔付产生的孳息损失,应予支持。原告主张自对外赔付之日,即2011年10月11日起按中国人民银行同期活期存款利率计算利息至判决生效之日止,较为合理且于法无悖,本院予以支持。

综上,依照《中华人民共和国合同法》第311条,《中华人民共和国保险法》第56条第4款、第60条第1款,《中华人民共和国民事诉讼法》第64条第1款、第130条的规定,判决如下:

一、被告上海海联运输有限公司应于本判决生效之日起10日内向原告中国太平洋财产保险股份有限公司苏州分公司赔偿货款损失人民币1 951 900元及利息损失按中国人民银行同期活期存款利率自2011年10月11日起计算至判决生效之日止。

二、对原告中国太平洋财产保险股份有限公司苏州分公司的其他诉讼请求不予支持。

8.3 在建船舶保险

4 原告中海工业(江苏)有限公司与被告中国太平洋财产保险股份有限公司扬州中心支公司、被告中国太平洋财产保险股份有限公司海上保险合同纠纷案

案例来源:上海海事法院(2011)沪海法商初字第1308号
主题词:在建船舶保险　试航　船舶登记

裁判要旨

No. HX-8.3-1　在建船舶未进行正式登记,也未取得主管部门颁发的正式证书,虽然其在试航阶段也具备了一定的水上航行能力,但仍处于对船体的测试检验阶段,最终能否通过测试进而取得正式的船舶资格并不确定,因而在建船舶不构成《中华人民共和国海商法》意义上的船舶,船舶定作人也就不能成为《中华人民共和国海商法》第十一章所规定的船舶所有人或船舶经营人。在承担责任时,船舶定作人无权享有海事赔偿责任限制。

一、基本案情

原告:中海工业(江苏)有限公司(以下简称原告)
被告:中国太平洋财产保险股份有限公司扬州中心支公司(以下简称太保扬州公司)
被告:中国太平洋财产保险股份有限公司(以下简称太保公司)

原告诉称,2008年11月14日,原告为其在建的一艘编号CIS57300-04散货船(以下简称"安民山"轮)向太保扬州公司投保船舶建造险,并缴纳保险费44.8万元。太保扬州公司同日签发了编号ANAJK0123108B000008N船舶建造险保单,保险金额为28 000万元,保险责任范围包括"安民山"轮在试航过程中发生碰撞、触碰事故对第三者财产损失、人员伤亡的赔偿责任。

2009年7月9日,"安民山"轮在从江苏扬州江都驶往浙江花鸟山海域的试航过程中,途经张家港福姜沙南水道时,因船舶失电、失控先触碰张家港东华能源股份有限公司(以下简称东华公司)码头,后又与"华航明瑞16号"轮发生碰撞。此次事故造成"安民山"轮损坏,"华航明瑞16号"轮沉没,东华公司码头局部倒塌,1名码头工人溺亡。张家港海事局于2009年10月25日出具事故调查结论书,认定"安民山"轮对此次事故承担全部责任。

事故发生后,原告对外支付了现场抢修航道疏通费4 137 288元,"安民山"轮解系缆费、交通费、停泊费682 812元,拖轮费78万元,"华航明瑞16号"沉船打捞费99万元,"安民山"轮船舶修理费10 642 031元,死亡人员赔偿金58万元,"华航明瑞16号"

轮损失赔偿金 591 万元，码头清障费 648 万元（其中残骸收益 200 万元可从中扣除），航标设置费 152 500 元，码头重置费 18 898 300 元，码头设施管路重置费 26 930 600 元，码头设计费 2 291 500 元，码头监理费 916 600 元；此外，经审计评估，东华公司码头误期运营损失为 299 098.90 元/天，误期时间两年，为此原告向东华公司支付误期运营损失赔偿费 218 342 197 元，并支付评估费 130 万元。上述各项费用合计 297 033 828 元。原告于事故发生当日即通知太保扬州公司，要求其查勘定损，此后亦多次与太保扬州公司就保险理赔事宜进行协商，但太保扬州公司迄今仅支付了 6 000 万元保险赔款。

原告认为，上述事故所造成的损失和责任属于保险人责任范围，太保扬州公司理应赔付，然而太保扬州公司始终未全面履行其保险合同义务，致原告利益受损。因太保扬州公司系太保公司的分支机构，故太保公司应对原告上述经济损失承担连带赔偿责任。请求判令：(1) 两被告连带向原告支付保险赔款人民币 237 033 828 元及利息损失（其中 90 373 828 元自 2011 年 6 月 29 日起算至判决生效之日止、141 969 500 元自 2011 年 11 月 14 日起算至判决生效之日止、4 690 500 元自 2012 年 1 月 9 日起算至判决生效之日止，均按照中国人民银行一年期贷款利率计算）；(2) 本案案件受理费由两被告共同承担。

太保扬州公司辩称：(1) 原告的部分损失不合理，"安民山"轮船舶修理费的合理金额应为 6 092 011 元；原告主张的 130 万元评估费包含了两家评估公司的费用，对其中的 60 万元不予认可。(2) 涉案保险金额为 28 000 万元，合同中还约定了免赔额 10 万元，即使保险人须承担责任也应以保险金额为限，并扣除免赔额。(3) 原告作为"安民山"轮的船舶所有人，依法应当享有海事赔偿责任限制，然而原告在与东华公司的协商中没有提出海事赔偿责任限制，对此太保扬州公司持有异议。(4) 太保扬州公司在本案中不存在拖延赔付的情形，不应承担利息损失；原告主张按照贷款利率计算利息损失缺乏依据，应按照一年期存款利率计算。

太保公司辩称，涉案保单系太保扬州公司签发，太保扬州公司虽为太保公司分支机构，但依法具有独立的诉讼地位，太保公司在本案中不应对原告承担赔偿责任。其他同意太保扬州公司的答辩意见。

二、法院查明的事实

上海海事法院经审理查明确认事实如下：

2008 年 11 月 14 日，原告为其一艘在建船体编号为 CIS57300-04 的散货船（该船后被命名为"安民山"轮）向太保扬州公司投保船舶建造险。同日，太保扬州公司签发了编号 ANAJK0123108B000008N 船舶建造险保险单，保单载明：原告系建造合同的承包人和被保险人，被保险船舶的合同号和船体号为 CIS57300-04，建造地点为原告船厂及其分包厂，试航区域为以上海为中心 500 海里半径以内长江和东海水域，保险期限自 2008 年 11 月 15 日零时起至 2009 年 9 月 30 日 24 时止，总保险价值和总保险金额均为 28 000 万元，保险费率 0.16%，保险费 44.8 万元，每次事故绝对免赔额 10 万元，保险条款为船舶建造保险条款。除保险单外,原告与太保扬州公司订立的保险合同还包括《船舶建造保险条款》和《船舶建造保险特别约定》。根据上述保险合同的约定,保险人的保险责任范围包括:保险船舶在船厂建造、试航和交船过程中因自然灾害或意外事故所造成的损失和费用;工人、技术人员、船长、船员及引水人员的疏忽过失和缺乏经验所造成的损失和费用;发生碰撞事故后,保险船舶对被碰撞船舶及其所载货物、浮动物件、船坞、码头或其他固定建筑物损失和延迟、丧失使用的损失以及施救费用、共同海损和救助费用依法应负的赔偿责任,但以保险船舶的保险金额为限;以及保险船舶遭受碰撞事故后引起的清除保险船舶残骸的费用、对第三者人身伤亡赔偿责任,但以保险船舶的保险金额为限,等等。此外,保险合同还约定:在出险后,如经勘查确定为保险责任事故造成的损失,保险人应在发生事故后4周内,先行将实际损失金额支付到原告的指定账户。2008年12月5日,原告向太保扬州支公司支付保险费448 000元。

2009年7月9日10:07时,"安民山"轮从原告江都船厂码头驶往浙江花鸟山海域试航。当日14:43时,"安民山"轮在途经长江福姜沙南水道,追越"华航明瑞16号"轮过程中,在长江#48黑浮附近水域,因船舶电机故障造成全船失电,导致主机、舵机失灵,船舶失控。14:46时,"安民山"轮触碰东华公司码头。14:48时,在"安民山"轮右后下行的"华航明瑞16号"轮因避让不及,与"安民山"轮船尾舵叶发生碰撞。事故造成"安民山"轮损坏,"华航明瑞16号"轮沉没,东华公司码头局部倒塌,1名码头工人落水死亡。

2009年10月25日,中华人民共和国张家港海事局出具事故调查结论书,认定本次事故是因"安民山"轮船舶失电,主机、舵机失灵,船舶失控所致,"安民山"轮应负本次事故的全部责任,"华航明瑞16号"轮和东华公司不承担责任。

为处理事故善后事宜,2009年7月14日至8月25日期间,原告向张家港保税区港通船舶服务有限公司支付了现场救助费4 137 288元、系泊费682 812元,向江阴澄港拖轮船务有限公司支付拖带费78万元,向"华航明瑞16号"轮船舶所有人王惠丽支付损失赔偿费591万元,向盐城稳强疏浚打捞有限公司支付沉船打捞费99万元(打捞费用总价为194.5万元,"华航明瑞16号"轮残骸折价95.5万元,用于抵扣打捞费用,原告实际支付99万元),向死亡人员孙龙华家属支付赔偿金58万元。上述费用合计13 080 100元。

2009年7月25日,原告与中海工业有限公司订立"安民山"轮修船合同,约定修理费用为10 642 031元,由中海工业(上海长兴)有限公司实际负责修理。

原告与东华公司于2009年7月9日、2009年12月10日、2010年6月20日、2011年6月13日,就被撞码头的清理、重建、误期营运损失的确定以及赔付方案等事宜,达成4份协议书,并分别委托上海宏大东亚会计师事务所和江苏富华会计师事务所对被撞码头误期营运损失进行评估,两家会计师事务所出具的评估报告均认定:东华公司与被撞码头相关的边际利润损失为299 098.90元/天。根据评估报告结论,原告和东华公司确认东华公司因码头被撞造成的营运损失期间为24个月,损失总计218 342 197

元。2011年6月10日,原告向其委托的上海宏大东亚会计师事务所支付评估费70万元。按照与东华公司之间的协议约定,原告于2009年8月10日向东华公司支付1 600万元,2009年8月19日支付648万元,2009年12月28日支付3 000万元,2010年7月16日支付3 000万元,2011年6月29日支付3 600万元,2011年11月14日支付141 969 500元,2012年1月9日支付4 690 500元,合计向东华公司支付26 514万元。

事故发生后,原告即通知了太保扬州公司。2009年7月12日,悦之公司受太保扬州公司委托指派公估师赴现场查勘定损。2011年12月5日,悦之公司出具编号CS-YZ-TB-09309公估报告,对船舶、码头损坏范围、程度以及事故所致各项损失进行了评估。该报告对原告支出的现场救助费、系泊费、拖带费、"华航明瑞16号"轮损失赔偿费、沉船打捞费、死亡人员赔偿金等费用合计13 080 100元均予认可;认为"安民山"轮船舶修理费的合理数额为6 092 011元;认为被撞码头的清理、重建费用包括码头残骸打捞与清理费448万元(原告向东华公司支付码头残骸打捞与清理费648万元,但处理码头残骸可得收益200万元,扣除该笔收益后的码头残骸打捞与清理费应为448万元)、码头重置费18 898 300元、码头设施管路重置费26 930 600元、码头设计费2 291 500元、码头监理费916 600元、航标设置费152 500元;认为东华公司的码头误期营运损失218 342 197元为合理数额。原告对悦之公司评估报告的结论表示认可,并确认实际支付码头重置费17 858 500元、码头设施管路重置费20 498 900元。

太保扬州公司于2009年8月19日和2010年1月20日分两次向原告合计赔付了6 000万元。太保扬州公司系太保公司设立并持有营业执照的分支机构。

另查明,"安民山"轮在试航前向中华人民共和国扬州海事局办理了《中华人民共和国船舶国籍证书》和《船舶最低安全配员证书(沿海船舶)》,并取得了中国船级社颁发的《船舶试航证书》。根据上述证书记载,原告在试航期间为"安民山"轮的船舶经营人,船舶总吨为33 511吨。

在本案审理过程中,原告和两被告确认:原告支付给上海宏大东亚会计师事务所的评估费非为确定保险事故的性质、程度而支出的检验、估价费用,而是因本次事故所产生的损失;根据原告和太保扬州公司的约定,保险合同中的绝对免赔额10万元无论损失总额是否超出保险金额都应在保险金额28 000万元内扣除。同时原告对其利息损失请求进行说明:其将两被告应付款项的利息损失分为3个时间段(见原告诉请),其中141 969 500元和4 690 500元系原告最后对外支付的两笔款项,起算点为原告实际支付日;90 373 828元系将两被告应付款项减去前述两笔款项后的剩余数额,为方便计算,从原告对外支付的倒数第三笔款项之日即2011年6月29日起算利息损失。

三、法院裁判

上海海事法院认为,原告和两被告对于原告和太保扬州公司之间成立有效的在建船舶保险合同、太保扬州公司为保险人、涉案事故属于保险合同所约定的保险事故以及涉案事故所造成的损失、责任和费用在保险人的责任范围之内等均无异议,本案的主要争议焦点有三：(1) 原告就涉案事故能否享受海事赔偿责任限制？(2) 保险赔偿数额及利息损失的确定；(3) 两被告民事责任的承担方式。

关于原告就涉案事故能否享受海事赔偿责任限制。依据《中华人民共和国海商法》(以下简称《海商法》)第十一章有关海事赔偿责任限制的规定，享受海事赔偿责任限制的前提必须符合主客体两方面的条件：(1) 有权享受海事赔偿责任限制的主体是船舶的所有人、经营人或承租人，且该船舶须是《海商法》第3条所规定的船舶，即指海船和其他海上移动式装置，不包括内河船舶，用于军事的、政府公务的船舶以及20总吨以下的小型船艇。(2) 事故所造成的损失赔偿请求属于限制性海事赔偿请求。

上海海事法院认为：(1) "安民山"轮不构成《海商法》意义上的船舶。《海商法》第3条所定义的船舶应指完整意义上的船舶，包括进行了船舶登记、通过各项技术检测、取得正式船舶证书和船名等，而在建船舶未进行正式登记，也未取得主管部门颁发的正式证书，虽然其在试航阶段也具备了一定的水上航行能力，但仍处于对船体的测试检验阶段，其最终能否通过测试进而取得正式的船舶资格并不确定，因而在建船舶不构成《海商法》意义上的船舶，原告也就不能成为《海商法》第十一章所规定的船舶所有人或船舶经营人。(2) 即使在建船舶可以被认定为《海商法》第3条所规定的船舶，此类船舶在试航过程中造成的损失赔偿请求依现行法律规定亦难以归入限制性海事赔偿请求范围。《海商法》第207条列明了4项限制性海事赔偿请求：① 在船上发生的或者与船舶营运、救助作业直接相关的人身伤亡或者财产的灭失、损坏，包括对港口工程、港池、航道和助航设施造成的损坏，以及由此引起的相应损失的赔偿请求；② 海上货物运输因迟延交付或者旅客及其行李运输因延迟到达造成损失的赔偿请求；③ 与船舶营运或者救助作业直接相关的，侵犯非合同权利的行为造成其他损失的赔偿请求；④ 责任人以外的其他人，为避免或者减少责任人依照本章规定可以限制赔偿责任的损失而采取措施的赔偿请求，以及因此项措施造成进一步损失的赔偿请求。上述第二项和第四项情形与本案无关，第一项和第三项则特别强调了事故所造成的损失须与"船舶营运"直接相关，如此规定与海事赔偿责任限制制度的立法精神——保障航运业、降低航运经营者风险相一致。而"安民山"轮在事故发生时系一艘在建船舶，尚未取得正式的船舶证书，不具备船舶营运资质，其试航作业不是与"船舶营运"直接相关的活动，而是与"船舶建造"相关的活动，因此涉案事故所造成的损失不属于《海商法》第207条所规定的情形。既然"安民山"轮在试航作业过程中造成人身伤亡和财产损失赔偿请求不属于《海商法》第207条所规定的限制性海事赔偿请求，原告也就不能依据《海商法》第十一章的规定限制其赔偿责任。综上所述，原告在事故发生后向相关损失方和受害人全额支付赔款，符合法律规定，并无不当。两被告主张原告在对外赔付过程中未行使海事赔偿责任限制权利进而损害保险人利益的抗辩依据不足，上海海事法院不予采纳。

关于保险赔偿数额及利息损失的确定。本案原告的损失按支付对象大致可以分为四类：(1) 原告为现场救助、打捞、被撞船舶损失、死亡人员赔偿等所支出的费用和赔偿金，合计13 080 100元，对该部分费用原、被告均无异议。(2) 原告为修理"安民山"轮支出的船舶修理费,原告主张10 642 031元,而两被告仅认可6 092 011元,此后原告在庭审中表示愿意接受两被告主张的数额,上海海事法院认为,原告认可两被告的抗辩数额系依法处分自身权利,符合法律规定,故上海海事法院采纳两被告的抗辩意见,确认"安民山"轮的修理费为6 092 011元。(3)被撞码头清理、重建及误期营运损失,对于此项损失,太保扬州公司所委托的公估公司在其报告中作出了详细的评估,原告和两被告对于评估结论所确定的损失数额均无异议,上海海事法院予以采纳,但因原告在庭审中自认实际支付的码头重置费和码头设施管路重置费低于公估报告中确定的数额,故该两项费用应以原告实际支付数额为准,据此该部分费用合计为264 540 197元。(4)原告为计算码头误期运营损失而支出的评估费,原告主张的130万元包含了原告和东华公司分别聘请的两家会计师事务所的费用,但原告未能提供其向江苏富华会计师事务所支出60万元的有效证据,故上海海事法院仅支持有证据证明的评估费70万元,对其余费用不予支持。上述四类损失合计284 412 308元,已超出了保险合同约定的总保险金额28 000万元,因此太保扬州公司应以总保险金额为限向原告赔付28 000万元,扣除保险合同约定的绝对免赔额10万元,以及太保扬州公司已经先行赔付的6 000万元,太保扬州公司还应向原告赔付的数额为21 990万元。关于原告主张的利息损失,根据保险合同约定,太保扬州公司应在事故发生后4周内向原告先行支付赔款,但迄今太保扬州公司仅向原告支付了6 000万元,而原告实际对外赔付额达284 412 308元,因此在本案中太保扬州公司并未尽到及时赔付的保险义务,客观上占用了原告的资金,造成了原告的损失,原告据此主张利息损失依法有据,可予支持。根据原告的诉请主张及其对外支付情况,本案保险赔款21 990万元的利息损失可分如下三段计算:7 324万元自2011年6月29日起算至判决生效之日止;141 969 500元自2011年11月14日起算至判决生效之日止;4 690 500元自2012年1月9日起算至判决生效之日止。关于利息损失标准,上海海事法院认为根据原、被告诉辩情况,本案利息损失可酌情按中国人民银行同期1年期存款利率计算。

关于两被告民事责任的承担方式。原告主张要求两被告承担连带责任。上海海事法院认为,原告和两被告均认可与原告订立保险合同的相对人为太保扬州公司,该公司虽不具有法人资格,但系依法设立并领取营业执照的金融分支机构,具有独立的诉讼主体资格和对外债务履行能力,其应作为涉案保险合同的保险人对原告承担民事赔偿责任。太保公司并非涉案保险合同的保险人,不应直接承担保险合同下的赔付责任,但其作为太保扬州公司的总公司,应在太保扬州公司偿付能力不足的情况下,对不足部分承担补充赔偿责任。

综上所述,依照《中华人民共和国合同法》第107条、第112条,《中华人民共和国海商法》第237条、第238条,《中华人民共和国民事诉讼法》第64条第1款的规定,判决如下:

一、被告中国太平洋财产保险股份有限公司扬州中心支公司应在判决生效之日起10日内向原告中海工业(江苏)有限公司赔偿支付保险赔款人民币21 990万元及该款项利息损失(7 324万元,自2011年6月29日起算至判决生效之日止,141 969 500元自

2011年11月14日起算至判决生效之日止,4 690 500元自2012年1月9日起算至判决生效之日止,均按中国人民银行一年期存款利率计算);

二、被告中国太平洋财产保险股份有限公司对第一项承担补充赔偿责任;

三、对原告中海工业(江苏)有限公司的其他诉讼请求不予支持。

8.4 第三人直接请求权

5 上诉人江生与被上诉人中国人民财产保险股份有限公司福州市台江支公司海上保险合同纠纷案

案例来源:福建省高级人民法院(2011)闽民终字第719号

主题词:责任保险　保险第三人请求权　船舶适航

裁判要旨

No. HX-8.4-1 责任保险的被保险人给第三人造成损害,被保险人对第三人应负的赔偿责任确定的,根据被保险人的请求,保险人应当直接向该第三人赔偿保险金。被保险人怠于请求的,第三人有权就其应获赔偿部分直接向保险人请求保险赔偿金。第三人据此直接向责任保险的保险人请求,属于适格原告。

一、基本案情

上诉人(原审原告):江生

被上诉人(原审被告):中国人民财产保险股份有限公司福州市台江支公司(以下简称人保台江公司)

厦门海事法院一审查明:

陈存平为"闽福州采1096"轮船舶登记所有人,江生为"闽福州货1553"轮船舶登记所有人。2005年12月29日,陈存平以投保人身份为"闽福州采1096"轮投保"一切险",确认并同意以本投保单作为订立保险合同的依据,保险合同所附保险条款(包括除外责任和被保险人义务部分)的内容业经保险人详细说明,投保人已经了解,同意从保险单正式签发之日起保险合同成立。陈存平在该投保单上签字确认。2006年1月2日,人保台江公司签发了号码为PCBA2006350103000000011的《沿海内河船舶保险单》,抬头即载明"鉴于投保人已向保险人投保沿海内河船舶保险,并按本保险合同约定支付保险费,保险人同意按沿海内河船舶保险所使用的保险条款承担保险责任,特立本保险单为凭。"并明确被保险人为陈存平,被保险船舶为"闽福州采1096"轮,保险价值750 000元,保险金额450 000元,保险期间为11个月,自2006年1月3日零时起至2006年12月2日24时止,并特别约定了其他相关事项。依据《沿海内河船舶保险条款》第1条"全损险"所列举的六项原因为:(1)8级以上(含8级)大风、洪水、地震、海啸、雷击、崖崩、滑坡、泥石流、冰凌；（2）火灾、爆炸；（3）碰撞、触碰；（4）搁浅、触礁；（5）由于上述1至4款灾害或事故引起的倾覆、沉没；（6）船舶失踪。第2条"一切险"规定："本保险承保第一条列举的六项原因所造成保险船舶的全损或部分损失以及所引起的下列责任和费用：一、碰撞、触碰责任……二、共同海损、救助及施救……"第3条"除外责任"规定："保险船舶由于下列情况所造成的损失、责任及费用，本保险不负责赔偿：一、船舶不适航……""被保险人义务"中第19条规定，被保险人及其代表应当严格遵守港航监督部门制定的各项安全航行规则和制度，按期做好保险船舶的管理、检验和修理，确保船舶的适航性。第20条则明确规定，被保险人不履行第16条至第19条规定的义务，保险人有权终止合同或拒绝赔偿。

根据福州市地方海事局关于"11·6"事故的调查结论，2006年11月5日约21:00时，"闽福州货1553"轮空载航行至闽江南港六十份洲附近水域，系靠"闽福州采1096"轮左舷装沙。6日约0100时，在接近装满时，"闽福州货1553"轮驶向本船左舷一侧倾斜，瞬间用于绑固该轮的"闽福州采1096"轮系缆桩被拉断，导致"闽福州货1553"轮瞬间倾覆，船上3名船员遇难。具体原因是：(1)"闽福州货1553"轮船舶积载不当，重心失去平衡是造成本起事故发生的主要原因。(2)事发水域靠近六十份洲边滩，河沙泥床中黏土颗粒较多，由"闽福州采1096"采挖船所采挖的装载在"闽福州货1553"船中的河沙中泥水含量浓度高，易流动，稳定性差，该船受舱内流沙影响导致船舶倾斜，加快了其倾覆的速度，是本起事故发生的原因之一。(3)事发水域河床高低不平，存在水下沙埂，"闽福州货1553"船左舷一侧局部搁浅，"闽福州采1096"采挖船与其相对距离发生的变化，导致"闽福州货1553"轮失去相对支撑点，重心发生偏移，是本起事故发生的原因之一。福州市地方海事局认为"闽福州采1096"轮所采挖的河沙中泥水量浓度高，以及"闽福州货1553"轮在装货过程中，未对货物和船舶稳性进行谨慎观察，是造成该轮船舶积载不当的共同原因；而"闽福州采1096"轮未经水利等有关部门许可，擅自采砂，选择的采砂作业地点水下地形复杂，未尽到提供安全的装载作业环境义务，以及"闽福州货1553"轮对装载作业环境的危险性认识不足，造成该轮在作业过程中局部搁浅的共同原因。据此，认定两船负对等责任。

2007年4月18日，江生以陈存平、闽侯县侯官运输站为共同被告，提起船舶作业损害赔偿纠纷诉讼，原审法院以（2007）厦海法事初字第45号立案审理。2008年1月28日，原审法院作出两被告败诉的一审判决。陈存平不服一审判决，提起上诉，福建省高级人民法院以（2008）闽民终字第260号立案审理。2008年7月28日，经二审法院主持调解，江生与陈存平达成调解协议，其中第4项内容为："本案事故所发生的保险所有赔偿均归江生所有，与陈存平无关，若保险理赔款汇入陈存平账户或经由陈存平领取，陈存平保证予以配合把款项交给江生，陈存平负责提供有关材料（船舶检验证书、国籍证书、船舶所有权证书、船舶所有人身份证、保险单等复印件）。"2010年5月26日，江生通过其委托代理人向人保台江公司发送律师函，要求其履行保险理赔义务。经函告无果后，江生于2010年7月20日提起本案诉讼。

二、一审裁判

厦门海事法院一审认为,本案案由原为"海上保险合同纠纷",经审理查明,实系基于船舶保险合同而产生的保险请求权转让纠纷,故本案案由应改为"船舶保险合同请求权转让纠纷"。厦门海事法院归纳本案争议焦点并作如下分析认定:

1. 关于原告主体是否适格问题。一审认为,江生并非涉案"闽福州采1096"轮船舶保险合同当事人,其系因所属船舶"闽福州货1553"轮因被保险船舶责任,导致其遭受损失并对外承担了损害赔偿责任。据此其可以"船舶作业损害赔偿"为由,向相关责任主体提起诉讼,行使权利;也可以法律规定或合同约定为限,以"责任保险"存在为由,起诉责任保险人。而依据《中华人民共和国海商法》第216条规定,海上保险合同,是指保险人按照约定,对被保险人遭受保险事故造成保险标的的损失和产生的责任负责赔偿,而由被保险人支付保险费的合同。因此作为其中之一的船舶保险合同当事人,具有相对性。而江生既非投保人,也非被保险人或约定受益人,故其对"闽福州采1096"轮船舶保险标的无保险利益;且船舶作业损害既属侵权关系,而与船舶保险合同关系不同,故江生若基于此损害赔偿关系而起诉船舶保险人,则仅有事实上的牵连而无法律上的利害关系,当非船舶保险合同项下直接利害关系人,则非属适格原告。

但是,江生与陈存平基于诉讼和解目的,在(2008)闽民终字第260号案中达成调解协议,并明确约定了涉案事故所发生的保险所有赔偿均归其所有,实质为船舶保险合同下保险金请求权转让,而非保险合同或保险标的之转让。该约定符合《中华人民共和国合同法》第79条的规定,属于合同权利转让,并经福建省高级人民法院确认。据此江生提起诉讼,于法有据,属适格原告。且依据《中华人民共和国保险法》第65条第2款的规定,责任保险的被保险人给第三者造成损害,被保险人对第三者应负的赔偿责任确定的,根据被保险人的请求,保险人应当直接向该第三者赔偿保险金。被保险人怠于请求的,第三者有权就其应获赔偿部分直接向保险人请求保险赔偿保险金。因本案所涉船舶保险合同条款第2条第(1)、(2)项(碰撞、触碰责任,共同海损、救助及施救)规定的责任和费用中即含有责任保险内容,若被保险人对其赔偿责任确定且业已向保险人请求,则江生也可据此提起诉讼,属于适格原告。

2. 关于本案事故是否属于保险事故。一审认为,鉴于江生起诉已过诉讼时效,本焦点可不予置评。但仅就本项争执而言,因保险单及其保险条款第1条"全损险"已载明:出于下列原因造成保险船舶的全损,本保险负责赔偿。(1)8级以上(含8级)大风、洪水、地震、海啸、雷击、崖崩、滑坡、泥石流、冰凌;(2)火灾、爆炸;(3)碰撞、触碰;(4)搁浅、触礁;(5)由于上述1至4款灾害或事故引起的倾覆、沉没;(6)船舶失踪。第2条"一切险"规定,本保险承保第1条列举的6项原因所造成保险船舶的全损或部分损失以及所引起的下列责任和费用:(1)碰撞、触碰责任;……(2)共同海损、救助及施救……而本案江生所属船舶"闽福州货1553"轮本身并非承保标的与对象,且依据福州市地方海事局的事故责任认定结论,事故原因是其自身积载不当、对装载作业环境的危险性认识不足,造成该轮在作业过程中局部搁浅以及承保标的物"闽福州采1096"轮所采挖的河沙中泥水量浓度高,在装货过程中,未对货物和船舶稳性进行谨慎观察,且未经水利等有关部门许可,擅自采沙,选择的采沙作业地点水下地形复杂,未尽到提供安全的装载作业环境义务等共同过失。可见,上述船舶倾覆并非本案人保台江公司承保的保险事故责任范围,进而由此产生的船舶探摸、施救以及修理费用,也非保险人理赔范围,故对江生的诉请应予以驳回。

3. 关于本案船舶是否不适航,构成除外责任。根据《保险条款》第3条"除外责任"规定,保险船舶由于下列情况所造成的损失、责任及费用,本保险不负责赔偿:(1)船舶不适航……"被保险人义务"中第19条规定,被保险人及其代表应当严格遵守港航监督部门制定的各项安全航行规则和制度,按期做好保险船舶的管理、检验和修理,确保船舶的适航性。第20条则明确规定,被保险人不履行第16条至第19条规定的义务,保险人有权终止合同或拒绝赔偿。因"闽福州货1553"轮非属承保标的与对象,故即便该轮本身因积载不当构成不适航,也与船舶保险合同无关。江生主张本案系因船舶碰撞导致船舶倾覆,其既未对此举证证明,也与本案事实不符,故依据最高人民法院《关于民事诉讼证据的若干规定》第2条第2款规定,应承担不利后果。人保台江公司虽辩称"闽福州采1096"轮不适航,但其也未对此加以举证,且本案现无任何证据表明该轮不适航导致保险责任事故的发生,也属于举证不足。因上述保险条款"除外责任"中仅规定了船舶不适航,对此人保台江公司主张作为免责事由,尚需充分举证证明"闽福州采1096"轮不适航以及由此导致保险事故的发生。仅就"闽福州采1096"轮未经相关主管部门许可违法采挖河沙而言,系属船舶所有人或经营管理人采挖河沙行为违法,并非船舶本身违反港航监督部门制定的各项安全航行规则和制度,未按期做好保险船舶的管理、检验和修理,进而未能确保船舶的适航性,因此人保台江公司辩驳船舶不适航的主张无理,不应采信。

4. 关于江生的诉求是否超过诉讼时效?一审认为,本案事故发生在2006年11月6日,而江生迟至2010年5月26日,才通过律师致函主张权利,并于2010年7月20日正式提起诉讼。对此双方并无异议,应予以确认。而依据《中华人民共和国海商法》第264条规定,根据海上保险合同向保险人要求保险赔偿的请求权,时效期间为两年,自保险事故发生之日起计算。且依据《中华人民共和国海商法》第267条的规定,时效因请求人提起诉讼、提交仲裁或者被请求人同意履行义务而中断。但是,请求人撤回起诉、撤回仲裁或者起诉被裁定驳回的,时效不中断。江生诉称其"在2007年4月18日,已经在一审法院起诉了被保险人,构成时效中断",因就船舶保险合同关系而言,履行支付保险赔偿金义务主体是保险人,而非被保险人。即使此时构成时效中断,其迟延至2010年7月20日才正式提起诉讼,也已过诉讼时效。故江生该主张无理,于法无据,不予支持。依据最高人民法院《关于适用〈中华人民共和国民事诉讼法〉若干问题的意见》第153条规定:"当事人超过诉讼时效期间起诉的,人民法院应予受理。受理后查明无中止、中断、延长事由的,判决驳回其诉讼请求。"故对江生的诉讼请求应予判决驳回。

三、上诉与答辩

一审判决后,原审原告江生不服,向福建省高级人民法院提起上诉称:(1)一审法院依据《中华人民共和国海商法》第 264 条认定本案起诉已经超过诉讼时效期间,显属适用法律不当。本案事故发生后,上诉人与陈存平于 2008 年 7 月 28 日在福建省高级人民法院的主持下达成协议,上诉人自此才受让保险理赔的权利。因"闽福州采 1096"轮保险合同条款含有责任保险内容,根据《中华人民共和国保险法》第 26 条、第 65 条,《中华人民共和国海商法》第 264 条、第 260 条和 1999 年中国保险监督管理委员会颁布的《关于索赔期限有关问题的批复》的规定,本案诉讼时效应从 2008 年 7 月 28 日起算,而上诉人于 2010 年 7 月 20 日起诉并未超过两年的诉讼时效期间。(2)原审认定本案不属于保险事故显属定性错误。案涉事故是由于 2 艘船舶捆绑作业而导致,根据最高人民法院《关于审理船舶碰撞和触碰案件财产损害赔偿的规定》第 16 条和《中华人民共和国海商法》第 170 条的规定,本案事故为船舶碰撞事故,属于保险合同约定的保险事故范围。一审法院认为,案涉船舶倾覆不是被上诉人承保的责任范围,属于认定事实错误。为此,请求二审撤销原判并判令被上诉人赔付保险理赔款 146 677.4 元,并承担一、二审诉讼费用。

被上诉人答辩称:(1)上诉人非案涉保险合同当事人,且未受让取得主张理赔的权利,无权提出索赔。(2)案涉事故超过被保险人向保险人请求赔偿的诉讼时效,上诉人诉讼请求应予驳回。(3)案涉事故不在保险责任范围内,保险人无需承担保险赔偿责任。(4)"闽福州采 1096"轮不适航,保险人不负保险赔偿责任。

二审过程中,上诉人和被上诉人对原审认定的本案基本事实没有异议,福建省高级人民法院依法予以确认。

四、二审裁判

关于上诉人提出诉讼请求时是否已超过诉讼时效期间?福建省高级人民法院认为,本案事故发生在 2006 年 11 月 6 日,而上诉人至 2010 年 5 月 26 日,才通过律师致函主张权利,并于 2010 年 7 月 20 日正式提起诉讼。依据《中华人民共和国海商法》第 264 条的规定,根据海上保险合同向保险人要求保险赔偿的请求权,时效期间为两年,自保险事故发生之日起计算。上诉人主张其与陈存平至 2008 年 7 月 28 日才在福建省高级人民法院的主持下达成协议,自此才受让保险理赔的权利,本案诉讼时效应从 2008 年 7 月 28 日起算,显然缺乏法律依据。即使如上诉人所称的本案属于责任保险理赔,应当适用 1999 年中国保险监督管理委员会颁布的《关于索赔期限有关问题的批复》的有关规定,但依据该规定,诉讼时效期间也应自上诉人请求陈存平承担法律责任之日起算。而且,本案的情况也不构成时效中断。因此,上诉人的该项上诉主张于法无据,福建省高级人民法院不予采纳。

关于本案事故是否属于保险责任事故。福建省高级人民法院认为，虽然案涉保险合同将船舶碰撞和触碰所引起的责任和费用列为保险责任范围，但根据福州市地方海事局对事故责任的调查结论，"闽福州货1553"轮倾覆的原因是其自身积载不当、对装载作业环境的危险性认识不足，造成该轮在作业过程中局部搁浅以及"闽福州采1096"轮所采挖的河沙中泥水量浓度高，在装货过程中，未对货物和船舶稳性进行谨慎观察，以及未经水利等有关部门许可擅自采沙，选择的采沙作业地点水下地形复杂，未尽到提供安全的装载作业环境义务等。因此，案涉船舶倾覆事故不属于本案被上诉人承保的保险责任范围，上诉人主张案涉事故属于船舶碰撞并据此要求被上诉人承担赔偿责任，无事实和法律依据，不能成立。

综上，原审认定事实清楚，适用法律正确。依照《中华人民共和国民事诉讼法》第153条第1款第（1）项之规定，判决如下：

驳回上诉，维持原判。

8.5 共同保险

6 上诉人中华联合财产保险股份有限公司上海分公司与被上诉人中国太平洋财产保险股份有限公司上海分公司海上货物运输保险共保纠纷案

案例来源：浙江省高级人民法院（2008）浙民三终字第187号

主题词：共同保险 《关于大型商业保险和统括保单业务有关问题的通知》 保险范围

裁判要旨

No. HX-8.5-1 对于共保的概念，我国法律并无明文规定，但是中国保险监督管理委员会《关于大型商业保险和统括保单业务有关问题的通知》可作参考。

No. HX-8.5-2 关于共保协议的内容，法无明文规定。法院根据双方的约定，判令在主承保人向被保险人支付全部保险赔偿之后，次承保人应当按照协议约定承担相应的保险赔偿金、共保理赔费用及相应的利息。

一、基本案情

上诉人（原审被告）：中华联合财产保险股份有限公司上海分公司（以下简称联合保险上海分公司）

被上诉人（原审原告）：中国太平洋财产保险股份有限公司上海分公司（以下简称太保上海分公司）

宁波海事法院审理查明：2004年3月1日，中国太平洋财产保险股份有限公司上海分公司（以下简称太保上海分公司）与上海港机重工有限公司（以下简称港机公司）签订综合保险协议，约定太保上海分公司对港机公司所需保险业务进行承保，保险险种为安装工程一切险、货物运输一切险以及雇主责任险。同年12月8日,太保上海分公司与中华联合财产保险股份有限公司上海分公司(原中华联合财产保险公司上海分公司,以下简称联合保险上海分公司)签订共保协议,约定双方为港机公司的共同保险人,太保上海分公司为共保项目的出单人;共保内容为港机公司自2005年1月1日至同年12月31日止的拖航运输保险业务,不分货物品种、装船方式、起讫地区、船龄船况,统一承保海运一切险,统一费率为0.11‰,裸装货物剔除锈损险;共保比例为太保上海分公司承保上述险种保险金额/赔偿限额的55%,联合保险上海分公司承保45%;共保方式为:(1)共同保险人代表:太保上海分公司负责具体处理共同保险人与投保人之间根据协议及其项下保险条款规定的有关业务事项,并将处理情况及时通报联合保险上海分公司,重大事项应经协议双方共同商议并达成一致意见。(2)保险方案的议定:在共保项目保险方案正式确定并提交投保人之前,协议双方应就该方案的内容,包括保险条款、承保条件、费率及附加条款等进行充分的商议,达成一致并书面确定后由太保上海分公司正式提交投保人。(3)承保出单:太保上海分公司代表协议双方出具共保保险单及保险费发票,保险单中保险人签章可委托太保上海分公司或由协议双方共同签章,太保上海分公司出单后5个工作日内将保险单副本送交联合保险上海分公司;太保上海分公司在收到投保人支付的保险费后,15个工作日内按共保比例将相应的保险费划入联合保险上海分公司账户,同时将税务机关的代扣代交证明提供给联合保险上海分公司,联合保险上海分公司收到后向太保上海分公司出具收据。共保协议还对共保赔偿处理等事项作了约定。

2005年4月30日,港机公司依据综合保险协议向太保上海分公司传真投保单投保货物运输险,保险货物为4台套整机(裸装)1 250t/h卸船机及备件、随机工具、起重滑移专用工具等,保险金额为147 806 560元;运输工具为"幸运海(甲板驳)"+"宁港拖2002""沪救17";承保险别为货运一切险等。太保上海分公司签发了编号为ASHH10104305B000317D、落款日期为2005年5月7日的货物运输保险单。同年5月16日,太保上海分公司又与中国人民财产保险股份有限公司宜昌市分公司(以下简称人保宜昌分公司)、大众保险股份有限公司上海分公司(以下简称大众保险上海分公司)针对上述保险单签订了共保协议,约定共保比例为太保上海分公司50%、人保宜昌分公司35%、大众保险上海分公司15%。同年5月9日,"幸运海"轮在拖轮拖带下装载涉案4台卸船机从张家港码头驶往宁海电厂码头,并于5月12日靠妥电厂卸煤码头。同月17日17时10分左右,因遭受强对流天气袭击,随即首缆开始绷断,船舶沿码头平行向落水下风方向漂移,短时间内又造成其他几根缆绳的断裂,船舶采取抛锚自救措施无果,船上所装3号卸船机超过船左舷的后大梁与已卸在码头上作临时防风固定的、伸出码头的4号卸船机前大梁发生碰撞,并推动4号卸船机继续向东移动,最终导致4号卸船机从码头上坠落入海的重大货损事故。同年5月18日,太保上海分公司发传真给联合保险上海分公司通报涉案保险事故出险,要求共同协商处理有关理赔事宜。次日,联合保险上海分公司委派其职员陈昇等人赴现场查勘事故原因和损失情况。同月26日,陈昇与太保上海分公司就理赔事宜进行了会谈,对涉案公估、施救费用、理赔日常事务性工作达成共识,并签署会议纪要。6月1日,联合保险上海分公司致函太保上海分公司,对涉案的公估、进一步调查及暂不支持被保险人的要求等表达了自己的观点。6月8日,陈异与太保上海分公司就涉案理赔事宜签署了会谈备忘录。

出险后,联合保险上海分公司下属的共保业务经办单位浦东支公司对包括涉案共保项目在内的4笔共保业务清单,加盖"中华联合财产保险公司上海分公司业务专用章(20)"予以确认,清单所列共保保险费计159 819.38元(其中涉案共保费99 769.43元)。太保上海分公司于6月1日收到港机公司支付的涉案保险费221 709.84元后,于7月6日按共保比例向联合保险上海分公司划付共保保费162 700.28元(其中涉案共保保险费99 769.43元,与其前述确认的清单增加一笔2 880.90元),又于7月5日和8日分别向人保宜昌分公司和大众保险上海分公司划付共保保费77 598.44元和33 256.48元。7月11日,联合保险上海分公司以与内部资料不符为由退还全额共保保费162 700.28元。

一审还查明:太保上海分公司和联合保险上海分公司双方自2004年11月至2005年2月期间有8笔共保项目,双方在共保比例不变、约定费率略微上调的情况下,并未对共保项目的保险方案再进行协商。2005年4月10日和6月16日的两笔共保项目,因涉及的共保比例超出了共保协议规定,双方才另行签订书面共保协议加以确认,并允许第三方参与共保。

中华联合财产保险公司上海分公司企业名称经工商登记机关核准,于2006年12月30日变更为中华联合财产保险股份有限公司上海分公司。

另查明:港机公司与太保上海分公司保险合同纠纷一案,宁波海事法院作出(2005)甬海法商初字第596号民事判决,判令太保上海分公司赔付港机公司实际损失52 610 400元及利息,并负担案件受理费319 264元。太保上海分公司提起上诉后,浙江省高级人民法院作出(2007)浙民三终字第67号民事判决,驳回上诉,维持原判。太保上海分公司遂按判决于2007年6月22日和7月12日分别支付了保险赔款52 610 400元和利息5 230 262.92元。太保上海分公司赔付后,人保宜昌分公司、大众保险上海分公司依据湖北省高级人民法院(2006)鄂民四终字第28号民事调解书,分别向太保上海分公司赔付了670万元和340万元。

二、一审裁判

宁波海事法院审理认为,本案系海上货物运输保险共保纠纷,太保上海分公司与联合保险上海分公司于2004年12月8日签订的《共保协议》,就港机公司的拖航运输保险业务的共同保险人、共保期限、险种、保险费率、共保比例、共保方式、承保出单、共保保险费划付及共保赔偿处理等事项作了约定,对《共保协议》的合同效力并无争议,且双方意思表示真实,内容合法,应确认有效。本案双方争议焦点为:(1)太保上海分公司和联合保险上海分公司双方签订的《共保协议》,是否系框架协议以及本案保险单的效力?(2)太保上海分公司与其他两家保险公司签订的关于涉案保险单的共保协议,是否已经对其保险赔偿责任分摊完毕以及联合保险上海分公司应否承担共保赔偿责任?

对于争议焦点一,根据共保协议的共保方式条款约定,由太保上海分公司负责具体处理共同保险人与投保人之间根据本协议及其项下保险条款规定的有关业务事项,重大事项应经协议双方共同商议并达成一致意见;在共保项目保险方案正式确定并提交投保人之前,协议双方应就该方案的内容,包括保险条款、承保条件、费率及附加条款等进行充分的商议,达成一致并书面确定后由太保上海分公司正式提交投保人;对于共保业务的实际操作中,是否需要对每票共保业务的保险方案(包括保险费率略高于约定的0.11%)先进行充分商议,必须达成一致并经双方书面确定后方能正式提交投保人,还是仅对重大事项应经双方共同商议并达成一致意见后由太保上海分公司出具保险单,双方产生争议。根据查明的事实,太保上海分公司、联合保险上海分公司之间于2004年11月至2005年2月期间所确认的8笔共保业务中,在共保比例不变、约定保险费率上调至0.15%的情况下,双方并未就共保项目的保险方案进行协商并书面确定后再签发保险单的操作程序。双方仅就2005年4月10日、6月16日的共保业务所涉的共保比例等重大事项超出涉案共保协议规定时,双方才另行书面签订共保协议确认。太保上海分公司就涉案共保业务已按以往的操作惯例,向投保人港机公司出具保险单并开具发票,并在收悉港机公司出险通知后立即通报联合保险上海分公司,联合保险上海分公司也及时派员前往事故现场查勘事故原因和损失情况,并于5月26日和6月8日委派陈异与太保上海分公司就涉案保险受损理赔事宜进行了会谈,分别对涉案共保重大货损案的公估、施救费用、理赔等事宜签署会议纪要、会谈备忘录。涉案共保业务出险后至太保上海分公司向联合保险上海分公司划付涉案共保保险费前,联合保险上海分公司下属的共保业务经办单位上海市浦东支公司又对包括涉案共保项目的共4笔共保业务清单,加盖"中华联合财产保险公司上海分公司业务专用章(20)"予以确认。至于本案共保协议所约定的保险费费率为0.11%,而保险单中约定并实际收取的保险费费率为0.15%,在以往的共保业务中联合保险上海分公司已予以确认,亦不损害联合保险上海分公司的合法权益。太保上海分公司收到港机公司支付的涉案保险费后,虽迟于协议约定时间向联合保险上海分公司划付共保保险费,但其迟延划付保费及联合保险上海分公司以与其内部资料不符为由退还共保保险费的行为,并不能构成联合保险上海分公司对涉案保险单不属于该共保协议规定的共保责任范围的抗辩。综上,联合保险上海分公司主张的本案共保协议系框架性协议、涉案保险单不属于该共保协议规定的共保责任范围的抗辩意见,不予采信。

对于争议焦点二,太保上海分公司基于同一份涉案保险单项下的同一保险标的、同一保险责任、同一保险期限和同一保险金额,先与联合保险上海分公司签订了一年期的共保协议,共保比例太保上海分公司为保险金额的55%,联合保险上海分公司为保险金额的45%。尔后,太保上海分公司又与人保宜昌分公司、大众保险上海分公司签订了针对涉案保险单项下保险业务的共保协议,共保比例太保上海分公司为50%、人保宜昌市分公司为35%、大众保险上海分公司为15%,故两个共保协议出现了两个100%的共保比例分摊,且签约时太保上海分公司又未如实告知所有参与共保业务的共保方,确系不规范的共保合同。基于目前我国现行法律、法规和保监会没有明确规定,双方签订的共保协议亦未作出特别约定或禁止性规定,故太保上海分公司为减少自身的风险责任,其所签订后一共保协议的行为,并不影响联合保险上海分公司依据本案共保协议所享有的权利和承担的义务,联合保险上海分公司共保比例仍为45%,至于太保上海分公司实际承担的比例受后一共保协议最终调整。

综上,联合保险上海分公司应按约承担45%的保险赔偿金及共保理赔费用,太保上海分公司诉请有理,应予支持。太保上海分公司要求联合保险上海分公司支付自垫付保险赔偿金之日后的利息请求亦应予以支持,但太保上海分公司主张按银行同期贷款利率支付利息的诉请,因其未提供有同期银行贷款事实存在的证据,故应按中国人民银行同期存款利率计息。太保上海分公司诉请的保留由联合保险上海分公司共同承担涉案保险业务追偿费用权利的主张,因没有提出具体的金额,不予支持。据上,宁波海事法院依照《中华人民共和国合同法》第44条第1款、第60条第1款、第107条,《中华人民共和国民事诉讼法》第64条第1款的规定,于2008年4月2日判决:

一、联合保险上海分公司自判决生效之日起10日内向太保上海分公司支付共保赔款26 028 298.31元及共保理赔费313 507.80元,并按中国人民银行同期存款利率支付自2007年7月31日起(其中本金143 668.80元自2007年12月17日起计息)至实际支付日止的利息。

二、驳回太保上海分公司的其他诉讼请求。

案件受理费177 610元,由联合保险上海分公司负担。

三、上诉与答辩

宣判后,联合保险上海分公司不服,向浙江省高级人民法院提起上诉称:(1)原判对"共保协议"的性质认定不当,该协议的实质系再保险法律关系。太保上海分公司隐瞒与人保宜昌分公司、大众保险上海分公司签订共保协议的事实,违反《中华人民共和国保险法》关于"应再保险接受人的要求,再保险分出人应将其自负责任及原保险的有关情况告知再保险接受人"的规定,以及双方关于重大事项应商议并达成一致意见的约定,构成违约。(2)双方签订的协议不指向特定的保单,涉案保单未得到其确认,不属协议范围,且太保上海分公司已和人保宜昌分公司、大众保险上海分公司分摊了全部责任风险。综上,要求撤销原判,驳回太保上海分公司的诉讼请求。

太保上海分公司答辩称:(1)原判认定涉案共保协议的定性正确,该共保协议符合保监会关于共保"五个同一"的特征,且对共保原则、共同保险人、共保内容、共保比例、共保方式等均作了详细的规定,合法有效。(2)该共保协议包含了涉案保单项下的保险标的,联合保险上海分公司不能以保险费率发生改变为由将该保单排除在共保协议之外。(3)其与人保宜昌分公司、大众保险上海分公司之间的共保协议,系其对自身风险的管理和控制,未被法律和双方共保协议所禁止,也不影响其和联合保险上海分公司在涉案共保协议中的权利义务。

综上,一审判决认定事实清楚,适用法律正确,请求驳回上诉,维持原判。

四、二审裁判

二审期间，双方当事人均未提供新的证据，浙江省高级人民法院对宁波海事法院查明的事实予以确认。

根据的上诉人的上诉理由以及被上诉人的答辩意见，本案二审审理的焦点是：(1) 太保上海分公司与联合保险上海分公司之间的"共保协议"的性质。(2) 涉案保险单是否属于该共保协议范围，以及联合保险上海分公司是否应当承担保险责任？

关于争议焦点一。太保上海分公司与联合保险上海分公司签订的共保协议，对其合同效力双方并无争议，联合保险上海分公司认为该协议的性质并非共保关系，而是再保险法律关系。根据《中华人民共和国保险法》第29条的规定，再保险系指保险人将其承担的保险业务，以分保形式，部分转移给其他保险人。对于共保的概念，我国法律并无明文规定，中国保险监督管理委员会《关于大型商业保险和统括保单业务有关问题的通知》(保监发〔2002〕16号) 规定：共保是共同保险的简称，是指两个或两个以上的保险公司及其分支机构（不包括同一保险公司的不同分支机构）使用同一保险合同，对同一保险标的、同一保险责任、同一保险期限和同一保险金额进行的保险。保监会《关于加强财产保险共保业务管理的通知》(保监发〔2006〕31号) 还规定，规范的共保业务应符合以下要求：被保险人同意由多个保险人进行共保；共保人共同签发保单，或由主承保人签发保单，同时附共保协议；主承保人向其他共保人收取的手续费应与分保手续费平均水平有显著区别。由于涉案共保项目事先并未征得被保险人同意，保险单中亦仅有一个保险人即太保上海分公司，而联合保险上海分公司并不直接对被保险人承担保险责任，故本案"共保协议"确系不规范的共保。但本案共保协议的签订系在保监发〔2006〕31号文的规定之前，该规定并不适用本案，故判断本案是否属于共保应当依据保监会〔2002〕16号文的规定，即是否符合同一保险合同、同一保险标的、同一保险责任、同一保险期限和同一保险金额等"五个同一"的规定。本案中，双方当事人约定就特定保险人在特定时期的特定标的共同承保，并约定由太保上海分公司代表双方出具共保保险单及保险费发票，其内容符合保监会对于共保"五个同一"的规定，符合共保的要件。且双方当事人均为专业保险公司，双方签订的抬头为"共保协议"的合同，当系双方的真实意思表示。当然，该共保协议并不能约束被保险人。

综上，联合保险上海分公司提出本案共保协议的性质属再保险法律关系的上诉理由不能成立，不予采纳。

对于争议焦点二。涉案共保协议虽然规定共保项目应由双方书面确认后，由太保上海分公司提交被保险人，但从实际操作程序看，双方于2004年11月至2005年2月期间所确认的8笔共保业务，在共保比例不变、约定保险费率上调至0.15%的情况下，并未就保险方案进行协商并书面确定，故太保上海分公司按以往的操作惯例，就涉案共保业务向投保人港机公司出具保险单并开具发票，并未违反共保协议的约定。事发后，联合保险上海分公司也派员前往事故现场查勘事故原因和损失情况，与太保上海分公司就涉案共保理赔事宜进行了会谈并签署会议纪要，在双方5月26日签署的纪要中,亦已明确"该案双方共同承保",对该票货物属共保范围作了事后追认。现上诉人提出该案与内部资料不符而拒绝共保,有违诚信原则,理由不能成立,不予采信。

太保上海分公司基于同一份涉案保险单项下的同一保险标的,先与联合保险上海分公司签订了共保协议,共保比例太保上海分公司为保险金额的55%,联合保险上海分公司为45%。后又与人保宜昌分公司、大众保险上海分公司签订了共保协议,共保比例太保上海分公司为50%、人保宜昌市分公司为35%、大众保险上海分公司为15%。从两份共保协议的后果看,太保上海分公司最终只承担了5%的保险责任,但相应地,其亦只收取了5%的保费,而将其余保费按照比例分配给了另三家保险公司。从权利义务相一致的角度考虑,其分散和减少风险的行为并无不妥,也未因此获取不正当利益,我国现行法律、法规以及太保上海分公司和联合保险上海分公司签订的共保协议也未作出禁止性规定,故太保上海分公司签订后一共保协议的行为,并不影响联合保险上海分公司依据本案共保协议所享有的权利和承担的义务。综上,联合保险上海分公司提出涉案保险单不属于该共保协议规定的共保责任范围以及不应承担保险责任的上诉理由,与事实和法律不符,浙江省高级人民法院不予采信。

浙江省高级人民法院认为,依照最高人民法院《民事案件案由规定》,本案案由应为海上保险合同纠纷。太保上海分公司与联合保险上海分公司签订的共保协议,双方意思表示真实,内容合法,应确认有效。太保上海分公司向被保险人支付全部保险赔偿之后,联合保险上海分公司应当按照协议约定承担相应的保险赔偿金、共保理赔费用及相应的利息。联合保险上海分公司的上诉理由经审查均不能成立,浙江省高级人民法院不予采纳。原判认定事实清楚,适用法律正确。依照《中华人民共和国民事诉讼法》第153条第1款第(一)项之规定,判决如下:

驳回上诉,维持原判。

8.6 续保

7 原告支华祥与被告中华联合财产保险公司舟山中心支公司船舶保险合同纠纷案

案例来源:宁波海事法院(2005)甬海法商初字第639号
主题词:续保　船舶属具　免赔额　格式保险条款

裁判要旨

No. HX-8.6-1　被保险人提出续保要求并交付保险费,保险人同意续保并接受了保险费,但是保单载明的保险期间起始日期与原保单的保险期间截止日期相比有数日间隔,在此期间发生保险事故,法院认定仍由保险人承担责任。

No. HX-8.6-2　保单载明的免赔额为20%,而预先制定保险条款载明保险人对碰撞责任赔偿3/4。法院认为特别约定之效力优先于预先制定的格式保险条款的效力,故免赔比例仅为20%。

一、基本案情

原告:支华祥(以下简称原告)
被告:中华联合财产保险公司舟山中心支公司(以下简称被告)

原告支华祥诉称:2005 年 4 月 19 日,原告向被告要求续保其已在被告公司投保的"浙定 58168"轮,续保期限为 2005 年 4 月 22 日零时起至 2006 年 4 月 21 日 24 时止,被告同意承保。4 月 22 日原告支付了保费。4 月 25 日,"浙定 58168"轮与"滨海运 1"轮在上海港 A11 灯浮附近发生碰撞事故,致使原告损失 1 061 500 元。事故发生后,原告立即通知被告,但被告以保险期限从 2005 年 4 月 26 日零时起算为由拒赔,为此,原告请求法院判令被告支付保险赔偿款 764 280 元及利息(按年利率 2.1% 从 2005 年 4 月 25 日计至本判决生效之日止)。

被告中华联合财产保险公司舟山中心支公司辩称:原告 2005 年 4 月 19 日的要约未得到被告承诺。保险合同从 2005 年 4 月 26 日零时生效,但 4 月 25 日船舶已出险。原告的主张没有合同依据,不能成立,请求法院驳回原告的诉讼请求。

二、法院查明的事实

宁波海事法院确认如下事实:"浙定 58168"轮登记为原告所有。2004 年 4 月,原告向被告投保了"浙定 58168"轮沿海内河船舶一切险及该轮船员的团体人身意外伤害险,船舶一切险的保险期限为 2004 年 4 月 22 日零时至 2005 年 4 月 21 日 24 时,团体人身意外伤害险的保险期限为 2004 年 4 月 20 日零时至 2005 年 4 月 19 日 24 时。2005 年 4 月 19 日,原告向被告的保险代理人胡国宏提出续保"浙定 58168"轮船舶一切险,续保期限为 2005 年 4 月 22 日零时至 2006 年 4 月 21 日,团体人身意外伤害险则改投雇主责任险,保险期限为 2005 年 4 月 20 日至 2006 年 4 月 19 日。同日,原告将两项保险的保险费总计 51 840 元交给了胡国宏,胡国宏填写投保单后注明"续保"字样,传真给了业务人员李莉。投保单特别约定:该船承保一切险,承保比例为 90%,除全损外,每次事故免赔额为 20 000 元或损失的 20%,两者以高者为准。4 月 20 日、22 日,胡国宏分别将雇主责任险保险费 9 000 元和船舶一切险保险费 42 840 元交至被告公司财务人员郑雪娟。郑雪娟于 4 月 25 日向胡国宏开具了内部缴款凭证,同日被告出具了保险费发票。被告接到投保单后,于 4 月 19 日签发了雇主责任险保险单。2005 年 4 月 25 日 08:15 时,装载矿渣从芜湖开往温州的"浙定 58168"轮与装载矿砂从北仑开往上海的"滨海运 1"轮在上海港 A11 号灯浮附近发生碰撞,"滨海运 1"轮沉没。09:20 时左右,原告将发生事故一事通知了胡国宏,胡国宏于当日下午电话告知了被告公司总经理。4 月 26 日下午,原告到被告公司领取保险单,在被告业务人员的要求下,原告照被告出具的保险单,又抄写了一份落款时间为 4 月 25 日的投保单,并领取了保险单。该保险单载明保险期限从 2005 年 4 月 26 日零时起算。后原、被告双方为事故赔偿事宜发生纠纷,原告诉至宁波海事法院。

续保・船舶属具・免赔额・格式保险条款

另查明:事故发生后,"滨海运1"轮由上海沪淞打捞疏浚工程有限公司打捞出水。接上海吴淞海事处通知和两船船东的申请,上海海助船舶技术有限公司对"浙定58168"轮和"滨海运1"轮所受损失进行了评估,并于2005年5月18日出具了估损报告。"浙定58168"轮修理费损失为51 195.6元,"滨海运1"轮修理费为803 171.8元。关于该起事故,上海吴淞海事处于2005年5月24日作出责任认定书,认定"滨海运1"轮对事故负主要责任,"浙定58168"轮负次要责任。同日,在吴淞海事处的调解下,原告作为乙方、"滨海运1"轮船东作为甲方达成民事纠纷调解协议:甲方损失为船舶修理费80.3万元、沉船打捞费81万无、货损70.2万元、船舶工属具3万元、船员生活用品损失2万元;乙方损失为船舶修理费51 200元、货物抢险过驳费7.8万元;合计损失2 494 200元;乙方一次性赔偿甲方船舶修理费、打捞费、货损等93万元,以终结本次事故,甲方其余损失由甲方自理;乙方负责本船修理和货物抢险费用。调解协议书签订后,原告向"滨海运1"轮船东履行了赔偿义务。

三、法院裁判

宁波海事法院认为,原、被告双方对本案的实体争议主要集中在以下两点:

(一)保险期限从何时起算

原告认为,其于2005年4月19日提出续保,保险期限应与2004年保险单的保险期限衔接,从2005年4月22日零时起算,被告认为保险期限应按2005年4月25日签发的保险单所约定的起算日期2005年4月26日起算。宁波海事法院认为,根据已查明的事实,2004年的保险单约定的保险期限的到期时间为2005年4月21日24时,故原告于2005年4月19日提出续保时,要求续保期限从2004年4月22日零时起算合乎常理。被告的保险代理人胡国宏得知原告的续保要求后,并未告知原告不能续保或不接受原告提出的保险期限起算时间,相反填写了保险期限与2004年保险单相衔接的投保单后传给业务人员李莉,并于同日收取了原告支付的保险费。《中华人民共和国合同法》第37条规定,在合同签字或者盖章前,当事人一方已经履行主要义务,对方接受的,该合同成立;《中华人民共和国海商法》第221条规定,被保险人提出保险要求,经保险人同意承保,并就海上保险合同的条款达成协议,保险合同成立;《中华人民共和国保险法》第13条规定,保险合同成立后,投保人按照约定交付保险费,保险人按约定的时间开始承担保险责任。原告于2005年4月19日提出续保要求并履行了其在保险合同下的主要义务——交付保险费,而被告同意续保并接受了保险费,因此,原、被告之间的保险合同于2005年4月19日成立,被告作为保险人应按约定的时间开始承担保险责任。

《中华人民共和国海商法》第221条规定,保险人应当及时向被保险人签发保险单或者其他保险单证,并在保险单或其他保险单证中载明当事人双方约定的合同内容。而本案中日期为2005年4月25日保险单的保险期限与被告4月19日要求续保时双方约定的保险期限不符,因此被告违反了《中华人民共和国保险法》的规定。另据证人胡国宏证实,被告于4月25日得知船舶发生事故时,保险单尚未从电脑中打印出来,如果当时被告认为保险合同未于4月19日成立,则在得知投保船舶发生事故后,不应再承保该船,但被告却既未审核船舶受损情况,也未要求原告提供任何材料以核保(2004年投保时的适航证书有效期截至2005年3月,被告庭审时称其签发保险单时未要求原告提供任何材料),就签发了一份从事故发生之次日即起算保险期限的保险单,这显然不符合一个谨慎的保险人通常应有的做法。同时考虑到2005年4月26日原告领取该保险单时,被告已知船舶发生事故却要求原告按已制作好的保险单重抄了一份投保单,而非按原约定的续保期限签发保险单,宁波海事法院认为,被告的行为违反了诚信原则。综上分析,宁波海事法院认为,2005年4月25日保险单所载的保险期限对原告不具有约束力,本案保险期限应从2005年4月22日零时起算,"浙定58168"轮碰撞事故发生在保险期限之内,被告应承担赔偿责任。

(二)被告应支付原告多少保险金

原告诉请被告赔偿764 280元,其计算方法为其所受损失1 061 500元(赔偿"滨海运1"轮93万元,"浙定58168"轮修理费51 200元、货物抢险过驳费7.8万元及估损费、交通费2 300元)乘以约定的承保比例90%后,再扣除20%的免赔额。被告对原告所主张的保险赔偿逐项抗辩如下:

1. 关于原告赔偿"滨海运1"轮损失93万元

被告认为,原告与"滨海运1"轮船东所达成的民事纠纷调解协议书中确认的"滨海运1"轮船舶工属具3万元、船员生活用品2万元不在保险范围内。宁波海事法院认为,根据保险条款,船舶一切险的承保范围包括碰撞所造成其他船舶的直接损失与费用。依照《中华人民共和国海商法》第3条,船舶包括船舶属具。其中船舶属具按通常的理解是指不属船舶的构成部分,但附属于船舶,可以独立存在的,为航行和营运所需的随船附属的经常使用的器具。依此理解,船员生活用品不属于船舶属具,不在保险范围之内。而船舶工属具,当为航行或营运所备,应属于《中华人民共和国海商法》所指的船舶属具。同时依照《中华人民共和国海商法》第219条第2款第(1)项的规定,船舶保险价值,包括船壳、机器、设备、燃料、物料、索具、给养、淡水的价值和保险费的总和,本案民事纠纷调解协议书所载的船舶工属具属于船上物料,亦在保险价值范围之内。关于"滨海运1"轮的货损70.2万元,被告认为证据不足。宁波海事法院在认定证据时已认定了原告所提供的有关证据。根据宝钢国际国内航运部出具的情况说明,"滨海运1"轮所载粉矿为1 998吨,发票上载明的含税单价为351.59元,总价值为702 476.82元。原告主张的金额未超出其价值,宁波海事法院予以采信。关于"滨海运1"轮的修理费80.3万元,被告认为虽经评估,但没有实际修理。宁波海事法院认为,估损报告可以证明船舶受损后的修理费,至于是否实际修理,不影响有关责任方据此赔偿。估损报告中确认的修理费为803 171.8元,调解协议书确认的修理费未超出此金额,因此,宁波海事法院认定"滨海运1"轮修理费为80.3万元。

依照调解协议书,原告承担的损失金额为1 059 200元(赔偿"滨海运1"轮船东

93万元、承担"浙定58168"轮的修理费51 200元及货物抢险过驳费7.8万元),约占事故总损失的42.5%(1 059 200/2 494 200元×100%),因此,不在保险范围内的"滨海运1"轮船员生活用品2万元也应按此比例从93万元中扣减,原告承担的可以向被告要求保险理赔的"滨海运1"轮损失为921 500元。

2. 关于"浙定58168"轮船舶修理费损失51 200元、货物抢险过驳费7.8万元及估损费、交通费2 300元

被告认为,"浙定58168"轮船舶修理费损失51 200元虽经评估,但没有实际发生修理。依照保险条款,被告承保"浙定58168"轮因碰撞所造成的全损或部分损失,同时基于与"滨海运1"轮修理费相同的理由,宁波海事法院认为"浙定58168"轮船舶修理费损失应计入保险赔偿范围。因估损报告的结论为51 195.6元,宁波海事法院据此予以认定。

依照保险条款,保险船舶的货物损失,保险人不负赔偿责任,故原告主张的"浙定58168"轮货物抢险过驳费7.8万元不应计入保险赔偿范围。

"浙定58168"轮估损费及交通费2 300元,估损报告中已列入,原告系重复主张,宁波海事法院不予认定。

3. 关于免赔比例

原告按照特别约定主张免赔比例为20%,被告认为按保险条款的约定,对碰撞责任保险人仅赔偿金额3/4。宁波海事法院认为特别约定之效力优先于被告预先制定格式保险条款的效力,故免赔比例为20%。

综上所述,原告所受损失中可列为保险理赔范围的为972 695.6元,按保险合同约定的承保比例和免赔额,被告应向原告支付保险金700 340.83元。事故发生后,被告理赔需要合理的期限,鉴于吴淞海事处出具事故责任认定书及处理完事故的日期为2005年5月24日,宁波海事法院酌定被告应在此后1个月内理赔完毕,未及时履行赔付义务,应赔偿原告因此所受的损失。故原告要求被告支付利息,理由充分。利息应从2005年6月24日计至本判决生效之日止。原告主张年利率2.1%,被告未提异议,宁波海事法院予以采纳。依照《中华人民共和国合同法》第37条、《中华人民共和国海商法》第221条、第237条、《中华人民共和国保险法》第13条、第23条第2款、《中华人民共和国民事诉讼法》第64条第1款的规定,判决如下:

一、被告中华联合财产保险公司舟山中心支公司于本判决生效后10日内向原告支华祥支付保险金700 340.83元及利息(按年利率2.1%从2005年6月24日计至本判决生效之日止);

二、驳回原告支华祥的其他诉讼请求。

案例索引

H

华安财产保险股份有限公司与兄弟海运有限公司海上货物运输合同纠纷案 240

S

上诉人 QAIS TRADING 与被上诉人中银保险有限公司浙江分公司海运货物保险合同纠纷案 324

上诉人巴拿马永跃船务发展有限公司与被保险人中国人民财产保险股份有限公司青岛市分公司船舶保险合同保险赔偿金纠纷案 263

上诉人百事昌化学公司与被上诉人中国人民财产保险股份有限公司北京市分公司海上保险合同纠纷案 312

上诉人大众保险股份有限公司宁波分公司与被上诉人浙江润欣港航工程有限公司船舶保险合同纠纷案 058

上诉人福建省南安市南泰船业有限公司与上诉人太平保险有限公司泉州中心支公司海上保险合同纠纷案 029

上诉人海南昌信船务有限公司与中国太平洋保险公司海南分公司船舶保险合同纠纷案 157

上诉人杭州翔盛进出口有限公司、杭州翔盛纺织有限公司与被上诉人太平保险有限公司浙江分公司海运货物保险合同纠纷案 072

上诉人江生与被上诉人中国人民财产保险股份有限公司福州市台江支公司海上保险合同纠纷案 351

上诉人江苏省宝江运贸有限公司与被上诉人中国人民财产保险股份有限公司唐山市分公司沿海货物运输合同纠纷案 213

上诉人泉州鸿圣轻工有限公司与被上诉人天安保险股份有限公司浙江省分公司海上运输货物保险合同纠纷案 031

上诉人上海安顺航运有限公司与被上诉人中国太平洋财产保险股份有限公司云南分公司海上货物运输合同纠纷案 305

上诉人上海金荣翔企业发展有限公司与被上诉人中国太平洋财产保险股份有限公司上海分公司海上保险合同纠纷案 025

上诉人西谷商事株式会社与被上诉人中国人民保险公司青岛市分公司海上货物运输保险合同纠纷案 103

上诉人怡信有限公司与被上诉人中国平安财产保险股份有限公司北京分公司、中国平安财产保险股份有限公司船舶保险合同纠纷案 113

上诉人浙江奥圣船务工程有限公司与上诉人中国人寿财产保险股份有限公司浙江省分公司等海上保险合同纠纷案 145

上诉人中国平安财产保险股份有限公司天津市南开支公司与被上诉人九三集团天津大豆科技有限公司海上保险合同纠纷案 279

上诉人中国平安财产保险股份有限公司烟台中心支公司与被上诉人烟台大海国际船舶管理有限公司船舶保险合同纠纷案 250

上诉人中国人民保险公司青岛市分公司与被上诉人巴拿马浮山航运有限公司船舶保险合同纠纷案 256

上诉人中国人民财产保险股份有限公司东莞市分公司与被上诉人王振旭海上保险合同代位求偿权纠纷案 218

上诉人中国太平洋保险公司杭州分公司与被上诉人应芝龙船舶保险纠纷案 055

上诉人中国太平洋财产保险股份有限公司嵊泗支公司与被上诉人浙江省舟山天力化纤

有限公司水运货物保险合同纠纷案　334

上诉人中国太平洋财产保险股份有限公司舟山中心支公司与被上诉人庄和昌船舶保险合同纠纷案　125

上诉人中华联合财产保险股份有限公司上海分公司与被上诉人中国太平洋财产保险股份有限公司上海分公司海上货物运输保险共保纠纷案　356

Y

原告包朝波、贺满青与被告中华联合财产保险股份有限公司舟山中心支公司海上保险合同纠纷案　292

原告诚创科技(苏州)有限公司与被告中国太平洋财产保险股份有限公司苏州分公司海上保险合同纠纷案　272

原告东方建筑材料公司与被告中国人民保险公司宜昌市伍家区支公司、中国人民保险公司宜昌分公司海上货物运输保险合同纠纷案　020

原告福建省某轮船公司与被告某财产保险股份有限公司广东分公司海上保险合同纠纷案　052

原告福州明发船务有限公司与被告中国人民财产保险股份有限公司武汉市硚口支公司等海上保险合同纠纷案　281

原告广东富虹油品有限公司与被告中国平安财产保险股份有限公司深圳分公司海上货物运输保险合同纠纷案　131

原告广东恒兴集团有限公司与被告华泰财产保险股份有限公司广东省分公司海上货物运输保险合同纠纷案　224

原告广东温氏食品集团有限公司与被告中国人民财产保险股份有限公司广州市分公司海上货物运输保险合同纠纷案　245

原告广西明发海运有限公司与被告中国人民财产保险股份有限公司重庆市渝中支公司海上保险合同纠纷案　287

原告海南省海口永昌兴船务有限公司与被告中国人民保险公司湖北省分公司船舶保险合同保险赔偿纠纷案　318

原告海源润铝材玻璃有限公司与被告中国平安财产保险股份有限公司秦皇岛中心支公司水路货物运输保险合同赔偿纠纷案　128

原告湖北华闽海运有限公司与被告阳光财产保险股份有限公司泉州中心支公司海上保险合同纠纷案　154

原告华泰财产保险股份有限公司浙江省分公司与被告中远集装箱运输有限公司海上货物运输合同纠纷案　046

原告黄春发有限公司与被告中国太平洋保险公司广州分公司海上运输货物保险纠纷案　001

原告嘉兴某化工进出口有限公司与被告某责任保险股份有限公司嘉兴中心支公司海上保险合同纠纷案　121

原告江苏省航运公司张家港公司与被告华泰财产保险股份有限公司南京分公司、第三人南京兴安航运有限公司船舶保险合同纠纷案　162

原告荆门新立医用纺织品有限公司与被告中国平安财产保险股份有限公司湖北分公司海上货物运输保险合同纠纷案　023

原告莫斯科考兰特有限公司与被告中国平安保险股份有限公司绍兴支公司、中国平安保险股份有限公司海上货物保险合同纠纷案　188

原告某保险公司深圳分公司与被告某综合航运公司、深圳市某实业公司、东莞市某实业公司海上货物运输合同纠纷案　081

原告宁波钢铁有限公司与被告中国平安财产保险股份有限公司宁波分公司、中国平安财产保险股份有限公司水运货物运输保险合同纠纷案　236

原告汽船相互保险协会(百慕大)有限公司与被告蓝贝壳航运有限公司船舶保赔保险合同保险费纠纷案　068

原告上海汉虹精密机械有限公司与被告太阳

联合保险有限公司海上保险合同纠纷案　108

原告上海申福化工有限公司与被告中国人民财产保险股份有限公司上海市分公司海上保险合同纠纷案　275

原告深圳市光达航运有限公司与被告中国人民保险公司深圳市分公司保险合同纠纷案　301

原告深圳市金活医药有限公司与被告华泰财产保险股份有限公司深圳分公司水运货物保险合同纠纷案　330

原告苏黎世产物保险股份有限公司与被告华泓国际运输股份有限公司、万海航运新加坡私人有限公司海上货物运输合同纠纷案　320

原告台州市神通海运公司与被告中国大地财产保险股份有限公司台州中心支公司船舶保险合同纠纷案　289

原告邬苏国与被告中国太平洋保险公司舟山市分公司船舶保险合同纠纷案　123

原告伍玉荣与被告中国人民保险公司台山市支公司船舶保险合同纠纷案　064

原告厦门鹭永信实业有限公司与被告中国人民保险公司厦门市分公司海上货物运输保险合同纠纷案　233

原告烟台市威盛国际船舶管理有限公司与被告中国大地财产保险股份有限公司威海中心支公司船舶保险合同纠纷案　012

原告尤迪特包装私人有限公司、原告上海耀科印刷机械有限公司与被告大众保险股份有限公司海上保险合同纠纷案　230

原告赵典藏、金志贝、陈德喜、吴昌南与被告中国人民财产保险股份有限公司温州市分公司船舶保险合同保险赔款纠纷案　294

原告赵典藏、金志贝、陈德喜、吴昌南与被告中国人民财产保险股份有限公司温州市分公司船舶保险合同保险赔款纠纷案　039

原告支华祥与被告中华联合财产保险公司舟山中心支公司船舶保险合同纠纷案　362

原告中谷集团浙江粮油有限公司与被告中国人民保险公司广州市珠江支公司保险合同纠纷案　094

原告中国大地财产保险股份有限公司舟山中心支公司诉被告乐清市运鸿海运有限公司、虞元飞船舶保险合同保费返还纠纷案　090

原告中国平安财产保险股份有限公司北京分公司与被告智利航运国际有限公司海上货物运输合同纠纷案　087

原告中国平安财产保险股份有限公司江门中心支公司与被告中海集装箱运输深圳有限公司江门分公司、中海集装箱运输深圳有限公司、五洲航运有限公司海上货物运输合同货损赔偿纠纷案　203

原告中国平安财产保险股份有限公司青岛分公司与被告朗帆(香港)有限公司海上、通海水域货物运输合同纠纷案　176

原告中国人民财产保险股份有限公司北京市直属支公司与被告铜河海运有限公司、寰宇船务企业有限公司海上货物运输合同代位求偿纠纷案　182

原告中国人民财产保险股份有限公司海南省分公司与被告湛江市沧海船务有限公司、广州市港信航务实业有限公司船舶碰撞损害赔偿纠纷案　206

原告中国人民财产保险股份有限公司某公司与被告某市某第三水运公司、杨某某水路货物运输合同纠纷案　194

原告中国人民财产保险股份有限公司宁波市分公司与被告深圳市华展国际物流有限公司、马士基(中国)航运有限公司、A.P.穆勒-马士基有限公司海上货物运输合同货损纠纷案　198

原告中国人民财产保险股份有限公司上海市分公司与被告天津中远国际货运有限公司、中远集装箱运输有限公司海上货物运输合同纠纷案　210

原告中国人民财产保险股份有限公司深圳市

分公司与被告深圳金秀国际仓运有限公司海上货物运输合同货损纠纷案　099

原告中国人民财产保险股份有限公司石家庄市分公司与被告中海发展股份有限公司海上货物运输合同货损代位求偿纠纷案　179

原告中国太平洋财产保险股份有限公司深圳分公司、中化国际石油公司与被告莫林大财产有限公司海上货物运输合同货差纠纷案　173

原告中国太平洋财产保险股份有限公司苏州分公司与被告上海海联运输有限公司、被告上海权亚船务有限公司通海水域货物运输合同纠纷案　340

原告中海工业(江苏)有限公司与被告中国太平洋财产保险股份有限公司扬州中心支公司、被告中国太平洋财产保险股份有限公司海上保险合同纠纷案　345

原告重庆市长江三峡旅游船有限公司与被告中国人民财产保险股份有限公司重庆市分公司船舶保险合同纠纷案　165

Z

再审申请人海南丰海粮油工业有限公司与原审上诉人中国人民财产保险股份有限公司海南省分公司海运货物保险合同纠纷案　140

主题词索引

0.5%液体损耗　173,176,179,182
8级大风　058

B

保单背书转让　230
保单格式条款　140
保单签发迟延　072
保险代理　064
保险代理人　263
保险代为求偿权　179,194,198
保险代位求偿权的诉讼时效　203
保险代位求偿权诉讼　305
保险代位求偿权诉讼的审查范围　213,218
保险第三人请求权　351
保险范围　356
保险公司分支机构　145,236
保险"管理条款"　068
保险合同的成立　068,072
保险合同的解除　090,108,340
保险合同的转让　081,087
保险合同法律关系　194
保险合同期满后的保费退还　090
保险价值　165
保险利益　001,012,020,023,025,029,039,
　052,206,233,340
保险赔偿范围　324
保险人代位求偿权　206
保险人担保　256
保险人合同解释义务　131,140,154
保险人及时赔付义务　157,245,256
保险人特别通知　128
保险人先行支付义务　162
保险人总分公司责任的确定　188
保险事故的确定　031
保险条　068

保险责任的起止　023
保险责任的确定　046
保险责任范围　072,173,176,179,182,250,
　256,272,275,279,287,289,292
保险责任分配　324
保险责任期间　236
保险责任起止的判断　233
保险责任终止的判断　224,230
保险追偿　108
保证义务　123
被保险人出险后义务　128
被保险人的举证责任　318,324
被保险人的确定　064
被保险人告知义务　039
被保险人减损义务　058
被保险人求偿依据　236
被保险人如实告知义务　103,108,113
被保险人提供保险标的材料的义务　125
被保险人通知义务　334
被告如实告知义务　121
"被请求人同意履行义务"　312
玻璃运输　128
不当得利　090
不足额保险　162

C

CIF的风险转移　023
"仓至仓"保险期　020
"仓至仓"运输保险责任期间　224,230
承运人的举证责任　046
承运人管货义务　198
迟延赔付导致的利息损失　165
除外责任　052,087,145,154,287,292
除外责任条款　131
船舶不适航　055

船舶沉没 052
船舶代理 020
船舶登记 345
船舶搁浅 145
船舶共有 064
船舶挂靠 039
船舶碰撞 256
船舶潜在缺陷 113
船舶适航 165,263,318,351
船舶主机拉缸 250
船舶属具 362
船舶自身故障 287
船级证书 157
船检费 281
船期损失 012
粗体印刷 154

D

大豆运输 279
代位求偿权的取得条件 213
代位权的取得条件 210
单个保险保单 330
电池运输 099
短重 279

F

FOB 的保险利益 031
法定免责事由 046
废钢船 113
风险转移 025

G

《钢质海船入级与建造规范》 157
格式保险条款 362
公估费 281
共同保险 356
共同海损 012
《关于大型商业保险和统括保单业务有关问题的通知》 356

国际惯例 176,179
国际海运危险货物规则 094

H

《海商法》第 222 条"重要情况"的确定 103
海上保险案件管辖权 294
航区保证 123
"合理费用"的确定 275,281
和解赔偿协议 256
核实保险金 245
货损检验 240
货物失踪 001
货物损失的确定 206
货物转运 121

J

集装箱运输 198
甲板货 055,103
检验报告分歧的判断标准 320
检验结果不同的判断 240
减少保险事故损失的合理费用 245
进出口商品检验局 240
近因原则 046,052,213
境外形成的证据 081
举证责任 131,182,233,279
举证责任分配 318,320

L

利息损失 194
陆运险 272
律师费 275

M

码头卸船险 236
免赔额 362
免责范围 055
免责事由 203

N

脑出血死亡 292

P

赔偿协议　125,289
平安险　272

Q

签单代理人　210
抢劫　203
权益转让书　081,210

S

施救费用　162
时效中断　039,294,305,312
实际全损　001,165
试航　345
受潮导致湿损　272
书面证言　099
水路货物运输区段承运人　218
水路货物运输险　029
水运货物保险　330
税金　275
诉讼时效　025,301,334
诉讼时效的起算　301,312
诉讼主体资格　294

T

提单空白背书转让　087
通融赔付　263
投保单　121
投保人的确定　029
投保人告知义务　094,099
拖轮运输　103

W

外来风险　031
外来原因　140
委付　188
无效条款　154

X

先履行抗辩权　125
协商变更诉讼时效　301
续保　362

Y

《沿海内河船舶保险条款解释》　145
一切险　001,023,031,250,287
意外伤害险　292
英国保险惯例　188
鱼粉运输　094
渔船保险　123
逾期赔付利息　289
预约保单　330
预约保险单　334

Z

在建船舶保险　345
责任保险　351
证明力　320
重复保险　340
重复诉讼　305
转运　224,230
自然损耗　173,176,179,182
自然灾害　113
自然属性　279
自燃责任险　094
自认　218
最大诚信原则　055,058

后记

司玉琢(大连海事大学原校长、教授、博士生导师)

带着全体编纂人员的期盼与诚意,《中国海事案例裁判要旨通纂》终于面世了。

自1984年以来,我国海事法院迄今已设立32年,审判的案件数以万计,其中不乏许多典型的、疑难复杂的并在国际上产生重大影响力的案件。然而,传统上认为,我国为大陆法系国家,判例并非为法律渊源,对其后案件的审理不具备法律效力,只有我国最高人民法院对具体案件作出的司法解释方与英美法系国家的判例有类似的司法效力。因此,大量的海商海事判决沉睡在浩如烟海的故纸堆中,并没有发挥其应有的司法指引作用。尤其是一些类似案件,在不同的法院判决结果可能截然不同。这既浪费了法院的审判资源,又有损司法的公正性。鉴于此,2010年11月26日,最高人民法院颁发了《关于案例指导工作的规定》,该规定第7条规定:"最高人民法院发布的指导性案例,各级人民法院审判类似案例时应当参照。"2015年6月2日,最高人民法院又印发了《〈关于案例指导工作的规定〉实施细则》。该细则进一步明确了"类似案件"的判定标准,要求具体参照指导性案例的裁判要点,并在裁判文书说理部分予以援引。究其实,在我国司法裁判中吸收借鉴英美法中的判例制度,对法院正确适用法律进行有益补充,与我国的大陆法传统并不相悖。

本书以海事、海商法调整的具体对象为标准,共分为五卷:海事卷、船舶船员卷、海上保险卷、海上货物运输卷和综合卷。有的案例可能涉及多卷内容,本书编纂时取其重者予以归类,以免重复。各分卷执行主编(侯伟负责海事卷,李晓枫负责船舶船员卷,张虎负责海上保险卷,陈敬根负责海上货物运输卷,张波负责综合卷)首先通过各种途径收集10个海事法院及其上诉法院、最高人民法院相关海事海商裁判文书,经过多遍筛选,选取了一些最具有代表性且能涵盖海商海事各个领域的案例进行编纂,对其争议焦点和裁判要旨予以归纳总结,最终经各分卷执行主编对各自负责编撰的分卷反复校对以及总主编审定成书,定名为《中国海事案例裁判要旨通纂》,以求对海事海商法律工作者有所助益。

案例编纂是一项繁琐而复杂的工作,或许呈现在大家面前的只是数百页的几卷书籍,但背后却凝结着编纂者的大量心血。首先,编纂前需要将数以万计的案例一一筛选,进行归类和取舍;其次,要将案件争议焦点总结并描述出来;最后,还要将判决中的裁判要旨用凝练的语言准确地表述出来。这些工作耗费了编者大量的体力和脑力劳动,特别是我国的判决书中往往不详尽写明判决理由,因此,作者只能从法官引用的法条对其裁判要旨进行逻辑推理和提炼,这是一个二次创作过程,并非简单的"汇编"一词可以涵盖。在这里,我要对各卷的主编与编委们表示诚挚的谢意,对一直支持本项工作的最高人民法院,提供案例的各省高级人民法院和各海事法院表示感谢,对为本书的编写付出了辛勤劳动的大连海事大学法学院蒋跃川副教授,我的博士生彭先伟、刘博、曹兴国以及吴亚男女士、万仁善先生表示感谢。在此,还要特别感谢北京大学出版社蒋浩副总编,没有他的创意和坚持不懈的推动,也就没有本书的诞生!感谢北京大学出版社陆建华编辑的联络、统筹,感谢苏燕英、陈康、王建君、田鹤编辑的辛勤付出,他们为本书的最终出版付出了艰辛而富有成效的努力。

在英国,《劳氏法律报告》主要收录了自1919年以来英国各级法院审理的海事、海商判例,是为法律工作者提供的最具权威性的专业文献资料之一。希望本案例书的编纂工作像《劳氏法律报告》一样,也能一直持续下去,打造百年精品。一方面借此架起联结英美法和大陆法的桥梁,另一方面也给海商法学界提供翔实的法律实践资料,成为中国的权威海商法专业文献。若如是,编纂本书的目的也就达到了。

2016年12月26日于大连